生生之谓易

康熙经典解义

日讲 易经解义

[清]牛钮 等 撰

赵金涛 注评

中州古籍出版社
·郑州·

图书在版编目（CIP）数据

日讲易经解义/（清）牛钮等撰；赵金涛注评. —郑州：中州古籍出版社，2019.12
（康熙经典解义）
ISBN 978-7-5348-7028-6

Ⅰ.①日… Ⅱ.①牛…②赵… Ⅲ.①《周易》-研究 Ⅳ.①B221.5

中国版本图书馆CIP数据核字（2017）第091873号

---

出版社：中州古籍出版社
　　　　（地址：郑州市郑东新区祥盛街27号6层　邮编：450016）
发行单位：新华书店
承印单位：河南瑞之光印刷股份有限公司
开 本：710mm×1000mm　　1/16　　印 张：41.75
字 数：840千字　　　　　　　　　　　印 数：1-2 000册
版 次：2019年12月第1版　　　　　　 印 次：2019年12月第1次印刷

定价：89.00元
本书如有印装质量问题，由承印厂负责调换。

# 前言

《易经》即《周易》,《三易》之一(《连山》《归藏》《周易》并称《三易》),为春秋群经之首,设教之书。相传系周文王姬昌所作,内容包括《经》《传》两部分。《经》主要是六十四卦和三百八十四爻,卦和爻各有说明(卦辞、爻辞),以作占卜之用。《传》包含解释卦辞和爻辞的七种文辞共十篇,统称《十翼》,相传为孔子所撰,但一般认为它是战国或秦汉时期的儒家作品,并非出自一时一人之手。

由于生产力低下、科学意识薄弱,早期中国先民无法对当时出现的自然及社会现象做出合理解释,因而产生浓厚的神权色彩,认为这些现象背后存在一个至高无上而又支配一切的神。因此每当遭遇天灾人祸,先民们便希冀得到神的指示与帮助,以此避祸趋利。正是在这种客观唯心主义的支配下,在与神不断沟通的长期实践中,《易经》应运而生。春秋时期,孔子兴办私学打破"学在官府",随着学术下移,文化上出现百家争鸣盛况,易学前后相因,渐次发展,亦随之发生分化。自孔子赞易后,《易经》被奉为儒门圣典,而儒门之外,"有两支易学,与儒门易并列发展:一为旧势力仍存在的筮术易;另一为老子的道家易。所以自孔子赞易起,中国易学开始分为三支"(高怀民《先秦易学史》)。其后《易经》学派又经过不断演化变迁,至清代《四库全书总目》将易学历史源流变迁分为"两派六宗","两派"即象数学派和义理学派,"六宗"即占卜宗、禨祥宗、造化宗、老庄宗、儒理宗、史事宗,所列备详。

《易经》是我国传统思想文化中自然哲学与人文实践的理论根源,是古代汉民族思想、智慧的结晶，因此古人对其推崇备至。孔子赞曰："加我数年，五十以学《易》，可以无大过矣。"（《论语·述而》）孔子赞易后，《易经》成儒门圣典，后汉武帝"罢黜百家、独尊儒术"，《易经》遂被尊为六经之首。而东汉班固云："盖五常之道，相须而备，而《易》为之原。"（《汉书·艺文志》）更是将《易经》看作"群经之首、大道之源"。此外，清康熙帝亦云："《易》之为书，合四圣人，立象、设卦、系辞焉，而广大悉备。自昔包牺、神农、黄帝、尧舜王天下之道，咸取诸此。"由此可见，《易经》在我国文化史上具有巨大影响和重要地位。

## 一、《易经》名称之由来

《易经》又名《周易》，关于"周易"一词的解释，众说纷纭。"周"之含义具体有二：其一，指周普、普遍的意思。东汉郑玄《易论》认为，"周"即"周普"，"义"为无所不备，周而复始。其二，指代号。唐孔颖达《周易正义》认为，"周"是指岐阳地名，是周朝的代称；还有人认为《易经》流行于周朝，故称《周易》；亦有人根据《汉书·司马迁传》记载之"文王拘而演《周易》"，认为《易经》因周文王而得名。另关于"易"之含义，具体有以下几种看法：（一）"易"为蜥蜴的引申之义，东汉许慎《说文解字》曰："蜥易，蝘蜓，守宫也。象形。《祕书》说：'日月为易，象阴阳也。一曰从勿。凡易之属皆从易。'"蜥蜴又称变色龙，能够变色，因此易取其义，象征变化。（二）东汉郑玄《易论》认为："易一名而含三义：易简一也；变易二也；不易三也。"故概括易为"简易""变易""恒常不变"三种意思。（三）《周易·系辞传》曰："生生之谓易。"指生生不息，循环往复，革故鼎新是万事万物产生的本源。（四）《周礼·春官》曰："太卜掌三易之法，一曰《连山》，二曰《归藏》，三曰《周易》。"故易为筮书专有名词。（五）易是占卜之名等等。以上解释众多，但归纳而言主要有两种：第一，《周易》为周代占筮之书；第二，《周易》是讲变化之书。

关于《周易》之称谓，春秋之时便已见诸书籍，如《左传·庄公二十二年》曰："周史有以《周易》见陈侯者。陈侯使筮之。遇观之否。"再如《左传·昭公五年》云："初。穆子之生也。庄叔以《周易》筮之。遇明夷之谦。以示卜楚丘。"从先民对于《周易》的运用来看，当时《周易》尚只包括六十四卦符号及卦爻辞。到战国时，出现了专门解说和发挥《周易》的《易传》，即前文所讲之《十翼》，后《周易》与《易传》合称为《易》，如《庄子·天下篇》："《易》以道阴阳，《春秋》以道名分。"《荀子·大略篇》："善为诗者不多言，善为易者不占卜。"其中所讲之"易"，均包含了《易传》。而至西汉时，汉武帝采取董仲舒"罢黜百家、独尊儒术"的建议，效仿先秦及汉景帝将黄老之著作称为"经"的做法，把儒家诸著作亦称作"经"，因此《周易》与《易传》被称为《易经》，或简称为《易》，此后《周易》《易》《易经》混合使用，然其含义一致，并无严格区分。只是后来大家为了区分《周易》的《经》和《传》，从而将包括六十四卦及卦爻辞的《经》称作《周易古经》，将解释《经》的《易传》（《十翼》）称作《周易大传》。

## 二、《易经》的作者与成书年代

《易经》是一部内容包罗万象、处处充满着东方智慧的皇皇巨著。但关于《易经》的作者究竟为何人，至今尚未有定论，而关于《易经》的成书年代亦有不同看法。

### （一）关于《易经》的作者

关于《易经》的作者，目前主要有以下几种观点：

1. "三圣说"

东汉班固在《汉书·艺文志》中提道："人更三圣，世历三古。"其意是说《易经》是由伏羲、周文王、孔子"三圣"合著而成。其中，伏羲画八卦，文王演六十四卦并作卦爻辞，孔子作《传》解经。《周易·系辞下》曰："古者包牺氏之王天下也，仰则观象于天，俯则观法于地，观鸟兽之文与地之宜，近取诸身，远取诸物，于是始作《八卦》，以通神明之德，以类万物之情。"而司马迁在《史记》中亦多有提及"三圣"作《易经》的事例。如《史记·太史公自序》曰："伏羲至纯厚，作《易·八卦》。"《史记·日者列传》曰："自伏羲作《八卦》，周文王演三百八十四爻而天下治。"《史记·孔子世家》曰："孔子晚而喜《易》，《序》《彖》《系》《象》《说卦》《文言》，读《易》，韦编三绝。"《史记·仲尼弟子列传》又进一步佐证："孔子传《易》于瞿。"《汉书·儒林传》中亦载孔子"盖晚而好《易》，读之韦编三绝，而为之传"。以上史料皆证明《易经》为"三圣"合著而成。

对于上述说法，古人即有怀疑者。秦汉以后，儒家学者又提出"易更三圣"的观点,认为伏羲画卦以后,文王作爻辞,周公著爻辞,孔子作《易传》。此外,有的学者认为《易经》还经历了黄帝、尧舜等先圣的研究与著述,才最终确立易的体系,如《汉书·律历志》中就记载:"自伏羲画八卦,由数起,至黄帝、尧、舜而大备。"

2."孔说"与"非孔说"

长期以来,关于《易经》究竟是否为孔子所作这一观点争论不已。这种争论源于汉代,汉代出现今古文经之争,自汉武帝"罢黜百家、独尊儒术"以来,儒门子弟即是后人所称之"今文学家",他们认为《易经》就是孔子在特定的历史条件下所著,因此都在此书中冠以"子曰"字样。而以先秦时期篆体书写的经书为经典的"古文学家"则认为,《易经》为周旧典,其成书时间明显早于孔子,因此《易经》非孔所作。如宋代欧阳修在《易童子问》中就认为《易经》中的《文言》《系辞》《杂卦》等篇与孔子无关。

近现代以来,关于这一观点争论日趋激烈。如清末经学大师廖平在《六艺馆丛书·知圣篇》中认为"《经》之为孔子所作,无疑矣"。"孔说"学者皮锡瑞也称:"经学开辟时代,断自孔子删定《六经》为始。孔子以前,不得有经。"(《经学历史》)而康有为也曾称:"凡'六经'皆孔子所作,昔人言孔子删述者,误也。"(《孔子改制考》)皮、康二位学者不仅认为《易经》为孔子所作,甚至将"六经"都认定是孔子所著,未免太过牵强。

与此相对,大多数学者多持"非孔说"这一观点,然而即便是《易经》非孔所作,各家亦有不同的看法。其中共有十一种不同观点:第一,以余永梁、顾颉刚、李镜池等为代表的"卜筮者说";第二,根据《左传》记载韩宣子观《易象》发出"周礼尽在鲁矣",周礼又为周公所制而认为的"周公说";第三,以郭沫若、日本学者本田成之为代表的"馯臂子弓说";第四,以李源澄、卢维时、曹定云、廖名春为代表的"周文王说";第五,徐世大在《周易阐微》中提出中行明是《易经》作者;第六,李平心认为"《周易》不是纯卜筮之书,而是属于史世系统的私家著作",由此提出"狄族史家说";第七,以李崇元、林炯阳为代表的"文王、周公说";第八,陈梦家先生在《〈周易〉哲学时代及其性质》中指出《周易》是殷亡后的遗民所写的";第九,以王永嘉为代表的"《左传》作者后人说";第十,以谢宝笙、任俊华为代表的"南宫括说";第十一,以宋祚胤为代表的"周厉王之臣说"。

综上所述,关于《易经》的作者至今尚未有定论,但可以肯定的是,《易经》自成书到完善一定经过了许多智者的贡献而并非出自一人之手。

## (二)关于《易经》的成书年代

《易经》的成书年代,历来也是易学家们十分关注和研究的一个重要问题。同考证《易经》的作者一样,关于其成书年代的论证也是经历了几千年的争论。早在东汉之时,史学家班固就曾提出"人更三圣,世历三古"的观点,这一说法对于《易经》的成书年代来说似乎太过笼统。另外,很显然,现存的《易经》也并非其最初的成书形态,现存的《易经》包括《周易》(即《经》部)和《易传》(即《传》部)两部分,关于这两部分的形成时期,易学家们亦有不同看法,不过我们可以大体确定其成书年代。

1.《周易》的形成时期

经过易学研究学者前赴后继的不懈探求,在文献与考古文物的相互佐证下,最终明确了《周易》的成书年代问题,即《周易》当成书于西周晚期。当然,《周易》也经历了萌芽、成熟、形成等漫长的历史发展阶段。

根据考古资料的研究,自伏羲至夏商时代是《周易》的萌芽时期。出土的这一时期的考古资料,充分论证了《周易》八卦从初创到完善的过程。如距今8000~7000年前河南舞阳贾湖遗址出土的刻在龟甲上的符号文字,被视为原始八卦文字的一个源头;距今6000~5000年前西安半坡遗址和临潼姜寨遗址出土的有关易学方面的数字符号和江苏海安青墩遗址出土的原始重卦,以及距今4000年前二里头文化中出土的卦画数字符号与卜骨,可看作是八卦由单卦向重卦推演的雏形与渐成期;距今3000年前殷墟出土的四盘磨卜骨易卦和小屯南地卜甲易卦中完整的数字重卦,可看作是重卦的成熟期。殷商至西周初期是《周易》的成熟时期。关于《周易》的记载,不仅大量地出现在甲骨之中,而且也出现在了西周的青铜铭文中。这一时期比较有代表性的是陕西岐山凤雏遗址中出土的卜甲易卦和陕西扶风齐家遗址出土的卜骨易卦。西周中晚期是《周易》的形成时期。这一时期出土的《中方鼎》铭文易卦、陕西扶风齐家遗址再次出土的卜骨易卦论证了卜辞与卜卦的结合,而陕西长安西仁村发现的西周晚期的陶拍易卦,其排列顺序与《周易》六十四卦的卦序结构基本一致,这充分证明《周易》在西周晚期最终形成。此外,《周易》的卦爻辞中也有多例可以证实其成书大体是在西周晚期。

2.《易传》的形成时期

关于《易传》的形成,前文笔者在论述《易经》作者时曾有所提及。根据东汉班固"人更三圣,世历三古"的观点,认为孔子作《传》解经,则《易传》当形成于春秋末期。而大多数学者则认定《易传》成书于战国时期,这是目前比较主流的一种观点。

总之,《易经》一书的形成并不是一蹴而就的,就像罗马城也并不是一朝一夕而建成一样,只有经过岁月的删减与锤炼,其才能穿越千年成为经典。

## 三、《日讲易经解义》简介

《易经》是一部带有中华民族文化特色印记的智慧宝典,其自诞生之日起就备受瞩目,并在之后的不断发展与完善过程中日益受到学者们的重视,自汉魏至近代以来,关于《易经》的相关著作就有数百种之多,《日讲易经解义》即是其中之一。

自清入关代明又成为一个大一统王朝之后,满清的统治者便十分重视汉民族传统文化的学习。古代帝王的学习方式主要有经筵和日讲两种形式,经筵是指汉唐以来帝王为讲论经史而特设的御前讲席,宋代经筵成为制度化,并为清所承袭。但清朝经筵一年仅有春秋两次,平时主要以日讲的方式为主,《日讲易经解义》便是康熙皇帝御制的"日讲"系列教材之一。

按《四库全书总目提要》所讲,《易经》之"大旨在即阴阳往来、刚柔进退,明治乱之倚伏、君子小人之消长,以示人事之宜,于帝王之学,最为切要"。然而在研究发展过程中,《易经》"拘泥章句,株守一隅,非但占验機祥,渐失其本,即推奇偶者言天而不言人,阐义理者言心而不言事",日益脱离圣人立教之旨,因此康熙二十二年(1683),圣祖"特命儒臣参考诸儒注疏传义,撰为《解义》一十八卷,日以进讲,反复卦爻之辞,深探作《易》之旨"。

《日讲易经解义》作为康熙皇帝御制的"日讲"系列教材之一,借助卦象爻辞之变化并结合历史典故阐释了在治国理政、修身养性等方面的诸多道理,这不仅对当时的王孙贵胄影响颇大,亦对当下具有"以史为鉴"的意义。《日讲易经解义》全书共一十八卷,分上下经六十四卦、《系辞传》、《说卦传》、《序卦传》、《杂卦传》等不同章节。该书体例与宋以来奏进讲义略同,首先是先照录一段原经文,后加日讲官的解义,解义部分先概括原经文的主旨大意,后解释经文中艰涩难懂之字词意思,最后对该段经文或参照当下或联系史实做形象、深刻的说明。我们希望通过白话文解说的形式以便于读者对《日讲易经解义》有更好的理解。该书解义部分主要是借助于《易经》卦象阴阳、刚柔、屈伸、盛衰、奇偶的变化以达到教育统治者做到修身、齐家、治国、平天下的目的,而该书对于今天我们的修身养性及治国安邦等方面,依然具有一定的实际意义与借鉴作用。由于笔者学识有限,该书在点校及解说方面尚存在着不足之处,因此希望方家批评指正。

# 目　录

御制日讲易经解义序 …………………………… 1
《日讲易经解义》进呈疏 ……………………… 2
朱子图说 ………………………………………… 7
卷一 …………………………………………… 17
　上经
　　乾
卷二 …………………………………………… 44
　　坤
　　屯
　　蒙
卷三 …………………………………………… 76
　　需
　　讼
　　师
　　比
　　小畜

卷四 ......... 111
履 泰 否 同人 大有

卷五 ......... 147
谦 豫 随 蛊 临

卷六 ......... 184
观 噬嗑 贲 剥 复

卷七 ......... 223
无妄 大畜 颐 大过 坎 离

卷八 ......... 268
下经
咸 恒

遯

大壯

晋

## 卷九 ……… 307

明夷

家人

睽

蹇

解

## 卷十 ……… 348

损

益

夬

姤

萃

## 卷十一 ……… 390

升

困

井

革

鼎

## 卷十二 ……… 429

震

艮

渐

归妹

丰

## 卷十三 ……… 469

旅

巽

　　兑

　　涣

　　节

卷十四 …………………………………… 506

　　中孚

　　小过

　　既济

　　未济

卷十五 …………………………………… 538

　　系辞上传

卷十六 …………………………………… 557

　　系辞上传

卷十七 …………………………………… 588

　　系辞下传

卷十八 …………………………………… 625

　　说卦传

　　序卦传

　　杂卦传

# 御制日讲易经解义序

朕惟帝王道法载在六经，而极天人、穷性命、开物前民，通变尽利，则其理莫详于《易》。《易》之为书，合四圣人，立象、设卦、系辞焉，而广大悉备。自昔包牺、神农、黄帝、尧舜王天下之道，咸取诸此。

盖《诗》《书》之文，《礼》《乐》之具，《春秋》之行事，罔不于《易》会通焉。汉班固有言："六艺具五常之道，而《易》为之原。"讵不信欤？

朕夙兴夜寐，惟日孜孜勤求治理，思古帝王立政之要必本经学，尝博综简编，玩索精蕴，至于大《易》，尤极研求。特命儒臣参考诸儒注疏传义，撰为《解义》一十八卷，日以进讲，反复卦爻之辞，深探作《易》之旨。

大抵造化功用，不外阴阳；而配诸人事，则有贞邪淑慝之别。运数所由盛衰，风俗所由治乱，君子小人所由进退消长，鲜不于奇偶二画屈伸变易之间见之。若乃体诸躬行，措诸事业，有观民设教之方，有通德类情之用，恐惧修省以治身，思患预防以维世，引而伸之，触类而长之，而治理备矣。于是刊刻成书，颁示天下。朕惟体乾四德以容保兆民，且期庶司、百执事矢于野，涣群之公成拔茅允升之美，则泰交媲于明良，而太和溢于宇宙，庶称朕以经学为治法之意也夫！

康熙二十二年十二月十八日

# 《日讲易经解义》进呈疏

经筵日讲官起居注翰林院掌院学士兼礼部侍郎加一级支二品俸教习庶吉士臣牛钮、经筵日讲官起居注翰林院掌院学士兼礼部侍郎教习庶吉士臣孙在丰等谨题。为进呈刊完《日讲易经解义》，仰祈睿鉴。事臣等于康熙十九年三月十九日奉旨："《易经讲章》应行刊刻，钦此。"

臣等叨侍经帏，欣承圣藻。伏睹皇上体天德以行健，观人文而化成。四子六经，讨论原委；百家诸史，综贯古今。颁行历有成书，研究精于大《易》。盖明天道、察民故，已传四圣之心，而观会通、行典礼，乃冠五经之首，发挥自羲、文、周、孔，参稽于濂、洛、关、闽。旨则远而辞则文，古皇先哲之精微，悉归典要；阳必扶而阴必抑，君子小人之情状，备极形容。此盖圣衷自具乾坤，其于弇鄙，何知损益？九重宵旰，时亲东鲁韦编；一介衡茅，日给西清笔札。每聆天语，皆《图》《书》未发之英华；兼授人时，本《河》《洛》以来之理数。举而措之为事业，默而成之于象言。焕发丝纶，光生梨枣。惟自强不息，虽隆寒盛暑，常披玉轴芸编；乃教思无穷，俾荒滋遐陬，尽作文河学海。行且家传而户诵，有如悬象以著明。

臣等未测几深，难酬高厚。用集微尘于山岳，敢同爝火于日星，抱蓍以求。在儒者，学程朱之学，垂裳而治。惟吾君心尧舜之心，勉效修辞以立诚，犹惭覆悚而滋咎。总订二篇之策，汇呈乙夜之观。校刻加详，装潢成帙。伏愿皇上悦心亹亹，成性存存。王道易知以简能，圣修德崇而业广。临丰履泰，常思谦巽以致中孚；解困涣屯，永跻升恒而登大有。则广矣！大矣！推行及乎亿万年，而鼓之舞之，利用暨乎千百国。

臣等不胜区区之愿，谨具题恭进以闻。

经筵日讲官起居注、翰林院掌院学士、兼礼部侍郎、加一级支二品俸、教习、庶吉士臣牛钮

经筵日讲官起居注、翰林院掌院学士、兼礼部侍郎、教习、庶吉士臣孙在丰

经筵日讲官起居注、侍读学士臣常书

日讲官起居注、侍读学士加一级、又加一级支四品俸臣朱马泰

日讲官起居注、侍读学士臣王封溇

日讲官起居注、侍讲学士加二级臣阿山

日讲官起居注、侍讲学士加一级臣邵吴远

日讲官起居注、侍讲学士臣徐乾学

日讲官起居注、侍讲学士臣高士奇

康熙二十三年四月二十日题。本月二十二日奉旨："《易经》阐发天人理数，道统攸关。朕朝夕披玩，期造精微。讲幄诸臣，殚心剖晰，深有裨于典学。这所奏，知道了。着即颁行该衙门知道。"

## 总裁官

经筵日讲官起居注、翰林院掌院学士、兼礼部侍郎、加一级支二品俸、教习、庶吉士臣牛钮

经筵日讲官起居注、翰林院掌院学士、兼礼部侍郎、教习、庶吉士臣孙在丰

日讲官起居注、翰林院学士、兼礼部侍郎臣张瑛

## 分撰官

通议大夫、经筵日讲官起居注、詹事府詹事加一级臣傅腊塔

日讲官起居注、詹事府詹事、兼翰林院侍读学士、加礼部侍郎、降一级留任臣沈荃

资政大夫、日讲官起居注、詹事府少詹事、兼翰林院侍讲学士、仍加詹事府詹事臣蒋弘道

通议大夫、日讲官起居注、詹事府少詹事、兼翰林院侍讲学士、仍加詹事府詹事臣严我斯

经筵日讲官起居注、翰林院侍读学士、奉政大夫臣常书

日讲官起居注、翰林院侍读学士加一级、又加一级支四品俸、奉政大夫臣朱马泰

日讲官起居注、翰林院侍读学士、臣王封溁

日讲官起居注、翰林院侍讲学士加二级、中宪大夫臣阿山

日讲官起居注、翰林院侍讲学士加一级、朝议大夫臣邵吴远

日讲官起居注、翰林院侍讲学士臣徐乾学

日讲官起居注、翰林院侍讲学士臣高士奇

日讲官起居注、翰林院侍讲、加侍读学士、加一级臣董讷

日讲官起居注、翰林院侍讲臣翁叔元

日讲官起居注、左春坊左中允、兼翰林院编修臣秦松龄

日讲官起居注、右春坊右赞善、兼翰林院检讨臣王顼龄

日讲官起居注、翰林院修撰、儒林郎臣归允肃

日讲官起居注、翰林院编修、文林郎臣曹禾

日讲官起居注、翰林院检讨、征仕郎臣严绳孙

## 校阅官

日讲官起居注、翰林院侍读学士加一级、又加一级支四品俸、中宪大夫臣多奇

翰林院侍讲学士臣邬黑

翰林院侍读加三级、中宪大夫臣明图

翰林院侍读、承德郎臣思格则

翰林院侍讲、承德郎臣戴通

翰林院侍讲、承德郎臣傅继祖

奉直大夫、左春坊左谕德、兼翰林院修撰加一级臣陈论

左春坊左中允、兼翰林院编修臣朱阜

右春坊右中允、兼翰林院编修臣李振裕

左春坊左赞善、兼翰林院检讨臣沈上墉

翰林院编修、文林郎臣李涛

翰林院编修、文林郎臣费之逵

翰林院编修、文林郎臣冯云骕

翰林院检讨加一级、征仕郎臣徐潮
翰林院检讨、徵仕郎臣阎世绳
翰林院待诏、登仕郎臣星格礼

## 收掌官

翰林院典簿加一级、文林郎臣明辅
翰林院孔目加一级、文林郎臣图克善
翰林院孔目臣朱叔琪
翰林院八品笔帖式、修职郎臣折库纳
翰林院八品笔帖式、修职郎臣哈什
翰林院八品笔帖式、修职郎臣李弘文
翰林院笔帖式臣雅图
翰林院笔帖式臣鄂琦

## 翻译官

翰林院待诏加一级、又加俸一级、修职郎臣敦代
翰林院八品笔帖式加一级、又加俸一级、文林郎臣郭琭
翰林院八品笔帖式加一级、又加俸一级、文林郎臣常绥
翰林院八品笔帖式加一级、又加俸一级、文林郎臣石殿柱
翰林院八品笔帖式加一级、文林郎臣殷特布
翰林院八品笔帖式、加俸一级臣阿哈达
翰林院八品笔帖式、修职郎臣查哈喇
翰林院八品笔帖式、修职郎臣黑色
翰林院八品笔帖式、修职郎臣夏之㵆
翰林院八品笔帖式、修职郎臣鲁天锡
翰林院八品笔帖式、修职郎臣王国华
翰林院八品笔帖式、修职郎臣阿都
翰林院八品笔帖式臣汪国弼
翰林院八品笔帖式臣萨鼐
翰林院八品笔帖式臣艾哈济

翰林院八品笔帖式臣额尔泰
翰林院笔帖式臣迈蜜大

## 满文誊录官

翰林院八品笔帖式加一级、文林郎臣图礼
翰林院八品笔帖式、修职郎臣倪陇阿
翰林院八品笔帖式、修职郎臣宋飔
翰林院八品笔帖式、修职郎臣塞克参
翰林院八品笔帖式、修职郎臣觉霍拓
翰林院八品笔帖式、修职郎臣石礼
翰林院八品笔帖式、修职郎臣吴进泰
翰林院八品笔帖式、修职郎臣达祖
翰林院八品笔帖式臣阿哈达
翰林院八品笔帖式臣黑色
翰林院笔帖式臣塔兰泰
翰林院笔帖式臣萨克萨里
翰林院笔帖式臣花色

# 朱子图说

河　图
伏羲八卦次序
伏羲六十四卦次序
文王八卦次序

洛　书
伏羲八卦方位
伏羲六十四卦方位
文王八卦方位

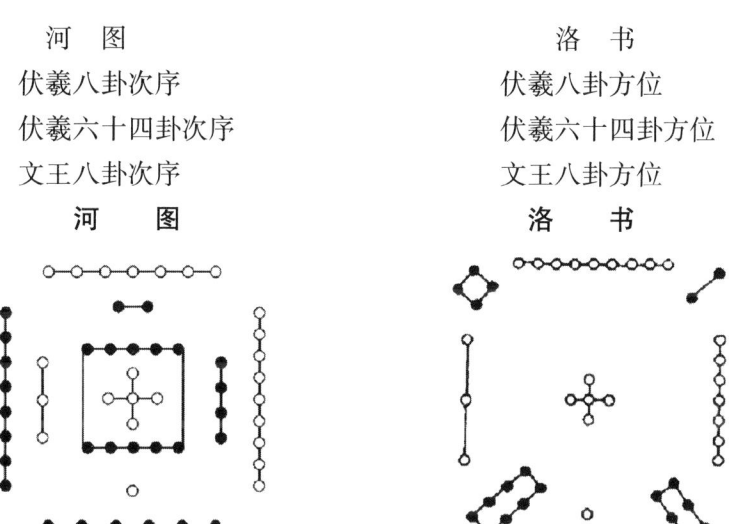

《系辞传》曰："河出图，洛出书，圣人则之。"又曰："天一，地二；天三，地四；天五，地六；天七，地八；天九，地十。天数五，地数五，五位相得而各有合。天数二十有五，地数三十，凡天地之数五十有五。此所以成变化而行鬼神也。"此河图之数也。

洛书盖取龟象，故其数戴九履一，左三右七，二四为肩，六八为足。蔡元定曰："图书之象，自汉孔安国、刘歆，魏关朗子明，有宋康节先生邵雍尧夫，皆谓如此。至刘牧始两易其名，而诸家因之，故今复之，悉从其旧。"

### 伏羲八卦次序

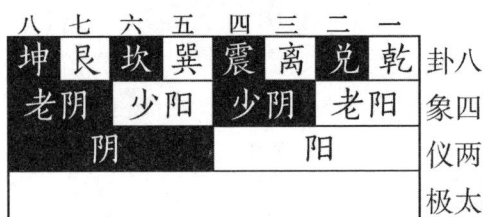

《系辞传》曰："易有太极，是生两仪，两仪生四象，四象生八卦。"邵子曰："一分为二，二分为四，四分为八也。"

《说卦传》曰："易，逆数也。"邵子曰："乾一，兑二，离三，震四，巽五，坎六，艮七，坤八。自乾至坤皆得未生之卦，若逆推四时之比也。"后六十四卦次序放此。

### 伏羲八卦方位

《说卦传》曰："天地定位，山泽通气，雷风相薄，水火不相射，八卦相错，数往者顺，知来者逆。"邵子曰："乾南坤北，离东坎西，震东北，兑东南，巽西南，艮西北。自震至乾为顺，自巽至坤为逆。"后六十四卦方位放此。

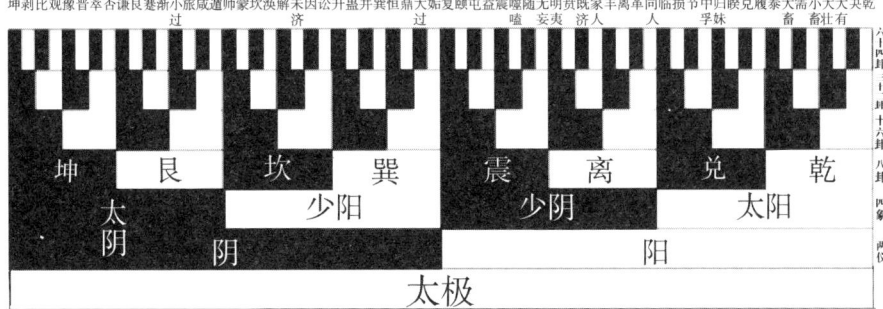

前八卦次序图，即《系辞传》所谓"八卦成列"者，此图即其所谓"因而重之"者也。故下三画即前图之八卦，上三画则各以其序重之，而下卦因亦各衍而为八也。若逐爻渐生，则邵子所谓"八分为十六，十六分为三十二，三十二分为六十四"者，尤见法象自然之妙也。

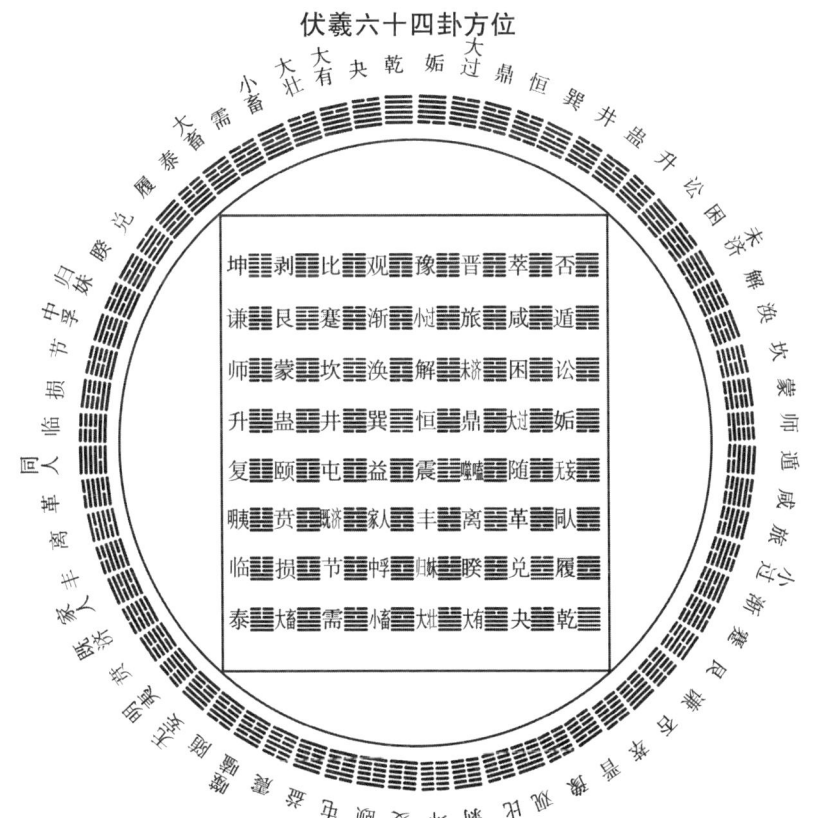

右（上）伏羲四图，其说皆出于邵氏。盖邵氏得之李之才挺之，挺之得之穆修伯长，伯长得之华山希夷先生陈抟图南者，所谓先天之学也。此图圆布者：乾尽午中，坤尽子中，离尽卯中，坎尽酉中。阳生于子中，极于午中；阴生于午中，极于子中。其阳在南，其阴在北。方布者：乾始于西北，坤尽于东南。其阳在北，其阴在南。此二者，阴阳对待之数，圆于外者为阳，方于中者为阴。圆者动而为天，方者静而为地者也。

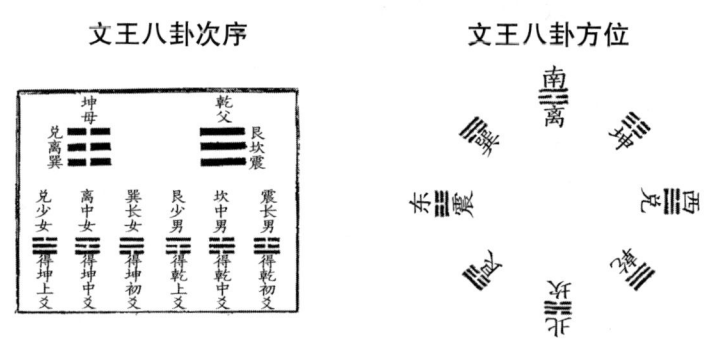

右见《说卦》。邵子曰："此文王八卦，乃入用之位，后天之学也。"

《象传》或以卦变为说，今作此图以明之。盖《易》中之一义，非画卦作《易》之本指也。

凡一阴一阳之卦各六，皆自"复""姤"而来。

（五阴五阳，卦同图异）。

䷖剥 ䷇比 ䷏豫 ䷎谦 ䷆师 ䷗复

䷪夬 ䷍大有 ䷈小畜 ䷉履 ䷌同人 ䷫姤

凡二阴二阳之卦各十有五，皆自"临""遁"而来；（四阴四阳，卦同图异）。

䷚颐 ䷂屯 ䷲震 ䷣明夷 ䷒临　　䷛大过 ䷱鼎 ䷸巽 ䷅讼 ䷠遁

䷃蒙 ䷜坎 ䷧解 ䷭升　　　　　䷰革 ䷝离 ䷤家人 ䷘无妄

䷳艮 ䷦蹇 ䷽小过　　　　　　　䷹兑 ䷥睽 ䷼中孚

䷢晋 ䷬萃　　　　　　　　　　䷄需 ䷙大畜

䷓观　　　　　　　　　　　　　䷡大壮

凡三阴三阳之卦各二十，皆自"泰""否"而来：

☳☱ 损　☵☱ 节　☳☱ 归妹　☷☰ 泰

☶☲ 贲　☵☲ 既济　☳☲ 丰

☲☳ 噬嗑　☱☳ 随

☴☳ 益

☶☴ 蛊　☵☴ 井　☳☴ 恒

☲☵ 未济　☱☵ 困

☴☵ 涣

☶☶ 旅　☱☶ 咸

☴☶ 渐

☷☴ 否

☶☱ 咸　☶☲ 旅　☴☶ 渐　☴☷ 否

☵☱ 困　☲☵ 未济　☴☵ 涣

☵☴ 井　☶☴ 蛊

☳☴ 恒

☱☳ 随　☲☳ 噬嗑　☴☳ 益

☵☲ 既济　☶☲ 贲

☳☲ 丰

☵☱ 节　☶☱ 损

☳☱ 归妹

☷☰ 泰

凡四阴四阳之卦各十有五，皆自"大壮""观"而来：（二阴二阳，图已见前）。

☶☰ 大畜　☵☰ 需　☳☰ 大壮

☱☰ 睽　☱☰ 兑

☴☱ 中孚

☲☲ 离　☱☲ 革

☴☲ 家人

☴☰ 无妄

☲☴ 鼎　☱☴ 大过

☴☴ 巽

☰☵ 讼

☳遁

☷萃 ☷晋 ☷观

☷蹇 ☶艮

☷小过

☵坎 ☶蒙

☷解

☷升

☵屯 ☶颐

☷震

☷明夷

☷临

凡五阴五阳之卦各六，皆自"夬""剥"而来。（一阴一阳，图已见前）。

☰大有 ☱夬

☰小畜

☰履

☰同人

☰姤

☵比 ☶剥

☷豫

☷谦

☷师

☷复

右（前）易之图九，有天地自然之易、有伏羲之易、有文王周公之易、有孔子之易。自伏羲以上皆无文字，只有图画，最宜深玩，可见作易本原精微之意。文王以下方有文字，即今之《周易》。然读者亦宜各就本文消息，不可便以孔子之说为文王之说也。

**右卦象**

乾为天　　　天风姤　　　天山遁
天地否　　　风地观　　　山地剥
火地晋　　　火天大有
坎为水　　　水泽节　　　水雷屯

| | | |
|---|---|---|
| 水火既济 | 泽火革 | 雷火丰 |
| 地火明夷 | 地水师 | |
| 艮为山 | 山火贲 | 山天大畜 |
| 山泽损 | 火泽睽 | 天泽履 |
| 风泽中孚 | 风山渐 | |
| 震为雷 | 雷地豫 | 雷水解 |
| 雷风恒 | 地风升 | 水风井 |
| 泽风大过 | 泽雷随 | |
| 巽为风 | 风天小畜 | 风火家人 |
| 风雷益 | 天雷无妄 | 火雷噬嗑 |
| 山雷颐 | 山风蛊 | |
| 离为火 | 火山旅 | 火风鼎 |
| 火水未济 | 山水蒙 | 风水涣 |
| 天水讼 | 天火同人 | |
| 坤为地 | 地雷复 | 地泽临 |
| 地天泰 | 雷天大壮 | 泽天夬 |
| 水天需 | 水地比 | |
| 兑为泽 | 泽水困 | 泽地萃 |
| 泽山咸 | 水山蹇 | 地山谦 |
| 雷山小过 | 雷泽归妹 | |

**右卦变**

讼自遁变泰归妹　　否从渐来随三位
首困噬嗑未济兼　　蛊三变贲井既济
噬嗑六五本益生　　贲原于损既济会
无妄讼来大畜需　　咸旅恒丰皆疑似
震从观更睽有三　　离与中孚家人系
蹇利西南小过来　　解升二卦相为赘
鼎由巽变渐涣旅　　涣自渐来终于是

**右卦歌**

乾坤屯蒙需讼师　　比小畜兮履泰否
同人大有谦豫随　　蛊临观兮噬嗑贲
剥复无妄大畜颐　　大过坎离三十备

咸恒遁兮及大壮　　晋与明夷家人睽
蹇解损益夬姤萃　　升困井革鼎震继
艮渐归妹丰旅巽　　兑涣节兮中孚至
小过既济兼未济　　是为下经三十四

## 右八卦取象

☰ 乾三连　　☷ 坤六断
☳ 震仰盂　　☶ 艮覆碗
☲ 离中虚　　☵ 坎中满
☱ 兑上缺　　☴ 巽下断

## 筮仪

择地洁处为蓍室，南户，置床于室中央。

床大约长五尺、广三尺，毋太近壁。

蓍五十茎，韬以缥帛，贮以皂囊，纳之椟中，置于床北。

椟以竹筒，或坚木，或布漆为之，圆径三寸如蓍之长，半为底、半为盖，下别为台函之，使不偃仆。

设木格于椟，南居床，二分之。北格以横木板为之，高一尺，长竟床，当中为两大刻，相距一尺。大刻之西为三小刻，相距各五寸许，下施横足，侧立案上。

置香炉一于格南，香合一于炉南，日炷香致敬。将筮，则洒扫拂拭，涤砚一，注水，及笔一、墨一、黄漆板一于炉东。东上筮者，齐洁衣冠，北面，盥手，焚香致敬。齐，侧皆反。

筮者北面见仪礼，若使人筮，则主人焚香。毕，少退，北面立。筮者进，立于床前少西，南向受命。主人直述所占之事，筮者许诺。主人右还，西向立。筮者右还，北向立。

两手奉椟盖置于格南，炉北出蓍于椟，去囊解韬置于椟东，合五十策，两手执之，熏于炉上。此后所用蓍策之数，其说并见《启蒙》。

命之曰："假尔泰筮有常，假尔泰筮有常。某官姓名，今以某事云云，未知可否？爰质所疑，于神于灵，吉凶得失，悔吝忧虞，惟尔有神，尚明告之。"乃以右手取其一策反于椟中，而以左右手中分四十九策，置格之左右两大刻。

此第一营，所谓"分而为二，以象两"者也。

次以左手取左大刻之策执之，而以右手取右大刻之一策，挂于左手之小指间。

此第二营，所谓"挂一以象三"者也。

次以右手四揲左手之策。

揲，食列反。

此第三营之半，所谓"揲之以四，以象四时"者也。

次归其所余之策，或一，或二，或三，或四而扐之左手无名指间。

此第四营之半，所谓"归奇于扐，以象闰"者也。

次以右手反过揲之策于左大刻，遂取右大刻之策执之，而以左手四揲之。

此第三营之半。

次归其所余之策，如前而扐之左手中指之间。

此第四营之半，所谓"再扐以象再闰"者也。

一变所余之策，左一则右必三，左二则右亦二，左三则右必一，左四则右亦四。通挂一之策，不五则九。五以一其四而为奇，九以两其四而为耦。奇者三而耦者一也。

次以右手反过揲之策于右大刻，而合左手一挂二扐之策置于格上第一小刻。

以东为上，后放此。

是为一变。

再以两手取左右大刻之蓍合之。或四十四策，或四十策。

复四营，如第一变之仪，而置其挂扐之策于格上第二小刻，是为二变。

复，扶又反。营，于平反。下同。

二变所余之策，左一则右必二，左二则右必一，左三则右必四，左四则右必三。通挂一之策，不四则八，四以一其四而为奇，八以两其四而为耦。奇耦各得四之二焉。

又再取左右大刻之蓍合之。

或四十策，或三十六策，或三十二策。复四营，如第二变之仪，而置其挂扐之策于格上第三小刻。是为三变。

三变余策与二变同。

三变既毕，乃视其三变所得挂扐过揲之策，而画其爻于版。

挂扐之数，五四为奇，九八为耦。挂扐三奇合十三策，则过揲三十六策而为老阳，其画为"▢"，所谓"重"也。挂扐两奇一耦合十七策，则过揲三十二策而为少阴，其画为"⚋"，所谓"拆"也。挂扐两耦一奇合二十一策，则过揲二十八策而为少阳，其画为"⚊"，所谓"单"也。挂扐三耦合二十五策，则过揲二十四策而为老阴，其画为"×"，所谓"交"也。

如是每三变而成爻。

第一、第四、第七、第十、第十三、第十六，凡六变并同，但第三变以下不命，而但用四十九蓍耳。第二、第五、第八、第十一、第十四、第十七，凡六变亦同。第三、第六、第九、第十二、第十五、第十八，凡六变亦同。

凡十有八变而成卦，乃考其卦之变而占其事之吉凶。

卦变别有图说，见《启蒙》。

礼毕，韬蓍，袭之以囊，入椟，加盖。敛笔、砚、墨、版。再焚香致敬而退。

如使人筮，则主人焚香，揖筮者而退。

筮仪毕。

六爻不变，则占本卦之彖辞。

一爻变，则占本卦之变爻。

二爻变，则占本卦之二变爻，仍以上爻为主。

三爻变，则占本卦及之卦之彖辞，仍以前十卦主贞，后十卦主悔。

四爻变，则占之卦二不变爻，仍以下爻为主。

五爻变，则占之卦不变爻。

六爻变，则乾坤占二，用余卦占之卦彖辞。

# 卷一

## 上经

【原文】

☰乾下乾上

【解义】

伏羲画卦，有画无辞。自文王系卦辞，周公系爻辞，孔子作《彖传》及大、小《象传》《文言传》，而卦之理无余蕴矣。

卦辞统论一卦之吉凶，而《彖传》则或言卦体，或言卦德，或言卦变，或言卦象，皆所以推明卦义，与卦辞相发明者也。

至于爻辞，或六爻合撰，或各爻殊趣，或卦言刚健而爻以为强暴，或卦言阴柔而爻以为贞顺，或阴阳相应而位不免于咎，或刚柔当位而时适过乎中。盖有爻辞与卦辞绝不相类，而六爻《象传》与《彖传》亦各不相谋者。《彖》言一卦之统体，爻言各爻之时位，其不可为典要固如此矣。

若夫爻位得中，惟二与五。而二，臣象也；五，君象也。上下之位殊，尊卑之势异。相济则有功，无应则取戾。六十四卦同一旨也。惟大《象》阐因象命名之理，于六爻之外别立一义，责在用《易》之君子，学者观六画之象，玩卦、爻之辞，而参合于《彖》《象》《传》之旨，于以用《易》，殆庶几焉。

乾，取纯阳至健之义，故其象为天，拟诸物类则为龙，其功用则曰时，成六爻：潜、见、惕、跃、飞、亢，皆时也，皆圣人之事也。三居人位，故不称龙，而德则龙德也。上处阳极，不能无悔，而处得其正，则变悔为吉也。《文言》反覆申明，不越此理。大抵合乎时，则不过于刚，而为群龙无首；不合乎时，则当初阳在下，急于出潜，即宜有悔，不待上九之亢矣。故曰"惟圣人知进退存亡而不失其正"。

卦辞言"元、亨、利、贞"，而爻辞不之及。六爻皆龙，则四德无不毕具也。他卦主阴阳相应，而乾坤不相应，纯阳纯阴以同德应，则不以阴阳应也。乾坤二卦之阴阳，未有专于一偏而不相为济者，故六爻之后复以"用九""用六"明之，此则诸卦所不得而同者矣。

**【解说】**

《乾》卦取象为天，含义是健。《易》六十四卦，《乾》卦排在第一，说明《易》强调阳刚力量在决定事物发展的矛盾中居于主要地位。强调阳刚，不等于不要阴柔，不等于说阳刚的表现没有起伏变化。本卦六爻，显示了阳刚力量从萌发、成长到旺盛以致面临衰落的起伏过程。从象征喻义的角度看，《乾》卦勉励人应奋发进取，但要注意顺应形势，或向外以建立功业，或向内以提高德行。

**【原文】**

乾：元、亨、利、贞。

**【解义】**

此卦六画皆奇，上下皆乾，阳之纯而健之至，故名为乾。而卦辞则即天道，以明圣人之德也。

乾，健也；元，大也，始也；亨，通也；利，宜也；贞，正而固也。卦辞即彖辞。

文王系乾《彖辞》曰："伏羲画卦为乾，纯阳至健，有天之象。"盖以形体言则谓之天，而以性情言则谓之乾。人能体乾立极，斯人道即天道矣。

天以元德始万物，圣人本至健之才以开物前民，而元一同于天也。天以亨德长万物，圣人奋有为之力以设施举措，而亨一同于天也。

遂万物者利之德，圣人因性制宜，使无一物不得其所，一如天之利也。

成万物者贞之德，圣人化裁曲成，使无一物不植其命，一如天之贞也。

析之则为四德，统之不越一乾。盖乾道至大至通，本无不宜，本无不正。体乾者，实能法天自强，以纯心行纯政，则德化治功，自无不与天合撰耳。

按：元、亨、利、贞之辞见于诸卦者，皆为大亨而利于正。孔子释乾《彖辞》独分指四德，诚以乾德浑全，不可以他卦例也。盖元亨利贞之道，即仁义礼智之德。元亨利贞运于天而本乎乾，仁义礼智具于心而原乎性。维天之命，于穆不已，乾之道也；至诚无息，纯亦不已，性之德也。故法天在于体乾，尽心由于知性，其实仁、义、礼、智之性与元、亨、利、贞之天道，非有二也。帝王欲象天行、该圣德，亦惟于性学加之意而已矣。

**【解说】**

本节卦辞是说乾象征天道，天道即是人道，以此来表明圣人刚健、自强不息的品德。《乾》卦象征天纯阳至健的性质，特点是元始、发展、成熟和收藏，君子由此应体会到要具有奋发进取、自强不息的品德和精神。

**【原文】**

初九：潜龙勿用。

**【解义】**

此一爻是言有德无时者，宜退而不宜进也。

画卦自下而上，故以下爻为初；九，阳数，故谓阳爻为九；龙性属阳，因取象于龙；潜，藏也。

周公系乾初爻曰：初九阳居下位，是有可为之德，而阻于时之未遇者，其象如龙之潜藏未出者然。既未出潜，即宜静以自守。若不能藏器待时，而稍有露才躁进，以轻于一试之意，鲜有不致偾败者矣。抱龙德者，慎勿急求用世，以自丧所守，焉可也。

按：易象虽通于卜筮，而君子观象玩辞，原不待卜筮而后可以学《易》。即此爻而论，未仕者处之，则当隐约以俟时。已仕者处之，则当奉身而远遁。等而上之，以天子之尊而玩此爻，或时当主静，或事当谨密，皆潜之义也。推之诸卦之中，虽或专言君道臣道，或专指一时一事，亦不当胶执卦爻之辞，而宜触类引伸，以尽其义。如此则自天子以至庶人，三百八十四爻皆可用矣。

**【解说】**

本爻是说人有才德但未遇到好的时机，此时宜退不宜进，不要有所作为。时机未到，应宜静自守。若露才躁进，抱着一试的态度，则会招致失败。

**【原文】**

九二：见龙在田，利见大人。

**【解义】**

此一爻是言龙德之及于物也。

在田，谓处地上；大人，谓大德之人，指九二言。

周公系乾二爻曰：九二以阳刚中正之德，当出潜离隐之时。位虽未尊，而德已众著，上可致君，下可泽民，如龙之显见于田而霖雨足以及物之象，此盛德济时之大人也。人君见之，则资其谋猷；下民见之，则资其教养。何利如之？

按：《本义》谓占者若有见龙之德，则利见九五在上之大人。此虽主占法之变通而言，而《易》理"变动不居"原自如是。如九二抱德用世之士，非得人主推心委任，无由普德施于天下而成霖雨之功，故其义可以类通，而其象可以互见也。

**【解说】**

本爻九二象征有阳刚中正之德的君子，其位虽未尊，但品德已被众人所知，上可以为君主出谋划策，下可以用德行恩泽百姓。但也要注意，君子需要得到君主的推心委任，才能施展其抱负。

**【原文】**

九三：君子终日乾乾，夕惕若，厉，无咎。

**【解义】**

此一爻是言处危地者，当知忧惧也。

乾乾，兢惕之意；下卦乾之终，上卦乾之始，故取此象。

周公系乾三爻曰：九三才既过刚，又居高位，此危地也。一念不慎，则尤悔丛生，岂能无过？赖三性体刚健，有履危能戒之象，所以终日乾乾警惧，上思国家寄托之重，下念民生属望之殷，虽至日夕，犹惕若不敢懈焉。

夫以投艰遗大之地，为动心忍性之资。时时思过，即时时求所以寡过；事事思危，即事事求所以持危。虽身处危地，而可以无功高震主之嫌与恃才绝物之患矣！何咎之有？

大抵圣人教人学《易》，归于知惧、不独处危地为然，天下事未有不成于敬而败于肆者。凡卦言惕、言厉、言慎、言艰贞，皆危其辞，以使人免过者也。故曰"惧以终始，其要无咎"。

【解说】

本爻是说君子处于危地中应当知忧惧。九三象征过刚不中且居高位的君子。如果君子一念不慎，则会悔恨丛生，幸好其性体刚健、自强不息，能够终日警惧、不敢松懈，因此可以无咎。

【原文】

九四：或跃在渊，无咎。

【解义】

此一爻是示人以妄进之戒也。

或，欲进未定之辞。

周公系乾四爻曰：九四以阳居阴，志主进而不果于进，其位在上下之交，其时在进退未定之际，虽事势若有可为，而犹迟疑审顾，谋出万全而后动。其象如龙之或跃而起，而仍未离于渊者然。时止时行，知进知退，又何轻躁妄动之咎哉？

按：先儒释此爻，皆言舜与汤武之事，而推其义，凡人势位崇高，身任天下之重者，皆可以此爻拟之。惟是处多惧之地，能常存难进之心，则其树大勋、立大业，皆自度乎力之所能为，与时之所不得不为，而非侥幸以立功名者，所可得而妄拟也已。

【解说】

本爻是警戒人不要妄动行进。位置在上下之交、时机在进退未定之际，虽有可为，也要谋定万全而后动，了解进退行止的时机后，就没有轻躁妄动的灾祸。

【原文】

九五：飞龙在天，利见大人。

【解义】

此一爻是言圣人在上而万物乐睹也。

五，天位；大人，指九五。

周公系乾五爻曰：九五以刚健中正之德居至尊之位，乘时首出，功业休明，有龙飞在天，乘风云以霖雨天下之象。此德位兼隆之大人，臣民所共仰戴者也。君子见之，则可以得位行志；小人见之，则可以养欲给求。何不利之有？

按：《本义》谓有九五之位，则利见九二在下之大人，其义与二爻互相发明。盖圣人系乾之二、五，即首发上下应求之义，以见体乾图治者，必贵乎同德之相济，而在九五，居尊临下，汲汲得贤以自辅，较之九二得君而事者，其利更有不同，尊卑异位故也。

**【解说】**

本爻是说圣人位居在上，这是众人所乐于看到的。九五象征刚健中正的君主。君主乘时而出，会建立功业而得到臣民的景仰爱戴。君子见到会得位行志，小人见到则可以养欲给求，这是众人所乐于看到的。

**【原文】**

上九：亢龙，有悔。

**【解义】**

此一爻是言处势位之极者，当知所变通也。

亢，过于上而不能下也。

周公系乾上爻曰：上九居卦之终，阳极于上而不下，如龙之飞入于天而不复潜蛰于渊之象。是亢龙也，夫时当盛满不能持满，戒盈则所处必致失中，而所往不能无过，动而有悔，其能免乎？既知有悔，而以亢为戒，则持以惕，而返于潜，庶几不失其为龙德也矣。

盖易之大义，最忌满盈。日中必昃，月盈必亏，天道之不容亢也；物穷必变，器满必溢，人事之不容亢也。圣人不能不处亢之时，而有善处乎亢之道，故天不能穷圣人，而圣人常能御天。亦曰随时处中而已。

**【解说】**

本爻是说处极端势位者，应当懂得变通。本爻表达的是盛极必衰的道理，处极端势位意味着到了极点，动辄有悔，此时要懂得日中必昃、月盈必亏、物穷必变、器满必溢的道理，应懂得变通，随时处中。

**【原文】**

用九：见群龙，无首，吉。

【解义】

此一节是申明体乾之道，在以柔济刚也。

群龙，谓六阳；无首，谓变刚为柔。

周公于乾卦六爻之后复系之以辞曰：乾六爻皆阳，则其数皆九。九者，阳数之极也。体乾之道者，当思阳极则亢，而济之以柔，以善其用。如群龙之刚皆在于首，惟能变刚为柔，则其首不露，而其用不测，人之见之，有若无首者然。本此道以出治，负创建之才而不自矜其才；具绝物之智而不自骄其智；仁以辅义，爱以济威；图事，则事无不理；驭民，则民无不安。何不吉之有？

大抵帝王治法，刚柔相济，必无偏胜之理。刑名法律之治，刚胜而偏者也；虚无清静之治，柔胜而偏者也。且以操切为刚，必流于残忍，则并不得谓之刚；以姑息为柔，必流于委靡，则并不得谓之柔。内健而外顺，体严而用和，庶有得于用九之义，而无失中之弊矣乎！

【解说】

本节是申明《乾》卦之道在于以柔济刚。《乾》卦以阳刚为主，但阳中有阴、阴中有阳，这是告诫人要以阳刚为本、刚柔兼备，切忌阳刚过甚、招致失败。君主治国如果做到刚柔相济，就会无往不利。

【原文】

《彖》曰：大哉乾元！万物资始，乃统天。

云行雨施，品物流形。大明终始，六位时成，时乘六龙以御天。

乾道变化，各正性命。保合太和，乃利贞。首出庶物，万国咸宁。

【解义】

此《彖传》是释乾《彖辞》，而合天道人事以明乾德也。

彖，兽名，取其能断，故卦辞为彖辞。传，为《彖传》；六位，指六爻之位；乘，凭驭也；太和，天地之生气也。

孔子释乾《彖辞》曰：乾之义，广大悉备，无所不该，而惟天足以当之，惟法天之圣人足以配之。试观天道，元、亨、利、贞，乾之四德而统言之，皆元德之运行也。大矣哉，其惟乾之元乎！天以生物为心，而元则为生生之本。当气机方动，万物初萌，无一物不资元之气以为形之始，亦无一物不资元之理以为性之始。推至成形成性之后，总此一元之德鼓荡无穷，是不独为万物之始，而且合亨、利、贞之天德，皆统贯于其中矣。此乾元之大也。

由是以观，乾之亨，阴阳之气氤氲既久，一旦由静之动，敷布而为云，和泄而为雨。凡品汇之物迎此化机，皆潜滋默长，一一形露，如水之流而莫御者然。盖资始时气已毕具，而至此乃有其形；资生时形已悉萌，而至此乃流于外。此乾之亨也。

惟圣人与天合德，观天道之元亨，即大明于四德贯通之义。元为始，贞为终，而由贞起，元不终则无以为始，终与始之交相循环，总一时之所为而已。以此知乾爻六位变动不居，正以潜、见、惕、跃、飞、亢之时各有不同。故龙德运行各以时而成位，于是乘此六龙之德随时处中，时宜显则显，时宜晦则晦，时宜舒则舒，时宜敛则敛。天道之消长，自我御之而行，则所往无不亨通可知矣。是圣人之元亨一天道也。

又进观乾之利贞，万物之理不变则不通，不化则不成，惟乾道运行由变而之化，于是万物生意充足。

凡受于天之性与天所赋之命，皆各得其正，无有欠缺，而且气机就敛，万物即随之以入。方初生时阴阳会合，冲和之气至此保固凝合，皆复返于其始。此天道以收敛为发舒之本，以归藏裕宣泄之用，成终成始，循环无迹，乃乾之利贞也。其在圣人，既法天之元亨以生物，即法天之利贞以成物。凡教养生杀之事，已尽行于乘龙出治之时，至此则恭己穆清，首出于臣民之上，而深仁厚泽沦洽于人心，风动化行感孚于中外。万国之咸宁与万物之各正，保合俱同，鼓舞于太和元气之中，是圣人之利贞一天道也。

大抵造化之理通乎人事，性命之学合乎治功。孔子传乾《象》，而天人之义备矣。乾为天之性情，而元则变化之所从出，是即太极也。流形于亨，各正于利者，一物各一太极。资始于元，保合于贞者，万物统一太极。太极者，理也，而气在其中；太和者，气也，而理在其中。明乎此，则帝王在上，仁以育万民，义以正万民，张弛翕辟，总一太极自然之用。而所谓太和在宇宙间者，即其应天时，赞化育之极功而已，宁有二致哉？

【解说】

本节《象传》是对乾《象辞》的解释，通过天道人事以表明《乾》德。乾元是生命开始的起点和万物的依靠，统管大自然的一切变化。六爻显示乾阳元气因时变化形成不同的形态，它使自然界有秩序地运行。乾阳之气在化生万物的过程中不断变化，万物因此获得了自然的性质而逐渐成熟，因而能保全太和之气，体现正道。

【原文】
《象》曰：天行健，君子以自强不息。

【解义】
此《象传》是勉人法天以修德也。

象，像也；卦之上下二体为大象，六爻辞为小象。

孔子既作《彖传》以释卦辞，又作《象传》以明卦象之义。释乾象曰：乾，天德也。而上下皆乾，则有天道运行之象。天行一日一周，终古不息，非极天下之至健不能。君子观于乾象，以人既受天命以生，即宜与天同运。乃天运不息，而人未免有息者，私欲累之耳。于是克己自强，静专以立体，而所以为万事之根本者，无一时或息也；动直以致用，而所以善万事之化裁者，无一时或息也。天理周流始终无间，一如天行之一日一周者然。而乘龙配天之业，举而措之裕如矣。盖天与人，初不相远，性与反，原可同归。一日自强，即一日之健也；一事自强，即一事之健也。惟日进而不已，则希圣希天，皆其扩而充之之事。所以成汤圣敬日跻，武王以敬胜怠视，尧舜之精一执中，若有安勉之别，而及其成功，一而已矣。

【解说】
本节《象传》是勉励人要效法上天刚健中正、自强不息的精神以修德。天道的特点是永远不停地运动变化，君子因此要效法天道，自觉地奋发向上、自强不息，才会取得最后的成功。

【原文】
"潜龙勿用"，阳在下也。"见龙在田"，德施普也。"终日乾乾"，反复道也。"或跃在渊"，进无咎也。"飞龙在天"，大人造也。"亢龙有悔"，盈不可久也。用九，天德不可为首也。

【解义】
此《象传》是分释乾六爻之象，而推明系辞之义也。

反复，重复；践，行动必于道也；造，起也，谓在天位。

孔子释乾六爻辞曰：文王之系卦辞，示象于全体之中；周公之系爻辞，复示象于各爻之内。所以教天下后世者，至明且切矣。试举乾爻之象观之：

初九曰"潜龙勿用",谓九为阳德,而初居下体,有可为之德,而未遇可为之时也。

九二曰"见龙在田",谓其德既盛,则其化自神,如龙之霖雨及物,而所施无不遍也。

九三"终日乾乾",谓体道之心无时敢懈,反复体验,以求去危而即安也。

九四"或跃在渊",谓当欲进之际,更加详审,则谋出万全,而可免躁动之咎也。

九五"飞龙在天",谓大德之人乘时首出,如龙之上腾于天,而万物皆利见也。

至上九"亢龙有悔",盖以天道忌盈,进极则退,盛极则衰,理与势,皆不可以久也。

六爻皆阳,而系以"用九",盖以太刚必折,济之以柔则有功,用为物先则致败。故天德虽尊,不可以为首也。

大抵易之为道,阴阳消长而已。圣人扶阳而抑阴,故遇阳则进之,遇阴则退之,而于乾之六爻,予其潜,戒其亢,复教以无首者,非谓阳不当贵也。诚以阳德至健,而一有恃刚自用之弊,则反为欲所屈矣。故论天道则曰下济,论君道则曰下交,论处世则戒壮往,论济险则在需时,皆以柔济刚之道。盖必如是,然后阳德为无弊耳。

**【解说】**

本节《象传》是分开解释《乾》卦六爻之象,以表明系辞的含义。初九是说此时有可为之德而未遇可为之时,不宜发挥作用;九二是说才德盛大,所施无所不遍;九三是说要整天自强不息,要坚定地遵循正道前进;九四是说想前进时要更加谨慎小心,想好万全之策后,才可免除躁动的过失;九五是说君主有德又居君位,正值大展宏图之时;上九是说天道忌盈,进极则退,盛极则衰,说明极端的状态不能持久。而六爻皆阳,都系以"用九",是说阳刚过度,需要用柔济刚,方可无咎。

**【原文】**

《文言》曰:元者,善之长也。亨者,嘉之会也。利者,义之和也。贞者,事之干也。

【解义】

此一节书是申言元、亨、利、贞之德,原于天而具于人也。

文,释也;言,指象爻之辞;自此至末节,皆《文言》也。会,聚集也;和,谓无乖戾;干,如木之有身也。

孔子于六十四卦分作《彖传》《象传》以释卦、爻之辞,又以乾坤二卦其道至大,而其六爻之义为至广也,复作《文言》释之以尽其蕴。

释乾《彖辞》曰:元、亨、利、贞之义,既详见于天道矣,试即天之赋于人、与人之全夫天者观之:

所谓元者,天之所以始万物也,而赋于人则为仁。人性之中,众善悉备,而元则得之最先,统之最全,百行由此而出,盖善之长也。

所谓亨者,天之所以通万物也,而赋于人则为礼。人性之中众美各殊,而亨则天理之节文,人事之品节,百度于此会归,盖嘉之会也。

利者,天之所以遂万物也,而赋于人则为义。义以定分尊卑上下,制之极其严,而皆合乎人心之宜,无所矫强,是义之和也。

贞者,天之所以成万物也,而赋于人则为智。智以察理,经权常变,辨之极其明而预,立夫万事之基无所摇夺,是事之干也。

大抵在天则有理气,在人则有性情。元、亨、利、贞,理也;生、长、收、藏,气也。有是理即有是气。仁、义、礼、智,性也;恻隐、羞恶、辞让、是非,情也。有是性即有是情。惟天之理气全具于人,故人之性情无一不善。《易》书教人尽性而推本于天命,正以天人本无二理,而人不当以气拘物,蔽自远于天也。

【解说】

本节是申明元、亨、利、贞之德本源于上天而具象体现在人身上。《文言》是孔子所作,内容是全面解说卦爻辞。元、亨、利、贞之义已详见于天道,而具体体现在人道方面则是:元即为仁,是众善之首;亨即为礼,是美的聚集;利即为义,是合理的共处;贞即为智,是事理的主干。

【原文】

君子体仁足以长人,嘉会足以合礼,利物足以和义,贞固足以干事。君子行此四德者,故曰乾元亨利贞。

【解义】

此二节书是言君子之备德,在能体乾也。

和义，谓得其宜；贞固，正而固也。

孔子曰：论天命之原，元、亨、利、贞之四德，本人所同具，而论率性之学，则众人能行之者鲜矣。

惟君子以仁为心之德，凡其所存所发，莫非天理之流行，则虽伦类至众，而度量之含弘，自足以怙冒天下而有余矣。以礼为身之范，凡其动容周旋，莫不萃集乎众善，则虽经曲至繁，而一心之秩序，自足以节宣礼治而有余矣。以义能利物而后可以言和，于是因物付物，使各得其所利，而天下之人，既以分相安，则自以恩相接，岂不足以和义而无乖戾乎？以智能有守，而后可以立干，于是择正理之所在，固守之而弗去，而天下之事既裁制之有方，自推行之有本，岂不足以干事而无阻碍乎？

君子之能行四德如此，夫人皆受天之德，而独君子能行之者，何也？

自人狃于气质，蔽于物欲，而四德之运行遂有时而息。惟君子法天行之健，以全天德之刚，由是本此健以体仁嘉会，则仁礼之德行矣。本此健以利物贞固，则义智之德行矣。卦辞不徒曰元、亨、利、贞，而必首之以乾者，诚以天道惟乾，故四德属于天。圣人之法天亦惟乾，故四德归于圣。天人合一之道，一乾之至健而已，故曰"乾，元、亨、利、贞"。夫天德之所以至健者，不外静、专、动、直。而静、专者，健之体；动、直者，健之用，是静又主乎动者也。

宋儒谓圣人主静，立人极，又曰"无欲故静"，然则君子体乾之功，其必制私、主静，而后能配天行之健哉！

【解说】

这二节是说君子所具备的就在于能从《乾》卦中体会到美德。君子以"仁心"为立身之本，就能做众人的首领；完美地与人相处，就能符合礼的规定；有利于人，就能符合义的要求；纯正坚定，就能办成大事。因此说："《乾》卦象征天的纯阳至健：元始、亨通、和谐有利、纯正坚固。"

【原文】

初九曰"潜龙勿用"，何谓也？子曰："龙德而隐者也。不易乎世，不成乎名，遁世无闷，不见是而无闷。乐则行之，忧则违之，确乎其不可拔，潜龙也。"

【解义】

此一节书是申乾初九《象传》之义也。

易，谓变所守；乐，谓道行；忧，道不行也。

初九曰"潜龙勿用"，其义何谓也？

孔子曰：初九有神明变化之德而潜藏在下，是有龙德而隐于下位者也。盖惟龙德刚健无欲，故外物不足以夺之。常人行履不笃，易为习俗所移，初则自守其德，不随世而变易也；常人学力未坚，易为名誉所动，初则自晦其德，不枉道以求名也。惟不易乎世，则安于遁世矣。虽终身遗佚，而其心处之泰然，何所闷焉？惟不成乎名则不求见，是于人矣，虽举世谤毁而其心自信有素，又何所闷焉？

是以道有可行之机，斯霖雨足以及物，此初之所甚乐者，乐则出其龙德以行于世而无所矫强也；道无可行之机，斯庶物无由各正，此初之所甚忧者，忧则守其龙德以违于世而不敢轻试也。

总之，用舍之权在人，而行藏之道在我。身可隐而不可屈，道可潜而不可枉，知之既明，守之复固，确乎其不可拔，岂寻常隐遁之学所能及哉？

信乎！初之以龙德而潜处于下位也，盖圣人之学，吉凶与民同患，意本在于用世，不欲独善其身。但既欲行道于天下，则必审天时，度人事，实能有济于世，然后一出而为人所利见。故六龙之德有隐显而无浅深，"初"之"潜"与"五"之"飞"，总一灵变不测之用，其不同者时位而已，所谓易地则皆然者也。

【解说】

本节是申明《乾》卦初九《象传》的含义。初九"潜龙勿用"，孔子理解说这是比喻有龙的美德而隐居的人，不因为世俗而改变节操，甘心隐居所以不感到烦闷，言行不被赞同也不感到苦闷。合乎心境的事就做，令人忧虑的事绝不沾边。坚定而不动摇，这就是潜伏的巨龙。

【原文】

九二曰"见龙在田，利见大人"，何谓也？子曰："龙德而正中者也。庸言之信，庸行之谨，闲邪存其诚，善世而不伐，德博而化，《易》曰'见龙在田，利见大人'，君德也。"

【解义】

此一节书是申乾九二《象传》之义也。

正中，谓处潜、跃之中；善世，善盖一世也。

九二曰"见龙在田，利见大人"，其义何谓也？

孔子曰：九二有刚健中正之龙德，而正当不潜未跃之时，位虽未尊，而德则已众著。试于其言行观之，言在人伦日用之间者，庸言也。庸言人所易忽，而二必加信焉。行在人伦日用之间者，庸行也。庸行人所易懈，而二必加谨焉。信、谨如此，则邪已无自入，而诚已无不存矣。乃其德愈盛，其心愈敬。

凡私欲之易乘者必闲之，又闲使不至于或萌。实理之在心者必存之，又存使不至于或间。由是备德在身，言皆可师，行皆可法，善盖乎一世矣。而虚受之至，又谦卑自牧而不伐焉。由是乘时利物，上格君心，下正民俗，德施于极博矣，而功用之神，又迁善不知而几于化焉。此虽未居人君之位，而君临天下之德，已早见于出潜离隐之时。《易》所谓"见龙在田，利见大人"者，正以其德为君德，故直与九五同称为大人也。

大抵诚敬者，圣学之源，而存诚之功又必先之以主敬，二之闲邪，即主敬之学也。邪有自外入者，有自内出者。不迩声色，不殖货利，所以闲其外也；不显亦临，无致亦保，所以闲其内也。内外交养，显微无间，帝王心学相传，孰有逾于此乎？

【解说】

本节是申明《乾》卦九二《象传》的含义。九二曰"见龙在田，利见大人"，孔子理解说这是比喻有龙的美德、立身处世能守正中之道的人。他们平常讲话重信用，日常行为很谨慎。防范邪恶而保持内心诚实，净化社会风气而不自我夸耀，道德博大、深入人心。《易》说"见龙在田，利见大人"，就是赞美这种君王式的美德。

【原文】

九三曰"君子终日乾乾，夕惕若厉，无咎"，何谓也？子曰："君子进德修业，忠信所以进德也。修辞立其诚，所以居业也。知至至之，可与几也。知终终之，可与存义也。是故居上位而不骄，在下位而不忧。故乾乾因其时而惕，虽危无咎矣。"

【解义】

此一节书是申乾九三《象传》之义也。

至，理之极致也；终，理之归宿也。

九三曰"君子终日乾乾，夕惕若厉，无咎"，其义何谓也？

孔子曰：君子处危疑忧惧之地，惟恃德业以为自全之道。故九三之"乾乾惕若"非徒忧而已，实欲其德之进而业之修也。

德何以进？凡人无真实之心，则私伪日萌，而德日损。惟"三"内主忠信，存于心者无一念之欺，动于虑者无一事之妄，所由进德于光大也。

业何以修？凡人无笃行之学，则虚辞日盛，而业日荒。惟"三"修省言辞，一言之发，必有一行以应之。是其出言之时，即为诚所植立之地，言无虚罔，行有实效，所由居业于不迁也。

若其所以用力则何如？德之极致谓之至，而其微渺则为几。君子知至之所在，而本忠信之心以至之，心与理相洽，则理之几微皆为吾心所默识，可与几也。既有知几之智，复有决几之勇，而德不益进乎？业之归宿谓之终，而其裁制则为义。君子知终之所在，而本立诚之心以终之，身与理相安，则事之经权皆为吾心所默运，可与存义也。既有见义之明，复有守义之实，而业不益修乎？

"三"之"终日乾乾，夕惕若"者，其事如此。

是故德愈盛而礼愈恭，业愈大而心愈小。居上位以临下，则持盈而不骄，忘乎其为上也；居下位以事上，则胜任而不忧，安乎其为下也。故其身处危地宜若有咎，而终日乾乾，无时不惕，则上安下和，处无不当，虽危无咎矣。"三"之得免于咎也，岂幸致哉？盖知至知终，即格物致知之事；忠信立诚，即正心诚意之事。其进修不已，则日新又新之功，而"乾乾惕若"，则缉熙敬止之心也。详绎"九三"一爻，而内圣外王之学无不毕具已。

【解说】

本节是申明《乾》卦九三《象传》的含义。九三曰"君子终日乾乾，夕惕若，厉无咎"，孔子理解说这是比喻君子能够增强内在的道德意识，净化外在的行为。执着而又诚实，是为了增强道德意识；心口如一、表里一致，是为了净化行为。意识到理想的道德境界而去努力追求，理解到某种生活方式最能巩固道德情操而绝不放弃。正由于这些，在人之上才能不骄傲，在人之下才能不忧愁。所以说自强不息而又随时反省，虽面临危险也无灾祸。

【原文】

九四曰"或跃在渊，无咎"，何谓也？子曰："上下无常，非为邪也。

进退无恒，非离群也。君子进德修业，欲及时也，故无咎。"

【解义】

此一节书是申乾九四《象传》之义也。

邪，枉道而冒进也；群，谓在下位之群。

九四曰"或跃在渊，无咎"，其义何谓也？

孔子曰：乾之九四不果于上，而又不安于下，迟疑于上下之间而无常位者，迹似有冒进之邪，而其实非为邪也。不决于进，而又不安于退，踌躇于进退之间而无恒处者，迹似离在下之群，而其实非离群也。盖龙德之君子德已进矣，业已修矣，其意本期有为于天下，特患时未可为，则不敢躁动以取咎耳。今及此可进之时，正欲以忠信之德发为济世之德，以立诚之业著为配天之业，而又何敢避无常无恒之嫌，以致坐失事机也哉？"四"之无轻进之咎，职此故也。

盖天下躁进者有咎，失时者亦有咎。躁进而至于偾事，失时而至于废事，其咎不同而其为害则一也。圣人既不欲人幸进，而又恐人借持重为口实误几务于目前，故于乾之九四特申其说云。

【解说】

本节是申明《乾》卦九四《象传》的含义。九四曰"或跃在渊，无咎"，孔子理解说这是比喻君子的地位经常上下变动，但这不是出于邪念；他的前进后退也不是一定的，但这并不意味着离开同伴。至于君子的道德修养，则要抓住时机、与时俱进，这样才不会错失机会。

【原文】

九五曰"飞龙在天，利见大人"，何谓也？子曰："同声相应，同气相求。水流湿，火就燥。云从龙，风从虎。圣人作而万物睹。本乎天者亲上，本乎地者亲下，则各从其类也。"

【解义】

此一节书是申乾九五《象传》之义也。

同声、同气，俱泛指物类言；亲上，指动物；亲下，指植物。

九五曰："飞龙在天，利见大人"，其义何谓也？

孔子曰：九五之大人，尊居天位，势分迥绝于人，而天下皆利见之者，惟其性情同也。试以物类推之，凡声之同者，彼倡此和，无不相应；凡气之同者，彼感此应，无不相求。水之行，必流湿，水性趋于湿也；火之炎，必就燥，火性趋于燥也。龙兴而云集，云自从夫龙也；虎啸而风生，风自从夫虎也。惟此六者，皆同类相感召，而况人为万物之灵，圣人为人类之首乎？所以圣人作而在上，则凡万物之在下者，莫不近光利见，一如声气之相孚，水火之相就，而风云之相感焉。此岂圣人有意于天下之不应哉？

盖圣人之于民亦类也。本乎天者为动物，动物则同亲乎上；本乎地者为植物，植物则同亲乎下。天为纯阳，而动物亦属乎阳，故从阳之类也；地为纯阴，而植物亦属乎阴，故从阴之类也。万物之于圣人，戴之如天，依之如地，孰非以类相从，而自动于其所不容已哉？所以古帝王有见于此，因人心之同，施推恩之政，教思无穷，正民德也。容保无疆，厚民生也。对时以育物，敬民时也。养贤以及民，重民牧也。而推其本原，必尽己性，乃以尽人物之性。一喜一怒，惟恐拂乎人情；一赏一罚，惟恐违乎众志。声色货利之欲，既不使溺于中，而巧令孔壬之徒，复不使蔽于外，则人主之于天下，常如呼吸之相通而一体之相恤也。此所以为利见之大人也与！

【解说】

本节是申明《乾》卦九五《象传》的含义。九五曰"飞龙在天，利见大人"，孔子理解说这是比喻同样的声调能产生共鸣，同样的气息能相互吸引。水往低湿的地方流，火往干燥的地方烧；云紧跟着龙，风紧跟着虎；大人物出现，万民亲附；本质为阳的事物亲近天，本质为阴的事物亲近地，即万物都是亲附同类的。

【原文】

上九曰"亢龙有悔"，何谓也？子曰："贵而无位，高而无民，贤人在下位而无辅，是以动而有悔也。"

【解义】

此一节书是申乾上九《象传》之义也。

四以下皆从五而不从上，故曰"无辅"。

上九曰"亢龙有悔"，其义何谓也？

孔子曰：从来"满招损，谦受益"，天之道也。今当盈满之地，而一以亢处之，则其悔有不可胜言者。如居卦之上可谓贵矣，而亢则非常守贵之道，是虽贵而无位也；居卦之上可谓高矣，而亢则不能得群下之心，是虽高而无民也。下位之贤未尝无人，而亢则高贤晦迹不乐为我用，是虽有贤而无辅也。无位则无以安其身，无民则无以率其下，无辅则无以自立于上。动而有悔，固亢所必致履斯地者，可不思所以慎处之哉？

盖履亢者天时，致悔者人事。《易》书以道义配祸福，故不以祸福之至诿之于天，而必归咎于人事之不善。如乾之上贵而知惧，则有位矣；高而善下，则有民矣；屈己以求贤，则有辅矣。穷上反下，何悔之有？所谓古今有不能尽之人事，而无不可挽之天时者，此也。

【解说】

本节是申明《乾》卦九五《象传》的含义。上九曰"亢龙有悔"，孔子理解说这是比喻君主虽然身份尊贵，但没有实际的政治地位；虽然身份崇高但没有百姓。贤人在下位不来辅佐他，所以他一行动就会有过错。

【原文】

"潜龙勿用"，下也。"见龙在田"，时舍也。"终日乾乾"，行事也。"或跃在渊"，自试也。"飞龙在天"，上治也。"亢龙有悔"，穷之灾也。"乾元用九"，天下治也。

【解义】

此七节书是再申《象传》之义也。

行事，谓进德修业之事；试，审度也；穷，亢极也。

孔子既详释乾爻之义，复约其辞而申言之曰：

所谓"潜龙勿用"者，非其德不足以利用，因位处于下，故退而安于潜也。所谓"见龙在田"者，非其德不足以居尊，因暂为时舍，故见而止于田也。所谓"终日乾乾"者，非徒为无益之忧，实进德修业，力行其所当行之事也。所谓"或跃在渊"者，非故示迟疑之迹，实审时察势，自试其所可进之机也。"飞龙在天"者，身居上位，得施云雨之泽，故治功成，而物皆利见也。"亢龙有悔"者，时处穷极，不免盈满之虞，故灾悔生而动辄得咎也。

至于乾爻皆阳而系以"用九"，盖以乾之元德包举众善，不专恃乎阳刚，而能以柔济之，故其用人行政，悉合乎大中至正之道，而天下自无不治也。乾爻之义约而言之，又有如此者。

大抵乾六爻各有用九之义，潜、见、惕、跃，皆相时而进，不敢自恃其刚。至于五，则德、位、时俱得其中矣。上稍过乎中，因以亢、悔示戒，圣人之意恐后世不知以柔济刚，故特系以"用九"。又恐不知所以用九，故特冠以"乾元"。明于"乾元"之义，而诸爻之克当其位者，有一不本于刚柔之相济者乎？

【解说】

此七节是再次申明《象传》的含义。"潜龙勿用"是说有德无时，宜退不宜进；"见龙在田"是说时机尚未成熟，仍需暂留民间；"终日乾乾"是说行事要始终自强不息；"或跃在渊"是说正在尝试自己的才能；"飞龙在天"是说在君位上治理国家；"亢龙有悔"是说高高在上带来了灾难；"乾元用九"是说能领会到乾阳之气化生万物过程中的复杂变化，则天下必然太平。

【原文】

"潜龙勿用"，阳气潜藏；"见龙在田"，天下文明；"终日乾乾"，与时偕行；"或跃在渊"，乾道乃革；"飞龙在天"，乃位乎天德；"亢龙有悔"，与时偕极；"乾元用九"，乃见天则。

【解义】

此七节书是又申《象传》之义也。

潜藏，指造化言；革，谓变革。

孔子以乾爻之义无穷，又从而申其说曰：

"潜龙勿用"者，谓当阳气未通之时，生意潜藏于下，故君子以阳德之伏处，法造化之收敛也。

"见龙在田"者，谓龙德出潜之始，功用未显于时，而天下被大人之德化者，已成文明之俗也。

"终日乾乾"者，谓九三处危疑之时，行兢惕之事，是时当戒惧而能与之偕行者也。

"或跃在渊"者，谓九四离下位而上升，乾道至此适当变革，是进而不轻于进者也。

"飞龙在天"，岂徒据尊位而已，惟其有天德，故宜居天位，是乃位乎天德者也。

"亢龙有悔"，岂徒逞才势而已，惟其任天时之穷，故不能通人事之变，是殆与时偕极者也。

"乾元用九"，岂徒事浑厚而已，惟其能体天之道，故能同天之化，是乃见天之法则者也。乾爻之义更端言之，又有如此者。

盖《易》书之义理无穷，圣人之学《易》，亦引伸无尽。以乾居六十四卦之首，故特取其象反复申明之。或以时言，或以位言，或以造化言，或以人事言，正所谓"广大悉备，变动不居"者。至于乾坤而外，虽无《文言》，而《系辞传》错举诸爻以发其义，是即《文言》之旨也。

【解说】

此七节是又重申《象传》的含义。"潜龙勿用"是说未遇到好的时机，此时宜退不宜进，不要有所作为；"见龙在田"是说君子之功尚未显现，但德化已传播而成为文明之俗；"终日乾乾"是说君子处于危地时要终日警惧、不敢松懈；"或跃在渊"是说此时应试着适当变革；"飞龙在天"是说有天德而居尊位；"亢龙有悔"是说处极端势位者应当懂得变通；"乾元用九"是说乾阳化生的功能表现为复杂的变化和转化，这显现了自然界的运行法则。

【原文】

乾元者，始而亨者也；利贞者，性情也。乾始能以美利利天下，不言所利，大矣哉！大哉乾乎！刚健中正，纯粹精也。

【解义】

此以下是《文言》第五节，申释首章之意。此四节是即物理明乾之四德，而归本于乾之大也。

乾始，即乾元，而亨寓其中；不言所利，即贞也；刚，指体健兼体用；中，谓所行得中；正，谓所立得正；纯粹，是四者之至极；精，是纯粹之至极也。

孔子复申《象传》之义曰：道之运于天者无形，而化之形于物者可见。

所谓乾元者，盖气机初动，万物皆资以为始，而其自无而有，自微而著，发荣滋长，遂有不可遏之势，非即物之始而亨者乎？

所谓利贞者，盖当元亨之时，万物之性情已毕露于外，而其性情之收敛归藏，实理充足，必至利贞时始见，则乾之利贞，非即物之性情乎？

夫析之虽有四德之名，而合之总属一元之贯。所以"乾元资始"不止于始而已，为能长、养、亨、通，以嘉美之利，利济天下之物，而且使生物之理保合于既生之后，而莫能名言其所以然。统天之德，不其大矣哉！

然而元之德，又乾之所统也。大哉乾乎！专言其体，则四德之运行，无所屈挠，何其刚也！兼言其用，则四德之通，复无所止息，何其健也！言其行，则四德之递嬗，无过不及，可谓至中；言其立，则四德之分属，无少偏倚，可谓至正。且刚健不杂于阴柔，而极其纯；中正不杂于邪恶，而极其粹。纯粹之至，无迹可指，而又极其精。乾之大，不可一言尽者如此。所以四德毕该，而及物之功无所不备也。

夫孔子形容乾德，至此已极。而其本则不外一诚，宋儒周敦颐曰："元亨，诚之通；利贞，诚之复。"盖天地之内，无非实理流行，在天为命，在人为性，自性而发则为情。情之善，由于性之善；性之善，由于天命之无不善。是以刚健中正之德，全具于人，而元亨利贞之理，无物不有，惟视人能法乾而已矣。

【解说】

自此以下是《文言》第五节，申明解释首章的意思，而此四节是通过物理变化来表明《乾》卦的四德，最终归本于乾的伟大。"乾元"是说刚健阳气开始创造生命且顺利发展；"利贞"是指刚健阳气的性情；刚健阳气一开始就让天下得到最大的好处，但不说好处给了谁，是因为这种好处十分广泛。乾至大，是因为其刚健中正，极为纯粹。

【原文】

六爻发挥，旁通情也。时乘六龙，以御天也。云行雨施，天下平也。

【解义】

此二节书是言天道具于《易》，而圣人能体《易》以法天也。

发挥，陈示、布列之意；情，即乾之情；旁通，谓曲尽。

孔子曰：乾之德至微难名，而能阐之使显者莫如《易》。今观乾卦，六爻布列，潜、见、惕、跃、飞、亢，位既不同，时亦各异。凡天道显、藏、动、静之情，变化不测者，皆于六位、时、成中曲尽其义，则《易》道，一天道也。惟圣人知天道备于《易》，而乾之六爻具有神龙变化之德，于是因时建事，乘此六龙之德以运于政事之间，其治洽化流，直与天之云行雨施无异。而天下之被其泽者，遂生复性，翕然和平，亦与物之各正保合无异。观圣人法乾之功用如此，而乾德之大，从可知已。

夫"元、亨、利、贞"者，乾之德，而《文言》以属之君子，天人同一体也；"云行雨施"者，乾之功，而《文言》以属之圣人，天人同一用也。约言其义，则一乾元足以尽之矣。体乾者，法天之所以立命；体元者，法天之所以为心。全体大用，直一以贯之耳。

【解说】

这二节是说天道具象体现在《易》中，而圣人能够从《易》中体会到天道并效法。《乾》卦六爻充分显示了潜、见、惕、跃、飞、亢的本质特征，并从多侧面展示了阳气的发展变化过程。能体会并效法天道就像是有人乘坐六条巨龙，能够随时调控大自然的变化，能兴云降雨，使天下太平。

【原文】

君子以成德为行，日可见之行也。"潜"之为言也，隐而未见，行而未成，是以君子弗"用"也。

【解义】

此以下七节是复申《象传》义。此一节是释潜龙所以勿用也。

成德，已成之德；日可见之行，谓指日可待也。

孔子复释乾初爻曰：从来德为行之本，行为德之用，二者相因，不容偏废。

君子修身、体道，德已成矣，以成德而措为事功，宜乎旦夕之间即可见于实用。乃乾之初九刚德既成，而犹以勿用自守，何哉？盖德以行彰，而行以时显。初九居卦之下，时方处潜，所以谓之潜者，机会未逢，身隐而未见于世，勋业有待行立而未底于成，虽负大有为之才，而时、位不足以济之，则终不可枉道以求用。是以君子上观天时，下度人事，宁敛其德以自守，而不敢急于用以失身，此其所以为龙德也。不然，圣人志在用世，岂其乐于隐遁，而不欲使大业之成立哉？以此见圣贤用世之学，与豪杰之士踊跃功名者不同。名欲自我立，功欲自我成。时未至而迫于自见，豪杰之士有之，而圣贤不然，或出或处，惟其时之当然而已。初之弗用，所谓宜潜而潜，适当其可者也。其终于不用，则为箪瓢之颜子；其处下位以待用，则为居莘之伊尹耳。

【解说】

此节至以下七节是重复申明《象传》的含义。本节是解释"潜龙"之所以"勿用"的原因。君子以追求完美品德为行为的准则，他的所作所为是可以看到的。而初九爻辞中的"潜"，是说当品德修养的成果不明显，行为体现不了品德时，君子不能发挥作用。

【原文】

君子学以聚之，问以辨之，宽以居之，仁以行之。《易》曰"见龙在田，利见大人"，君德也。

【解义】

此一节是释《乾》二所以为大人也。

宽，优游渐进之意；仁行，谓不为私欲所夺也。

孔子复释乾二爻曰：九二未居大人之位，而天下皆以大人尊之。此非以其位，以其德也。

夫成德之功必由学入，君子知天下之理散寄于物，非逊志以典学，无以会其全于一心也。学焉，而多闻多见，研索夫古今事物之变，而散者无弗聚已。所学既博，不能无疑，非虚已以下问，无以晰此理于一心也。问焉，而亲师质友，穷极夫是非得失之归，而疑者无弗辨已。辨论既明，可以坦然居之矣。而君子又戒其欲速也，养之以宽，使优游涵泳、心与理洽，而后德之积于内者融会而贯通焉。

蓄积既裕，可以毅然行之矣。而君子又虑其易杂也，守之以仁，使践履真纯，心与理一，而后德之见于事者，周流而无间焉。聚与辨，入德之始事也；居与行，进德之终事也。圣学至此粲然大备矣。

《易》曰"见龙在田，利见大人"，正以君子积学成德，虽未陟尊位，而君临天下之德已具，此大人之所由称，而万物之所以利见也。以此知圣学之成，知行合一，而究其极，知易而行难。仁以行之，即所谓法"天行健，自强不息也"。体于心以制私为仁，及于物以利济为仁。制私者其体，利济者其用，体立用行，而大人之德成矣。

【解说】

本节是解释《乾》卦九二言"利见大人"的原因。君子通过学习来积累知识，通过讨论来明辨事理，胸怀宽广能容忍，以仁心来待人接物。《易》说"见龙在田，利见大人"，就是说大人具备了君王的品德。

【原文】

九三：重刚而不中，上不在天，下不在田，故乾乾因其时而惕，虽危无咎矣。

【解义】

此一节是释"乾乾兢惕，所以无咎"也。

九，阳爻；三，阳位，故曰"重刚"。

孔子复释乾三爻曰：乾之九三，必乾乾惕若，乃得无咎者，何也？九三以阳居阳，是为重刚，质性既伤于过锐，而又居下之上，不得其中。言乎上，与九五居天位者不同，势近崇高，则嫌于逼主也；言乎下，与九二居田野者不同，位隆朝宁，则虑其骄人也。君子处此，物望难副，谗谤易生，是时之可危，未有过于此者。所以因时顺处，乾乾兢惕，有德而不敢自恃，有业而不敢自矜，力去其过刚任质之偏，而实行其进德修业之事。如是，则虽身处危地而得免于咎矣。

从来事变无穷，所以处之之道刚与柔而已。刚柔无定位，所以善其用者，中焉而已。《易》之言中与不中，有就其位言者，有就其德言者。乾之三四，皆所处之位失中，而所行一有不当，则其咎即在人事。故三四之忧疑，皆能随时修德以善处其位，此君子持危之学也。

【解说】

本节是解释《乾》卦九三"乾乾兢惕"之所以"无咎"的原因。九三爻是刚中有刚，而且爻位不中，上不在天、下不着地，但君子能够终日谨慎警惕、自强不息。因此虽然危险，但不会有过失。

【原文】

九四：重刚而不中，上不在天，下不在田，中不在人，故"或"之。"或"之者，疑之也，故"无咎"。

【解义】

此一节是释"或跃在渊"，所以"无咎"也。

四非阳位。"重"字疑衍文。

孔子复释乾四爻曰：乾之九四所以得无咎者，何也？"九"，阳，当四阴之位，虽质禀刚强，而居上之下，不及乎中。言乎上，则分屈于至尊而不在天。言乎下，则望隆于百职而不在田。言乎中，则进修之学已终，乘时之事方始，而不在人。此进退未定之几、行藏可疑之地也。君子处此，欲进而恐失于躁动，欲退而又恐失于后时，故或之。或之者，正其熟思审处，疑而未决，务求天时人事之归，以为树功立业之本者也。虑善而动，所往合宜，何咎之有？

夫天下事率意径行者，动而多悔；迟回却顾者，绩用弗成。故始贵乎能疑，继贵乎能断。乾之九四，独利于用疑者，为其负阳刚之才，居得为之位，不难于遇事勇决，而难其观变，审而识时豫也。不然，圣人岂欲人积疑生玩，而致阻其任事之心也哉！

**【解说】**

本节是解释《乾》卦九四"或跃在渊"之所以"无咎"的原因。九四爻也是刚中有刚，而且爻位不中，上不在天，下不着地，中不在人间，君子处此会感到忧虑。因此处此之时，如有了问题、疑问，应该果断、慎重地解决，这样做就不会有过错。

**【原文】**

夫大人者，与天地合其德，与日月合其明，与四时合其序，与鬼神合其吉凶。先天而天弗违，后天而奉天时。天且弗违，而况于人乎？况于鬼神乎？

**【解义】**

此一节是详指九五之德以明天下所以利见也。

先天，谓创举未有之事；后天，谓效法已然之理。

孔子复释乾五爻曰：乾之九五为天下所利见者，惟其以道为体，故咸尊之为大人也。

夫大人者，以刚健中正之德君临万民，举一世之大，皆在其覆载之内。以视天地之覆载万物，生成无私者，同一自然之功化也，而不与天地合德耶？

附丽于天地而贞明者，日月也。大人之德以诚明为体，以光被为用，与日月之无私照临者合焉。

错运于天地而成序者，四时也。大人之德有阴阳不测之施，有因革自然之理，与四时之无私运行者合焉。

天地之功用见于惠吉逆凶者，鬼神也。大人之德有好善恶恶之诚，有彰善瘅恶之政，与鬼神之无私祸福者合焉。德之同于造化如此，所以大人行事无一不与天相通。

凡天下有其理而无其事者，是天之所未为者也，大人则先天而为之。如叙五行以厚民生，备百物以前民用，极其思虑之所至，默与道契，而行之无不当理，即天之不违于大人矣。

凡天下有其理而并著其迹者，是天之所已为者也，大人则后天而为之。如天有典礼，而我惇之庸之；天有命讨，而我刑之赏之。酌乎事势之所宜，顺时而动，而行之无不中节，即大人之与天为一矣。

夫天体高远，若不能遽格，而道之所在，则人定而天从之。天且不违，而况人得天之道以生者乎？况鬼神承天之道以行者乎？其不能违于大人固无疑矣。所谓圣人首出，而天下皆利见之者，此也。

大抵天之从违不可见，可见者人事之顺逆耳。人事顺则天心亦顺，人事拂则天心亦拂。大人但求其事之有顺无拂，而幽明上下自无不应。其修德也，尽人以合天；其出政也，奉天以治人。总不外此大中至正之道而已。道者，万化之本，原天人之枢纽也。

【解说】

本节是详解九五的美好品德，以表明天下之所以"利于见到"的原因。九五爻辞所说的大人，其特征是：品德的崇高广大同天地一样，普照的明亮同日月一样，政令的有条不紊同四季交替一样，判断吉凶的准确性同鬼神一样。做没有先例的事，不会违反天道；做有先例的事，又能因时制宜。不会违反天，更何况是人和鬼神。

【原文】

"亢"之为言也，知进而不知退，知存而不知亡，知得而不知丧。其惟圣人乎？知进退存亡而不失其正者，其惟圣人乎？

【解义】

此二节是释亢龙所以致悔，而又申言处亢之道也。

进、退，以身言；存、亡，以位言；得、丧，以物言。

孔子复释乾上爻曰：凡人履极盛之地，惟守正则不失中。"亢"之为言，盖与时俱亢而失其正者也。

即人身而论，有进必有退者，理也。乃徒知有进而不知有退，其究也，必不免于退也。

即居位而论，有存必有亡者，理也。乃徒知有存而不知有亡，其究也，必不免于亡也。

即物理而论，有得必有丧者，理也。乃徒知有得而不知有丧，其究也，必不免于丧也。

盖天下数穷理极，不能已于通变者，虽造物亦无如之何。而处穷极之时，思变通之道，非与造物为徒者，不克几于此矣，其惟圣人乎？圣人知进之极必有退之几，则进不忘退，而不失乎进之正焉；存之极必有亡之几，则存不忘亡，而不失乎存之正焉。或警于未然，先时而预防；或戒于将然，临事而加谨。彼众人蔽于欲而不能前知，贤人知其理而不能即决，皆不得其正者也。其惟圣人能明于处亢之道，斯潜见惕，跃无不乘时，而合于天则乎？

要而言之，圣人行事，惟义是从。义之所应为者，圣人必不逆计其难，而畏避以谢责；义之所不可为者，圣人亦必不姑试其可，而徼幸以漫尝。所谓不失其正者，择是非，非择祸福也；计顺逆，非计利害也。卒之所行合义，而福与利无不归之。全《易》之理所为教人以趋避者，孰有外于是哉？

【解说】

这二节是解释亢龙所以致悔的原因，且又重申了如何处亢的道理。只知道进而不知道退，只知道生存而不知道死亡，只知道得而不知道失，过分到了极端，就会有悔恨。而知道进退存亡的道理，又能在行动上掌握分寸且懂得如何变通，这才是避免因极端过分而招致悔恨的方法。

# 卷二

【原文】
☷坤下坤上
【解义】
坤取纯阴至顺之义，故其象为地。拟诸物类，则为牝马。四德皆与乾同，而独言"牝马之贞"，明其以顺德承乾也。

《象传》释卦辞兼造化人事而言，一以柔顺为正。六爻则二之德极其盛，三之美含于中，四之慎免于咎，五之黄中内充实而外光辉。虽德量深浅不同，而皆有合于地道之贞顺者也。惟"初"与"上"以阴阳消长言，"初"言坚冰，戒阴势之将长也；"上"言龙战，警阴类之过盛也。此与诸爻若不相蒙然，而圣人作《易》之旨实在乎此。

盖论造化之理，则阴阳二气对待流行不容偏废。而论淑慝之分，则阳主生，阴主杀。主生者为善，主杀者即为不善。圣人欲以人事挽造化，尝以扶阳抑阴之意寓于观象、系辞之中。故诸卦每遇阴爻必勉之以柔顺，戒之以守贞。虽阴之取象不专属于小人，而于君子小人之际尤加谨焉，以君子小人之进退为世道消长之所系也。坤为纯阴之卦，诸爻皆言坤德，而独于初、上二爻，凛然示小加大，贱妨贵之防，其旨深矣。

【解说】
《坤》卦理应以地为象，但卦辞显示的象征物却是牝马。取象不同，但要说明的思想还是一样，那就是顺从。本卦的卦爻辞以及《象传》、《象传》、文言，都强调坤阴没有自主性，必须听命于乾阳。它参与化生万物，只是对乾阳的配合。研习本卦，可看出两点：一是阴阳的相互作用，是事物运动发展的动力；二是阳主阴从、阳始阴成的思维模式，是《易》理论思维的基石。

**【原文】**

坤：元亨，利，牝马之贞。君子有攸往，先迷后得，主利。西南得朋，东北丧朋。安贞，吉。

**【解义】**

此卦六画皆偶，上下皆坤阴之纯而顺之至，故名为坤。而卦辞则欲人法地而安于顺也。

牝马，顺而健行者。主利，谓主于顺从。西南，阴方。东北，阳方。朋，谓阴类也。

文王系坤《彖辞》曰：伏羲画卦为坤，纯阴至顺有地之象。凡人履卑下之位，能法地道以自处，则无成有终，动罔不吉，其为大亨何疑？所患者，性禀阴柔，持守不固，则有利有不利耳。必如牝马之行地，其质至驯，其力至健，始终久暂无所变易，斯有得于坤道之贞者矣。

所以体坤之君子，凡有所往，即思履顺守贞之道。阴之分宜居后而不宜居先，若争先而倡天下之事，则必迷惑而致败。惟因势所已然者而后从之，则功易成而有得矣。阴之德宜主利而不宜主义，若主义而断天下之事，则必矫拂以取戾。惟因势之自然者而顺从之，则事易遂而有终矣。阴之地宜于西南而不宜于东北，往西南以亲柔顺之贤，则同德相应而有得朋之庆矣。往东北以从刚断之人，则人不我亲而有丧朋之忧矣。

凡若此者，皆坤道之至正，而君子之所当安守者也。安于居后之贞，自无偾事；安于主利之贞，自无悖德；安于得朋之贞，自无失人。象之有取于牝马而无往不利者，固如此也，吉可知已。

夫坤之义，所该至广，而于臣道为最切。圣人立教，非谓人臣事君专主于顺从以为正也，盖坤道承乾，所事者阳刚中正之主，故君令臣共上下合德，是为天下之至顺。不然，将顺其美，固顺也；弥缝其阙，亦顺也。顺乎正，非顺乎邪；顺乎理，非顺乎欲。《易》之教，特为宠利居功、骄蹇自用者示戒，而岂苟且充位、阿意取容之徒，所可得而借口也哉！

**【解说】**

本节卦辞是想要人效法地道，领会到要安于顺从。《坤》卦象征地的纯阴至顺，像牝马那样驯顺忠诚，无所变易。为臣者要顺从国君、安于正道，君臣合德国家治理才能顺利，国家才能稳定祥和。因此宠利居功、骄塞自用者应以此为戒。

**【原文】**

《象》曰：至哉坤元！万物资生，乃顺承天。坤厚载物，德合无疆；含弘光大，品物咸亨。牝马地类，行地无疆；柔顺利贞，君子攸行。

**【解义】**

此《象传》是以地道明坤义。而此三节分言"元、亨、利、贞"之德而因及于人事也。

生，受形之始。德合无疆，谓合"乾"德。

孔子释坤《彖辞》曰：坤之义博矣！而成形之大，莫过于地。试即地道言之，坤有四德与乾相同，至矣哉，其坤之"元"乎！

盈天地之间为万物，当乾元资始时，止有气而无形。惟坤元一至，则万物凝成胚胎，皆资其理与气以受生矣。然坤非自为之也，天以理为物性之始，坤特顺其理而承之以生，无二理也；天以气为物形之始，坤特顺其气而承之以生，无二气也。乾之所至，坤亦至之，此坤元之功，所以无可加也。

若坤之"亨"则何如？天以云行雨施亨万物，德之大，至无疆也。而坤德之厚，持载万物，有与乾德之无疆适相符合者。方其化机之藏也，生物之意蕴蓄于内者，无所不包，何其含弘也！及其化机之发也，生物之意灿著于外者，无所不周，何其光大也！德之厚如此，由是万物滋荣畅茂，咸得其生意而无不亨通。博厚之载物与高明之覆物，同一功用。非德合无疆而能若是乎？

若坤之"利贞"取象于牝马，则何如？牝为阴属，而马又行地之物，是牝马固地类也。且马之行地，任重致远而及于无疆，既顺且健，实有坤之象焉。故以牝马之顺象乎坤，为柔顺之德，其承天施而生万物者，未尝居先、未尝专主也。以牝马之顺而健者象乎坤，为利贞之德，其合天行而代有终者，无有间断、无有止息也。体而行之，是在君子。君子法其至顺以养和平之心，复法其行健以坚正固之守。验之物理，合之造化，而所行无不利矣！故曰"利牝马之贞"。

按：宋儒有"阳大阴小、阳全阴半"之说，此就施生先后之理言也，若以"元亨利贞"之四德论，则乾与坤均无缺陷。假使乾施而坤不应，则物何从而生？故乾健坤顺，而坤亦未尝不健。但必天以四德行于物，然后地因以代终。天不资始，地无由资生。君不行令，臣无由奉职。是则乾坤、大小、偏全之别耳。

【解说】

《象传》通过地道来表明坤的含义，而此三节是分开解说"元、亨、利、贞"之德，以及它们所涉及的人和事。万物因坤阴元气得到了形体，而坤阴元气顺从和承接了天的功能。大地厚德，承载万物。它无限广大，包含和养育着一切，各类事物都在大地的怀抱中顺利成长。牝马属于阴类，它能驰骋不息，在于性情柔顺，坚守了正道。

【原文】

先迷失道，后顺得常。"西南得朋"，乃与类行。"东北丧朋"，乃终有庆。安贞之吉，应地无疆。

【解义】

此二节是言君子法坤之事也。

常，常道也；有庆，谓终有得朋之庆。

孔子释坤《象辞》曰：君子法坤，行事亦法坤德之正而已。无成者坤之道，若进居物先，则迷而失道矣。柔顺者坤之常，若退居物后，则顺而得常矣。盖先者非贞，而后者为贞。君子之行必居于后者也。往"西南"则"得朋"，谓阴居阴方，此求彼应，乃得其朋类而与之偕行矣。往"东北"则"丧朋"，谓阴居阳方，处非其地，若反而之于西南，乃终得朋而可以获庆矣。盖西南为贞，而东北非贞，君子之行必于西南者也。惟知居后之为贞而安之，则行不越度，而循分足以有功。知往西南之为贞而安之，则交不失人，而同类足以相济。其获吉也，不有与地道之含弘光大同一无疆者乎？地以厚载配天之无疆，君子以安贞应地之无疆，其理一而已矣。

按：《注疏》谓"东北丧朋"，以阴之为物必离其党而后获吉，象人臣离其党而入君之朝。程《传》亦从其说，与《本义》不合，而其理可以互相发明。盖人臣无私交，泰之朋亡，涣之涣群，皆取离散朋党之义。在坤为纯阴至顺，自与狎昵柔邪者不同。而以阴从阳，刚柔相济。固臣道之至正，而亦《易》理所不废也。

【解说】

这二节是说君子效法《坤》卦厚德载物之事。君子效法《坤》卦，行事也应该效法坤德，"先迷"是说领先是违反了正道，"后顺"是说随后顺从符合常规。于西南方交朋友，这是与同类在一起；而在东北方失去朋友，结果也是件好事。人们安心坚守正道，就像大地厚德载物的美德一样。

【原文】

《象》曰：地势坤，君子以厚德载物。

【解义】

此《象传》是言君子法地德之厚也。天以气运，故曰行；地以形载，故曰势。

孔子释坤《象》曰：坤之象为地。此卦上下皆坤，是地德至顺且厚，故其形势高下相因，愈远而愈无极也。君子体坤之象，知地之德不厚，斯载万物不胜其重；人之德不厚，斯载万民不胜其劳。所以，内而与含弘者同体，则积极其厚，举凡地之所载，皆兼容并生而无有不育焉；外而与光大者同用，则施极其厚，举凡地之所载，皆仁渐义濡而无有失所焉。其应地无疆之功如此。

夫坤，臣道也，而厚德载物，则君道不外乎是。观于师之《象》曰"容民畜众"，临之《象》曰"容保无疆"，皆以为君之道取法于地，则坤象岂独专属于臣？盖《易》之义无所不通，惟善体《易》者神而明之焉耳。

【解说】

本节《象传》是说君子应该效法大地厚德载物的美德。《坤》卦象征大地，地之德在于厚实温顺，君子应效法地德，要胸怀宽广，待人厚道。

【原文】

初六：履霜，坚冰至。

《象》曰：履霜、坚冰，阴始凝也。驯致其道，至坚冰也。

【解义】

此一爻是示人以防微之道也。

六，阴数，故谓阴爻为六；霜与冰，皆阴类；驯，顺习也；道，指阴道。《象传》"履霜坚冰"，当作"初六履霜"。

周公系坤初爻曰：坤之初六，阴始生于下，其端甚微，而一阴既萌，则其势日浸月长，必至于极盛。如寒气初结，止见为霜，而识微之君子当履霜之时，即知异日坚冰之至，已肇于此，思患豫防可勿凛凛乎？

孔子释初《象》曰：初之取象于履霜者，何也？天下事皆始于微而成于著，阴生于下，是犹阴气始凝而为霜也。惟不能及时消释，而因循渐积，以致阴道之极，则不至于为坚冰不止。有世道之责者，失防于始，而徒欲维挽于终，不亦可危之甚哉？

按：圣人作《易》，于阴阳消长之际必慎之于始，坤之一阴，即剥与姤之一阴也。剥初曰"剥床以足"，姤初曰"羸豕蹢躅"，皆言小人始进有必害君子之势，与"履霜坚冰"之意同，一以戒小人，一以警君子。但剥与姤言凶，而此止系以《象》者，正欲君子观象而知所惧，则能思患预防而不至蒙小人之祸矣。

【解说】

本爻是示人以防微杜渐的道理。天下之事始于微而成于著，如阴气刚开始凝聚成为霜，若不及时清理则会逐渐积累成为坚冰。一开始就丧失防患意识而想要最终挽救，这是很危险的。丧失防患意识就会有小人始进且妨害君子的趋势，因此君子要注意防患，不致蒙受小人的陷害。

【原文】

六二：直方大，不习无不利。

《象》曰：六二之动，直以方也。不习无不利，地道光也。

【解义】

此一爻是言纯德之合于坤也。

不习，谓不待学习。

周公系坤二爻曰：坤道至纯，诸爻中惟"六二"之德能得之。盖"六二"柔顺中正，其德之存于内者，粹然天理，无所枉曲而直发于外者，截然当理，无所偏倚而方，且无一念不直，无一事不方而大。其所为"直、方、大"者，又悉出于自然，不待学习而无往不利，其德之纯为何如哉？

孔子释二《象》曰：六二之德，合动静而无间者也。而事物未接之时，则其德亦无由而见。惟是动于念虑则贞固者，见其直动于物感则有定者，见其方既直且方而大可知已。然使"直、方、大"之德必待学习而后利，或不免有矫揉强制之劳。"二"之不习无不利，是盛德之蓄于内者，极其含弘；英华之见于外者，极其光大。以之配乎地道，实全体大用，无一不具者也，何光显如之？

观此爻之义，盖指成德而言。惟其成德，故不假于思勉。若论修德之功，则虽圣人不废下学，如《文言》所谓"主敬守义"，固下学力行之事而圣人之存养于未发之时，裁制于临事之际，亦未有舍"敬"与"义"而能直、方、大者。但功有浅深性反之不同，此则存乎其人矣。

【解说】

本爻是说纯德合于《坤》卦厚德载物、阴柔顺从的美德。六二象征坦率、稳重、正直、端方、宽大的人，能够顺从地听其自然，因此没有必要再复习，这正是显示了《坤》卦的美德。

【原文】

六三：含章可贞。或从王事，无成有终。

《象》曰"含章可贞"，以时发也。"或从王事"，知光大也。

【解义】

此一爻是以坤德有终，明臣道也。

章，美德也。无成，谓无专成。

周公系坤三爻曰：六三，阴居阳位，阳德内含，是有明体达用之才，而能养晦退藏深沉不露者，此坤道之至正，可以固守者也。然三居下卦之上，德为时用，岂能终于含藏？如或出而从王之事，则其恪守臣顺，固不敢争先居首以取专成之咎而有守者自能有为。凡其职分所当为与才力所能为者，务终其事而后已。"三"之德真顺而能健者乎？

孔子释三《象》曰：三之"含章可贞"，非自私其美而不发也，君子藏器于身，待时而动，必遇可用之时乃出其内美以发，施于事业耳。至于或从王事而能无成有终，固由才具过人，亦其中有定见，从来识见不明者器量必隘，偶有一长一善即不能自抑，欲以表著于人，卒之有喜事之名，而无任事之实，其为不智亦已甚矣。六三知臣分不可越而不敢专成，又知臣职不可懈而不敢废事，非智虑之光明广大，何以几此？此其德之所以为章美也。

按：坤属臣道，而诸爻皆别举一义，惟三爻乃专以臣道言。盖三为阳位，又处多凶之地，圣人恐其恃才自专，而不能守顺也，故以"先迷后得"之义皆于此爻发之。然使用《易》者，欲通之于君道，则神明默运而喜怒不形，即含章也。恭己励精而百职就理，即有终也。观无成之为臣道,又可知率作兴,事屡省,乃成为君道矣。

**【解说】**

本爻是以《坤》卦的美好品德能够有终的道理来阐明臣道。为臣者深藏才华、待时而动,行事符合正道,这说明其能够因时制宜发挥作用;能够奉王命办事且功成不居,又能始终尽职尽责,说明其胸怀坦荡、眼光深远。

**【原文】**

六四:括囊,无咎,无誉。

《象》曰"括囊无咎",慎不害也。

**【解义】**

此一爻是言柔德之宜慎也。

括囊,谓结囊口而不出也。

周公系坤四爻曰:坤之六四,以阴居阴,既无刚德,又所处失中,宜以轻躁浅露为戒。故处世则主于退藏,谋事则主于谨密,出言则主于简默,象如囊之结其口而不出者然。夫吉、凶、悔、吝皆生乎动,过由动生,名亦由动集。今谨守如是,则无妄动之咎者,亦自无成事之誉。盖四处多惧之地,惟此为善道矣。

孔子释四《象》曰:四之括囊所谓能慎者也。慎其身而不轻出,斯不辱身;慎其事而不轻举,斯不偾事;慎其言而不轻发,斯不失言。何害之有?惟其不害,是以无咎。而无誉非所计已。盖天下务名干誉之事,皆有必取祸败之道。而在人臣尤所当谨:市己恩者树私交,矜己才者,拂众志。誉之所在,即咎之所归。故于六四之"无誉",更见其能慎。然既谓之曰"慎",则其委曲济时、小心应变之学,即见于括囊之中。若徒以容悦为老成,窃位为明哲,又非《易》书教人之旨矣。

**【解说】**

本爻是说有柔顺之德者,应该注意小心谨慎。六四以阴居阴且所处不中,应该以浮躁浅露为戒,因此处世时要注意退藏,谋事时要注意谨慎,说话时要注意简洁,如此则无妄动之咎。为臣者更应该谨慎小心,不要居功自傲,因为荣誉也可能招致灾害,要无誉才会无祸。

【原文】

六五：黄裳，元吉。

《象》曰"黄裳元吉"，文在中也。

【解义】

此一爻是言中顺之德无往不利也。

黄，中色，象五德之中；裳，下饰，象五德之顺。

周公系坤五爻曰：坤之六五，以阴居尊位，是其徽、柔、懿、恭之德积之极其盛，而应事接物之际，又绝不以之自矜。由是形之身者，无非巽顺之容；施于政者，无非和平之治。如黄之中色用以为裳者然。如是，则守中履顺，亢厉不形。以之处己，能尽己之道；以之处人，能得人之心。其为大善而获吉，何疑乎？

孔子释五《象》曰：五之"黄裳元吉"非矫饰于外也，盖居尊位者出身加民，事事皆本于心德，惟五实有中顺之美德充积于中，故虽不自炫其文而英华发外，自有如此之盛也。

按：五本君位而在坤，则说者多属之于臣，如伊尹之宠利不居，周公之硕肤几几，皆以为有得于黄裳之义者也。然而自古帝王崇效天，卑法地，礼接臣下，俯恤民情，位高而愈自抑，德盛而益守谦，君德之美又孰有逾于黄裳者哉？

【解说】

本爻是说有中顺之德者会无往不利。六五本象征为君者，但《坤》卦六五多象征为臣者，申明为臣者地位虽高，但仍需坚守地德，以顺从为本。

【原文】

上六：龙战于野，其血玄黄。

《象》曰"龙战于野"，其道穷也。

【解义】

此一爻是极言阴盛之害也。

玄，属阳；黄，属阴；其道，指阴道。

周公系坤上爻曰：阴之不敢与阳抗者，理也，亦分也。然阳不能制阴，而使阴至于极盛，则阴岂独与阳抗？而且与阳争胜是战之象也。夫以既衰之阳而与极盛之阴相竞，固自处于必败。然而揆之天道，度之人事，必无阴终胜阳之理，则阴之悖理越分以求胜乎阳，又岂能卒免于祸害乎？如龙战于野而其血玄黄，盖两败俱伤之道也。

孔子释上《象》曰：龙何以遂战于野耶？阴本起于至微，惟驯致其道以至于穷极，则势难复遏，而日与阳争胜，惜乎其制之不早也。若当其始凝而能预防其渐，又焉有异日之祸哉？

大抵阴柔之性最为难制，其未盛也，潜伏而不及防；其既盛也，横决而不可御。配诸人事，方小人始进，未尝不降心抑气，以求包容于君子；及其党日炽，遂不尽驱善类而去之不止，所以姤一阴始生，合众君子之力以防一小人，而尝虑其计之疏；夬一阴将尽，又合众君子之力以去一小人，而犹戒其势之厉。况由一阴以积至于六阴，虽欲不为阳害，得乎？故坤爻初曰"坚冰至"，警龙战之祸于始。上曰"战于野"，著"坚冰"之害于终也。

**【解说】**

本爻是极力在说明阴过盛的危害。阴阳相争是战争之象，而衰阳与盛阴相争，阳必然失败而不能免于祸害。从人事来说，阴盛意味着小人开始得势并逐渐气焰盛大，因此《姤》卦说要合众君子之力预防小人，《夬》卦说要合众君子之力铲除小人，《坤》卦初爻警示要防微杜渐，而本爻是说阴盛的危害已经形成。

**【原文】**

用六：利永贞。

《象》曰"用六永贞"，以大终也。

**【解义】**

此二节是申明体坤之道在以刚济柔也。

阳大阴小，大终，谓以阳终也。

周公于坤卦六爻之后复系之以辞曰：坤六爻皆阴，则其数皆六，六者，阴数之极也。体坤之道者，当思阴柔之性患在不能固守，若能善用其阴柔而以阳刚济之，则其处心制行，常确守中顺之正道，而私欲不为所屈，常变不为所移，贞固之德安而能永，何不利之有？

孔子释用六之《象》曰：《易》之理，阳为大，阴为小。永贞者，阳刚之所能也。今体坤而能用六，则阴变为阳，而坤德亦能永贞矣。始虽柔弱而终则强毅，是始于小者终于大也。坤之与乾合德者以此。

按：乾、坤之用九、用六，即《书》"刚克、柔克"之义。一以柔济刚，一以刚济柔，此逆以治之者也。所谓"沉潜，刚克。高明，柔克"也，去其刚之偏，而刚德全矣；贞其柔之守，而柔德全矣。此顺以治之者也，所谓"彊弗友，刚克；燮友，柔克"也。二者之用备，而刚柔无失中之患已。

【解说】

这二节是申明《坤》卦之道在于以刚济柔。《坤》之道在于能够善于运用阴柔且以阳刚济之。《易》的理是阳大阴小，运用"六"所显示的变化的道理，则意味着坚守正确的原则，且说明阴阳矛盾将以阴气的全部转化而告终。

【原文】

《文言》曰：坤至柔而动也刚，至静而德方，后得主而有常，含万物而化光。坤道其顺乎？承天而时行。

【解义】

此四节书是申明坤《象传》之义也。

方，谓有定体；"主"下当有"利"字。

孔子释坤《彖辞》曰：坤之象取义无穷，而顺、而健足以尽之。其所谓"利牝马之贞"者，正以极顺之德能持之，以"健"有类于牝马也。

盖坤之不敢专主者，至柔也。若其动而及物，常承乾之气而发生于不穷，既成物之形，复成物之性，何其刚也！坤之寂然无形者，至静也。若其德之及物，常承乾之施而予物，以各正物，具一形而不相凌夺，即物具一性而不相假借，何其方也！柔与静，其顺也；刚与方，其健也。柔顺利贞之义于此可见矣。

至卦辞言"后得主利"，何也？

凡天下属于阳者，以居先主义为常；属于阴者，以从阳主利为常。惟坤为纯阴，能居乾之后而守其分。

所当为，即以顺为利而尽其力。所能为，是乃全乎阴柔之常道者。君子之法坤"安贞获吉"，亦于此可见矣。且也坤有柔静之德，故万物之生意悉含于中，而积之极其厚；坤有刚方之德，故化机之郁达悉著于外，而发之极其盛。此其所以为含弘光大也。要而言之，乾先而坤代之终，乾始而坤作之成。坤之为道，其天下之至顺乎！从来天之生物，一时之自然而已。天以气赋于物为形，坤即承其气以行于物，而形以时而成矣。天以理赋于物为性，坤即承其理以行于物，而性以时而成矣。时未至不敢先，时既至不敢后。其德之合于无疆者，非至健不足以成能，而总全其为顺而已，故曰"乃顺承天也"。

按：坤之德主于柔静，而此兼动刚以为言。盖刚柔动静，乾坤不容偏废，《系辞传》言之详矣。配之人事，则君道震动于上，而臣下不可以退缩承也；君道刚断于上，而臣下不可以巽懦承也。既曰顺承，则并所谓动与刚者，而亦承之矣。夫如是，庶可言合德也欤！

【解说】

这四节是申明《坤》卦《象传》的含义。《坤》卦的美德在于柔顺安静，但它在运动中又表现为刚强，这体现出刚柔动静相结合，乾坤不容偏废的道理。从人事来说，国君居上而动，臣下是不可以退缩的；国君居上刚断，臣下是不可以怯懦的。《坤》卦说顺承，是并言动与刚的，如此才是合于德。

【原文】

积善之家必有余庆，积不善之家必有余殃。臣弑其君，子弑其父，非一朝一夕之故，其所由来者渐矣，由辩之不早辩也。《易》曰"履霜，坚冰至"，盖言顺也。

【解义】

此一节书是申坤初六《象传》之义也。

辩，察也；顺，当作慎。

孔子复释坤初爻曰：天下事由渐而盛，由积而成，小而一家之盛衰，大而人伦之变故，未有外于此者。如其家积善之久，和气足以召祥，则不独福集于一身，而且及于子孙，有无穷之庆矣；如其家积不善之久，乖气足以致戾，则不独祸中于一身，而且及于子孙，有无穷之殃矣。若其变之大者，以臣而至弑君，以子而至弑父，逆天反常莫此为甚。然推原其故，非始于弑逆之一日也。乱臣贼子之所由来，盖积渐使然也。使为之君父者，早察其奸宄，而逆折其乱谋，则祸必不若是之烈。其至于若是者，由辩之不早辩也甚矣！防患者当于其渐，而遏萌者当于其微也。《易》曰："履霜，坚冰至"，正言持世之君子宜思辩微之道，而深致其凛凛焉耳。夫小人之为害于国家极矣！在上者岂有明知为乱贼而故纵之之理，乃竟使其积成凶恶者何也？小人中藏祸心，外示柔顺，弥缝之智巧，则易为所欺；诌谀之术工，则易为所溺。从来除恶之难不能察者半，能察而不能断者亦半。明于《易》之言慎，则审辩而谨防之，自不至贻后患已。

【解说】

本节是申明《坤》卦初六《象传》的含义。意思是说，要注意防患于未然，防止祸乱由渐而盛、由积而成；要注意审辩和谨防，这样就不会给自己遗留后患。

【原文】

直，其正也，方，其义也。君子敬以直内，义以方外，敬义立而德不孤，"直方大，不习无不利"，则不疑其所行也。

【解义】

此一节书是申坤六二《象传》之义也。

正，言体；义，言用；不孤，谓德有夹持而大也。

孔子复释坤二爻曰：凡人德具于心而所以成德者，由于学六二之所谓直者，盖其心本体至正，无少偏倚，故极其直也；六二之所谓方者，盖其心裁制合义，无少邪曲，故极其方也。人心皆有直方之德，而独君子能全之者，内外存发之间有实学以成此德耳。心不敬则内不直，君子主敬以存心，使私意不杂而专出于理之一途，斯内直矣。事无义则外不方，君子守义以制事，使歧念不生，而适合于理之至当，斯外方矣。

专求义而不主敬，则存养之功不密而或挠于其外；专主敬而不守义，则取舍之分不明而或淆于其内。惟敬义既立，斯内外夹持，体用兼备，不偏于一善，而其德不孤矣。所谓不期大而大者，此也。

其又曰"不习无不利"者，何也？凡人蓄德未大，则临事每多所疑。六二涵养纯熟，矜持俱化，其一身所行之事，皆坦然顺适，无所疑碍，而又何假于习乎？此修德之始必致力于敬义，而成德之后斯日进于从容也。

夫乾九二言诚，坤六二言敬。诚则无不敬，而敬乃所以存诚，故主敬者，下学之要也。乾九二言仁，坤六二言义，仁可以统义，而义乃所以成仁，故集义者，下学之功也。天道人道之辨具于此矣。

【解说】

本节是申明《坤》卦六二《象传》的含义。君子恪守道德信念以净化思想，恪守道德原则以规范行为，这样的人自然充满信心而不会感到空虚。"直方大，不习无不利"说的就是这种人，他的所作所为是不用怀疑的。

【原文】

阴虽有美，含之以从王事，弗敢成也。地道也，妻道也，臣道也。地道无成而代有终也。

【解义】

此一节书是申坤六三《象传》之义也。

阴，谓阴位。

孔子复释坤三爻曰：六三有章美之德，而必以含章为正道，何也？

六三，以阴从阳者也。阴无专制之义，虽内有美德必蕴含之而不可轻露。即以此德而从王事，亦退处于后，而不敢居专成之名。是非其才力不足，盖揆之于分而有所不敢也。

从来阳为天，阴为地，三，地道也；阳为夫，阴为妻，三，妻道也；阳为君，阴为臣，三，臣道也。地之为道，至柔至静，不敢专成，惟顺承天施而代有终已耳。则三居臣位而代君以终其事，非得臣道之正者哉！

大抵人臣有市美之念，则骄吝日生，诚明于代终之义，虽勋业媲于伊周，不过自尽其职业而已，负咎之不暇，何敢言功？思惧之不暇，何敢言誉？彼夫小器易盈，而卒至于身名俱裂者，其亦未尝学《易》矣夫！

【解说】

本节是申明《坤》卦六三《象传》的含义。阴柔虽有才华，但要含蓄不露地为阳刚服务，这是大地厚德载物的道理，是做妻子的道理，也是为人臣的道理。为臣者虽有大勋业，也要谦虚含蓄，这只是自己尽职而已，不要居功自傲，这才是为臣之道。

【原文】

天地变化，草木蕃，天地闭，贤人隐。《易》曰："括囊，无咎，无誉。"盖言谨也。

【解义】

此一节书是申坤六四《象传》之义也。

变化，谓天地交闭蒙塞也。

孔子复释坤四爻曰：君子之出处，关乎世运之盛衰，如天气下降，地气上升，则变化之道行矣。于时太和翔洽，草木亦无不蕃殖，而贤才有不连茹而起乎？如天气上亢，地气下郁，则闭塞而不通矣。于时运数屯否，贤人皆抱道而隐，而又岂肯轻出以取咎乎？《易》曰"括囊，无咎，无誉"，正言所遇当闭塞之时，固宜顺时而隐，谨密而不出也。

夫世运之盛衰，虽属气数，而必赖人事以为转移，假使群贤皆隐，则拨乱图治之事将谁责耶？盖《易》为贤人未仕者谋，所以藏器待时，道宜于隐。若以人君而求贤，屯之时利建侯矣。以大臣而进贤，否之时畴离祉矣。所处之地不同，故所系之辞各异。且在上诚有用贤之君相，则世道宁有不泰，而贤人宁有终隐者哉？

【解说】

本节是申明《坤》卦六四《象传》的含义，说的是谨慎处事的道理。君臣同心治国，事业就会兴旺；如果君臣异志，就会引起政治混乱，此时贤人应该引退，则无妄动之咎。"括囊，无咎，无誉"说的就是要谨慎处事。

【原文】

君子"黄"中通理，正位居体，美在其中，而畅于四支，发于事业，美之至也。

【解义】

此三节书是申坤六五《象传》之义也。

黄，中德也；通，贯通；理，条理也；位，指尊位；体，指下体。

孔子复释坤五爻曰：六五之取象于黄者，何也？黄为中色，而居五之君子，大中之德浑然内含，统而观之则时出不穷，无所不贯通也；分而观之则条理不紊，无所不精晰也。众理毕备而至善无疵，不犹黄之为中色乎？

其取象于裳者，何也？君子正位于上，而不以尊贵自矜，谦抑以礼士，和易以近民。其所履者，虽崇高之地，而其所执者，皆卑顺之体，不犹裳之为下饰乎？盖中为天下之美德，而顺则其"中"之用也。

六五有此美德充积于内，于是见于四支，而和顺之容极其畅适，美之不言而喻者然也；见于事业，而和顺之治极其发越，美之不见而章者然也。

德至此，则白心而形诸身，自身而形诸政，至精至粹而无以加矣。此五之象所以获"元吉"哉！

按：坤之二五皆以德言，二言修德之功，五言成德之效，而其理则可以互通也。能敬以直、内，而后、中之体全；能义以方、外，而后、中之用备。直、内、方、外者，内外夹持，交致其力，而黄中通理，则内外一贯，几于圣人之事矣。故曰"美之至也"。

【解说】

这三节是申明《坤》卦六五《象传》的含义。这里把君子比作黄裳，取其色调中和、通达事理，地位虽高，但又恭顺得体之意。有这些内在的品质，君子事业就会亨通，就会无往不利。

【原文】

阴疑于阳必战，为其嫌于无阳也，故称"龙"焉。犹未离其类也，故称"血"焉。夫玄黄者，天地之杂也，天玄而地黄。

【解义】

此一节书是申坤上六《象传》之义也。

疑，敌也；其类，谓阴类；血，阴属。

孔子复释坤上爻曰：坤至于上，而龙战于野，何阴遂敢与阳抗耶？盖阴盛之极，力敌乎阳，则必至有两相争战之事，战则阳气衰而势不能自全矣。

何以称龙？圣人以为阴之心虽欲剥阳，而阳必无终绝之理，正为其嫌于无阳也，故称"龙"焉。且既名为龙，则阴不安其为阴矣。

何以称"血"？圣人以为阴之心虽欲自离其类，而阴必无常胜之理，惟未离于其类也，故称"血"焉。

其"玄"与"黄"并称者何也？阴为阳所败，而阳亦为阴所伤，玄黄之色相混淆，即天地之色相间杂也。事出于至变，故举其相杂者以为言。然而尊卑之定位，贵贱之定分，不可干也，亦不可紊也。天之色为玄，固不得下同于地；地之色为黄，终不得上拟于天也。岂其因一日胜负之势，而至乱阴阳之常理哉？

观坤上爻所系之辞，而尊阳卑阴之意深切著明矣。大抵阳刚为天下之正气，造化人事，俱不容一日息者也。以造化论，则自姤至坤为纯阴十月之卦，然一阳虽生于子，而实萌于亥，是一岁之内未尝一日无阳也。从人事论，自古小人之类易盛，君子之类易衰，以小人与君子争胜，君子常不能无伤，然而君子既去，而小人之祸亦不旋踵，非独人事，抑亦天道存焉。是极否之运未尝一日无阳也。作《易》至此，圣人之为世道虑者远哉！

【解说】

本节是申明《坤》卦上六《象传》的含义。阴柔极盛，必然会与阳刚发生激烈冲突。从人事来说，阴盛则意味着小人开始得势并逐渐气焰盛大，而君子势衰。君子会受伤害而离去，而小人的危害已形成。人事如此，天道也是如此。

【原文】

☵震下坎上

【解义】

屯，取济难之义。凡处险难者，必能奋发有为，然后可以出而治险，故下卦以震德之动为亨屯之本，而初画一阳居下，又为成卦之主，所以一卦吉凶皆视初爻以起义。

《彖辞》虽统论卦体，而与初爻之旨实互相发明。其言"利贞"，即初之利居贞也。其言"勿用，有攸往"，即初之磐桓也。其言"利建侯"，即初以贤明刚正之德系天下之望，而宜早建以为侯也。惟初既为民望之所归，则凡有志用世者，必与初相辅，乃克有济。故二乘初，则屯邅三；不应初，则有吝。四与初正应，则吉无不利。五位虽居尊，而初得民于下，则屯膏上与初地位相远，下无应援，则进无所之而不能自振。盖诸爻之辞因初起义者如此。

至于初为卦主，既曰"大得民矣"，乃六二不应其求，而反以为难，何也？合诸爻而言，则初九以阳统阴，民皆归往。据六二而言，则二以阴柔为初阳所逼，受制于人。此一爻别取一义，非全卦之旨也。程传言之晰矣。

【解说】

《易》的《序卦传》认为，有天地然后有万物，《屯》卦紧接《乾》《坤》之后，表明它所说的事物，是天地出现后的初生幼芽。因为初生，所以脆弱、发展艰难，但又生气蓬勃前途光明。《屯》卦所说正是事物初生、事业初创时的困难和前景，卦中六爻由于爻位差异，展示的是事物初生时困难的具体情况，是勉励人们把握初生、初创时的发展趋势，坚定信心，审时度势，艰苦进取。

【原文】

屯：元亨利贞。勿用有攸往。利建侯。

【解义】

此卦震下坎上，以震动遇坎险，故名为屯。卦辞言"济险"者，当守正慎动，而又在立贤以自辅也。

"侯"，谓诸侯，指初九。

文王系屯《彖辞》曰：屯难之世，正人可大有为之时，才足以拨乱，力足以扶危，应时而动，于理当得元亨，但屯时大难方殷，举事一不当，则机会尽失，而人心易至解体，故必固守正道，谋出万全，然后可以有济，决不宜欲速见小利而轻有所往，以取困也。

至于匡济时艰，务在得贤共理，如卦之初九为众望所属，宜亟建立为侯，使人心有所统系，庶几以能济之。人行善济之道，而屯难可以悉解矣。按帝王图治，非守正不能黜功利之习，非慎动不能抑侥幸之谋，非建贤不能收辅助之益。平险一理，常变一揆，而当屯难之时，则所系为尤重，故圣人兢兢垂训如此。

【解说】

本节是说《屯》卦象征事物初生，告诉人们应当坚守正道，谨慎勿动，做事要得贤人辅佐。此时不要急于发展，应建立秩序，创造条件，以利于事物的发展。这样就会渡过难关，成功"济险"。

【原文】

《彖》曰：屯，刚柔始交而难生。动乎险中，大"亨贞"。雷雨之动满盈。天造草昧，宜"建侯"而不宁。

【解义】

此《彖传》是释屯《彖辞》以明济屯之道也。

始交，谓乾坤始交，一索而得震；难生，谓遇坎险。雷震象雨，坎象草，谓杂乱无序；昧，谓晦昧不明也。

孔子释屯《彖辞》曰：卦之名为屯者，盖以卦体震下坎上，是乾刚坤柔，一索得震而始交，再索得坎而难生也。以世道论，则国家肇造之始，中外多难，经理需人。惟卦以震动之德入于坎险之中，是当大难方殷，而能奋发有为，拨乱而为治也。故卦辞系曰"大亨"。但在险，则势未易动，必有弘济时艰之才，又有从容观变之略，然后动能出险，而所往有功，故大亨，而又系之曰"利贞"。

夫出险济屯之事不可枚举，其亟亟于利建侯者，何也？卦象雷雨交作，盈满于天地之间，为天运初开，杂乱晦冥之象，此时人心未定，名分未明，一人之力不能削平大难，必宜择立贤哲，建以为侯，方可徐理天下之纷乱，收集天下之人心。然而立君之后，又未可遽谓安宁之时也，内切履危之戒，外厪防患之谋。惟不宁乃所以求宁，惟事事求宁乃愈不敢自以为宁，此真济屯之正道矣。

按：卦义阴阳不交则为否，始交而未成泽则为屯，泽及于物则为解，万物既通则为泰。由否之泰全视乎济屯之功，而其道则主于震动，天时动于上，人事应于下，皆震之德也。惟其时至事起，故曰"贞"。有济屯之责者，其可不奋发以有为哉？

【解说】

本节《彖传》是对《屯》卦《彖辞》的解释，以表明济屯之道。《屯》卦象征天地万物初生，此时面临的困难很多，事物在危险中艰难发展。此时虽前景光明，但道路艰难，一定要坚守正道。另外，此时人心未定、名分不明确，一人之力难平危难，要选择贤哲之人为君，理顺天下纷乱，收拢天下人心。于内履危警戒，于外防患谋略，这才是真正的济屯之道。

【原文】

《象》曰：云雷屯，君子以经纶。

【解义】

此《象传》是言君子济屯之事也。

云，坎象。郁而未通故言云，而不言水；经纶，治丝之事，先经以引之，后纶以理之也。

孔子释屯《象》曰：此卦上坎为云，下震为雷。雷虽动矣，云蓄雨而未降，屯之象也。君子以治乱世如治乱丝，必先整其大纲，而后可举其众目。故经以引之，使统纪既立。复纶以理之，使节目毕详。如制田里以厚民生，而复为之经理树畜，俾区处之画其宜；设学校以正民性，而复为之斟酌节文，俾施行之有其序。如是则人心大定，名分昭明，而何险难之不可立平哉？夫屯与需皆有遇险之义，其象皆为阴阳未和。而需之饮食宴乐独有异于屯者，益需之时人事已尽，则不可以期速效。屯之时天运未启，则不可以无事功。义固各有取也。

【解说】

本节《象传》是说君子济屯之事。云在雷上，象征有雷无雨，下雨困难。君子由此要体会到在困难面前应有责任感，要努力地筹划经营、治理国家。

【原文】

初九：磐桓，利居贞，利建侯。

《象》曰：虽"磐桓"，志行正也。以贵下贱，大得民也。

【解义】

此一爻是言"济屯"者，在有守正之德以得民心也。

磐，石也；桓，柱也。皆难进之象。

周公系屯初爻曰：初九以阳刚居动体，当屯难之始，亟宜进而有为，然阳刚有能进之才而居下，则无可进之势；动体有欲进之志而应柔，则无引进之人，是其心虽深切时艰，而未免迟回审顾，有磐桓难进之象。

夫天下躁进者非贞，而难进者为贞。惟初九处得其正，故能相时而不轻动，揆之"济屯"之道，原不利于欲速幸成，而利于居贞以自守也。且初为成卦之主，德足济时，天下之仰其德者，自利于建立为侯，以削平祸乱，又岂终于磐桓不进已哉？

孔子释初《象》曰：初之磐桓，虽势不能遽进，而其志原在行正不肯妄为，稍有不合于义，宁从容藏器以待之，此居贞之所以利也。至其以阳刚居阴下，盛德不骄，而日以下恤民隐为念，彼民在水火之中，有不引领望救，而愿建以为侯者乎？

盖能得民心者，真定祸乱之根本耳。大抵天下之治乱，全视人心之向背。匹夫匹妇，非可以权制术驭而为我用也。仁足以使之感，义足以使之服，然后奋发举事，而人不得而议之。所以三代之得天下，逆取顺守之说屏而不用，行一不义、杀一不辜之事耻而不为，王道之异于霸功，此而已矣。

【解说】

本爻是说"济屯"者在于能够有坚守正道的美德以得民心。君子能够盛德不骄，体恤在下的百姓，救百姓于水火之中，并且能够行正而不妄为，有坚守正道的美德，因此君子能得民心，而得民心是平定祸乱的根本，因此能"济屯"。

**【原文】**
六二：屯如邅如，乘马班如。匪寇，婚媾。女子贞不字，十年乃字。
《象》曰"六二"之难，乘刚也。"十年乃字"，反常也。

**【解义】**
此一爻是言"二"能以正自守而不苟于从人也。

邅，邅回也；班如，分布不进之貌；字，许嫁也；乘刚，谓乘初刚之上；反，复也。

周公系屯二爻曰：六二与九五为正应，义所当从。但位逼初九，为其所制，是当屯难之时，君臣不能遽合，而见阻于强梁之人也。其象为"屯如邅如"，而所乘之马"班如"而不能进焉。

夫初九之强与"二"合者，原非与"二"为寇，实欲其合力济屯，如婚媾之相亲耳。惟"二"，阴柔，中正，执一不渝。至于历时既久，数穷理极，则妄求既去，而正应乃复合矣。不犹女子守贞不字，至十年而乃字乎？

孔子释二《象》曰：六二之受难于人，止以下乘初刚，欲其变常道而与之合耳。天下变常之事必不能久，二之十年乃字，正复反于常道，而君臣会合，获遂其本志也，君子尚其知所守哉！

按：初九为一卦之主，本为贤明刚正之人，二与之合力济时，未为失节，而圣人于二之守贞不字深加奖许者。凡以出身事人，义无私交，倘或迫于侵逼之势，牵于比昵之情，明知其不可而姑应之，鲜不至于辱身败节，故以不字为正，所以戒后世之怀二心者也。

**【解说】**
本爻是说"二"能以正自守并且不随便顺从于人。六二受难于人，且想要改变其坚守的正道以迎合别人，而最终又返于常道，这是尚且知道能以正自守。君子出身事人，若无私交，或者为形势所迫，明知道若是顺从别人而改变，就会辱身败节，因此君子应深以为戒。

**【原文】**

六三：即鹿无虞，惟入于林中。君子几不如舍，往吝。

《象》曰"即鹿无虞"，以从禽也。君子舍之，往吝穷也。

**【解义】**

此一爻是为躁进者示戒也。

即鹿，逐鹿也；虞，虞人。

周公系屯三爻曰：凡任天下事者，必内度之己，外度之人，然后能进而亦能退。六三，阴柔居下，是内无济屯之才也，正应非人是外无济屯之助也。乃好动轻进，自取困穷，如逐鹿而无虞人导之，惟有陷入于林莽之中而已，虽欲退其可得乎？

夫其所以轻进取困者，由不能见几故耳。天下事应行应止，原有先见之几，妄行之必致于困，此几之灼然易见者也。惟君子知之，与其侥幸以图利，不如舍而勿往，虽无所得而必不至有失身之患。若贪利往逐自不免陷于屯矣，何吝如之！

孔子释三《象》曰：无虞而即鹿，是以身从禽而不知舍也。三之贪利躁进，不可动而妄动，亦犹是而已。君子见其当舍即断然舍之，诚以往则必吝，故不得不去之决耳。圣人戒人急于求进者如此。

盖济屯者之入乎险中，与田猎者之入于险阻，其危一也。方其猝然遇轶材之兽，骇不存之地，虽使虞人导之，犹惧有衔橛之变，况无虞乎！所以圣人取象，以忘身徇禽为忘身徇利者之喻，诚以天下利之所在即害之所伏，惟能见几然后利害明，利害明然后取舍决。不然，未有不自取困辱者也。

**【解说】**

本爻是给急躁冒进者以示警戒。追逐野鹿而无人帮忙，说明这是盲目跟着猎物跑，贪利躁进，轻举妄动，如果君子认为此时该舍弃就应断然舍弃，坚持躁进则会有危险，因此应该警戒。

**【原文】**

六四：乘马班如，求婚媾。往吉，无不利。

《象》曰"求"而"往"，明也。

**【解义】**

此一爻是言济屯者宜求贤自辅也。

求，谓四求初往；往，济屯也。

周公系屯四爻曰：六四居大臣之位，本有济屯之责，而阴柔无才，志欲进而力不逮，故有"乘马班如"之象。然初九阳刚居下，为四正应，是乃与己为婚媾者也。诚能虚己求之，借其有为之才以同往济屯，则在初得展行正之志，在"四"得成出险之功，不亦吉无不利乎？

孔子释四《象》曰：凡不明者，非昧于知人，即蔽于自恃。六四求初九之贤同往济屯，量己之不足资人之有余，不自用而任之，其识见可谓明矣。

盖人臣最忌蔽贤，而又最患植党，二者或疑于相妨不知，意主于为国，则其所以勤延揽者皆公也；意主于为己，则其所以广汲引者皆私也。若外避植党之名，而内怀嫉贤之实，其害与树私交者正复相等。以处无事之日必误国家，况可与之济屯乎哉！

【解说】

本爻是说"济屯"者应求贤自辅。六四想要辅佐九五，但由于自身性格懦弱，才力单薄，所以行而复止。六四自知力弱不足以克服创业中的困难，所以先求与初九合作，共同前进，以共同辅佐九五。

【原文】

九五：屯其膏，小贞吉，大贞凶。

《象》曰"屯其膏"，施未光也。

【解义】

此一爻是言时危无辅而德泽难施也。

小、大，谓小事、大事。

周公系屯五爻曰"五"以阳刚中正居至尊之位，宜若可以有为，但时当屯难陷于险中而正应六二。又阴柔才弱，不能出而济险，天下民心多系属于初。九五虽有膏泽之施，亦壅而不能下究为屯，其膏之象以处小事则守正犹可获吉，若欲图济屯之大业，虽得正不免于凶。甚矣，其时之难为也！

孔子释五《象》曰：在上者以德及生民为大，九五之屯膏则以陷入险中，阳为阴掩，虽有膏泽不能遍及于人，故所施为未光也。

按：圣人立教，责重人事。虽时势无可为，犹必教之以出险济难之道。况屯之九五本有阳刚之才，未为失德，而直以"大贞凶"为戒何哉？

诚以有君无臣必不能成大业。"五"专恃六二阴柔之应，斯所往多阻。卦之初九既为人望所归，使与六四同屈己下贤，倾心委任，而又内修德政以收拾人心，未必膏泽不可以下流而经纶不可以徐布，故《辞》曰"屯膏"，以明求贤之宜急也。

【解说】

本爻是说时势危急而无辅佐之人时，恩德难以布施。居位在上者应以德及生民为大，虽然广施恩泽但不能遍及于人，说明所施的恩泽还不够广泛。屯之九五本有阳刚之才，未为失德，但有君无臣也不能成就大功业。如能屈己下贤，倾心委任，而又内修德政以收拾人心，恩泽就会被广施于天下。

【原文】

上六：乘马班如，泣血涟如。

《象》曰"泣血涟如"，何可长也？

【解义】

此一爻是言无才无辅不能出险也。

周公系屯上爻曰：从来天道人事，穷极则通，乱极则治。"上六"居屯之极正，有可亨之机，乃阴柔无才又无辅助，因循不进，坐失事几，徒为无益之忧惧而已，有"乘马班如，泣血涟如"之象。

孔子释上《象》曰：上六当屯极之时，昧于出险之义，既不能致治，则必入于败亡，泣血涟如，岂长久之道哉？

此圣人危其辞以为济屯者戒也。《易》之所重，德与应而已。阳刚之德虽无应，犹可有济，若质本阴柔而复无阳刚之应，鲜不败矣。即此卦而言，二之"班如"以待五也，四之"班如"以求二也。皆为阴与阳应，故有吉利而无凶悔。就诸卦而言，否之上九以才足倾否，则喜蹇之上六以来就九五则吉，其他如复、如坎、如困则无德无应，与屯之上同一象矣。故曰"阳为贵，阴为贱"，《易》之通义也。

【解说】

本爻是说无才又无辅佐的人不能走出危险的境地。本节是圣人用来警戒"济屯"者，《易》看重的是德与应，有阳刚之德即使无辅佐之人，也可以度过危险；但若本质阴柔又没有阳刚的辅佐，很少有不失败的。

【原文】

☷坎下艮上

【解义】

蒙，取养蒙之义。物生方稚，养德更难于养身。圣人欲立教者，动合于中，而施当其可。故卦辞予之以亨，而又戒之以利贞。六爻四阴为蒙，二阳为治蒙之人，而上九过刚，不中，又以九二时中为一卦之主。初承二则有利，四远二则有吝，五应二则得吉。五身居尊位，而能自处于蒙，以为天下率教者之倡，此刚柔之所由相接，而圣功之所由克成也。至若三近于二，宜与初相同，而其正应在上。舍上而从二，有见利忘义之象，故君子绝之。

盖《易》卦之所重在应，屯之二以不附初为有守，所应正也。蒙之三以下从二为失身，所应不正也。应失其正则身败名辱，虽有包蒙之教亦无所施，是非用上九之击蒙，不足以遏其邪而止其恶矣。

大抵治蒙之法，贵乎宽严适中，而制之于早则易为力，防之于后则难为功。制于早者，发蒙者也，正法以绳之而有余。防于后者，击蒙者也，干戈以御之而不足。所以圣人取象于初曰"脱桎梏"，于上曰"利御寇"，正以立教之初意原主于宽，其至于"击蒙御寇"，盖不得已而用之者也。养正之功诚不可不豫矣哉！

【解说】

《蒙》卦讲的是启蒙教育，内容包括学校教育和社会教化两个方面。就六十四卦的顺序来说，《蒙》卦紧接在《屯》卦之后。这是因为万物克服了初生阶段的困难，但仍然处于蒙昧状态。卦辞和《象传》显示出自觉主动、循序渐进是启蒙教育的基本原则，启发为主、强制为辅则是启蒙教育的基本方法，目的是要造就品德高尚的人。六爻显示了启蒙主体和对象的问题。

【原文】

蒙：亨。匪我求童蒙，童蒙求我。初筮告，再三渎，渎则不告。利贞。

【解义】

此卦坎下艮上，山下有险，内险外止，俱有蒙滞未通之意，故名为蒙。

卦辞言"亨"，"蒙"之道贵当其可而要之以正也。"我"，指九二言。"童蒙"，指六五言。

文王系蒙《彖辞》曰：蒙虽稚昧未通，然真明内含，天良未凿，原有可通之机，一开发之即通矣。故蒙者得亨而不终于蒙，然蒙之能亨，虽蒙者有可亨之道，亦由发蒙者得善教之宜。教之之宜何如？师道不可轻亵，有来学，无往教，匪我主教者先求童蒙而强为启迪，乃童蒙虚心逊志先束求我，以决疑辨惑也。且求我之心真实纯一，如初筮之诚，则宜迎其机而告之。庶言不烦，而教易入。若至再、至三，则烦琐而渎矣。渎则求教之心不切，即告之亦必无益，故隐而不告。如是则蒙者固能求，而明者又善告，此蒙之所以得亨也。然其所以告之者，又必扩其良知，充其良能，非圣人之言勿道，非先王之法勿陈，而利于贞焉。庶蒙者，德日进于高明，业渐臻于光大，而养蒙之道始无愧矣。

昔宋儒周敦颐有言："人生而蒙，长无师友则愚。故师道立则善人多，善人多则朝廷正而天下治矣。"然则，择师求道，诚人生第一义也。

【解说】

"蒙"之道贵在启蒙以坚守正道为要。《蒙》卦讲启蒙教育，认为受教育者从一开始就要有诚意，要尊师重教、好学深思，如此则可亨通。

【原文】

《彖》曰：蒙，山下有险，险而止，蒙。蒙"亨"，以亨行时中也。"匪我求童蒙，童蒙求我"，志应也。"初筮告"，以刚中也。"再三渎，渎则不告"，渎蒙也。蒙以养正，圣功也。

【解义】

此《彖传》是释蒙《彖辞》而备言亨蒙之道也。

孔子释蒙《彖辞》曰：卦之所以名蒙者，卦体坎下艮上，上有艮山之阻，下有坎水之险。卦德内险外止，内险已杌陧不安，外止又滞碍难进，正如物生之初，蒙昧未通，故曰蒙也。至蒙之所以得亨者，卦体九二以可亨之道行以教人，已昭昭而教人昭昭，且启迪合宜，语默中节而时中也。何以见之？如"匪我求童蒙，童蒙求我"，盖以六五柔顺虚中，下应九二，非二有求于五，乃五尊贤乐道之志下应于二也。此非二有亨蒙之道，五未必求，若使非时中，则亦不待求而教之矣。

"初筮告"者，以九二有刚中之德，故能施教有节，必待其诚而始告也。若"再三渎，渎则不告"者，盖蒙者再三，固为渎我，我若告之，蒙亦不能听受，弥增疑惑，反渎蒙矣，故不告也。此非二有亨蒙之道无以告蒙，若使非时中则告之亦无节矣。

又曰"利贞"者，何也？蒙而养之以正，乃作圣之功也。盖人性本正，当颛蒙之始，其天真未漓，则当保全其正者惟此时；其情识渐开，不可不范之以正者，亦惟此时。教者必及此时涵育薰陶，扩充培养，日使之亲正人、闻正言，全其性命之体，满其知能之量，则赤子之心不失，而达天立命之学在是矣，非圣功而何？

夫蒙者之求教与教者之发蒙，无不以圣人为期，而圣功惟在养正，可见天理人欲全在辨之于早，若待外诱既深发然后禁，则扞格而难胜矣。

《伊训》云"罔不在初"，《召诰》云"王乃初服"。后世留心国本者，必惓惓以早谕教为言，其亦有见于此乎？

【解说】

本节《象传》是对《蒙》卦《彖辞》的解释，详细地说明了亨蒙之道。所谓"蒙昧而能亨通"，是说启蒙的条件成熟，上面的支持，下面的做得也正确；所谓"匪我求童蒙，童蒙求我"，指的是童蒙主动，教者乐意；所谓"初筮告"，说明教育者刚正严明；所谓"再三渎，渎则不告"，是指害怕童蒙变坏。对于人们固有的淳朴心灵，要予以正确的启蒙，就是造就圣人的事业，就是亨蒙之道。

【原文】

《象》曰：山下出泉，蒙。君子以果行育德。

【解义】

此《象传》是言君子自养之道，贵内外交致其功也。

果行者，勇决其行；育德者，涵养其德。

孔子释蒙《象》曰：艮象为山，坎象为泉。山下出泉，其水最清，其流未达，犹人之童稚，天良内具而郁滞未通，蒙之象也。君子欲开一世之蒙，必先有以自开其蒙，于是体坎之象以果其行，见善必迁，有过必改，如泉之始达，其机莫遏。体艮之象以育其德，培其知能，葆其忠信，如山之静正，其源常裕。如是则内外交修，本末一致，所以开一己之蒙在是，所以开天下之蒙亦在是矣。

盖德者行之，自出行者德之，所形惟其所养能厚，故其所应不穷。不然源之不深，其流虽疾而亦易竭。则育德尤为探本之功欤？

【解说】

本节《象传》是说君子自养之道贵在内外结合。山下流出的泉水，其水最清，但其流未达，因此在这里象征蒙昧。君子由此领悟到，自养之道在于行动要果断，品德要培养，在事业和品德两个方面，都要前进不息。

【原文】

初六：发蒙，利用刑人，用说桎梏，以往吝。

《象》曰"利用刑人"，以正法也。

【解义】

此一爻是言发蒙之道贵宽严相济也。

刑人，用刑之人；桎，足械；梏，手械。

周公系蒙初爻曰：初六阴柔居下，蒙之甚者。教者欲开发其蒙。当严之以威，使之有所畏惧，而不敢不勉于善。用刑人以惩之，乃为利也。然严以束之，又当宽以待之，用说、桎梏以俟其自悟自新，相观而化焉。若徒恃严威，往而不舍，在我既失张弛之道，蒙者即欲为善，其道无由，吝其能免乎？

孔子释初《象》曰：治天下有教化，不能无刑罚，教以养童蒙之君子，刑以惧愚蒙之小人，发初之蒙利。用刑人者，所以正治蒙之法，使之有所畏惧而不敢犯也。

盖发蒙之道，既用刑以惩其初，即用说以观其后，则养之意未尝不寓于法之中。《礼》曰："师严然后道尊，道尊然后民知敬学。"《书》曰："敬敷五教在宽。"然则宽以济严，严以济宽，发之道莫善于此矣。

【解说】

本爻是说启蒙之道贵在宽严相济。进行启蒙教育，有利的做法是严格约束并纠正受教育者的错误，如果没有法规，结果会令人失望。君子治理天下要有教化，但也不能没有刑罚，要把教化、刑罚结合起来，宽以济严、严以济宽，这才是启蒙之道。

【原文】

九二：包蒙吉。纳妇吉。子克家。

《象》曰"子克家"，刚柔接也。

【解义】

此一爻是言施教之道，贵曲成不遗也。

包，涵育之意；纳，受也；妇，群阴之象。

周公系蒙二爻曰：九二，有刚中之德，膺发蒙之任，不特乐育英才而已，即阴柔蒙昧之人亦包之而不遗。则智愚皆可成就，何吉如之！且不特奖掖善类而已，即暗昧无知如妇者，亦纳之而不弃，则贤否悉受陶成，又何吉如之！

凡此敷教之任，皆君事也。大君以启蒙之责委之于臣，犹父母以治家之事委之于子也。"二"能克尽厥职，合智愚贤否而包纳靡遗，是臣之克相无负于君，犹子之克家无忝于父也。"二"诚以亨行时中者哉。

孔子释二《象》曰：二之子克家，固因二有刚中之德足以发蒙，亦由六五柔中虚己，有以接之，故二得行其时中之道以成发蒙之功也。不然，上下不交，堂廉隔绝，二虽有师世之才，将安施乎？

昔伊尹负鼎鼐之才，傅说具盐梅之望，使非成汤尊为元圣，宠以阿衡，高宗梦寐旁求，爰立作相，彼亦乌能化被当时，声施后世哉？甚矣！任贤图治为万世人君之要道也。

【解说】

本爻是说施教之道，贵在包容而无遗漏。启蒙者胸怀宽广，能够教育各类童蒙，即使是阴柔蒙昧之人也加以包容而不遗漏，如此则聪明、笨拙之人都有成就，国君治国亦是如此。

【原文】

六三：勿用取女，见金夫，不有躬，无攸利。

《象》曰"勿用取女"，行不顺也。

【解义】

此一爻是言无德者必见弃，以明行己之当慎也。

女，指六三；勿用取，指上九；金夫，指九二；顺，当作慎。

周公系蒙三爻曰：六三阴柔，不中不正，是下愚不移之人，君子之所不屑教者，如无德之女不可取之以为妻。盖上九乃六三正应，三舍上九而昵比九二，如女之见金夫而不有其躬者，秽德彰闻，人皆贱之，何所利乎？

孔子释三《象》曰：凡人立身，当兢兢以礼自持。女之所以不可取者,以其荡检逾闲,素行不慎故也。

盖与人为善,固君子之用心。而自暴自弃者,则不得不痛斥之。冀彼或生愧悔之念,故均是女也。在九二,则宜纳之,以大其包荒之量,有教无类也。在上九,则勿用取,以严至正之防,不屑之教也。教固多术矣哉!

【解说】

本爻是说无德者一定会被抛弃,教育人们行为应当要恭敬谨慎。女子之所以不被娶,是因为其行为不检点、游手好闲、无德且不恭敬谨慎的缘故。因此凡人立身处世,应当兢兢业业、彬彬有礼。

【原文】

六四:困蒙,吝。

《象》曰"困蒙"之"吝",独远实也。

【解义】

此一爻是言人贵能得师也。

周公系蒙四爻曰:蒙昧之人,全赖亲近刚明有道之士以开其蒙而启其悟。六四阴柔,不中,上承六五,下乘六三,而其应又在初六,所亲近者皆阴柔之人,则蒙将终于蒙而永无开悟之日矣。羞吝其能免乎?

孔子释四《象》曰:天下无不可变之质,无不可启之蒙。四独致困蒙之吝者,何也?盖九二、上九二阳俱有刚明之实德,六四独与之远,是众人皆有道义之交,而彼独无贤明之助,其困蒙而吝也宜矣。

昔仲虺诰成汤曰:"能自得师者王,谓人莫己若者亡。好问则裕,自用则小。"夫成汤,圣君也。仲虺,贤相也。其君臣诰诫犹谆谆以得师好问相劝勉,人固可以孤陋自处而甘致困蒙之吝哉?

【解说】

本爻是说人贵在能够得到老师的启蒙。蒙昧之人,依赖亲近刚明有道之士能够为之启蒙。如果亲近的人都是阴柔之人,则永无启蒙之日,羞吝是难免的。如果能够得到刚明有道的老师的启蒙,则会成功度过蒙昧时期,而君臣也应该相互告诫以得师好问来相互劝勉,如此羞吝可免。

【原文】

六五:童蒙,吉。

《象》曰"童蒙"之"吉"，顺以巽也。

**【解义】**

此一爻是言受教之道贵于能虚纯心亲贤，则德业可成也。

周公系蒙五爻曰：六五，柔中，居尊，下应九二，其心纯而不杂，一而不二，有初筮之诚，无再三之渎。如童蒙之淳朴未漓，知识未开者然。如是，则主心日明，主德日懋。其为吉也，不独在一人，而在天下矣。

孔子释五《象》曰：六五，取象于童蒙而获吉者，以其有柔顺之德，故能谦巽以从乎二也。使非五顺而巽，二虽贤，其能强五以从己乎？

盖人主处至尊之位，必亲贤取善，方可辅成其德，然非卑躬逊志以求之，则贤与善虽日在吾前，而终不能得其益。先儒尝言，此道与溺于利欲之人言之犹易，与溺于意见之人言之甚难。诚以人先有意见横于胸中，此心便蔽而不明，虽有忠言谠论亦无由而入矣。此童蒙之所以吉也。

**【解说】**

本爻是说受教之道贵在能够虚心亲近贤哲之人，如此则德业可成。为君者为居尊位，一定要亲贤取善，才可在贤者的辅佐下成就德业。但如果不是卑躬逊志以求贤者，那么贤者虽在跟前也不会得其好处。

**【原文】**

上九：击蒙，不利为寇，利御寇。

《象》曰"利"用"御寇"，上下顺也。

**【解义】**

此一爻是言治蒙者宜以刚而又贵当其可也。

寇，害也；御，禁止也。

周公系蒙上爻曰：以九居上，治蒙过刚，有击蒙之象。然刚克之道，施之贵得其宜，始有利而无害。如以过刚之道责蒙者，以未能知之理、未能行之事，则阻其向往之机，反有害于蒙，是为寇也。亦何利乎？惟用此以捍其外诱，以全其性真，如御寇者然，使其私意尽屏而醇良不失，庶几作圣之功即在于是，斯无不利矣。

孔子释上《象》曰：上之击蒙，利用御寇者，盖以威严治蒙者之私心，不悖刚克之道，上固顺矣。蒙因教者之严而改过自新，不敢恣肆于为恶，下亦顺也。上下皆顺，又何不利之有哉？

此卦九二、上九俱有刚明之德，上虽不及二之中，而亦当发蒙之任。

九二包蒙纳妇利用宽,上九击蒙御寇利用严。宽以养其善机,严以止其邪念,师教之道备矣。

**【解说】**

本爻是说治蒙者应该用严厉的方法但又贵在能够适可而止。惩罚蒙昧者,要用严厉的方法,但如果野蛮得像强盗一样就会不利。而启蒙者如果能够与人为善、惩罚但不过分,能适可而止,就会像抵御强盗那样有利。要做到宽严相济,这是师教之道。

# 卷三

**【原文】**
☰ 乾下坎上
**【解义】**
需有二义：以全体言之，坎险在前，下卦乾体刚健能不冒进以陷于险，有能需之才；以"九五"一爻言之，阳刚居尊，值当需之时，能建中表正，不欲速邀功，有能需之德。有其才，又有其德，此所以能需而有亨吉涉川之效也。然四阳乾健知险，固能需矣。而四上二阴亦能出穴终吉，何也？坤顺知阻能从阳也。四顺听九五，上敬顺三阳，故虽需血入穴，而终能出穴获吉，刚德真足贵哉！

**【解说】**
《需》卦有需求、等待等多种含义。满足需求，要靠奋斗，但若时机不成熟，则奋斗很难成功。所以《需》卦强调等待。卦辞认为，等待是强者自信的表现。《彖传》《象传》认为，清醒的强者，强在既能奋进，又能不急躁冒进。六爻从初爻的"需于郊"，发展到上爻的"入于穴"，说明等待不是坐着不动，而是不断小动，创造和积累条件。

**【原文】**
需：有孚，光亨，贞吉。利涉大川。
**【解义】**
此卦乾下坎上，以乾健临坎险，知险不进，有需待之意，故名为需。卦辞言善需者必以天德行王道，然后可以济险而成功也。

义王系需《彖辞》曰：乾坤开辟，而后既建侯以统治之，复立师以教育之，治道已尽矣。此时或有未通之声教，或有未消之隐忧，惟当静以待之，不宜欲速邀功。卦体九五有阳刚中正之德，其需也，非限于时也，非屈于势也，乃根于至诚恻怛、不欲扰民动众之一心也。有孚如是，则不为利障，不为欲牵，岂不光亨？且本纯王之心发为纯王之政，规模远大，不行险，侥幸而贞焉。则久道化成，天下皆享安静和平之福，何吉如之？即一旦临大难，而从容可以观变，详慎可以图机，虽涉大川亦无不利。

甚矣，治道之贵需也！昔武王克商，天下已定，其时犹多顽梗未化之民，成王、周公知其当需也，故不以兵刑胜之，惟丁宁诰诫，悠优渐渍而涵濡之，卒之顽消梗化，不动声色而措天下于泰山之安。非孚贞之明效天验耶？

【解说】

本节是说善于等待者以德行王道，可度过艰难危险以获取成功。治理之道贵在能够耐心等待，如武王克殷天下平定后，仍多顽梗未化之民，其后继者成王、周公知道应该耐心等待，因此不以武力、不动声色地实现了国泰民安。

【原文】

《彖》曰：需，须也，险在前也。刚健而不陷，其义不困穷矣。需，"有孚，光亨，贞吉"，位乎天位以正中也。"利涉大川"，往有功也。

【解义】

此《彖传》是释需《彖辞》以明能需之实也。

孔子释需《彖辞》曰：卦名需者，须待之义。此卦坎在乾上，是险难在前，时固当需，而以乾之刚健临之，刚则能断，健则知险，既有定识，又有定力，自不肯冒进以陷于险。揆之于义，宜乎其不困穷矣。

《辞》曰"有孚光亨贞吉"者，卦体以九居五，是以阳刚之德居天子之位，为位乎天位有正中之德也。"正"则大道为公，无苟且邀功之事。"中"则定静不扰，无营私计利之心。"孚贞"如是，其"光亨"而"吉"也，不亦宜乎？又曰"利涉大川"者，盖本此正中之德，往以济险图功，则安详镇定之中，自裕观变济时之略，又何难不可平，而何功不可建哉？

夫有国家者，内而宫府，外而海甸，艰难险阻往往伏于不测，虽盛明之世亦所必有，惟在人主秉刚健之德，审时而动，行正道以成大功耳。信乎，非有德者不能"需"，非能"需"者，不能涉大川也哉！

【解说】

　　本节《象传》是对《需》卦《象辞》的进一步解释，说明善于等待的结果。需就是等待，这是因为前面有险阻需要等待。刚健能断又知险而不冒进，像这样理性地行动是不会陷入困境而找不到出路的。审时而动，坚守正道，前进则会取得成功。

【原文】

　　《象》曰：云上于天，需。君子以饮食宴乐。

【解义】

　　此《象传》是言君子处需之道也。

　　孔子释需《象》曰：卦体下乾上坎，乾为天，坎为云。云上于天，将雨而犹未雨，有须待之意，"需"之象也。君子法之以治道，值当需之时不宜妄作生事、劳心、扰民，凡所以定祸乱而开太平者，既经纶创作于前，此时惟宜恭己，无为饮食宴乐，养其气体，怡其心神，徐以俟德化之成可也。

　　盖明作，固所以图功，而时未可有为，则纷更反以致扰，故优游静镇，以俟运会之自至，诚有不得不需者耳。岂耽溺晏安，而矫托清净，坐致废弛者可借口哉？

【解说】

　　本节《象传》也是申明君子要善于等待的道理。云上浮于天，将雨未雨，有等待之意，君子受此启发，要效法以治道，需等待之时不宜生事扰民，宜无为而治，饮食宴乐、养气怡神。

【原文】

　　初九：需于郊，利用恒，无咎。

　　《象》曰"需于郊"，不犯难行也。"利用恒，无咎"，未失常也。

【解义】

　　此一爻是明远害之道贵能守其常也。

　　郊，旷远之地。

　　周公系需初爻曰：初九在下，去险最远，而阳德刚健，又能自守，有需于郊之象。然天下有才之人，往往为才所使，倘此心妄动，不能持久，而冒进图功，于事无济，祇取咎耳。故必慎终如始，超然利害之外，确乎若将终身焉，则收身名两全之利，而决不至躁进以取咎矣。

孔子释初《象》曰：天下何地无险？何时无险？特患人不明不哲，冥行自犯耳。初九之高蹈远引需于郊者，乃审机明而持志决，自不犯险难而行也。夫无位难以图功，而局外不宜生事。初之不犯难行，乃常分，亦常道也。所谓"利用恒无咎"者，揆之常分、常道，未为失也。

盖圣贤处世，时至事起，原无可强致之功业，彼不能义命自安，汲汲有为以速戾者，亦未明乎恒之义耳。

**【解说】**

本爻是表明远离危害之道在于能够依靠恒心坚守等待而不违背常理。"需于郊"，说明不急躁冒进。等待要依靠恒心，才会没有过失。倘若内心妄动冒进图功，则会于事无补反取其咎，因此要慎终如始，坚守等待而不违背常理。

**【原文】**

九二：需于沙，小有言，终吉。

《象》曰"需于沙"，衍在中也。虽"小有言"，以"吉""终"也。

**【解义】**

此一爻是见二有刚中之德，故终能远害也。沙近水，二近坎，故有沙象。

衍，宽裕也。

周公系需二爻曰：九二渐近于险，而刚中能需，不肯冒进，有需于沙之象。夫九二，上应九五，出身任事，非若初之超然世外者比，乃亦迟回却顾，需而不前，不有退懦之讥，必有观望之诮，"小有言"所不免矣。然"二"，志存济险，独能观变相时，不为浮议所摇，则刚健不陷，终成济险之功。何吉如之！

孔子释二《象》曰：九二之需于沙，由其刚而得中，居心宽裕，誉不加喜，谤不加忧，故虽小有言，毫不动念，卒能从容镇定，险济功成，而以吉终也。

自古豪杰有志济世，急欲图功，往往因一言不平，逞意气于一击，至于奋不顾身。故圣人以"小有言"警之，使知济天下之险者，当沉其谋，老其识，坚其守，以俟时宜。甚不可因人言而轻动其心，冒昧前进，自贻伊戚也。

【解说】

本爻是见九二有刚中之德,因此能够远离危害。九二渐近于险,但刚中能需,不肯冒进,虽无退却懦弱的讥讽,却也会受到观望不进的讥诮。但如果能够内心宽闲不为浮议所摇,持刚守正,则终成济险之功。

【原文】

九三:需于泥,致寇至。

《象》曰"需于泥",灾在外也。自我"致寇",敬慎不败也。

【解义】

此一爻是为过刚不中不善需者示戒也。"泥",陷人之地。

周公系需三爻曰:九三切近坎体,将陷于险,有"需于泥"之象。夫水涯之泥善陷,"三"需于此,而过刚不中,轻躁妄动,寇害之至。实自致之,将谁尤哉?

孔子释三《象》曰:初之需于郊,远之而不敢进也。二之需于沙,进矣,而未敢逼也。三之需于泥,则逼于水而祸害已在目前矣。此即善需犹恐不免,况刚而不中,意气过激,适足以速寇乎!然此总由不知敬慎故耳。若能兢业小心,时时敬慎,庶操心危而虑患深,犹可转危为安,不至祸败也。

盖天下事未有不成于敬慎而败于疏忽者。东汉陈蕃、窦武手握大权,欲清宦竖,卒之奸恶未除,反遭其害。唐张柬之等反周为唐,乃忽三思,养虎遗患,丧身误国。非皆不知敬慎之义者耶!

【解说】

本爻是警戒过刚不中不善于等待者。"需于泥"说明近于水而祸害已在眼前,此时善于等待尚恐不免于祸,更何况过刚不中、意气用事而招致灾害。如果能够兢兢业业,时时敬慎,则会转危为安、免于失败。

【原文】

六四:需于血,出自穴。

《象》曰"需于血",顺以听也。

【解义】

此一爻是明出险之道在于顺时也。坎为血卦,故有血象。又为隐伏,故有穴象。

周公系需四爻曰：六四，入于坎体，是其身当大难之冲进，固不可退，亦不能有"需于血"之象。幸顺正知阻，持重括囊，卒能潜身远害，免冒险之祸。又有"出自穴"之象，则虽未能有济国谋而明哲，亦可以自保矣。

孔子释四《象》曰：四之"需于血"，而终能"出自穴"者，以其有柔正之德，晦迹韬光，不冒进强争，而顺听乎机会之自然也。

按：三能敬慎，虽迫于险而不败。四能顺听，即陷于险而可出。然则能敬且顺，又何险难之不可处哉。

【解说】

本爻表明脱险之道在于能够顺从时机和形势。九三能够恭敬谨慎，虽危险临近而不致失败；九四有柔正之德，韬光养晦，不冒进强争，能够顺从时机，因此虽处危险亦可自保。

【原文】

九五：需于酒食，贞吉。

《象》曰"酒食贞吉"，以中正也。

【解义】

此一爻是言人君处德位兼隆之时自恭己而成化也。

周公系需五爻曰：九五位乎天位而有刚健中正之德。夫刚健既知险，而中正又善需，是治道至当。需之时闲暇安恬，无系无营，有"需于酒食"之象。如是，则一人养无为之度，天下享宁谧之休，不亦贞而吉乎！

孔子释五《象》曰：凡人主值当需之时而不能需者，皆由无德而求治太急也。五之"需于酒食贞吉"，以中心无为，克守至正，故喜功之念不作，急遽之谋全消，惟怡然自养以养天下，故能合乎正道而吉也。

自古帝王未有不历艰危险阻而底定天下者，及大难既平，小民甫离汤火，急宜安静勿扰，休养而生息之。三代以前尚矣，汉之文帝承高惠之后，一切更定制度，谦让未遑，惟勤勤于劝农养老，薄赋蠲租，卒致海内向风，几于刑措。其有合于此爻之义者欤！

【解说】

本爻是说为君者在德位兼隆之时能够恭敬、克己、守正，而成天下之大风化。"需于酒食"是说尽管条件日益具备，但为君者仍能不急不躁，以防失误。"需于酒食"并不是沉湎于吃喝，而是为了求治。求治又善于等待，目的是休养生息，为大有作为而积累国力民力。

【原文】
上六：入于穴，有不速之客三人来，敬之终吉。
《象》曰"不速之客来，敬之终吉"，虽不当位，未大失也。

【解义】
此一爻是言得贤共济为出险之道也。

不速之客三人，指下三阳爻言。

周公系需上爻曰：上六，阴柔，无济险之才，又处险极，困穷所不免矣。故有"入于穴"之象。幸下应九三，九三与下二阳同德同体，需极并进，是众贤不用约结，不须号召，合志协谋，偕来赴难，有"不速之客三人来"之象。倘能竭诚尽礼，敬以待之，借其刚健之才，以拯一时之险，始虽不免困穷，终当济险出穴，而吉可必也。

孔子释上六《象》曰：能需固贵有德，而出险尤须借才。上六入于穴，是已陷于险矣。以"不速之客来敬之"而得"终吉"者，上虽德不称位，不善处需，然敬贤自辅，集思广益，犹可出险免患，不至于大有失也。

夫德不当位，苟知敬贤犹可获吉，若德与位称，而能虚己下贤，其功效更当何如？先儒谓"需"又有急切相须之义。欲济天下之险艰，必需群才之辐辏，殆于上爻见之矣。

【解说】
本爻是说得到贤才之人同心共济乃为脱险之道。能够善于等待、不急不躁固然是有德之人，但脱离险境仍需贤才的帮助。上六德虽与地位不相称，不善于耐心等待，但虚己下贤，集思广益，仍可脱险免患，没有大的过失。

【原文】
☵坎下乾上

【解义】
讼之六爻，惟五听讼，惟三不讼，余皆讼者也。然初不永所事，二不克讼，四不克讼而得吉。上以讼受服，遂有终朝之褫。皆言讼不可成，而使民无讼之意，盖可见矣。初、三两柔爻皆系以终吉。九二、九四以刚居柔，故皆不克讼。卦辞"有孚惕中"指九二，乃卦辞称"吉"而爻辞仅曰"无眚"者，卦辞取其"有孚得中"，爻则兼以自下讼上为义，所取不同也。

**【解说】**

《讼》卦集中讲了争讼问题，基本思想为是否定争讼，其认为无讼最好，息讼次之，争讼最坏。卦辞提到，即使委屈难申，被迫诉讼，也应听从调处，中途停讼。对于争讼到底的人，《讼》卦表现了强烈的鄙视，认为胜了也为人所唾弃。《象传》提出"君子作事谋略"，希望君子树立榜样，一开始就钝化矛盾，从根本上杜绝诉讼。

**【原文】**

讼：有孚，窒惕，中吉，终凶。利见大人，不利涉大川。

**【解义】**

此卦坎下乾上，乾刚坎险，在上下为相制，内外为相济，人己为相敌。皆致讼之道也，故名为讼。卦辞言"处讼"者，当曲尽其道以归于无讼也。"有孚"，是理实。"窒"，是屈而不通。"惕"，忧惧之意。"涉大川"，犹驾虚辞以求胜也。

文王系讼《彖辞》曰：讼为争辨之义，非人之得已也，惟理直见枉，情真受诬，屈抑而不能自通，是有孚见窒，势不得不出于讼。然所以处之之道何如？必也反求在我，心存忧惧而能惕，度于事理，辨明即已，而能中则有孚之窒可伸，而讼复于无讼，岂不为吉？若自恃其理，可止不止，终极其讼而不惕中，则尚气以损德，好胜以败业，凶可知矣。且又非自逞其胸臆，能剖白以冀免，必利见公明之大人，资其明断，始可据理以获伸。如于"孚""窒"之外妄生事端，驾虚以求胜，如涉川然，冒险侥幸，不能惕中之甚者矣。虽讼本有理，而好刚自陷，其何能免乎？此所为不利也。

按：圣人不贵听讼，而贵无讼。惟使人怀兢惕知所畏惧，所以消弭胜心，而一反于至当之理，故能内自讼者，又为无讼之本也，可不加之意哉！

**【解说】**

《讼》卦象征争讼，心存诚信但情理难申，也应该小心谨慎，中途停止诉讼则会吉祥如意，争讼到底则会最终失败。圣人所看重的不是争讼而是贵在无争讼。争讼不是好事，能不讼则不讼。

**【原文】**

《彖》曰：讼，上刚下险，险而健，讼。讼，"有孚，窒惕，中吉"，刚来而得中也。"终凶"，讼不可成也。"利见大人"，尚中正也。"不利涉大川"，入于渊也。

**【解义】**

此《彖传》是释讼《彖辞》以明"险""健"为致讼之象，而"中正"乃无讼之道，反覆开喻以垂训也。

入于渊，犹陷于罪。

孔子释讼《彖辞》曰：讼之为卦，卦德上乾刚而下坎险。是为上刚以陵其下，下险以伺其上。以一人言，则内险以怀诈，外健以恃强。以二人言，则又己险能攻彼短，彼健能欺此弱。是以为讼也。

夫讼之端，多生于人心之不平，辞所谓有孚见窒，人心所甚不堪者，乃能惕中而吉，何哉？卦变九自遁来而居二，"刚"来为"柔"所掩而不能自伸，惟其得中，能以情怨而不为已甚，以理遣而不欲过求，有争事而无争心，故涣然冰释，得无讼之吉。

又言"终凶"者，天下事惟善者可成，讼则德丧而招尤，怨深而召患，揆之于理，断乎不可成也。终则不可成而成，所以凶也。

至所谓"利见大人"，卦体九五居上卦之中，得阳位之正中，则先事而无偏，主正则临事而决猜疑。所尚如此，讼之不中者咸归于中，不正者一反于正，故利也。

又言"不利涉大川"，卦象坎为险陷有渊之义焉，乾以刚实乘之，是讼者情真反驾虚求胜。自陷其身入于罪恶之渊。而不知何利之有？

按：民生有欲，不能无争，欲莫大于饮食，此"讼"之次乎"需"也。若以争济之，则众起兴戎，终为厉阶，故又次之以"师"。圣人为世道人心虑，至深远矣！然则处讼之道孰吉孰凶，孰利孰不利，乌可不致审乎哉？

**【解说】**

本节《彖传》是对讼《彖辞》的进一步解释，以表明"险""健"为致讼之象，而"中正"乃无讼之道，并反复以比喻作垂示教训。阴险而又争强好胜，所以引起争讼。中途停讼则会吉祥如意，是说争讼一方理直气壮、正派而不过激；争讼到底则是失败，是说争讼是坏事，谈不上什么成败得失。"利见大人"是说尊重公正的裁决，"不利涉大川"是说冒险争讼则会沉入失败的深渊。

【原文】
《象》曰：天与水违行，讼。君子以作事谋始。

【解义】
此《象传》言君子谨始以虑终，为绝讼之源也。

孔子释讼《象》曰：天高在上，水流就下，其行相违，此讼之象也。君子体之，以为讼不起于争讼之时，而起于作事之始，其始不慎，少有乖违，始于微而终于著。讼所由起，故不待发声。征色见于云，为当事几之初，必顺乎人情，息是非于未萌；协乎天理，杜利害于未见。不但无违于言，亦且无违于心，讼何由得生乎？作事如此，则始于自讼，终于无讼而中吉，"终凶"，更不必言矣。

可见，修德者贵慎初念，图治者贵忧未然。尧舜君臣反复咨嗟，致警于几微之际，凡有兴作，莫不谋始以塞违，又岂独止讼一端，为兢兢欤？

【解说】
本节《象传》是说君子以谨慎开始、以全面考虑结束，这是杜绝争讼的根源。天与水的行走方向相反，象征争讼，君子由此要体会到做事在开始时就要考虑如何做好。

【原文】
初六：不永所事，小有言，终吉。
《象》曰"不永所事"，讼不可长也。虽"小有言"，其辨明也。

【解义】
此一爻见能畏慎以处讼，所以终得免讼之吉也。

永，即是终意。

周公系讼初爻曰：凡人自恃刚强，居高挟势，往往逞求胜之心，讼所以终极而为凶也。初六阴柔才弱，本无健讼之资，居下势卑，又无能讼之力，故中心畏惕，虚己让人，不敢终极其事，而讼不至于成。虽小有言，辨不过明，其有孚之窒，而情可以白，理无不伸，有不终吉乎？

孔子释初《象》曰：初之"不永所事"者，非特绌于才势而已。以理度之，讼非美事，固不可长也。知其不可长，有惭忿而无遂心，则所发亦易收。"小有言"，说止于微，愬而不敢于大讼，则所争亦易释。其辨既明，终讼何为哉？以是知惕中而能得吉也。

夫人处世，贵乎识时势，尤贵乎明理义。体之于己，有自量之心；衡之于物，无好胜之念。此讼之初所以不言讼而言事者，冀其不成讼而善其中止之意也如此。

【解说】

本爻是说能够以畏惧之心谨慎地处理争讼，最终仍会得到免于争讼的吉祥结果。为人处世，贵在能够认清时势、明白道理，有了争讼也不应该长期地争论下去，此时可能会听到一些讥讽，但停讼比争讼要好，因为结果毕竟是吉祥的。

【原文】

九二：不克讼，归而逋其邑人三百户，无眚。

《象》曰"不克讼归逋"，窜也。自下讼上，患至掇也。

【解义】

此一爻见能守义分，可免犯上之患也。

克，胜也；归逋，犹退避意；邑人三百户，是邑之小者，言自处卑弱之意；掇，自取也。

周公系讼二爻曰：九二阳刚而主险，逞其智谋，有能讼之才，又有欲讼之心，但以刚居柔，得下之中，能反躬自审，裁度于理，而且上应九五之尊，屈于势分，不能相敌，则虽欲讼，乌能克胜乎？故幡然退避，自处卑约，不敢与之抗衡，是为"归而逋"。"其邑人三百户"之象，此正能惧而得中，当屈而屈，不至越礼犯分，何眚之有？

孔子释二《象》曰：凡人不肯退让，皆由终讼而求胜。二惟不克，宜其归休而逋窜，能全身以远害也。所以然者，上尊下卑有一定之分。若以下讼上既乖于分而不相安，又绌于势而不自下，以之树怨贾祸，患之至也，不犹自取之易乎？

《记》有之曰：分争辨讼，非礼不决。礼所以别尊卑、定上下，防患于未然也。若后世争夺相尚，僭名越分，骎骎乎出于礼入于刑矣。讼之九二严其辨于上下之间，不特止讼，亦维世之深意也夫！

【解说】

本爻是说能够安分守己、不越礼犯分，则可免犯上的祸患。九二阳刚，有能讼之才、欲讼之心，但上应九五，虽欲争讼，但不能争胜，因此幡然退避，不越礼犯分，因此没有犯上的祸患。

【原文】

六三：食旧德，贞厉，终吉。或从王事，无成。

《象》曰"食旧德"，从上"吉"也。

【解义】

此一爻见守常安正能始终以求无讼者也。

食旧德，是守常分；贞，是守正理也。

周公系讼三爻曰：六三阴柔，处险而介二刚之间，非能讼者，但知守其常分，享所固有而已。足由乎正理，行所当然而不违，是"食旧德"而能"贞"者也。虽有意外之侵侮，不免于危厉而能泰然自得，众莫能倾，况必无厉者乎？"吉"不待言矣。然而守分实难，必若从王之事，事权在握，易逞功能而退逊自处，一无专成之心，此真能守旧居贞而得吉者也。

孔子释三《象》曰：食旧德何以得吉？凡讼皆有上人之心，必非能从人者也。"三"惟委心听命以顺从乎上，则欿然自视，退让于人，不敢自主其事，宜其恪守素分，居卑处厚而得无讼之吉乎？

大抵圣贤学问不外素位而行，分所当得不与人竞利，分所不得越不与人竞功。盖一有功利之心，即与世相违而不能相从，讼所由作矣。"三"之从上而"吉"者，从则安分而不违，为弭讼之善道也。

【解说】

本爻是说能够安分守己、与人无争，则不会陷于争执、争端。六三阴柔非能讼者，但安分守己、坚守正道，因此有危险也能泰然处之。如果是为君王办事，功成也不自夸，如此则不会引起争讼。

【原文】

九四：不克讼，复即命渝。安贞吉。

《象》曰"复即命渝""安贞"不失也。

【解义】

此一爻言能改过以绝讼端，为得理之正也。

即，就也；命，犹理也；渝，变也；贞，理之正也。

周公系讼四爻曰：凡人一有好讼之心，更不思正理所在。九四刚而不中。本欲讼者幸其居柔，而刚以柔克，知讼不可成，以理自制，故亦为不克，能平情恕物，反其健讼之行，以复就于理，无争事也。且悔过迁善，变其欲讼之心，以安处于正，无争心也。是讼可归于无讼，而得"惕中"之吉者矣。

孔子释四《象》曰：凡终于讼者，悖理忘害不知命，而大无正，是其失也。今"四"能不克，至于复而能即渝，而得安内外，一归于正。虽前有欲讼之失，而刚心既尽，忿气自消，讼不至于成，岂尚有失乎？吉可知也。

按：天之所命者，理也。人心惟危何以遂？能安贞惟在乾健一惕间耳。前念之惕，即为后念之贞；竞心之忘，即为道心之正。圣人不贵无过，而贵改过，于此可见矣。

【解说】

本爻是说能够改变习性以杜绝争讼开端，是由于得到正理的缘故。九四刚而不中，本性好讼，但上应九五不敢与之争讼，下应六三安分守己无法与之讼。没有了争讼的对象，则会顺应自然，改变好讼的习性，安静地遵循正道，说明九四的做法符合常理。

【原文】

九五：讼，元吉。

《象》曰"讼，元吉"，以中正也。

【解义】

此一爻见大人以德化民，能得讼之平而尽善也。

周公系讼五爻曰：九五以圣德而居天位，所谓"大人"而"利见"者，能以德化生民而使民无讼者也。即有时听讼无不各得其平，使理直见枉者得以上伸，情真受诬者可由上达。有孚不至于见窒，不惟天下无冤民，而且民自不冤矣。非大善而吉者乎？

孔子释五《象》曰：讼何以得元吉？以五之德本中一于公，则未听之。前已无偏主，五之德本正事得其宜，则既听之后皆能当理。将见刑，清民服，谓之元吉，信矣。

按：圣人论治，必言使民无讼，而此曰"讼，元吉"者，正欲化有讼为无讼也。九五以中正在上，正己而物正，是以靡争之化，百辟其刑。最险如九二已归逋矣，最健如上九已三褫矣。其余"复即命"者，"食旧德"者，"不永所事"者，皆已忘险、忘健，无讼可听。此"讼"者所以"利见大人"也。若止以听不偏，断合理，为得听讼之道，一明察之吏能之，岂所望于大人者乎？此讼狱之归大舜、虞芮之质，文王至德之感人深，而化民成俗。斯义得焉耳。

【解说】

本爻是说为君者以德感化百姓，则能平定争讼而尽得善。为君者以圣德居尊位，能以圣德感化百姓而使天下无争讼者，能以公正无私的态度评判是非，这是大吉大利的结果。

【原文】

上九：或锡之鞶带，终朝三褫之。

《象》曰：以讼受服，亦不足敬也。

【解义】

此一爻甚言终讼之凶不可幸胜以取辱也。

鞶带，命服之饰；褫，夺也。

周公系讼上爻曰：上九，刚居讼极，以健讼之才而济以必讼之志，诬伪以为真，矫曲以为直，终极其讼以求胜，凶所固然也。即使恃强而获胜，或锡之以鞶带焉，然是非情伪，不逾时而立辨，以讼得之，必且以讼失之，终朝甚暂而夺者至于三矣。况必无取胜之理而有必败之道乎？甚矣，讼之不可终也！

孔子释上《象》曰：终讼之人虽幸胜而有受服之宠，本非德赏则授之者、非道服之者，不终。纵使受而不褫，亦安足敬哉？而况终朝之褫，俄顷随至矣！讼之不可成也，如此。

按：五服、五章，天之所以命有德也。《礼》曰：君子耻服其服而无其容，况以讼受服，耻孰大焉？亦不足敬，其殆有甚于三褫者乎？此圣人原心之论，所以深愧之而使人自省也。

【解说】

本爻是说争讼之凶。虽然争讼到最后胜诉，但也是自取其辱，不值得被敬佩。争讼之人虽侥幸胜诉而受到赏赐的恩宠，但一天之内又多次被剥夺，这也是不值得尊敬的。

【原文】

☷☵ 坎下坤上

【解义】

一阳之卦得位者师、比而已。先王之制，民无事则为比闾族党，故比卦众在内，一阳在上为之主，君象也。有事则为伍，两卒旅，故师卦众在外，一阳在下为之主，将帅象也。九二，刚中，所谓丈人、长子者也。故卦辞曰："吉无咎。"九二爻辞亦曰："吉无咎。"要之，一本乎"贞"而已。圣人之兵以顺动，犹曰"毒天下"者，盖兵，凶器，战危事也。虽以顺动，犹不免于毒，此圣人之特笔也。六爻中出师、驻师、将兵、将将，与夫奉辞、伐罪、旋师、班赏之道无一不备，后世言兵之书总不出此，而其义光明正大，非后世权谋可比。王者不得已而行师，岂舍此而他求哉？

【解说】

《师》卦的内容是战争理论。卦辞表明，政治因素和军事因素是否统一，决定着战争的胜负。依据《象辞》和爻辞的阐述，政治因素指战争的性质是否正义，这直接关系到百姓是否拥护、战争过程中有没有足够的可战之兵。至于军事因素，《师》卦首先重视统帅的挑选，认为前线统帅要有威望，指挥权千万不能旁落。其次是纪律严明，失律等于失败；战术要随机应变、机动灵活。

【原文】

师：贞，丈人吉，无咎。

【解义】

此卦坎下坤上，坎水为险，坤地为顺。藏险于顺，有寓兵于农之意，九二、六五，有将兵命将之象，故名为师。卦辞言用师之道利于得正，而又在命将得人以制胜也。

贞，是正道；丈人，才德老成之人。

文王系师《彖辞》曰：师以兴兵动众，非圣人之得已也，可不正乎？必也顺天人，行吊伐，讨乱诛暴，所至若时雨，出于至正而无私，所谓贞也。然将非其人，以国予敌，又必重专征之选，严阃外之寄，使得老成持重，好谋而能惧如丈人者而任焉。斯师出有名，天讨彰而声灵振；兵行有纪，众心服而胜算成。是以有战克攻取之吉，而无穷兵黩武之咎，师之道备矣。

按：《传》有之曰：秦之锐士不敌桓文之节制，桓文之节制不敌汤武之仁义。师以仁义为本，又得仁义之将，如黄发之尚父，元老之方叔，故吉且无咎。惟三代之师为然。若后世嬴秦之灭六国，吉矣，而不免于咎；武侯之伐魏，无咎而不能必吉。岂所称出于万全者哉？

【解说】

本节是说用兵之道应有正义的战争性质，也应任命德才兼备的统帅。兴兵动众是不得已而为之，兴师也需顺应天人、诛伐暴乱，进行正义的战争。任命统帅该选用德才兼备、老成持重之人，如此兴师则没有过失。

【原文】

《彖》曰：师，众也。贞，正也。能以众正，可以王矣。刚中而应，行险而顺。以此毒天下，而民从之，吉又何咎矣？

【解义】

此《彖传》是释师《彖辞》，见师贵乎贞，而率师者又贵能顺，以得人心而成王业也。

孔子释师《彖辞》曰：所谓师者，伍两卒旅之众也。兴师动众，必由仁义以张挞伐，是贞之为言正也。凡行师之道，用以伐暴，而不为暴。用以驱害，而不为害，一出于正。而凡不正者，无不输诚向化，于以顺天心，答民望，无敌于天下而为王者之师，不亦然乎？

此师之所以贵乎贞，而率师者贵乎丈人，盖有在矣。其在卦体，九二刚中而五应之，是为将者威而能惠，勇而好谋，有丈人之德焉。而且委任既专，事权不患于中阻，是将，固有丈人之德，而君又能任此丈人之将也。卦德坎险而坤顺，兵虽凶器，战虽危事而行乎险道，然以征不义，则叛者讨而服者舍。以诛暴慢，则近者悦而远者怀，是险而能顺矣。若此者，以刚中之德行顺民之事，当兵戎所至，见为劳民伤财，不免毒害天下，实则除残救民，东征西怨，民不谓毒而乐从之，将见功成于一举，难靖于四方，是将能顺从乎民，而民心始顺从乎上也。吉而又何咎哉？

按：兵者，圣人不得已而用之，有杀戮之惨供亿之苦，所至荆毒害随之，故言乎毒者，如攻病然，毒药所施非沉疴坚症不可轻用也。然则兵可轻动乎哉？是在率师者以正举以顺动，庶乎可矣。

**【解说】**

本节《彖传》是对《师》卦《彖辞》的进一步解释，是说出师贵在进行正义的战争，而率领军队的统帅又贵在能够顺应形势，以得人心而成就王业。

**【原文】**

《象》曰：地中有水，师。君子以容民畜众。

**【解义】**

此《象传》言兵民合一为养师之良法也。

孔子释师《象》曰：坤地之中而有坎水，犹庶民之中而有兵众，师之象也。君子体之以为师，岂一时所能聚哉？古者，民与众非有二也，于无事时，制田里，谋生聚养之者有定制，足民，正所以足兵也。设学校，明伦序教之者有成法，训民，即所以训兵也。何则？以之容保者，此民，以之畜聚者，亦即此众也。故居常则比闾相居，有事则守望相援，不必征求调发，而桓桓之众即在此元元之民矣。以是知藏兵于民，有兵之利而无兵之害。亦犹藏水于地，有水之利而无水之害。君子之善用师也，如此。

按：自井田之法废，兵农既分，天下不患无兵，而患在有兵。故出己力以卫民，莫若以民卫民之更切；出己财以养兵，莫若以民养民之更易。此管仲作内政以寓军令，为得井田之遗法，其尚有合于容民畜众之义乎！

**【解说】**

本节《象传》是说寓兵于民、民兵合一是好的养兵方法。地中有水，就像庶民之中有兵众，藏兵于民，有兵之利而无兵之害。君子因此领会到要爱护百姓、以民养兵。

**【原文】**

初六：师出以律，否臧，凶。

《象》曰"师出以律"，失律凶也。

**【解义】**

此一爻戒出师者当守法以谨其始也。

律，法律也；否臧，不善也。

周公系师初爻曰：在卦之初，为师之始，所以鼓三军之气而慑多士之心，可不谨其始哉！故师旅一行，赏罚必明，则众志始服；部伍必整，则众力始齐。此出师之常道，不可不慎也。若不以律，则号令不足以信服，耳目不能以专一，是为否臧，而丧败随之。不教之兵，以卒予敌，凶其可免乎？

孔子释初《象》曰：师一出，而国家之存亡、人命之安危皆系焉。其不可不用律者，必然之理。苟一失其律，则众涣心离，一溃而不可收。无制之兵，难免丧师之辱。所谓否臧之凶，可胜言哉！

按：师之有律，犹乐之有律，森明谐协，法至严也。《书》曰："不愆于四伐、五伐、六伐、七伐，乃止。"齐焉，所以用律也。若后之兵法所谓以正合以奇胜者，阴谋秘计可谓律乎？故善用兵者，教正而不教奇，犹有律之意存焉尔。

【解说】

本爻是警戒出师要从一开始就谨慎地遵守法纪。行军打仗必须要纪律严明、赏罚分明，如此则兵众信服、队伍齐整；如果没有纪律则众心涣散、一击必溃，必然会失败。

【原文】

九二：在师中，吉无咎，王三锡命。

《象》曰"在师中吉"，承天宠也。"王三锡命"，怀万邦也。

【解义】

此一爻见命将得人，受君之宠任，能体君心以立功也。

周公系师二爻曰：九二在下，为众阴所归，有将帅之任，刚而得中，则仁义并济，宽猛咸宜，又有将帅之才，卦之所谓丈人者也，以此。而在师中，司专阃之命，则勇足以慑众，而奋往常先，恩足以结心，而捍卫不懈，故能计出万全，有战胜之吉而无荼毒之咎矣。且以六五正应在上，委任独隆，殊恩异数，浡加于授钺之后，又再三锡命焉，则事权归一，赏罚必行，其肤公克奏也，不亦宜乎？

孔子释二《象》曰：自古未有宠任不加而大将能建功于外者。"二"之"在师中吉"，实由上承天宠，得君既专，自宜克效，其心膂尽展其才猷，"二"固不得矜之为己功也。亦未有君心不在于天下，而能任将以成功者。"六五"之"锡命"，惟其欲怀保万邦，救民除害。宜其专任必及于有功，宠命不靳于再三，"二"尤不得私之为己宠也。此"吉"且"无咎"为能无愧于丈人哉。

按：人臣无专制之义，故受阃外之寄者，必协乎中道，而适合乎时宜，然后专之可也。又必君命再三，恩礼备至，斯下无专擅之嫌，上无中制之失，志存底定者，其亦善用斯道哉！

【解说】

本爻是说要任命能得到国君恩宠信任的军队统帅，如此才能够体会国君之心以建功立业。九二刚而得中、仁义并济、宽猛咸宜，由其统帅军队，则行为适中，没有过失。其多次得到天子嘉奖，说明其能够完成安定天下的任务。

【原文】

六三：师或舆尸，凶。

《象》曰"师或舆尸"，大无功也。

【解义】

此一爻见轻敌丧师为贪功者示戒也。

舆尸，师徒挠败之象。

周公系师三爻曰：凡师之道，必审己之力，量敌之形，可进可退，故能全师而保众也。六三阴柔才弱，居阳，志刚，不中不正。以此用师，则才德俱绌。既患师行失律，在己无制胜之方，犯非其分，又疑师出无名，在彼无可乘之衅。由此以战，必致徒众挠败，有"或舆尸"之象。外生敌患，内贻君忧，凶孰甚焉？

孔子释三《象》曰"三"意本在贪功，不能量力度德，玩敌躁进，致有"舆尸"之凶。膏血涂于原野而残民命，锋镝遍于疆场而损国威。所丧实多而大无功矣。可不戒哉！

从来国家之患莫大于贪功，师旅之祸莫甚于轻敌。故《兵志》有之曰："知彼知己，百战不殆。"不知彼而知己，一胜一负。不知彼不知己，每战必败。此行师者先为不可败，以求可胜，斯无意外之虞矣。

【解说】

本爻是警戒贪功者莫因轻视敌人而丧失军队。六三阴柔才弱、不中不正，本欲以贪功，不能度德量力，容易轻敌躁进且易干扰军队统帅的指挥权，结果就只能失败。

【原文】

六四：师左次，无咎。

《象》曰"左次，无咎"，未失常也。

【解义】

此一爻见知难而退为得全师之道也。

兵事尚右，左次，谓退舍也。三宿曰次。

周公系师四爻曰：六四，阴柔，不中，无胜敌之才，非能进而克捷者也。但居阴得正，有量敌之智，故自审才力不足以致胜，外度时势未可以成功，即全师而退，远舍以避其锋，坚壁以图其后，有左次之象焉。虽军庸未奏，而为国虑，胜不敢以众士之死生争一人之功伐。其所见者远，所全者大，何咎之有？

孔子释四《象》曰：师以能进为勇，将以得俊为功。"师左次"，似乎退避而辱国矣。何以得无咎？不知见可而进者自不宜遽退以示弱，知难而退者又不可轻进以偾事。因时施宜，行师之常道也。"四"能未失其常自无"舆尸""失律"之咎矣。

按：《书》曰："同力度德，同德度义。"帝王之师贵出万全，当计其得失成败，不当论其进退迟速也。若后之言兵者高坐庙堂之中，逆料境外之事，惟欲其功之速成，而不计其势之可否。岂知当退而退者易之垂戒，固已昭然较著乎！

【解说】

本爻是说能够知难而退，这是保全军队之道。六四阴柔不中无胜敌之才，但能够度德量力、避敌锋芒、知难而退，军队虽未奏凯但亦不致有所损失。知难而退，说明六四的指挥机动灵活，没有违背常理。

【原文】

六五：田有禽，利执言，无咎。长子帅师，弟子舆尸，贞凶。

《象》曰"长子帅师"，以中行也。"弟子舆尸"，使不当也。

【解义】

此一爻是言师出必以正，又任将当专，然后可成出师之功也。

禽，是害稼者；执言，谓声罪致讨；长子，谓九二；弟子，谓三四也。

周公系师五爻曰：六五为用师之主，柔顺居中，非喜功好大，擅启兵端者也。如敌加于己，侵害生民，不得已而声罪以致讨；犹禽兽我田以伤禾稼，利于执言而搏击也。此仁义之师，攻非为暴，取非为贪，何有黩武之咎乎？然师行固不可不正，而任将又不可非人，如刚中之九二，师之所谓丈人，而君之所谓长子也。老谋壮事，位望孚人，既使之帅师矣，又使新进弟子如三四之才德本无足称，得与参谋议，则事权不专，号令不一，必至挠败而舆尸。名义虽正而贞，不免丧败而取凶矣。

孔子释五《象》曰：二为长子，而以之帅师，是能以刚中之道而行师，恩以济威，谋以济勇，固能胜任而不忝矣。任苟不专一，使非中行者刚柔宽猛悉违其，道则舆尸致败，是岂弟子之罪哉？由于任使之不当也。

可见命将之道不可不审，尤不可不专不审，则使非其人，或至丧师而辱国；得其人而任之不专，则事无统摄，不归于一，亦覆败之所由也。后世如赵盾河曲之战而谋出赵穿，荀林父邲之战而令由先縠，可为明鉴矣。

【解说】

本爻是说出师必须要以正义的理由，必须要任命专门的将才做统帅，然后可成就出师之功。出师正义，攻非为暴、取非为贪，则无穷兵黩武之咎；任将之专，军权集中、号令统一，则出师必胜。

【原文】

上六：大君有命，开国承家，小人勿用。

《象》曰"大君有命"，以正功也。"小人勿用"，必乱邦也。

【解义】

此一爻见人君报功当有正典，不可滥及非人，以肇乱之源也。

周公系师上爻曰：六居师之终，则武功告成，处顺之极，则天下大定。论功行赏正在此时。大君于是有赏功之命，功大者非封国无以酬其戡定之勋，则开拓疆宇，使为诸侯。功小者非承家无以报其捍御之烈，则宁承世业，使为卿大夫。其赏必酬功，报必偿劳，如此。然其中或有余于才、不足于德之小人，则又勿用以预政事、临民上焉。是非坚树国本、保全功臣之要道乎？

孔子释上《象》曰"大君有命"，所以程功之大小而赏当其功也。故开国而不为滥，承家而不为吝，无偏无颇，正以论定其功，自可无徼幸怨望之心矣。然曷云"小人勿用"？小人戮力师中，用之奔走御侮，或可以效功，若用之抚绥底定，则挟功自恃，始以靖乱者，终必至于肇乱，岂王者怀保万邦之至意乎？六之垂戒深矣！

按：师之为卦，万世论兵之道皆不出乎此。至上六之终于报功之典，寓黜陟之权，所以优功臣而隆封建。见圣人待天下之公，远小人而绝祸端，见圣人虑天下之深，后之保邦图治者，尚其深鉴于此哉！

【解说】

本爻是说为君者论功行赏要有正典，不可重用小人以启祸乱之源。出师功成后，国君要发布命令论功行赏，封功臣为诸侯为大夫，但不可重用小人，因为小人掌权会危害国家。

【原文】

☷坤下坎上

【解义】

比之为卦，一阳居尊，而五阴应之。《彖》言"五阴比一阳"，《象》言"一阳比五阴"，以互相发明，"比"之义始尽。凡《象传》应字多谓刚柔两爻相应，此则谓上下五阴应乎五之刚，又一例也。六爻自九五称"显比"，外余五爻皆称"比之"。"比之"之词，初比之，无咎；二、四比之，贞吉。皆以其比五也。独三比之匪人而伤，上比之无首而凶，是三上自相为比，而不比五也。自卦言之，群阴皆比于五。自爻言之，或远或近，或来或不来，有未可一律拘者。盖卦以明一统之义，而爻各随其位之所之，所以尽比之变也。

【解说】

《比》卦阐述政治上亲近的道理，实质是用调和手段巩固统治地位。卦辞讲的是原则，必须始终坚持；爻辞讲的是亲近的核心，可以选择。这些和卦爻辞中强调的动机纯正、态度真诚、亲贤远恶等原则，并行不悖。

【原文】

比：吉，原筮，元永贞，无咎。不宁方来。后夫凶。

【解义】

此卦坤下坎上，以坎水比坤地，故名为比。卦辞言人君比天下，必尽比天下之道，斯能得天下之比也。

原，再也；筮，谓审察；元，谓元善之德；永，谓存元善而无间于始终；贞，谓行元善而不流于姑息；不宁，谓未得所比之人；后夫，谓不早归附者。

文王系比《象辞》曰：比卦以一阳居尊位而得其正，上下五阴顺而从之。以上之比下言，则以一人而抚万邦；以下之比上言，则以四海而仰一人。比则当为人所亲厚辅助而吉。然民之比我，比于我之有德也。故必再为审察，果有元善好生之德足以长人，而元善之德果永而不至于间断，贞而不失于驳杂，自无忝于作民元后之责而无咎矣。由是仁恩四洽，凡未比而不安宁者方归来未已，彼负固如后夫，祇自贻其戚而凶耳，于王者何损哉？

按：比则天下归心，定于一统，虽或顽梗弗率，亦有自外王化之时。然帝王止自修其德，以尽其安内攘外之实，故虞帝舞干羽于两阶，而有苗自格；南越尉佗自立为帝，汉文以德怀之，而佗遂称臣。则修德又比人之本与！

【解说】

本节卦辞是说为君者要亲近天下，必须要尽得亲近天下之道，如此才能得到天下的亲附。《比》卦象征亲近，亲近慎重、善良、能长久坚守正道的人，就不会有过失。这样不顺从的诸侯也会来亲近，而落在后面的则会有凶险。

【原文】

《象》曰：比，吉也。比，辅也，下顺从也。"原筮元永贞无咎"，以刚中也。"不宁方来"，上下应也。"后夫凶"，其道穷也。

【解义】

此《象传》是释比《象辞》以明比之义也。

刚中，谓九五；上下，谓五阴，指臣民言。

孔子释比《象辞》曰：卦名为比者，何所取哉？以比有亲辅之义也。以卦体言之，九五阳刚在上，五阴顺而从之，是指在下之臣民莫不倾心向化也，故为比。辞谓"原筮元永贞无咎者，何所取哉"，盖君德贵刚，而刚贵乎得中。九五以阳居中，是主之以明作之心，而济之以时措之善，则体仁长人，而为元者，一刚中之德为之，且累世不息而为永，无私不杂而为贞，皆刚中之德为之也。此所以当众之来归而无咎。又谓"不宁方来"者，卦体上下五阴皆应九五，是合上下臣民之众而皆比于一人也。又谓"后夫凶"者，盖九五德足致天下之比，则民心之归己非一日，若后夫自弃德化，以比之道揆之，自当困穷，此其所以凶也。

盖上下顺从之日，自外王化，理合致穷。然王者之心但问吾之可比不可比，不计彼之来与不来。此大公之道，庶几九五之显比者欤！

【解说】

本节《象传》是对《比》卦《象辞》的进一步解释，以表明"比"的含义。比，有亲附之义。以卦体言之，是五阴顺从阳刚的九五，是指在下之臣民顺从在上之国君。上下顺从，则自外王化，理合致穷。

【原文】

《象》曰：地上有水，比。先王以建万国，亲诸侯。

【解义】

此《象传》是言先王体比象而能尽比天下之道也。

孔子释比《象》曰"地上有水"，水比于地，不容有间，有比之象。先王观比之象，而得比天下之道焉。谓天下可以一人统之，而不可以一人治之。乃列爵分土，而建为公侯伯子男之国。又恐远近不同化，幽隐不得达，制为巡狩述职之典以亲诸侯，令其承宣德意，恩泽下流。天子以亲天下者而亲诸侯，诸侯以亲天下者而报天子。如此，则有以比天下而无间矣。

按：人君以一身居九重之上，万国之广，人民之众，安得一一而亲比之？故建国亲侯乃比天下之大权，实比天下之要道也。汉贾谊论众建诸侯，令海内之势如身之使臂，臂之使指，莫不制从其得，比天下之道者哉！

【解说】

本节《象传》是说先代君王通过体会《比》卦的卦象而能够尽得亲近天下之道。地上有水，地与水不容有间，象征亲密无间，先代君王因此体会到要封建万国，亲近诸侯。国君一人之下，万人之上，不能一一亲近，因此亲近封建诸侯就是亲近天下掌权之人，实为掌亲近天下之要道。

【原文】

初六：有孚比之，无咎。有孚盈缶，终来有他吉。

《象》曰：比之"初六"，有"他吉"也。

【解义】

此一爻是勉始仕之臣以诚事君也。

缶，瓦器也；盈缶，充实之象。

周公系比初爻曰：人臣事君，贵于诚信。初六居此之初，当服官之始，情意尚隔于势分，所恃以进结于君者，惟此孚诚而已。惟内孚之心，外孚之事，无非忠君爱国之念，以此比君可无忝于臣职而无咎矣。然"有孚"非易言也，必无一念之不诚，无一事之不实，无少亏欠，若盈缶然，则终当感格君心，而宠遇之来，若出意外，"有他吉"焉。

孔子释初《象》曰：孚在比初，即推之至于盈缶，亦止此一念之诚，以此格君，君恩之来自在寻常意计之外，宜有他吉也。

盖人臣事主，其始进之日，一念之诚伪，终身之邪正分焉。始进不以诚，后未有能出于诚者也。圣人于比之初六以"有他吉"许之，可以为人臣劝矣。

【解说】

本爻是勉励初仕之臣要以诚信事君。人臣事君，贵于诚信。内心真诚自信，相互亲近则自然无过，诚信至极则会有意外的吉祥。

【原文】

六二：比之自内，贞吉。

《象》曰"比之自内"，不自失也。

【解义】

此一爻是美其以道事君而能得君以行道也。

周公系比二爻曰：六二，柔顺中正，上应九五，其方出而仕也。一本其内之素养者以自靖焉。是进，非苟合而可以得君于比之道，为得其正而吉也。

孔子释二《象》曰：徇人者失己，"比之自内"，则达不离道，不自失也。盖得事君之正矣。可见择才而用虽在乎上，而以身许国必由于己。二、五以中正之道相比，故为得正。若降志辱身，汲汲以求比者，非君子自重之道矣，国家亦奚赖有若人而用之乎？

【解说】

本爻是赞美那些发自内心侍奉国君者，这些人亦能得到国君的亲近而行道。六二中正，在主动亲近九五的行动中，能掌握分寸，没有丧失人格。亲近是出自内心，符合正道，因此能吉祥如意。

**【原文】**

六三：比之匪人。

《象》曰"比之匪人"，不亦伤乎？

**【解义】**

此一爻是明三之不能择人，而"比"为可鄙也。

匪人，指上六。

周公系比三爻曰：六三，阴柔而不中正。阴柔，则暗昧而无识。不中正，则邪僻而不良，而况上下与应皆阴，则所近举非正。人以三之暗昧邪僻，有不入其流者乎！是所比为匪人矣。

孔子释三《象》曰：六二、六四之贞吉，由于所比得人也。六三既比匪人，是暗于择友之明，不惟无益，而反为累矣。入于不善而同恶相济，不亦伤乎？盖甚言比匪之必伤也。

按：初之应四，二之应五，皆为比得其人。惟三居不正之位，乘、承、应皆阴，是比之匪人也。如马援劝隗嚣专意东方，而嚣乃降于蜀，卒至杀身亡宗为天下笑，亦大可伤矣。

**【解说】**

本爻是表明六三亲近时不作选择，亲近不正派的人，因此为人所鄙视。六三阴柔而不中正，暗昧而无识，邪僻而不良，因此所亲近的都是本性邪恶的人。

**【原文】**

六四：外比之，贞吉。

《象》曰"外比"于贤，以从上也。

**【解义】**

此一爻是言人臣尽事上之义，绝内顾之私，为臣道之正也。

贤，谓九五。

周公系比四爻曰：六四以柔居柔，外比九五，以柔正之德而居近君之位，是国尔忘家，公尔忘私，得所比之正也。自是明良相遇，有以辅君德而成显比之治矣。何吉如之！

孔子释四《象》曰：九五以阳刚居上而得其正，不但有其位，而又有其德，盖贤君也。六四固外比于九五之贤矣，然岂止从其贤而已哉？盖君臣天地之大义无所容逃，臣子忠爱之至性必不可解，故必从之以尽其分也。

按：四当与内应，乃内无可比而外比于五，舍柔暗而事高明为得其正，此其所以吉欤！

【解说】

本爻是说为臣者有尽心事上的道义，应断绝内顾之私，这是正臣之道。六四以柔居柔，外亲附九五，有柔正之德，能国而忘家、公而忘私，是中正的贤臣。贤臣亲近贤君，没有比这更吉祥的了。

【原文】

九五：显比，王用三驱，失前禽，邑人不诫，吉。

《象》曰"显比"之"吉"，位正中也。舍逆取顺，失前禽也。"邑人不诫"，上使中也。

【解义】

此一爻是言九五以大公之道比天下也。

显比，谓显其比而无私；三驱，谓天子之田不合围也；不诫，谓不相警备；使中，谓上之德有以使其得中也。

周公系比五爻曰：九五，一阳居尊，以刚健中正之德为上下五阴所比，是圣人而在天子之位亲比天下，普大公无私之心，而天下之戴之者无一不从王者之化，而忘于不知，如天子之畋围，合三面，前开一路，使之可去，惟取其不出而反入者，则禽之前去者皆免矣。凡同驱私属之邑人咸晓上意，亦不相警备，以求必得，为"王用三驱失前禽"而"邑人不诫"之象。盖在上之人不必求得，而在下化之亦不求其必得也。凡此皆吉之道也。

孔子释五《象》曰：所谓"显比"之"吉"者，以五有正中之德，其自心而达之政，皆荡平而无私，故能为天下所归往也。又谓"失前禽"者网开一面，逆我而去者则舍之，如后夫不能强之来，则舍之而已；向我而归者则取之，如方来者不能使之去，则取之而已。故听前禽之失也、"邑人不诫"者，由王者建中于上，而下以不偏之德应之，有不期然而然者若或使之耳。

按：程《传》谓"显比"非唯人君比天下之道，如此，如以臣于君言之，竭其忠诚，致其才力，乃显其比君之道也。用之与否，在君而已，不可阿谀逢迎求其比己也。在朋友亦然，修身诚意以待之，亲己与否，在人而已，不可巧言令色，曲从苟合以求人之比己也。此于"三驱失前禽"之义更为详尽，可为读《易》者之法矣。

**【解说】**

本爻是说为君者要以大公之道亲近天下之人。为君者亲近天下之人要普施大公无私之心，对天下人要正大光明地亲近而不强求周围的人来亲近自己，对天下人是否亲近自己要采取听其自然的态度。舍弃违逆，安抚顺从，采取公平不偏的态度，这样才会得到天下人的亲近。

**【原文】**

上六：比之无首，凶。

《象》曰"比之无首"，无所终也。

**【解义】**

此一爻是言无德不能为民所比也。

无首，谓无德而居上。

周公系比上爻曰：人必有刚中之德，然后可首出庶物而为人所比。上六阴柔居上，无刚健之德以比下，为比之"无首"之象。如此则何以为人所比乎？众叛亲离，凶其不免矣。

孔子释上《象》曰：人君为天下所比者，以其德也。比既无首，则不成为比矣，何能保其终以善其后乎？此其所以凶也。

按：首对终而言，上六以阴居终不能率先，天下以从君而依险自固，其甘为后夫而自取灭亡者乎？

**【解说】**

本爻是说无德者不能为百姓所亲附。人必须要有刚中之德才会为人所亲附，无德者如"无首"之象，如此必会众叛亲离，不免于凶祸。

**【原文】**

☰乾下巽上

**【解义】**

以大畜小，以阳畜阴，其常经也。然亦有君子欲行事，而小人得以扰系之，大事之将就而小，故得以邀阻之，皆小畜也。以统体言之，卦惟六四一阴，上下五阳皆为所畜。若析言之，下三爻乾体受畜者也，上三爻巽体为畜者也。以一柔下畜三刚本是难事，以得五与合志而后能畜，至上九则畜道已成，而不雨者变为既雨矣。要之，阴亦岂能畜阳？惟阳失其道乃为所制。乾体三爻，初、二皆复，三昵于四而不复，小畜亦但能畜九三一爻而已。由三之不能正室自失其道也。四虽畜阳，曰"血"，曰"惕"，有戒辞焉。圣人扶抑之意深矣。

【解说】

《小畜》卦的内容是讲阴柔积聚力量，扶助阳刚并制止阳刚的失误。阳刚之所以能被制止，关键在于自身有自强向上的素质。同时阴柔积蓄力量过大时，又会引起阴阳冲突。卦爻辞所显示的上述观点，说明《易经》尊崇阳刚的思想，在本卦又一次得到较为集中的体现。

【原文】

小畜：亨。密云不雨，自我西郊。

【解义】

此卦乾下巽上，以巽阴而畜乾阳，故名为小畜。卦辞言君子当小畜之时，道犹可亨，而得行其志也。

畜，止之之义也；密云，阴物；西郊，阴方；我者，文王自谓也。文王演《易》于羑里，视岐周为西方也。

文王系小畜《彖辞》曰：此卦惟六四一阴，上下五阳皆为所畜，是以小畜大也。夫阳之力大，方能畜阴。今以巽之柔顺而畜三阳，能系而不能固，则所畜者小矣。夫阳为阴畜，难以得亨。然卦德内健外巽，有能为之才，卦体二五皆阳，有可为之势，在君子犹得安其位以伸其志而亨。但畜未极而施未行，则所积者未厚，而所施者不能及远，如云虽密而不能致雨，徒起自西郊而已。故有"密云不雨，自我西郊"之象焉。

按：云能致雨，今乃密云不雨者何耶？盖东北阳方，西南阴方，阳唱阴和，阴唱故阳不和而不能成雨也。是"密云不雨"以其起自西郊耳。

【解说】

本节卦辞是说君子在小畜之时，前途犹且亨通，可以实现自己的志向。《小畜》卦象征以小畜大、以阴畜阳，方法柔和而不强硬。浓云密布尚未降雨，说明实现以阴畜阳的目的需要经历一段时间，不能急于求成。

【原文】

《彖》曰：小畜，柔得位而上下应之，曰小畜。健而巽，刚中而志行，乃"亨"。"密云不雨"，尚往也。"自我西郊"，施未行也。

【解义】

此《彖传》是释小畜《彖辞》以明"畜"而得"亨"之道，且以勉君子向往之功也。

柔得位，指六居四；上下，谓五阳；尚往，言畜之未极，其气犹上进也。

孔子释小畜《彖辞》曰：卦名小畜者，盖以卦体六四柔得位而上下应之，上下五阳皆为六四一阴所畜，是一小人处高位，而众君子为其所牵制，有以小畜大之义，故为小畜。

夫阳为阴所畜，宜不得亨，而卦辞系曰"亨"者，何哉？

盖以卦德内健外巽是其立心，则有不屈之操，处事复有善入之道，其才可以有为。卦体二、五皆阳，是乾二之阳用事于下，而巽五之阳用事于上，则其势又得以有为，此所以不为其所畜而犹可以亨也。

又云"密云不雨"者，何哉？

盖君子以泽及天下为心，若所积未厚，正当懋其进修之力，奋其向往之功，今则畜未极而尚往也。

"自我西郊"者，正言德未能以远，及无以兼济万物，润泽生民，施未行于天下也。

按：自乾坤而下，屯、蒙、需、讼、师、比，皆三男阳卦用事，至此方见巽之一阴用事，而以小畜名焉。圣人于阳，既幸其志行，复期其尚往，总不欲阴胜乎阳也，如此。

【解说】

本节《彖传》是对《小畜》卦《彖辞》的进一步解释，以表明"小有畜养而得亨通"之道，并且勉励君子通过"畜养"实现自己的抱负。君子自强不息而又谦虚，刚强稳重而又充满决心，所以前途能够亨通。但"密云不雨""自我西郊"，说明君子还要自我勉励，继续努力，充分发挥自己的作用，实现自己的抱负。

【原文】

《象》曰：风行天上，小畜。君子以懿文德。

【解义】

此《象传》是言君子当尽威仪文辞之美也。

懿，美也；文德，谓德之发见于外者。

孔子释小畜《象》曰"风行天上"，但有气而无质，能畜物而不能久畜，小畜之象也。君子当小畜之时，不能厚积而远施，而德之发见于外者，则不可以不修饰而致谨之。故于威仪则致其美而为君子之容，于文辞则致其美而为君子之辞，使一身之章、观、听之美，无不归于尽善焉。

盖细行不矜，终累大德，皆君子之所戒也。由是养盛而为大畜，则所施自不止于淑其身矣。夫君子之文德，所以修身者在是，所以御物者亦在是。故小畜之懿德与大畜之蓄德，虽有功力之殊，原无精粗之别，是以君子尤不可不致谨于斯也。

【解说】

本节《象传》是说君子应当尽量重视自己的仪表和风度。"风行天上"象征小有畜养，君子此时厚积薄发而美德已发散于外，因此君子尽量重视自己的仪表和风度，从细微处出发，终究会累积成大的美好德行。

【原文】

初九：复自道，何其咎，吉。

《象》曰"复自道"，其义"吉"也。

【解义】

此一爻是言能以正道自守，而无枉己徇人之失也。

复者，上进之意；复自道，言以自己道义为复也。

周公系小畜初爻曰：初九，体乾居下，得正前，远于阴，虽与四为正应，而能自守以正，不为小人所畜。夫阳本在上之物，今不为小人所畜而得居所当居之位，有进"复自道"之象，如是则既无枉道之失，而复有正人之功，自不至于有咎而吉矣。

孔子释初《象》曰：枉己者不能以正人。今初九进"复自道"，则进必以正，不为阴邪所制，上足以正君，而下足以正民。以义揆之，当得吉也。

盖君子未尝不欲进，而特恶进非其道。"初"之复，能以道自胜，而不失足于小人，则大节挺然，邪自不得而浼之矣。此正色独立之士，国家祷祀而求之者，实以其足为朝廷重欤！

【解说】

本爻是说能以正道自守,就没有枉己徇人的过失。初九能以正道自守,不为小人所畜养,能够主动回到所应居的位置,则进必以正,不为阴邪所制,上足以正君,而下足以正民。

【原文】

九二:牵复,吉。

《象》曰"牵复"在中,亦不自失也。

【解义】

此一爻是言同德并进而不为小人所畜也。

牵,连也。

周公系小畜二爻曰:九二亦欲上进,而渐近于阴,似若为阴所畜者,以二有刚中之德,则亦能以正自守,而与初九之刚正者同德而升,不为阴所系。畜有牵复之象,则正气伸而道可行,故吉也。

孔子释二《象》曰:九二与初九"牵复"者,岂无德而能复乎?盖人无自守之德,鲜不自失者。今九二有刚中之德,自能与初九之刚志合道同,其牵而复也,亦不至于自失矣。

按:君子小人不容并立,然君子之类常孤,小人之党常众。故君子必刚正自守,援同德以俱升,乃不为小人所制,此九二所以贵"牵复"也。不然,小人众而君子孤,漫然以进,而不受其害者鲜矣。

【解说】

本爻是说君子应同德并进且不为小人所畜养。君子小人本不容并立,但君子之类常人少孤独,小人之类常人多势众,因此君子必须要以刚正自守,援助同德者共同上升,才不会被小人所节制,否则会为众小人所伤害。

【原文】

九三:舆说辐,夫妻反目。

《象》曰"夫妻反目",不能正室也。

【解义】

此一爻是言不能进复自道,始为小人所制,而终与之争也。

舆说辐,谓车说其辐而不能进也。夫妻三阳与四阴之象。

周公系小畜三爻曰：九三欲进之心虽与初二同，然刚而不中，迫近于四。不中则无静守之节，近四则有易昵之私，是援结小人以进，卒为所制而不得进，如舆之说辐然。乃三之志刚，不安受其制，始则阴阳相悦，有如夫妇。究之心不能平而与之争，为夫妻反目之象。

　　孔子释三《象》曰：夫妻反目，岂皆妻之过哉？夫为妇倡，未有夫不失道而妻能制之者也。由九三刚而不中，自处不以其道，则说辐反目，乃"三"自为之耳，于"四"何尤乎？

　　按：初与二皆能复，独三畜于四而不复者，与四相比而悦也。使阳不失道，则阴岂能畜之哉？是可为失身于小人者之大戒也。

【解说】

　　本爻是说九三刚而不中，无静守之节，有易昵之私，同小人结伴以进，最终会被小人所牵制而不得进。但九三阳刚，不安于受其节制，刚开始如同夫妇两情相悦一般，但终究因内心不平而与之争斗，如同夫妻反目，关系破裂。

【原文】

　　六四：有孚，血去，惕出，无咎。

　　《象》曰"有孚惕出"，上合志也。

【解义】

　　此一爻是言六四能以孚诚获上而得免于咎也。

　　血去，谓免于伤害；惕出，谓免于忧惧；上，谓五上二阳。

　　周公系小畜四爻曰：六四以一阴畜众阳，势不相敌，本不免于伤害忧惧者，幸其柔顺得正虚中，巽体为能取信于上，一诚所感二阳，亦相信而助之。故外之得以安其身而免于伤害，内之得以安其心而免于忧惧，为"有孚、血去、惕出"之象。如是，则可借二阳之力，以成其畜之功而无咎矣。

　　孔子释四《象》曰：四之"血去、惕出"虽赖二阳之力，然岂无自而得二阳之助乎？以四能有孚固结于上，而上二阳与之合志，故得免于忧患也。

　　按：六四一爻为畜众阳之主，然以阴柔力弱，而又与五、上二爻同为巽体，故必借助于二阳共成其畜之道。圣人以"有孚"戒之，欲其反而自求，必诚信在中，足以感孚乎人，而后可免意外之灾惧。其辞盖深切矣。

**【解说】**

本爻是说六四能够以真诚坦率的态度获得上级的认可而最终免于过失。六四以一阴畜养众阳,势不相敌,本不免于伤害,但其能以真诚的态度、柔和的办法去畜养阳刚,避免流血和恐惧,行为符合上级的意愿,所以没有过失。

**【原文】**

九五:有孚挛如,富以其邻。

《象》曰"有孚挛如",不独富也。

**【解义】**

此一爻是言五合上下之力以畜乾也。

挛如,固结之意;富,谓富厚之力;以,谓能左右之也。

周公系小畜五爻曰:三阳上进,其势正盛,畜之为难。九五巽体居中,而"有孚"处尊而富厚,是其孚诚既足以感人,使上下相为维系,且身处尊位,而富厚之力又足以屈群力而为我用。盖四与上在五左右,有邻之象。而五之力为能左右之以行己意也。心同而力复同,何三阳之不为所畜哉?

孔子释五《象》曰:九五既"有孚挛如",是"有孚"乃感召之本,则众志之所以信从者,莫非此孚诚为之也,岂独以其富厚之力使人乎?

此卦《象传》言以一阴畜五阳,而爻辞则言在上之阳与阴合志。朱熹《本义》因谓巽体三爻同力畜乾,是下三爻主"阳为阴畜",而上三爻又主"以上畜下"之义也。

《易》理变动不居,一爻各立一义。如此,若以全卦之理论,则四为阴柔,五当合诸阳之力以制之,而乃以四同巽体受其笼络与之合志,非得处畜之正道者。爻虽不言凶悔,而亦无吉占,则圣人言外之意亦可见矣。

**【解说】**

本爻是说九五有能力使六四实现畜养所有阳刚的目的。九五真诚坦率,能使上下相互维系,且身处尊位,又能够左右群力为自己所用。因此九五通过真诚合作,能使所有阳爻都接受六四的畜养而不是独享富贵。

**【原文】**

上九:既雨既处,尚德载。妇贞厉,月几望,君子征凶。

《象》曰"既雨既处",德积载也。"君子征凶",有所疑也。

**【解义】**

此一爻是言君子为小人所制,因戒小人不当害正,而君子亦当自防也。

既雨,谓与阴相和;既处,谓与阴相止;载,满也;妇,阴柔小人之象;月,阴类;几望,已盛之象也;疑,窒碍而不通也。

周公系小畜上爻曰:上九虽阳爻,而居巽体,对下乾爻亦为阴类。上九居畜之极,是阴力已盛,其力足以制阳,而阳亦受制于阴,阳不得不与之和,是向之不雨者,今阴阳和而既雨矣。既与之和,是阴能制阳,阳至是而不得不止也。所以然者,以君子尊尚阴德,至于积满而然耳。夫阴之常分本不可以加阳,今乃以阴加阳,如妇之抗夫,虽或得正,而亦不免于危厉。在君子当阴未盛尚犹可往,至阴盛如月之几望则往,必受小人之害而凶矣。

孔子释上《象》曰:阳与阴和而既雨既处者,岂君子之得已哉?由阳不能防之于始,尊尚其德,至于盈满,其势不得不与之和也。当此时而征则凶者,阴盛抗阳,动辄得咎,自然窒碍而难行矣。君子至此岂可以妄行哉?

按:阴虽极盛,不得有加于阳,阳不失道,岂为阴制?乃以阴畜阳,畜极而阴阳俱为不利,则阴亦何利于畜阳哉?细玩上九爻辞,固为君子戒,亦深为小人戒矣。

**【解说】**

本爻是说君子为小人所牵制,只是警戒了小人不会危害君子,所以君子也应当做好自我防卫。"既雨既处"说明"阴畜阳"已经成功,阴柔的力量已经积蓄到完满的程度,此时阴柔不可再继续发展,阴柔壮大到与阳对抗,君子再向前就会有风险了。

# 卷四

【原文】
☱兑下乾上

【解义】
卦辞之"虎尾"主九四言，爻辞之"虎尾"主九五言。以兑说，视乾刚则乾为虎，自乾之三爻视之，惟五以刚居刚，则谓五为虎亦可。凡卦辞以爻为主，则爻辞亦与卦同，如屯之"利建侯"是也。卦辞以上下体言，则爻辞与卦多不同，如卦辞"履虎尾，不咥人"，而六三"咥人"是也。合六爻言之，初、上，履之始终也，初言往，上言旋，一进一反，而履之象见矣。中四爻：以刚履柔者，吉；以柔履刚者，凶；以刚履刚者，厉；阳爻居阴位，谦也。此一卦皆以阳处阴为善。

【解说】
《履》卦讲人的行为要合礼。这有两方面的内容：一是要维护等级秩序，礼的功能就是区别差异；二是要注意和，以和为贵。两者统一，在尊重差别的基础上达到和谐的目的。《履》卦重点强调了和的意义，认为和则无险，踩到了虎尾巴也不要紧。六爻从正反两面寓意，反复强调了和的可贵。

【原文】
履：虎尾，不咥人，亨。

【解义】
此卦兑下乾上。八卦惟兑为至弱，惟乾为至健，以至弱而蹑于至健之后，有危道焉，故名为履。卦辞言人之所履，虽有危机，而贵有善于处危之道也。

文王系履《象辞》曰：凡人处世，当是非利害之冲，皆危机之所伏，如猛虎在前而人蹑其后，为履虎尾之象。夫虎尾而履之，未有不咥人者，亦甚危矣。然兑以和说为义，则温厚和平自有以戢强暴之心而免伤害之，及犹履虎尾而不咥人也，以此求进，则从容而得，遂其所欲为，亦何往而不亨通哉？

按：乾体刚健，非专为暴者，而象之以虎，所以极言兑之和说，处至危而无咎也。行于强暴则强暴服，行于患难则患难弭。然君子于此，岂徒务柔媚以取容乎？亦尽其道之当然而已矣。

【解说】

本节是说至弱之人跟在至健之人之后，虽有危险，但贵在有善于处理危机的方法。凡人处世，是非利害时时刻刻潜伏着危机，就像是人跟在老虎的尾巴后面一样，十分危险。但如果能和悦有礼，即使是跟在老虎尾巴后面行动也会吉祥无咎。

【原文】

《象》曰：履，柔履刚也。说而应乎乾，是以"履虎尾，不咥人"。"亨"，刚中正，履帝位而不疚，光明也。

【解义】

此《象传》是释履《彖辞》以明处履之道也。

不疚，谓德称其位。

孔子释履《彖辞》曰：卦之名为履者，盖以卦之二体言之，兑为柔而乾为刚。卦体以兑之至柔而履乾之至刚，履非所履，动有危机，故名之为履也。夫人之履危，鲜不见伤，乃履危而不伤者，盖卦德说以应乾，则践履从容恭顺而不失其正，所履之善如此，将得遂其进而行无所阻，虽危而不至于危也。故卦辞系曰："履虎尾，不咥人，亨。"夫"亨"，固以其德矣，而其所以得"亨"者，卦体五刚中正而履帝位，"刚"则有神谋雄断之资，而"中正"则能善用其刚而不过，是德称其位也。德与位称，则无忝帝位，而其心宁至于有疚乎？夫既有其德而复有其位，以理势度之，其功业著于四方，有极光辉发越之盛者矣。有君若此，而臣以和说应之，此其所以得"亨"也。

按：圣人释《彖》既毕，又指九五之德以推广其义，诚见履帝位者不刚不足以制天下。不中不正，则刚而过于亢、过于察，一往不顾其所安，虽天下臣民欲和说以应之，而在我未能免愧悔之萌，则在人亦难泯危疑之迹矣。高而能下，贵而益谦，动容周旋，无不中礼，斯为可法可则，而无恶无斁于天下也乎！

【解说】

本节《象传》是对上一节《履》卦《象辞》的进一步解释，以表明处履之道。"履"，象征行为合礼，如果阴柔之人有礼貌地跟在阳刚之人后面，和颜悦色又恭恭敬敬，就像是跟在老虎尾巴后面行动一样，即使有危险也吉祥无咎。又如阳刚中正之人登上帝位，如果行为合礼，则无憾可击，一切正大光明。

【原文】

《象》曰：上天下泽，履。君子以辨上下，定民志。

【解义】

此《象传》是言君子法履之事以治天下也。

孔子释履《象》曰：卦象上天下泽，天在上而泽居下，定分不易，履之象也。君子以民心所欲无涯，其志因以不定，皆由于上下之分不辨耳。

故观履之象以辨别之，因其定分制为典礼，使尊卑隆杀截然不紊，如天居于上而不嫌于高，泽居于下而不嫌于卑，上下之分秩然不可逾越，则民志由此而定矣。夫上下之分明，然后民志有定，然则辨分定志，岂非帝王驭世之大权乎？若使等威无辨，上下无章，如贾谊所言"富民墙屋、被文绣之美，倡优下贱、为贵者之饰"，则奢侈不已、僭乱易生、民志不定、天下纷然，欲以图治难矣！故曰：礼者，所以总一海内而整齐万民也。

【解说】

本节《象传》是说君子效法合礼之事以治理天下。上天下泽象征行为合礼，君子因此要制定典章制度，使得尊卑高下有秩有序，使得百姓各安本分，如此则天下安定。

【原文】

初九：素履往，无咎。

《象》曰"素履"之"往"，独行愿也。

【解义】

此一爻是言初仕者当率其素而不可有所变易也。

周公系履初爻曰：初九，以阳在下，而居履初，是贤人在下位而当方进之始，不为物迁，而但循其素履，如是而往，则不至变其初心，何咎之有？

孔子释初《象》曰：初之"素履"而"往"，是率其素履而不变塞，其志确然有不可得而移者。其守不可易，其志实不可变耳。是独行一己之愿，而不愿乎其外也。此岂功名爵禄之所能动者乎？

按"素履"而"往"，是安于贫贱之"素"，而进足以有为者，若欲贵之心与行道之心交战不决，安能无失其守耶？

【解说】

本爻是说起初仕者应当按照本分行事而不要有非分之想，不可随便改变想法。初九象征贤人刚开始仕进，此时不要见异思迁，要本分行事，不要改变初衷，不要改变志向，如此则可无咎。

【原文】

九二：履道坦坦，幽人贞吉。

《象》曰"幽人贞吉"，中不自乱也。

【解义】

此一爻是言士人所履之贞而得洁身之道也。

坦坦，幽独守贞之象。

周公系履二爻曰：九二刚中，在下有自守之操，且无应于上，则上无汲引之人，盖不得志而独行其道者也。乃居易自得，此心坦坦然，真所谓幽人也。则得洁身之贞，乐道之吉矣。

孔子释二《象》曰："幽人"守"贞"而"吉"者，以二秉刚中之德，则有确然自守之操，富贵利达不得而乱其心也，岂矫情拒物者哉！

大抵坦与险不生于世而生于中之静躁，设以声色货利动其心，爵禄名誉纷其志，则此中先乱，见道必不明，信道必不笃，即有坦者亦变而为险矣。古之君子虽遇造次颠沛，而神明晏然，不为摇惑，岂非中有素定者在乎？

【解说】

本爻是说士人行为合礼且合于正道，从而能得洁身自好之道。没有名利心的人，能幽静安恬、洁身自好，行为合礼，虽然声色货利动摇内心，爵禄名誉纷扰志向，也不会扰乱自己的内心世界，自然吉祥无咎。

【原文】

六三：眇能视，跛能履，履虎尾，咥人凶。武人为于大君。

《象》曰"眇能视"，不足以有明也。"跛能履"，不足以与行也。"咥人"之"凶"，位不当也。"武人为于大君"，志刚也。

【解义】

此一爻是为所履本无才德、恃刚暴而致伤者戒也。

武人为于大君，谓刚武之人得志而肆暴之象。

周公系履三爻曰：六三不中不正，柔而志刚，是才、德俱不足者，乃好为自用，不肯下人，本无见事之明，如眇不能视，强自以为能视；本无任事之才，犹跛不能履强，自以为能履。以此作事，动与祸随，犹虎在前而履其尾，必至咥人而凶也。如刚武之人本无能为而乃为大君，以不仁而在高位，则得志肆暴，是播其恶于众也，岂能久乎？

孔子释三《象》曰：眇自谓能视，其视能几何哉？实不足以有明也。跛自谓能履，其履能几何哉？实不足以与行也。"咥人凶"者，由其居位不当，本无和说之德，则履乾必致于伤害矣。"武人为于大君"者，武人无刚中正之德，故为大君则肆其暴，盖柔而志刚也。六三自用自专，与"说而应乎乾"者相反，此其所以见伤耳。

按：三为说体，卦与爻一也。卦合而言之，惟见其说以应乾，爻别而观之，则祇见其失于中正以柔，志刚而说体丧矣。爻与卦相反，若是所谓六爻发挥旁通情也。能得此意，则凡卦、爻相反者，不惟不相悖，而且互相发明，即此爻可以类推矣。

【解说】

本爻是警戒行为不合于礼、本无才德而又恃强刚暴以致伤的人。瞎了一只眼自以为能看清，其实看不清；坏了一条腿自以为能走，其实走不了；跟在老虎后面自以为无危，却被咬伤。这说明刚武之人有非分之想且太过于自信，会让自己受伤。

【原文】

九四：履虎尾，愬愬终吉。

《象》曰"愬愬终吉"，志行也。

【解义】

此一爻是言近刚强之君者，必克尽敬慎，斯有得君之庆也。

愬愬，戒惧也。

周公系履四爻曰：九四亦以不中不正履九五之刚，其初本未有吉者，幸其以刚居柔，则因危知惧，敬慎恪恭，不敢自懈，终得以安其位而行其道，为能愬愬戒惧而得终吉，虽履危机而可以无害矣。

孔子释四《象》曰：人臣事君，惟敬谨斯能感格。所谓"愬愬终吉"者，以四心存敬畏，则兢业之虑周，而危疑之意去，君得而志可行也。

按：九四近至尊而处多惧之地，能以阳居阴，则刚强而以谨畏行之，所以处危惧而终获其志。文王之小心翼翼，周公之赤舄几几，诚千古人臣事君之极则欤！

【解说】

本爻是说靠近刚强之君者，一定要恭敬谨慎，如此才可获吉。人臣事君，只有谨慎谦虚，行为合礼，才会消除国君的疑虑获得信任，志向才能得以实现。

【原文】

九五：夬履，贞厉。

《象》曰"夬履贞厉"，位正当也。

【解义】

此一爻是为人君过恃其才者示戒也。

夬履者，夬决其履，谓凡事必行，无所疑碍之意。

周公系履五爻曰：九五阳刚中正，则有能为之才，履帝位则有可为之势。夫挟可为之才与可为之势，而下又以说应之，则更得以遂其欲为之志，是遇事即行，无复持重却顾之意，为夬决其履之象。纵使事皆得正，然过于自用，亦有危道，况未必尽出于正乎！

孔子释五《象》曰：所谓"夬履贞厉"者，以九五之德则刚，中正以位，则履帝位，位正且当，则必恃其夬之才与夬之权。凡所措施，以为惟吾所欲为而莫之能阻。然才常伤于所恃，而危多出于所安，所以虽正而亦危也。

按：古之帝王，明足以照，刚足以决，势足以专，然而未常不凛凛于自用，则小之戒乃其所以为圣也。是故外宁则思内忧，阳盛则思阴剥。御臣下则恐以愎谏自用而诎忠谋，待小民则恐以恣意妄行而启众怨。如此则久安长治而无危厉之咎矣。若夫优柔不断者，又当以英果济之。此《洪范》"高明柔克，沉潜刚克"之说，不可执一而论也。

**【解说】**

本爻是警戒为君者不要过于专恃自己的才能。九五阳刚中正，有能为之才，履帝位有可为之势，但难免刚强果断有余、包容兼听不足，因此应多注意虚心纳谏，切忌刚愎自用，应注意守正防危。

**【原文】**

上九：视履考祥，其旋元吉。

《象》曰"元吉"在上，大有庆也。

**【解义】**

此一爻是言君子能尽人事而获天道之佑也。

考，稽考也；祥，福之兆也；其旋，周旋无亏之意。

周公系履上爻曰：人事多方，其吉凶之应有久有近。上九居履之终，则所履之事已终，其祥兆当有可考，果所履者事皆尽善，周旋无亏，则得大吉矣。

孔子释上《象》曰：人情靡不有初，鲜克有终。故有一事吉而余未必吉者，有吉之数多，或吉之数少者，元吉所最难也。若元吉而得之在上，则自始至终无少欠缺，非常之福自天佑之，不亦大有庆乎？

盖人身之善否，实与天命相流通。故一事不修，即致天行之沴。一时不谨，即干上帝之和。昔之圣王虽履极盛之时，必兢兢自考，图难于易，为大于细，慎终如其始，以迓天休之滋至，而不敢少自怠荒焉。是以万福来同，而庆及于天下后世也哉。

**【解说】**

本爻是说君子如果能尽人事，则可获得天道的保佑。人事变幻多端，吉凶祸福难定，如果君子尽人事，其行为合乎礼，则可一生大吉，能够获得上天的保佑。

**【原文】**

☷乾下坤上

**【解义】**

卦取感通之义，词言消长之机。《易》之阴阳，以天地自然之气言之，则不可相无。以君子小人之象言之，则圣人之意未常不欲天下之尽为君子，而无小人也。泰、否之象归宿皆在君子、小人之消长，故曰《易》以天道明人事。泰乃吉亨之时，然九三方过中，圣人即以为戒，制治于未乱，保邦于未危也。泰极生否，圣人于三示其端于上。要其极平陂往复者，天运之不能无；艰贞勿恤者，人事之所当尽。若上居泰极，虽欲艰贞已无及矣。丰卦当盛大之时，而《彖传》曰"日中则昃，月盈则食"，皆圣人思患预防之意也。

**【解说】**

《泰》卦象征宇宙间风调雨顺、国家政治清明、国泰民安的最佳状态。卦辞及《彖传》《象传》认为，这种状态出现的根源是阴阳相交。所谓阴阳相交，着重于阴阳双方的相需相得，和谐统一。《泰》卦思想的深刻之处，在于认识到相交会演变为相背，泰极必然否来。因此，居泰应知思否，做到大度宽容，锐意进取，理顺关系，钝化矛盾，尽可能通过主观能动性的发挥，延缓由泰到否的必然进程。

**【原文】**

泰：小往大来，吉，亨。

**【解义】**

此卦乾下坤上，天地交而二气通，故名为泰。卦辞是言隆盛之世小人屏迹而君子进用也。

泰，通泰也；小，谓阴；大，谓阳；往，是退而在外；来，是进而在内。

文王系泰《彖辞》曰：《易》之大分，阳为大而阴为小。卦体坤"往"居外，乾"来"居内，卦变自归妹来，则六往居四，九来居三，有"小往大来"之象，是小人在外而退听，君子在内而用事。有此阳刚之德而当隆盛之时，凡尽人事以合天道者，无不尽善，真治道与世道并隆之日也，自然吉而亨矣。

按：泰之时其在唐虞雍熙之世乎！极盛之世不无小人，尧舜之四凶是也。然禹皋益稷钦亮天功，不害其为唐虞之治。故知圣明在上，自能使众正盈廷。此可见转移世运之大权，端在人君操之于上而已。

【解说】

本节卦辞是说在隆盛之世小人会销声匿迹而君子会得到重用。"小往大来"象征小人在朝外不被重用，君子在朝内被重用。在隆盛之时任用有阳刚之德的君子，自然会政治清明、国泰民安。

【原文】

《彖》曰"泰，小往大来，吉亨"，则是天地交而万物通也，上下交而其志同也。内阳而外阴，内健而外顺，内君子而外小人，君子道长，小人道消也。

【解义】

此《彖传》是释泰《彖辞》以发明天道人事之泰也。

天地交，谓二气氤氲；上下交，谓君臣道合；阴阳，以在主言；健顺，以作用言。

孔子释泰《彖辞》曰：卦名为泰，而《辞》系以"小往大来，吉亨"者，则是天与地以气交，而化生万物之气以通，云行雨施，品物流形也。君与臣以心交，而上下之志相接，君明臣良，一德一心也。然泰虽开于天地，成于君臣，而实本于君心、理欲、邪正之辨。盖乾为阳而坤为阴，君心所存者，皆阳明之善而不累于阴暗，是内阳而外阴也。君心所发者，皆刚健之德而不即于委靡，是内健而外顺也。君之所用者，"君子在内而用事，小人在外而退听"，是君子在内而小人在外也。内君子，则君子济民利物之道日长。外小人，则小人蠹国害民之道日消，是君子道长、小人道消也。

按：君子、小人迭相消长，小人进则君子退矣，君子进则小人亦退矣。然欲君子之进，全在上下交而志同。志苟不同，则交以貌不交以心，人君虽欲进君子，而谗邪间之，逸欲荒之，浮论撼之，事变阻之，君子岂可得而进乎？孔子推明所由然，又在内阳而外阴，内健而外顺，内君子而外小人。盖内阳而外阴，则其心内明而不外炫。内健而外顺，则其心内足以胜私而外顺于理。君志如此，方与君子有相孚之美，而不授小人以迎合之端，是以君子常进而小人常退也。信乎！泰不在气数，而在人君之一心哉。

【解说】

本节《彖传》是对上节《泰》卦《彖辞》的进一步解释，以阐明天道人事如何之泰。阴柔在外在上而阳刚在内在下，说明天地相通，如此万物才会蓬勃生长，风调雨顺；君子在内而小人在外，说明君子得到信任重用，小人被疏远淘汰，如此国家才会国泰民安。

**【原文】**

《象》曰：天地交，泰。后以财成天地之道，辅相天地之宜，以左右民。

**【解义】**

此《象传》是言人君当尽致泰之道也。

后，谓元后；财成，谓制其过；辅相，谓补其不及；道，谓气化自然之运；宜，谓事理当然之宜；左右，谓扶植之也。

孔子释泰《象》曰：天地之气初交而成气化之盛，此泰之象也。然在天既有其时，则在人当有其事，元后于是有致泰之道焉。如天之道为日月星辰、四时寒暑，地之道为山川邱陵、坟衍原隰。然既滞于形气，则其道未免于过也。元后为之治，历明时使分至启闭之不差，春夏秋冬之有序，为之经画井野，使城郭郊原之有制，道里封疆之各定过者，抑而就于中矣。春生秋杀、日晅雨润为天之宜，高黍下稻、渊鱼薮兽为地之宜。然既任其自然，则其宜未免于不及也。元后为之教民播种灌溉，使之顺春秋之序以成其功；渔猎薪樵，使之随土地之宜以尽其用；不及者，辅而进于中矣。夫为元后者，何若是之过计哉？

盖天地生物而不能使之遂其生，以其责付之于君，则元后之财成辅相，凡以为斯民也。使民顺天之时，因地之利，各有以养其生而安其业，是圣人之财成辅相乎天地，正以左右斯民，使民得道。天地之道而宜天地之所宜耳。盖开一代之治运，必在兴一代之治功。《虞书》之六府三事，《周礼》之六官所掌，皆裁成辅相之实事也。然非当日君臣志同道合，一德一心，决不能致此极盛之治。此泰交之所以不可缓欤！

**【解说】**

本节《象传》是说为君者应当掌握致泰之道。天地相通，象征通达状态。君王因此要合理地运用天地相通的道理，协助完成天地化生万物的行为，从而引导百姓顺应天时地利进行农业生产，才会国泰民安。

【原文】

初九：拔茅茹以其汇，征吉。

《象》曰"拔茅征吉"，志在外也。

【解义】

此一爻是言君子偕同类以进用而得行其道也。

茹，根也；汇，类也；征，进也；外，指天下国家言。

周公系泰初爻曰：初九当泰时而有阳刚之德，能与二阳俱进象，犹拔茅其根以类而起者。以此德而征行，则初固足以有为，而二阳皆足以致治，所以成辅泰之功者在是矣，不亦吉乎？

孔子释初《象》曰：所谓"拔茅征吉"者，初九与二阳并进，欲使君为尧舜之君，民为尧舜之民，进而助财成辅相之功，左右斯民之业，志在天下国家，而不在一身也。

盖三阳皆同此志，此其所以征行而吉也。从来大厦非一木之支，太平非一士之业。上方合志下交，则下自连类并进，圣王在上，天下之士孰不愿立于其朝乎？

【解说】

本爻是说君子要与志同道合者共同上进，从而实现自己的志向。君子与志同道合者共同上进，立志要为天下、为国家而非只为自身，如此才会建立辅泰之功，实现自己的大志。

【原文】

九二：包荒，用冯河，不遐遗，朋亡，得尚于中行。

《象》曰"包荒得尚于中行"，以光大也。

【解义】

此一爻是美人臣有刚中之德，而皆合乎中道也。

包，谓有容；冯河，谓果断；不遐遗，谓不忘远；朋亡，谓无私比；尚，合也。

周公系泰二爻曰：九二有刚中之德，而上应六五，是主乎泰而得中道者也。其待人也恕，其处事也宽，为能包容荒秽，且贤必进而不肖必退，利必兴而弊必革，能用冯河之勇焉。举及侧陋，图及隐微，不以遐远而有遗，且不昵于近幸之私，不狃于便安之习而朋比是亡。此四者各有中行之道，盖不能含容，非中也；当断而不断，亦非中也；忘远，非中也；泄迹，亦非中也。九二惟中行，故因刚而刚，因柔而柔，或用刚而济之以柔，或用柔而济之以刚，皆适合乎天理之当然。人能如是，自合乎九二之中行，而所以治泰者得其道矣。

孔子释二《象》曰：九二之"包荒"得"尚中行"者，何所本哉？盖心之蔽者则不能察乎中，心之隘者则不能体乎中。九二之心极其光大，光则明，足以有照；大则器，足以有容。其得中道而主泰也，岂偶然乎？

按：二虽臣位，实主治泰之责者，故必有包容之量，刚断之才，深远之虑，大公之怀，而均合乎天理当然不偏不倚之道，庶几泰可常保，而国家深赖有是人耳。

【解说】

本爻是赞美人臣有刚中之德则所作所为都会居中不偏。为臣者有刚中之德，待人平和、处事宽容，则贤才必进、小人必退、利必兴、弊必革。所做的能够符合居中不偏的治国方针，可保国泰民安，可成为国家的依赖。

【原文】

九三：无平不陂，无往不复，艰贞无咎，勿恤其孚，于食有福。

《象》曰"无往不复"，天地际也。

【解义】

此一爻是言世道盛极将衰，君子当尽保泰之道也。

平，泰也；陂，不平也；往，谓小人去；复，谓小人来；艰，谓思虑艰难；贞，谓施为正固；恤，忧也；孚，谓泰极否来，一定之期；食，享也；际，谓泰复为否之交会。

周公系泰三爻曰：九三，当泰过中而否欲来之时，盖"天地交泰"，固为世道之幸，然世无安平而不险，陂者无常泰也。"小往大来"，固为君子之庆，然小人无常往而不反者，阴当复也。夫治乱之相因，阴阳之相胜，乃天运一定之孚信而当忧恤者也。于此之时，惟艰难守正以处之，有戒惧之心而无怠荒之意。人事既尽，可以无咎。由是不必忧恤平陂往复之孚，而太平之福可长享矣。

孔子释三《象》曰：所谓"无往不复"者，以九三所处乃天地否泰之会，阴阳消长之机，正天地泰复为否之交际也。挽回天运全在人事，所以当艰贞守正耳。

按：九三正当泰之时，吉亨之会也。而圣人谆谆告戒者，盖一治一乱，盛衰倚伏，自然之理。惟能灼见之于先，兢兢业业，世运未陂而早防其陂，小人未复而早忧其复，如此则用力既省而为功实多。必俟祸患已成而后图之，则虽竭蹶，亦奚济乎？诚保泰者不可不知也。

**【解说】**

本爻是说世道盛极将衰，君子应该完全掌握保持国泰民安之道。泰极否来是客观规律，居盛世时必须居安思危，不可怠惰；世道艰难也要坚守正道，不要怀疑自己的信念，终究会再次否极泰来。

**【原文】**

六四：翩翩，不富以其邻，不戒以孚。

《象》曰"翩翩不富"，皆失实也。"不戒以孚"，中心愿也。

**【解义】**

此一爻是忧小人复集而言其势之甚易也。

翩翩，群飞而下之象；不富，谓不用富厚之力；邻，谓类聚；不戒，谓不待告戒之辞。

周公系泰四爻曰：小人合交以害正道乃其本念。六四当泰已过中正，小往而将复之时也，群小至是乃翩翩然来复，不待力致，而其类自从，为"不富以邻"之象，且无事要约告戒，而志无不孚矣！君子可不防哉？

孔子释四《象》曰：三阴飞翔而下，"不待富厚之力而类自从者"，何哉？盖小人居下乃其实位，今在上而据高位，则失其阴分之实；既失其实，则必忧君子之见攻，故不戒以孚，合交以害正道，乃中心之素愿，而何待于戒令哉？君子于此诚不可少疏其防矣！盖小人乘间伺衅以图进用，其心未尝须臾忘，特值明盛之朝无所逞其志耳。三为方中，四已过中阴道渐长，彼安得不翩然动乎？

一小人倡于上，众小人附于下，牵连比合，酿祸无穷。有国家者，可不慎于微哉？

**【解说】**

本爻是担忧小人重新聚集且言其势力扩大甚是容易。小人聚合以谋害君子是其本念，因而君子不可不严阵以待，防小人乘虚而入。一旦小人聚合图谋进用则贻害无穷，君子一定要谨慎小心。

【原文】

六五：帝乙归妹以祉，元吉。

《象》曰"以祉元吉"，中以行愿也。

【解义】

此一爻是见君能虚心下贤而成致泰之功也。

帝乙，至尊之象；归妹，下贤之象；以祉，谓以此而受福祉；中，谓中德。

周公系泰五爻曰：五为泰主虚中而应九二之刚，不以势位自高而谦卑以下，贤如帝乙之妹，至尊贵也。今乃降尊贵以下归庶人而不以为屈，则得贤致治，以此保泰，真天下之福矣，非大善而吉乎？

孔子释五《象》曰：所谓"以祉元吉"者，何哉？盖下贤乃人主之事，而往往不克行者，以不能虚己故也。今六五有柔中之德，虚己以应九二，则下贤也，正以行其所愿耳，其受祉也宜矣。

按：五以柔中之德任二刚中之贤，君臣之间不惟以情相合，而实以道相孚，人自不得而间之矣。君之任贤愈专，则贤之任事愈力。一人端拱无为，而群材效职万方，乐业天下，所蒙之福孰非大君之福哉？

【解说】

本爻是说为君者如果能虚心下贤，则可成国泰民安之功。君王降低尊贵的身份以求贤才，可得到贤人的辅助。君臣同心，则天下大治、国泰民安，这是天下之福。

【原文】

上六：城复于隍。勿用师，自邑告命。贞吝。

《象》曰"城复于隍"，其命乱也。

【解义】

此一爻是泰极为否而当反己自修也。

隍，城下池也；自邑，反己之意；告命，谓修正令也。

周公系泰上爻曰：治道积累以成泰，犹筑隍土积累以成城也。上六泰极而否，如城土颓圮复反于隍之象。当此之时不可用师而力争，但当反己自治，修其纪纲政刑之命以维持之。然时势至此，虽所行皆出于正道，亦不免于羞吝，以不能防之于早耳。

孔子释上《象》曰：泰极而否，虽天运之自然，实人事之所致。"城复于隍"者，盖由久安长治之后，法度政令之命已乱，岂徒天运使然哉？倘能励精奋发，以修其政令，庶人心感动，天意可回，泰犹可保而不致于终否也。

按：上以阴柔处泰极，不能坚志下交，必致群材解体，成业难支，此内忧非外患也。故不在用师以远求，而在告命以自治。然自强别无他道，惟有进君子退小人，使上下常交，情志常通而已。贤者在位，能者在职，及是时明其政刑，决壅蔽之习，而励明作之气，其在主心一振刷间乎！

【解说】

本爻是说泰极否来之时应当反省自己。城墙倒于城壕为泰极否来之象，此时不可用军队，当反己自治，修整纲纪政刑，坚守正道防止被羞辱。泰极否来时，唯有进君子退小人才可断绝壅蔽旧习、鼓励振作之气，实现否极泰来。

【原文】

☷坤下乾上

【解义】

自乾坤之后始涉人道，经历六坎，险阻备尝，内有所畜，外有所履，然后致泰。而泰之后，否即继之，以知天下之治，致之难而乱之易。泰先小往大来，而后言吉亨，是以天运推之人事。否先言"匪人不利君子贞"，而后言"大往小来"，是以人事参之天运。泰则归之天，否则责之人，圣人之深意也。九四爻词曰"有命"，即泰九三"无平不陂，无往不复"之理。泰变为否易，故于内卦即言之，否变为泰难，故于外卦始言之，否泰之变皆天也。乃泰三必无咎，然后食福。否四亦必无咎，然后离祉。故泰之方盛即系艰贞之辞，否之既休尚有其亡之戒。若以否泰相仍为一定之数，岂圣人作《易》之旨哉？上经当观否泰，乾下坤上曰泰，上下交而其志通，其斯之谓泰也。下经当观损益，损上益下曰益，自上下下，其道大光，其斯之谓益也。

【解说】

《否》卦与《泰》卦相反，《否》卦特点是阴阳隔绝、天地闭塞、上下不通。卦象显示此时天在上、地在下，天在上则阳气继续上浮，地在下则阴气继续下降。两者走不到一起，对立统一的双方处于分裂状态，因而造成了被卦辞称之为"匪人"的时代。泰极则否，但否极也会变化。立足于运动发展的观点，《否》卦勉励人们把握天道，竭力转闭塞为相通，创建新的社会秩序。

【原文】

否之匪人，不利君子贞，大往小来。

【解义】

此卦坤下乾上。乾上坤下，天地不交，故名为否。卦辞言世运当厄，正道不行，而奸邪进用也。

否，谓闭塞；匪人，谓非人道之常。

文王系否《象辞》曰：坤下乾上则天地不交，二气闭塞而为否。盖泰者人道之常，否则三纲沦，九法斁，非复人道之常矣。此时于君子之正道有不利焉。夫阳为大而阴为小，此卦乾往居外，坤来居内。又卦变自渐来，九往居四，六来居三，有大往小来之义，则是君子敛迹，小人得志之时，岂利于君子之正道乎？

按：否下即系以"匪人"，"匪人"者，致否者也。上下之情否塞不通皆由匪人所致，匪人用事则必多方蒙蔽，使上下否隔，而后得以恣肆妄行，其意本欲倾害君子，不知君子去而国亦随之，则其为害宁独善类蒙祸而已乎？圣人之垂戒切矣！

【解说】

本节卦辞是说世道阻塞、正道不行而奸邪小人得势并掌权。《否》卦象征闭塞不通，闭塞违反人道常理，此时小人得志，不利于君子坚持正道。

【原文】

《彖》曰"否之匪人，不利君子贞，大往小来"，则是天地不交，而万物不通也。上下不交，而天下无邦也。内阴而外阳，内柔而外刚，内小人而外君子，小人道长，君子道消也。

【解义】

此《彖传》是释否《彖辞》以明天道人事之否也。

孔子释否《彖辞》曰：《辞》谓"否之匪人，不利君子贞，大往小来"者，以造化言之，则地自为地，而地之气不上交；天自为天，而天之气不下交。天地不交，万物由此屯塞而不通也。以人事言之，上意不孚于下，下情不达于上，上下不交，则情义乖离不相维系，虽有邦与无邦同也。其在君心，则所存者阴暗而无阳明之善，内阴而外阳也。所发者委靡而无刚断之才，内柔而外刚也。所任用者小人盈朝而君子在野，内小人而外君子也。惟内小人，而蠹国害民之道日长。惟外君子，而保邦致治之道日消也。

按：宋臣苏轼有言："无邦者亡国之谓。"上下不交，则虽有朝廷君臣，而亡国之形已见矣。原其所以然，皆由小人用事于内，固结其君而尽去君子，使不得与人主相通，斯可以夺其权，固其宠，而惟所欲为，国安得而不亡也？可不畏哉！

【解说】

本节《象传》是对上节《否》卦《象辞》的进一步解释，以表明天地人事如何之否。闭塞违反理性，不利于君子坚持正道。天地隔绝则万物无法正常生长，君臣隔绝则天下混乱不成为国家。小人在内君子在外，则小人的影响不断扩大，君子的作风日渐消失。

【原文】

《象》曰：天地不交，否。君子以俭德辟难，不可荣以禄。

【解义】

此《象传》是言君子当无道之时能自晦以全身也。

俭，谓收敛；辟，谓避祸。

孔子释否《象》曰：天地不交，二气闭塞正，否之象。为小人得志之时，君子遭此，可不思所以自全乎？于是韬光晦迹，收敛其德，不形于外，以辟小人之难，使名誉不彰，而人不得荣之以禄焉。不然声光外见，则人皆得物色之。爵禄之来，祸患之招也，其可轻身以就之哉？

先儒言："致否者，匪人也。益甚其否者，君子之贞也。"东汉党锢之狱，熙宁正士之窜，皆缘矜尚名节太过，激成清流之害，而世道遂至于阽危。所以君子收敛其德，不形于外，非止为一身免祸，而天下实阴受其福，此其异于常人而终有亨否之用欤！

【解说】

本节《象传》是说君子在世道闭塞、无道之时要能韬光养晦以得全身而退。世道闭塞、小人得志之时，君子要能收敛自己的思想情感，避免灾祸而不为功勋利禄所诱惑。

【原文】

初六：拔茅茹以其汇，贞吉，亨。

《象》曰"拔茅贞吉"，志在君也。

【解义】

此一爻是训小人变邪从正成善行以孚人心也。

周公系否初爻曰：初与二阴连类并进，有"拔茅连茹以其汇"之象。此时在小人之势已不可遏，而小人之心尚或可回。盖人溺于恶则恶，反于善则善，只在此心一转移之间耳。初之恶未形而犹易变，使变妨贤害国之意而为荐贤利国之谋，则德孚于人，行无不得自吉亨而为君子之徒矣。世道不遂入于否，苍生犹得享其福，此处否之贞道也。

孔子释初《象》曰：所谓"拔茅贞吉"者，盖君子之志常在于君，若小人但知有身而不知有君，今变而为君子，则能以爱君为念，而所为皆出于正，自不虑及于私，而为一身一家之计矣。

盖君子小人本无定名，惟正与不正而已，正则为君子，不正则为小人，惟初六之过未形而易于从善，故圣人以正勉之，为小人谋即所以为君子谋乎！

【解说】

本爻是训示小人如果能够改邪归正多做善行则可俘获人心。此时小人得势已不可遏制，但小人的内心尚可以纠正，如果能够让小人在尚未完全变坏之时改邪归正，则可以德服人，这是世道之幸、苍生之福。

【原文】

六二：包承，小人吉，大人否，亨。

《象》曰"大人否亨"，不乱群也。

【解义】

此一爻是言小人不伤善类则获福，君子守正则道亨也。

包，谓包容；承，谓承顺；否，即俭德避难之意。

周公系否二爻曰：六二阴柔，本有伤善之志，而因其所处中正，未忘好善之良，小人中之君子也。为能包容承顺，不纵其毒于君子，此在小人可阴受君子之赐而得吉。而在大人，则彼虽包承乎我，而我不可从入于彼，惟安守其否，则身虽困而道自亨矣。

孔子释二《象》曰：《辞》谓"大人否亨"者，盖君子小人本不可与共事，今小人虽包承乎君子，而君子断不枉道以入小人之群，所以安守其分而道亨耳。苟一失其身安得亨哉？

盖处否之时，君子固不可泾渭太分，激成小人之祸，亦岂可因卑躬厚貌，遽受彼之笼络，遂至舍己以徇之乎？孔子之待阳虎、孟子之处王驩，可谓合乎大人之道矣。

【解说】

本爻是说小人不伤害善良的人则可获福，君子坚守正道则可吉祥。逢迎拍马、顺从别人，对小人来说是吉祥；君子不乱入小人之群，能够安守其分就能亨通。

【原文】

六三：包羞。

《象》曰"包羞"，位不当也。

【解义】

此一爻是见小人伤善而未能也。

包，谓包藏；羞，谓可耻之事。

周公系否三爻曰：六三以阴居阳，小人有势位而欲害君子，然不中不正而短于才，是小人志于伤善而未能者。然彼虽小人，其伤善之心亦必自知其羞而有所不安。但才不足以成其谋，徒包蓄在心而不能发，为"包羞"之象，亦可见小人之无良矣。

孔子释三《象》曰：六三所以"包羞"者，由三以阴居阳则非其地，不中正，又短于才，是以志于伤善而未能，君子亦幸而免耳，否则鲜有不为其所伤者矣。盖羞恶之心，人皆有之。然君子出之于正，则以蔽贤窃位为终身之惭。小人发之于邪，则以不能伤善为生平之耻，当其不得有为，畜愤于中，及一旦据得为之地，萃群小之有才者以佐之，必将无所顾忌，诛锄善类以快其心。为人君者可不洞察而预制之乎？

【解说】

本爻是说小人想要伤害善良的人，但却不能够伤害他们。小人有势力、有地位而想要伤害君子，但位居不中不正且才能短缺，因此想要伤害君子却无法伤害他们。小人伤害君子，其内心也会因觉羞耻而有所不安，但其厚颜无耻仍可见为无良之人。

【原文】

九四：有命无咎，畴离祉。

《象》曰"有命无咎"，志行也。

【解义】

此一爻是言否极有转泰之机，能尽其当为之道，则善类皆可得亨也。

有命，谓天有开泰之命；畴，谓同类三阳；离，附丽也；祉，福祉也。

周公系否四爻曰：九四当否已过中，在时将济，是天有转否为泰之命矣。然非处之有道，则善类亦无由而蒙福。九四以阳居阴，其德不极其刚，凡所措施，皆尽善而不为已甚，而人事又无咎焉。此岂独九四之福哉？凡同类之君子皆得丽之获祉矣。

孔子释四《象》曰：人孰无休否之志？所患天时未至，人事未修耳。今天有其时，而人有其事，则道与时合，可以尽展生平之蕴，转否为泰之志，不已得行乎？畴类之获福从可知矣。按否泰虽由气化之盛衰，而人事之得失所系尤重。未有人事失而天命降康，亦未有人事得而天命降乱者也。

唐臣李泌告君曰：凡人皆可言命，独君相不言命。君相而言命，则政教为无权矣。苟能审察时变，用人行政一专力于其所当为，则人谋既臧，天休自至，彼遇变不省，诿诸气数之厄者，何不思之甚也？

【解说】

本爻是说应当抓住否极将变的时机努力促进新局面的到来，若如此则善良之人可获得吉祥。顺应否极将变的客观规律，同伴随之行动则会有幸福。

【原文】

九五：休否，大人吉。其亡！其亡！系于苞桑。

《象》曰"大人"之"吉"，位正当也。

【解义】

此一爻是言君有开泰之功，而又当时深兢惕也。

休否，谓息其否；大人，谓有德位之君；系，束缚也；苞桑，丛生之桑。

周公系否五爻曰：否至于五，乃否将尽之时也。九五阳刚中正，以居尊位为能拨乱世而反之正，以休息天下之否，此惟德位兼隆之大人乃能当此而吉也。然祸乱每生于所忽，又当常存戒惧，时切危亡之虑，所以制治者无不至，防乱者无不周。苟能常惧其亡则不至于亡，斯国祚永固有如苞桑之系矣。

孔子释五《象》曰：休时之否，非有德而乘权者不能。九五德位兼隆，则既具休否之资，而又有休否之势矣，乃所以吉也。自古理乱所由分，不出敬、怠二者，心苟懈弛，虽已治已安，即见危亡之势；心苟兢业，虽未定未靖，自具昌炽之基。

盖危亡者所以安存也，常以危亡为念，则用贤不贰，去邪不疑，兴利必力，除害必勇，尚何祸乱之不可戡定，而福祚之不可永膺哉？

【解说】

本爻是说为君者有开国安民之功，但又必须时刻兢兢业业、谨慎小心。九五阳刚中正且居尊位，有才德、有权力拨乱反正，扭转乾坤，但要注意拨乱反正以提高紧迫感和危机感，成功后要居安思危、谨慎小心。

【原文】

上九：倾否，先否后喜。

《象》曰"否"终则"倾"，何可长也。

【解义】

此一爻是言上九之才能拨乱为治也。倾，谓倾而尽去之也。

周公系否上爻曰：否极有复泰之势，阳刚有可为之才，故能拯济时艰，辟乾坤于再造，倾其否而尽去之。夫未倾之时为否，既倾之后则拨乱反治，不且为世道喜乎？

孔子释上《象》曰：时非否极，虽阳刚英武之才，不能尽倾其否。惟当否之终，则时有可倾之会，而阳刚又有能倾之才，尽人事以挽天运，正在此时，何可使其长否也？

按：上九与九五，虽皆转否为泰，而有难易之不同。九五休否，当否之时而休之，犹似有渐，其为力也难；上九倾否，在否之极而倾之，更无不尽，其为力也易。然非大人兢兢于"其亡"之戒，岂能有否终之喜？先否后喜，其所谓"先天下之忧而忧，后天下之乐而乐"者欤！

【解说】

本爻是说上九的才能能够拨乱反正，实现否极泰来之功。否极泰来是客观规律，但阳刚英武之人也应该顺时而动，充分发挥自己的主观能动性推动其更迅速地到来。

【原文】

☲ 离下乾上

【解义】

同人：六二一爻居中得正，上应九五之乾，是卦之得名本由乎二。而爻辞之"吝"异于卦辞之"亨"者，盖同人之道贵以大公、至正、通天下之志，不可稍有偏系。统一卦而论，则有乾行之德，而其同人出于公，故"亨"；就一爻而言，则有偏比之情，而其同人出于私，故"吝"。此卦爻之各有取义也。

六爻初未有私主，遂获"无咎"。上居外鲜应，仅能"无悔"。以出门可进于大同，而于郊则失所同也。至二之于五，本为正应，一有所系，则成于宗之"吝"。是所应得正者，尚无所容其比昵之私，况原非正应，强欲求同，其弗克有济也必矣。三之以"伏戎伺敌"，而不能行四之以"乘墉止攻"，而反得吉，此又为失正求同者著戒也。若夫九五同人，其先也，中直无回，如大师之相克；其后也，同心无间，致正应之允谐。

六二虽得位居中，使非九五之刚毅不惑，克去群邪，何由遂明良喜起之遇乎？故《象》曰：应乾，臣道也。又曰：乾行，君德也。正以文明柔顺之臣，必得刚健独断之主，始能堂廉合德，吁咈相成，而臻天下一家之盛治也。

【解说】

《同人》卦显示有关团结方面的问题。团结的前提是自愿，基础是某些方面的一致，要求是量多面广，目的是行正道办正事。卦爻辞显示的这些内容，说明同人的含义不是主张千人一面，而是追求多样性的统一，追求对立面的相互渗透和统一。同人的这种同，其实就是和。

【原文】

同人于野，亨。利涉大川，利君子贞。

【解义】

此卦离下乾上，以离遇乾，天在上而火炎上，其性同；二五相应，其德同；又卦惟一阴而五阳同与之，其情同，故名为同人。卦辞言"同于人者"，当大公无私而贵合于君子之正道也。

涉大川，谓可以涉险。

文王系同人《彖辞》曰：凡人不能无所同，但恐所同之不广。所同不广，则为私同，而非大同也。"同人于野"，则旷远而无私，如处一家一乡，则大同乎！一家一乡之人处一国，天下则大同乎！一国天下之人皆大同也，所同无私，则足以致人之亲辅，来人之信从，何举不遂？何往不济？凡事皆亨，虽事之大而难者，如大川之险，亦利于涉矣。然非合于君子之正道，亦不得为大同也。

夫君子之道，岂必人人而求与之同哉？亦惟以正而已。正也者，人心之公，理不期同而自无不同者也。合于君子之贞，乃为于野之公、而亨、且利涉耳。

宋欧阳修论君子小人之朋，谓小人所好者禄利，所贪者财货，当其同利之时暂相党，引以为朋者，伪也。君子则不然，所守者道义，所行者忠信，所惜者名节，以之修身则同道而相益，以之事国则同心而共济。故为人君者，但当退小人之伪朋，用君子之真朋，则天下治矣。甚矣，修之言有合于同人之义也。

【解说】

本节是说想要团结众人，应当大公无私且贵在合乎君子之正道。"同人"象征团结，团结就会到达远方。如果能团结众人，遇到任何事都会吉祥如意，即使是危险的大河大川也会成功渡过。而要想团结众人，就应该做到大公无私且坚守君子之道。

【原文】

《彖》曰：同人，柔得位得中，而应乎乾，曰同人。同人曰"同人于野，亨。利涉大川"，乾行也。文明以健，中正而应，"君子"正也。惟君子为能通天下之志。

【解义】

此《彖传》是释同人《彖辞》，以明其所以得同之道也。

柔，谓六二；乾，谓九五；得位得中，谓六二得中正之道也；同人曰，三字衍文。

孔子释同人《彖辞》曰：卦名为同人者，盖以卦体六二得位而正，得中而中，以柔中正之德应五刚中正之君，上下以中正相应，故曰同人也。

《辞》谓"同人于野，亨"而"利涉大川"者，何哉？卦体以乾行而利涉，盖乾之力甚大，凡义理之所在，勇于必为而无一毫懦怯之意，则"亨"不待言矣。又曰"利君子贞"者，卦德"文明以健"，文明，则能烛乎正理而明大同之义；刚健，则能行乎正理而尽大同之道。卦体中正而应是，在己既正而无私，所应亦正而无私也。此皆君子之正道也。夫天下之理，正而已矣，苟能顺天理，合人情，是君子之所同者，乃天下人心之公理也。既得乎天下人心之公理，自有以通天下之志而亨、利涉矣。

　　自古至治之世，一道同风。夫人各一心，而可以使无弗同者，惟此中正之理而已。是故君子以中正撤天下之畛，即以中正峻天下之防。撤其畛，于人无不可同，而中正者必期于相遇；峻其防，于人有所不苟同，而不中不正者，不能以强合。然卦之二、五，既以中正相应于上，则天下不中不正者，自皆返于中正，如舜举皋陶，汤举伊尹，而不仁者远。则峻天下之防者，正所以撤天下之畛乎！

**【解说】**

　　本节《象传》是对《同人》卦《象辞》的进一步解释，以表明君子之所以得同人之道的原因。团结就会到达远方，渡过江河，吉祥如意，这是指天道在发挥作用；素质刚健而又文明，行为公正不偏而又相互呼应，这就是君子应该坚持的正道。只有君子理解这些，才会统一天下人心。

**【原文】**

　　《象》曰：天与火，同人。君子以类族辩物。

**【解义】**

　　此《象传》是言君子审异致同之事也。

　　类族，以人言；辨物，以物言。

　　孔子释同人《象》曰：此卦天在上，而火炎上，其性相同，故为同人。然天下有不可皆同之理，若不审其异，则混淆杂乱，反不得其同矣。

　　君子以为天下之不同者莫如族，于是因其族而类之，如六德者均为诸侯，三德者均为大夫。功之大者同于开国，功之小者同于承家。士农工商各业其业而不相混，府史胥徒各事其事而无相紊。内有昭穆之辨，外有尊卑之等，如是则族得其类矣。

　　天下之不同者莫如物，于是因物而辨之，如朝廷之上，则五瑞、三帛、二生、一死之贽仪；亲疏之际，则三年、期年，大功、小功之服色。

律吕阴阳不同而同于正五音，璇玑玉衡不同而同于齐七政。菽粟之类同归于养生，药石之类同归于卫生，律度量衡之必一，章服器用之不差，如是则物得其辨矣。

按：卦取大同之义，而《象》则言类族辨物者，盖致同全在于审异，故法乾，覆之无私，离明之有别。以类聚而辨析之，俾族类分别而不至于紊，此正所谓物之不齐。物之情者，因其不同以为同耳。若如异端之说必欲比而一之，则是非杂糅，大小混淆，驯必至于乱矣，乌能使之同哉？

【解说】

本节《象传》是说君子要注意审异致同。天与火在一起，象征团结。君子因此要注意分析各种人的是非善恶，辨别事物的差别异同。

【原文】

初九：同人于门，无咎。

《象》曰：出门"同人"，又谁"咎"也。

【解义】

此一爻是言同人无私而不失于偏党也。

于门，谓于门外也。

周公系同人初爻曰：初九，当同人之初，以刚在下，则在己非有私交，上无系应；则在人又无私与，为"同人于门"之象。如是则无所私而不失于偏党，可以无咎矣。

孔子释初《象》曰：初九之"同人于门"，是出门而同人也。出门则在外，在外则公之于天下而无私昵之偏，谁得而咎之乎？

按"出门同人"，诸爻皆然，特于初首发其义，盖人并生天地间，自其异者观之，一身之内多其障碍，安所谓同者乎？自其同者观之，则六合之广，廓然大公，安所谓异者乎？周公曰"于门"，不欲使人自域于门内也。夫子曰"出门"，直不欲使人存一门内之见矣。

【解说】

本爻是说团结别人要大公无私且要广泛地团结众人而不失于偏颇。不要只在门内团结，也要出门去团结众人，这样在团结问题上就不会有过失。

【原文】

六二：同人于宗，吝。

《象》曰"同人于宗吝"，道也。

【解义】

此一爻是见同人当大公而不可有所私也。

宗，党也。

周公系同人二爻曰：同人贵无私系。六二虽中且正，然既有应于上，则有所系矣。既有所系，则情必偏向。而于大同之道，有违所感者、私而所应者、狭如同人于宗者然，其致吝也必矣。

孔子释二《象》曰：二五相同，虽曰两相与则专，然惟合己者是与，而无至公之心，则其道为已狭矣。盖不能大同，而专于私系，乃吝之道也。

盖君子之于天下，无适无莫，而惟一出于大公，非独不可少徇于私，亦且不可过泥于理。二五本为正应，稍有偏向犹不免吝，况其他乎？人君得此意以为治，赏不遗于仇雠，罚不贷于贵昵；直言虽逆耳而必听，谀言虽悦志而必黜，庶几大道无私之义矣。

【解说】

本爻是说团结众人应大公无私。团结只限于宗族内部，则范围太窄，令人遗憾。君子团结众人，不要自私自利，要大公无私。

【原文】

九三：伏戎于莽，升其高陵，三岁不兴。

《象》曰"伏戎于莽"，敌刚也。"三岁不兴"，安行也。

【解义】

此一爻是为妄于求同者戒，见其劳而无功也。

戎，谓兵；莽，草莽也。

周公系同人三爻曰：九三刚而不中，上无正应，欲夺二而与之同。然九五在上，九三惧九五之见攻，不敢显发而设戎以备之，象为伏兵戎于草莽之中而升高陵以窥伺者。然义既不正，势复不敌，虽攻之既久而不合，徒三岁不兴，亦何所施其力哉？

孔子释三《象》曰：所谓"伏戎于莽"者，三非攻二所敌者，乃五之刚正，故畏惮而伏戎以备之也。至三岁不兴，则事终不谐，而向之设备以求同者安所行乎？徒取不知量之羞耳。

盖天下同所当同，则逸而有功；同所不当同，则劳而罔益。不量其理与势而妄求之，虽同人为至易至简之事，而亦有不可行者。故曰：易必知险，简必知阻。不学《易》者，殆不可涉世也夫！

【解说】

本爻是警戒随意求团结者，因为这样做会劳而无功。团结应当团结的人则会劳而有功，而团结不该团结的人则会劳而无功。不考虑所团结之人的理与势就随意团结，虽然团结别人是一件很简单的事，也是不可行的。

【原文】

九四：乘其墉，弗克攻，吉。

《象》曰"乘其墉"，义"弗克"也。其"吉"，则困而反则也。

【解义】

此一爻是为妄同于人者训，而美其终能改过也。

乘，谓升；墉，谓城墉；则，法则也。

周公系同人四爻曰：九四，刚不中正而无应，亦欲同于六二，而为九三所隔，于是隔三以攻之，为"乘墉以攻"之象。幸居柔能自反于理，见其不可攻而弗之攻焉。为能改过而得吉矣。

孔子释四《象》曰：九四既乘墉以攻二，四岂不足于力者哉？知二为五之正应，以义断之，不可攻而弗攻耳。既弗克攻，何以为吉？盖四若欲恃力以攻二，二未必得，祸且不免。今乃能以义断，困心衡虑而反于法则，是不但改过，而且能自反者。此与计穷力屈，不得已而退者有异矣。见义能徙，诚人情之所难。其得吉也，不亦宜乎？

按：此卦二五为正应，而三四介乎其间，皆欲争之，其不顾义命一也。然三之"伏戎"已见争夺之形，四之"乘墉"，方萌窥伺之意，三之"不兴"，畏势之不能敌；而止四之"弗克"，则深知义之不可攻，自反而退矣。昔晋纳捷菑于邾娄，邾人辞以貜且长。赵盾曰："非吾力不能纳也，义弗尔克也。"遂举兵而去之。《春秋》予焉，即周公取四弗克攻之义也哉。

【解说】

本爻是训示团结他人之人，并赞美其知过而能改。登上城墙而不能进攻，说明九四发现行为悖理，因而知难而返能回头走正道，坚持正确的大团结的原则，所以能够吉祥。

【原文】

九五：同人，先号咷而后笑，大师克，相遇。

《象》曰：同人之先，以中直也。大师相遇，言相克也。

【解义】

此一爻是言君臣致同之道，由人君能刚毅自断，故始虽阻而终必合也。

号咷，谓悲；笑，谓喜；克，谓胜；遇，谓遇二也。

周公系同人五爻曰：九五与二中正相应，本同者也，而为三、四所隔，则失其同矣。其始不得与二合，失其所同而悲，终之得与二遇，遂其所同而喜，为"先号咷而后笑"之象。然五之得与二遇者，岂偶然哉？贤之用、舍在乎君心，使君心稍有不断，则二终不可得而遇矣。惟在君心刚毅，独断如大师焉，则得克去小人而与君子相遇矣。

孔子释五《象》曰：同人之先号后笑者，以五之中正应二之中正，义理所同，物不得而间之，其理本直也。"大师相遇"，以邪正无并立之势，三四不克，则二五终暌，言必克去三四，然后能与二相遇也。

按：六二以柔中正而应五之刚中正，本同心相应者也，自为三四所隔而不得其同。然二柔正，而三四刚强。柔正者易远，刚强者难去，必然之势也。惟人君见之极明，行之极断，而不牵于庸众人之议，夫然后得与二遇，而明良交会，上下同孚。否则，思之非不切，念之非不殷，一为物所间阻，遂终于暌隔而不得同矣。然则，小人不去，则君子不进。刚断者，其用贤之本与！

【解说】

本爻讲君臣团结之道，是说如果人君能够刚毅果断，在团结人的时候，虽然一开始受到阻力，但终究会战胜困难，实现团结。团结人的过程就像先哭后笑，人君秉性中正、刚毅果断，就终究会战胜困难实现团结。

【原文】

上九：同人于郊，无悔。

《象》曰"同人于郊"，志未得也。

【解义】

此一爻是言孤介之士一无所同也。

郊，谓旷远之地。

周公系同人上爻曰：上九居外无应，物莫与交，是其孤介特立，荒僻自守，而无与相同者，为"同人于郊"之象。然物莫与同，如二之私系，三、四、五之相争，皆得免焉，而可以无悔矣。

孔子释上《象》曰：卦谓之同，必有所同，而后可为志得。今同人于郊，是萧然寂寞之士出于世外，一无所同，是同人之志未得也。

盖至人以万物为一体，未有自外于斯人之徒者，特以所遇之时，所处之地，不可一概而论，禹稷之饥溺，颜子之闭户，夫固各行其是也。爻言"无悔"，以其不与人同喜之象。言"志未得"，又以其不能同人病之义。殆互相发明耳。

【解说】

本爻是说特立独行、荒僻自守之士会一无所同。"同人于郊"不符合卦辞所强调的"同人于野"的要求，这不是天下大同，只是无私，所以不是吉，只是无悔。一无所同，说明萧然寂寞之士团结天下人的志愿没有实现。

【原文】

☰乾下离上

【解义】

大有，取居尊得众之义。六五一阴在上，五阳从之。"所有"者，大。故曰"大有"。然而成其"有"之"大"者，实本于元后之德。君德不刚，不足以制事；而过刚，则失之严。

不明，不足以烛理；而过明，或失之察，必离明。乾健顺时而运，乃能制作，尽善治化，大行是德，以全乎其势也。《彖》故以"元亨"予之，又欲万世君臣膺丰亨豫大之庆，励持盈保泰之修，是以诸爻多戒词焉。初则惕以克艰，二则勖以任重，三则劝献纳之忠，严小人之辨，四则明分义之大，抑僭逼之嫌，所以儆夫臣者至矣。五必诚孚于下交，威饬乎无备。上必尊贤而不居其有，行顺而昭格于天，所以儆夫君者至矣。君臣各有当尽之道，而操用人行政之权，辨是非邪正之实，其道又专属乎君。故当大有之朝，含畜甚众，小人虽未即为君子之害，而刚明之主虑切履霜，不第天秩天叙，昭典礼之雍容，尤以天命天讨，严贤奸之进退，此《大象》所为以遏恶扬善，著应天时，行之实欤！

**【解说】**

《易》以阳为大、为富，本卦唯一的阴爻处于君位，其余的五个阳爻都听从指挥，为其效劳。这种结构显示，大有其实是有大，所有的东西也大，也可以说是无所不有，物质文明、精神文明都有。国家昌盛、百姓富庶，这是普遍的愿望。卦辞对这种现实的愿望表示了赞美。但事情总有两面性，什么都有容易使人忘乎所以，因此卦的内容又强调居有思无，居富思艰；又因为知艰慎行的程度不同，六爻的结果并不一样。

**【原文】**

大有：元亨。

**【解义】**

此卦乾下离上。离居乾上，火在天上，无所不照，故名为大有。卦辞言人君当大有之世，德足以致治，则治化四达而元亨也。

文王系大有《彖辞》曰：卦象火在天上，万国九州皆在其照临之下。所有，为至大也。人主抚有天下，诚出其明健之德以运治，则天下之事各得其理，天下之民各得其所，海宇有熙皞之风，国家有苞桑之固，大有之业可以保之而无虞矣，岂不大善而亨乎？

按：大有之世，天下一统，治化四讫，虽致有，实本于德，而惟德为能治有，岂非王业之盛必由于王道之隆欤？

**【解说】**

本节卦辞是说人君在盛大富有之世，德足以治化四方，天下事各有其理，天下百姓各得其所，四海升平，大为亨通。

**【原文】**

《彖》曰：大有，柔得尊位，大中而上下应之，曰大有。其德刚健而文明，应乎天而时行，是以"元亨"。

**【解义】**

此《彖传》是释大有《彖辞》以明人君德足以治有，而致治化之盛也。

柔，谓六五；上下，谓五阳；应天，指六五而言。

孔子释大有《彖辞》曰：卦之名为大有者，盖以卦辞"六五一阴居尊"而有大中之道，当大有之时而居尊位，则"中"亦非寻常之"中"，而为"大中"也。惟大中而五阳应之，是上下五阳皆为六五一阴所有也。故《彖辞》系之曰：大有大有，何以元亨？以其德实，有以致亨耳。刚健则能胜私，文明则能烛理。故得天位而行天道，则天叙有典而惇之以时，天秩有礼而庸之以时，天命有德而章之以时，天讨有罪而刑之以时，洵乎大善而亨也。

按：大有之所以亨者，不以势而以德。盖德之体则刚健文明，德之用则应天时行。尽善尽美如此，是以能成大一统之治耳。

【解说】

本节《彖传》是对上节《大有》卦《彖辞》的进一步解释，以表明有德之君足以治世且使天下盛大富有。有德之君品德刚健而又文明，适应天道而又因时行事，如此尽善尽美，所以能成大一统之世。

【原文】

《象》曰：火在天上，大有。君子以遏恶扬善，顺天休命。

【解义】

此《象传》是言君子治"有"之事也。

遏，谓遏而绝之；扬，谓扬而显之也。

孔子释大有《象》曰：卦体上离下乾，有火在天上之象。盖火虽明，若在下则明有所蔽，而不能以及远。今在天上，则天下万物皆在所照之中，故为大有。然所有既大，而无以治之，其间保无莠孽之萌乎？故君子于恶者，小则鞭朴之，大则刑窜之，而恶者遏矣。其于善者，小则奖劝之，大则爵赏之，而善者扬矣。夫君子所以遏人之恶而扬人之善者，岂一己之私哉？

盖天命本无恶，故五刑五用，天所以讨有罪也，则奉天命以遏之。天命本善，故五服五章，天所以命有德也，则奉天命以扬之。遏其所本无，而扬其所固有，正以顺天休美之命耳。盖以赏罚二者，人君统御天下之大权，亦转移人心之大用。君道既贵能明，又贵能断，然后可以法天为治，而享大有之盛也欤！

【解说】

本节《象传》是说君子如何治"有"之事。火在天上，象征盛大富有。君子因此领会到要抑制邪恶、发扬贤善、顺从奖善惩恶的天道，以成盛大富有之世。

【原文】

初九：无交害，匪咎，艰则无咎。

《象》曰：大有"初九"，无交害也。

【解义】

此一爻是言处盛满之时而能尽其道也。

交，涉也。

周公系大有初爻曰：初九，当大有之时，以阳居下，则刚有守，而好大之志不萌；上无系应，刚私未感，而有为之气方锐。是未涉乎骄奢之害，本匪有咎者。然或以为无咎而以易心处之，未必终于无咎也。

盖贵不期骄而自骄，富不期侈而自侈。既骄且侈，鲜不及矣。故必持盈守满，而艰难以处之，然后可以无咎耳。

孔子释初《象》曰："所有"既大，似有涉害之理。今以大有之初而以九居之，则刚毅之德足以有守，是以得免于害耳。甚矣，处有者之当慎也。

盖圣人作《易》，教人以戒，谨恐惧之学，无有以为易而可忽者。故虽天下至易之事，亦必以至难之心处之，庶几时时克念，不至以侈肆取咎也哉！

【解说】

本爻是说在极度盛大富有之时应该如何做。富有易骄，骄则有祸。因此在富有之时应持盈戒满，谨记艰难之时，以刚毅之德来固守才能真正免过。

【原文】

九二：大车以载，有攸往，无咎。

《象》曰"大车以载"，积中不败也。

【解义】

此一爻是言人臣才德之大而能当重任也。

刚中在下，故为"大车"。得应乎上，故为"以载"。

周公系大有二爻曰：人臣遇君，非才德无以致用，非柄用无以见能。

九二刚中在下而得应乎上，是才德独茂而为君所委任者，为"大车以载"之象。则既有是德，而又得是君，如是往而任天下之事，自能成功而免责矣，无咎之道也。

孔子释二《象》曰：所谓"大车以载"者，岂徒负载之多乎？以其有"积中"之实德，足以任重而不致于败事也。

按：二刚健居中而应五，才德兼隆，得君行道，乃仅得无咎、仅得不败而不曰"吉亨"者，以见处"大有"之难，而人臣任事之不易也。古之当此者，伊、传、周、召其人乎？

【解说】

本爻是说有大的才德的人臣才可担当重任。"大车以载"说明为臣者积累深厚、内刚外柔、谦虚好学，在富有之时仍能任重道远、艰苦创业，所以可担当重任。

【原文】

九三：公用亨于天子，小人弗克。

《象》曰"公用亨于天子"，"小人"害也。

【解义】

此一爻是美公侯之君子以劝忠，而戒公侯之小人以垂训也。

亨，谓朝献也。

周公系大有三爻曰：九三居下之上，有刚正之德，公侯之贤者也。上有六五之君虚中以下之，是以公而朝献于天子，或先事而为"治有"之规，或后事而陈"保有"之道，随其所有以为贡献，而被晋接之。荣为用亨于天子之象。夫三为人君所贤而得朝献于君者，以有刚正之德也。若公侯中之小人，则无刚正之德，不能如九三之用亨矣。

孔子释三《象》曰：公之用亨于天子者，以君子则有嘉谟嘉猷之告论，思献纳之诚，故能用亨于天子。若小人则贡谀容悦，惑君志而祸国家，必至于害也。

自古诸侯能守臣节而忠顺奉上者，则蕃养其众以为王之屏翰，丰殖其财以待上之征赋。若小人处之，则不知为臣奉上之道，至民众财丰，则反擅其富强而益为不顺。故圣人于君子小人之防，严为分别如此。

【解说】

本爻是赞美公侯中的君子能以忠顺事上而垂示训诫公侯中的小人。守臣节忠心事上的公侯在国家富有时会准备好财货为国家效力，从而为国家更为富有做贡献；而公侯中的小人则不知为臣奉上之道，在国家富有时只知聚财丰己，祸害国家。

**【原文】**

九四：匪其彭，无咎。

《象》曰"匪其彭无咎"，明辨晢也。

**【解义】**

此一爻是为人臣处极盛之时而训之以自全之道也。

彭，盛貌；晢，明也。

周公系大有四爻曰：大臣当极盛之时，不可无善全之识。九四以刚而近柔中之君，权势既盛，似有僭逼之嫌。幸其处柔而能深自抑损，权重而不以权自恣，势盛而不以势自矜，是盛而不敢极，其盛为"匪其彭"焉。如是，可免于咎矣。

孔子释四《象》曰：所谓"匪其彭无咎"者，四之所处已挟震主之威，今乃得免于咎者，深知君尊臣卑之义，亏盈益谦之理，由明辨之晢而能然耳。使明或稍昧，矜功挟权以陵轹其上，能无凶乎？为大臣者，不可不知此义也。

盖人臣位高权隆，苟非于利害之几，盈谦之理辨之甚晢，鲜有不侈。然自大以至凶于家害于国者，此在为臣者固不可不戒，而人君亦当深思豫防，使上下无相逼之嫌。如汉光武不令功臣预政，宋艺祖之解诸将兵权，则损抑之，正所以保全之耳。

**【解说】**

本爻是告诫人臣在极盛之时该如何保全自己。人臣在盛大富有时会有功高震主之象，会因盛多而感到恐惧。此时人臣只要能够深通事理，知晓君尊臣卑的道理，不以盛大富有为骄，就不会有过失。

**【原文】**

六五：厥孚交如，威如，吉。

《象》曰"厥孚交如"，信以发志也。"威如"之"吉"，易而无备也。

**【解义】**

此一爻是明君道当恩威并用，始能保其所有也。

孚，谓以诚任人；交如，谓人以诚归我。

周公系大有五爻曰：六五，当大有之世虚己以应九二之贤，是上以诚信孚于下也。上孚于下，则下孚于上，由是上下归之，为"厥孚交如"之象。然君道贵刚，太柔则废，故又当济之以威，使恩威兼尽，可以保其所有而不坠，则吉也。

孔子释五《象》曰：所谓"厥孚交如"者，盖上下皆有孚信之志，而推原其本，惟六五在上之孚信有以发之，故能使上下之交孚耳。所谓"威如之吉"者，以君道太柔，则人将玩《易》而无畏备之心，以威济之，则宽厚之中仍有刚制之用，庶上下交孚而无慢易之失也。

大抵帝王之治，恩威并济。汉史臣赞宣帝信赏必罚，吏称其职，民安其业。元帝牵制文义，优柔不断，孝宣之业衰焉。此足以见帝王之所尚矣。

【解说】

本爻是说为君之道当在于恩威并施，这样才能保其盛大富有。为君之道应注意恩威并施，在君臣交往中既要真诚又要有威严，如此官吏才会称职，百姓才会安居乐业，天下才会保持盛大富有。

【原文】

上九：自天祐之，吉无不利。

《象》曰：大有"上"吉，"自天祐"也。

【解义】

此一爻是明尚贤致治而蒙天祐也。

周公系大有上爻曰：上九，当大有之世，以刚居上而能下从六五，信之极笃而用之极专，其谦退如此。是以满而不溢，合乎天而自天祐之也。既得天祐，则吉无不利，而得以享其大有之庆矣。

孔子释上爻曰：大有，在上而得吉者，岂幸致与？盖贤者天之所生，惟尚贤之盛德有以格天，故能合于天而得天之眷祐也。天岂私祐上九者哉？

按：大有之世，万国皆已来王，四海皆已无虞，正当盈满之时，人主处此，必至以泰宁自负，而来简贤慢士之失者。今乃能尚贤如此，诚人主之盛德，帝王之极则也。此爻所以独尽善其辞欤！

**【解说】**

　　本爻是说君主如果尚贤致治便可得到上天的保佑而无往不利。"大有"发展到上九，上九本应盛极而衰，但六五人君讲真诚、顺民心，尊重上九这位贤才，所以他不仅不衰败，上天还会保佑其吉祥如意、无所不利。

# 卷五

**【原文】**

☷☶ 艮下坤上

**【解义】**

谦，取退让之义。以山之高而逊居于地之下，能自屈而不居其盈，其象谦。圣人言君子立德立功，于持身接物之间，伐施尽化，恭让交孚，斯无往不亨而身名俱泰，故以"亨"而"有终"予之。且谓君子德以谦著，天下莫能掩其光；望以谦崇，群品莫能加其上。由其秉心抑畏，尽人道而合德于天地，乃为君子之终。而非以退为进、以屈为伸者所可拟也。故合六爻观之，初之善下，二之有闻，三之不有其功，四之㧑不违则，五之不挟富有而得众，六之不骛远略而治私。可以济险难，可以宣义问，可以让大美，可以辑臣邻，可以用征伐。为下则罔以宠利居成功，为上则不以崇贵骄天下，宜其无往而不与吉应也。至九三一爻，劳而能谦，天下既仰其丰功，又高其雅量。《象》曰："君子有终。"爻辞亦不复易。盖乾三"君子严夕惕之修"，坤三"有终具含章之美"，皆为谦三之所兼有。孔子特以万民服归之所，以深著其忘矜伐，戒满假，允符乎好谦之人道也。故《象》曰"君子有终"，爻亦曰"君子有终"也。圣人观象系辞之旨，不大可见哉？

**【解说】**

《谦》卦提倡谦逊。《易经》六十四卦，只有《谦》卦下三爻皆吉，上三爻无不利，而且只要谦逊就能吉利。本卦所说的谦逊，不是谈吐方面的表现，而是指能够冷静分析现有成就，找出不如人意之处，从而客观地找准自己的位置，找准成功的位置，谦逊的目的在于优化行为，推动事业前进，使之更有利于社会和国家。概括地说，谦逊是为了顺利前进。

**【原文】**

谦：亨，君子有终。

**【解义】**

此卦艮下坤上，卦德止内顺外，是心不肆而行不骄。卦象山高地卑，是以至高而屈于至卑，皆有而不居之义，故名为谦。卦辞言"谦"为人之美德，人能谦，则所行无不得也。谦者，"有"而不居之义。"有终"，谓先屈而后伸也。

文王系谦《彖辞》曰：谦者，有德而不以德自居，有功而不以功自居，内则其心收敛而不矜，外则卑以下人而不亢，如是则行无不得，动无所阻，自无不亨。其先也不敢自居其有，虽似屈，其究也不能没其所有而必伸。此"君子"之道，为"有终"也。

按：《易》六十四卦皆多危惧之辞，即乾坤尚所不免，独系谦《象》《爻》"无不吉、亨者"，盖海惟善下为百谷之王，人惟能谦为众祥之本。《书》云："满招损，谦受益。"《诗》云："彼交匪傲，万福来求。"其即"亨"而"有终"之谓乎？

**【解说】**

本节卦辞是说谦逊为人的美德，人能谦逊则没有做不到的事情。谦逊之人，不以德、功自居，内心收敛，不卑不亢，能够认识到"满招损，谦受益"，且有始有终，因此这样的人没有做不到的事情。

**【原文】**

《彖》曰：谦，"亨"。天道下济而光明，地道卑而上行。天道亏盈而益谦，地道变盈而流谦，鬼神害盈而福谦，人道恶盈而好谦。谦，尊而光，卑而不可逾。"君子"之"终"也。

**【解义】**

此《彖传》是释谦《彖辞》明天地之道以谦而亨，而造化、人事俱不外乎谦道也。

光明，谓化育光显；上行，谓承天时行；变，谓倾坏；流，谓聚而归之。

孔子释谦《彖辞》曰：卦之名为谦而得"亨"者，盖谦道至大，虽天地有不能违者。天虽居上，而其气常下降以济万物，故气一嘘而万物以生，气一缩而万物以成。

其道之光明为何如是？下济为谦，而光明则亨矣。地道至卑，而能承天时行，以上配乎乾，故物之生虽出于天，不得地以承之，则生物之功不终。物之成虽主于天，不得地以承之，则成物之功不遂。

其道之上行为何如是？卑为谦，而上行则亨矣。天地以谦而亨，则人之谦而必亨，不待言矣。试博举而旷观之，如在天道，日中而昃，月盈而蚀，寒往暑来，暑往寒来，是亏盈而益谦也。如在地道，盈满者倾变而反陷，卑下者流注而益增，是变盈而流谦也。如鬼神于人，物在人则贪，满者多祸，守约者多福。在物，则茂盛者渐至于衰谢，凋落者更见其发生，是害盈而福谦也。

至于人之好恶，则更有可见者，其盈满者必为人之所恶，其谦下者必为人之所好。在人岂有心于好恶哉？亦在己者有以感召其好恶耳。

故居尊位而谦，则为人道所好，德因谦而益显；居卑位而谦，亦为人道所好，而人亦莫能过。此皆君子"有终"之道也。

按：天地鬼神不可知，故据其迹之可见者言之；若人，则可知者，故直言其情曰好恶。以其不可知，故常尊而远之；以其与人无以异，则修吾人事而已。志自满，九族乃离；德日新，万邦惟怀。人心之所顺，则天地鬼神亦岂能外是也欤？

【解说】

本节《象传》是对上节《谦》卦《象辞》的进一步解释，以表明天地之道是以谦逊为吉，而造化、人事也都不外乎谦逊之道。天地之道是损盈满充实谦逊，鬼神是危害盈满保佑谦逊，人的特点是厌恶盈骄喜爱谦逊。谦逊的品德会使地位高的人显得更为光彩，使地位低的人显得品德高尚。总之天地、造化、人事都不外乎谦逊之道。

【原文】

《象》曰：地中有山，谦。君子以裒多益寡，称物平施。

【解义】

此《象传》是言君子治世，使谦之象也。

裒，谓损；益，谓增。

孔子释谦《象》曰：此卦"地中有山"，是地虽卑，而中之所蕴则高，有谦之象。君子法之以处世，不可以自高而卑人，故有持平之道焉。盖自高之见，常患有余；自卑之情，常患不足。惟衰损其矜高之多，而谦以持己；增益其谦下之寡，而卑以下人。称量于人己之间，而适符其当轻当重之等，则施于人己者，自得其平矣。

按：古之帝王皆有谦德，如尧之允恭克让，舜之温恭允塞，禹之不自满假，皆此意也。故聪明睿知，守之以愚；功被天下，守之以让；勇力振世，守之以怯；富有四海，守之以谦。斯深得乎衰益之道者欤！

【解说】

本节《象传》是说君子应该发扬谦逊的精神来治理社会国家。天地间长出高山，象征谦逊。君子因此要损多益少，权衡事物的轻重，用措施促进各方面的平衡。

【原文】

初六：谦谦君子，用涉大川，吉。

《象》曰"谦谦君子"，卑以自牧也。

【解义】

此一爻是见谦德之能济险也。

牧，养也。

周公系讲初爻曰：初六，以柔处下，深自抑损，绝无矜才炫能之意，此乃谦之独至，谦而又谦，君子之行也。本此谦谦之道，用以济险，如涉大川之艰亦获众心之顺助而得吉，况平居乎？

孔子释初《象》曰：所谓"谦谦"之"君子"者，非矫饰而然也。夫居己于高，居人于卑者，人之常情。初六以卑下之道自养，而不敢有上人之意。盖蓄于素者，咸退逊之心；斯发于外者，皆谦抑之度，所以成其为"谦谦"之"君子"耳。斯岂致功于旦夕者所可几欤？

按"涉川"为最险之事，而属之"谦谦君子"者，盖弘济时艰，必非尊己凌物，一往用壮之士所能胜任也。我心果能深自抑损，退然处下，则世虽有桀骜难驯之人，见之必且意尽消沮，缩伏而不敢动矣。有何险之不化为平，而祸之不转为福也耶？

【解说】

本爻是说有谦逊之德的人能够成功度过艰险。谦而又谦的君子，能以谦逊来严格要求自己，纵然遇到艰难险阻，也会成功度过一切困难。

【原文】

六二：鸣谦，贞吉。

《象》曰"鸣谦贞吉"，中心得也。

【解义】

此一爻是见谦德之盛而得其正也。

鸣，谓声闻。

周公系谦二爻曰：六二，柔顺中正有谦之资，而又得乎谦之道，由是积中著外，谦而有声闻矣。此非违道以干誉，乃理之所当然而得其正也。由是人皆知之，则志行孚而名誉著，上可以得君，下可以得民，何往而非吉乎？

孔子释二《象》曰：六二之谦，推原其心，初非欲求闻于外也，乃中心所自得耳。

然有是德积于中，则必有是名闻于外，斯岂外袭者哉？朱熹有言，太虚中本无物，事业功劳于我何有？此心体之本然也。能知此意，则禹稷之功名，周公之制作，皆我分内当为之事，何所用其矜伐？然有意为谦，反失之矣。六二中正，适得于心体之本，然其鸣谦也夫！岂以声音笑貌为哉？

【解说】

本爻是说如果谦逊之德能够得到共鸣，则可知其动机纯正。六二君子有谦逊之德且名声在外，这样的人上可得君、下可得民。

【原文】

九三：劳谦君子，有终吉。

《象》曰"劳谦君子"，万民服也。

【解义】

此一爻是见大臣有功能谦，而长保其盛也。

劳，谓勋劳。

周公系谦三爻曰：凡为大臣者，皆思建功于天下，而恒不能以谦自处。九三以一阳居下之上，而为上下所归，是当位任之隆德盛业著而有功劳于天下者也。乃三不自居其劳，而退处于谦，则不矜而天下莫与争能，不伐而天下莫与争功，自能"有终"而"吉"矣。

孔子释三《象》曰：谦固人之所难，若有功劳而能谦，则尤为人之所难。今九三劳而能谦，则丰功有以答天下之心，而雅量有以洽人心之好，此万民之所以咸服也。

按：《系辞》于谦九三曰："劳而不伐，有功而不德，厚之至也。"惟德厚之至，故不自觉其功之盛。自古有功之臣令终者鲜，皆由器小易盈，恃功骄恣所致。故谦则终吉，不谦则终凶，出此入彼，间不容发。《系辞》又曰"致恭以存其位"，虽赞之，实勉之也夫！

【解说】

本爻是说为臣者劳苦功高而又谦逊，终身如此则可长保吉祥。凡为人臣，皆想立功于天下，但不能永久保持谦逊，今九三劳而能谦且有始有终，因此可长保吉祥。

【原文】

六四：无不利，㧑谦。

《象》曰"无不利㧑谦"，不违则也。

【解义】

此一爻是见大臣之能谦而合乎道也。

㧑，谓发挥。

周公系谦四爻曰：六四柔而得正，居上而能自下。如是，则在彼无恶，在此无致，在邦在家，无所往而不利，固已见其谦矣。然四居九三功臣之上，功不及而位过之，故当本谦德之已形，凡见于辞气容貌之际者，一一发挥，以示不敢自安于九三之上。如此，则为之上者嘉其谦，而为之下者服其谦矣。

孔子释四《象》曰：四之"无不利"而"㧑谦"者，得无疑"㧑谦"之或过乎？不知四居九三功臣之上，推贤让能，道理自当如此，是四之"㧑谦"乃适合乎谦之则也，岂为过乎？盖推贤让能，庶官乃和，此一个臣之无他技，而天下之有技彦圣，无不在其休休有容之中也。六四与九三不惟无相忌之嫌，而且有相让之美，三代而下，若周勃之于陈平，卢怀慎之于姚崇，其犹有此风乎！

【解说】

本爻是说大臣能够谦逊而做事合乎原则。六四大臣处于六五君王之下、九三功臣之上，因此对上必须顺从，对下必须退让，能够不违反谦逊的原则而发挥谦德，因此会无往不利。

【原文】

六五：不富以其邻，利用侵伐，无不利。

《象》曰"利用侵伐"，征不服也。

【解义】

此一爻是见居尊能谦而得人心之用也。

邻，众也。

周公系谦五爻曰：人君驭下，虽有崇高之位，不可无谦德以临之。六五以柔居尊，是在上而能谦者。居尊而谦，则从之者必众，为"不富"而能"以其邻"之象。夫六五之谦以临下，则在下宜无不服矣。而设有未服者不可已也，盖六五既得众心之归，即用之侵伐以诛暴而去恶，何不利之有？然居上能谦，何事不可为者？不但利用侵伐也，即用之他事而亦无不利矣。

孔子释五《象》曰：五之"利用侵伐"者，岂观兵以黩武哉？以其冥顽之寇、强暴之敌负固不服而征之耳，非得已而不已也。

从来兵凶战危，圣王不得已而用之。此爻以征伐为利者，盖师出无名谓之黩武，师加不道谓之义兵。为君者能用谦德绥诸侯，而不以力征天下，则师之所至有若时雨，始虽崛强跋扈，终未有不帖然驯伏者。舜舞干而格有苗，文因垒而降崇虎，其明证矣。

【解说】

本爻是说为君者位居尊位而能保持谦逊之德，则能得天下民心为己之用。国君以谦逊之心对待在下的臣民，臣民无不顺服；国君能够胸襟宽大、团结臣民、获得民心，就有力量征讨叛逆，这样他就是无所不利的。

【原文】

上六：鸣谦，利用行师征邑国。

《象》曰"鸣谦"，志未得也。可"用行师"，"征邑国"也。

【解义】

此一爻是美其谦德而惜其限于才位也。

邑国，谓己之私邑。

周公系谦上爻曰：上六谦德著闻，为人心所乐与，则协力同心，即用谦以行师，而亦无不利矣。但质柔无位，则才既患其不足，而力又不能以有余，是师之所行，但可征己所治之邑国，而不能以及远也。

孔子释上《象》曰：上六谦德著闻，宜乎人无不归矣。以其质柔则不足于才，无位则不足于力，故志独未得而至于行师也。虽可用行师，亦不过足以治其私邑而已，然岂不足于谦德者哉？

按：谦之功用，不特可以处常，而正可以济变。观初之"用涉大川"，五之"利用侵伐"，上之"利用行师"，可见谦道非徒一于卑巽，而用武尤深戒夫振矜。人主临事应变，而能以不骄不亢之德行之，则亦安往而不如意哉？

【解说】

本爻是赞美君子有谦逊之德，但却可惜其才德、地位有限而不能完全实现自己的志愿。上六以谦逊待军，无往不利，但才能有限、地位低下，因此军队只可征讨自己所管治的诸侯国，不能到达太远的地方。

【原文】

☷坤下震上

【解义】

豫，取和乐之义。所以致和乐者，由九四一阳统众阴，其志得行，而卦德又顺理以动故也。然"豫"有二义：卦之"豫"乃万方和乐之征，虽建侯行师而亦利；爻之"豫"率一己晏安之事，有吉凶悔吝之不同。天下之"豫"不可无，而一身之"豫"不可有。若初恃应而"鸣"，其得意则凶。三援势而溺于久安，则悔。五处尊位，耽乐而致疾。上居动体，纵极而始渝，此皆过于逸乐者也。即四能造天下之豫，恐其治定之后，疑忌易生，故又勉之以开诚布公，合聚同德，相与共保其豫焉。但在本爻有说安天下之志，而在五爻涉揽权逼上之嫌，又《易》之因爻起义者也。惟"介石"之二，中正自守无欲而静，绝耽恋之私，炳几先之哲，自能行与吉会，非诸爻之所及也。至于三之"悔"，上之"渝"，皆有可以趋吉之机。圣人亟开以自新之路，惟恐其以佚欲终其垂戒之意切矣。

【解说】

《豫》卦所说的自在安乐，其内容特点是追求心理上的悠然感受大于生理上的吃喝享受。由此又引出两点：一是广乐天下，与民同乐，以乐安民，这些是卦辞以及《彖》《象传》所表达的思想。从宏观角度看，社会不能没有"豫"。二是乐应有度，不能因乐丧志，这些是爻辞的主要倾向。从微观角度看，个人不能只是"豫"。"豫"是好事，也能变成坏事。变与不变，关键在于能否正确对待。因此爻辞着重从反面立意，依据各爻的实际情况，提示了处乐避凶的途径。

【原文】

豫：利建侯行师。

【解义】

此卦坤下震上，有人心和乐以应其上之义，故名为豫。卦辞言处豫者能合人心，则大事无不可为也。

建侯，谓立君；行师，谓命将。

文王系豫《彖辞》曰：有天下者至于豫。此非常之遇而大有为之时也。盖天下事以得人心为本，使人心未得而妄有作为，鲜克济矣。当豫之时，万众归诚，一人悦豫，所谓乐以天下者也。得天下心，行天下事，以之建侯，则统驭有方，而无强梁跋扈之患；以之行师，则大权在握，而有除残伐暴之威；则其于他事亦无不利，可知矣。

按：比卦《象》曰：建万国，亲诸侯。师卦《象》曰：容民畜众。而豫之《彖辞》兼此二者。虽皆得坤之顺，然师比遇坎犹有险难，若豫，则四方底定，六服永清，固非同屯之不宁而建侯、谦之不服而侵伐也。人主处此，倘以时际宴安，粉饰至治，甚而滥加封爵，赏非其功，广启兵端，罚非其罪，岂保大定功之善术哉？惟深思安不忘危，治不忘乱，则久安长治，永永无疆已。

【解说】

本节卦辞是说自在安乐者如能够聚合人心，则大事无所不为。"豫"象征自在安乐，此时万众归服，百姓因得到安乐而追随统治者建立新的功业，因此有利于封立诸侯，成就大事业。

【原文】

《彖》曰：豫，刚应而志行，顺以动，豫。豫顺以动，故天地如之，而况"建侯行师"乎？天地以顺动，故日月不过，而四时不忒。圣人以顺动，则刑罚清而民服。豫之时义大矣哉！

【解义】

此《象传》是释豫《彖辞》，极言豫之时义为大也。

刚，指九四；应，是上下人心应之；志行，是九四之志得行；不过，以晷刻言；不忒，以节候言。

孔子释豫《彖辞》曰：卦之得名为豫，岂偶然哉？盖人心不应，则吾志不行。而所动不顺，则人心不应。今卦体九四一阳，上下应之。是大臣负天下之望，朝野悦服，而吾志得行矣。卦德坤顺震动，是主豫者顺理而动，随事得宜，而人心协应矣。故其卦名曰豫，然是顺以动也，岂惟人事为然？

从来天人感应，无非一理，将见上而阴阳合，其度下而刚柔适。其宜人心和乐而天地以和乐应之，亦如我之顺动而不违矣。何"况建侯行师"尤人和之可验者乎？由此推之，彼气机之通，复天地之动也。而顺其常运，则日月往来，晷景长短，无过差也。四时代谢，分至启闭，无愆忒也。而天地不外乎顺动矣，彼政教之张弛，圣人之动也，而顺其常道，则狱讼衰息，民志大畏，无繁刑也。胜残去杀，久道化成，无怙恶也。而圣人不外乎顺动矣，则是豫顺以动天地，圣人且不能违，其为时义，不诚大哉？自豫以后凡十二卦，豫、随、遁、旅、姤，言时义；坎、睽、蹇，言时用；颐、大过、解、革，言时；各随卦体赞之。盖未有"有时而无义、有义而无用"者，所以皆谓之大哉，以见其赞叹之无尽也。

【解说】

本节《象传》是对上节《豫》卦《彖辞》的进一步解释，极言自在安乐的时间、条件正当的重要性。自在安乐要顺沿物性而动，天地都是如此，何况是封立诸侯、出兵征讨。天地顺沿物性而动，则日月运行不会有过失，四季交替没有差错。圣人顺应民情而动，则刑罚清晰百姓信服。因此说豫乐要得时、程度要适当。

【原文】

《象》曰：雷出地奋，豫。先王以作乐崇德。殷荐之上帝，以配祖考。

【解义】

此《象传》是言先王法豫之道也。

殷，盛也。

孔子释豫《象》曰：雷始伏，声于地，郁而未舒。今出地而作声，鼓天地之太和，畅万物之生意，和之至，豫之象也。先王法此，宣之以声，而宫商律吕之俱谐；饰之以容，而羽旄干戚之备具。岂徒美观听已哉？

凡以一代之兴，必有一代之德，蕴之为精微之懿，发之为谟烈之隆，惟乐能昭明而崇显之至。其用之极盛而蔑以加者莫大乎祀，冬至祭天于圜丘而配以祖，季秋享帝于明堂而配以考，大合众乐，备极九变，达仁人孝子之诚，展荐德歌功之志，而天祖无不来格！乐之洽神人、和上下如此，先王法豫之功何其至哉！昔儒有言，观上天下泽，而礼定于履；观雷出地奋，而乐作于豫。然礼犹可因时制宜，而乐之作必在治定功成、人心和悦之后。人主当深思豫之为象，而精求作乐之本，岂可徒事于声音文貌之间哉？

【解说】

本节《象传》是说先王效法豫乐之道。雷出地上，震醒万物，象征自在安乐。前代圣王因此要创制音乐，歌功颂德，并以盛大的仪式，敬献给上天，敬献给祖先。

【原文】

初六：鸣豫，凶。

《象》曰"初六鸣豫"，志穷"凶"也。

【解义】

此一爻是言附势之小人自取"凶"咎也。

穷，谓满极。

周公系豫初爻曰：自古小人所以自取败亡者，岂有他哉？惟知势位之可恃，而不识盈满之为忧。初六以阴柔小人上应九四之强援，乘时肆志，悦乐之极，至于夸耀骄矜，自鸣得意，一旦势衰，祸不旋踵，凶莫大焉。

孔子释初《象》曰：凡人志不可满，乐不可极。"初六"而至于"鸣豫"者，以有援在上，求无不得，志盈意满，不自敛戢，以取败亡。其为凶也，不亦宜乎？

按：豫卦得名，本为和乐。然乐同天下则吉，乐专一身则凶。小人附权依势，惟知逞一己之私，肆无忌惮，驯至凶祸而不悟。圣人之垂戒深矣。

【解说】

本爻是说趋炎附势的小人会自取"凶"咎。趋炎附势的小人在安乐之时，会自鸣得意、志盈意满、安乐过度、忘乎所以，这说明他胸无大志、极其浅薄，因此必然失败。

【原文】

六二：介于石，不终日，贞吉。

《象》曰"不终日贞吉"，以中正也。

【解义】

此一爻是言守正之君子为能超于流俗，炳于几先也。

介石，其守坚确如石；不终日，见几之速。

周公系豫二爻曰：人情易溺于豫。既溺于豫，则必至反乐而为忧矣。若六二中而得正，独能以德自守，凡世间可喜可慕之事，无一足动其中者，故有"介于石"之象。夫人溺于富贵逸乐，其心易蔽，其神易昏，故事几之来，当前迷眩。以"介石"者处此，静而能明，安而能虑，则凡微彰刚柔之几，一见即决，转移趋避，有"不"待事之"终日"而始知者，良由心中淡然无欲，而得操守之正也。"贞"而获"吉"宜已。

孔子释二《象》曰：六二之"不终日贞吉"者，以二居下卦之中，得阴位之正，中正自守，不溺于豫，静虚之余，思虑自能精审，所以知几之速如此也。使其耽乐是从，而心无所主，岂有是"贞"而获"吉"哉？

按：豫六爻，九四外，初之鸣豫，三之盱豫，五之贞疾，上之冥豫，皆溺于豫者也。惟二介然守正，操持固而审几决，独贞而且吉。盖常人多欲，其悟也，恒在事后，故咎至而不知至。人无欲，其觉也，恒在几先，故超然而无咎。圣人为处豫者，示之极则如此。

【解说】

本爻是说坚守正道的君子能超脱于流俗，明察即将出现的先兆。六二君子信念坚定，不为自在安乐的环境所迷惑，能够迅速领悟安乐必须适度的道理，能够在安乐中坚守正道。因此能够超脱流俗，觉察先兆而无咎。

【原文】

六三：盱豫，悔，迟有悔。

《象》曰"盱豫有悔"，位不当也。

【解义】

此一爻是戒附势之小人，望其改过以自新也。

盱，上视貌；上悔，为悔悟之悔；下悔，为悔吝之悔。

周公系豫三爻曰：六三，阴不中正，素无介石之操，惟知凭借势力以取富贵，仰视九四大臣，依阿取宠以恣所欲，宜"有悔"者也。倘能改弦易辙，舍旧图新，犹可自免，若依违寡断，迟久不决，所谓过而不改，是谓过矣。安能免于悔哉？

孔子释三《象》曰：三虽近四，亦复何伤？特以不中不正，处位不当，故"盱豫"而"有悔"。

可见"豫"非溺人，人自溺耳。盖吉凶倚伏，惟人自取。圣人于六三始则示以致悔之端，终则勉以改过之勇。为小人者，奈何不翻然自省也哉？

【解说】

本爻是告诫趋炎附势的小人，希望其能够改过自新。小人察言观色以求安乐，必然会后悔，后悔之后又有新的后悔。因为其地位不中不正，品德、行为不好，巴结权贵。希望小人能够改过自新，才可免于后悔。

【原文】

九四：由豫，大有得，勿疑朋盍簪。

《象》曰"由豫大有得"，志大行也。

【解义】

此一爻是言大臣当国，宜得人以致豫也。

簪，所以聚发；盍簪，言皆速聚于我也。

周公系豫四爻曰：九四一阳，居大臣之位，任天下之重。凡君之享和乐于上，民之享和乐于下，皆由我以致之，生平事业无乎不遂，所得孰大焉？然天下之豫固由于己，而所赖共保其豫者，实在乎天下之贤。但天下之贤非猜忌嫉妒者之所能致也，必开诚布公，一出于任贤勿贰之志，勿外信而内疑，勿始信而终疑，则我不疑人，人亦不疑我，同类之朋咸乐至而为我用，如发之聚于簪焉。众正皆升，群策并效，一心一德，以成保豫之功，所得不诚大哉？

孔子释四《象》曰：大臣以道济天下为志，苟有一人之未豫，则志必有所歉而弗行矣。

今在上在下，莫不由我以致豫，是其夙昔所期为上为德为下为民者，至此"大行"而无遗憾也。爻之系"大有得"者，以此。盖大臣弘济艰难，非一手一足可胜任，故以得人助理为急。然必先具知人之哲，而后贤否不致混清，邪正不相倾轧，庶几"盍簪"之"朋"皆同道之君子，而不惑于同利之小人。有任人之责者，尚其致慎于聚之之正，而毋溺于谄媚之徒，则几矣。

【解说】

本爻是说国家掌权的大臣，应该得贤人以使天下安乐。九四靠近君王六五，为实际掌握天下安乐的权臣，在施政时不要疑虑自己的决策行为，能够开诚布公，聚集贤人群策群力，则既可实现自己的志愿，又可实现天下安乐。

【原文】

六五：贞疾，恒不死。

《象》曰"六五贞疾"，乘刚也。"恒不死"，中未亡也。

【解义】

此一爻是戒人君不可过柔，因豫以致疾也。

贞疾，犹言痼疾。

周公系豫五爻曰：六五当豫之时，以柔居尊，沉溺于豫，固有致疾之理矣。且上下皆应乎四，强臣当国，众心附之，以君而反制于臣，太阿倒持，威权尽失，如负疾之人久而不愈，濒于危亡者然。然以所处得中，先世之流风善政尚有存者，天下有所畏忌而不敢动国脉，犹可以苟延，又为恒不死之象焉。果能一念振作，奋发有为，则未必不去疾而保豫也。

孔子释五《象》曰"六五"之为"贞疾"者，九四"刚"而不逊，五以柔"乘"其上，权归于下，势孤于上故也。其"恒不死"者，以所处犹"中"，先世之余泽尚存，故能保其虚位而不至于亡也。

豫卦于五专言为君之道，不可偏过于柔，盖威福为人君治天下之具，臣下欲窃之者，必先以声色货利荡其主心，使之耽于佚豫，然后可惟所欲为，阴盗其柄而不觉。人君诚知陵替之由皆起于耽乐，兢兢业业，日厉精于上，则清明在躬，志气如神，自可逆折强臣之萌，而主威不至下移矣。

【解说】

本爻是告诫人君不可过于柔弱，且不可因安乐过度以致生疾。本爻专言为君之道，于安乐之时人君不可过于柔弱，不可过度安乐，应注意守正防病，应兢兢业业，如此则志气如神，可益寿延年。

【原文】

上六：冥豫，成有渝，无咎。

《象》曰"冥豫"在"上"，何可长也？

【解义】

此一爻是戒人之终溺于豫而勉其迁善也。

渝，变也。

周公系豫上爻曰"上六"以阴柔居豫极，是从于匪彝、安其危、利其灾而不自觉者，有昏冥于豫之象。幸居动体，冀其能变。若因天理萌动之机，一旦悔悟，痛革前非，事虽成而能有渝，改过不吝，自不罹纵欲败度之愆，何咎之有？

孔子释上《象》曰"上"之为"冥豫"者，以其昏迷于"豫"而至于如此，何可长久而不知渝变乎？苟能知逸豫之不可长，幡然变其故我，则冥冥者可为昭昭已，人何不自勉焉？

按"冥豫"与"冥升迷复"同义。圣人不言"冥豫"之凶，而言"成有渝"之"无咎"，取其能变则去凶，而即无咎矣。初六"鸣豫"即断之以"凶甚于初"者，所以遏其恶也。上六"冥豫"，则开之以"无咎恕于终"者，所以诱其善也。可以识处"豫"之道矣。

【解说】

本爻是告诫人在极度安乐时应悔悟而改过自新。上六居"豫"之极，只是昏昏沉沉地贪图自在安乐，幸好其能及时悔悟、痛改前非，在安乐到了极点反而会有迷途知返的可能，因此可无咎。

【原文】

☱震下兑上

【解义】

随，取说从之义。卦因"刚来下"，"柔"此"动"彼说得名。盖上有徽柔之德，则刚明之臣来而下之。卦变之所谓随也，有振作之才，则亿兆之心说而附之；卦德之所谓随也，大抵物之相随与己能致物之随，以德孚则一于贞，以私合难免乎咎。此《彖辞》所为特致其丁宁，而全卦以利贞为断也。虽卦言"物随"，爻言"随物"，所指不同，义不外此。六爻：初有所"渝"，则以广大无私为贞；二、三有所"系"，则以远邪能守为贞；四以同德之阳随刚中之主，则以诚积于中、动合于道者，善全其贞；若九五以刚中正之君，应柔中正之臣，是猜嫌泯而嘉会成也；上六以肫笃之极为联属之本，是神明通而幽遐格也。何一非正而固之实效乎？合而观之，公正开随之始，至诚要随之终，尽乎缔交之道矣。处柔勿昵于宵人，得志必敦乎名节。位极人臣，不以危疑存退避之迹，惟以明哲昭靖献之忱。尽乎获上信友之道矣。至于阳刚之君，孚嘉美之佐，精神攸洽，德业交成，致吉之道无过于此。《象》所谓"大亨贞无咎而天下随"之者，备著乎九五一爻，随之义顾不大哉？

【解说】

《随》卦讲的随从、追随，实质是从善。不论对人对事都应择善相从，向善良者学习。为了强调从善，六爻之间的关系一反惯例，不表现为阴阳相应，只表现为相比相从，而且是初从二、二从三式地朝着一个方向去追从，其中寓意大概是向"善"前进。

【原文】

随：元亨。利贞。无咎。

【解义】

此卦震下兑上，为此动而彼说，有随之义，故名为随。卦辞言为上者得人随之，益。而又明随之道，当出于正也。

随，从也；元亨，以事言；无咎，以理言。

文王系随《彖辞》曰：己有致随之道，而物有来随之应。同心者多，则何事不立？何功不建？其得大亨固已。然必己之致随者无违道之私，而物之随我者非党同之弊，一出于贞，斯于理为顺，于心为安，无愧于随之义矣，何咎之有？若所随非正，则为非道以相与，虽可致亨，而亦未免有咎也，可不慎哉？

按：天下之为随不一，而莫大乎君臣之相随。君之致人随，固贵乎正；而臣之随君，尤宜审择天命之所归，人心之所向，必如张良之从汉高，邓禹之从光武，诸葛之从昭烈。应天顺人，功建名立。虽伊尹、太公之业何以加兹？苟不择所随，失身依附，杨雄之臣莽，荀彧之仕魏，甚至冯道之阅历五朝，寡廉鲜耻，丧名败节，其能免当时之非笑、后世之指摘哉？此不贞之所以取咎也。

【解说】

本节卦辞是说为上者应该择善相从，且又表明从善之道当在于坚守正道。天下相追随者不一，者莫过于君臣相追从。君让臣相追从，贵在坚守正道；臣追随君，应该选择天命所归、人心所向之国君。如此则可大为亨通、没有过失。

【原文】

《彖》曰：随，刚来而下柔，动而说，随。大"亨贞无咎"，而天下随时。随时之义大矣哉。

【解义】

此《彖传》是释随卦《彖辞》而极言随之贵于正也。

上"随时"之"时"，当作"之"；下"随时"之义，当作"随之时"义。

孔子释随《彖辞》曰：卦之名随者，于义何所取哉？卦变自困来者，二之九下居初，初之六上居二。又自噬嗑来者，上之九下居五。五之六上居上而自未济来者。兼此二变，柔皆自下而上，刚皆自上而下，是刚来下，柔退居阴后也。卦德震动，兑说是此动，而感乎彼，彼说而从乎我，皆有物来随我之义，此其所以为随也。夫当随之时，彼此相通，乐从无强，既元亨矣，又必得正而无咎者何哉？盖正者人心同然之理也。致随之道惟出于正，则一人之心适合乎天下人之心，将见近说远，来无思不服，尽天下而随之。帝之所以为帝，王之所以为王，皆在乎此，非若欢虞小补之治而已。此其"时"义，岂不大哉？

按"天下随时"，《本义》依王肃释作"天下随之"，诸儒之释又皆以为"随时"，盖"正适于时之宜"，则"随"乃"尽乎正之利"。细而一语默、一嚬笑、一作息；大而政事之张弛、赏罚之先后、礼乐之质文，各顺乎其时而变通以行其正。是以刚而无虐，柔而不屈，动者不倦，说者无厌，而天下之相随者，相依固结而不可散也。苟泥于正而违乎时，非其时即非其正矣。天下其孰能随之？此其义固可相发明耳。

【解说】

本节《彖传》是对上节《随》卦《彖辞》的进一步解释，极言"随"贵在能够坚守正道。阳刚居阴柔之下，下动引起上悦，这就是从善，如此则大为亨通，利在坚守正道，这样就没有过失，说的是做到这些之日就是天下从我之时。可见从善所要求的时间条件、实际行为的表现是多么重要。

**【原文】**
《象》曰：泽中有雷，随。君子以向晦入宴息。

**【解义】**
此《象传》是言君子随时静养之道也。

向晦，日暮之时。

孔子释随《象》曰：兑上震下，是泽中有雷。阳气之动，奋者随伏入之时而休息于下。此随之象也。君子体此以为自强不息，此心固不容以息荒。而动静相生，此身又不容以不息。盖日出群动皆作，则以作为正。日入群动皆息，则又以息为正。君子昼不居内，夜不居外，各随其宜，固如是耳。

盖天道、人事未尝少异，如穷冬闭塞，雷隐泽中，造化之宴息也；日入冥晦，君子处内，人事之宴息也。人身一动一静，嘿与天运相符，必能保固精神，而后可恒久不已。否则，进锐者退必速，始勤终怠之弊，安能免哉？

**【解说】**
本节《象传》是说君子应懂得随时静养之道。白天勤奋学习、工作，晚上就该随时休息，这样才能保持精神、自强不息。

**【原文】**
初九：官有渝，贞吉。出门交有功。
《象》曰"官有渝"，从正"吉"也。"出门交有功"，不失也。

**【解义】**
此一爻是言随人者不可不正，而又当广其集益之道也。

官，犹主也；渝，变也。卦以物随为义，重物来随己。爻以随物为义，重己往随人。

周公系随初爻曰：初九以阳居下，所谓刚来下柔也。为震之主，所谓此动彼说也。卦之为随，皆在于初，初为成卦之主，随之官也。在我既有所随，则有心不若无心之公，有主不若无主之虚，而于廓然大公之本怀，未免有所"渝"，变为"官有渝"之象。

夫私于所随固为未善，然亦顾其所随何如耳。若其所随皆正，则无比匪之伤，而有辅仁之益，不亦吉乎？而尤贵广大公溥"出门"以"交"，则己之取于人者无限，人之资于己者靡穷，事无不成，业无不就，其有功更为何如哉？

孔子释初《象》曰"初"既"官有渝"矣，何以得"吉"？惟"从正"则所与得人而无损友之伤，故吉也。"出门交有功"者，交之既广，则可以友天下之士，而一善必录，无所遗失，此其所以有功也。

盖"随"之为义，必以得正为善，而又恐其可者与之、不可者拒之，度量褊浅，取益未宏，故以"出门交有功"勖之。前圣之指示后人者切矣。

【解说】

本爻是说从善者不可不坚守正确的原则，但也应知晓集思广益之道。能放弃自己原来的观点去追随正确的主张，所以吉祥，这说明从善者必须要虚怀若谷，要懂得集思广益、择善而从。

【原文】

六二：系小子，失丈夫。

《象》曰"系小子"，弗兼与也。

【解义】

此一爻是言人之失其所随为不正也。

系，牵也；小子，阳之微者，谓初；丈夫，阳之壮者，谓五。

周公系随二爻曰：凡随人之道，当以邪正为取舍，不可以远近为亲疏。今初阳在下，"小子"之象，虽非正应，而近于二。五阳在上，丈夫之象，虽为正应，而远于二。以理而言，二当唯五之从，乃以阴柔禀性，躁急不能，宁耐自守，反狃于近习而从初，既从于初则不得复从于五矣。为"系小子，失丈夫"之象。夫从所当舍，舍所当从，失随之正，凶咎何待言哉？

孔子释二《象》曰：人之所随，是非邪正，无两可之道。二既系乎初之小子，则必失乎五之丈夫，其势固不得而兼与也。此君子所以必慎所从，而不可牵于一时之苟合也哉。

夫二本柔顺中正，以五应之则为孚嘉，而爻不之许者，以情牵也。情之所牵，必至以私废公，以欲灭理，所得者微而所失者钜矣。推而广之，如见小利则大事不成，或小不忍则乱大谋，或贪近功而忘远害，孰非此一念致之哉？

**【解说】**

本爻是说人失去追随者是因为其不坚持正确的原则。择善相从之道，应以正邪为取舍标准，而不应以距离亲疏远近为标准。六二追随阴柔小子，失去阳刚丈夫。本该追随却舍弃，本该舍弃却追随，失去了择善相从的正确原则。推而广之，见小利则大事不成，小不忍则乱大谋，贪近功而忘远害，因此君子要谨慎追从，坚持正确原则。

**【原文】**

六三：系丈夫，失小子，随有求，得。利居贞。

《象》曰"系丈夫"，志舍下也。

**【解义】**

此一爻是言人之得其所随而又戒以必出于正也。

丈夫，谓九四；小子，亦谓初。

周公系随三爻曰：四阳在上，"丈夫"之象，所当随者。初阳在下，"小子"之象，不当随者。三近四而远初，则惟近之从而不暇及于远，为"系丈夫，失小子"之象。夫四阳当任而己随之，何求不获？何欲不遂？然使以有求必得之，故而苟于求，则又岂君子之道义自重者哉？故必利于居贞，不为贪缘苟且以图侥幸之富贵，而致入于邪媚，庶乎其无失矣。

孔子释三《象》曰：三之"系丈夫"，岂独势之弗兼与哉？盖其取舍之极定于中，志在从四，终身以之，其视在下之初，固非所当随者毅然舍之而不随也。不然，乌能决择如此？其有定哉！

按：以六居三，不正也。以九居四，亦不正也。以不正相比，恐其专计弋获，不能以道自处，而遂至于诡随，故圣人以"利居贞"勉之，以见人之失足权门，希图富贵，不过侥幸一时之荣，而身名一玷，千载长羞，孰得孰失，何去何从，可不致辨于此乎？

**【解说】**

本爻是说人得到自己所追随的，又应该有所警戒，要坚持从善的原则。六三追随阳刚丈夫、舍弃阴柔小子，这种追随会有求必得，但应该注意要经常以正道要求自己，不要忘记从善的原则。

【原文】

九四：随有获，贞凶。有孚在道，以明，何咎？

《象》曰"随有获"，其义凶也。"有孚在道"，明功也。

【解义】

此一爻是戒为臣者不可以权势上陵，而惟当尽诚正之道也。

在道，以理自守；明，明哲也。

周公系随四爻曰：九四以阳刚之才处近君之地，是其德之盛、位之隆，而奋然大有为于天下，亦何所图而不成？故"随"而"有获"也。然四以人臣建不赏之功，挟震主之势，骎骎上陵于五，虽其所行咸出于正，而疑忌之端决不能免凶可知矣。处此者宜何如？必也内焉殚忠君爱国之孚诚，而无一念之敢欺；外焉尽奉公守法之常道，而无一事之敢僭，以是明哲居之，则此心光明洞达。君嘉其让而安于上，民服其谦而安于下矣，何咎之有？

孔子释四《象》曰：四既"随"而"有获"，则逼上之患易生。以理言之，必得凶也。其所以能"有孚"而"在道"者，由其心实明哲，知危疑之地处之甚难，兢兢焉积诚以事君，秉道以律己，所以能有保身之功也。不然，其何以全上下之交欤！

自古人臣宠利最为难居，惟当竭其诚敬，而以成败荣辱听之于天，区区挟智任数以求苟免，讵有幸乎？周公之恐惧居东，王莽之谦恭下士，同一卑退，而一诚一伪，较若天渊，祸福相去亦甚悬绝。居鼎铉之任者，其当惕然于"有孚"之戒矣。

【解说】

本爻是告诫为臣者不可凭权势压上而应当尽诚心事上之道。九四人臣追随国君，其德盛位隆，因此又会有人来追随自己，但这样就会有功高震主的危险，此时唯有内心真诚、行为正确、光明磊落、明察事理，兢兢业业诚信事君才会没有过失。

【原文】

九五：孚于嘉，吉。

《象》曰"孚于嘉吉"，位正中也。

【解义】

此一爻是言人君诚信任贤，而见上下同德之盛也。

嘉，美也，指六二。

周公系随五爻曰：六二柔顺中正，是臣之嘉美者也。九五以阳刚中正应之，是人君当随之时以同德之与而极信任之至。二之言，嘉言也，吾则听之而不疑；二之谋，嘉谋也，吾则用之而不贰。"孚于嘉"如此，则上下同心，有以植建中表正之体，而天下随之者其在是矣。何吉如之哉？

孔子释五《象》曰：从来为政在人，取人以身，九五所居中正，故能以我之正而信二之正，以我之中而信二之中，其相孚有如此也。使己无其德，则是非之鉴不明，取舍之权不定，又安能信善而得吉哉？

按：九五居尊，为天下所随，宜于天下之善无不兼收，如出门之初舍下之三，在道之四与维系之上六，无不可与相孚，而独惓惓于六二之嘉者，盖九五位在正中，则必取天下之正中者，以立相随之准，故以六二之柔中，配九五之刚中，嘉耦定于是，皇极即建于是。凡属臣民虽欲不随之而不可得矣。苟不能推诚任贤，一德一心，以成明良喜起之治。亲者疏而反欲疏者亲，岂有是理哉？

【解说】

本爻是说人君真诚信任贤才则有上下同德之盛。九五国君中正不偏，能够诚信从善，任用贤才，真诚信任所有的好人，君臣同心、上下同德，因此吉祥如意。

【原文】

上六：拘系之，乃从维之，王用亨于西山。

《象》曰"拘系之"，上穷也。

【解义】

此一爻是言随道之极，诚意固结者也。

拘系之、从维之，皆固结之意。"亨"作"享"；西山，即岐山；享于西山，取诚意之象。

周公系随上爻曰：上六居随之极，是其所以随人者，止此无妄之心合终始而不易，随之固结而不可解者也。故其相知之深、相信之笃，如有物焉。既"拘系之"，更"从"而"维之"之象。夫诚意之极，可通神明，故又有"王用亨于西山"之象。明之所以随乎人者以此，幽之所以随乎神者亦以此。

孔子释上《象》曰"上六拘系之"者，以其居卦之上，处随之极，无复他往，自然诚意固结而不解，虽欲不如是而不能耳。

按：随之极，言理不言事，不可以一人一事该之，如七十子之随孔子，虽畏匡、厄陈蔡而相依不舍；又如舅犯、赵衰、介子推之徒随晋文出亡十九年，备历艰苦至于返国，患难安乐无不共之，皆由诚意固结，之死靡他，所以为随之穷也。

【解说】

本爻是说随道之极，在于追随不变，在于从善的信念和行为能够非常坚固。追随不变，再用绳索捆紧，说明择善相从的特点是紧随下去。

【原文】

☰ 巽下艮上

【解义】

此见乱极当治，而所以治之，在人之有所事也。

蛊者，事也。乃既蛊而治之之事也。卦象所以成蛊卦，才所以治蛊，或从天道说向人事，或从人事说向天道，是教人竭力承天，不可自失机会，皆以责人治蛊也。当蛊之时不可苟安，要必刚柔得中，乃可转祸而为福。刚而不中，则急治而失之。贞柔而不中，则缓而不治，失之裕。君虚中以任贤，贤得中以济世，二五相应，蛊所以不终于蛊也。

然失之贞者，犹有拨乱反治之心。失之裕者，终无起弊扶衰之日。盖必有二五治蛊之君臣，乃得全上九之高尚，不然将必出而任天下之事，所谓"利涉大川""先甲""后甲"者，必当引为己责矣。是知有国家者，诚宜临变而亟为之图，尤宜未危而预为之防。此持盈保泰之善术也夫！

【解说】

《蛊》卦认为，事情总是日久生弊，积弊成乱，乱而复治。因此，面对积弊的状况，必须坚定信心，积极治理，把由乱到治的必然性和治蛊的能动性结合起来，推动新局面的出现。《蛊》卦象征的是日久生弊，但内容重点却放在治蛊方面。卦中提出，治蛊首先要加强教化，从而鼓舞士气，提高素质。其次，审慎制定方案，在实施过程中还要区分情况，灵活运用，讲究方式方法。六爻以父子比喻治蛊中的主体和对象，用意是说这项工程无法一蹴而就，要有长期奋斗的思想准备。

【原文】

蛊：元亨，利涉大川，先甲三日，后甲三日。

【解义】

此卦巽下艮上，上下不交，积弊丛生，故名为蛊。卦辞言当坏极有事之时，能勇往以图功，自可转乱而为治也。甲干之始先甲三日为辛，取更新之义。后甲三日为丁，取丁宁之义。

文王系蛊《彖辞》曰：天下治乱之机，相为倚伏，时至于蛊，败坏已极。天心厌祸，将拨乱而反治。世道之所以得"元亨"，此也。然致亨之道，全在以人事挽天运，自非实有济蛊之力者不能必也。冒险越深，毅然勇往直前，若涉大川然，乃为利耳。涉川何如？如国家之纪纲法度，政令赏罚，其行于凤昔者，前事也。前事过中而将坏，必取先甲之辛以更新之，起敝更化，令来者之必可追，其行于今日者，后事也。后事方起而尚新，更取后甲之丁以丁宁之，思患预防，惩往者之不可谏，兼此二者，前弊可除，后利可久，乃为"利涉"而"元亨"也。

按：蛊之为象，虫聚皿中，势必败坏。天下久安无事，君骄于上，臣谄于下，酿祸生衅，日削月割，底于不可救，此正蛊之象也。卦辞垂训，以先甲救蛊之将成，以后甲策蛊之未至，此正治蛊万全之术。如必待蛊之既极而后图之，恐无及矣。彼汉唐之季，外戚宦官，藩镇盗贼，祸乱已形，而上下泄泄，漫不经心，驯至大坏极敝，徒为他人驱除之资耳。岂不可畏矣乎？

【解说】

本节卦辞是说在事情积弊成乱之时，要勇往直前、积极治理，方可转乱为治。《蛊》卦象征日久积弊、积弊成乱，此时应勇往直前，在积极治理时应事先筹划得当，在治理的过程中要及时总结，如此则可拨乱为治。

【原文】

《彖》曰：蛊，刚上而柔下，巽而止，蛊。蛊"元亨"而天下治也。"利涉大川"，往有事也。"先甲三日，后甲三日"，终则有始，天行也。

【解义】

此《彖传》是释蛊《彖辞》，原所以致蛊之由与所以治蛊之道也。

天行，天运也。

孔子释蛊《彖辞》曰：卦之名蛊，岂无故哉？盖世道之治，必以君臣交通，励精图治而后成。今卦体艮刚居上，巽柔居下，又卦变自贲来者。初刚居上，二柔居下，自井来者。五刚居上，上柔居下，自既济来者。兼此二变则是上情高亢而不下接，下情退缩而不上交，两情暌隔矣。卦德下巽上止，是在下逡巡畏避而无敢为之心，在上因循止息而无必为之志，甘于自弃矣，所以积弊而至于蛊也。然卦辞曰"元亨"者，盖斯世之蛊，患在治之无人，当此坏极之际，实有转乱为治之机，时虽未治，而天下之治已决于此。治蛊者诚能艰危自矢，如"涉大川"，以求必济，是往而有所事，不可辞其责也。至治之之道必"先甲三日、后甲三日"者，盖拨乱反正之功，一本倚伏循环之理。时至而事起，天命而人从，有是时即有是事。乱之终，正治之始，夫固天道之运行然耳。

按：甲属天干，周而复始之象，故以天言。要之，治蛊全关人事，使不勉人事之当然，而坐希天运之自至，是名弃天亵天，而非善承天意者矣。岂圣人系蛊之旨欤？

【解说】

本节《象传》是对上节《蛊》卦《彖辞》的进一步解释，以表明致蛊的缘由和治蛊之道。阳刚在上而阴柔在下，软弱无力而又遇到阻力，所以会日久生弊。所谓"元亨"，是说此时虽无治蛊之人，却有转乱为治的时机，天下将会恢复正常的秩序。因此应注意治乱前应事先筹划，治理过程中应及时总结，这就是治乱之道。

【原文】

《象》曰：山下有风，蛊。君子以振民育德。

【解义】

此《象传》是言君子体蛊之象，尽自新新民之道也。

振者，作兴之谓，犹风之鼓为号令也；育者，涵养之谓，犹山之养成材力也。

孔子释蛊《象》曰：艮山巽风。此卦巽在艮下，是山下有风也。披靡摧落，挠乱解散，蛊坏之象。君子体此，知蛊之时教化衰微，风俗颓败，民德之委靡甚矣，非大加振作、使之去恶迁善、革旧染以自新不可。然民德之不振实由己德之昏，故新民之本又在于自新，必持养己德，使天之与我者常存不丧，而后推己及人，斯民可得而理也。诚能如此，则成己成物，两极其功，而岂犹有难治者哉？

盖世道当积弊之后，斯民陷溺已深，欲以智驱，而威胁之，人不堪命，激而成变，速乱之道也。惟反而自育其德，则无长不仁之心，自有以振民生；无犯不义之事，自有以振民行。《尧典》"时雍"于变，而先之以克明《洪范》，无有淫朋比德，而先之以作极。此之谓也。

**【解说】**

本节《象传》是说君子从蛊之象中要体会到振民育德之道。《蛊》卦象征积久生弊。君子由此知道教化衰微、风俗颓弊、民德萎靡，因此要去恶迁善、革除旧习、教育百姓、培养新德。

**【原文】**

初六：干父之蛊，有子，考无咎，厉终吉。

《象》曰"干父之蛊"，意承"考"也。

**【解义】**

此一爻是言"干蛊"于初者，易为功也。

蛊为前人已坏之绪，子能干之，则饬治而振起矣。干，如木之干，枝叶所附以立者也。

周公系蛊初爻曰：卦有父母之象，诸爻皆其子也。初六，蛊未深而事易济，为子者乘时之易更而善反之，故为有子能尽克家之道，以盖前人之愆，而"考"得以无咎矣。然既谓之蛊，处势甚危，不可以为未深而易心处之，必战兢惕厉，竭其干蛊之力，而使人不知为子之功，始虽危而终得吉也。

孔子释初《象》曰：前人之蛊已坏，无不望其子以掩覆之、更张之，有不可明言之隐志焉。初之为干蛊者，事虽违考意，实承考也。有子如此，非为父者所深愿哉。

按：干蛊之时，与天下更始，不得不反前人之覆辙，虽改臣改政，有决不容己者，岂可姑息以遂先人之过，贻宗祀之忧乎？大禹八年于外修鲧之功，而鲧竟得以配天；蔡仲克盖前愆，复邦于蔡，而蔡叔得以延数百年之祀。其千古臣子之极则欤！

**【解说】**

本爻是说从最初就纠正弊端，易于成功。初六意为纠正父亲的重大弊端，有子如此，父亲可以免于过错，治理弊端时处势虽然很危险，但结果是吉祥的。纠正父亲的重大弊端，实质上还是在于继承父辈的事业。

【原文】

九二：干母之蛊，不可贞。

《象》曰"干母之蛊"，得中道也。

【解义】

此一爻是见干蛊者以得中为贵，"干母"尤难于"干父"也。

母，指六五。

周公系蛊二爻曰：六五柔顺在上，有母象焉。治道太柔则废，业脞万几，驯致蛊坏，非为子者之责哉。九二以刚中之德起而治蛊，干所当干，固其贞也。但恐以刚承柔，未免坚持拂戾，则于以子事母之道有未尽安，故当周旋委曲巽以入之，不可自以为贞而固执之也。

孔子释二《象》曰"干母之蛊"与"干父之蛊"者不同，二惟刚而得中，自处巽顺，凡事当变革者，有匡救之方，无矫枉之过，得中以行，非为子之善道欤？

按：以臣干君，如以子干母，固不可一于柔顺，亦不可一于果决。宋司马光入相，尽变熙宁之法，可谓善矣，而处之太过，遂使奸人借口改父之道为后日报复之端，而众正皆不免于得祸。爻之以不可贞垂戒，象以得中道申之，两圣人深知干蛊之难者乎！

【解说】

本爻是说纠正阻力大的弊端应该采用刚柔适中的方法，"干母"之蛊要难于"干父"之蛊。纠正母亲的重大弊端，不能像纠正父亲的弊端那样一上来就直来直去、大刀阔斧，应该采用刚柔适中的办法，因势利导、见机行事。

【原文】

九三：干父之蛊，小有悔，无大咎。

《象》曰"干父之蛊"，终无咎也。

【解义】

此一爻是言急于干蛊者虽蹈小悔而终无深咎也。

悔，以心言；咎，以理言。

周公系蛊三爻曰：九居三位，过刚不中，承前人之弊，不惮速于更张，未免施为无渐，振刷太繁，宁无小悔？然幸其巽体得正，巽则可以制其过刚，正则可以救其不中，终于物理人事不甚拂戾，岂有大咎乎？

孔子释三《象》曰：九三干父之蛊，虽若有悔，然能振既隳之绪，成再造之图，心迹为人所谅，岂有三年无改之嫌终得无咎宜也？何患其有小悔哉？

盖人子改父之道，隐衷必介然有所未安，小有悔者。所以原为子之心，然能克盖前非，不显其亲之过，终无咎者。所以策为子之力，传言魏颗不从乱命而殉妾，屈建不从宗老而荐芰，君子嘉之。由此以推，可以得蛊九三之义矣。

【解说】

本爻是说急于纠正重大弊端者虽然小有失误，但终究没有过失。九三过刚不中，在纠正重大弊端时，难免操之过急、考虑不周，因此纠正过程中会出现小的失误，但纠正弊端本身毕竟不是过错，因此最终没有过失。

【原文】

六四：裕父之蛊，往见吝。

《象》曰"裕父之蛊"，往未得也。

【解义】

此一爻是言怠缓者不能干蛊之失也。

周公系蛊四爻曰：前事既蛊，为之后者当如拯溺救焚，竭蹶以图，庶几事或有济。六四以阴居阴，不能有为，乐因循而惮改作，若处无事然，有宽裕以治蛊之象。如是以往，则前人之坠绪终无振兴之日，立见羞吝，可不以是为戒哉？

孔子释四《象》曰：四知父之为蛊矣，则虽奋起从事，犹惧或失之。今乃宽裕以往，与奋勇从事者正相反，蛊将日甚一日而不可救，未得干蛊之道者也。

按：三以刚居刚，失之太过。四以柔居柔，失之不及。然过者虽悔而蛊已除，不及者终吝而蛊愈亟。权于二者之间，与其为吝，毋宁为悔也哉！

【解说】

本爻是说懈怠、宽缓重大弊端者，会有不能纠正弊端的过失。六四以阴居阴，不能有所作为，宽容重大的弊端，这样发展下去会更加严重，并且对于弊端的纠正，会一无所获。

【原文】

六五：干父之蛊，用誉。

《象》曰"干父用誉"，承以德也。

【解义】

此一爻是言人君能任贤以干蛊，光大业而永令名也。

誉，闻誉也。

周公系蛊五爻曰：六五身居尊位，值国事倾颓之会，当图振兴再造之功，但以其具柔中之德，似难一旦奋然有为者，所赖正应九二，得刚中之臣以辅之，虚己尊贤，维持不逮，用此式廓前烈，为中兴令辟，善继善述之名归焉。声称垂于天壤，鸿号施于无穷，干蛊之最善者也。

孔子释五《象》曰：五之"干蛊"而"用誉"者，岂在上独力所能致哉？由其柔中任二，而二承以刚中之德故也。盖委任得人自足以成天下之治，故功在九二而名归六五耳。

盖运际艰难，虽英明刚断之君犹不能不望臣邻之助，况六五之柔中在上者乎？太甲之于阿衡成王之于公旦，惟其倾心信贤，故能转危为安，易乱而治，古今称善。守成者无以加焉，诚任人之道得耳。

【解说】

本爻是说为君者如果能够任用贤才以纠正重大弊端，则功业光大、名声永传。六五居尊位，有柔中之德，但似难有为者，幸而得刚中之臣以辅佐，因此能够纠正弊端，实现中兴。

【原文】

上九：不事王侯，高尚其事。

《象》曰"不事王侯"，志可则也。

【解义】

此一爻是言无干蛊之责者，可以超然事外也。

周公系蛊上爻曰：上以阳刚处乎人位之外，不与诸爻之为子者同任干蛊之责，是有干蛊之能而无蛊之可干矣，不亦可优游事外，理乱不闻而全身以隐遁哉！故有"不事王侯，高尚其事"之象。惟居吾仁、由吾义，以自治其一身，而超然于天下后世而已矣。

孔子释上《象》曰"上九不事王侯"，是不见用于世，而洁清自守，志愿之高足以风厉人群，其功虽不及于一时，而其节实可师乎百代，则所裨益，岂浅鲜哉！

盖斯世之蛊必待斯世之人治之，有心世道者，岂忍坐视污浊而不之救？惟上九之时，上有"用誉"治蛊之君，下有刚中干蛊之臣，而已得以从容无事，自全素尚。如际唐尧之盛，而后标箕颍之风；遇光武之隆，而后全桐江之节，斯足尚耳。否则，甘为避人避世沮溺丈人之行，又圣人之所不与也，岂得援高尚以自托哉！

【解说】

本爻是说无纠正重大弊端责任的人，可以超然事外。没有纠正重大弊端的责任，并不是说上九置身"治蛊"之外，只是以高尚的气节治人心之蛊，而没有直接参与治事之蛊。

【原文】

☱兑下坤上

【解义】

临之为卦，总见阳当极盛之时，君子道亨，则小人自退，然必守正预防，乃可制于未乱也。

"说而顺"，"刚中而应"，君子进临小人之道也。教思无穷，容保民无疆，大君临莅斯民之道也。临小人，正以为斯民也。夫以二阳而临四阴，阳虽长而阴犹盛，非协力不足以胜，故初、二皆曰咸临。其上四阴以阴临阳，宜与阳相应；三无应而近阳，求媚宜无攸利；四、五有应，而当位履中；上虽去阳独远，而志应乎内，故有"吉，无咎"之辞焉。

盖为君者不能独临，而委之贤宰相，五与二应明君所以任贤，故称知临。为相者不能独临，而委之贤有司执事。四与初应，大臣所以亲贤，故称至临。用咸临者，而君子长矣；去甘临者，而小人消矣。由是司牧有人，司教有人，而敦临之治可以垂衣而长享也。临天下者其亦深鉴于此乎！

【解说】

《临》卦强调阳临阴、刚临柔。所谓临，指的是居高向下，有管理和统治的含义。联系到社会生活，《临》卦旨在显示两点：一是强调道德重要。道德高尚，即使地位低下，仍然会为人景仰，成为典范。二是重视道德力量的发展。由于阳刚渐长，整个宇宙将沐浴在实践理论的阳光之下，生机盎然。六爻当中，两个阳爻在卦的下方，是阳临阴的典型体现，象征前途吉祥。四个阴爻居卦的上方，是上临下。其中三个阴爻还是以德服人，权利和地位的作用并不明显，所以或"吉"或"无咎"。只有六三无德无才，必须悔过才能无咎。

**【原文】**

临：元亨。利贞。至于八月有凶。

**【解义】**

此卦兑下坤上，二阳浸长以逼于阴，故名为临。卦辞言阳道之方行，而又戒其当慎始而虑终也。

"临"，进而凌逼于物也。"八月"，以爻数言，临与遁反，自临初爻，至遁二爻，在卦经八爻，于月经八月也。

文王系临《彖辞》曰：临之为卦，二阳方长于下，阳道向盛之时，已有可为之势，而卦德兑说坤顺，卦体二、五相应，又有善为之道，则是群阴可以尽去，吾道可以大行，当得"元亨"而又"利"于"贞"焉。

盖阳刚势盛，固君子昌明之日。然所行不正，则德不合卦而失自处之道矣，又安能得志哉？故不可恃己之盛，忽彼之衰。必以公道存心，正理处事，则无疵可议，无隙可乘，乃可以致亨也。然阳之长固可喜，阳之消又可忧。自临之初爻至遁之二爻，凡八月，刚柔皆变，则阳消而阴又长，故有凶。君子贵未然之防，可不思守正以杜其渐哉？

按：临当二阳浸盛，正君子道长之时，必惕之以凶者。盖祸患之形即伏于方盛之日。狃安富则骄侈生，乐舒肆则纲纪坏，忘变乱则莽蘗萌，是以浸淫而至于不可救也。惟及其盛而戒之，则开元之隆不变为天宝，庆历之治不转为熙宁矣！何患保泰之无术乎？

**【解说】**

本节卦辞是说阳刚正在发展，切忌得势放肆，应慎始虑终。《临》卦象征阳临阴，此时阳刚正在发展壮大，只有守正才能保证亨通。而到第八个月时，阳长阴消变为阴长阳消，阴得不到阳的有力支持，因此"有凶"。此时君子应切忌骄奢淫逸、败坏纲纪，应防微杜渐、防患于未然。

**【原文】**

《彖》曰：临，刚浸而长。说而顺，刚中而应，大"亨"以正，天之道也。"至于八月有凶"，消不久也。

【解义】

此《象传》是释临《彖辞》言当临之时不可忘戒惧也。

浸，渐也；说而顺，以卦德言；刚中，指九二；应，谓六五应之，以卦体言。

孔子释临《彖辞》曰：卦名临者，方剥尽复生，阳道甚微，至此二阳并进，骎骎乎有不可御之势，自此而泰、而壮、而夬，以极于纯乾，皆势所必至。君子非有心于逼小人，而小人殆无容足之地矣。所以然者，卦德兑说坤顺，是虽挟刚长之势，而有和说柔顺之德。卦体刚中，而应又有刚柔交济之美，不同于恃壮用罔，而一归于正。人事所至，与天道相符，以此临人临事，莫不大亨而得正也。

又曰"至于八月有凶"者，一阳固当方长之日，然其退消，亦只在数月之间，不待于久，君子宜预为之戒，而思患预防，岂可诿之天运之自然哉？

盖阴阳之消长，系贤奸之进退。圣人深言消之不久者，以见君子难进而易退，小人难退而易进，故虽正类，盈庭之日而奸邪窥伺其旁，乘间抵隙，不久复炽。为君子者，但当严别邪正，固守其贞，勿使小人得混杂其间，则阳道常亨矣。唐虞之世岂无四凶？惟投之遐荒以御魑魅，故四岳、九官、十二牧得久安其位，而万世皆颂尧舜知人之明也，可不鉴哉？

【解说】

本节《象传》是对上节《临》卦《彖辞》的进一步解释，是说君子当临之时不可忘记戒惧。阳刚渐盛，居中不偏且得到阴柔的配合，又坚守正道，所以大为亨通，天道亦如此。但到第八个月会有凶险，因为阴的消退不会长久。阴阳的消长，如同贤奸的进退，阴的消退不会长久，可知君子难进易退，小人难退易进。因此君子应注意严辨邪正、坚守正道。

【原文】

《象》曰：泽上有地，临。君子以教思无穷，容保民无疆。

【解义】

此《象传》是言君子法临之道而克尽教养之功也。

教思、容保，皆临下之事；教思无穷者，兑也；容保无疆者，坤也。

孔子释临《象》曰：兑下坤上，是泽上有地，而地临于泽，有临之象。君子观此，而得居上临下之道焉。临下不可无教，而教思有穷，非教之至也。君子于是设之庠序，未已也，而申之孝弟，尤谆谆焉；为之辅翼，未已也，而加之振德，尤亹亹焉。其教人之心无所不尽，不与兑泽同其深乎？临下不可无养，而容保有限，非养之至也，君子于是泽及畿甸；未已也，外而海隅，亦弗遗焉，惠我四方；未已也，远而要荒，亦勿弃焉。其养人之心无有弗届，不与坤地同其广乎？如是则教施而无一人不安其性，养周而无一人不遂其生。作君作师之道尽此矣。

按：《彖》言"君子临逼小人"，而《象》以教民、养民为言者，盖小人之害民不啻蟊贼之害稼，君子欲逼而去之，皆为斯民计也。故圣人养贤以及万民，而萧何则云养民以致贤人。言在上能尽教养之道，则在下之贤人必多，世皆君子而无小人，道其可以大行矣。不可以证《彖》《象》相发之旨乎？

【解说】

本节《象传》是说君子要效法阳临阴、上临下之道，以尽教民、养民之功。"泽上有地"象征上临下，君子因此要最大限度地教育和关心百姓，要最大限度地宽容和保护百姓。

【原文】

初九：咸临，贞吉。

《象》曰"咸临、贞吉"，志行正也。

【解义】

此一爻是见临人者必先自正其身也。

咸，皆也。

周公系临初爻曰：卦惟二阳遍临四阴，凡阴柔小人皆在所临者也，故为"咸临"。然君子于小人，不恃吾有常胜之势，而恃我有必胜之理。初九刚而得正，有"贞"之义。其所以为临者，循乎义理之安，而非发于意气之私。自治谨而虑事周，则动出万全。在我无可议之疵，在彼无可乘之隙，小人可去而获吉矣。

孔子释初《象》曰"咸临"以正而得吉者无他，盖自治之严，虑事之密，君子之正也。诚能以正自持，固不乱于小人之群，而亦不至为已甚之行，如是而吉又何疑哉？

按：临，一也，而义不同，有"临逼"之临，初、二爻是也；有"临苞"之临，三、五、上爻是也；有"亲临"之临，六、四、一爻是也。要之皆归于正，则临之道得矣。然独于初云"贞吉"而诸爻不言者，盖二之咸临与初同，不必复言正。三既忧之，则反甘临之不正而归于正矣。四、五、上曰"至"、曰"知"、曰"敦"，则正亦在其中矣。独初居临之始，小人众而君子独，非行之以正无以成制邪之功。故卦既戒以"利贞"，而又于此发之也欤。

【解说】

本爻是说管理者一定要先端正自己的行为、品德。以道德去感化别人，首先行事要态度严谨，考虑事情要周全，品德要能阳刚守正，不和小人同流合污，品德好、行为正，才能去感化而不是压服别人。

【原文】

九二：咸临，吉，无不利。

《象》曰"咸临吉无不利"，未顺命也。

【解义】

此一爻是言阳道得势上进，而临人之功益盛也。

未顺命，谓所临之小人未顺天命。

周公系临二爻曰：初、二皆有咸临之象，初刚得正，二刚得中，而二之势又上进则加盛矣。举动合宜，所以临之者，有其道；权势在我，所以临之者，有其机。以是而临小人，则义足以服其心，力足以制其暴，阴邪可尽去，而吾道靡不伸，吉无不利，宜也。

孔子释二《象》曰：二之"咸临，吉无不利"者，何哉？盖君子以正道命令天下，人无不顺而从之，彼小人于君子心术不侔，趋向各异，独以阴僻之私排沮挠抑于其间。邪类不诎则正道不伸。君子之临小人正为其未顺命而不得不去之耳。

按"未顺命"，或以为未顺天命，或以为未顺君子之命。要之，君子之命全乎天理，即天命也。邪正不两立，故小人不顺于君子，而君子必欲屏绝之，正以其悖乎天理耳，岂从一己之同异起见乎？

【解说】

本爻是说阳道得势上进，临人之功会更加盛大。九二阳刚得中、举止得宜，说明阳道得势上升，以此感化小人，则义足以让其心服，力足以让其制服，邪恶尽去而无所不利。

【原文】

六三：甘临，无攸利，既忧之，无咎。

《象》曰"甘临"，位不当也。"既忧之"，咎不长也。

【解义】

此一爻是见无德者不可以临人也。

周公系临三爻曰：三居下卦之上，临人者也。阴柔不中正，又居说体，无实德以临人，惟虚示甘美之情以临在下之二阳，而不知君子易事难说，知其巧伪无实，谁则信之？宜乎无攸利矣。若能知"甘临"之难以感人忧之，而改行从善焉。则可见容于君子而何咎之有哉？

孔子释三《象》曰：三之"甘临"以其阴柔不中正，而位不当也。已无其德，而善柔成性，邪媚存心，是则小人之咎耳。既知其无益而忧之，则悔悟之下必能去伪存诚，而甘临之咎自不长也。

按：六三以甘媚临人而无攸利，见君子之难说也，既忧之无咎，又见君子之易事也。处己严，故不受不正之说；与人宽，故不治既忧之人。爻辞为"六三，开迁善之门"，然亦可见二阳之用心矣。

【解说】

本爻是说无德者不可以管理人。六三阴柔不中正，位置不当又无品德，以甜言蜜语讨好式地管理别人，这样会一无是处。但知道忧愁悔悟，所以能够去伪存诚，这样就可以无过。

【原文】

六四：至临，无咎。

《象》曰"至临无咎"，位当也。

【解义】

此一爻是见相临之切至而靡间也。

周公系临四爻曰：四以柔顺得正，下应初九，阴阳相得，其情密矣。处近君之位，守正而任贤，以亲临于下，情意恳到，自无交疏间隙之咎，宜其为临之至者也。

孔子释四《象》曰：四之"至临无咎"者，由其以柔居柔，处位得当，故能与初情投而意洽也。否则貌厚而情疏，乌能切至如此乎？

按：六四坤兑之交，地与泽相临之至，在人事则以顺正之人得正应，而与之宜其相亲爱，如琴瑟之和、埙篪之应矣。然止曰"无咎"者，盖取其情意切至而不能大有所为。大约柔爻原未易得吉，但以无咎为幸耳。

**【解说】**

本爻是说贴近式的管理能够亲密无间。六四柔顺中正，处近君之位，能够守正任贤且情意诚恳地管理下人，因此没有产生间隙的过失。

**【原文】**

六五：知临，大君之宜，吉。

《象》曰"大君之宜"，行中之谓也。

**【解义】**

此一爻是言临天下者不自用而任人，所以成其为大知也。

知临，是有任贤以临下之智。

周公系临五爻曰：五以柔中、顺体、居尊位，而下应于二刚中之臣，倚任以成治功。盖知天下之大，非一人心思所能周，而屈己下贤。资其聪明以广吾之所不及，诚得执简御烦之要者，此其为临乃知者之事，而大君之所宜也。如是将见不用其聪，而聪无不通；不用其明，而明无不照。君道得而治可成矣。吉何如之？

孔子释五《象》曰：人君劳于求贤而逸于任人，乃天理当然之极，即中道也。世主或聪明自用而不肯下贤，则失之过或昏昧自安，而不知下贤则失之不及。五以柔中应二之刚中，是能任用贤人，不偏不倚，乃行中之谓也。

按：知以高明为德，六五本柔，何以知称？盖人君沾沾自用，岂能周于万事？故自任其知者，适以成其不知。《中庸》称舜大智，惟其好问、好察而约之用中，其得知临之道者欤。又言聪明睿知足以有临，则知自古临天下者，未有不要之于知，而又非一人自用之谓也。可以悟为君之道矣。

**【解说】**

本爻是说管理天下者能够不刚愎自用而知人善任，这是有大智慧。六五柔顺中正且居尊位，依靠九二阳刚之臣可成治国之功，但天下毕竟太大，国君一人心思不能周详，幸而能够屈己下贤、知人善任，任用贤人去帮助自己治理国家，这才是大智慧，才是智慧型的管理。

【原文】

上六：敦临，吉，无咎。

《象》曰"敦临"之"吉"。志在内也。

【解义】

此一爻是言上六之能下贤，始终相与而无间也。

敦，厚也；内，指下二阳言。

周公系临上爻曰：上六居卦之上，处临之终，与初、二虽非正应，而阴求于阳，乃为至顺。故志在乎从二阳，尊而应卑，高而从下，敦厚之至也。夫亲贤取善，常患其不克终，惟敦临者好德之心出于至诚，始终如一，其为吉而无咎又奚疑乎？

孔子释上《象》曰：内卦二阳，咸临之君子也。上九志于顺阳，念兹释兹，专在于是，愈久而愈不忘，是以"敦临吉"也。临之为道，蔑以加已！

按：上居坤体，坤厚载物，即法坤之厚以为临坤土也，故于临之上曰"敦临吉"。艮亦土也，故于艮之上曰"敦艮吉"。可见厚于终者，未有不吉而用之以待贤人，尤为得其正也夫！

【解说】

本爻是说上六能够屈己下贤，因此能够始终亲密无间。上六位尊而应和位卑，居高而顺从下位，这是稳重厚道到了极点。宽厚稳重者有好德之心，管理别人能够出于至诚、始终如一，因此这种管理方式吉祥无过。

# 卷六

【原文】
☷坤下☴巽上
【解义】
观化在民。所以为观者在己，九五居上，四阴仰之，观之位也；内顺外巽，观之德也；以中正示天下，观之道也。然"顺巽"与"中正"，实非有二，顺则不假作为，巽则不露形迹，此皆浑然在中不可见者。中与正即此不可见者。隐跃示人于声臭之表，以默成中正之化，观道也，即天道也，故谓之神。大抵卦以观示为义，爻以观瞻为义。下四爻皆所以观人者，上二爻皆所以为人观者。天下未有不观诸己而能为观于人者也，故五以君道观天下而必反观我生，上以师道观天下而必反观其生，其道要不外中正而已。盖五之自观，则曰生出于我者也。自四观五，则曰光达于国者也。初无二也，若初六之阴柔安于浅近而为童观，六二之暗蔽遗于见闻而为窥观，不惟不能如四之观国之光，亦且远逊三之审于进退，岂得观道者哉？

【解说】
《观》卦就是看卦，一是让人看，二是看别人。让人看需做出样子，或者庄严肃穆，或者盛大辉煌，从而收到感化人的效果。看别人，有两方面含义，或是臣民通过瞻仰，受到感化；或是帝王观察民情民俗，决定教化措施。卦辞讲的是让人看，就是帝王做出样子让人看；爻辞讲的是看别人，主要是讲臣民如何正确地观看。至于《彖传》和《象传》，则兼有两种看的内容。

【原文】

观：盥而不荐，有孚颙若。

【解义】

此卦坤下巽上，九五一爻，四阴仰之，有观示天下之象。故名为观。卦辞言为天下所观者，当尽其建极之道也。

自上示下曰观，自下观上曰观。卦名之"观"，去声；六爻之"观"，平声。盥，将祭而洁手也；荐，奉酒食以祭也；祭未有盥而不荐者，特假此以明慎重之义；孚，信也；颙若，尊敬之貌。

文王系观《彖辞》曰：人主以一身莅万物之上，斯世无不尊而仰之。观化者虽在于人，而为观者实在于己。诚能精一执中，无为守正，冲然穆然，端拱于上，无俟制度文为，从事显然之迹，而实德在中，自足建中表正于天下，犹祭者方盥手致洁、酒食未荐时，孚信在中而颙然可仰也。盖祭者以诚敬为主，未及于荐则诚敬常存，至既荐之后，礼数繁缛，则人心散而精意不若始盥时矣。夫格神以诚不以文，观民以心不以貌。在上者正其仪表以为下民之观，当庄严如始盥之初，勿使诚意少散，如既荐之后可也。

按：四阳二阴之卦曰大壮，四阴二阳之卦曰观。四阳之为大壮，以阳之盛言也。四阴何不以阴盛言，而独取二阳在上为四阴所观仰？盖扶阳抑阴，圣人固有微意存焉。天下多者必受治于少，况阳实为阴所乐从者乎？但当尽其为观之道耳。舜恭己南面而天下自治，文王不大声以色而万邦作孚，可以得此卦之义矣。

【解说】

本节卦辞是说为天下人所观看者，应当尽得为观之道。《观》卦象征观瞻。人主地位尊贵，受到臣民的尊敬和瞻仰。臣民虽在观人主，实际上也是在观己。因此人主在祭祀时要注意庄严诚敬、内心虔诚，这样才能起到表率作用，才能对臣民有感化效果。

【原文】

《彖》曰：大观在上，顺而巽，中正以观天下。"观，盥而不荐，有孚颙若"，下观而化也。观天之神道，而四时不忒。圣人以神道设教而天下服矣。

【解义】

此《彖传》是释观《彖辞》而极言观之道也。

大观在上,以卦体言;顺巽,以卦德言;中正,以所观之道言;下观而化,以效言;四时不忒,天之所以为观也;神道设教,圣人之所以为观也。

孔子释观《彖辞》曰:卦名观者,以"中正"示人而为人所仰也。然无位则其道不尊,无德则其道不立,而难达乎天下矣。今卦体九五在上,其下四阴仰之,卦德内顺外巽,而九五以中正示天下焉,则是大观之主,身居上位,而为臣民所具瞻,所以为观者,有其位矣。温恭以宅心,而内焉于理无所乖,审察以制事;而外焉于理无所拂,所以为观者,有其德矣。由是自一身以达庶政,一皆大中至正之理。为观之道天下皆得而见之,此其所以称大观也。

夫观道以中正为极,而中正以民化为征。中正为观,一若祭者之"盥而不荐,有孚颙若"然,所谓建其有极也。其下皆服从而化,革面革心,所谓归其有极也。此其间有不言而喻之机,非天下之至神其孰能之?试观天道无声无臭,气化流行,道何神也!而春夏秋冬不爽其序。试观圣人不识不知,民皆顺,则道何神也!而一道同风,不显其德,圣人之神道设教,一如天之神道。观之为道岂不大哉?

按:中正以观,即圣人之神道以设教也。下观而化,即天下服也。卦辞取象于祭,故揭神道言之,视之弗见,听之弗闻,体物而不遗者,神是也。圣人正身以率下,至诚所孚,非有声音,非有象迹,而应感之机捷于影响,盖所存者神,则所过者化,岂人力之所能为者欤?

【解说】

本节《彖传》是对《观》卦《彖辞》的进一步解释,极言观瞻之道。盛大的观瞻客体,和顺而又谦逊、不刚不柔而又中正,因此会受到天下人的瞻仰。天下人内心虔诚恭敬地瞻仰,因而会受到感化。上天供人瞻仰表现为四季交替、从无差错。圣人因此进行教化,结果天下人受到潜移默化的影响,显得顺服。

【原文】

《象》曰:风行地上,观。先王以省方观民设教。

【解义】

此《象传》是言先王体观以为治也。

孔子释观《象》曰：坤下巽上，是风之行乎地上也，吹嘘披拂，无物不遍，为观之象。先王以身率人，固足以范民于中正之路，然虑天下之大，有难以遽齐者，于是因巡狩之期，举省方之典，遍考其风俗而设教以示之，如国奢示俭，国俭示礼，使之一轨于中正，是其以道观示天下之民，亦犹天之风行而及天下之物矣。圣治之同天者如此。

按：省方之典，虞、夏、商俱以五载，而周则十二年一巡，有疏数之不同者，盖上古天子之出车，徒省少供应，简略不致劳民动众，至周而其礼渐繁矣。汉唐以后，出入警跸，仪物滋多，非复前代之简易，岂能复循先王之旧乎？汉武微行，东方切谏；孝成婿出，谷永进规深知万乘之不可轻动也。人主诚能广辟四门，达聪明目，则虽不下堂阶，而自灼见万里之外，亦何必古制之是泥哉？

【解说】

本节《象传》是说先王体会观瞻以得治理之道。"风行地上"象征观瞻，天子因此要懂得巡视各地、察看民情、实行教化，并以此来治理国家。

【原文】

初六：童观，小人无咎，君子吝。

《象》曰"初六童观"，小人道也。

【解义】

此一爻是言阴柔无识，不获观光者也。卦以观示为义，据九五以为主也。爻以观瞻为义，皆观乎九五也。

童观，如童稚不能远见；君子、小人，以位言。

周公系观初爻曰：九五以中正示天下，天下所乐观者也。唯初六阴柔在下，既无自致之资，又处绝远之地，不足以自振拔而观大君道德之光，有如童稚之见不能远及。此在无位之小人不足致咎，若有位之君子，当以天下国家为己任，而如是焉可羞吝矣？

孔子释初《象》曰"初六童观"而曰"小人无咎"，盖"百姓日用而不知"，乃草野之常分，小人之道固当如此，所以不足咎也。岂君子之所宜哉？

按：童之象位阳而爻阴，阳则男而阴则稚也。蒙之六五亦曰"童蒙"，但蒙者一听于人受教有地，故吉。观者无识，于己仰德靡由，故吝。义各不同耳。

**【解说】**

本爻是说阴柔幼稚无识，不会获得观瞻者。初六阴柔，其瞻仰的结果如幼稚的儿童一样茫然无知、不知深意。这对于不在其位的小人来说没有过失，但对于在其位且以天下为己任的君子来说是悲剧的。

**【原文】**

六二：窥观，利女贞。

《象》曰"窥观女贞"，亦可丑也。

**【解义】**

此一爻是言在内者不能观乎外，其所见者小也。

窥，从门内而窥外。

周公系观二爻曰：凡人所见贵乎远大，故虽身居一室，而天地民物之事无不周知，乃丈夫之观也。六二以阴柔之质居下卦之中，则其见不能及远，天下之事遗乎见闻之外者多矣，故其象为"窥观"，乃女子之贞也。盖妇无外事，则自门内以观门外乃分之常，丈夫得之则非所利矣。

孔子释二《象》曰"窥观"，特女子之贞耳，若丈夫以四方为志，而乃所见如此，局量褊浅，有负明时，寡见谫闻，丑孰甚焉？

按：大观之主虽以神道设教，然不能必天下之人尽知其所以为观之道，初之"童观"二之"窥观"，亦各随其分量所至耳。圣人于"童观"名为小人，于"窥观"名为女子，正欲在上者衡鉴无爽，勿使小人、女子之伦冒昧进干高位，而在"童观""窥观"者亦宜急审自处，而知所励志焉，庶可自立于大观之世矣。

**【解说】**

本爻是说在门内者不能在门外观看，因此其所见到的范围很小。凡人所观瞻的，贵在远大，虽身处居室而天下万事无不知晓，这才是丈夫式的观瞻。六二偷偷摸摸地瞻仰，有利于妇女坚守正道，但若是大丈夫志在四方，偷偷摸摸地瞻仰，就显得大局观不足、局量褊浅了。

【原文】

六三：观我生进退。

《象》曰"观我生进退"，未失道也。

【解义】

此一爻是言君子之出处当自量也。

我生，我之所行也。

周公系观三爻曰：士君子出处之际，既度之人，又度之己。六三居下之上，是其所处在可进可退之间。然则当何所取衷哉？惟反观己之动作施为，能成天下之务，则从而进时，当通而通也；不能成天下之务，则从而退时，当塞而塞也。但取决于己可矣。

孔子释三《象》曰：君子之进退，有道存焉，而要皆视乎我也。苟不度德量时，贸贸然旅进旅退于其间，则失道者多矣。"观我生"以为"进退"，则其进其退，我皆得而主之，何至于有失哉？

按：圣人尝言"乐则行之，忧则违之"。又言"用之则行，舍之则藏"。皆兼进退之义。此全视乎世以为去就者也。若大观之主，在上惟患我之不能用世，不患世之不能用我，故不必问之世，而但当问之己，其殆古人量而后入之义乎！士君子出处之间可以知所审矣。

【解说】

本爻是说君子观察自己的所作所为，应当对比判断是非得失。六三作为大臣，对自己所决定的各种政策措施，要对照帝王的榜样行为来判断自己的是非得失，这种做法没有违背作为大臣的准则。

【原文】

六四：观国之光，利用宾于王。

《象》曰"观国之光"，尚"宾"也。

【解义】

此一爻是言六四近"光"之盛，而示人以从王之义也。

宾，言为王者所宾礼也。

周公系观四爻曰：六四于中正为观之九五最为切近。凡大君之盛德发而为邦国之光者，身得亲炙其休，有观光之象焉。

夫遭逢圣明，此固一时遇合之盛，而凡豪杰之士，争自奋兴之会也。当斯时也，宜何如哉？已仕者则利于朝觐，以膺宾礼之隆。未仕者则利于仕进，以应宾兴之典。皆思乘时委赘而致身恐后矣。何其隆乎！

孔子释四《象》曰：六四谓之"观光"者，岂枉道以求合哉？亦尚乎人君宾贤之礼而已。盖君子孰无效用之心？惟在上者无下贤之风，故在下者高不见之节耳。今九五以宾礼接天下之贤，则无论在朝在野，皆感慕兴起，孰肯自外于折节之盛者哉？

按：古者诸侯入为卿士，或朝宗觐见于王，王以宾礼接之，既享以训恭俭，又燕以示慈惠，故《蓼萧》之诗曰："既见君子，为龙为光"，此所以待已仕者也。乡大夫以三物教万民，而宾兴之献贤能之书于王，王拜受之，论定然后官之，此所以待未仕者也。而皆有宾之义焉。可见人君未有不以礼而能致天下之贤者，若徒以富贵爵禄，颐指气使，当世之士则所得皆贪冒无耻、尸素保位之人矣。君子其肯为我用乎？

【解说】

本爻是说六四靠近帝王之光，因而要示人追从圣明帝王之义。凡遇圣明帝王，豪杰之士都会主动靠近，切身感受帝王盛德之光，已仕进者利于朝觐，当帝王的贵宾；未仕进者利于仕进，瞻仰朝廷光辉。今国君以宾礼接待天下之贤者，因此贤人都应该靠近帝王盛德的光辉，到朝廷做官，为国君效力。

【原文】

九五：观我生，君子无咎。

《象》曰"观我生"，观民也。

【解义】

此一爻是言人君以中正示人，而为人所观仰也。

周公系观五爻曰：九五阳刚中正，大观之主巍然在上，其下四阴仰而观之，君子之象也。居是位者必观己之所行，凡出身加民者，阳刚而无委靡之失，中正而无偏颇之累，诚为履天位而不疚之君子焉，则足以观示天下而答四方之望矣，复何咎哉？

孔子释五《象》曰：五之所以"观我生"者，将以考一身之得失也。然欲考所行之当否，但当视民俗之善恶，所谓本身而征民是也。不则徒观诸己而不观诸民，其得其失，曷从而验之乎？

按：九五中正以观天下，圣人系辞何不予之吉亨而仅曰"无咎"？盖人君一日二日有万几，行一事而违宜，必有一物失其所者矣。用一人而不当，必有一方受其害者矣。兢兢然临深履薄，不遑暇逸，凡水旱之有无，远迩之叛服，刑辟之多寡，财赋之赢缩，无非观民以"观我生"之事，能如五之"无咎"足矣，敢以吉亨自诩为哉？

**【解说】**

本爻是说人君以中正示人，从而可为众人所恭敬地观仰。九五人君阳刚中正，人君在位要经常分析自己的决策是否稳妥，经常从民情民德中看自己的德行与教化情况。如此则必然无过且会得到天下臣民的恭敬观仰。

**【原文】**

上九：观其生，君子无咎。

《象》曰"观其生"，志未平也。

**【解义】**

此一爻是言上九居尊位之上，虽无事任，而亦当尽为人观仰之道也。

周公系观上爻曰：上九以阳刚之德处上，为下之所观而不当事任，是贤人君子不在其位，而道德为世羽仪者也，故必反观其身，果言出而为世，则行成而为人师，确乎无忝其生之君子焉，则模范以隆，无负师表之望，而可以无咎矣。

孔子释上《象》曰"上九"之"观其生"者，盖以人既望之为仪表，即宜自知戒惧，兢兢业业，期无负乎一世之观瞻，岂以不当其位遂晏然放废，而无所事乎？

按：上九所处虽超人位之外，而志未尝不在民与物。盖观惟二阳，为下所观，五当其位，君也。上不当其位，师也。孟子曰："圣人，百世之师。闻伯夷之风者，顽夫廉、懦夫立。闻柳下惠之风者，鄙夫宽、薄夫敦。"谁谓一人之制行，遂不关于斯世斯民之大乎？

**【解说】**

本爻是说上九居尊位之上，虽没有任事，但也要尽得为人观仰之道。上九贤人君子有阳刚之德，虽不在其位而道德为人所瞻仰，此时贤人君子应反观自身，做到言必信、行必果，为人师表，如此则必然无过。

**【原文】**

☳☲ 震下离上

**【解义】**

此见天下事所以不和合者，由谗邪间隔于其间，圣人观噬嗑之象，推之天下万事，皆使去其间隔而合之，则强梗去而德化行矣。去天下之间在任刑罚，小则惩戒，大则诛戮以除去之，故卦取用刑为义。象雷以用威，象电以用明。明罚敕法以使人不敢犯，此去间之大权也。

六爻皆言用狱，初过小而在下，为用狱之始；上恶极而怙终，为用狱之终；中四爻有位俱属用狱之人；二，惟良，折狱者也；三，困于强，御者也；四，有司执法之义也；五，人君矜恤之仁也。卦才之刚柔不同，故所噬之难易以异。统而观之，惟四、五能尽治狱之道。《象》以五之柔为主，故利；用独归之五爻，以四之刚为主，故吉。独归之四，主柔，而言以仁为治狱之本；主刚，而言以威为治狱之用。仁以寓其哀矜，威以惩其奸慝，刚柔迭用，而治狱之道得矣。

**【解说】**

在《易经》六十四卦中，《噬嗑》是专讲刑罚的两卦之一。与《讼》卦不同，它着重讲的是刑事犯罪。卦辞说"亨利用狱"，表明治理国家不能光靠教化，还必须有刑罚。卦的全部内容又显示，主张刑罚的法律思想仍然属于人治范畴，而不是法治主义。这表现在一是对执法人员（卦中为二、三、四、五爻）的法律行为只有道德方面的要求（如刚柔相济、作风正派、明察事理等），没有法律方面的保障与制约；二是惩办犯罪（在卦中为初、上两爻）主要不是看罪的轻重，而是看是初犯还是屡犯。

**【原文】**

噬嗑：亨，利用狱。

**【解义】**

此卦震下离上，为卦上下两阳，中虚，颐口之象。九四一阳，间于其中，必噬之而后合，故为噬嗑。卦辞言凡事必先去间，而去间之道又当用折狱之勇也。

噬，啮也；嗑，合也，物有间者，啮而合之也。

文王系噬嗑《彖辞》曰：凡天下事未得亨通者，皆有物以间之也。噬而去之，则物无所间于我，而凡所措施，推之皆准，动之皆化，亨其宜矣。即如治狱一事，使不得其情，而顽梗未服，犹有物以间之，必利用此噬嗑之道为之别白是非，剖析情伪，则奸恶屏除，庶几刑措不用，而大化可成矣。大抵世虽极治，不能保下无方命之人。奸宄不法间我治化者也，则合之以刑；寇贼不靖，间我疆圉者也，则合之以兵推之。他事莫不皆然。

盖卦有治间之道，而于用狱尤深切著明，故六爻皆以治狱为言。其实"利用狱"者，噬嗑而亨之一端耳。

【解说】

本节卦辞是说凡事一定要先去除间隙，而去间之道在于应当有折狱致刑的勇气。天下事未亨通者是由于事物之间有间隙，通合而去其间隙后，凡采取措施都会吉祥亨通。如治狱一事，去间而后合有利于审理案件、惩办犯罪。

【原文】

《彖》曰：颐中有物曰噬嗑。噬嗑而"亨"，刚柔分，动而明，雷电合而章。柔得中而上行，虽不当位，"利用狱"也。

【解义】

此《彖传》是释噬嗑《彖辞》，而极言去间之道贵于威、明得中也。

震为雷，离为电，雷取其威，电取其明。

孔子释噬嗑《彖辞》曰：卦名噬嗑者，盖卦上下两阳，中虚，有颐口之象，而九四一阳独间其中，犹颐中有物，必啮去之而后合，故名之为噬嗑也。

辞曰"噬嗑而亨"者，天下惟有间，故不通；噬而嗑，则无有强梗以为间者，此其所以得亨也。又曰"利用狱"者，卦体三阴三阳，刚柔中分，则是刚不过暴而存好生之仁，柔不过纵而非姑息之爱，得其中也。

卦德震动离明，则是可否以断而不屈于势，利是非以辨而不惑于虚辞，有威、明之善也，然威、明非特卦德为然，卦象震雷离电合而成章，是威而济之以明，其威益有所施，明而济之以威，其明益有所用，威明相需而不偏也。

得中亦非特卦体为然，卦变自益六四之柔上行，以至于五而得其中，是有仁恕之德而不失之委靡，有哀矜之念而不流于姑息，一张一弛之，当其可也。

凡此皆具"用狱"之道，故虽六五以阴居阳或失于柔，然众善悉备，则折狱致刑未有不得其理者，而何用狱之不利乎？

按：柔中"虽不当位，而利用狱"者，盖人命至重，死者不可复生，断者不可复续，故折狱之道虽贵刚断，而尤贵柔中。禹之泣罪，汤之解网，王制之三宥，皆柔中之谓。三代盛王卜年久远，而非后世可及者，其皆以忠厚为立国之本欤！

【解说】

本节《象传》是对上节《噬嗑》卦《彖辞》的进一步解释，极言去间之道贵在威、明适当得中。天下之事有间隙，所以不通，"噬而嗑"后才会亨通。至于"利用狱"，是因为六五居阳位因而不刚不柔、不宽不严，符合审理案件、惩办犯罪的要求。

【原文】

《象》曰：雷电，噬嗑。先王以明罚敕法。

【解义】

此《象传》是言体威、明之象，以见其"利用狱"也。

"雷电"，当作"电雷"。明者，辨别精审之意；敕者，整齐严肃之意。

孔子释噬嗑《象》曰：离象为电，震象为雷，是威、明以去天下之间者，有噬嗑之象。

先王以为与其有间而后合，不若未间而预防。于是因大小之罪，定轻重之罚，一出一入，秩然有条而不紊，俾后之用法者有所遵守，而罔敢少逾，如此则国宪昭明于一时，纪纲振肃于万世，庶人知警惧而无或犯矣，兹非去间之大权乎？

按：明罚是明墨、劓、荆宫、大辟，以至流宥、鞭朴、金赎之类，使罚必当其罪，而后人不疑于所坐，奸吏不得舞文以出入也。就此卦言之，如罪薄过小，宜罚之以屦校。恶极罪大，宜罚之以何校。——彰明而申警之。此往古有读法之制，即今条例中讲读律令一款，但有司奉行不力，视为具文，遂至百姓冥趋犯刑日众耳。欲刑期无刑者，可不以先王为法哉？

【解说】

本节《象传》是说从威、明之象中体会到"利用狱"。"雷电噬嗑"象征治狱要明察事理、刑罚威严，前辈君王因此要体会到申明刑罚，使人知罚而不犯；整理法令，惩办时要谨慎。

【原文】

初九：屦校灭趾，无咎。

《象》曰"屦校灭趾"，不行也。

【解义】

此一爻见小惩而大戒，为小人之福也。初、上无位，为受刑之象。中四爻为用刑之象。

校，足械；屦，如纳屦然，谓著于其足；灭，没也。

周公系噬嗑初爻曰：初阳肆恶，罪所当刑。然无知犯法，罪薄过小，但当轻刑以惩，其始为"屦校灭趾"之象。夫人之恶，方形而遽为惩戒，则悔其既往，慎其将来，自无怙恶不悛之咎矣。

孔子释初《象》曰：初之"屦校灭趾"者，盖趾在下，乃人之所以行。"灭趾"，则有所警惧而不罹于恶，为不行之象，咎之所自免也。

按：止恶于初，不但小人之幸，即在上者亦易于施法，不致酿成祸患，兴起大狱，殃及无辜。否则，"屦校"不惩，必至"何校"，"灭趾"不戒，必至灭耳。安知罪薄过小之初，不流为恶极罪大之上乎？

【解说】

本爻是说见小惩而大戒，是小人之福。初九作恶，罪当用刑，但因无知犯法，罪过很小，所以用轻刑以作惩戒。对于小人来说，这是小人之幸，而对于在上者来说也易于施刑法，不至于酿成祸患，兴起大狱殃及无辜。

【原文】

六二：噬肤灭鼻，无咎。

《象》曰"噬肤灭鼻"，乘刚也。

【解义】

此一爻是言治狱者能行其罚，可以服刚暴之心也。

噬嗑，食也；中四爻，肤、腊、肺、肉，皆取颐中有物之象；肤，柔脆易噬者；灭鼻，强梗难治之象。

周公系噬嗑二爻曰：六二当用刑之任而居中得正，则听断合宜，以此治狱，信有可以片言折人者，如噬肤之易矣。但以二柔遇初刚，强梗弗顺，欲其屈服，未免烦乎刑诛，故又有"灭鼻"之象，然当噬嗑之时，刑所当刑，而不至骫法以纵恶，何咎之有？

孔子释二《象》曰"噬肤"而至"灭鼻"者，以乘初阳之刚，乃用刑于刚暴之人，不得不为深严以明正其罪，此正柔而得中者也。若偏倚于柔，则不足以断，而委靡不振，安能免于咎哉？

盖国家有法，原以诘奸惩恶，威克厥爱，胤侯所以治羿党也。刑兹无赦，康叔所以处大憝也。以至公孙弘之诛郭解，王猛之诛樊世，皆有合于刚，亦不吐之义。二之"乘刚"而"灭鼻"，此正不得不然。否则，优柔姑息，如东汉之于宦官，唐末之待藩镇，明知其恶，畏其强而不敢行诛，为害可胜言乎？

【解说】

本爻是说治狱者如能听断合宜、刑罚准确，则可以制服强硬的罪犯。六二治狱者居中得正，审理犯人时能够听断合宜，一旦遇到态度强硬的犯人，也会公正而不偏不倚、刑所当刑，因此能够让罪犯顺服而没有过失。

【原文】

六三：噬腊肉遇毒，小吝，无咎。

《象》曰"遇毒"，位不当也。

【解义】

此一爻是言用刑而不得其中，无以遽服民志也。

腊肉，兽腊坚韧之物；毒，谓伤于口，治人而人不服之义。

周公系噬嗑三爻曰：三当用刑之任，而阴柔不中正，既无刚断之才，又失用刑之道，以此治狱，是非不决，轻重失平，人自不肯输服，有"噬腊肉遇毒"之象，诚有愧折狱之任，而不免于小吝矣。然时当噬嗑，在我虽有刚明不足之患，在彼实为有罪当刑之人，治所宜治，于义为无咎也。

孔子释三《象》曰：三何以"噬腊"而"遇毒"哉？非独治狱之难也，盖以阴柔，则刚果不足；不中正，则听断或偏。德薄才疏，以致若此者，位不当也。然则治狱须才德兼备之人，岂可不择而后任哉？

按：二之乘刚遇难治之狱，难在人也，故曰"灭鼻"。三位不当，无治狱之才，难在我也，故曰"遇毒"。然初虽难治，而二得善处之道，天下无长抗法之民，是以终无咎也。三虽无才，而有治狱之任，有罪之民亦终当输服，是以小吝而亦无咎也。皆缘遇噬嗑之时耳。

【解说】

本爻是说如果用刑不中不正、刑罚不准则不会让百姓信服。六三阴柔不中正，无刚断之才，又失用刑之道，因此是非不决、轻重不分，人心自然不会顺服，这确实愧对治狱的重任，不免会有点不顺心，但犯人毕竟有罪而必须用刑，因此在道义和义务上是没有过失的。

**【原文】**

九四：噬干胏，得金矢，利艰贞，吉。

《象》曰"利艰贞吉"，未光也。

**【解义】**

此一爻是言得听讼之宜者，犹未可忘戒惧也。

胏，与胾同，肉之带骨者；金矢，《周礼》："狱讼，入钧金束矢，而后听之言，能使其心服也。"

周公系噬嗑四爻曰：四当治狱之任，以刚居柔，是有刚柔相称之道，既不伤于优柔，又不嫌于刚暴，虽顽梗弗率之徒，亦有以得其情而俾中心输服焉。故有"噬干胏得金矢"之象。然狱者天下之大命，治狱者天下之大事。尤必艰难其心，无所慢易，正固其守，无所偏私，则刑当其罪，能如是，而后吉也。

孔子释四《象》曰"利艰贞"，固可以得吉矣，然为民上者必使民无讼，治道大光，乃为可贵。今虽善于决狱，而犹待于听讼，是则治其末，未正其本，塞其流，未拔其源，其道则未光也。

按：以全卦之体言，四为一卦之间，则受噬者在四。以六爻言，四反为噬之主，与三阴同噬初、上者，盖卦言其位，则梗在其中；爻言其才，则刚足以噬，取义固不同也。《王制》大司寇以狱成告于王，王命三公参听之，则九四大臣固有折狱之任。然虽听讼得宜，而爻戒以艰贞，《象》惕其未光，周、孔圣人无非慎重民命，即如得其情，哀矜勿喜之意云尔。

**【解说】**

本爻是说听讼得宜者也不可忘记警惕和畏惧。九四治狱者刚柔适中、听讼得宜，但治狱是天下大事，难免会遇到难度很大的案件，因此治狱者还必须要不怕困难、坚守正道，不要忘记警惕和畏惧，如此才会吉祥。

**【原文】**

六五：噬干肉，得黄金，贞厉，无咎。

《象》曰"贞厉无咎"，得当也。

【解义】

此一爻是言六五为讼狱之主，非明德慎罚者不能得当也。

噬干肉，难于肤而易于腊胏者；黄，中色；金，亦谓钧金也。

周公系噬嗑五爻曰：五居尊位，天下讼狱之主也，而以柔中居之，则宽而不过，仁而不偏，得用刑之道。以此治狱随其轻重皆得其情，刑罚清而民自服，有噬干肉得黄金之象，然又不敢以人无不服而遂易以处之，必正固其守而出入，惟允惕厉其心而恣睢不萌，庶几刑必当罪，罪不失刑，得用狱之宜而无咎矣。

孔子释五《象》曰：五所以"贞厉无咎"者，盖为治莫大于狱，而难治亦莫甚于狱。惟能贞则断合乎理，能厉则听无不当，所治之大小轻重皆得其宜，乃无咎矣。

按：九四以刚噬，六五以柔噬。以刚噬者，有司之守，惟在于法之中；以柔噬者，大君之仁，时行于法之外也。然犹"贞厉"则"无咎"，如帝舜"钦哉，惟刑之恤！"穆王训诫祥刑，而曰"朕言多惧"。其敬慎之心诚有可为后世法者欤！

【解说】

本爻是说六五是讼狱之主，不是明德慎罚者不能担当。六五位居尊位且是天下讼狱之主，其性格中正不偏，坚守正道又能谨慎处事，明德慎罚，所以没有过失。

【原文】

上九：何校灭耳，凶。

《象》曰"何校灭耳"，聪不明也。

【解义】

此一爻是言恶极罪大之人不可逭也。

何校，负械于颈也。

周公系噬嗑上爻曰：初卑而无位，上高而无位，故皆为受刑者。过极之阳，怙恶不悛，当服上刑，有"何校灭耳"之象，"凶"孰甚焉？

孔子释上《象》曰：王者明罚敕法，耸动众听，在人无不共闻，何上之昏迷不聪，乃自陷于大恶灭耳之刑？正以罪其听之不聪也，于人何尤哉？

按：初、上皆为受刑之象。初则罪之小者，用轻典以治之，小惩大戒也。上则罪之大者，用重典以治之。怙终贼刑也，灭趾于初以使其不进；灭耳于终，以罚其不聪。圣人之于人，勉其始而戒其终，如此总欲消天下之有间，而归于无间耳。

【解说】

本爻是说罪大恶极之人罪不可恕。上九无视刑罚，以致一犯再犯，因而受到重刑且罪不可恕。

【原文】

☲☶离下艮上

【解义】

卦变刚柔交错，卦德文明以止，皆有文饰之义。贲虽尚文，然必以质为本，盖人情自质而趋于文也易，自文而返于质也难。文王于贲深虑末流之失，故"亨"之下即继以"小利有攸往"也。全《彖》皆是此意。六爻中得其"贲"者，惟二之"贲须"，三之"贲濡"，而"永贞"之戒已随其后。外此则四之"皤如"固不成"贲"，而初之"舍车而徒"，则以幽人之贞贲矣。五之"束帛戋戋"则以"丘园之野"贲矣。上之"白贲"又且以无色贲矣。于贲饰之时而取不贲之义，何一非文王"小利攸往"之心乎？夫周公制礼作乐，其文郁郁然，皆因天道自然之文以成人道当然之文，并未尝以己意增饰一事，然后知《周礼》之作犹是取"丘园"、取"白贲"之心也已。

【解说】

《贲》卦的贲，义为文饰，它讲的是形式和内容、文和质的关系。根本观点是质需要文但又重于文，形式由内容决定并为内容服务。上卦偏于文，下卦偏于质。下卦三爻象征文的程度不断提高，因此爻辞反复提醒不要脱离内质。上卦三爻象征由文返朴，爻辞也一再询问返得是否恰当。总之是着眼于文，立足于质。与此相适应，卦中认为，生活中各种形式的美应该符合个人的实际。

【原文】

贲：亨，小利有攸往。

【解义】

此卦离下艮上，内离明而外艮止，是内裕文明之德而外无逾等之弊。

又卦变自损、既济二卦而来，柔来文刚，刚上文柔，刚柔相错而文生焉，故名为贲。卦辞言"文"，固不可不用，而亦不可过用也。

贲，文饰也；亨，小利有攸往，以变卦言。

文王系贲《彖辞》曰：文质得中，则行之通达而无弊；文质失序，则仅可粉饰一时，而终有文胜之虞也。如卦变柔来文刚，是能以淳朴为主，而文济之，得其中矣。且离明于内，则制礼作乐，皆斟酌时宜，务求至当，文之四达而不悖也，何亨如之！又卦变刚上文柔，是徒以藻缋为主，而质反辅文，失其序矣。且艮止于外，则布政宣猷，皆涂饰文具，不能经远，文之可小而不可大也，则亦"小利有攸往"而已。

按：自古帝王未有无文而治者，四代之典谟训诰，礼乐刑政，皆治世之文也。然质为本，文为末，本为大，末为小。文以辅质，此贲之所以致亨；文以灭质，此利之所为小。故陶唐有忧深思远之风，夏禹有克勤克俭之美，伊尹有慎乃俭德之规，孟子有贤君恭俭之训，皆敦本尚实，而专务于其大者也。若徒事繁文以长浮伪，又岂所以为贲乎？

【解说】

本节卦辞是说"文"不可不用，当然也不可过度使用。《贲》卦象征文饰，自古以来，帝王治国没有不运用文饰的，如典谟训诰、礼乐刑政，都是治世文饰。但质为本、为大，文是用来辅佐质的，不可过度使用，文质得中，才有利于治理天下。

【原文】

《彖》曰：贲"亨"，柔来而文刚，故亨。分刚上而文柔，故"小利有攸往"，天文也。文明以止，人文也。观乎天文，以察时变。观乎人文，以化成天下。

【解义】

此《彖传》是释贲《彖辞》，以明圣人用文之大权也。

"贲、亨"之"亨"字，疑衍；先儒谓"天文也"，句上当有"刚柔交错"四字；止，谓各得其分。

孔子释贲《彖辞》曰：卦之名为贲者，果何以致亨乎？以卦变言之，自损来者，损之二本九也，今则三之，六来居之，是以柔文刚也。损之三本六也，今则二之，九上居之，是以刚文柔也。又自既济来者，既济之五本九也，今则上之，六来居之，是亦以柔文刚也。既济之上本六也，今则五之，九上居之，是亦以刚文柔也。以柔文刚，则质为主，而加之以文，达之天下，后世无有不准，故亨。若夫刚上文柔，则文为主而质反辅之，推之天下后世必有其弊，故"小利有攸往"。文王之《系辞》如此，苟明乎贲之所由亨而悟贲之为道，岂徒文已哉？其于天人之理固已兼尽之矣。

"刚柔交错"，卦之变也。是即日月之推移，星辰之旋转，其悬象于天，灿然而森布者，非天自然之文乎？"离明""艮止"，卦之德也。是即五典之所由叙，五礼之所由秩，其昭著于人截然而不可越者，非人固有之文乎？惟交错为天文，则观乎卦中之天文，而或刚或柔，时变因之刚来文柔，见时之通而以为春夏也；柔来文刚，见时之复而以为秋冬也，可以察四时之变焉。惟"明止"为人文，则观乎卦中之人文，而为文为止，大化因之，文以联其情，则天下皆有礼以相接而不漓也；止以定其分，则天下皆有分以相守而不渎也，可以化成天下焉。贲道何其大哉！

按：贲之世文象昌明天人之机，至此不得不开，而恐相沿既久，文必胜质，故文王系以"小利"，孔子示之"文明以止"，其为虑至深远矣。

【解说】

本节《彖传》是对上节《贲》卦《彖辞》的进一步解释，以表明圣人有用文的大权。阴柔从坤卦来到下卦文饰阳刚，从而有质有文。乾卦分出阳刚到上卦使阴柔成为有内质的文采。阳刚和阴柔相互交替，构成天上日月星辰的交替运行。文明而有节制，构成人类生活中的文采。观察天上的文采情况，可以了解时序的变化。观察人类生活中的文采情况，有助于推行教化，促进社会昌盛。

【原文】

《象》曰：山下有火，贲。君子以明庶政，无敢折狱。

【解义】

此《象传》是言人君敷政慎刑，以章文治也。

折，辨晰也。

孔子释贲《象》曰"山下有火"，光被群生，此贲象也。盖山在上，则法有所必守；火居下，则明有所不矜。君子体此，于水火、兵农、钱谷之庶政，务用吾之明以综核之，而无使少有暗昧，以伤文明之治。至于狱者，民命死生之所系也，衡文析律，稍恃其明而轻为谳决，则民之失入而死于司刑之刀锯者，盖不知凡几矣。况贲尚文饰，狱贵得情，须先有哀矜慈恤之心，以去其惨刻深文之习，而临狱之时自无敢轻为折也。

按：贲虽以文饰为尚，而贵有实意行乎其间。曰"明庶政"，则后世铺张粉饰之文，反若以为陋矣。曰"无敢折狱"，则后世惨苛锻炼之风，不知其何以消矣。昔汉文帝承创造之后，躬亲细务，其于食货农桑纤悉不遗，而于治狱一事诏令再三，佩其辞旨，至今令人感颂，此真能体贲之义而无愧于为文者与！

【解说】

本节《象传》是说人君施行教化、用刑审慎，应以事实为依据，不能搞想象、文饰。"山下有火"象征文饰，君子由此要体会到施行教化要明察政务，审理案件要有法可依，不可用文饰的办法来审理。

【原文】

初九：贲其趾，舍车而徒。

《象》曰"舍车而徒"，义弗乘也。

【解义】

此一爻是言君子抱道自守而安贫贱也。

趾，足趾也；徒，徒行也。

周公系贲初爻曰：士君子处世，既贵其有德，尤重其有守。初九以阳居阳，有其德矣。而居明体之，初在贲之下，是其时潜而未曜，隐而未章，道宜自贲，栖迟草野，安于贫贱，而能有守焉，为"贲其趾"之象。彼其心专以天爵自丽，而不以人爵为华，其于世人章服之美毅然去之，若浼而任吾素履以往，不稍濡滞，故又为"舍车而徒"之象也。

孔子释初《象》曰：所谓"舍车而徒"者，岂其恶富贵而逃之哉？顾身在下位，而侈车服之荣，非义也。决于义以定取舍，故宁舍彼而安此，非专尚乎隐以为名高也。

按：初九在下为趾，其分至卑而有刚明之德，足以自贲。虽六四应之，欲下求于初，然四求初为贵德，初求四则为趋势矣。盖在下之刚以安于在下为义，初之贲在德不在车也。人人有贵于己者，令闻广誉施于身，不愿人之膏梁文绣。贲之道岂资非分之车服以自文者乎？

【解说】

本爻是说君子要持正自守且安于贫贱。君子处世，贵在有高尚德行，但更看重能够安贫乐道、持正自守，"舍车而徒"说明君子不看重自身之外的文饰，而更看重内在的安贫乐道。

【原文】

六二：贲其须。

《象》曰"贲其须"，与上兴也。

【解义】

此一爻是言人臣同心共济，能资于人以有为也。

须，附颐而动者。

周公系贲二爻曰：二以阴柔居中正，三以阳刚居正，是皆同德相辅，同气相孚，而又俱无应与，则其势孤而求援益切，故二之阴柔才弱，必上附三之阳刚而动，则其一谋一猷，皆仰资乎三以成之，如须之附颐而动也。

孔子释二《象》曰：所谓"贲其须"者，以三才力有余，居二之上，二附之而动，将以兴起有为，则二之与上者，乃相须之殷，而非附势以苟合也。

按：二以阴不足以有明也，得阳而后明；二以柔不足以有立也，得刚而后立；二以下不足以有兴也，得上而后兴。此二之所以必须乎三也。然则欲建功烈于当时，垂声名于竹帛，岂独士君子贵有拔茅连茹之风哉。古之盛世，君明臣良，一德一心，君臣相资，用成郅隆之治，则求贤佐理以兴起事功，实有天下者第一要务也。

【解说】

本爻是说人臣同心共济，能够相互帮助以大有作为。六二阴柔中正，九三阳刚中正，皆是同德同气者，但都势力孤单且求援助之心尤为迫切。因此六二依附九三，并仰靠九三而有所作为。

【原文】

九三：贲如濡如，永贞吉。

《象》曰"永贞之"，吉，终莫之陵也。

【解义】

此一爻是言处群才辐辏之会，当示以正大之情也。

濡如，润泽之象。

周公系贲三爻曰：九三以一阳居二阴之间，则左右后先咸思殚其材智以效用于我，凡所施为自能集思广益，以成文明之化，为"贲如濡如"之象。然上下皆阴，又非正应，则鲜终不可以不虑。又三处明体之极，或过恃其明。人将饰貌以昵我，而为非道之悦者有之，故必永守其正，而有以起其畏敬，消其不逊，则贲常得其所濡而吉矣。

孔子释三《象》曰：凡人之相陵必起于相狎。"永贞"之"吉"。三盖永以正自处，而不稍开人以玩亵之端，虽人之伺其色笑者甚众，而刚明不阿，无间可乘，终莫得而陵之也。

按：嚬笑不以假人谗谄实能误国，自古君子因小人之昵就不察其诈而狎近之，卒反为所陵者多矣，如孟子于王驩，朝暮见而不与言行事，宋璟待杨思勖在道数月，终未尝通一辞，所谓绝之于始，不恶而严。彼小人者，虽欲侮我，岂可得乎？

【解说】

本爻是说在文饰极盛之时，应当永守正道。在文饰极盛之时，永守正道才会吉祥，这说明九三终究不会让形势超过内容。

【原文】

六四：贲如皤如，白马翰如，匪寇婚媾。

《象》曰"六四"，当位疑也。"匪寇婚媾"，终无尤也。

【解义】

此一爻是言求贤之诚心惟专于正应也。

皤，白也；翰如，言行之疾，如飞翰也。

周公系贲四爻曰：四与初本为正应，相为贲者，而为九三所隔，遂至心虽相合，迹则相睽，不得其所贲，而为"皤如"之象。然四以柔居阴，本具柔正之德，不肯妄有所应，故其求初之心更为迫切，如白马飞翰之疾者。然九三刚正，本非有害于四，亦欲与四相为亲善以成贲道，而其如四之守正而不妄应，何哉？

孔子释四《象》曰：人之相疑者，位。而相信者，心。四所处之位，远于初而近于三，疑若为所附而动，故来三之求。然位虽近于三，而心实信于初，故确然以正自守，急求于初而不与三贲。虽三亦谅其诚而终不尤四之不我与也，又何他患焉？

按：此爻与屯之六二相似，屯刚柔始交，贲刚柔交错，皆有婚媾象。然屯之二"乘马班如"，应五之"心何其缓"；贲之四"白马翰如"，应初之"心何其急"。盖屯二应五,下求上也,故不可以急。贲四应初,上求下也,故不可以缓。时地固有不同焉耳。

**【解说】**

本爻是说求贤的诚心在于守正而不妄应。六四象征由文饰走向质朴,而初九象征高洁出众之人,因此六四应与初九相照应。求贤时选择质朴的贤才而不是随便选择,这样决定是没有过失的。

**【原文】**

六五:贲于丘园,束帛戋戋,吝终吉。

《象》曰"六五"之"吉",有喜也。

**【解义】**

此一爻是言当文明极盛之时,而有挽回世运之微权也。

丘园,朴野之象;束帛,薄物;戋戋,浅小之意。

周公系贲五爻曰:六五以柔中居尊,敦本尚实,纯以俭朴居心,而一切繁华之见不得淆其中,虽身履朝廷文物之盛,而不失山林朴素之风,为"贲于丘园"之象。至于束帛虽微,可以享神;求贤礼宜隆渥,而亦戋戋自持。则外此之不事华缛可知已。夫当贲时而俭啬若此,似不免为鄙为僿之吝。然踵事增华,终不若安于俭素之为善也,故终则吉焉。

孔子释五《象》曰"六五"之"吉"者,以贲之世,人皆尚文,主世运者深虑溺文灭质之忧,五实能崇尚俭朴为天下先,绝非有所矫饰而然,终能化成天下而得吉,则可以遂其返朴还淳之志,不有喜乎?

按:贲为文饰之卦,"六五"又人文化成之君,而反取"丘园"之贲者,盖治不可以无文,而文不可以太盛。贲至六五已过中矣,文胜之时也。圣人虑其过而预防之,将驱天下而归之中也。东周之末,礼仪过繁,镂簋朱纮,歌雍舞佾,僭侈之习,上下无等。故孔子言礼乐必云从先进,而答时人之问礼亦以"宁俭"为言。此皆相时敝以立论,其有合于此爻之旨者乎?

**【解说】**

本爻是说在文饰极盛之时,六五国君有挽回世运的权谋、机变。大抵文饰极盛、繁华奢靡之时,国运将有颓败之危机。六五国君柔顺中正、敦厚朴实,虽身处文明繁华极盛之时,却仍能打扮得朴素自然,能够带头崇尚朴素以移风易俗,因此能够挽回即将颓败的世运。

【原文】

上九：白贲，无咎。

《象》曰"白贲无咎"，上得志也。

【解义】

此一爻是言文之极而返于质也。

周公系贲上爻曰：上九居贲之上，处艮体之终，是文之至盛而得所止者也。故能尽去浮华，独标真素，为白贲之象。以白为贲，则文尽而返质，又何有文胜灭质之咎乎？

孔子释上《象》曰：上之时，正致饰而亨尽之时也。故上之志急欲救文而还朴，今白贲而无咎，则人皆向风而上，所以挽回贲道之志遂矣，何不得之有？

按：贲卦曰"亨"，曰"小利"，文王所以立文质之防；曰"丘园"，曰"白贲"，周公所以垂救世之论，曰"喜"，曰"得志"，孔子所以决从古之心。三圣人所为存至道于一时，防陵替于奕世，观其辞之谆，复而知意至深远矣。

【解说】

本爻是说文饰达到极点就会返于质朴。当文饰达到极盛时就会物极必反，尽去繁华、返归真素，以纯白为文采。这样就没有文饰能够灭质朴、形式超过内容的过失，说明上九实现了文、质相应的志愿。

【原文】

☷坤下艮上

【解义】

剥卦以上九一爻为主，当五阴盛长、一阳消落之时，君子岂可"有所往"？《象传》释卦辞而系以"顺止"，非终不往，静以观时，有待而往也，为君子谋也。六爻，初犹未害君子，二则渐害君子，圣人皆虑及"蔑贞"，而惕之以"凶"。四则"蔑贞"已肆，阴祸切身，不复言"蔑贞"，而直言"凶"，皆所以戒小人也。至于三之应上，五之从上，一系之以"无咎"，一系之以"无不利"，其于小人之改邪为正者，又未尝不许之。盖圣人于柔变刚之际，重惕小人之害君子，而必欲其受制于君子，是则拨乱为治，转危为安之深心也。夫事起于微，祸伏于忽，自一柔变刚而为姤，再变为遁，三变为否，四变为观，以至于五变则为剥，是其始也。不过一阴生于下，其势甚微，初若可忽，而其后卒至党羽已成，凶恶日肆为君子害。彼小人亦知己之欲去君子，为名不正言不顺，而乃浸润侵蚀，使之日消月铄而不自知。然则小人之为计狡，而为祸深矣。为君子者，可不防之于早，以杜其恶于未形也哉？

【解说】

《剥》卦所讲的阴剥阳，含义抽象，凡是事物的衰落，风气的变坏，一切走下坡路的现象，都属于阴剥阳的范围。剥，就是剥落、侵蚀。卦中显示，剥落的过程从下面开始，从根上烂起。为了防止事情变坏，君子应不信神而重民，把根基建立在人民的支持上。卦中上九一阳独存，显示乾坤正气不会消失，宇宙生命力永远存在。因此，历史即使暂时停滞甚至倒退，终究要继续前进。

【原文】

剥：不利有攸往。

【解义】

此卦坤下艮上，是群阴盛长，而孤阳颓落之日也，故名为剥。卦辞言当此之时，妄行躁进必为小人所害，而无所利益也。

剥，剥落也。

文王系剥《彖辞》曰：五阴盛长于下，一阳将尽于上，是小人之势焰处于极盛，而君子之气机几于将绝，此时而再往，必至一阳尽消，而变为纯坤矣。君子于此宜惕然思吾之出处甚重，岂可轻于一往以蹈祸机？惟宜晦迹退处，以养其才于不试，故"不利有攸往"。且卦德内坤顺而外艮止，亦宜顺时而止，不可违时而往也。

按：汉唐之世，党锢之祸毒遍海内，然必有一二君子沈几观变，超然于尘壒之外，而不撄其患，所谓得处剥之道也。然君子进退系世道之兴衰，为人君者不能审于是非，而使小人肆虐，致仁人志士不敢一日安于其朝，此岂国家之利、苍生之福哉？

【解说】

本节卦辞是说阴盛阳弱之时，妄动躁进者一定会被小人所害而没有任何利益。《剥》卦象征阳刚被剥落，此时小人气焰极盛而君子势衰，因此君子应该韬光养晦、等待时机，不利于有所作为，如果违时妄动躁进，则会为小人所害而没有任何好处。

**【原文】**

《彖》曰：剥，剥也，柔变刚也。"不利有攸往"，小人长也。顺而止之，观象也。君子尚消息盈虚，天行也。

**【解义】**

此《彖传》是释剥《彖辞》，言柔盛变刚之日，惟当顺以俟天止，以待时也。柔变刚，言柔进于阳，变刚为柔也。

孔子释剥《彖辞》曰：卦之名为剥者，卦体一阳在上而将尽，由五阴剥落之也。柔变刚，初而为姤，二而为遁，三而为否，四而为观，五而为剥。盖小人之去君子，原于名义不顺，必阴谋深固，使之日渐消铄，潜移不觉，然后可以肆其排沮之力，而尽变为小人之党也。

《辞》谓"不利有攸往"，以小人之势如荞之方长而不可遏之时也。卦德坤顺艮止，有顺而止之之象。君子观其象而悟其理，则不轻攸往政所，以处剥之道也。然君子所以毅然不往者，岂冥冥无所决择于中，而徒委之无可如何之势乎？

盖阳息而盈则天运复，阳消而虚则天运剥，顺之则吉，逆之则凶。君子随时敦尚，运处极剥，知其后之将必至于复，而沈谨自守，以求合乎天行之数而已。

太抵平陂倚伏，一定之理。观变不审，徒欲与小人角一日之胜负，既非保身之哲，又重天下之祸，且使维持补救者，反无以施其具也。从来挽回世运，非深心大力，遵时养晦之士不能平，勃之重安汉室，仁杰之复兴唐祚，斯其人矣。

**【解说】**

本节《彖传》是对上节《剥》卦《彖辞》的进一步解释，是说柔变刚之日，应当顺应形势停止正常活动以等待时机。《剥》卦象征柔代替刚，此时不宜按常规发挥作用，因为小人已经得势。君子应该顺应形势而停止正常活动以等待时机。君子要尊重阴阳对立转化，因为这是客观规律。

**【原文】**

《象》曰：山附于地，剥，上以厚下安宅。

【解义】

此《象传》是言人君当思剥之可危，宜急于固本安邦，以尽治剥之道也。

附，连属也。

孔子释剥《象》曰：卦象山高于地，而反附著于地，颓剥之象也。为人上者思剥之所来必自下起，故防剥之道必先厚固其下，以安其居也。盖上何所宅？唯民所止以为宅。宅苟不安，则上何以宁？下苟不厚，则宅何以安？故必予以安全以厚民生，则下之宅自厚，而上之宅亦安矣。

按：卦爻皆著剥阳之义，惟大《象》独言治剥之道。卦体坤为地，"厚下"以象坤也。艮为土，"安宅"以象艮也。唐太宗曰："君依于国，国依于民，克民以奉君，犹割肉以充腹。"是明于"厚下安宅"之理者。人君法此以治剥，其亦"危者使平"之道也欤！

【解说】

本节《象传》是说人君当注意剥落是很危险的，应该把固本安邦作为当务之急，以尽得治剥之道。"山附于地"象征剥落，因此人君要厚待平民百姓、固本安邦，从而巩固统治地位。

【原文】

初六：剥床以足，蔑，贞凶。

《象》曰"剥床以足"，以灭下也。

【解义】

此一爻是言小人有害正之渐，而深惧君子之将危也。

蔑，无也。谓消无正道也。

周公系剥初爻曰：阴之剥阳必自下起，初在卦始，其力虽未能去君子而夺其位，然中怀疾害，已岌岌乎絷其进而侵其权，犹剥床而先及其足之象。

夫初之敢于发难者，彼其心荡然无名教之足畏，而疾正如仇，势必欲消蔑无余而后已，殊不知以邪侵正，以小人消君子，虽君子蒙其祸，而小人亦鲜有幸全者，祗自取其凶而已。

孔子释初《象》曰：初之剥取床足为象者，以阴侵阳，而阳灭没于下也。祸起自下，恶稔在初，睹其几之微，而知其势之必至于危矣。

按：剥之一阴即姤之一阴，姤之初受制于九二，若羸豕之系于金柅，故吉而无咎。剥之初自二、三以上无切近之阳，莫或制之，故其为害始似甚微，而后必至于不可胜穷。可见朝廷之上一日无端人正士，而恺邪遂漫无顾忌得以恣其所欲为，宜乎小人之汲汲求去君子也哉！

【解说】

本爻是说小人为害君子之心渐长，深深地为君子即将有危险而恐惧。初六小人的能力虽然还不能除去君子而夺其位，但害人之心已经渐长，如果君子还是固守常规，必然凶险。也就是说君子应该适应形势的变化，改变策略，不要陷入教条主义之中。

【原文】

六二：剥床以辨，蔑，贞凶。

《象》曰"剥床以辨"，未有与也。

【解义】

此一爻是言小人之势渐长，而害正之机浸成也。

辨，所以分隔上下床之干也；与，党也。

周公系剥二爻曰：二居坤体之中，又进乎初，是小人之权势得行于中，而由下可以害上者，象剥床而及其辨者也。又以阴居柔，则其心甘为小人，而树君子之敌，势必至于"蔑贞"而自取灾害，故再儆之以"凶"焉。

孔子释二《象》曰"剥床至辨"较之于初为恶滋甚，幸居卦之下，党与未盛，君子尚可预自为图，以免害正之嫌，若失此不图将去"辨"，即肤而祸难遁矣。

盖小人欲为不善以害君子，未有不借党援以相济者。然阴深而机巧，在人主之前多为谨身自媚以使其不觉，及至布置既定，羽翼已成，外廷耳目皆其朋党，肘腋近幸，悉彼私人忠良蒙祸，世道阽危，人主纵觉之，无可如何矣。

初、二连进，势已不孤，而《象》以"未有与"为言，犹欲及其未盛而为防之之道。夫群邪得志，在君子不过远引以避之而已，而人主孤立于上，可晏然而不早加省乎？

【解说】

本爻是说小人之势渐长且为害君子的时机逐渐形成。小人为害君子，没有不结党以相互援助的，并且其在人主面前多诏媚之词，等到小人羽翼已成，人主再察觉到也无可奈何了。因此人主应该在小人之势未盛之时加以预防。

【原文】

六三：剥之无咎。

《象》曰"剥之无咎"，失上下也。

【解义】

此一爻是言小人去其党邪之失，而独能从正以避咎也。

上下，指四阴。

周公系剥三爻曰：众阴方剥阳之时，而三独居刚以应上之刚，是其心深知君子之不可绝，而去其党以从之，则不惑于朋比之私，而无染于阴邪之祸，在剥之时其义为无咎矣。

孔子释三《象》曰：剥之所由无咎者，以三居四阴之中，上下皆阴，而独与一阳相应，则所失者阴，是其失乃所以为得也，于处剥之道又何咎之可及乎？

按：诸爻皆阴，惟上九一阳，近阳者最善，六五是也，故可以治剥。能应阳者次之，六三是也，故不为剥。圣人于阴之从阳者，未尝不幸之、许之，所以坚其从正之心，而开其补过之路，化小人而为君子，尚赖此潜移默转之微权乎？

【解说】

本爻是说如果小人脱离其党邪同伙，只有从正才可免遭灾祸。众阴剥阳时，只有六三居刚以应阳刚，可见其内心深知君子不可断绝，因此脱离其同党而从君子，才能够免于灾祸。

【原文】

六四：剥床以肤，凶。

《象》曰"剥床以肤"，切近灾也。

【解义】

此一爻是言小人之播恶既深，而君子之受祸为已酷也。

肤，肌肤也。

周公系剥四爻曰：四以阴居阴，是邪党密布于朝廷，流毒遍加于海内，凡忠臣义士之在位者，靡不亲受惨酷，身撄戮辱，为"剥床以肤"

之象。

剥而及肤，小人之为"蔑贞"计者，盖已至矣。然时虽极剥，而正气未尝不留于天地之间，故不许其"蔑贞"，而直示之以"凶"，以明君子虽危，彼小人者安能独全乎哉？

孔子释四《象》曰："剥床以肤"，则非以足以辨，仅至不安其身而已，直以危亡已至，而切近灾祸也，纵欲远而去之已无及矣。

自古小人倾害君子无所不至，而毒螫未极，人恒不知其祸之烈。四居上体，在床之上为肤，剥而至肤，则君子之贞几为所尽蔑矣。故圣人特危言悚之曰："何不早为之所，而使至此极也？"此非张小人之势，正深咎为君子者，制御无方而酿成其恶，在己不得辞其责也。

**【解说】**

本爻是说小人传播邪恶已经很深，而君子遭受灾祸已经很残酷。六四奸邪党羽密布朝廷，凡在位的忠义之士，无不饱受欺凌残害。"剥床以肤"，意为床板已经与皮肤相接触了，说明灾难已近在眼前，纵使想要远离也已经来不及了。

**【原文】**

六五：贯鱼以宫人宠，无不利。

《象》曰"以宫人宠"，终无尤也。

**【解义】**

此一爻是言六五为群阴之长，能率其类以顺听乎阳也。

鱼，阴物；贯鱼，如鱼之连贯而进也；宫人，嫔御也。

周公系剥五爻曰：五居群阴之上，又近上之一阳，是其力足以统摄群阴，而又心知害阳之非义，故能率其党类而受命于阳，使一切朝政国柄皆归之君子而受成焉，如贯鱼顺序以宫人承宠于其君之象。夫国有君子不特善类膺福，而亦足以庇荫小人。五能如是，宁有不蒙其利者哉？

孔子释五《象》曰：五之以宫人宠者，群阴剥阳已极，五能翻然悔悟，统率侪类，顺序听命君子，方嘉与维新，必不苛绳前愆，始虽有尤，终则无尤，廓然而涵濡于君子度量中矣。

按：五为君位不言君，而取象于后妃者，盖此卦阴盛，五为众阴之长，又有一阳在上，故别立一义，欲其率先众类俯首以听君子之命也。圣人贵阳贱阴，夬之时，决阴之权在阳，则教阳以制阴之道。剥之时，剥阳之权在阴，则教阴以从阳之道。所以赞化育而参天地者固在于此，而夫夫妇妇，男正外女正内者，亦在乎此矣。

**【解说】**

本爻是说六五为群阴之长，能够率领其同类顺从听命于阳。"贯鱼以宫人宠"说明形势突变，致使阴的力量失散，此时六五居君位，不言君而取象后妃，六五为阴爻首领，又与上九为邻，因而能带领群阴投向上九阳刚，因此阳刚力量最终没有灾难。

**【原文】**

上九：硕果不食，君子得舆，小人剥庐。

《象》曰"君子得舆"，民所载也。"小人剥庐"，终不可用也。

**【解义】**

此一爻是言剥尽将复之时，君子以一身为民情所归附也。

硕果，硕大之果也；舆，所以载也；剥庐，自剥其庐舍也。

周公系剥上爻曰：上九以一阳在上，不为众阴所剥，而励节弥坚，立品弥高，小人自不得而伤之，如硕果不为人所食，将见复生之象。夫当剥极之时，人心思治，尚留此一君子以为邦家之庆，用能保国庇民，民皆载之，如"得舆"者然。是知唯君子能覆盖小人，而小人亦借君子以庇其身。若小人必欲剥尽君子而后快，则君子亡而家国破，小人亦无所容其身，象如自剥其庐已耳。

孔子释上《象》曰：君子何以得舆？盖以一阳独留，此天意也。天意攸存，即民心所属，君子虽势处甚孤，而系结于民心者更切，相与承事而共载之，谁能剥焉？若小人用尽机谋诡诈以剥君子，终于自剥其庐，夫亦安所用之也？

按：此卦以上九为主，曰"硕果不食"，幸一阳之存也。其五阴则顺乎阳者吉，不顺乎阳者凶。初、二、四取象于床，见君子在下，小人可借以安身。上爻取象于庐，见君子在上，小人可借以庇身。君子在上在下，皆有益于小人，如此而小人必欲去之，君子去而危亡立至，载胥及溺，小人亦未尝独免，则害君子正以自害耳。故天下之恶无有甚于小人，天下之愚亦无有甚于小人也！

**【解说】**

本爻是说在剥落即将恢复之时，君子能够得到民情的归附。当剥落达到极点时，人心会乱极思治，因此以上九为代表的君子能够得到平民百姓的广泛支持。而小人会用阴谋诡计来陷害君子，这就好比是拆毁自己的房屋，因此小人始终不能任用。

**【原文】**

䷗震下坤上

**【解义】**

复，取一阳复生之义。当剥之尽而为坤，阳气已生于下，至此一阳之体成，而来复乃天运循环，理当如此，非人力所能为也。故《卦辞》专以气数言，《象传》释复之"亨"曰"刚反"，以自剥一阳，穷上反下而为复也。释"利有攸往"曰"刚长"，以自复一刚，自下进上而为临、泰，以至于乾也。然以阴阳反复之道计之，其消而息、往而反者，乃天行之必然，动而以顺，行亦惟法此而已矣，岂有岐哉？六爻专以人事言，虽其间功有浅深，德有厚薄，较然不同，然皆于复之义有合焉。独至上六，则私欲锢蔽，善端灭息为迷而不复，圣人极言灾眚以示戒，深著迷复之不可也。合气数、人事观之，可见动静者，天道之复也；善恶者，人道之复也。在天运，有其自然；在人事，宜尽其所当然。必须不远复与休复方吉，敦复方无悔，独复亦可以免凶咎，若频复，则虽厉而亦可以无咎，至迷复则凶所必然，而灾眚之来莫可究极矣。此皆人事所致，君子不可不于善端萌动之初，而存理遏欲，以全"刚、反"之复也。

**【解说】**

《复》卦紧接《剥》之后，显示《剥》卦上九那个硕果仅存的阳爻，现在变成了初九，重新从根部开始向上生长。从现状看，它虽然弱小，但却孕育着无限生机，是光明和胜利的源泉与起点。卦辞称赞它的活动符合规律，发展顺利，前途广阔。这些描述和比喻所包含的深意，似乎是说，在变化的过程中，坚定信念、坚守气节非常重要。

**【原文】**

复：亨。出入无疾。朋来无咎。反复其道，七日来复。利有攸往。

**【解义】**

此卦震下坤上，是阳气穷于上而复生于下，一阳来复，其几甚微，故名为复。卦辞言复则必亨，乃君子之常道，而天运之必然也。

元疾，无有害之也；朋，谓群阳；七日，谓自姤至复，凡历七爻也。

文王系复《象辞》曰：卦体君子既往而复来，卦德震动而坤顺。既有可为之时，而又有可为之才，宜其亨也。虽君子之处势甚微而气机昌遂，其一出一入，宽然无复有沮害之者，以至朋类相孚，翩然而来，亦会其时之可亨，而无摧抑之咎。亨在己，既信其有独复之机；亨在人，又验其有浸长之势。此岂人力之所能为哉？进稽阴阳反复之道，自姤一阴始生，历二阴之遁、三阴之否、四阴之观、五阴之剥、纯阴之坤，以至一阳之复，凡更七爻，为期七日。天运循环，无往不复，则刚德方长，自此进而为二阳之临、三阳之泰、四阳之大壮、五阳之夬，以至纯阳之乾，理势有必然者，又何道之不可行，而功之不可建哉？"利有攸往"，复之所为必亨也。

按：临言"八月有凶"。不言日，而言月，恶阴之浸长而迟之也。复言"七日来复"，不言月，而言日，喜阳之方来而速之也。然有天道之复焉，有人道之复焉。天道之复乃气运之自然，人道之复皆行事之所致。夫使气运将复而行事无自复之道，则其复必不固。所以古之圣王当天命既属，而修德益谨，行善益力，自此群刚相继，同德协心，往无不利，大勋毕集，庶几来复之权在我，而不在造化矣。

【解说】

本节卦辞是说复生则必然吉祥，这是君子之常道而天运之必然。《复》卦象征君子往而复来，此时既有可为之时，又有可为之才，所以吉祥亨通。但是阳气的回复又有一定的规律，从开始消退的第七个月就会回复，因此此时有利于积极行动。

【原文】

《象》曰：复"亨"，刚反，动而以顺行，是以"出入无疾，朋来无咎"。"反复其道，七日来复"，天行也。"利有攸往"，刚长也。复，其见天地之心乎。

【解义】

此《象传》是释复《象辞》，详言复道之"亨"，而因以发明天地生物之心也。

刚反，一阳复生也；天行，天之运也；刚长，既生而渐长也。

孔子释复《象辞》曰"复"何以"亨"？卦体刚复生于下，如往而复反，是贤人君子久遭凋落之后，而复遭登庸之日，将见一贤初进，而群才来附也，何亨如之？

然君子于此，上凛乎天命之靡常，而下虑夫人情之难合，故不敢以久郁乍伸，逞其锐进之气，惟不轻于动也。而"顺"以"行"之，则出入皆自复之道。而朋类之来，亦附我之"顺动"以牵复矣。是以己得无疾，而人亦得无咎。

《卦辞》谓"反复其道，七日来复"者，天行以七日为期，复之速也。君子以"顺动"之道，密审于"天行"之数，而知天行无消而不息之理，君子之"顺动"，亦有转乱而为治之才，则善于顺动，乃所以善承天行也。"利有攸往"者，一阳既生于下，其势自不容御，必至骎骎盛长，吾道大行而无往不利矣。夫观复于世道，固足以见阳德之亨，而观复于造化，其不有以见天地之心乎？

盖天地无心，生生不息乃其心也。纯坤之时生意灭息，天地生物之心几于蔽塞矣。迨夫一阳既动，则无中含有。而"乾元资始"者于此露其机，贞下起元，而"坤元资生"者于此呈其朕，生物之心虽非至此而始有，实乃至此而始见。虽在积阴之下，而昭然发露者，孰得而掩之哉？

按：阴阳之理以天行为开复之数，而复之君子以顺行为保复之机，故必"出入无疾"而后"朋来无咎"。"朋来无咎"而后"利有攸往"。苟徒冀"天行有常"而不以"顺行"，将终于"灭息"而已，则所为尽修能以符气化，非君子之责而谁乎？

【解说】

本节《象传》是对上节《复》卦《彖辞》的进一步解释，详言复道之"亨"，显现了天地生生不息的善心。《复》卦亨通，是由于阳刚返回，行动符合规律。因此其自身生长没有障碍，招徕朋友也不会有过失。但阳气回复有一定的规律，要到第七个月回来，这是客观规律，此时有利于积极行动。阳气的回复，显现了天地生生不息的善心。

【原文】

《象》曰：雷在地中，复。先王以至日闭关，商旅不行，后不省方。

【解义】

此《象传》是言先王体复之义而制为安静之法，以养微阳也。

至日，冬至之日也；省方，省视四方也。

孔子释复《象》曰"雷在地中"，静极而动，复之象也。一阳初生于下，其气甚微，当静以俟之，不可扰也。

先王顺承天道，冬至之日，举凡政事云为之间可以休养微阳者，靡不垂为令典，以著裁成之用，故"关"所以掌道路也，而"闭"之商旅出诸途也而不行，使之外不得入，而无有害之者矣。

古者岁十一月朔巡守，而后于是日则不省方，使之内不得出而无有泄之者矣。盖天地生物之心主于动，而先王参赞之功主于静，合以成之，而所以保护微阳者，固已至也。

按：微阳之气，天地之根，而万物之母也。气方息而遂泄之，故夏有愆阳，冬有伏阴，精未聚而先发之，故人多夭扎，物多疵疠，此复之所以贵安静也。夫寂者，感之君；翕者，辟之本。冬藏为一岁之复，夜息为一日之复，喜怒哀乐未发为须臾之复。诚能奉若天道，深潜完密，主静以立其极，用之于国则宁谧而不劳，用之于躬则冲和而不竭，寿身寿世之道孰有外焉者乎？

【解说】

本节《象传》是说先王体会复卦之义而制静养保健之法以养初生的阳气。"雷在地中"象征阳气初生，先王因此要关闭关卡，需要静养保健；人事活动也要顺从自然规律，劳逸结合，以利于进一步发展。

【原文】

初九：不远复，无祇悔，元吉。

《象》曰"不远"之"复"，以修身也。

【解义】

此一爻是言复之贵早，以克全继善之体也。

祇，抵也。

周公系复初爻曰：初为卦之一阳，复之主也。又居动体，而在事初，未涉物感，则动而即觉，觉而即复，复之最先者也。是"不远"而"复"也。夫人惟过失显形然后思复，未免困心衡虑而有悔，初当意念方萌即自省悟而改图，亦何至于悔乎？复至此则心体粹然不为人欲所累，而适还其天理之本初，大善而吉之道也。

孔子释初《象》曰：凡人之妄皆从心起，心过不改则形于外，而为身过矣。善用力者即一念之悟而速反之，省察克治，图之于早，内既直而外自正，此不远之复，所以为修身之要也。

按：《春秋》公孙敖如京师，不至而复，公如晋至河乃复。皆以不极其往为复。复善贵早，故《易》以不极其往者言之。善失之远而复，必至有悔。惟失之未远而复，所以不祗于悔。然非初之刚，随时审察而勇于自治者不能，所谓有不善未尝不知，知之未尝复行，方为不远之复，而元吉者乎！

【解说】

本爻是说复贵在于早，应该早改以从善。离开不久很快就能返回，就没有过错且吉祥。人有了过失，就应该早改，克己省察，如此则大善而吉，并且这也是修身之要。

【原文】

六二：休复，吉。

《象》曰"休复"之"吉"，以下仁也。

【解义】

此一爻是言二能下比于初，以成复道之美也。

休，美也；仁，谓初九。

周公系复二爻曰：二居震体之中，其心易动，动即离于善矣。幸二柔顺，则能从人，中正则能择善，上无系应，而下近初九之贤，自能以友辅仁，资其切磋之力，优游不迫，日进于善而不知，复之休美者也！乌得不吉哉？

孔子释二《象》曰：复之休美而吉者，二去初未远，上无私应而又深信初为克复之仁人，故能降心抑志，从初而复，则其吉也宜矣。

按：天地生物之心曰元，人得天地生物之心以为心曰仁。为仁固由己而不由人，然亦有己未能复礼而资人以辅仁者，初，不远之复，自修之意多。二，休美之复，资人之益多。及其成功一也。夫布衣穷处之士，犹须亲师取友辅成其德，若君天下者而得仁人之助，将尽一世之大，皆可使反剥而为复焉。又岂独一身之克复己哉？

【解说】

本爻是说六二能够向下亲近初九，因而能够美好地返回正道。六二爻位中正，品德美好，又与初九为近邻，有学习阳刚的优越条件，这是说人有改过从善的品质和条件。能够美好地返回正道意味着吉祥，这说明六二君子能够屈己尊贤、虚心从善。

【原文】

六三：频复，厉，无咎。

《象》曰"频复"之"厉"，义"无咎"也。

【解义】

此一爻是戒三频失之危，而又予以复善之义也。

频，屡也。

周公系复三爻曰：三以阴柔，不中正，又处动极，是其天资蒙昧，秉性躁妄，其于天理人欲之界，见之不真，守之不固，为频复之厉。然三之厉也，在于频，而三之幸也，亦在于频。频而失，亦频而复，与迷于复者又相远矣。倘自省其失而终复之，又何咎焉？

孔子释三《象》曰：过而不改，咎乃归焉。六三"频复"，则屡失屡改，固非遂非，而文过亦非。畏难而苟安，虽其心不能免乎危厉，而于义也，又何咎哉？

先儒谓频失为危，频复非危，圣人危其"频失"，故曰"厉以警之"，开其"频复"，故曰"无咎以劝之"。夫"频失""频复"，固为善补过。倘失多而偶不复，咎将何如乎？

孔子称颜子"不远复"，又云："得一善则拳拳服膺而弗失之。"惟其弗失，方谓之能复。则劝之者，正所以警之而已矣！

【解说】

本爻是告诫六三频繁出过失的危险，而又说明从新向善的道理。六三阴居阳位，轻举妄动，与初九没有比应关系，所以多次离开初九，犯了错误，这是危险；但犯了错能及时改正，所以又无过失。有过失而能改，说明六三还是没有过失的。

【原文】

六四：中行独复。

《象》曰"中行独复"，以从道也。

【解义】

此一爻是言四不为群阴所溺，而独能从初以复乎善也。

中行，四阴之中也；道，谓初九。

周公系复四爻曰：四居群阴之中，而下应初之阳刚，其志趣高洁，拔乎流俗，与众同行而不与众俱靡，是"中行"而"独复"者也。当此之时阳气甚微，而四以阴居柔，其才力不足以有为，然其心独能依附于仁人君子，以复于善，真所谓特立独行之士也，又奚必较计功利为哉？

孔子释四《象》曰"中行独复"者，四以初抱道在下而去其类以从之，是见道之在初而不见其类也。故其下而从也，非从初也，乃所以从道也，宜见之明而决之勇耳。

按：四之抗志违众，独得其本心，如陈良、楚产而学周孔，夷之墨者而见孟子，以至舍生取义，弃邪从正。一念独惺，万夫莫挠，理所宜然，吉凶弗计，非豪杰之士，其能克自振拔如此耶？

【解说】

本爻是说六四不为群阴所干扰，能独自一心一意跟随初九阳刚以从善。六四君子有主见，能够不受别人的干扰，一心一意地跟随阳刚君子专心从善，这说明六四君子能够遵循正道。

【原文】

六五：敦复，无悔。

《象》曰"敦复无悔"，中以自考也。

【解义】

此一爻是言六五复善之已纯，自无私欲之累也。

敦，厚也；考，成也。

周公系复五爻曰：六五以中顺之德而居尊位，是其资淳质美，孜孜焉以复善为心，而无一毫浮薄之念得入其中，故其操之也密，毋始勤而终怠守之也固，毋久悫而暂荒，能敦厚于复也。初虽修身于下，仅可无至于悔而已。若五则私意净尽天理，流行而来复者，皆天地之心，又何悔之有乎？

孔子释五《象》曰：五之"敦复无悔"者，盖人受中以生，原无亏缺。五之功深理熟，以我之所固有者，我自成之，浑然一中之初体，天地全而赋之，我自全而凝之矣。此复之所以独美欤。

大抵既名为复，未有不由工夫而得者。"敦复无悔"，所谓反之之圣也。六五居至尊之位，纵使天资高妙，见道甚蚤，励精图治，立志甚坚，而声色逸乐交攻于内，便辟谗佞环伺于外，非心易纵而难制也，善事易格而难行也。有道仁人之辅导于下者，易隔而难亲也。苟非朝考夕纠，省察存养，则见于己有铢两之偏，施于事有寻丈之失，岂得云无悔哉？成汤制心制事，而后可建中于民；武王敬胜义胜，而后能作稽中德。有合于此爻之义矣。

【解说】

本爻是说六五复善已纯而无私欲之累。六五居君位，能明辨是非，没有主观偏见，能够以中德来考察和要求自己，所以能真诚稳重地返回正道而没有过失。

【原文】

上六：迷复，凶，有灾眚。用行师，终有大败，以其国君凶，至于十年不克征。

《象》曰"迷复"之"凶"，反君道也。

【解义】

此一爻是言上六"迷复"已极，天人交困，而无一事可为也。

灾，天灾；眚，已过十年，数之终也。

周公系复上爻曰：上以阴柔居复之终，既无复善之德，又远仁贤之助，蔽锢已深，善端灭绝，迷而不复，其凶可知。夫灾自外来，眚由己作。天之所厌，已则招之。迷复如此，无施而可，以是行师，必终有大败，不惟祸萃其身，而且及其国君，虽至十年之久，终于不克征，以雪其耻也。岂不可畏哉？

孔子释上《象》曰"迷复"之"凶"者，谓"复"则合道。既迷于复，则与道相反也，虽君行之，犹为反君之道，况其下者乎？甚矣，"迷复"之凶也！

按：卦之六爻，初之"不远复"，贤而希圣者也。五之"敦复"，圣而希天者也。二之"下仁"，其亲贤取友以成其德者乎？四之"独复"，其弃邪从正而不牵于流俗者乎？三之"频复"，其犹日月之一至焉者乎？皆合于复之义者也。惟上之"迷复"，怙终不悛，害于身，凶于国，有不可胜言者。故圣人于三犹曰"无咎"，而上则曰"灾眚"、曰"大败"，其重改过而恶怙终者，何切也！

【解说】

本爻是说上六迷而不复已经到达极点，此时天人交困而无一事可为。

上六违反了君王应有的让万物生生不息、百姓安居乐业的善道，因此有迷而不复、内忧外患的凶险。如果用这种人带兵打仗，结果只能大败；如果用这种人治国，必然君凶国乱，以致十年以后国家还不能振兴发展。

# 卷七

【原文】

☰☳ 震下乾上

【解义】

无妄之谓诚，以天道言，实理之自然也；以圣人言，实心之自然也。震者，动也。动以天为无妄，动以人则妄矣。

《彖传》释《卦辞》曰：刚自外来而为主于内，刚德在内心不妄也。为震主动不妄也。动而健则勇于义，而不屈于物欲。九五以刚居中，在己正也；下应六二，柔顺中正，所应正也。正则天命之当然也。匪正则违乎天命之正，而不可以有行矣。对时育物，先王亦顺天时而已，何有妄焉？初之"吉"、二之"利"，其无妄也，一时也。三之"灾"、四之"贞"、五之"疾"、上之"眚"，亦非有妄以致之也，亦一时也。时当动而动，不当动而不动，所谓动以天也。所谓正也，《彖辞》于"利贞"之下即系以"匪正有眚，不利有攸往"，明无妄之不可不出于正也。爻辞于无妄之极亦系以"无妄，行有眚，无攸利"，明执一不变者即匪正而妄也。然则《彖》言全体，爻言一节，其无不以正垂训也。意深切矣，有无妄之实心者，可不审时以趋于正也欤？

【解说】

《无妄》卦是讲要真实诚正，不邪虚谬乱，本为抽象论述，既适用于人，也适用于一切事物。卦辞从正反两面分析了无妄之内涵，《彖传》进一步表明，无妄意味着尊重规律，顺应形势，因时制宜。时当行则行，不行就是妄；时当止则止，不止也是妄。卦中六爻都做到无妄，但结果却有吉凶之分。这又表明时间条件固然重要，但行为自身还有正与不正之标准。也就是说，当行不等于乱行，当止不等于乱止。又要顺时，又要行正，这等于对行为主体提出了素质上的要求。有了好的素质，才能动止自如，处处无妄。

**【原文】**

无妄：元亨利贞。其匪正有眚，不利有攸往。

**【解义】**

此卦震下乾上，本天而动，动而不妄，故为无妄。卦辞言心出于正，则随感而皆通，稍涉于妄，则往行而有碍也。

无妄，实理自然之谓；匪正，谓不合正道也。

文王系无妄《彖辞》曰：盈天地间惟此真实之理而已。卦变刚来而为震主其心，纯乎天理，动而皆实，卦德震动乾健，卦体刚中而应，则德既纯一，而诚能动物，此无妄之所以元亨也。然其所以亨者，利于至正耳。若知有未至，理有未穷，而以偏倚之见行之，则自信为正者，政匪正之所伏也。虽无妄心，而不合于自然之理，即匪正矣。匪正，则灾眚随之，以之处事应物，徒有纷扰之患，而安能"利有所往"哉？

按：无妄即所谓诚，诚则自无不正，而又勉以利贞，何也？盖人无格物致知、学问思辨之功，则有志在祛妄而反堕于妄，本欲从正而反悖于正者。以此自治，必有言伪而辨、行僻而坚之失，而受病在一身。以此治人，必有不谙物情、不识时宜之弊，而受病在天下。从来妄之溺于利欲者易见，妄之溺于意见之偏、学术之误者难知。惟其难知，是以果于自用，轻试之世道、民物，而贻害无穷也。宜圣人极论而深戒之！

**【解说】**

本节是说君子要做到没有虚妄之心，没有虚妄之心就会诚实，合于正道。人没有格物致知、学问思辨之功，则即使有志在于祛除虚妄反而会堕于虚妄，本来想要从正道但却有悖于正道，以此自治，一定会话语虚伪、行为孤僻而让身体受病；以此治人，一定会不谙于实情、不识时宜之弊而让天下受病。因此圣人应该以此为戒。

**【原文】**

《彖》曰：无妄，刚自外来，而为主于内。动而健，刚中而应，大"亨"以正，天之命也。"其匪正有眚，不利有攸往"，无妄之往何之矣？

天命不佑，行矣哉！

【解义】

此《彖传》是释无妄《彖辞》，以明无妄，则应天之命。匪正，则失天之佑也；内、外，以六画之卦言，下三画为内，上三画为外。以三画之卦言，下画为内，上画为外。凡画卦者自下而上，有由内及外之义也。

刚中，指九五；何之，言无所往也；佑，助也。

孔子释无妄《彖辞》曰：卦之名为无妄者，以卦变刚自讼之二来而居初，则天德之刚不驰于外，而还为一心之主，此中浑然一无妄也。

卦德震动乾健，既有震动之才，而不屈于物欲之扰，所主之刚不因动而移也。卦体五之刚中，下应于二，既有实意之孚，而不涉形迹之伪，所主之刚，不因应而私也。无妄如是，理宜"大亨"，而必利于"以正"者。

盖以天之赋命于人，本无不正之理，而人之受命于天，必尽去邪妄之私，斯人之妄去而"天之命"见矣。所谓"其匪正有眚，不利有攸往"者，"以正"则可行，而"匪正"则不可行。乃犹自以为无妄而欲往焉，动而辄阻，又"何之"矣？失其所主之刚而悖乎天命之正，其何以获佑而行之哉？

盖天人无二理，总不出于一诚，所以惟命不于常，惟德为有常。若无无妄之实而逞其私智，妄意天命可冀，其不流于后世图谶之说，几希矣。圣人之书不且为奸雄嚆矢哉？

【解说】

本节《彖传》是对《无妄》卦的进一步解释，表明"无妄"是承应上天之命，而如果"匪正"就会失去上天的保佑。因此要想不虚妄就必须要本质刚正，行动要以天为榜样即顺应自然天理才可无妄，如果背离正道前进则无处可去，违反规律就会失去上天的保佑而受到规律的惩罚。

【原文】

《象》曰：天下雷行，物与，无妄。先王以茂对时，育万物。

【解义】

此《象传》是言先王体无妄之象，以尽参赞之道也。

茂，盛也；对时，顺合天时也；万物之物，兼人言。

孔子释无妄《象》曰：卦体乾上震下，为天下雷行之象。雷行于天下，阴阳交和，相薄而成声，正发生万物之时。天所赋与洪纤高下，各正其性命，无有渗漏，是随物而皆与以无妄之理。先王法天理物，以为天之无妄不可见，其可见者，时也。受天之无妄以成形者，物也。本至诚充积之衷以对天时，而顺序布和以育万物，而省刑弛禁，则时与物皆归无妄之中，而先王亦惟顺承夫天命而已矣。

按：《尚书》有"羲和之命"，《周礼》重教养之条，皆本无妄之念以对时育物，使各得其性而已。若稍涉妄念，如汉武之封禅，梁帝之戒杀，又奚足法焉？为人君者，其务以圣帝贤王为则哉！

【解说】

本节《象传》是说先王通过对无妄卦象的体会，尽得无妄之道从而奋勉努力，顺应时令，保育万物。《尚书》有"羲和之命"，《周礼》重教养之条，都是以无妄的观念来对时育物，使各得其性。如果有一点妄动的观念就会招致祸患，为君者务必要以圣帝贤王为准则。

【原文】

初九：无妄，往吉。

《象》曰"无妄"之"往"，得志也。

【解义】

此一爻是言无妄之初动，与天合者也。

无妄，以心言；往吉，以事言。

周公系无妄初爻曰：初九，刚自外来，而为主于内，是其中心诚实，遏人欲之萌，存天命之正，而又在卦初，上合九四，两刚相遇，不牵于系应之私，无妄者也。但居动体之下，理无不往，然初非有心于往也。至诚所感，而物我交通，此以诚求，彼以诚应，何吉如之！

孔子释初《象》曰：所谓"无妄之往"者，盖天下惟诚能动物。初志存于无妄，以之处事，则顺而祥；以之临人，则感而化。又何往而不得其志哉？

大抵身世之扞格，皆由私见之未除。无妄，则一实理相感召，所谓至诚而不动者未之有也。圣贤之待物，帝王之御世，总不出一诚而已矣！

【解说】

本节是说《无妄》卦最初的行动要以天为榜样，自然顺理，所以吉祥。因此君子要做到没有虚妄，在最初行动时要以天为榜样，自然顺理前进则必然吉祥，没有虚妄就能够实现自己的志愿。

【原文】

六二：不耕获，不菑畬，则利有攸往。

《象》曰"不耕获"，未富也。

【解义】

此一爻是言六二任天而动，不杂以人欲之私也。

耕，春耕；获，秋收；菑，开田；畬，成田。一岁之农，始于耕，终于获。三岁之田，始于菑，终于畬；未富，无求利之心也。

周公系无妄二爻曰：凡理之自然而然者，非妄也。心之有为而为者，乃妄也。二柔顺中正，又上应五之中正，居动体而能顺乎中正，实能无妄者也。其于天命之正所宜尽者，纯其心于无间，而绝无求得于外之心，辟之耕获菑畬，皆求得于外者也。去其耕获菑畬之心，而后可还其无妄之本体，故有不耕获，不菑畬之象。然有无妄之心，亦有无妄之福。二能如此福泽自至，则有所往而自无不利矣。

孔子释二《象》曰：所谓"不耕获"者，二之立志淡漠，泊乎无营，绝不念及于利而为之，则无妄之心一如未富之心也。

汉儒董仲舒曰："正其谊不谋其利，明其道不计其功。人但尽所当为而已，利害得失岂足营心乎？然不正谊则已，正谊则利必归焉；不明道则已，明道则功必集焉。"又属一定之理。以此在下，则孔子所云："寡尤寡悔，禄在其中。"以此在上，则大舜之"有天下不与，而禄位名寿之必得"。此六二"利有攸往"之旨也。

【解说】

本节是说君子应顺应自然之理而无妄，不可胡思乱想，这样就必然有利于前行。深层含义指君子办事无私心，一切顺利而行。

【原文】

六三：无妄之灾，或系之牛，行人之得，邑人之灾。

《象》曰"行人"得牛，"邑人灾"也。

【解义】

此一爻是言六三处不得正，而致无妄之灾也。

邑人，谓居者。

周公系无妄三爻曰：三以阴居阳，不中不正，处下之上，则居非其地；应上之刚，则遇非其人，是无妄而有灾者也。然天下事有失则有得，乃三处得失之外而独撄其灾，此盖出于寻常意计之外者象。犹或系之牛，行人牵之以去，而居者反遭诘捕之扰也。君子于此，亦惟听之适然之遭，以顺受乎天命之正已尔。

孔子释三《象》曰：得之所在，灾亦及之，此人所及防也。行人得而邑人灾，此盖有不及防者。君子于此惟有顺以听之，而安能预为避患之计乎？

按：六二得位而有无妄之福，六三失位而有无妄之灾，皆时为之也。如李泌周旋肃代之朝，深为小人所忌，而得以功名终此无妄之福也。陆贽竭知尽忠，济其君于险难，卒以被谗而斥逐，此无妄之灾也。君子亦惟尽其在我，而祸福不以动其心，庶全乎天之正命矣。

**【解说】**

本节是说君子无缘无故遭灾，不是由于品德行为的虚妄不正，而是由于粗心大意，为小人所忌。因此要消除无妄之灾，君子在不妄动、品德行为端正的情况下还要有所预防，避免为小人所忌，以致招灾。

**【原文】**

九四：可贞，无咎。

《象》曰"可贞无咎"，固有之也。

**【解义】**

此一爻是言九四以正道自守，而无妄动之失也。

有，犹守也。

周公系无妄四爻曰：四得乾体之刚，下无系应，是天德为主于中，而物交不引于外，无妄不待言矣。然刚则思动，动即离于咎。幸以九居四，绝无过恃其刚之心，故可坚守其刚，而事变云为皆不为之动，则天德在我而命亦佑之，又何咎之有？

孔子释四《象》曰：四之"可贞无咎"者，盖以无妄之理去与来，其几甚微也，稍懈即妄矣。故必固守而勿失之，然后可免于咎耳。

**【解说】**

本节是说君子能以自强不息的精神克服弱点，做到坚守正道。能守正道，自然无过，说明君子应当严格要求自己，并且坚持到底、永不懈怠。

【原文】

九五：无妄之疾，勿药有喜。

《象》曰"无妄"之"药"，不可试也。

【解义】

此一爻是言制变在乎能静，不可轻动以滋咎也。

试，谓少尝之也。

周公系无妄五爻曰：五以中正居尊位，二复以中正应之，是君臣道合，政治修明，无妄之至者也。然世变无常，人心叵测，或远人不服而外侮堪虞，或奸顽弗率而内化未谧，是为无妄之疾。设针砭过当，攻击太深，则毒深而愈不可治，故必镇静以俟之，彼将自然消弭而底于宁晏，为勿药有喜之象。所谓不治，正所以治之也。

孔子释五《象》曰：人之有妄，乃宜治之。既无妄矣，复药以治之，必至伤损国脉，朘削元气，而妄反生矣，药其可轻试乎？

盖邪不能胜正，而德可以动天。元气固则疾自平，内治修则敌必服。虞苗之格，格于舞羽，非格于誓师也。周顽之化，化于保厘，非化于忿疾也。彼躁妄而动，动即招尤。汉武马邑之师，太宗征辽之役，岂不可以为鉴哉？

【解说】

本节是说君子面对人心叵测、世变无常之时，要做到以静制动，不可轻举妄动。只要不妄动，不病急乱投医，就可做到正能胜邪、德可动天，如此虚妄就会自己消失、疾病就能自己治愈。

【原文】

上九：无妄，行有眚，无攸利。

《象》曰"无妄"之"行"，穷之灾也。

【解义】

此一爻是言上刚已过极，妄行而取灾者也。

穷，极也。

周公系无妄上爻曰：上九以阳居卦之终，无妄而处时之极者也。极而不知变，将自恃其无妄不可行而行，必至有过情越理之失，而乖乎天命之正矣，眚必及之而又何利焉？

孔子释上《象》曰：所谓"无妄"之"行"者，特以势处于穷，决不可有所行耳，行则与灾会矣。三，犹可委其灾于人；上，直自掇其灾于己耳。此卦六爻皆无妄，初得位而为震动之主，时之方来，故无妄往，吉。上失位，而居乾体之极，时之已去，故其行虽无妄而有眚无利。是故善学《易》者贵识时，初与二之可动而动，时也。三、四、五、上之不当动而静，亦时也。理无不可行，而时或有所尼，君子不得不顺时以听焉。此《洪范》之"稽疑"。所以亦云"用静，吉；用作，凶"也。

【解说】

本节是说君子没有虚妄，但还是行则招致灾祸，一无所利，这说明是大环境变坏所造成的灾难。"无妄，行有眚"指大环境下是邪气压倒正气，不允许有所作为。"穷之灾"的"穷"即为不通。以上九居全卦末端，比喻世风改变，正气下降，虚妄盛行，因此行无妄之道自然碰壁。

【原文】

☰ 乾下艮上

【解义】

大畜之义有二：一止畜，畜，乾也。一蕴畜，畜，德也。《彖传》兼此二义。《象传》专以"畜德"言，六爻专以"畜止"之义言。

六爻中，下三爻乾体皆受畜者也，上三爻艮体皆畜下者也。然受畜者贵止而不进，故初、二皆止，三利艰贞。但初与二已为四、五二阴所畜，至三为畜极，而通之时又与上皆阳爻，不相畜而俱进，则"良马"之"逐"自与初、二不同矣。畜下者贵防于未然，故四能止初恶于未形而得元吉。五则于阳之已进而止之，虽言吉而不如四之元吉也。至上则畜极，而通之时强暴尽除，反侧尽平，而治化洋溢乎四海，则天衢之亨又与四、五不同矣。

合而观之，凡畜德者非有刚健笃实、辉光之盛不能成日新之德。畜恶者非有德礼潜移、默化之机不能臻荡平之治。天德王道，圣人于大畜一卦已尽发明，则观大畜之象，玩大畜之辞，天下之道可以旁通而无遗矣。

【解说】

《大畜》卦义为所畜至大，这一特点表现在三个方面：一是道德学问；二是人才方面的蓄养，即爱护、使用贤才；三是行为方面的蓄止，即等待时机，不盲目行动。卦辞和《彖传》《象传》的主要内容是讲蕴蓄和蓄养，爻辞专门讲蓄止。不过蓄止也有两种情况。下卦反映是自止，上卦反映是止人。自止表现了智，即判断是非、认清形势的能力，这是属于蕴蓄的范围；止人表现了仁和义，即对人才的爱护和对事业的关心，这又属于蕴蓄和蓄养的范围。

**【原文】**

大畜：利贞，不家食吉。利涉大川。

**【解义】**

此卦乾下艮上，以艮畜乾，所畜者大，故名大畜。卦辞言畜道必出于正，然后可以享君之禄，而成天下之功也。

不家食，谓食禄于朝；涉大川，言能匡济时艰而成功也。

文王系大畜《彖辞》曰：道之所贵者正，君子为畜之道而可苟哉？必精以择之，一以守之，使吾之所畜，莫非天德王道之精，而不杂于异端霸术之陋，则不徒畜之大，而且畜之正矣。然徒畜而不知所以适用，是自私也，而可乎？故必舍其家食之贱，以膺天禄之尊，则所畜得以显其施，而"利贞"之守以达矣，何吉如之！然徒出而不能有以自见，是苟禄也，而可乎？故必当天下之大难，以成天下之大功，则所畜得以懋其猷，而"利贞"之效以彰矣，何利如之！夫大畜利贞体之所以立也；"不家食""涉大川"，用之所以行也。必有其体，而后有其用，信乎！畜之贵，大而正也。

此卦有止畜、蕴畜二义。六爻中下三爻以君子为小人所畜言，上三爻以君子畜小人言，此畜止之义也。《大象传》以"多识前言往行"言，此蕴畜之义也。《彖》言人必有大蕴畜，方有大设施，故推其所畜之正者，以之食禄于朝，则吾道藉以大行，以之匡济时艰，则世道赖以安奠，似亦专主蕴畜而言。然《彖传》又以艮畜乾为能"止健"，则未尝不兼畜止之义，当是具此二说。故圣人谓智者观其《彖辞》，思过半矣。以见《彖》之无所不统也。

**【解说】**

本节是说君子应立志干一番大事业。君子应该正确对待和利用自己已经积蓄的道德学问出来做官，发挥自己的能力以匡扶社稷，坚持正道并为国家做出贡献。

**【原文】**

《彖》曰：大畜，刚健笃实，辉光日新其德。刚上而尚贤，能止健，大正也。"不家食吉"，养贤也。"利涉大川"，应乎天也。

**【解义】**

此《象传》是释《大畜·彖辞》，以明所畜之正而大也。

孔子释《大畜·彖辞》曰：卦何以名大畜哉？盖德具于心而见于事者也。卦德内乾是主于内者，天理精纯而不杂，德性常用而不挠，何如其刚健也！外艮，是见于外者，躬行恳切，践履真挚，而自然光华发越，何如其笃实辉光也！夫内有无私之本体，而外有实践之光辉，所养者日益精明，所行者日益坚固，德之蕴畜，时乃日新，而德为天下之至德矣。此大畜之所由名也。

《辞》何取于"利贞"哉？卦变自需来，九自五而上，是贤者正居臣位也。卦体六五尊而尚之，是人君能尊贤礼士也。卦德以艮畜乾，是又能禁戢强暴，使不为恶也。"刚上"而不以正，则为枉道徇人。"尚贤"而不以正，则为恭敬无实。"止健"而不以正，则为化导无方而人不服。三者皆非大正不能，然则畜德者可不以正乎？此"利贞"之所由取也。

《辞》言"不家食吉"者，盖"大畜利贞"既为可尚之贤，而六五又有"尚贤"之象，是人君共以天禄，养以大烹，而贤者得食于朝廷之上矣。其"不家食吉"，宜也。

《辞》言"利涉大川"者，盖"大畜利贞"既具应用之本，而六五下应于乾，又有应天之义，是"不先时有为"而拂乎天，亦"不后时不为"而逆乎天，操纵合辟，不失时行之道矣。其"利涉大川"，宜也。

《易》之一书，以贞为主。乾之大，大于利贞。坤之大，大于永贞。畜之大，亦大以贞。故不徒曰"正"，而曰"大正"。不正，则蕴畜之德不大，在吾已非贤矣，欲其君尚而养之，不可得也。不正，则畜止之，得亦不大，虽有止健之才，欲其应天而济变，不可得也。或谓圣人之道神妙莫测，在于权而不在于正，不知行权正以求得夫正耳。岂正之外复有权乎？

**【解说】**

本节是说君王道德刚健、笃实，两者交相辉映，天天有进步。君王阳刚在上，尊重贤才，自强不息。这些都是最大的正道。所谓"不在家中吃闲饭"才是吉祥，这是说国家应该养贤能之人，养贤能之人符合天道。这样又能有利于社稷的稳定与发展。

【原文】

《象》曰：天在山中，大畜。君子以多识前言往行，以畜其德。

【解义】

此《象传》是言君子体大畜之象而尽其畜德之功也。

多识，谓博求而识于心也。

孔子释《大畜·象》曰：乾，天也。艮，山也。天体至大而在山中，是大畜之象也。君子观象而知畜德之方焉。

盖古人由畜德之盛而时发于言行之间，则前言之毕存非繁文也，是德之精华也。往行之具载非陈迹也，是德之实体也。君子于是多识前言往行以畜其德焉。得古人之言行，即得古人之心；得古人之心、之理，即得吾心之理，其所畜不亦大哉？

按：多识言行，或以为近于口耳之学，未免玩物丧志，不知本末精粗。道原一贯，言行在外而其理根于心；心德在内而其实寓于言行。故为学者必居敬涵养以为主，而又博闻广见以为资，师心而不师古，好悟而不好学，岂善畜德者乎？《书》曰："人求多闻，时惟建事。学于古训，乃有获。"帝王圣贤无二学也。

【解说】

本节是要求君子要多多研究前人言行中的道理，总结并作为经验教训，用来丰富自己的道德学识。天指下卦乾，山指上卦艮。"天在山中"是说天大山小，但在山谷中却能看到天，喻为所蓄至大。"多识前言往行"即总结历史上的经验教训。

【原文】

初九：有厉，利已。

《象》曰"有厉利已"，不犯灾也。

【解义】

此一爻是言君子进则有危，当以义命自安也。

厉，危也；已，止而不进也。

周公系《大畜·初爻》曰：初九为六四所畜，而又以阳刚居乾体之下，刚锐喜进，久为小人所侧目，宜有厉者也。倘复冒昧以往，必蹈危机，厉其能免乎？惟健而能止，则沉几观变，安乎义命之常，以为时未可为，不妨藏器以有待也。全身远害，何利如之？

孔子释初《象》曰：灾自外至者也，人自犯之耳。苟身履危困而诿为命之，不犹晚矣！若初之知有厉而能已，是其委蛇顺时，不至犯小人摧抑之灾也。

按：君子出处，不可不审，非独为小人所畜，当止而不进，即为小人所引；而轻身就之，终必有害。盖一有急于用世之念，往往忘虑患持难之心也。先儒谓乾阳上进不有以止之，则其神不定，其守不粹，故皆以止为义。大畜之初九，其即乾之潜龙乎！

**【解说】**

本节是说君子有了危险，就应该停止前进，说明不应该冒险致灾。"不犯灾"即不盲目乱闯，指初九位低力弱，虽是阳刚主进，但能认清形势，力量不足就不冒险。

**【原文】**

九二：舆说輹。

《象》曰"舆说輹"，中无尤也。

**【解义】**

此一爻是言君子守正不往，而能自全其道也。

輹，伏于轴以承辐者；舆说輹，谓自去其輹而不进也；尤，过也。

周公系大畜二爻曰：九二阳刚，其才足以有行者，特为六五所畜而未可以进二，则能以中道自裁，审时揆势，止而不行，脱然于驰逐之场，而无妄动之虞，为"舆说輹"之象。则时不当行而即不行，所谓可以止则止者也。

孔子释二《象》曰"舆说輹"而不行者，二有中道，故能察乎时之盛衰、势之强弱，则进退不失其正，而躁动之尤何自而至乎？

按"舆"者，行之具。二已在舆，是势在必行，而自"说"其"輹"，则遂止而不行矣。凡"尤"者，咎自外来，当不可之时而强为天下任事，则偾辕之患将欲推诿？二能"说輹"以自审，非万全勿动也，又何"尤"焉？其殆审几达务之君子乎！

**【解说】**

本节是说君子清醒冷静、审时度势、当止则不行，因此而无过失。"说輹"喻自动停止前进。"中无尤"指九二居中不过，喻不急不躁、清醒冷静，时不该行就毅然停止。

【原文】

九三：良马逐，利艰贞。曰闲舆卫，利有攸往。

《象》曰"利有攸往"，上合志也。

【解义】

此一爻是言君子遇可进之时尤宜审慎以善其进也。

逐，偕行也；曰，当作"日"；闲，调习也；卫，防卫也；上，谓上九。

周公系大畜三爻曰：三居健体之极，又遇上九以阳处畜之极，志同德孚，乃不相畜，而与上共进以驰驱乎王事，有良马逐之象。然三不虑其不进，但虑其恃刚过锐，而无周慎贞固之力，则必有欲速轻动之咎，故利于艰难其事，而贞固其守，如舆所载以行也。而"卫"所以防行之具，必日日闲习之，使手与器相习，而心与身交慎，则出也不苟，而进也有为，"攸往之利"于三见之矣。

孔子释三《象》曰：初则"利已"，二则"说輹"，而三独"利有攸往"者，以乾阳本欲上进，但恐在上无合志之人，不能展其素具，今三与上皆阳，刚上之志合乎三之志，而同类感通，相为汲引，又何嫌、何疑而有不幡然并进者乎？

按：三负良马之材，可以驰骤天衢，因其过刚不中，故有"艰贞"之戒，而教之"日闲舆卫"，可见君子出任天下之重，必临事而惧，如弗克济，然后可遗大投艰而无患。不然，恃才以骋而颠蹶失防，一己之身名不足道矣，而惧人家国之托，其罪岂可赎哉？

【解说】

本节是说君子在有利于前进之时，便要锐意前进，但要充分估量旅途中的困难，小心谨慎，坚守正道，如此前进方能有利。"良马逐"喻九三锐意上进。"艰贞"充分估计征途的困难。"上合志"指九三、上九分居下卦和上卦的顶部，共同的特点是锐意前进。

【原文】

六四：童牛之牿，元吉。

《象》曰"六四元吉"，有喜也。

【解义】

此一爻是言遏恶者当于未萌，不使其发而难制也。

童者，未角之称；牿，施横木于牛角以防其触也。

周公系大畜四爻曰：六四艮体，而与初相应，畜初者也。初居最下，阳之微者，微则其恶未形，而制之甚易，潜消默化，犹牛未角而牿，以防其触之象。

夫人之恶当既着而后禁，则扞格而难胜，及其初而豫防，则人自不为恶，而并泯其禁之之迹矣。所谓以礼立教，不烦刑诛，大善而吉之道也。

孔子释四《象》曰：恶已章而治之，虽亦足以禁奸戢暴，而不免于刑戮之惨，其于心当有所大拂也。四之止恶，未形而元吉，盖豫教而民自服，无为而物自化。四之心，盖有所深喜乎，此也！

《记》有之：禁于未发之谓豫。人未有争心而设礼乐以教，其让人未有欲心；而悬法制以禁其邪，开其向善之端，而杜其为恶之路，此所谓豫也。夫四与五皆以止下之恶论成功之广狭，四不如五之广，故五曰有庆，而四曰有喜。论用力之难易，五不如四之易，故五曰吉，而四曰元吉。五不如四之易者，其时不同；而四不如五之广者，其位不同乎！

【解说】

本节是说君子防止冒进宜早不宜迟。童牛之牿：童牛，未长角的牛仔；牿，横放在小牛头上的木棍，使之不能伤人也不能触物自伤。

【原文】

六五：豮豕之牙，吉。

《象》曰"六五"之"吉"，有庆也。

【解义】

此一爻是言六五止恶有术而庆被于天下也。

豕，谓牡豕，攻其特而去之曰豮，所以去其势也。

周公系大畜五爻曰：五居君位而畜二，二之刚已进而欲止之，是其恶已形而劳于制矣。幸五以柔居尊，操之有其要，而御之得其术，使之知廉耻、黜奇邪，而自回心革面，如患豕牙之刚，不制其牙，而豮去其势，有牙虽存而刚自止之象。如是则用力不劳，而刑清民服，何吉如之！

孔子释五《象》曰：为民上者，不知止恶之方，而惟淫刑以逼恶，未能制而天下已受其害矣。"六五之吉"，盖知其本而制之有道，不必徒事禁防，而风移俗易，福庆被于生民矣。

按：汉之赵张设钩钜捕盗贼，岂不能使奸人屏迹？君子以为不如颍川之教化、渤海之劝谕。秦之商君刑弃灰制连坐，岂不足戢为恶之志？君子以为不若虞之化谗说、周之感顽民，赵张之于牛，不牿之以童，而惟治其触，商君之于豕不去其势，而欲制其牙故也。

【解说】

本节是说为君者应引导天下人去其恶、存其善，从而达到"福庆被于生民"。"豶豕之牙"喻能从根本上引导天下人弃恶从善，成为有用之才。"有庆"指六五居君位，能从根本上引导天下人从善，是全国的喜事。

【原文】

上九：何天之衢，亨。

《象》曰"何天之衢"，道大行也。

【解义】

此一爻是言世运当亨通之会，而王道自大行也。

天衢，天路也。

周公系大畜上爻曰：上以阳刚处畜极而通之时，是阳气久郁而伸，阴气久凝而散，奸回尽殄，反侧尽平，皇路廓清，绝无阻碍，有"何天之衢"之象。当此之时，不必制恶而自无恶可制，治化翔洽而颂声丕应，"亨"莫加于此矣。

孔子释上《象》曰：所谓"何天之衢"者，以时与道合也。天运无处不昌，王化无处不浃，盖政教四达而治，于此观成矣。其道之大行也，何如哉？大畜上三爻所以畜下三爻者也。四之"牛牿其角"，五之"豕豶其牙"，虽所畜有难有易，而皆不能不用其力。至上畜极而通，则无借刑驱势，禁而为恶者，自相感而化，是刚明之臣遇尚贤之主可共济天下之险，而坐收涉川之功矣。故曰"何天之衢"。讶之也，实喜之也。夫不言其难，不见畜之之力。不言其易，不见畜之之成。所谓"荡荡平平，无反无侧，至治之盛"，其在是乎！

【解说】

本节指上九居全卦顶点，象征大畜的任务已经完成，天时地利人和，贤者大有作为的时机成熟，可以运用积蓄的道德学问去改造客观世界。"何天之衢"：何，何等、多么；衢，畅通的道路。"道"，古人曰"备于身，之谓德；达于世，之谓道"，此指运用积蓄的道德学问改造客观世界。

【原文】

☲ 震下艮上

【解义】

颐，取养之义。《彖辞》言养德、养身，皆出于正则吉。《彖传》既释养正之义，复极言养道之大，而《象传》又举养德养身之切务以示人也。

六爻上止下动，故下三爻为自养，上三爻为养人。震性动，动皆累，于欲不能自求所养，而求人以养己，失养之道矣。故下三爻皆凶。艮性静，静则得其正，求于人以养其下，虽不免于颠拂，而于养道无失。故上三爻皆吉，此《彖辞》之所以言"利贞"也。

天地以时养万物，圣人得时则养贤以及万民，利天下而非以自私也。故言颐之时大矣哉！君子之自养也，知弃我良贵、悖理求禄之匪正，则知砥节砺行之为正矣；知下媚上、援干求非类之匪正，则知不渎不谄之为正矣。知簠簋不饰、纵欲败度之匪正，则知静俭节制之为正矣。此自养之道当如是也。

若夫以上下下，诚信任贤，人臣之吉也。养贤及民，民被其福，人君之贞也。任大责重，饥溺由已，有相之道也。此又养人之得其正者也。故动不自动，而止其所止，则颐之道尽矣。

【解说】

《颐》卦取养育之义。从内容上看，卦象本身是张口吃饭，卦辞肯定"口实"的重要性，同时提出了正与不正的问题，《彖辞》认为"正则吉"。表明养育既需要物质生活资料，也需要精神食粮，前者是基础，后者起支配作用。从类型上，有求人养和养他人之别。下三爻求人养，而且是养身不养德，因此结果皆凶；上三爻养他人，既养身又养德，因此结果都吉。归纳起来，《颐》卦的养育观是养德重于养身，养他人高于求人养。

【原文】

颐：贞吉。观颐，自求口实。

【解义】

此卦震下艮上，上下两阳，中含四阴，外实内虚，上止下动，有颐之象，故名为颐。卦辞言颐有养义，养出于正，则身心皆获所安而得吉也。

颐，口旁也。

文王系颐《彖辞》曰：颐之为言养也。为卦：震，动在内；艮，止在外。恐内之，或动于情伪之感，而心之养不得其正；外之，或止于嗜欲之安，而身之养不得其正。惟得正，则身心皆得其养而吉。然出于正即入于不正，危微之几介于毫发。故善养者必静观而内求之，其养德也，果合于圣贤之道而无异端以淆之，则心正而颐正矣。其养身也，果当于义理之节而无饥渴以害之，则身正而口实亦正矣。盖正则得吉，不正则不得吉，颐之所为必出于正也。

按：《程传》谓"观颐"为观所养之人。"自求口实"，为自求养身之道。盖下体三爻皆主自养，上体三爻皆主养人。上体则观其养人者，得正则吉；下体则观其自养者，得正则吉也，与《本义》专主养德、养身不同。其实自养为养人之本，未有自养不正而能养人者。

真德秀云："已得其养则吾身先成，然后可推而达之天下是也。"《本义》专言其体，《程传》兼明其用。解虽各异，义实相通，总以见《易》道之无不该而已。

【解说】

本节卦辞是说《颐》卦有养育之义，养育如果出于正，则身心都会获得安宁而吉祥无咎。

【原文】

《彖》曰：颐"贞吉"，养正则吉也。"观颐"，观其所养也。"自求口实"，观其自养也。天地养万物，圣人养贤以及万民。颐之时，大矣哉！

【解义】

此《彖传》是释颐《彖辞》而极言养道之大也。

所养，养德；自养，养身。

孔子释颐《彖辞》曰：颐以贞而吉者，盖养必以正在心，常获天理之安在身，无复物欲之扰，则吉也，稍不正则不得吉矣。《辞》谓"观颐"者，在"观其所养"之道，其于性命之正，纯然无杂，而浩然之气不为之挠，则德得正而吉也。《辞》谓"自求口实"者，在即其所养之道以观其自养之术，其于义理之正凝然不扰，而口体之奉不为之动，则身得正而吉也。养正之道如此，推之而天地圣人，宁外于是哉？

夫天地本以养万物者也，苟失其正必至气候失宜，疵厉横行而物有不遂其生者矣。圣人本以养民者也，苟失其正必至贤奸混杂，举错失当而民有不安其命者矣。故"天地养万物"，圣人体天地养物之心养贤以及万民，而皆出之以正，则颐之时讵不大矣哉？从来养万物者天地，而代天地养万物者必属之圣人。然圣人欲养民非先养贤势不能遍，故不直曰养万民，而必曰养贤以及万民也。唐虞之廷禹平水土，稷降播种，契敷教皋陶明刑九官十二牧，亦止完一养民之事而已，仁者无不爱也。急亲贤之为务，岂不信哉？

【解说】

本节《象传》是对颐《象辞》的进一步解释，极言养育之道至大。《解义》中"孔子释颐《象辞》曰"是对本节的解释。是说养身者，在心必正才会得吉；而养德又重于养身，德得正而吉。养正之道如此，即可为天地圣人。天地养育万物，圣人要先养育贤人而通过贤人去养育万民，养育的时机很重要。

【原文】

《象》曰：山下有雷，颐。君子以慎言语，节饮食。

【解义】

此《象传》是实言君子养德养身之切务，以明养道之正也。

孔子释颐《象》曰：此卦震在艮下，是"山下有雷"，震动发生，物由此养，颐之象也。

君子观象以求养正之道，而知德之不正由言语以为之阶，慎之而言必当理，语必合义，是言语皆养德之具，而无妄出以招祸矣。身之不正，由饮食以乱其性，节之而饮必德，将食必正味，是饮食皆养身之物，而无妄入以致疾矣。养正之道不于颐备之哉？推之有天下者，命令、政教皆由言语之颁，资用、货财无非饮食之事，其养德、养身者愈大，则慎之节之者愈难。所以古之君子诵白圭之什，识金人之铭，旨酒必恶，饮食必菲，兢兢乎谨小慎微，无一端不合夫养之正，而后可为天下后世之观法也夫！

【解说】

本节是说君子应该如何去明白养育之道的"正"。气候变暖，天地万物养育，是颐之象。君子观象以求养正之道，就要做到慎言语、节饮食，要谨小慎微。慎言语目的在于养德，节饮食目的在于养身。

【原文】

初九：舍尔灵龟，观我朵颐，凶。

《象》曰"观我朵颐"，亦不足贵也。

【解义】

此一爻是言失静养之正，而动于利欲之私也。

尔，谓初也；灵龟，不食之物；我，谓四也；朵，垂也；朵颐，欲食之貌。

周公系颐初爻曰：初以阳居下，本有刚明之德，养息深静而无外慕者。但居动体，上应六四，不能以刚自守，而反上从四之柔，则私欲熏其心，爵禄婴其虑，而本体之灵弃之若罔恤焉。犹舍尔以气自养之灵龟观我而朵其颐之象也。如是则失其静养之道而溺于动养之欲，沉迷不反，何所不至？其凶可知已。

孔子释初《象》曰：所谓"观我朵颐"者，以初之刚本为可贵，而累于动体，从欲而动，则将沦于污贱而可羞矣！亦何足贵哉？

盖士君子立身于理欲之介，不可不慎。故有以一朝之失足，而遂遗千载之恨者矣。此无他，物重而我轻也。孟子曰："人人有贵于己者，弗思耳。"诚知在己者有甚贵，而世间之利欲岂足动其心乎？

【解说】

本节是说初九阳刚，有能力自养，但却由于位在下体震卦，贪心大动，想求养于有正应关系的六四，结果受到六四的批评。本节目的在于警示君子立身于理欲之间，一定要谨慎小心，避免一失足成千古恨。

【原文】

六二：颠颐，拂经于丘颐，征凶。

《象》曰"六二征凶"，行失类也。

【解义】

此一爻是言失求养之义，故上下皆无应也。

颠颐，求养于初也；拂经，违其常道也；丘，土之高者，上之象也；丘颐，求养于上也。

周公系颐二爻曰：阳刚，养人者也。阴柔，养于人者也。二以阴柔不能自养，必求养于阳刚，若下求于初，是在己乏资身之术，而俯首黎养于卑贱之流，则"颠颐"于下，而拂以上养下之常道矣。若求养于上，又非正应，是才不足以自养，见上之权力足以养人，而奔走趋附以从之，则彼有丘陵之势，而我徒遭摧压之凶矣。是一则于理有所不可，一则于势有所不行，故均不能有济也。然则人可不自重哉？

孔子释二《象》曰：六二不得于初而往从，夫上亦复得凶者，以二处非其地，上下皆非应与，但宜止而弗行也，行则皆失其类得凶，宜矣。

按：《程传》谓"女不能自处必从男，阴不能独立必从阳"。二阴柔不能自养，待养于人，固天地间之定理。然去就之正，不正则已得而自主者也。夫上而事君，下而交友，倘以利禄萦心而希图仕进，铺啜为志而攀附交游，则中君羞以为臣，中士羞与为友矣。

【解说】

本节是说失去求养育之义，因此上下都没有与之相应的。养育应是上养下，阳养阴。六二居中得正，本能自养而不自养，违反正常的养育之道，这种做法必然失败。六二应求养于六五，这是因为六五虽是阴爻但居阳位而且又是君位，理应有责任养育天下。

【原文】

六三：拂颐，贞凶，十年勿用，无攸利。

《象》曰"十年勿用"，道大悖也。

【解义】

此一爻是言小人放情恣欲，而大违乎颐道之正也。

周公系颐三爻曰：三，阴柔不中正，又居动体之极。人皆求颐于上，三独拂之而随下体之动，是性既昏迷，动复躁妄。其所为颐者，不过沉湎于嗜欲，放恣于口体，而拂乎养之常道矣。虽饮食亦日用之正，犹不免于凶，必至没身沉溺而声名俱丧，十年之久终不可用，无所往而利也。

孔子释三《象》曰：所谓"十年勿用"者，以颐道贵静，动则悖；三处动极，则大悖矣。任情灭理，终身不悔莫恤也。

夫盖贫贱不滥，富贵不淫，乃得颐养之道。二处贫贱而不知守约而滥者也，三处富贵而不知节乐而淫者也。夫吾心不能以义命自主而随境转移，岂得云养正之大人乎？

【解说】

本节是说小人放情恣欲，贪心大，手段多变，轻养德养身，违反了养育的常理。如此虽有正确的地方，这种人也始终不能任用，用了也没有好处，必然招致失败。颐道贵静。贫贱不滥，富贵不淫，才是得颐养之道，如此之人才可任用，可获成功。

**【原文】**

六四：颠颐，吉。虎视眈眈，其欲逐逐，无咎。

《象》曰"颠颐"之"吉"，上施光也。

**【解义】**

此一爻是言六四能求贤以养民而复示以用贤之道也。

颠颐，求养于初也；眈眈，虎下视貌；虎视眈眈，下而专也；其欲逐逐，求而继也。

周公系颐四爻曰：四以柔居正，而下应初之刚正，是居上而能信任乎下者也。然阴柔不足以及物，必藉初之贤以成功，则养人者初也，而任贤以养人者惟四，故为"颠颐"而吉也。是四之于初固已能下之、能求之矣。第患下之不专，则贤者生疑；而养之道未弘，求之不继，则施为未竟，而养之功易竭。必能诚信不二而专，始终无间而继，如虎之视眈眈，而欲逐逐焉，则于求贤养民之责无忝矣，而又何咎之有乎？

孔子释四《象》曰：四之"颠颐"而得"吉"，何也？盖上之于下，不必恩自己出，然后谓之能养也，今能任初之贤以养民焉，则初之施即四之施，而恩膏所及昭然其光显矣。此其所以为吉也欤！

按：四居大臣之位，有养民之责，然一身不能独理，必分其任于庶司百职，而后可共成治功。此其虚心下贤，深合乎以人事君之道也。或谓"上施之"，上指五而言。盖人臣承流布化，无非奉行朝廷之德意，譬诸日月之照临，雷霆之鼓动，雨露之滋润，寒暑之成实，无非为天地养万物而已。谓初之施即四之施可也，谓四之施即五之施，又何不可哉？

**【解说】**

本节是说居上位者能求得贤人以养民，而且能反复示之以贤人之道。六四身为大臣，为了辅佐君王养育天下，却能够主动地向下者学习阳刚品德，以弥补自身的不足，专心一意，坚持不懈。

**【原文】**

六五：拂经，居贞吉，不可涉大川。

《象》曰"居贞"之"吉"，顺以从上也。

【解义】

此一爻是言任贤足以图治，而又当凛不自用之戒也。

拂经，谓以君而从臣也；上，谓上九。

周公系颐五爻曰：五以柔居尊位，才不足以养人，上有阳刚之德，五赖其贤以养之。夫君以养人，颐之经也，反赖上之养以养之，是拂于经矣。既以己之不足而求养于上，必居守贞固，笃于信任，斯惠泽常流而得吉也。若不能审己度力，或以拂颐为嫌而冒昧以图功，自用以求济，是犹涉大川而无操楫之任，何由而克涉哉？

孔子释五《象》曰"居贞"之"吉"者，谓五不恃其尊，能柔顺以从上九之贤而毫无勉强，此诚得养贤以及万民之道，故"居贞"而"吉"也。

按：君道贵刚，柔所不尚。然柔而能任刚明之贤，则不独资以自养，而天下亦赖之。如太甲成王虽不及汤之锡勇、武之执竞，而能信任尹旭周召之贤，则未始不可成治功也。至若汉元忧柔不断，知萧望之、周堪之忠而不能用，知弘恭、石显之恶而不敢去，进贤如转石，去佞如拔山，是其柔也，必至于莫救矣。故曰君道以进贤退不肖为大。

【解说】

本节是说君道本应以刚为贵，但却柔弱，虽然如此，如能任用刚明的贤人以养育天下，而贤人能够做好分内之事，日常守正道而不多管闲事、多干预政事，也是可以做到"吉"的。

【原文】

上九：由颐，厉吉，利涉大川。

《象》曰"由颐厉吉"，大有庆也。

【解义】

此一爻是言上九以养民为己任，而天下胥受其福也。

由颐，由之以养也。

周公系颐上爻曰：六五赖上九之养以养人，是上以有相之道而致群黎康乂之休。民生未遂，由以遂之，民性未复，由以复之，有由颐之象。臣而若此，则位高权重，宁可以易心处之乎？故当皇皇惕虑，惟恐上孤君心，下失民望，乃能胜其任而得吉也。然以上九阳刚则有能为之才，在上则有得为之势，乘其势而运其才，虽养民极天下之大事，自可一身弘济之而有余，而不负君上之倚毗矣。夫何"涉大川"之不利哉？

孔子释上《象》曰：养民者以泽被天下为庆，以上之躬膺大任，果能宅心兢畏以成养民之功，则一时受其利，万世蒙其泽，而功之所被者溥矣，非大有庆乎？

按：豫九四曰"由豫"，由豫在四犹下于五也，而已有可疑之迹，若颐上九曰"由颐"，上之所处过中，而益嫌于不安，其可不存兢惕之心哉？然艮止之性，必无暴戾以招凶，自以仁德而致庆，故虽厉而终得吉。为人臣者，投艰遗大，则以身肩任之，及事定功成而威福还诸朝廷，功名归于人主，斯有誉而无咎矣。

【解说】

本节是就大臣言。大臣伴君如伴虎，位高任重而又以养民为己任，会遇到许多危险，但却能知险而谨慎，克服困难以完成君王的委托，这样就是造福天下了。

【原文】

☱☴ 巽下兑上

【解义】

卦以四阳过盛而名大过。处过之时，贵有救过之道，必刚而得中，内巽外说，则可以抑中强之弊而扶本末之弱，虽过而不过矣。

六爻相对而实相反，三、四居全卦之中，皆有栋象，上则隆，下则桡也。二近初，阴五近上，阴皆有枯杨之象，上则华，下则梯也。初过于敬慎，而有藉用白茅之安。上过于有为，而有过涉灭顶之凶，一承刚，一乘刚也。

就四阳而言，二、四以刚居柔，处过而不过者也，故一吉而一利。三、五以刚居刚，处过而太过者也，故一凶而一可丑。司马光云："大过，刚已过矣，止可济之以柔，不可济之以刚也。"故大过之阳皆以居阴为吉，不以得位为美，其道主于默运转移，而不在于轹踔骏厉，盖过柔固不足以有为，而过刚亦甚足以偾事。

自古立非常之大事，兴不世之大功，皆时势所迫，出于万不得已起而挽回补救，非小心翼翼者不能。故卦于阳之盛也有危辞，而六爻亦无全吉者，惟初以慎之至乃得无咎。《彖辞》则言救过之道而即叹其大，皆圣人之慎言之也。

**【解说】**

《大过》卦所说的大过，指的只是超过平衡的事物，不指超过的程度。讲事物，《易》以阳为大，是说阳刚打破了平衡；不讲程序，则解决的办法就不是损阳补阴，恢复旧的平衡，而是扶阴助阳，追求新的平衡。这种解决办法是前进和提高式的，不是后退和降低式的。将阳刚打破平衡的卦义由抽象上升为具体，可以理解为君强臣弱、国强民弱、政治强经济弱等。君强、国强、政治强是好事，不存在削弱的问题，关键是臣、民、经济能相应强起来，从而阴阳相得益彰。卦中六爻显示了这种解决办法，阳爻居阴位意味着扶阴，结果就好；否则意味着不重视平衡，就不好。

**【原文】**

大过：栋挠。利有攸往，亨。

**【解义】**

此卦巽下兑上，卦体四阳居中，用事阳气过盛，故名大过。卦辞言时当极盛，非材弱者所能胜其任，惟刚而得中，乃可以济过而有为也。

栋，今谓之檩；挠，弱也。

文王系大过《彖辞》曰：卦体四阳居中，栋之象也。上下两阴柔而无力，不胜其重，则委靡之才不克担当大事，有"栋挠"之象。必如卦之刚中，而巽悦善用其刚而不过，以是而往，则以大过人之才行大过人之事，必能通其时之变而克胜大过之任者矣，故"利有攸往"而得"亨"也。

盖人君之保邦，犹大匠之作室。大匠必得梗楠杞梓之材而后可成巨构，人君必得舟楫盐梅之佐而后可建大功。否则，用违其量，以杖为楹，以蒿代柱，将见栋折榱崩，覆压是惧，何以享莞簟之安乎？故曰：有非常之人乃有非常之事，荷重任者亦勉之而已！

**【解说】**

本节是说君王要想成就一番大事业，就必须要任用刚明贤能之人，而避免任用不能担当大事之萎靡之才。正梁壮大，有利于前进，必有所作为。

**【原文】**

《象》曰：大过，大者过也。"栋挠"，本末弱也。刚过而中，巽而说，行。"利有攸往"乃"亨"。大过之时，大矣哉！

【解义】

此《彖传》是释大过《彖辞》以明"大过之时",非有大过人之材不能济也。

大者过,谓阳过也;本,谓初;末,谓上;弱,谓阴柔;中,谓二、五。

孔子释大过《彖辞》曰:卦名大过者,《易》以阳为大。今四阳居中过盛,则世道有盛极将衰之渐,故为"大者过也"。

《辞》曰"栋挠"者,何哉?盖"大过之时"以一身任天下之重,犹屋之栋。然必赖阳刚之力足以维持之,而后无倾败之患。卦体初、上二阴本末皆弱,既不能自强其德以固其本,又不能力挽其失以扶其末,此其所以挠也。

又曰"利有攸往,亨"者,何哉?盖天下无不可为之事,惟患人无善为之道。卦体四阳虽过,而二、五得中,是强毅过人,固足以干事矣。而又出以时,措之宜,卦德内巽外悦,是思虑严审,固足以通变矣。而又行以和顺之美,卦有大过人之才如此,以是济时之过,则经纶有方,可以长保其盛而不至于衰,此其所以亨也。

夫惟有刚中巽悦之才,然后"利往"而得"亨"。可见非常之时必有非常之人,方能处之而有济。"大过之时"岂不"大矣哉"?

夫"大过之时",何时也?正天地平陂之会,帝王升降之关,所谓弥纶经纬。古今极大事业如尧舜之揖让,汤武之征诛,然亦不过顺时而为之,并未于时外创造一事,否则宁传子不传贤矣,宁守节不达节矣。后世君臣喜功好大,但见外之有余,而不量中之不足,罄民财而不惜,竭民力而不止,以至倾败而不可救。此秦皇汉武之贻悔无穷也,当斯任者其可漫然处之哉?

【解说】

本节是说何为"大过",以及解决"大过"的途径和结果。"大过"是指阳刚超过了平衡的界限。"刚过而中"是说明解决"大过"的途径:阳刚超过了平衡的界限却又居中主事,又能够抓住适宜的时间顺应形势,并且思虑严谨地采取适当的方法以实现新的平衡,促进形成新的大发展。

【原文】

《象》曰:泽灭木,大过。君子以独立不惧,遁世无闷。

【解义】

此《象传》是言君子观大过之象以自纯，其无忧惧之心也。

泽灭木，谓木在泽下也。

孔子释大过《象》曰：泽本可以润木，乃至浸灭乎木。泽，水之大过也，故为大过之象。君子体之，而有大过人之行焉。彼独立而人不我辅，人多惧心。君子当为则为，虽一国非之而不顾，天下非之而不顾，又何惧焉？不惧则过人矣！"遁世"而人不我知，人多闷心。君子以道自乐，不以非分之富贵易我不去之贫贱，又何闷焉？无闷则过人矣！此非见之甚真，守之甚定，学术操守卓绝乎人者不能，君子之异于人若此。

昔人谓独立不惧，巽木之象，周公以之遁世无闷，兑悦之象，颜子以之然。周公、颜子非强致而然。周公之处常也，夔夔然存恭敬之心，故遇变也，几几然无祸患之虑，惟其知惧而后能不惧也。颜子之居心也，不以箪瓢改其乐，故处遇也，不以屡空动其中，惟其乐天而后能无闷也。是以君子不治境而治心，不求世而求己。

【解说】

本节《象传》是说君子在面对"大过"之象时应该如何去做。大泽淹没树木，平衡被打破，君子要巍然屹立、毫不害怕、敢作敢为以求实现新的平衡。或者在条件还不允许发挥作用时，离职隐居，内心不烦闷，做到心安理得，不怨天怪地。

【原文】

初六：藉用白茅，无咎。

《象》曰"藉用白茅"，柔在下也。

【解义】

此一爻是言初能过慎以自全而安柔下之义也。

白茅，物之洁者。

周公系大过初爻曰：初以阴柔居巽之下，过于畏慎者。凡图事济时，处之至安而常怀不安之虑；居之甚全而恒凛不全之心，犹物之错于地而必藉以白茅者然。夫"茅"之为质最柔，"白"之取义至洁。以柔顺居其德，而以精白励其心。慎斯术也，以"往"可以常保其安而无过咎，何由及之哉？

孔子释初《象》曰：初之"藉用白茅"者，以阴柔在下，上承四刚，势不得不过于慎，幸其能柔，则无矫率豪纵之气。在下则有沉潜精入之思，此诚慎而不失于过者也。

按：《象》言"独立""遁世"，非过亢也。见君子植节之伟，初言"藉用白茅"，非过谨也，见君子虑事之周。盖天下莫不败于轻忽，成于兢业。诚能心存畏慎，一举一动，必思出于万全，则何险难之不可平而纷错之不可理？可见欲建天下之伟节，未有不极天下之小心者也。

【解说】

本节是说君子考虑事情要周全，兢兢业业、万无一失，处在安定的环境下要常怀有一颗不安之心。只有虔诚顺从，才能取得阳刚的信任与支持，达到增强阴柔力量的目的。只有谨慎从事才能在解决大过的问题上建立功业。

【原文】

九二：枯杨生稊，老夫得其女妻，无不利。

《象》曰"老夫女妻"，过以相与也。

【解义】

此一爻是言二能用柔济刚而相与以成大过之功也。

稊，根也；老夫，即二；女妻，谓初也。

周公系大过二爻曰：二当阳过之始，其雄心壮气常足以偾事而有余，幸居柔得中，无应于上，而下比初六资初之柔以济其刚，自能固本而不拨，补偏而不废，以图事于有济者也。《象》之物则为"枯杨生稊"，而发生之有机；《象》之人则为"老夫女妻"，而生育之有赖枯而复荣，老而资少，过而不过者也，何不利之有？

孔子释二《象》曰"大过之时"，患人之不我与耳。今二之于初，如老夫之悦少女，少女之顺老夫，阴阳相与，何事不谐？岂复患刚之太过而不能成相济之功乎？

按：四阳居中，用事力厚势强，而不知阳太盛则阴竭，阴竭则不能以资阳。九二阳过之始，而初阴承之，相比亲切，犹可以济其偏而补其弊。为治者诚知此义，勿徒专事恢廓，恃其外之挥霍有余而虚怀，下人以求助其所不足，则可以集天下之益，而收天下之功矣。

【解说】

本节是说君子要做到刚柔相济。不仅要在性格上刚柔相济，在行为上也要注重刚柔相济。如何做到刚柔相济，即只有采取异常的行动和措施，才能使阴阳平衡，以此解决大过问题。

**【原文】**
九三：栋挠，凶。
《象》曰"栋挠"之"凶"，不可以有辅也。

**【解义】**
此一爻是言三过恃其刚而人莫为之辅也。

周公系大过三爻曰：九三以刚居刚而不得中，刚之过甚者也。以过甚之刚而当大过之任，是刚愎自用而违时拂众，必至倾败而一无所济，故为"栋挠"之象而凶也。

孔子释三《象》曰：所谓"栋挠"之"凶"者，以三刚强自用，视天下皆无可辅之人，人亦不乐进而辅之，盖知其势之必至于覆坏而不可以有辅也。

按：卦辞以二阴不能胜重，故曰"栋挠"。九三过乎阳而仍"栋挠"之象，且加以凶者何也？卦之"栋"以阴不足而"挠"，三之"栋"以阳太过而"挠"，不足者犹可辅，故不言"凶"。太过者难为助，其凶必矣。宁嬴论阳处父曰"刚而主能，怨之所聚"，夫刚则难亲矣，而又主能焉，是"訑訑之声音颜色拒人千里之外"，忠良之士日退，谗谄之人日进，未有不凶于家害于国者也，是可为深戒矣。

**【解说】**
本节是说君子本身阳刚大过的危害。君子本身过刚，不重视阴柔，就无法实现阴柔相济。本身过刚拒人于千里之外，就会刚愎自用难以得到他人的辅佐与帮助，忠良之人就会离他而去，谗谄之人就会日益猖狂，于国于家都是危害很大的。

**【原文】**
九四：栋隆，吉。有它吝。
《象》曰"栋隆"之"吉"，不挠乎下也。

**【解义】**
此一爻是言四能胜大过之任，而不可昵于私应也。
隆，隆起也；下，谓初。

周公系大过四爻曰：九四居近君之地，当大过之任，以阳居阴，刚柔合德，而又处兑下，是能和悦君心，柔怀亿兆，何事不可为？何功不可建？如栋之隆起而得吉也。但济大过以刚为主，过刚而济以柔则可。今九四非过刚者，而下与初应，复以柔济之，则反过乎柔，不足以成天下之事，而为有它之吝矣。

孔子释四《象》曰：四之"栋隆吉"者，盖太刚则折，斯不足以任重，而挠乎下者有之。今四以刚居柔，过而不过，所以能胜重任，不至挠败而吉也。

按：九二比初则无不利，九四应初戒之以吝者，盖刚固不能不资柔以相济，而亦不可牵系于柔以害其刚，故于二既明其相济之利，而于四复着其牵系之害也。夫所贵大臣者，以其正色立朝，不可攀援，而后能仔肩天下之重。苟悦小人之柔媚而亲比之，其不为所连累而自损功名者罕矣！可不戒欤？

【解说】

本节是说君子应该刚正不阿，光明磊落，以"正色"立于朝廷之上，不应该为了取悦小人而进献谄媚，毫无立场地攀援谗佞。这样方可担当大过之任，和悦君心，柔怀百姓，如此则事可为、功可建。否则会为小人所连累而自损功名。

【原文】

九五：枯杨生华，老妇得其士夫，无咎无誉。

《象》曰"枯杨生华"，何可久也？"老妇士夫"，亦可丑也。

【解义】

此一爻是言五当"大过之时"，比于阴柔之小人而无足与有为也。

老妇，谓上六；士夫，即九五。五在上六之下，少于上六，故曰"士夫"。

周公系大过五爻曰：五以阳刚中正而居尊位，宜足以胜大过之任矣。然下无正应，无与共成大过之功；而上比过极之阴，其所近者皆庸懦之臣，柔弱之士，其不能相济以有为。可知《象》如"枯杨生华"，上虽华秀，无益于枯也。老妇士夫，非其匹偶，终不能育也。虽一时无挠败之咎，而当大过之时，君亢于上，臣靡于下，以是为济过之道，宁有誉乎？

孔子释五《象》曰：枯杨不生稊而生华，旋复枯矣，安能久乎？是不能实心任事，而国本先摇也。老妇而得士夫，生育无基，宁不可丑？是将见谄谀成风而终于可羞也。

按：君之有贤臣，如车之有轮、鸟之有翼。车无轮不可行远，鸟无翼不可高飞，君无贤臣何以建不拔之基、流无穷之誉乎？大过九五专为有君无臣而言，然自古为治未有借才异代者，亦顾用之何如耳？知之极其明，位之极其当，循名责实以考其成，信赏必罚以鼓其气，则人人兴事赴功，贤者以奋，不肖者以勉，苟有一长，莫不乐为朝廷之用，而何至有乏材之叹哉？

## 【解说】

本节是说君王治国应任用贤能之臣，不该任用庸懦之臣、柔弱之士。君王位居尊位，当可胜大过之任，但是如果没有贤能之臣的辅佐，周围只有庸懦之臣、柔弱之士，犹如老妇配少夫一般毫无作用。庸懦之臣、柔弱之士不能实心任事，这样国本就会动摇，于国有害；君有贤臣，如车有轮，鸟有翼，能够巩固国基，于国有利。

## 【原文】

上六：过涉灭顶，凶，无咎。

《象》曰"过涉"之"凶"，不可咎也。

## 【解义】

此一爻是言天人交困之日，惟当尽力之所能为，而不可以成败论也。

过涉，勇于涉也；灭顶，水没其顶也。

周公系大过上爻曰：上以阴柔而处过极之地，是当国事艰难之秋，既不敢委于时势之不可为，又不敢量其才力之不能济，真所谓竭忠尽智以死继之者也。《象》如勇于涉水至灭顶而不悔焉。此殆以身殉天下之事而有凶矣。然其心存效节，志在成仁，无愧于见危授命之义，又何咎焉？

孔子释上《象》曰：君子幸而成天下之事，当论其功；不幸而殉天下之事，当谅其心。上六"过涉"之"凶"，事虽不济，而其心则已尽矣。后之尚论者，宁可以其不能济而追咎之乎？

盖大过之极，非有大过人之才不克济。上以柔正之德而遇极否之时，任过其力，至鞠躬尽瘁之死而靡悔，于事则凶，于义则无咎也。夫大过本行权之事，而圣人特发守经之义于上六，此义明而孔光、冯道之徒不得借明哲保身之说，以文其偷生卖国之奸矣。

## 【解说】

本节是说君子在天人交困之际，也当竭尽全力而为，鞠躬尽瘁死而后已，不以成败论英雄；在国事艰难之秋，明知时势所迫不可为，明知才能有限不可济，也当竭忠尽智以死继之，心存效节，志在成仁。虽事未济，亦无可责备。

## 【原文】

☷ 坎下坎上

## 【解义】

坎以一阳陷二阴之中，是为坎陷之义。凡阳居阴之中者为陷。"坎"，水也。陷者，水之体也。坎为险难之象，所谓时值艰危，虽圣人亦处无可如何之势，其能自必者惟心耳。

《象传》所言"刚中有功"，乃教天下以存心诚信为出险之法也。六爻中如二爻之"小有得"，则尽其道而不遇其时者也。四以忠信善道结于君心，臣之能竭诚以勤于下者也。五以阳德居尊而时将出险，君之能刚中而运于上者也。若夫初之深入于险，三之陷于两坎，上之终极于险，是时势既值其穷，而才德又不足以济，欲以平大难而救大艰岂有济乎？

盖天下不能无险阻之时，圣人贵有出险之用，惟秉阳刚中正之德因时措宜，天下有事则定密策、决众疑，以成拨乱返正之功。天下无事，则画郊圻，固封守，以裕思深虑远之略，必深宫尝尘险阻之虞，而后薄海乃有磐石之固。此所以坎卦至险，而卦辞必言出险之道欤。

## 【解说】

《坎》卦由两个三画坎卦叠置而成。显示重重险难，但重点提示的还是度过险难的原则。首先，应坚定信念，树立脱险的信心。《象传》说"水流不盈"，喻为应像流水那样，不怕曲折磨难，坚决流向大海。其次，化信念、信心为实际行动，卦辞提出"行有尚"，说明脱险靠的是积极行动，不能有侥幸心理。再次，爻辞显示行动要因时制宜，不能急躁冒进。纵观全卦，卦辞立足于藐视险难，临危不惧；爻辞立足于重视险难，认真对待。

## 【原文】

习坎：有孚维心，亨，行有尚。

【解义】

此卦上下皆坎，一阳陷于二阴中，为坎重之又得坎焉。陷益深而险益重，故名"习坎"。卦辞言处险之道惟以孚信居之，则心有主而成出险之功也。

习，重习也；坎，险陷也。

文王系坎《彖辞》曰：人当重险之来，是身已入乎险中而不得免者也。所可得而自主者，心耳。卦体阳实在中，为"有孚""心亨"之象，则中有孚信，而于坎险之内炯炯不昧者维此一心，是心之实处即是心之通处，祸至而不摇，变来而若适，而心亨矣。夫心既亨通，则险阻之境皆吾顺行之境，而何险之不可出哉？是在险而尚于行，而不至终于险中也。

《周易》上经以乾坤始，以坎离终，坎得乾之中爻，故中实而为诚。离得坤之中爻，故中虚而为明。诚则心有定主，而利害得丧不得而入之。明则内无偏执，而是非毁誉不得而汨之。故中实者坎之用，中虚者离之用也。体《易》者因坎离之中而悟诚明之妙用，古圣人之心学实在于此，徒为出险云乎哉？

【解说】

本节是说君子在重重险难的环境中，只要做到真诚自信、内心有主，前进就会得到尊重，就会脱险立功。人遇险境，是身入险境而不得免，而"可得而自主者"，是内心。因此诚则心有定主，心如亨通，则险阻之境皆是顺行之境。

【原文】

《彖》曰"习坎"，重险也。水，流而不盈，行险而不失其信。"维心亨"，乃以刚中也。行有尚，往有功也。天险，不可升也。地险，山川丘陵也。王公设险以守其国，险之时用大矣哉！

【解义】

此《彖传》是释坎《彖辞》以明处险之有道而后可以出险也。

刚中，谓二、五。

孔子释坎《彖辞》曰：卦之名为"习坎"者，以卦体上下皆坎，是为重险。险不重则彼险此平，人情尚可趋避，"习坎"则远近无可避之地，智愚无自脱之人，而圣贤之作用见焉。

卦辞所谓"有孚"者，以坎象为水，水体内实而有常，故其流也，足此通彼,不至盈溢妄行,此即其信也。其信无论行于地中,有常而不变,即至行乎险阻而不盈如故初,何失焉?彼人之处险而信义不失者,何以异此?故曰"有孚"也。"维心亨"者,以二、五刚而在中,则刚实无伪心,有主宰,自能通达无碍而亨也。"行有尚"者,以其刚中之才而往,则至诚感孚,行无不达,自能芟除大难而有功也。

夫处险则思出险之方,而用险还为防险之道。天之险高不可升是也,有无形之险矣。地之险山川丘陵是也,有有形之险矣。王公法天险之无形,设为法令制度,以防其未然。法地险之有形,设为城郭沟池,以制其已然,而以守则固,国是以宁。皆因险之时以成险之用也,顾不大矣哉。

按:信与刚中,是明处险之道。设险守国,是明用险之方。处险有其道,则义命自安,虽居患难之中,无入而不自得。用险有其方,则形便已据,虽有卒然之虞,预备而可无患。然山川城池特设险之一端耳。若夫尊卑之等,贵贱之分,明等威异物采,凡所以杜绝陵替,限隔上下者,此诚体险之大用,而所谓地利不如人和也。用险者尤宜留意欤!

【解说】

本节是说君子处于险难境地也不该丧失脱险立功的信心。陷入危险之中,也要像水永远流动那样不停留在一处,虽然征途险阻但却不丧失入海的信心。君子处于险阻之中而内心亨通,按照积极、慎重的原则就能走出险境。艰难险阻虽能带给人巨大危害,但反过来也能够为人所用,用来设置城墙、关隘,守卫国家,由此可见险阻的功用有时也是十分巨大的。

【原文】

《象》曰:水洊至,习坎。君子以常德行,习教事。

【解义】

此《象传》是言君子法习坎之义,而得治己治人之道也。

洊至,流而不息也;常,久也。

孔子释坎《象》曰"水流洊至",两坎相习之象。君子体之,取水之有常,"以常德行",必思所以茂正三德,崇修六行,而学之不厌,则理义熟于身心,而治己之功备矣。取水之洊习以"习教事",必先使之既安其教,又服其事,而诲之不倦,则政令熟于观听,而治人之道毕矣。皆洊习之义也。

从来险难皆起于人事,故治己治人为有天下之要务。德行不常,则有初鲜终，私欲横起，遇险而不能自持者有之矣。教事不常，则始勤终怠，奸宄萌生，当险而不能肆应者有之矣。然人君必先慎修于上，日就月将，而后海内回心向道，风移俗易，不待势制威禁，自然相观而化，则治已又为治人之本也。

**【解说】**

本节是说君子在重重险难的境地之中也要做到信念坚定、熟悉政教事务。保持美好的品德行为、信念坚定方可遇险不惧，熟悉政教事务、经验丰富方可沉着应对。

**【原文】**

初六：习坎，入于坎窞，凶。

《象》曰"习坎入坎"，失道凶也。

**【解义】**

此一爻是言处重险之下而失济险之道也。

窞，坎中之陷处。

周公系坎初爻曰：初本阴柔之质，无济险之才，处重险之下，无济险之势，上无应援，无济险之人，是其志气昏愚，所为拂乱，非徒不能出乎险也，惟益陷于深险耳。为在习坎之中，而又入于坎窞之象，如是则坠于重渊，载胥及溺而已，其凶可知。

孔子释初《象》曰：惟阳刚乃可以出险。初以阴柔而居习坎之下，是失其阳刚之道，而其陷益深矣，所以有"入于坎窞"之凶也。

盖平陂之形虽在于世，而趋避之方则操乎我。故最凶莫如坎之初，而圣人示之曰"失道"。可见虽在重险之下，非无出险之道，乃人自失其道而后至于凶，此君子之所为恶居下流也。

**【解说】**

本节是说有重重险阻而且陷入险境的深渊，而又背离处理危险的正确原则。如此还想侥幸逃脱，只会越陷越深，坠入深渊。

**【原文】**

九二：坎有险，求小得。

《象》曰"求小得"，未出中也。

【解义】

此一爻是言二身处险中，虽具刚中之才，而仅足小有济也。

小得，言未大也；中，谓二阴之中。

周公系坎二爻曰"二"当坎险之时，陷于上下二阴之中，乃至险之地，有险者也。幸以刚居中，是有孚心亨之人而肩济险之任，宜若可出险而无难，然处势艰难，人情阻拂，当此者仅可小有所得以为出险之地，若欲遽进以求，出乎险则将至于三之来往皆险，而入于坎窞而已。

孔子释二《象》曰：所谓"小有得"者，非"二"之才德不足以济险也，以一阳方为二阴所陷在险之地，是时尚未能出乎险中而不可大有得也。

大抵气数一定，虽圣人不能与之争，然具刚中之德，处险阻而得其道，则气数亦不得而终困之。曰"小有得"者，非贪苟安而已，遵时养晦，见可而进，其亦有不得不然者乎？

【解说】

本节是说君子临险应该自信、沉着应对。陷入险境，应该采取小而有效的方法脱险。临险能自信、沉着，作风稳重而不侥幸一步出险，则能脱离险境。

【原文】

六三：来之坎坎，险且枕入于坎窞，勿用。

《象》曰"来之坎坎"，终无功也。

【解义】

此一爻是言"三"上下皆险而无济险之才也。

来，谓就下；之，谓往上；枕，倚着未安之意。

周公系坎三爻曰"三"以阴柔不中正而履重险之间，是以委靡之质而当大难之冲，其进与退，皆无足据者也。来亦遇坎，之亦遇坎；来下则入乎险之中，之上则如枕重险焉。所处如此，则前后皆险，举足蹈危，必入于坎中之窞而不能出也。祸患已深，虽"来"与"之"，安所用哉？

孔子释三《象》曰：所谓"来之坎坎"者，"三"之心岂肯终于坎哉？特以其阴柔不中正，虽处平易尚难克济，况履险乎？徒见其憧憧往来而终无出险之功也。

按：险为陷人者也，而"三"之阴自陷险中，至于局天蹐地，进退维谷。嗟乎！阳之陷也，犹可小得既平；阴之陷也，一败涂地而已矣。彼陷人者徒自陷耳！可不惧哉？

**【解说】**

本节是说君子陷入险境之中，如果前后左右都有危险，那么就不要有所行动而应该等待时机，不等待时机就不能成功。

**【原文】**

六四：樽酒簋贰用缶，纳约自牖，终无咎。

《象》曰"樽酒簋贰"，刚柔际也。

**【解义】**

此一爻是言"四"居济险之任，惟忠顺以事上也。

樽，以盛酒；簋，以盛食；贰，益之也；缶，即酌器也，为樽之副；牖，室之受明处。《象》曰"樽酒簋贰"之"贰"疑衍。"刚柔"，指"四"与"五"。"际"，即"交际"之"际"。

周公系坎四爻曰"四"以阴居柔下，无应援，非能济天下之险者。但以其身居大臣之地，而当险难之日，则上之倚毗于己者倍切于常时，故必去虚文，捐形迹，惟益励其忠实之心以为事君之本，而其进结于君也。又必因君之所明以祛其所蔽，庶不至任质而疑于戆也。为"樽酒簋贰用缶，纳约自牖"之象。如是则君必信吾心而用吾言，以济其险也。夫岂有悾悾为忠益而反以为咎乎？终必无之矣。

孔子释四《象》曰：所谓"樽酒簋"者，盖以险难之时，非诚实不足以固其君臣之交，故"五"以刚而下交乎臣，"四"以柔而上交乎君。则精神相通，形迹俱捐，刚柔自是相际而成济险之功矣。

按：君臣相遇自古为难，而"四"与"五"，不事多仪，即可交合者，盖时当无事势分之相隔，故君臣之合，常见其难。运值多艰，缓急之相须，故君臣之合偏觉其易。"四"与"五"在险难之中，刚柔相济，臣固切于上交，君亦勤于下接，宜其作合之易也。方之在昔，肃宗之于李泌，德宗之于陆贽，庶几似之。然贽从其君于多难之日，计无不从，及祸患浸平，一抗直言而遽罹斥逐，岂其有乖"纳牖"之道乎？信乎，君臣之合似易而实难也。人主诚深念乎此，则其臣自不至信而被谤，忠而见疑矣！

**【解说】**

本节是说君臣之间应如何合作。君臣之间刚柔相济则可坦诚往来，臣下要态度诚恳，从易于明白的事理方面入手表达自己内心的真实想法，以此来开导君王，这样做就会无过。

【原文】
九五：坎不盈，衹既平，无咎。
《象》曰"坎不盈"，中未大也。

【解义】
此一爻是言"五"才足济险，而又有出险之机也。
衹，抵也；中，谓刚中。
周公系坎五爻曰"五"在坎之中，未离乎险者也。然以刚中之才而居尊位，其才其势，俱足以济险而又时将出险，则有可济之会，是以"有孚心亨"之君而肩济险之责，必渐至于险者使易，危者使平，犹坎陷之中虽未至盈而出，然已至于平而将盈矣。夫险患其不平耳，既平则险必可济，又何咎之有哉？

孔子释五《象》曰：天下之险一日未去，则人君之德一日未大。"五"之坎尚不盈，时为之也。其未大者，乃时之掩乎中，而非中之不足济乎时也。

按"二""五"皆有刚中之德，可以出险，而"二曰坎有险"，"五曰坎既平"者，盖险有能济之道，又有将济之时。"二"在下坎之中，德虽具而位未隆，是以犹为重险所困也。"五"在上坎之中，德位俱隆，而时亦将出重险之外矣。要之，时不可必，而道当自尽，此所以必"有孚心亨"而后行有尚也。可不勉欤！

【解说】
本节是说君王处于艰险之中即将脱险还尚未脱险，但因为有刚中之才并位居尊位，因此有能力脱离险境。还未脱险只是由于脱险的努力还没有达到极限，因此在险境之中还需勉励。

【原文】
上六：系用徽𫄸，置于丛棘，三岁不得，凶。
《象》曰"上六"失"道"，"凶三岁"也。

【解义】
此一爻是言上居险之极而终于莫济也。

系，缚也；徽，三股索也；纆，两股索也；置，拘也；丛棘，重险难脱之地，或谓即后世所云"棘寺"也。

周公系坎上爻曰：上以阴柔而居险极，是其才不足以济险，而又当存亡危急之秋，身在险中为险所陷，而终无出险之日者也。为"系用徽纆置于丛棘"之象。夫系之、置之，所处之困迫何如而至于三岁之久犹不得免，则陷溺之深，而凶可知矣。

孔子释上《象》曰：上六所谓"凶三岁"者，何哉？盖出险以阳刚为道，今以阴居柔，才弱莫济，全失其处险之道矣，宜其久而终至于凶也。

按：初、上二爻包坎体，四爻之外是六爻中陷坎之最甚者。然圣人视此，不以为天运之适然，而必责以人事之当然，故始终以失道徽之。若险未尝陷人，而人自陷，夫险者其勉人以自强之心可谓切矣。

【解说】
本节是说君王失道，对脱离险境既无信心又无能力，将长期面临凶险。

【原文】
☲ 离下离上
【解义】

离，丽也，以其一阴附丽于二阳也。又明也，以其中虚则明也。离为火，以火体本虚，丽于物，而始明也。《象传》释卦辞，惟在正以出之，而顺以成之，故成炳照万物之功。

六爻之中惟九三盛极将衰，有不能知止之戒。六二则言臣道之能将顺也。上九则言君威之能丕振也。初爻持之以敬，则无咎。四爻迫之以刚，则终凶。所为敬胜者吉，而太刚者折也。至于五爻能以忧危之心收大权而保天禄，此尧舜所以勤吁咈，而汤武所以勖铭诰欤？

按：文王序上经，始之以乾坤，而终之以坎离者，以坎得乾之中画，离得坤之中画，故坎离者天地之心也。坎藏天之阳，着明为月；离丽地之阴，含明为日。坎水主北方而司寒，离火主南方而司暑。月则司夜，日则司昼。自太极既判，两仪化育以后，凡水火日月之用，寒暑昼夜之运，莫非二卦之所包蕴，帝王体之以治天下，则裁成辅相之道以立。圣贤体之以治一身，则动静通复之理以明。洵乎易道之微，为能范围天地而不过矣！

【解说】
《离》卦所显示的附着关系，相当于事物之间相互依存、相互联系的关系，不过范围要广泛得多，如人与理想、人与专业方向以至人与身上衣服等等，都可包括在内。为了维护这种关系，以利于生存发展，卦中提出两条原则，即一要正，二要顺。所谓正，指联系、依存应有利于人类。当然，正的具体标准要因时、因事制宜，没有固定的框框。所谓顺，卦辞、《象传》用"蓄牝牛"做比喻，指当事双方应尊重、顺从"正"的原则。实际上顺也是正，是态度端正。爻辞显示，态度不正肯定会受到惩罚，轻则个人吃苦，重则受到武力镇压。

【原文】
离：利贞，亨。畜牝牛，吉。

【解义】
此卦上下皆离，阴丽于阳，附丽之义，故名为离。卦辞言附丽乎人之道，既贵于正，而又必出之以顺也。牛顺物，牝牛顺之至者也。

文王系离《彖辞》曰：凡人莫不有所附丽，未附丽之先交，不可妄投；既附丽之后，情不可乖隔，故遇合之始，必出之以至正而利于贞焉，则道德可以相赞，功业可以相资，何亨如之！然正易于相忤，又必谦卑以自牧，柔逊以相先，而处其至顺，如畜牝牛然，庶几在己无违，在人无拂，而得吉矣。此可见贞而能顺，则贞不失之激，顺而能贞，则顺不流于诣，此附丽之善道也。

按：离之为卦，一阴离乎二阳。阳者，君道；阴者，臣道。故多主臣丽君而言。然臣可以上丽乎君，君亦可下丽乎臣。为君者，黜邪佞、登忠良，慎之于始矣；而既得贤臣，则卑躬以隆其体，虚怀以尽其情，又极延揽之诚焉。此君之善乎丽臣也。为臣者，进以礼、退以义，谨之于初矣；而既事圣主，则将顺以昭其美，委曲以殚其忱，又极纳牖之道焉。此臣之善乎丽君也。三代以下，人主巍巍于上，百僚唯唯于下，君侧多狎昵之人，盈廷工谀媚之习，知此者鲜矣！欲求合夫丽之义，必交尽其正且顺而可哉！

【解说】
本节是说君待臣和臣待君之道。为君者要罢黜邪佞、任用贤良，对待贤良之臣要以诚信之心，谦恭逊让、虚怀若谷；为臣者要"进以礼""退以义"，谨慎恭顺、殚精竭虑。如此君臣合力，才能有利于发展、有益于社会。

【原文】

《彖》曰：离，丽也。日月丽乎天，百谷草木丽乎土，重明以丽乎正，乃化成天下。柔丽乎中正，故"亨"。是以"畜牝牛吉"也。

【解义】

此《彖传》是释离《彖辞》以明天地君臣各得其所丽之道也。

重明，主人君。言明而又明，明之不息也；"正"者，明得其正，不为苛察；柔丽乎中正，指六二言。

孔子释离《彖辞》曰：卦名离者，附丽之义也。推之人物，莫不各有所丽。故"日月丽乎天"，是物之成象者有以丽而明也。"百谷草木丽乎土"，是物之成形者有以丽而生也。大君者，位天地之中，而为天下之主，岂无所丽乎？将见人君智周万物，而行所无事，推见至隐，而不尚苛察，是重明以丽乎正也。由是一明无不明，一正无不正，百度惟贞，庶绩咸熙，乃化成于天下矣。是君之出治有以丽而成也。三才之各有所丽如此，此离之名所由取也。

《辞》曰"利，贞亨。畜牝牛吉"者，盖人君以重明之德作之于上，人臣当以忠顺之德附之于下。卦之六二"柔丽乎中正"，则是人臣丽重明之君也，不骄不亢，有恭敬之美，而又裁之以中行之以正，不流卑谄之私，惟中正也，则有贞之义矣，故亨。惟柔也，则有"畜牝牛"之义矣，故吉。盖惟君之重明，而后可以配天地。惟臣之柔正，而后能佐人君。此上下之相与有成也欤！

按：《程传》以重明丽正、柔丽中正，皆兼君臣言。窃谓重明即大人之继明，岂有臣之明而敢与君之明亢者？且二、五虽皆柔中，而五所居未正。二正而且中，则柔丽中正似专指黄离之臣为得也。盖人君一日万几，非重明不足以辨忠佞，非居正不足以式臣民，故专属之君。人臣仰事一人，非柔则失之专，而必至分君之明，非中正则失之谄，而不足以承君之明，故专属之臣如是，则明良会合心志一而功业成矣。

【解说】

本节亦兼君臣言。《解义》中"孔子曰"其实是对原文的解释：《离》卦的含义就是附着。人与物无不各有所附，日月附着于天，庄稼和草木附着于地。为君者，位于天地之中，为天下之主，虽有高度智慧也需要有贤明之臣的辅佐；为臣者要有柔和的性格与公正无私、不偏不倚的品德来辅佐君王。这样则会"明良会合心志一"而"功业成"。

【原文】

《象》曰：明两作，离。大人以继明照于四方。

【解义】

此《象传》是言大人自纯其明德之功，而光被乎世也。

作，起也；继明，以明相续也。

孔子释离《象》曰：上下皆离，明而重，两相继而起，重离之象也。大人法离，明相继之义，以缉熙厥德，则本体有纯一之休，以覃敷厥世，则四方无暗汶之气，在大人止自继其明耳。而文明之化所以照于四方者，已具足于大人明量中矣。离明之学，非大人孰能与于斯？

按：易卦大象或称君子，或称先王，或称后，惟离称大人。盖明明德者，大人之学也。继明，即明明德之义。此千古圣学相传之大原也。然离之所以继明者，由乾再索于坤，而得其中画六二，敬以直内，义以方外，则体用无不明矣。六五黄中通理，正位居体，则表里无不明矣。明兼体用，彻表里，则己之德明而即可明明德于天下，光辉所发无远不届，其照四方也宜哉！

【解说】

本节是说君王位居在上，要时时刻刻发扬自己的美好品德，使美好的品行布施于四方，要不断地用自身的光辉照亮天下人心。

【原文】

初九：履错然，敬之无咎。

《象》曰"履错"之"敬"，以辟咎也。

【解义】

此一爻是言人之不可易于处事，而当敬以持之也。

履，在下之象；错然，纷错之貌。

周公系离初爻曰：初以刚在下而处离体。刚德好动，则果于任事；离性炎上，则喜于丽人。是其急于所履，而不顾事机之纷错者也，故有"履错然"之象。

夫初在下而迹已动，动则失在下之宜而有咎也。然其刚明之才，若知其义而敬慎之，则心有主而动不妄，履错之咎，何自而至矣？

孔子释初《象》曰"履错然"欲动，而必以敬者，盖以初居离始，所履之善恶邪正纷错交进，莫知适从。敬则可以慎其所履而避咎耳。苟其敬之，虽"履错然"，庸何咎乎？

盖天下是非得失，本属一定之理。然有平时见之甚明，而临事忽迷谬者，此非不明之咎，盖明而不敬之咎也。圣人于未明者，教之以明；于已明者，教之以敬。假使致知、明善以后，不加以谨几慎独之功，则高明者之失足与卑暗者之妄行，何异乎？敬之一言通于六位，而特举初以概之，所谓必敬其初而后能敬其终也。

**【解说】**

本节是说君子刚德好动、敢于任事，但却也因为急于上进而步履错乱、横冲直撞、毫无章法，此时一定要牢记原则，即"心有主而动不妄"，谨慎小心，这样就不会有过错了。

**【原文】**

六二：黄离，元吉。

《象》曰"黄离元吉"，得中道也。

**【解义】**

此一爻是言人臣能以中正之道而上丽乎其君也。

黄，中色，文之美也；黄离，美之盛也。

周公系离二爻曰：二以文明中正之德，而上丽于文明中顺之君，是人臣之丽君也。将顺而济以匡救，浑厚而出以精明，所称臣道之最中者矣，故为"黄离"之象。当是时祇见其居中而运，绝无功烈之可见，而继明之主，德自昭化，成之美俗，自洽君，都臣俞，而四海从欲向风，大善而吉之道也。

孔子释二《象》曰：所谓"黄离元吉"者，盖黄中色也。二居中而丽五，是其所以事君者，皆得中道，而无过不及之差者也。惟其为道也，能合乎中道，故其为离也，有取于黄离，而元吉之效，诚非幸致矣。

按：六二之离，则其明也。黄，则其文也。文明由中道而发，则其明非一偏之见，其文皆至德之光，所谓美在其中，而畅四肢、发事业者也。重明之主，将以明照四方，化成天下，必有文明中正之臣，为之宣布于下，非如六二者畴克胜其任乎？

【解说】

本节是说君子的品德、品行合乎中道而没有过错,如此就能胜任贤明之主布教化行于天下,以光明普照四方的重任。

【原文】

九三:日昃之离,不鼓缶而歌,则大耋之嗟,凶。

《象》曰"日昃之离",何可久也?

【解义】

此一爻是言人当安常以贞遇,而戒徒忧者之无益也。

缶,常用之器。

周公系离三爻曰:以理言之,盛必有衰;以数言之,生必有死。此人之大常也。三居下体之终,是前明将尽,盛极将衰之候,故为日昃之离。当此时也,智力既无足恃,时会亦难强争,倘不安气数之常以自适,而戚戚于危亡之忧,以为旦夕莫保之计,如不鼓缶而歌,则徒"大耋之嗟",然竟何益哉?祇速之毙耳,凶之道也。

孔子释三《象》曰:离未至昃,犹或可久。既昃矣,则盛极将衰,何可久也?明者知其然,安常处顺,又岂足以为凶乎?

按:《传》曰:"有德则乐,乐则能久。孔子发愤忘食,乐以忘忧,不知老之将至。"卫武公年九十五,犹使人日箴戒于侧,作诗自励云:"借曰未知,亦聿既耄。"圣贤以及时闻道为乐,以永不闻道为忧。岂有教人以时数将尽,以乐消日之理乎?此爻之旨,亦言人之道德功业,返诸已者无憾,然后可居易以听其自然,所谓修身以俟之耳。非一无所用心,而徒委诸气数之谓也。

【解说】

本节是说物有盛有衰、人有生有死,这些都是自然之理、天地之道,是谁都无法改变的。君子在此之时如果过刚不中、杞人忧天、哀乐无常,就会对人际依存关系极为有害。因此只要发愤忘食、乐以忘忧、顺其自然即可。

【原文】

九四:突如其来如,焚如,死如,弃如。

《象》曰"突如其来如",无所容也。

【解义】

此一爻是言四以刚侵上，而不容于世也。

突如其来，言猝至也；无所容，言焚死弃也。

周公系离四爻曰：九四当后明将继，正天命重回之会，人心始向之秋，宜以顺而动，徐以定之可耳，而乃以刚迫之狭陋，前人之规，尽行一己之志，更张太骤突如其来如者也，则激而生变，而厉阶之作，灾必逮夫身矣。是固以刚自败者，其诸以火自焚者乎？焚则死，死则弃矣。

孔子释四《象》曰"突如其来如者"，四之过刚太锐，犯顺已极，宜其不戢而自焚，受祸既酷，而公论不予，天下之所不容也。

按：刚所以持正也。刚而犯上，不正莫大焉。居大臣之位而不避僭逼之嫌，其能逭不敬之诛乎？汉景帝谓周亚夫"意怏怏非少主臣"。史称霍光之祸萌于骖乘。此二臣者，才德出众，功冠一时，然皆不免突如之戒，以至殒身灭宗，故知牝牛之义。为人臣者，尤当三复也。

【解说】

本节是说大臣行为不正的程度与结果。臣子辅佐君王，如果一意孤行，"刚而犯上"，其结果必然会惹祸上身，为天下世人所不容。

【原文】

六五：出涕沱若，戚嗟若，吉。

《象》曰"六五"之"吉"，离王公也。

【解义】

此一爻是言五明于保位之义，而出之以忧惧之心也。

离，即丽也。

周公系离五爻曰：五以柔居尊，而丽乎中，有文明之德，可谓继明之善者矣。然处不得其正，而迫于上下之两阳，是主权将至下移，而国柄虑其倒持也。幸明德在中，故能反躬自治，而忧深虑远，既出涕沱若，而忧形于色。又戚嗟若，而忧闻于声。谨畏如是，庶君德克昭，奸萌潜杜，收主权而固天位，吉莫逾焉。

孔子释五《象》曰"六五"以君而下迫于臣位，亦殆矣。而言吉者，以其存忧畏之心，则所行自无乖戾之失，有以丽于王公之位，而永保天禄也。

按：多难可以兴邦，殷忧所以启圣。古之明主惕心危虑，兢兢若不自保，而卒能抑奸暴之志，收天下之权，皆自此一念致之也。不然六五为离明之主，何由至于出涕戚嗟乎？继明而戚与方蹶而泄，其得失正可恭观矣。

【解说】

本节是说君王虽居高位，但因为担心才德不足以维持正常的人际关系，因而自我悲伤。君王虽然才德不足，但是性格温柔、品德公正，而且身为王公，能够明察事理、知忧知惧，因此仍可"抑奸暴之志，收天下之权"，多难兴邦、殷忧启盛。

【原文】

上九：王用出征，有嘉折首，获匪其丑，无咎。

《象》曰"王用出征"，以正邦也。

【解义】

此一爻是言刚与明交济，故能行师而奠邦也。

折首，诛其首恶也；丑，类也。

周公系离上爻曰：上九以阳居上，在离之极，刚明之至者也。惟刚明则可以及远，故王者用此道以出征，则能戡乱止暴，以享有嘉美之功。然刚极则无所纵舍，明极则无所掩匿，苟不约之以中，则刚而失于过严，明而病于过察矣。故其出征也，但折取其首恶之人，而威自震；获匪其从乱之类，而刑不滥；既不至养奸以怙乱，又不至纵暴而寡恩。大憝斯拔，群心倾服，而共臻化成之治，又何咎焉？

孔子释上《象》曰"王用出征"，匪以黩武也，诚念邦之不正，由寇贼乱之耳。一出征而除暴止刑，乃所以绥正其邦国也。

按：继体之君尤重征伐之事。有扈之师启，所以承禹也。商奄淮徐之征，成王所以继武也。周公作立政，终之曰："其克诘戎兵，以陟禹之迹。"召公告康王亦曰："张皇六师，无坏我高祖寡命。"盖不如是，不足以奋扬威武，而救陵迟之渐。此正邦之王，必以出征为急也。后世上下苟安，口不言兵，甚至武备废弛，外宁而遂忘内忧者，亦独何哉？

【解说】

本节是说君王刚明并济，则能戡乱止暴，使四方咸服。但君王如果刚明过中，则"刚而失于过严，明而病于过察"，这样不仅不会令四方咸服，反而会招致四方的不满与反叛。因此只有做到刚柔并济、刑而不滥，这样才会达到"群心倾服""共臻化成之治"。

# 卷八

## 下经

【原文】
䷞艮下兑上
【解义】
咸，取义于感。感之深者，莫如夫妇。故上经首乾坤者，天地感而后有万物。下经首咸恒者，夫妇感而后有人伦也。

咸卦二少相交，夫妇之始。恒卦二长相承，夫妇之终。所谓家齐，而后国治，天下平也。咸以感为主，而其道则仍取乎以正相悦。《象传》极言感通之理，推而至于天地，圣人无不条贯而所以得亨者，则全在虚中无我，一本于人心天理之所固然。盖以我感人，而不存一感之念；以人应我，而不见一应之迹，斯感之正也。

六爻皆取象于人身，如初之咸拇，二之咸腓，三之咸股，六之咸辅颊，皆躁于感者，戒人之逐物而驰也。五之咸脢，则又无意于感者，戒人之绝物而处也。若四当心之位，为感之主，似乎可以感矣，然必守正则得其理，徇私则失其道，益可见感之不可有意以求矣。

盖天下之理，本有自然之感应，惟至诚乃可以服物。《系辞》所云："寂然不动，感而遂通天下之故也。"苟我无感人之诚，而即求人之应我，必致有违道干誉，谀闻动众之弊。是以为治之要，在于以实心行实政，而不徒尚仁言仁闻之名；为学之要，在于以实学励实行，而不可蹈虚誉过情之失也。

**【解说】**

咸卦的"咸"字，音、义均同于"感"，意思是交相感应。本卦的主旨在于以男女婚姻取象，进而泛论自然现象与人类社会的感应之道。卦辞首先讲交相感应如能遵循正道，必然万事通顺，好比男女爱慕的动机纯正，婚姻一定很美满。六爻爻辞接着以人体的不同部分取象，展现相互感应的不同情况及是非得失，从而揭示交感双方都应端正态度，戒急躁、戒盲动、戒盲从、去私心，更不能不由衷地说空话。所有这些，都可以看成是卦辞所说的正道的内容。

**【原文】**

咸：亨，利贞。取女吉。

**【解义】**

此卦艮下兑上，卦体兑柔在上，艮刚在下，交相感应。卦德艮止则感之专，兑说则应之至。卦象艮以少男下兑少女，皆有交感之义，故名为咸。卦辞言相感者不外一正，则感无不通也。

文王系咸《象辞》曰：君子通天下之志，必有所感，则精神往来，彼此交通，毫无间隔，故感则必亨。然所谓感者，又必自然而然，一出夫天命人心之正，勿杂乎私爱，勿役乎情欲，而利于贞焉。如取女者备六礼，先媒妁，无一端之非正，则非感以情，而实感以理，故吉也。

夫上经首乾坤，下经首咸恒，盖以男女之交，配天地之大义，为人伦之首，万化之原也。凡人处世，自一室至于天下，何所不感？何所不应？要其情之正不正，必自其最切近者观之，男女之际得正，则人心之所同悦；不正，则人心之所同耻。此生民秉彝之性，即天地万物之情也。尧之试舜，不先于五典、百揆、宾门、大麓，而必观厥刑于二女，以为家难而天下易。观其难者，处之得吉，则其易者可知也。孟子曰："身不行道，不行于妻子。"孔子曰："人而不为《周南》《召南》，其犹正墙面而立也与。"知此可以得取女吉之旨矣。

**【解说】**

本节是说君子要想通晓天下之志，要有所感应，精神互通。彼此交相感应，毫无间隔，就会人际关系和顺，万事亨通。交相感应，需要顺应自然、端正心态、坚持正道，不要有私心杂念。而男女能够如此的话，则婚姻必然也就吉利。

【原文】

《彖》曰：咸，感也。柔上而刚下，二气感应以相与。止而说，男下女，是以"亨利贞，取女吉"也。天地感而万物化生，圣人感人心而天下和平。观其所感，而天地万物之情可见矣。

【解义】

此《彖传》是释咸《彖辞》而极言之，以见造化、人事，皆不外于相感以正也。

柔，指兑；刚，指艮；天地感，谓气相通；化，气化也；生，形生也。

孔子释咸《彖辞》曰：卦名咸者，盖天地之间，无独必有对，有对斯有感，有感斯有应。咸也者，取其交相感之义也。

《卦辞》曰"亨利贞，取女吉"者，卦体兑柔在上，艮刚在下，是刚之气下感乎柔，而柔以气而应乎刚，二气感应以相与，此非造化感通之得其正乎？卦德艮止兑说，是我之感者，专一而不他；彼之应者，乐从而无强，此非人己感通之得其正乎？卦象艮以少男下于兑之少女，是男先于女，既不越分，而以少配少又不过时，此非男女感通之得其正乎？三者皆感无不通，亦无不正，所以"亨"而"利贞"，如取女则吉也。

试以感之理极言之，虽天地圣人，亦有然者。夫天地者，群物之祖也。天地以气感万物，阳嘘阴吸，默运其鼓舞之机，而物之同受是气者，或以气化，或以形生，举囿于乾始坤成之中矣。圣人者，万民之寄也。圣人以心感万民，神道设教，触发其固有之良，而民之同有是心者，无有乖戾，无有反侧，荡荡乎有和平之气象矣。夫天地感，感以正也，而万物化生，非感而通乎？圣人感人心者，亦感以正也，而天下和平，非感而通乎？不特此也，观此感，通于造化，则一施一受，可以见天地之情；观此感，通于万物，则相应相求，可以见万物之情。宇宙间无一非阴阳之迹，无一非感通之理，真情所达，殆昭昭然为天下之所共见矣。然则感之道不其大哉？此见天地之感，溥万物而无心；圣人之感，顺万物而无为。万物化生和平，即在天地人心；和平化生，即在圣人。人主诚能存理遏欲，养其太虚，无我之衷，则喜怒哀乐，自然发皆中节；礼乐刑政，自然施无不当。位天地、育万物，一心感之而有余矣。

【解说】

本节是说咸的意思就是交相感应。如青年男女，如果真诚相待，一个行为合乎礼，一个内心充满喜悦，并坚持了正道，那么婚姻必然美满。天地交感，因而万物化育生长；而圣人要以心感化万民，以道德感化人心，从而天下就会和平，如此再观察各种交相感应之象，就能了解万事万物的变化和发展情况了。

【原文】

《象》曰：山上有泽，咸。君子以虚受人。

【解义】

此《象传》是言君子之善受，能无我以通天下之感也。

孔子释咸《象》曰"山上有泽"，山之虚，受泽之润，有咸之象焉。人心不虚，乌乎受哉？故君子湛其心于澹定之初，廓其性于大公之天，随其所感，惟本吾心之虚以受之，亦如山之以虚而受泽也。其感通之妙，岂有二乎？

夫《彖》言感，而《象》言受。此见感应之理，惟在我心之能虚。然所谓虚者，循乎天理，而中绝意必固我之私，如无适无莫。而义之与比，不必信果，而惟义所在。《象》之虚，即《彖》之贞也。若舍贞而言虚，则是不以理为权衡，而此心漫无所主，必至熏莸杂陈，是非莫辨，未获受善之益，而先受不善之害矣。夫岂所以总一庶类，裁制万事之道乎？

【解说】

本节是说君子从相感相通的象征中得到启示：要宽容大度，广泛接纳并感化众人。

【原文】

初六：咸其拇。

《象》曰"咸其拇"，志在外也。

【解义】

此一爻是言事未来而有心思感，以着其将迎之私也。

拇，足大指；咸其拇，谓感于最下之象。

周公系咸初爻曰"初六"处咸之初，感于最下，事物未接而意见先萌，盖不能以虚受人，而有意于感者也，为咸其拇之象。虽所感尚浅，未着于形迹，然躁动之念，所不免矣。

孔子释初《象》曰"初六"所谓"咸其拇"者，何哉？盖志者，感之主也；感者，心之累也。初之志主于感，是心驰于外，而不专主于内，所以谓之"咸拇"也。

盖君子之心，廓然大公，物来顺应，苟事未至而预动一将迎之念，则在我先为物役，安能临事而不失其主宰，免于悔吝之乘乎？初之咸拇，感虽未深，而志在外卦之九四，见利者必忘义，徇人者必失己。圣人虽不着其占，而咎固在言外矣。

【解说】

本节是说君子虽有所感应，但感应尚浅。虽然感应尚浅，但既然有所应，终究要有所行动，如果这样的话，"见利者"就会"忘义"，"徇人者"就会"失己"。因此，这时应耐心静待事物的发展，不宜有所行动。

【原文】

六二：咸其腓，凶居吉。

《象》曰：虽"凶居吉"，顺不害也。

【解义】

此一爻是言二遇感而妄动，勉之以主静则吉也。

腓，足肚也，欲行则先自动，躁妄而不能固守者也。

周公系咸二爻曰"六二"，阴性，躁动是方感之时，不能物来顺应，而心即驰于物，如咸其腓之象。如是则虚明之体既泯，而处事将不胜其错乱矣，何凶如之？然幸有中正之德，本体未泯，若能反躁而居以静，则时行而行，时止而止，心无私系，而天下之事物，不亦应之而有余乎？

孔子释二《象》曰"六二"之"凶"而"居"则吉者，盖天下感应之理本有自然之妙。我惟返躁为静，顺其理之自然，而无所容心，则静固静，动亦静矣。不为事感所害，吉孰大焉？

按：止乎理而不迁曰居，从乎理而不拂曰顺，居非不动，不妄动也。心存乎理，虽酬酢万变，而其居自若也。顺非从外，不苟从也。心主乎理，虽独立不顾，而其顺自若也夫！然乃不失乎贞，不害乎感，而作止语默，莫非天理之流行矣。

【解说】

本节是说君子在交相感应的过程中要固守自己的特点，不要抢先交感交应。在交感的过程中不要主动、先动，主动、先动意味着对君主的不敬，会因此而招及疑忌并面临危险。因此只要是不先动、不妄动，就会逢凶化吉；顺从正道，就会避免灾祸。

【原文】

九三：咸其股，执其随，往吝。

《象》曰"咸其股"，亦不处也。志在"随"人，所执下也。

【解义】

此一爻是言当感而不能自主者，失感之贞也。

股，髀也，每随足而动；处，谓静守之意；下，谓卑陋之意。

周公系咸三爻曰"初""二"阴躁，皆欲动者也。"三"以阳刚之德，固宜其定性之学，有独至者矣，乃不能自守，而亦随之以动，心无定主，专于随人，为"咸其股，执其随"之象。如是而往，则中无所主，而以身为天下役，本原之地所丧多矣。吝孰甚焉？

孔子释三《象》曰"初"之"咸拇"，"二"之"咸腓"，其以阴躁而皆不处也，固宜所望者惟"三"之刚耳。今乃"咸其股"与之俱动，亦不能静守而处也，是可惜也。夫君子立志，其所执当超然自命，不与众动俱逐，而今乃志在随，人品之最卑者也，所执不亦下乎？此又可鄙之甚矣。

按：随之义，有以阴随阳者随之，六三上从九四，而随有求得者是也。有以阳随阴者，咸之九三下从六二，而执其随者是也。以阴随阳，则获上而得其志，理之正也。以阳随阴，是舍高而就卑，弃贵而从贱，志降身辱，其悖于理，不已甚乎？然则君子处世，可以知所自审矣。

【解说】

本节是说君子要注意不要固执地盲从别人。如果固执地盲从别人，这样叫作有错不改，其结果是"凶"。而如果随意地盲从别人，那么这就是志在降低自己的身份，如此则说明此人的思想水平太低了。

【原文】

九四：贞吉，悔亡。憧憧往来，朋从尔思。

《象》曰"贞吉悔亡"，未感害也。"憧憧往来"，未光大也。

【解义】

此一爻是言君子所以感人，贵以公而不以私也。

憧憧，求感之意。

周公系咸四爻曰：四之在咸，当心之位，感之主也。心之感物，贵于得正，而以九居四，嫌于不正，宜有悔矣。苟能虚中无我，大公顺应，非无感也。感而不役于感，非无应也。应而不系于应，是之谓贞也。由是事得其理，物得其序，何吉之不可得？而悔之不可亡乎？如不以理处物，而常以物役心，其感也，庸心于感也；其应也，庸心于应。是之谓"憧憧往来"也。则心有所系累，而情有所偏主，即凡朋类之从者，仅为思虑之所及。而举天下万事万变，其遗于思虑之外者多矣，安能以及远哉？

孔子释四《象》曰：天下惟不正而感，感斯有害。若贞则感于无心，意必固我，毫不为累，未有私感之害也。至于"憧憧往来"，不正孰甚焉？私意梗于中，则心既为所蔽，而暗昧又为所隘而狭小，岂得云光明广大乎？

按：咸六爻皆以人身取象，拇也，腓也，股也，脢也，辅颊舌也。各得其一体。惟九四当心位，心统百体，至虚至公，无所不感，无所不通。苟失其虚且公者，而"憧憧"狃于朋从，则心虽有统百体之名，其实亦块然一物耳，安在其能光大哉？先儒谓心犹镜然，居其所而物以形来，则所鉴自广。若执镜随物以度其形，为照几何？所以古今推大智者，必以先觉为贤。而小聪小察，或反至招欺而受蔽，殆以此夫。

【解说】

本节是说君子与他人交相感应，要贵在坚持正道、出以公心而非私心。坚持正道、出以公心与他人交往，就会"吉"，悔恨也会消失；如果心情急迫不安而又动机不纯地追求交相感应，则只能结交少数友人，虽然影响不大，但也说明是不懂得交往之感。

【原文】

九五：咸其脢，无悔。

《象》曰"咸其脢"，志末也。

【解义】

此一爻是言有心于绝感，而反失之者也。

脢，背肉与心相背者；志末，谓不能感物。

周公系咸五爻曰：人身五官四肢皆听于心，独脢与心相背而不能感。今九五适当其处，是乃有心绝物，而一无所感者，为"咸其脢"之象。如此则虽不能感物，无九四之贞吉，而未有私感，亦无"咸脢"之"凶"，"执随"之"吝"，仅免于悔而已。

孔子释五《象》曰：心之本体，以天地万物为量，五乃一心绝物，而以无悔为足，则置心于寂灭之地，失其能感之本体，其志抑末耳，何不进之于贞乎？

按：诸爻动而无静，惟九五静而无动，皆非心之正也。心体灵明，不可胶之使有，亦不可绝之使无。若专于绝物，而以无悔自足，则必流于释老之教，清静寂灭而后已，将经纶参赞之功皆可不设，而圣君贤相无所庸心于其间矣。其为世道之害可胜言乎？《象》曰："志末，正欲人反而求之本也。"然则其本安在？曰："贞而已。"

【解说】

本节是说帝王在位理应大展宏图，感动天下之人，而不应该自我封闭，既不去感人也不应人之感。如果无所事事，对万事万物无动于衷，那么这同帝王的身份是极不相称的。

【原文】

上六：咸其辅、颊、舌。

《象》曰"咸其辅、颊、舌"，滕口说也。

【解义】

此一爻是言感人以言，而无其实，所以为不诚者戒也。

辅、颊、舌，皆所以言者；滕与腾同，张口骋辞之貌。

周公系咸上爻曰：上六处兑之上，既工于媚悦，而居感之极，又专于私感，不能积诚动物，但以便佞口给取悦于人，为咸其辅、颊、舌之象。

夫有心于感非矣，况以言乎？感人以言非矣，况无实乎？凶咎不言可知矣。

孔子释上《象》曰：人之相感，贵于心志之诚，而不贵于言语之浅。今"咸其辅、颊、舌"，是至诚不足，徒腾扬口说以悦人，实德衰矣。如之何能感人乎？

按：言行君子之枢机，辞说岂可偏废？但言不由中而务为巧佞，以求悦世俗，则其辞愈工，其诚愈漓耳。然戬戬谝言之徒，虽不能以感人，而常足以惑人，往往颠倒是非，变置黑白，君臣父子、夫妇朋友之间，一受其欺，害有不可胜言者。此圣人之深恶夫利口也欤！

【解说】

本节是警戒君子不要只耍嘴皮子，不要只说空话，要以至诚的行为感动别人。言辞是君子的重要"枢机"，不可废却，但如果言不由衷而只巧言令色，言辞愈美就离至诚愈远。巧言令色之徒，不仅不能以诚感人，而常常迷惑人、颠倒是非黑白。君臣父子、夫妇朋友之间一旦受其欺骗，则危害至大。

【原文】

☰巽下震上

【解义】

恒与咸相次。咸卦上少女而下少男，以男下女为夫妇相感之始。恒卦上长男而下长女，男尊女卑，乃夫妇居室之正也。

《象传》则推其象而极言之，本诸天地，扩之于四时日月，验之于圣人，无非贞也，无非恒也。"恒"固以贞久为义，然必极其变化乃可以久。盖天地间之气运循环古今，来之随时制宜，惟有变化无穷之用，故能垂为万古经常之道。如胶执一定而以为可久几何，不至窒而不可行哉。

初爻执其常而不审其变，则持守未定，正而不恒。"四"则久非其道，恒而不正。"五"顺从而寡断，"六"过动而纷更，要皆不免于凶也。惟"二"以阳居下体之中，似当有悔而克内自省，察上应于"五"，故成久中之德，而悔不终悔，其即所为久于其道者欤。

盖恒之中有不易、不已二义，自其不易者论之，则穷天地、亘万古而不可变也。自其不已者论之，则寒暑错行，日月代明，而其变未尝已。君子体其不易，则确焉有以自守而厉其介石之心。体其不已，则奋焉有以日新而懋其迁善之益。斯恒道之所由立欤。

【解说】

恒卦说的是事物"恒久"之理。按照卦辞，"恒"有两方面的含义：一个是"不易之恒"，一个是"不已之恒"。前者不会变也不能变，后者则必须变，变了才能长久。就社会生活来说，"不易之恒"是指政治、经济、道德等方面所必须坚持的根本原则；"不已之恒"是指根本原则的实际运用，其特点是通权达变，因时、因地、因事制宜。要而言之：不变中有变，变是为了不变。这就是恒卦的精义，也是它所蕴含的辩证法思想。

【原文】

恒：亨，无咎，利贞，利有攸往。

【解义】

此卦巽下震上，是刚上柔下，有分之常；雷风相与，有气之常；以巽而动，有事之常；刚柔相应，有情之常。皆有恒久之义，故名为恒。卦辞言"道贵有恒"，而恒又贵以正也。

文王系恒《彖辞》曰：天下之理，惟积久则能贯通，若或作或辍，见异而迁，则事多扞格矣。人能守其恒心，笃信力行，则功之纯者理必得，居之安者动必臧，亨而无咎，固其宜也。然所谓恒者，非徒苟焉以守之而已，又必择其是非，辨其邪正，使其所久者，皆天命人心之公、圣贤中正之道，而偏端曲学不得参其间焉。然后以天下之正理，成天下之正功。本体既端，发用自裕，经纶参赞，无往而不利矣。

按：维皇降衷，若有恒性，即所谓贞也。自气质拘之于前，物欲蔽之于后，于是失其贞性而误用。夫心恒非所恒者有之矣，如杨墨佛老守"为我、兼爱、清净、寂灭"之说以终其身，可谓之贞乎？不可谓之贞，岂可谓之恒乎？是以君子为学，必恒以致其功，尤必贞以立其体，未有不贞而能恒者。先择善而后固执焉，可矣。

【解说】

本节是说君子贵在坚持正道，贵在有恒心。君子如能守其恒心，笃信力行，不见异思迁，那么时间久了就会融会贯通天下之理。而有恒心，能守其恒，并不是固守、盲目地守，要选择是非邪正，要坚持正道，坚持有一颗公诚之心，这样才会做到"无往不利"。

【原文】

《彖》曰：恒，久也。刚上而柔下，雷风相与，巽而动，刚柔皆应，恒。恒"亨无咎，利贞"，久于其道也。天地之道，恒久而不已也。"利有攸往"，终则有始也。日月得天而能久照，四时变化而能久成。圣人久于其道而天下化成。观其所恒，而天地万物之情可见矣。

【解义】

此《彖传》是释恒《彖辞》，而以恒道尽天地万物之情也。

终，谓充积之久；始，谓发用之端；得天，谓附丽于天也。

孔子释恒《彖辞》曰：卦之为"恒"者，以有常道而可久也。

盖卦体刚上柔下，高卑已定，名分之常也。卦象震雷巽风，动散相承，气化之常也。卦德巽顺震动，各极其用，人事之常也。又卦体六画刚柔相应，彼此相资，人情之常也。此"恒"之所以名也。

　　夫曰"恒"，固知其"亨无咎"矣。而又曰"利贞"者，言必利于正，乃为"久于其道"，离正，不可以言道也。不观诸天地乎？于穆不已，覆载无私，天地亦惟此经常不易之道，故恒久而不已，而况于人乎？以此见"恒"之必利于贞也。夫能贞，固知其久道矣。

　　而又曰"利有攸往"者，何哉？盖天下未有有体而不足以利用者。又不观诸天地乎？造化之理，动静妙于相生而会聚之极者，必禅之以发散之用，岂有终焉而不始者哉？夫天地之运，终则有始。如此况人道之贞，而安有弗利乎？此"贞"之后而必继以"利往"也。是可见恒者，道之常。而"贞"者，恒之道，夫固具于卦而显于辞者也。

　　然岂止于是而已哉？以"恒"之道而极言之，秉阴阳之精者，日月也。丽天以垂象，运行代明而不失其照之常，非"恒"之见于日月乎？分阴阳之气者，四时也。循序以错行，寒暑往来而不失其岁之常，非"恒"之见于四时乎？若夫圣人至诚无息，而治功悠久，天下化于其道而成俗，虽经权互用而总不失其道之常，非"恒"之见于圣人乎？即是恒久之道而观诸天地，则生成化育，常理不忒，而天地之情可见矣。即是恒久之道而观诸万物，则飞潜动植，常性不易，而万物之情可见矣。然则日月也，四时也，圣人也，其功不同，而同归于恒。天地也，万物也，其情不同，而同见夫恒。恒道其大矣哉！

　　按：天地得一以清宁，圣人得一以为天下贞。一者恒也，即贞也。天地一而不贰，则悠久无疆，化育万物。圣人一而不贰，则纯亦不已，配合天地。然圣人者，又三才之主也，故阴阳愆伏，民物夭扎，天地偶失其常，而圣人皆引为一身之咎，其必极中和之量，尽参赞之功，而后为久道化成之极致乎！

**【解说】**

　　本节是说"恒"意为长久。卦辞说亨通而无过失，利在坚持正道不变，说明规律不会变，根本原则是要坚持。卦辞说利在有所前往，说明事物是变化发展的。日月运行不停所以能长久照耀，四季因变化而能生成万物，圣人正确坚持恒久之道，有秩序的社会才能逐渐形成。观察分析这些现象之所以能够恒久，对于天下万物所具有的不变中有变、变中有不变的情形也就不难明白了。

**【原文】**

《象》曰：雷风，恒。君子以立不易方。

**【解义】**

此《象传》言君子能尽悠久之功，守定理以为恒也。

立，谓植立不移；不易，谓不背；方者，理之定向也。

孔子释恒《象》曰"雷风"，至变也而相与，万古不易。至变而有不变者存焉，恒之象也。君子体之，而有确然不易之道，即所谓"方"也。但常人始则柔懦不振，知之未必能立；继则持守不固，立之未必能久。惟君子择之极其精，而执之极其笃，虽日用化裁之，宜非拘守者可比，而中有定见，任万物之迁移不能夺其所主宰，与雷风之变而不变者一矣。

按：天下之至静者，莫如山，以山受泽而为咸，可见寂然不动者，正其感而遂通者也。天下之至变者，莫如风雷，而以为恒，可见变化无端者，正其常久不已者也。君子立此"不易方"之理，以化裁利用，恒非胶执，方为通方。人主诚能法雷风之象，虽酬酢万变，随时变易以从道，而中之所立，毅然有以自主，则刚柔协应，何难久道化成乎？

**【解说】**

本节是说君子要确立一个恒久不变的根本性的指导思想、指导原则。

**【原文】**

初六：浚恒，贞凶，无攸利。

《象》曰："浚恒"之"凶"，始求深也。

**【解义】**

此一爻是言求望乎上者过深，非惟无益，而反有害也。

浚，如浚井之浚，谓深求之也。

周公系恒初爻曰：天下有理本正，而势不可行者，当审势以自止。如"初"与"四"为正应，固理之常。然自"初"言之，情分间隔，未可深有所求；自"四"言之，好高不下，难以遽有所合。今初六阴居巽下，柔暗不自度量，而过以常理望人，不顾祸害，祇求深入，有"浚恒"之象焉。是虽所求者正，而疏远莫信，嫌隙易生，其凶宜矣，又何利之有？

孔子释初《象》曰："浚恒"之"凶"者，盖"初""四"相与之始，交浅，不可以言深，而乃遽以深相求，必欲其谏从计听，祗以取辱而已，此所以为凶也。

盖凡人既以正道自居，尤贵相时度势以行之，故必相与既孚，同心一德，然后徐进吾言，则言者不觉迂疏，听者自能虚受。倘疏逖初进，位卑言高，即使辞义凯切，非惟无益，而祗以取咎，虽一身之荣辱得丧不足恤，亦非君子信而后谏之道也。人亦鉴于"浚恒之凶"，而以至诚动之可矣。

【解说】
本节是说君子如果一开始就急于追求实现理想，那么欲速则不达；急切地追求恒久，必须要做到守正防凶，否则就没有好处。

【原文】
九二：悔亡。
《象》曰"九二悔亡"，能久中也。

【解义】
此一爻是言善反于恒者，终能因中以得正也。

悔亡，谓失之于初，改之于终。

周公系"恒"二爻曰：九二以阳居阴，本不正而有悔者，然幸其所居得中，是存心有常，本体不亏，即偶不出于正，特一时一事之过耳，终能善反以为功，因中以求正，自然内省不疚，无恶于志，悔不终悔而亡也。

孔子释二《象》曰"九二"宜"悔"而"亡"者，何哉？以其中而能久，是恒性常在，而本体之明有未尝息者，故能觉悟其非，而一反之于正，小疵不足以累其心矣，何悔之不亡乎？

按：贞者，恒之道也。此爻不言贞而言中者，盖恒之所贵者贞，贞之所贵者中。恒而非贞则失其恒，故四以久非其位而失禽，上以振恒而大无功。贞而非中，则失其贞，故"初"之"浚恒"以贞而凶，"三"之"承羞"以贞而吝，"五"之"恒其德"以贞而有"从妇"之凶。惟"九二"能久中，则无过不及之弊。中之所在，即正之所在也。程颐亦曰："中重于正，中则正矣，正不必中。"欲求"悔亡"之道，其可不勉于此哉？

【解说】
本节是说君子如果能够做到恒久守正不偏，合乎分寸，切乎时宜，那么悔恨就会消失。

【原文】

九三：不恒其德，或承之羞，贞吝。

《象》曰"不恒其德"，无所容也。

【解义】

此一爻言有德而无守者，深明不恒之咎也。

不恒其德，谓有德而变其守也。

周公系恒三爻曰：九三居得其正，固本有其德者。然有德而能有恒，则所存者正所操者纯矣。乃过刚不中，志从于上，见富贵功名而变易其守，是固执之功未深，不能久于其道，一节或亏，尽丧其生平，人皆贱恶羞之者众，贞而不恒可吝莫甚于此矣。

孔子释三《象》曰"三"有其德而不能有恒，则内愧于己，外愧于人；既为君子所必弃，又为众议所难逃，亦何所容于世乎？

盖理欲之辨易淆，而义利之防贵定。要必以贞固不移者励其志，纯一无间者致其功，而后取舍以明，存养以密，不至见异而或迁，故无歆羡畔援之心，而道岸可登也。有圣敬日跻之学，而昭假能久也。若夫内多欲而外施仁义，亦未体于有德有恒之义者乎！

【解说】

本节是告诫君子要长久地保持美德，贞固不移而守其志。如果不能长久地保持美德，朝三暮四、逢迎权贵，就会"内愧于己""外愧于人"，为君子所唾弃而又难逃众议，不为时世所容，必会遭到世人的鄙视而承受羞辱。

【原文】

九四：田无禽。

《象》曰：久非其位，安得"禽"也？

【解义】

此一爻是言恒非其道者，终无所益也。

周公系恒四爻曰：凡人必久于正道，斯内可以成己，外可以成物，恒而有益于得也。

九四以阳居阴，是所久者，皆异端曲学之私，非圣贤中正之道。反之身心而无益，推之事物而无功，犹田于无禽之地，其所得者，盖鲜矣。

孔子释四《象》曰：九四所以取象于"无禽"，何也？盖为期于成功，犹田期于得禽也。

今四久非其位，是不知所择，而恒非所当。恒于无禽之地而田猎，欲有所获，安可得乎？夫"三"当"恒"而不"恒"，是以可用之心不用于宜用之地，则移于外诱，遂失吾心之正，此所以鲜有终也。"四"不当"恒"而"恒"，是以有用之心竟用于无用之地，则偏于意见。究逾大道之闲，尤为重可惜。故学术之要，必以中正为归，而久于其道。圣人之恒与天地配，良有以夫！

【解说】

本节是说，如果长久地固守异端曲学，背离圣贤中正之道，就会于身心无益，于事无功，好比打猎没有收获一样。因此说做学术的精要在于要坚守中正之道。

【原文】

六五：恒其德，贞，妇人吉，夫子凶。

《象》曰"妇人贞吉"，从一而终也。"夫子"制义，从妇"凶"也。

【解义】

此一爻是言徒以顺从为恒者，失其刚断之宜也。

德，谓顺从之德；贞，即恒其德也。

周公系恒五爻曰：六五以柔中应九二之刚中，知上以任下为德，一于倾信其下，守之不易，是恒其顺从之德，而贞固不变者也。不知顺者，乃妇人之道，故在妇人，犹可获吉。至于夫子正位乎外，当以果决行之。若徒以顺从为恒，则志阻于逡巡，而事败于巽懦，凶莫甚于此矣！

孔子释五《象》曰"五"言"妇人贞吉"者，盖妇人无专制之义，从"夫子"以终身，故以顺从为正而吉。若夫子，则举宇宙四方之事，皆吾分内之事，而确然以义为断制，始无委靡不振之讥。使亦如妇人之从人，是以丈夫而从妾妇之道也，其凶不亦宜乎？

盖臣道犹妇道也，忠顺以事一人可也。君道犹夫道也，自当干纲独揽，而不可下移者也。苟徒以任臣为德，则偏信生奸，必致大害。如汉元之委任王凤兄弟，明皇之听信林甫、国忠是也。夫自古英君谊辟，非不勇于任人，而必有独断之德，以神其不测之权。其待庶僚也，既不可失于过严，使臣下无靖献之路；其御贵臣也，又不可失于太宽，使国枋有废弛之忧，则刚柔合宜，而"贞""恒"之道得矣。

【解说】

本节是说帝王治国应做到刚柔合宜。帝王对待臣下，既不可以过于严酷而使臣下战战兢兢、如履薄冰，亦不可过于宽松而使国基有松弛之忧。"刚柔合宜"，"贞""恒"之道就能得到了。

【原文】

上六：振恒，凶。

《象》曰"振恒"在上，大无功也。

【解义】

此一爻是言过动失恒之害也。

振恒，谓以振动为恒；凶，谓物欲盛而天性亡也。

周公系恒上爻曰：上六居恒之极，极则不常，又处震之终，终则过动。且阴柔不能固守，居上非其所安，忘贞正之德，而易生外欲之累，好为变迁，以振动为恒，则纷更反常，凶可知矣。

孔子释上《象》曰：上六以振恒而在上，则情以妄动而扰，性以逐物而亡，既不能有裨于身心，又不能有益于家国，不止无功，而且大无功矣。

夫天下时至而业起，物来而已应，岂有无故而自滋纷扰，以为常行之道乎？振而不恒，犹为一时之失；振恒而不在上，不过一身之害；惟振恒而在上，则喜功好大，轻躁妄动，不肯与天下相安于无事，而病国扰民所关甚巨，岂止学问之际有见异而迁、得半而怠之患也欤！如宋之王安石借经术之名，改易旧章，专事变更以误天下，殆其人矣！此用人者所当深察也。

【解说】

本节是说高居上位的人，如果想拼命地维护存在已久、固成不变的局面，不求变通，不愿革新，阻碍社会进步就必然会遭受失败，必将大为无功。

【原文】

☶艮下乾上

【解义】

遁为阴长之卦，二阴生于下，阴长将盛，阳消而退，当遁之时也。能与时行，而适得其宜，处遁之义也。

《彖辞》统言四阳，《象传》专言九五者，以五为四阳之统，善用其遁，而有致亨之道也。"遁"而后"亨"，所以戒君子。"小"必"利贞"，所以戒小人。正所以全君子也。

六爻惟四阳当遁，其下"初"与"二"本属阴爻，而爻辞仍主阳，而言"初"、言遁之几，贵早见。"二"言遁之志宜固守，与四阳同义，何哉？此见圣人于阴长阳消之际，为君子谋者至切也。至九五一爻，《程传》以为遁非人君之事，故不主君言。然古来智深勇沉，能善藏其用，为除奸反正之君，皆嘉遁而贞吉者也，遁之时义所以为大，不益可见乎？

【解说】

"遁"意为逃、隐、退避。《遁》卦阐述的是以退避、隐藏为特征的政治策略思想。它提醒君子在小人逐渐取得优势的封建政治环境中，必须暂时退避。卦中六爻代表君子因时制宜、灵活运用退避策略的不同情况。这有两大类型：一是"晦迹"，离开政治舞台；一是"潜光"，政治上不露锋芒。无论是"晦迹"还是"潜光"，都是为了等待时机，扭转形势。

【原文】

遁：亨，小利贞。

【解义】

此卦艮下乾上，邪道渐长，正人宜避，故名为遁。卦辞言君子当避小人，而又戒小人毋害君子也。

亨者，其道亨也；小利贞，言小人当存正道，不可恃势凌迫也。

文王系遁《彖辞》曰：君子之不能违者，时也。小人之不可越者，理也。此卦九五当位，而六二应之，似犹可以有为，但二阴浸长于下，有小人胜君子之渐，苟不稍为隐藏，则必身中其祸，故宜善自退避。形于外者，不使嫌隙之或乘，默为维持；主于中者，自得吾道之不屈。盖遁则能亨，不遁则不亨也。若小人凭浸长之势凌轹君子，虽一时若可得志，然终非小人之福。惟利正以自守，而勿侵迫于阳，乃得保其贞而无不利。斯为小人计当如此耳。

按：自古君子小人互为消长，君子往往以疾恶过严而不知遁，小人往往以比匿害正而不能贞，卒之君子既罹其灾，小人终亦不能自保，以至于两败。今卦象二阴已见，犹未及盛而逼阳；君子虽不可遽求退避，坐观阴长，然匡济之术固宜默运，而形迹之间尤贵善藏，使不至触小人之忌，而潜消其悍然害正之心。庶几上可以安国家，而下可以明哲保身也哉！

【解说】

本节是说小人邪道渐长，正人君子应该暂时退避，不要为小人所害。君子不应违背的是"时"，小人不可僭越的是"理"。在小人当道的情况下，君子如果不能隐藏自己的锋芒，疾恶如仇而不知退避，则会招致祸患；小人谋害君子，虽使君子罹难，但亦终不能自保，以致两败俱伤。君子虽然退避，但亦不可使小人得志，要等待时机，扭转形势，实行自己的匡济之术，上安国家、下明哲保身。

【原文】

《彖》曰"遁亨"，遁而亨也。刚当位而应，与时行也。"小利贞"，浸而长也。遁之时义，大矣哉。

【解义】

此《彖传》乃释遁《彖辞》以明君子因时而退之义也。

刚，谓九五；当位，以德而言；应，谓六二；时，谓二阴浸长之时。

孔子释遁《彖辞》曰：卦名遁，而辞又言亨者，盖时所当遁必遁而后能亨也。卦体九五当其位，而二应之。君子尚有可为之势，小人犹有顺承之心，似不必过为引避。然君子见几于未萌，防患于未然，当此时而退逊，自守正其志而不降志，恬澹为心，全其身而不辱身，迹不示异，心不求同，通乎时之运，用而与之偕行，所以亨也。又曰"小利贞"者，二阴浸长于下，其气日盛，必至凌逼君子，为害国家，不利不贞孰甚焉？故以利贞戒之也。

夫以九五当位，若可不遁，而在二阴浸长，又不可不遁。君子于此恝然遽去，固非忠爱之初心显与抗衡，又惧危机之自蹈必因时而顺，应守义以化裁，进退绰然，亨其道而并以亨其身，此其时义岂不大矣哉！

夫天地之不穷于"剥"，以其剥而能"复"也。世道之不穷于"否"，以其"否"而能"泰"也。君子之不穷于小人，以其"遁"而能"亨"也。惟"遁"故"亨"，此君子所以贵审时耳。盖"遁"者，"临"之反对也，二阳为"临"，则曰"刚浸而长"，二阴为"遁"，不曰"柔浸而长",而止曰"浸而长",诚以"刚长"可言,而"柔长"不可言也。圣人为世道计,为君子谋,至深且切矣!"时义"者,"时"在天,"义"在我,善自韬藏以俟时会,消息相须,既"遯"则必"壮",非达权而知变者其孰能与于斯乎?

【解说】

本节"孔子释遯《彖辞》"是对《彖传》的解说。在小人当道之时,退避尔后才能亨通。君子尚有可为之势,小人也有顺承之心,君子似乎不必退隐。但君子还是要顺应形势在政治上退避,防患于未然。小人当道,君子暂时退避,这是从消极方面坚守正道。说明君子要因时制宜地把握行为准则。

【原文】

《象》曰:天下有山,遯。君子以远小人,不恶而严。

【解义】

此《象传》是言君子守正远邪之道也。

孔子释遯《象》曰:此卦上乾为天,下艮为山。天体无穷,山高有限,若将远而去之者,遯之象也。君子体之,而得远小人之道焉。

君子之与小人不容并立,然其所以远之之道,初非过为恶厉以深拒之,惟严于自治,以礼义廉耻为立身之大防,以正大光明为处事之大本,毫厘不苟,尺寸不移,则一正足却百邪,小人自远退而不敢近矣。此"不恶而严"乃所以为真严也。夫峻以绝人之谓恶,庄以持已之谓严。惟严则德威可畏而人敬之,不恶则乐易可亲,而小人亦自感化。君子精义之学与时偕行,有遯之用而不见其遯之形,虽日与小人周旋而不害其为遯也。如谓耻与小人并立而必以远遯为高,则正人尽去,人君孰与相助为理乎?

【解说】

本节是说君子应该坚守正道而远离奸邪小人。君子远离小人,也不能表现得太过憎恶,但以礼义廉耻作为立身之防,正大光明地处事,还是要与小人严格地划清界限。

【原文】

初六:遯尾,厉,勿用有攸往。

《象》曰"遯尾"之"厉",不往何灾也。

【解义】

此一爻是见遁以早为贵而惕其不可有为也。

遁尾，言不能早避；厉，谓祸及也。

周公系遁初爻曰：君子与时偕行，时当可遁，即以早遁为贵。

今"初"居卦下，在遁为尾，众皆决去，彼独迟留，失事机之宜，而贾中伤之祸，危且不免矣，况欲往而有所为乎。惟奉身以退，静以待时可也。

孔子释初《象》曰：遁之机贵先不贵后，遁之理宜守不宜进，"遁尾之厉"以不能早遁而妄欲往耳。

若能早以晦自处而不往，则我不取灾，而灾何由至乎？此是君子当小人道长、职居下位时，既不可往而势又不能往，惟危行言逊，而静处以俟之，则藏其用于有待；既以得嘉遁之贞，处其身于无危，且以获肥遁之利。奈何甘为"遁尾"，率意躁进，以蹈"攸往"之灾也乎？

【解说】

本节是说君子在退避时要以早为贵，如果退避时落在最后，失去了退避的时宜，处境就会极其危险。君子应在不利的形势尚未出现而又必将出现时就退避，否则就会引起正在得势的小人的怨恨而陷入灾难。此时，君子不如停下来，耐心地等待合适的时机，切忌率意躁进。

【原文】

六二：执之用黄牛之革，莫之胜说。

《象》曰"执用黄牛"，固志也。

【解义】

此一爻是言执中顺之德以遁，见遁之守宜坚也。

执，谓执缚之；黄者，中色；牛者，顺象；革，皮也；说，解也。

周公系遁二爻曰"六二"，时值当遁，遂因时而退藏，守其中顺之德，决于必遁，执持甚固而人莫能解。犹执物者用黄牛之皮而莫之能说也。

孔子释二《象》曰：遁不以迹而以志，所志未固，则韬晦不深，系吝之私所不免矣。

今"二"之志确然不易，沉潜中顺，虽万钟于我无加；含章守贞，即三公不易其介。故爻言"执用黄牛"者，固守其与时偕止之志而不转移于外也。

盖君子处当遁之时，此身既已敛藏，此心尤宜坚忍。苟挟持未密而意气或形，此志遂为小人所窥，正恐执之者不坚，说之者纷至耳。诚能识坚力固，确不可移，则中顺之德在我，自有所以遁之之理；而固志之学在小人并不见所以遁之之迹。此其所为"不恶而严"也欤！

【解说】

本节是说君子虽然受到束缚留在政治舞台上，但也要守正不移，坚决不与小人为伍。

【原文】

九三：系遁，有疾厉，畜臣妾吉。

《象》曰"系遁"之"厉"，有疾惫也。"畜臣妾吉"，不可大事也。

【解义】

此一爻是言遁不宜有所系，而深鄙其不能决也。

系，谓有所系累而不能遁；疾，谓有损名之病；厉，谓有中伤之祸。

周公系遁三爻曰：九三当遁之时，下比二阴，是危邦已不可入，乱邦已不可居，而犹恋恋于利禄而不忍释也。为系遁之象。

以理之得失而言，有欲而不能克，此行之疵也，其疾宜也。以势之利害而言，遇患而不能去，此危之道也，其厉宜也。夫系恋之私，断非君子立身之大道，或用此"畜臣妾"，庶不嫌于比昵而可得其欢心耳。若以之当进退去就之间，如之何其可也？

孔子释三《象》曰"九三系遁之厉"者，言其有所系恋而不能遁，则阴害中之，必有疾惫也。然以之"畜臣妾"，则"吉"者，盖女子，小人。彼之事人者，原不过以阿谀取容；则我之结彼者，亦不过以私恩相畜。系与不系，无足重轻。若遁，则出处大事，千古之名节攸关，一身之利害所系，岂可以"畜臣妾"之道而处之乎？盖士君子一进一退，原有不可逾之大闲，稍识义理者皆能辨之，而身当其际往往濡滞而不决。此无他，其始也，鲜刚正之德，几先之哲；其继也，有因循之心，觊觎之意；其终也，贻身名之羞，致祸患之及。皆此"系"之一念累之也，可毋戒欤？

【解说】

本节是说君子受到牵制而不能退避、不能离开政治舞台，这就好比疾病缠身，正遭受危险，此时如能与小人处理好关系，亦可避祸。这时要注意善处小人，不可过问治理国家的大事，以免引起小人的猜忌。

【原文】

九四：好遁，君子吉，小人否。

《象》曰"君子""好遁"，"小人否"也。

【解义】

此一爻是言能绝富贵之念，而勇于遁者也。

好遁，谓舍其私好而决然以遁。

周公系遁四爻曰：九四下应初六，本有富贵之好，然其体刚健，能有以胜意念之私，而绝之以遁焉。

此惟以理制欲之君子，外不慕于纷华，内惟存乎道义，得遂其洁身之美，吉何如焉？若小人值之，则徇欲忘返，日役役于所好，而必不能遁也。

孔子释四《象》曰"九四"言"君子吉，小人否"者，盖营私之念尽人之所同，而制欲之功君子之所独。惟君子明于时之不可为，能绝所好而必遁；小人则牵于私情，何能以果遁乎？

夫君子小人，所异者其品，所分者其心，所辨者其义利邪正之介。故君子之好遁，必心性明，决机先，有坐照之神，而气节刚方，临事无依回之念，然后超然物累之表，所谓人各有志，不可以好爵縻，不能以荣名絷者也。人亦审于吉凶之际而勉为君子可矣。

【解说】

本节是说君子要有能够断绝富贵的坚决意念，勇于心安理得地退避。"营私之念"人皆有之，但是君子要能够"以理制欲"，于外要"不慕纷华"，于内要"存乎道义"，洁身自好，这样于君子为利，于小人为不利。

【原文】

九五：嘉遁，贞吉。

《象》曰"嘉遁贞吉"，以正志也。

【解义】

此一爻是言见几而遁，有审时合宜之道也。

嘉遁，谓遁合其宜；正志，谓所志者正。

周公系遁五爻曰：九五阳刚中正，而下应亦柔顺，似犹有可为而不必遁。然时则当遁而有不得不遁者，惟能灼于几先，与时偕行，而无濡滞不决之志，是遁之至嘉者，乃为得处遁之贞，而所处皆吉也。

孔子释五《象》曰：时当可遁，而或役志于功名，此心已为外物所移，志必不能正。然身处于遁，而或稍存其形迹，则此志必为小人所忌，遁亦不能嘉。今五之"嘉遁贞吉"者，以其先几而动，不蹈"遁尾"之灾，与时而行，自免系遁之厉，且可去即去凝然在中，而若不见其所守也。可速则速，澹然于怀，而并不见其所好也。盖能自正其志，则富贵功名不能动其念，故为嘉遁之贞吉耳。

按：阳刚以守道为要，故身退则亨。九五以扶阳为贵，故嘉遁则吉。君子诚能内存正志，而外与时宜，则匪独身名两全，而关于世道亦大矣。

【解说】

本节是说君子要在恰当的时刻退避，表现了好的志向。有人却放不开功名利禄，心已被外物所蒙蔽，那么他的志向一定不会正当，此时如果稍显迹象，就会被小人所猜忌，必不免于祸患。因此君子要做到"内存正志""外与时宜"，如此则会"身名两全"。

【原文】

上九：肥遁，无不利。

《象》曰"肥遁无不利"，无所疑也。

【解义】

此一爻是言超然物外者，所以嘉其自得也。

肥，谓处之裕如。

周公系遁上爻曰：明决不足者，当遁而不知遁。物欲系念者，可遁而不能遁。今上九阳刚有必遁之志，而又居外无应，不为世累故遁。自裕如有肥遁之象，处进退之间，随在皆优游之境也。历宠辱之交无入，非自得之机也，何不利之有哉？

孔子释上《象》曰"上九肥遁无不利"者，其心不为物累，无所疑虑故也。

盖人心有所疑于中，即不能决于外，而利害祸福之念撄之，斯进退出处之道失矣。此上九之无疑不同于九三之系遁，并不同于九四之好遁耳。

大约士君子出处之道，必视其所际之时与所处之位，不宜有一毫偏滞之心，可行则行，可止则止。上九之肥遁，亦顺其时与位之当然，如舜处深山之中与木石居，与鹿豕游，浩浩落落，其胸中之经纶自在天地间也。

此所谓肥遁者哉！

【解说】

本节是说君子退避时要做到超然物外、明决果断、当遁则遁，这样才会无所不利；如果心有杂念，就会"当遁而不能遁"。

【原文】

☳乾下震上

【解义】

大壮以阳长为义，卦体四阳长盛，故为大壮。卦德内刚外动，则又所以为壮也。《彖辞》恐其恃壮而不正，为处壮之人言；《象传》因大而许之以正，本致壮之德言。义相发明，总不外于一正，此利贞所以为善用其壮之道也。

以六爻言之，初与三皆以阳居，阳而不可为正者，好进而过于刚者也。五柔居中不能进，而失其壮矣。上柔居壮之终，不能壮者，而亦终用壮焉，皆非得其正者也。求其善者，惟二、四之贞乎夫。二与四皆以阳居阴，已不得其正，而以为"贞吉"，何也？二所处得中，能不失其宜，是因中以求正也。四惟以阳居阴，为不极其刚，是虽不正，而有可以得正之理，故均之为吉而悔亡也。审是，可以知用壮之道矣。

【解说】

"大壮"表示事物的强盛状态。本卦阳爻超过半数，显示阳刚势力大为强盛，应该积极行动，有所作为，譬如阳气动，则万物生长；帝王动，则臣民咸服。由此又引出一个如何看待强盛和运用强盛的问题。对此，本卦的回答是"正"。这样，大、壮、正三者结合，体现出自然界和人类社会的一种强大力量。大而壮者如果不正，势必任性横暴，成为邪恶力量；大而壮者如果能正，则能有益于天地之间，小而弱者归于正。何为"正"？就《大壮》卦来说，为尊重道德规范。落实到卦中六爻，则表现为谦和持重的精神风貌，反对自恃其壮而过于用壮。

【原文】

大壮：利贞。

【解义】

此卦乾下震上，卦体四阳盛长，卦德乾刚震动，卦象雷行天上，皆阳道方盛之势，故名大壮。卦辞言君子处壮之道贵得其正，不可恃势而妄动也。"大"，指阳壮盛也。

文王系大壮《彖辞》曰：卦四阳盛长，正君子得大行其道之时。然君子所恃以壮者，以理之正，非势之强也。苟或自恃其壮，则徇时妄动，既有以起人心之争，挟势自矜，更无以济天下之变，而小人反得乘间以中伤之，故必利于"守贞"。凡存心制事之间，一出夫礼义之正，然后得处壮之道，而可常保其终也。

按：复、临、泰，阳长于内，皆言"亨"。大壮阳自内而达于外，不言"亨"而言"利贞"者，圣人既深喜阳道之盛，而又恐过恃其盛或至轻动以取咎，故谆谆戒之以贞也。君子当此以刚正为立身之节，以敬畏为存心之要，言必中规，行必合矩，勿因亢激而失事机之会，勿执意见而伤众论之同，于以处盛势治休时，不亦协恭和衷，上下同心哉！

【解说】

本节是告诫君子处在阳刚方盛之势时，也坚守正道，不可恃势而胡作非为。四阳强盛正是君子大有作为之时，但君子所依恃的强盛是"理正"而非"势强"。君子在此时应有刚正的气节，并怀有敬畏之心，言行要规矩，不要恃强凌弱，如此则会上下同心。

【原文】

《象》曰：大壮，大者壮也。刚以动，故壮。大壮"利贞"，大者正也。正大，而天地之情可见矣。

【解义】

此《彖传》是释大壮《彖辞》，欲君子以理维势而常保其壮也。

大，指君子；壮，谓道大行。

孔子释大壮《彖辞》曰：卦名大壮者，卦体四阳盛长，气运方隆，君子则得时而行道焉，故大者壮也。然壮有盛势，而所以致壮则以德，卦德乾刚震动，是君子本天德之刚以动，毅然明道谊，立名节，既不屈于欲，又不靡于气，声势日昌，功业日盛，所以壮也，故名大壮。

然又曰"利贞"者，何哉？盖天下之道，阳正阴邪，阳大阴小，未有大而不正者也。君子既有其大，则所存者正，自不涉于偏私；所发者弘，莫不本乎义理。大者自正，不正不可言大也。如是而君子之正大，固秉于天地，天地之正大，实同于君子矣。天无所不覆，地无所不载，惟覆载无私而见其正，乃能覆载广被而成其大，故正大而天地之情可见也。

按"大者壮"，以气言。"大者正"，以理言。惟有此理以宰此气，则无往而不得其正。君子本天德以为体，秉礼义以为用，则其气自可以配道义，塞天地。我之正可通于天地之正，而我之大可通于天地之大矣。于以辅世长民，经纶参赞，孰非此阳刚之德为之哉？

【解说】

本节是说君子用理正来维持强盛，则会长久地保持大行之道。"大者壮"是以气言；"大者正"是以理言。唯有此理主宰此气，才会无往而不得其正。君子要"本天德以为礼，秉礼义以为用"。如此则可以"辅世长民，经纶参赞"。

【原文】

《象》曰：雷在天上，大壮。君子以非礼弗履。

【解义】

此《象传》是言君子心足以胜私而能壮也。

孔子释大壮《象》曰：此卦上震下乾，雷行天上，声势震动，故名大壮。君子体之，亦如天雷之象，严毅以持其志，明决以审其几。存于心者，道以御情，不敢或役于偏私；而体于身者，理以制欲，尤必自范于中正；则刚德常存，礼义在我。天下之壮，孰大于此？

盖德性本刚，惟一为私累，则馁而不壮。故非几之渐每发于意念之不及持，而闲邪之功贵操于隐微之所。独觉君子制防极其严，销镕极其净，时时有以自胜，而非礼之私绝之于中，不使履之于外，则心存而理得，义正而气伸。在我者凛然不可犯，天下孰得而犯之？此曾子之大勇，惟其自反而缩也。学者岂可任矜气之为，而忘克己之功哉？

【解说】

本节是说君子要严守其志、以理制欲，做到刚德长存，绝不做不合乎礼的事情。

【原文】

初九：壮于趾，征凶，有孚。

《象》曰"壮于趾"，其"孚"穷也。

【解义】

此一爻是言处卑位而恃壮轻进，见其必致败也。

壮于趾，谓躁于有为；有孚，言其必然也。

周公系大壮初爻曰：初九以阳刚居下位，虽时当大壮，而权不我操，正宜静以自持，相时而动。若率意锐进，遽欲有所作为，犹趾在下而妄动者然，以是而往，交浅言深，上必见疑于天子；位卑言高，下必取忌于大臣。计未行，谋未听，而祸已随之，其凶有必然矣。

孔子释初《象》曰：凡人在下，则循其分之得为者而为之，宜也。今初九居下而当壮时，恃刚躁动，不安其分，于理逆，于势拂，即此始动之时，已知其必至于困穷也。

盖君子建业立功，亦必度德量力，或时有可为而势不能为，或才足有为而分不当为，惟当守己待时，无喜功而过举，无好事以矜高，则体用咸宜，自有审时济物之业。经权合度，乃为沉几达变之才。苟或事权不属，而轻举妄动，岂能免"壮趾孚穷"之害乎？

【解说】

本节是告诫君子如果处于"卑位"而盲目冒失地前进，就必然会招致失败。君子要想建功立业，也需要度德量力，不可过于自信，有时候时间合宜但客观形势不合宜，有时候客观形势有利但主观条件不利。因此要权衡利弊，不可轻举妄动。

【原文】

九二：贞吉。

《象》曰"九二贞吉"以中也。

【解义】

此一爻是言不恃壮而能得中以归正也。

周公系大壮二爻曰：处壮之时，所利者"贞"而已。九二以阳居阴，有恃壮妄动之意。犹幸心本无私，一觉其失，即有以抑其血气之刚，而反于至正之道。则谦以饬躬，既不任刚而召衅；礼以御物，自能善俗而宜民。其吉也，不亦宜乎？

孔子释二《象》曰："九二"之"贞"，何以得"吉"哉？盖人心一有所偏，则内失其贞，而外多过，举事未发而悔吝已随之。今九二以"贞"自守，心既得乎中，则所行自无不吉也。

夫由二而上三，则有羸角之忿；由二而下，初则有壮趾之失。惟二以中获吉，不偏不倚，不激不随。彼小人之奸谋，既不能中我，而在我之正道自无不可行。其有合于利贞之旨也哉！

**【解说】**

本节是说君子处于强盛之时，容易"恃壮妄动"，幸好内心无私，一旦觉察到失误，就会抑制住内心的"轻举妄动"，返归于守正之道。

**【原文】**

九三：小人用壮，君子用罔，贞厉。羝羊触藩，羸其角。

《象》曰"小人用壮"，"君子罔"也。

**【解义】**

此一爻是言恃壮者妄动而取厉也。

用壮，谓凭恃势力；用罔，谓蔑视小人；羝羊，善触之物；羸，困也。

周公系大壮三爻曰：成天下之大业者，必有忍人所不能忍之德性，而后有为人所不能为之事功。今"三"过刚不中，而恃壮妄为，此在小人任血气之强，不自度量，任意纷更，方抱其忿忿之私而用壮，君子于此须善厥裁度，深虑过防，克济其事。乃亦恃刚妄动，疾恶过严，不以小人为意而蔑视之，虽举动未尝违理，而一念轻忽，遂为用罔。即自以为贞，而不知适滋厉阶耳。夫小人方设机以自固，君子不察，以刚气乘之，我方恃壮而行，彼益阴为盘结，势必罹其网罗，如触藩之羝羊，而适自羸其角也。

孔子释三《象》曰：小人血气未除，其用壮而失，固无足责。乃号为君子，正当以理御势，而乃亦以罔闻也，厉可言哉！

盖壮者，本君子之道；罔者，本小人之私。今小人反曰用壮，正由君子不能审几度势，轻用其壮，而使小人得阴自为防。则小人之用壮，实君子之用罔，有以使之然也。夫君子之壮，至为小人所窃用，为君子者又不知慎重，而复罔以乘之，盈庭之排斥方严，而宵小之藩篱愈固，卒致蹈触藩之忿，甚而遭反噬之祸矣。可毋戒欤！

**【解说】**

本节是说小人会滥用强大的势力，恃强乱动以致危险；君子不会这样，而是坚守正道以防危险。成大事者，一定会有他人所没有的坚忍之德，然后才有他人所没有的功业。小人血气方刚、不自量力，终不济事；

君子则会深思熟虑，谨慎小心，方成大事。

【原文】

九四：贞吉，悔亡。藩决不羸，壮于大舆之輹。

《象》曰"藩决不羸"，尚往也。

【解义】

此一爻是言君子不恃壮而功业可建也。

藩决，谓有可进之机；輹壮，谓有能往之具。

周公系大壮四爻曰：九四阳居阴位，本有躁进之悔。若恃刚以进，而小人即有以摧阻其间矣。乃四不用"罔"，而"贞"以自处，则动无不臧，何吉如之？

夫吉凶悔吝生乎动，如三之用"罔"，"触藩"则不免于悔。今以理自胜，而小人无隙可乘，吾道得以因时表见，又何悔之不可亡乎？盖小人之设备以倾陷君子者，本由君子之排斥过严，不得不阴为藩蔽也。诚从容审处，默夺潜消，彼且服我之宽大而释其猜疑，我何不可坦示其公忠，而毅然长往乎？故取象于羊，则藩篱已决，而不至于羸；取象于车，则大舆輹壮，而进有其具也。

孔子释四《象》曰"四"惟不极其刚而贞，则凡有举动，无乖于事势，无忤于人心，天下自然咸服。小人虽设其藩，安得而阻拒之？吾道大行，攸往咸宜也。

此见君子任国家之事，不可轻意妄动，必使经济在我，运用不穷。饬威仪以表德，隅而实无棱角之可见；本道德以为蹈履，而自有坦途之可行。则群小岂惟不敢抑挠，必且俯首听命，惟我所欲为，下引同德之阳，上辅柔中之主，功无不成而志无不遂，其"九四"之谓乎？

【解说】

本节是说君子不恃强盛则会建立大功业。君子担任国家之事，不要倚恃强盛，不可轻举妄动，要把握好分寸，不断进步。下引同德之阳，上辅柔中之主，则没有什么志向是实现不了的。

【原文】

六五：丧羊于易，无悔。

《象》曰"丧羊于易"，位不当也。

【解义】

此一爻是言不能奋刚以御物，而失壮之象也。

周公系大壮五爻曰：阳壮以刚为体，今五以柔居中，而刚壮之威忽然委靡，为"丧羊于易"之象。此阴柔不振，不能奋威以御众，仅免于悔而已。

盖有藩者羸其角，亡羊则不至羸。羸角者无攸利，不羸则自无悔。虽曰无悔，其如失刚德何哉？

孔子释五《象》曰"六五"言"丧羊于易"者，处当刚之地而以阴居阳，柔其所不必柔，盖由位之不当，失其壮而不能进，故有此象也。

此见人君乘乾御世，贵去优柔不决之心，而存刚毅明决之德。用人则立贤无方，不以世类而拘去奸，则疾恶如仇；不以狎昵而恕，则干刚在我，而纲纪毕张矣。

或谓六五当四阳在下，其势强盛，惟柔顺和易可以调伏之，使帖然相安。正汉光武所云："吾治天下，欲以柔道行之者。"然此乃帝王笼络一世妙用，外浑厚而内精明，故能因时制宜，操纵全在乎我。岂当断不断，养乱长奸，优游岁月以侥幸无事者可比哉？

【解说】

本节是告诫为君者治国贵在去除优柔寡断，存有刚毅明德之心，用人要立贤去奸。但由强盛转向衰落是事物发展的规律性现象，强势萎靡之时，亦可柔顺加以调和，做到外浑厚而内精明，因时制宜则可治理天下。

【原文】

上六：羝羊触藩，不能退，不能遂，无攸利，艰则吉。

《象》曰"不能退，不能遂"，不详也。"艰则吉"，咎不长也。

【解义】

此一爻是言躁进之难遂，而示以知所进也。

遂，进也。

周公系大壮上爻曰：壮终动极，志之刚也。故恃壮而动，无所顾虑。然其质本柔，才之弱也，故临事而疏，莫知所措，如"羝羊"之"触藩"，既不能退，而又不能遂其进，亦何所利哉？要其所以然以躁动而失之轻易耳。犹幸其不刚，庶不终于恃壮者。若能详慎于事几，酌量于时势，艰难持重而出之，则天下之事可以徐观其宜而善为之图，终得遂其进而吉矣。

孔子释上《象》曰：上六不能退不能遂者，由其但知用壮而处之不详慎也。然"艰则吉"者，言能不恃其刚而存克艰之念，则所谋自能如意，而不遂之，咎不长矣，故吉也。

盖人心之躁进皆起于不知艰，而刚德之纯全必由于能详慎，故爻言"艰"，而《象》言"不详"，皆所以抑其躁心而善其刚德也。然则君子处方壮之时，据得为之势，必以贞为壮之本，以中为贞之用，以礼为贞之表，周详敬慎，不亢不激，则天德在我，既有以自胜，即有以胜人。倘若不能知艰轻于一系，是犹非时而震之雷，适以泄天道之和气而滋其乖戾耳，亦何济于事哉？

【解说】

本节是说君子陷入不能进、不能退的境地是由于内心躁进，考虑事情不清楚、不谨慎所造成的。君子处在强盛之时，就会恃壮而动，无所顾虑。还好其本质上柔弱，陷入困境之时会静下心来，审慎对待，不亢不激，如此则不会长久困于灾祸。

【原文】

☷坤下离上

【解义】

晋，卦象明出地上，当明盛而有可进之时也。然必有致主之德，又遇虚中纳贤之主，方可以善成其功。故言卦德则顺丽离明，言卦变则柔进上行。臣秉顺节以事主，君执柔道以报功。此君臣一德相成，世道所以日盛而有是宠光也。

六爻四柔二刚，六五一柔为晋之主六，自四而上升已进者也，故往吉无不利。下坤三柔，皆欲进者，而九四不中不正，窃位畏人，故有鼫鼠之象。三与五近，下接二柔，志在上行。三阴同志而四莫能间，故曰众允悔亡。二在下卦之中，去五渐远，则忧其欲进而不得进，故"晋如愁如"。"初"最远于五，当进之始，上与四应而四不中正，反为所抑，故"晋如摧如"也。上以刚居一卦之终，而前无可进，故有"晋其角"之象。诸爻所处不同，圣人教人以善进之道如此。

【解说】

《晋卦》阐述上进、晋升的道理。《彖》辞以"顺而丽"和"柔而上"的提法，点明了宗法社会中晋升上进的要点。前者要求顺从和依附天子，后者要求柔和引导臣民。这两者的基础是"明德",即固有的光辉品德。天子明德,能感化和识别臣下;臣下明德,能上依天子,下安万民。本卦所以名"晋"而不名"进",正是由于"晋"字兼有上进与光明两种含义。

**【原文】**

晋:康侯用锡马蕃庶,昼日三接。

**【解义】**

此卦坤下离上,卦象日出地上,有可进之时。卦德顺丽离明,有可进之德;卦变自观而来,柔进上行,有可进之君。三者皆有上进之义,故名为晋。卦辞言人臣遇圣明之主,可以立功而获宠也。"康侯",安国之侯。

文王系晋《彖辞》曰:人臣立大功于天下,必有可为之时,能为之德,而遇有为之君,乃可进而建不世之勋。君子有此三者而为治国安民之康侯,功在社稷,泽被苍生,丰功伟烈,既昭辅佐之隆休,一德同心,自荷宠荣之大典,故不特"锡马",而又加以"蕃庶",礼何厚也!不特"昼"接,而且加以"三接",情何殷也!

盖以非常之功,受非常之宠,有不可以待下之常礼拘者。如此,自古为君者,不可忘臣下之功;为臣者,不可恃人主之宠。忘臣下之功,则有德不酬,有劳不报,激劝之典废而非所以待功臣矣;恃人主之宠,则贵必生骄,禄必生侈,明哲之义乖,而非功臣之所以自处矣。观晋之康侯,膺隆遇而显才猷,此真三代以上,君明臣良之盛,而非后世所可几也。

**【解说】**

本节是说人臣如能遇到圣明之主,就会立功受宠。卦辞中的康侯是能治国安民的诸侯。人臣欲立大功于天下,必有可为的时机、能为的德行和有为的国君,君子有此三者就能成为治国安民的康侯,就会功在社稷、泽被苍生。但是为君者不可以忘记臣下的功绩,为臣者也不可恃功骄宠。忘记臣下的功绩则会"有德不酬、有劳不报"。恃人主之宠,就会骄横奢侈,这都是不可取的。

**【原文】**

《彖》曰:晋,进也。明出地上,顺而丽乎大明,柔进而上行,是以"康侯用锡马蕃庶,昼日三接"也。

【解义】

此《象传》是释晋《彖辞》言当进而有为之时，以申明人臣获宠之由也。

明出地上，以时言；顺丽，以德言；柔进上行，谓五以柔中之德居崇高之位，以君言。

孔子释晋《彖辞》曰：卦名为晋者，盖言君子负经济之才，由草野而升诸廊庙，有进之义也。夫君子当上进之会，固可以立安国之功矣。然立功在己，而报功在人，已所难必，卦辞何以曰"康侯用锡马蕃庶，昼日三接"哉？盖人臣出身而仕，录功者时也，居功者德也，报功者君也。

今卦象"明出地上"，是世道维新，赏罚攸当，其帝臣不蔽之日乎！所以录功者，有其时矣。卦德"顺丽大明"，是以徽柔懿恭之臣，事聪明睿智之主，其劳谦君子之美乎！所以居功者有其德矣。卦变自观来，四之六上居五，柔进上行，是人君秉温恭之度，而不挟势以自高，其崇德尚贤之主乎！所以报功者有其君矣。

夫有德，则可以善处其功；有君有时，则可以不掩其功。故"康侯"遭此殊遇，而"锡马蕃庶"之隆其赐，"昼日三接"之厚其情也。大抵人臣不难于建功之先，而难于建功之后。人君不难于待功臣之体，而难于待功臣之心。盖遭时得位，虽竖立奇勋，而一念偶泰，则猜忌之嫌必开；一节偶疏，则恪恭之道遂失。主知未易结宠遇未易保也。然即使臣节克尽，而非在上有仁明之主，推心置腹，至诚相孚，亦岂能赏赉繁多，接见频数，同心同德如是之盛哉？此孔子告鲁君礼与忠二者，为千古事君使臣不易之经也。

【解说】

本节是说人臣如能遇到圣明之主，就会立功受宠的缘由。君子有治国之才，由草野晋升入朝野，是上进之义，可以建立功业。但是立功业的志向在于自己，而能否实现此功业则在于圣明之主。因此说人臣出身而仕，如果遇到圣明之主就会立功受宠。

【原文】

《象》曰"明出地上"，晋。君子以自昭明德。

【解义】

此《象传》是言君子之学有日新之功也。

孔子释晋《象》曰"离明"出于坤地之上，有进而上行之象，君子体之，以吾德本明，因蔽于物欲，有时而昏然，其或昏或昭之几，皆在于我，不从外得也。亦惟内自省察，致其夙夜宥密之功。不以人所不见而辍其敬畏之心，不使已少宽假而昧其昭明之体。则进进不已，而至德无亏，亦如日之光明不息焉。君子自进之学如此。

夫此心也，即汤之懋昭，文之敬止也。盖勤则生敬，敬则生明。圣人心学相接，不外日新又新，缉熙无致者以复其明德之本。然私欲尽而天理昭，皆自心致之，无事于他求也。故乾曰"君子以自强不息"，晋曰"君子以自昭明德"，正以至健莫如天，以之自强，我用我之强也；至明莫如日，以之自昭，我用我之明也。此固其微旨也欤！

**【解说】**

本节是说君子在日常学习中要注意温故知新，上进之时要显示出自己固有的美德。"离明"出于坤地之上，有上进之象，君子由此要体会到：君子本有美德，只是由于被物质利益所暂时蒙蔽，有时会头脑发昏。头脑是否清醒都在于自己，因此君子要内省自察，时刻提醒自己保持清醒，要做到"君子以自昭明德"。

**【原文】**

初六：晋如摧如，贞吉。罔孚，裕无咎。

《象》曰"晋如摧如"，独行正也。"裕无咎"，未受命也。

**【解义】**

此一爻是言欲进者宜守正以待时也。

摧，谓阻抑；罔孚，谓人不见信；裕，谓宽以自守。

周公系晋初爻曰：初六，阴性，躁妄，必有不安于下而欲进者。应不中正，上遇妨贤病国之人，而违之俾不通。故其进也，若或尼之，而不免为见摧矣。然出处大道，岂可因人之摧抑而易厥守乎？惟尽其义之在我，而不自失其正，则终必见信于上，得遂其进而吉。

盖"贞"虽所以自持，非欲求信于人，然"贞"则未有不吉者，固其常也。设若守正而犹未孚，亦当宽裕以俟之，从容于义命，自安于操修，益殚其守贞之道，而不以用舍累其心，如是而后无自失之咎耳。否则，冒进之患生，而宁免枉道之讥哉！

孔子释初《象》曰：当"晋"之时人皆欲进而忽见摧，未有不丧其所守者。"初"独能守正以待时，不汲汲以徇于私，不悻悻以伤于义，此所以得吉也。"裕无咎"者，盖"初"居于下，未有官守之命，正可绰绰于进退，故裕以处之而得无咎。若既已受命，则当有必信之道。一不见信，则志不行而职莫尽矣。

此见君子有守正不阿之操，乃有随时行道之妙；有安分自得之乐，乃见雍容进退之宜。若枉己求人，而且怨尤不绝，于念，则有流于依阿奔竞，大节或亏者矣。安能全无咎之学而建命世之功哉？

【解说】

本节是说君子要想上进，需要坚持守正之道，以等待合适的时机。君子处于上进之始，暂时还没有得到上下的理解和信任，只要坚持正道，始终会见信于上下而被重用的。另外君子还需要等待合适、有利的时机。

【原文】

六二：晋如，愁如，贞吉。受兹介福，于其王母。

《象》曰"受兹介福"，以中正也。

【解义】

此一爻是言守正不阿，自能以德而获福也。

愁如，谓忧其道之不行；介，大也；王母，指六五；离，为日，王之象，为中女，母之象。

周公系晋二爻曰：六二有可进之德，而无汲引之人，欲进未能，则得君行道之心阻矣。有"晋如愁如"之象。然不可因而变其节也，必直己守正以俟时，而德足孚人，终当得遂其进而吉。且上有柔中之君重道崇贤，必将知遇极其厚，宠任极其隆，不犹"受兹介福，于其王母"乎？此惟"二"之自守其"贞"，故有必得之孚也。

孔子释二《象》曰"二"之"受兹介福"者，盖以居下之中而得柔之正，则是守其中于有素而卓然不倚，有以慰人君行中之愿矣。存其正于无偏而凝然不阿，有以动人君从正之思矣，故能见知于五而"介福"之所以"受"也。岂"二"之幸致哉？

盖君子于天下行道济世、其心持己中正者、其学学以自修，而大心以内固而纯，不必求孚于人而未有不孚于人者。圣人教人以修德，进身之义切矣！

**【解说】**

本节是说君子只要守正不阿，加强道德修养，就会获得大福。君子以进为忧，说明他能够坚持正道，不变节操，如此守正以待时，必会以德服人，并且能得到柔中之君的赏识和推崇。

**【原文】**

六三：众允，悔亡。

《象》曰"众允"之，志上行也。

**【解义】**

此一爻是言三能见信于人，而得遂其进也。

众，谓初与二；允，信也。

周公系晋三爻曰：六三不中不正，宜不得进而有"悔"矣。然居坤体之极，与下二阴皆欲上进，是以道同志合，为众所信，相引以进，得遂其尚往之心，而无"摧如愁如"之患，"悔"可"亡"矣。

孔子释三《象》曰：六三所以为"众"所"允"者，盖士君子出处有二途，而从违惟一道，使人皆欲进，而我独矫之以退，则同进者忌；人皆欲退，而吾独矫之以进，则异己者疑。众莫之允矣。惟三上进之志与初、二同，故其志相孚而不觉相信之深也。

此见当晋之世，以顺丽为上进之道，既可孚于同群，即可通于主志。其守也，不苟其进也，非幸所谓信乎朋友，而后获乎上之义也。若夫不以正道为"众允"之本，而止以"众允"为上进之阶，则无忠君爱国之诚，而反属谐世求荣之计，亦安能见信于众而上丽乎君也哉？

**【解说】**

本节是说君子见信于众人，必会上进，悔恨自然会消失。六三象征不中不正，不适合前进且有"悔"，但是处于坤卦之极，与下二阴都想要上进，因此能够志同道合，见信于众人，能够相互帮助以上进，悔恨由此而消失。

**【原文】**

九四：晋如鼫鼠，贞厉。

《象》曰"鼫鼠贞厉"，位不当也。

【解义】

此一爻是言无德而据高位者之终不能保也。

鼫鼠，田鼠畏人之物。

周公系晋四爻曰：四不中正，居下体之上，是以无德而据高位者。上畏六五之疑，下畏三阴之忌，有"晋如鼫鼠"之象。虽位出于君之所，与得之未为不正。然德之不称，终必失之，厉亦甚矣。吾是以知德薄位高之不可，而贪进忘退，非人臣之福也。

孔子释四《象》曰：四所谓"鼫鼠贞厉"者，盖当晋之世，主圣臣贤，位必配德。彼不中不正，居位不当，虽正亦危，宜其厉也。

按：《诗》以硕鼠刺贪，"晋"以鼫鼠象四。总之无德而贪于进，即身处高位，其患得患失之心，畏人攘而夺之，有类于鼠之昼伏夜行也。夫晋之时，上辅离明之君，下建安国之绩，岂容此不中不正者，久于其位乎？故小人之恋位固宠，终为无益；而大君之命爵任人，必审其当可耳。

【解说】

本节是说小人没有德行却还位居高位，终究是不能自保的。没有德行而位居高位之人好比一无所长的硕鼠，其所处位置不恰当，没有能力、德行，就会患得患失，总是害怕自己的位置和所获取之物被别人所夺。如果这样的小人位居高位，终究是没有益处的。

【原文】

六五：悔亡，失得勿恤，往吉无不利。

《象》曰"失得勿恤"，往有庆也。

【解义】

此一爻是言上以大公治天下，而下自以大顺应之也。

周公系晋五爻曰：六五以阴居阳，未得其正，似不免于有悔者。惟其处离明之中，坤以顺承之，为明在上，而下皆顺从，故进居尊位而"悔"可亡也。然明不明在我，从不从在人。狃于近效而有计功谋利之念，则反失之矣。今五自修其德，以纯心行纯政，但忧我道之未尽，不虑人心之未服。天下戴已吾弗知也，天下未戴已吾亦弗知也。失与得皆不以为恤，如是则德盛而化日洽，治隆而民益孚，其往也吉无不利矣。

孔子释五《象》曰：天下之治以有心致之，皆属小补之功。六五"失得勿恤"，不期其效而为效益宏。上以大公感，下以大顺应，着无方之德化建无外之神功，往而有庆，即吉无不利也。

盖人主求治之心不可以稍宽，亦不可以过急。稍宽则有因循不断之忧，过急则又有好大喜功之患。惟端其心为出治之原，而懋其修为作孚之本，若舜之恭己无为而天下化之，汤之敷政优优而百禄是遒，其即"失得勿恤"之义，"往而有庆"之验乎！

【解说】

本节是说为君者以大公治天下，不惧怕臣下的刚明正直，能够下安万民、善用良才，则一定会天下大治。另外，君主求治之心不可稍宽，亦不可过急，稍宽就会有因循不断的忧虑，过急又会有好大喜功的忧患，因此要做到一张一弛。

【原文】

上九：晋其角，维用伐邑，厉吉无咎，贞吝。

《象》曰"维用伐邑"，道未光也。

【解义】

此一爻是言过于刚者之无所利也。

角，刚锐之象；维，独也。

周公系晋上爻曰：阳刚不可为物先，上九刚进之极，纯以刚用事而略无宽和之意，为"晋其角"之象。

若是者，固无往而可也。惟以之治其不服之私邑，虽兵凶战危不免于"厉"；而师尚威武犹可以责其成功，庶乎吉而无咎也。然以极刚治小邑，即治所当治，而过于威猛，亦可羞矣。夫以刚进之极，用之治邑，犹不免吝，然则"晋角"者果何适而可耶？

孔子释上《象》曰：上九谓之"维用伐邑"，则其功不足以及远，威不足以服众，其于道犹未光也。若能以明德照四方，将无所施而不服，岂特私邑而已哉？信乎！极刚之无所用也。

按：晋卦离明在上，万物普照为极盛，而上下皆欲进之时，圣人之意谓天下事非徒不进者之足患，而惟躁进者之足忧。下之附上，急于求其信，非正也。上之进下，急于求其附，则贪也。故下欲其"罔孚裕无咎"，至"三"而"众允"，则无不孚矣，顺之至也；上欲其"失得勿恤"，至"上"而"伐邑"，则有"恤"矣，明之过也。知此者乃为善于处进矣。《程传》以"伐邑"为自治，主克去己私而言。夫既自治有功，乃合于贞正之道，何以反谓之吝乎？此《本义》所以不取耳。

【解说】

本节是说如果上进到极点，就会进无可进，"晋"极必反，靠德治已经无法建功立业，只有靠讨伐叛乱的村镇，才可以转危为安，没有灾害。《晋卦》离明在上，万物普照为极盛，上下都到了欲上进之时，此时圣人不以上进者为患，而是以躁进者为忧，因此这时应该仍要守其正道以预防"晋"极必反所带来的祸患。

# 卷九

【原文】

☷☲ 离下坤上

【解义】

明夷，以明而见伤为义，日入地中，明伤昏暗之时，非处顺安常之日也。所以他卦多言"利贞"，而此独曰"利艰贞"者，虽守正而亦不得直遂其正，故当艰难以守正也。

卦辞止言其理，《象传》既释其义，复举其人以明之，如文王、箕子俱当明夷之时，但所居之位有远近，故所处之道有难易，此《象传》独以箕子当六五一爻而系以"利艰贞"之义也。

六爻：下三爻离体，明也。上三爻坤体，暗也。上六暗极，为明夷之主，自五而下皆受伤者也。初明虽伤，去上最远，垂翼而已。二视初稍近，去上犹远，虽见伤而未切，亦在速拯之耳。三则与上为正应，可以南狩而获其大首矣。四入坤晦之门庭，其暗尚浅，有可去之道。惟五则近于难，义不可去，亦惟艰贞自晦其明而已。圣人处明夷之道，浅深远近各有不同，于此可见矣。

【解说】

本卦紧接《晋》卦之后，卦象是"明入地中"，这和《晋》卦的"明出地上"正好相反。"明入地中"，象征昏君在上，政治黑暗，与只是小人得势的《遁》卦相比，情况更加严重。卦辞明白指出：是非混淆、好人遭殃是当时的两大特点，并以文王、箕子为例，说明在那充满忧患的时代，唯一正确的处世途径是"利艰贞"，即知艰难而不失正道，用"自晦"的办法迎接新的光明。卦中六爻，上爻代表昏君，下五爻代表群臣。君臣矛盾，反映的是明与暗之斗争。由于昏暗势力强大，五爻总的态度是"明而晦"，但具体表现又因爻而异。或者消极反抗，或者积极补救，或者待机剪灭首恶。

【原文】
明夷：利艰贞。

【解义】
此卦离下坤上，离明为坤地所掩，是君子之道为柔暗所伤，故为明夷。卦辞言人臣遇难当守正保身而曲全其道也；"艰"者，敬慎之意；"贞"者，正固之心。

文王系明夷《彖辞》曰：君子遭逢盛世，君明臣良，斯可危言危行，遂其有为之志。今卦象离居坤下，明体见伤时，固不可为，而势亦无能为矣。然君子处患难之道，不外于一正自持，惟委曲尽忠而行其艰难之贞焉。既不唯诺以徇俗，亦不激亢以伤时，处乱之道，惟此乃为利也。

盖人臣谋人家国之际，其道莫艰于处晦以全忠。如使枉道而徇物，则将顺逢迎之罪，固已非贞；而欲抗志以匡时，则祸患戮辱之来，又多不利。曰"利艰贞"者，贞由艰出，而因艰以行其贞于委曲补救之中，而不失其自靖自献之节，此非学问既深而涵养裕如者不能。故孔子释《彖》以文王箕子当之也。

【解说】
本节是说为人臣者在政治黑暗、处境困难之时也应该坚守正道。为人臣者，为家、为国谋划效力，没有比处于黑暗、艰难之时能够保全忠心更困难的了。如果失道、曲意逢迎，这就是不坚守正道；如果在政治黑暗之时，通过反抗以实现志向，祸患、杀戮、侮辱就会降临，亦多不利。因此为人臣者应该明知艰难亦坚守正道、不失其节以应对社会黑暗。

【原文】
《彖》曰：明入地中，明夷。内文明而外柔顺，以蒙大难，文王以之。"利艰贞"，晦其明也，内难而能正其志，箕子以之。

【解义】
此《彖传》是释明夷《彖辞》，言处难之道，而两举古人以示法也。

孔子释明夷《彖辞》曰：卦象离为日，坤为地，以离在坤下，明入地中，有似明之见伤于地者，故名"明夷"。夫"明入地中"，固有取于明夷之名矣。乃观诸卦德，"内文明而外柔顺"则是睿智中涵素具。夫烛照之明，而谦恭外昭，克笃夫忠顺之守。以是当宵小之谗潜，触暗主之雷霆，而蒙犯大难焉。古之人有用此道者，其文王与纣之时乎？盖文王躬遭困辱，囚于羑里，而缉熙之德自存，事殷之礼不废，故纣虽肆虐于天下，而文王得以保其身，是处明夷以一卦之道者，文王也。辞曰"利艰贞"者，观诸卦体，六五一爻，居暗地而近上六。则是虽有柔中之德，本之以昭昭，而恐被暗主之伤；处之以汶汶，自晦其明，正艰贞之义也。夫身为至亲，处势甚近，有不可避之难，而周旋委曲以行其正。

古之人有用此道者，其箕子居纣之朝乎？盖箕子为殷宗亲，在其国内而佯狂之辱不逃，贞明之志不乱，故纣虽肆虐于家，而箕子得以保其身，是处明夷以一爻之道者，箕子也。

此可见"文明柔顺"，本立身之大防。而"正志艰贞"，尤处患之善术。人臣当患难之来，各视其一时之所处。若夫义既不可避，谊又无所逃，与其显而抗志，徒自蹈于危亡，孰若晦而藏修，审其几于权变？古之人操心危，虑患深，诚有迹愈难而心益贞者。迄今读圣明之《操麦秀》之歌，其柔顺晦明为何如哉？

【解说】

本节是《象传》解释上节明夷《彖辞》的处难之道，通过举周文王和箕子的例子来说明君子在艰难困境之时应该如何去做。文王身遭困辱，被囚于羑里，但能够在纣王肆虐天下之时明哲保身，最终以周代殷。在政治黑暗、君主昏庸之时，君子也要坚守正道，用假装糊涂来掩饰自己内心的明智，箕子就是用这种办法，在遭受内乱时才能做到守正不阿的。

【原文】

《象》曰：明入地中，明夷。君子以莅众用晦而明。

【解义】

此《象传》是言君子临民不贵苛察，惟善用其明，而明自不息也。

孔子释明夷《象》曰：日入地中，明而见伤，明夷之象也。君子当明夷之时，非明无以审事物之理，度时势之宜，将伥伥莫知所之矣。然一白暴露其明，则又触乎物之忌，而惧反为明之累。故其临莅乎众也，必"用晦而明"。见虽足以察于几微，而不以苛核失含宏之度；智虽足以烛于隐伏，而惟以端默宏坐照之神，盖不以明为明，而以晦为明者也。以是而往，则内不失己，外不失人，处明夷之道，孰有善于此者乎？

昔人云：自治用昭，去恶乃尽；莅众用晦，太察则伤。是故日无明暗之分，言其体也。而暑有昼夜之别，象其用也。君子于此宜三致意焉，又岂独处明夷之时为然哉？

**【解说】**

本节是说君子在君主昏庸、政治黑暗、能力无法施展的情况下，通过对问题的观察而领会到，要外表着似糊涂，实则将明晰藏于心中、不露于外，以宽宏的态度缓和矛盾，安定人心。

**【原文】**

初九：明夷于飞，垂其翼。君子于行，三日不食。有攸往，主人有言。《象》曰"君子于行"，义"不食"也。

**【解义】**

此一爻是言君子当见几而作，乃可免于患也。

于飞，行道之象；垂翼，见伤之象。

周公系明夷初爻曰：君子得时行道，如鸟奋翼而飞。今初九阳明在下，明夷之初，患虽未及，而谏不行，言不听，道已难行，为"于飞垂翼"之象。君子处此，惟有早去而已。纵所值之困不能安其身，至于"三日不食"，吾不得辞也。纵所如不合，动而得咎，至于"主人有言"，吾亦不暇避也。

盖君子而行，虽不免困穷，言语之伤，而吾之晦其明者，犹可以自全；君子不行，即或免一时之谤，而祸乱既至，欲晦其明而不可得，终于见伤而已。此处明夷之时者宜早为之图也。

孔子释初《象》曰：君子见几远去，可以速则速，则初九之于行，岂迫于势而不得食哉？直断之于义耳。义当早去，则爱其道更甚于爱其身，虽至不食，又何足惜？甚矣，去就之宜决也。

按：《系辞》云："君子见几而作，不俟终日。"故"几"者，动之微，吉凶之先见，而非众人所能识也。士不幸值颓敝之世，自当揆乎义之宜，决乎出处之介，高蹈远引，以全身名，岂得隐忍迟疑而陷身不测乎？此薛方所为保身而自全，扬雄所为投阁而不免也。吁，可慨哉！

**【解说】**

本节是说君子应当及早地避难远行，不该留恋食禄。君子等待时机行道，就好比是大鸟展翅高飞一样，如今君主昏庸、政治黑暗，进谏不行、谏言不听，就好比是大鸟垂翼一样。在这种情况下，还不如及早躲避祸难远行，不要留恋原有的禄位，如此保身以自全，并坚守正道。

**【原文】**

六二：明夷夷于左股，用拯马壮，吉。

《象》曰"六二"之"吉"，顺以则也。

**【解义】**

此一爻是言"二"伤犹未切，而示以速去之道也。

夷于左股，是伤犹未切之象。股在胫足之上，于行之用不甚切，"左"又非便用者，故云伤犹未切也；拯，救也；马壮，如马之壮者，能速行也。

周公系明夷二爻曰：君子得位行道，固欲彰其有为之才，亦必一德同心，方可展其救时之用。今六二以明德处暗地，较之初九，则位已近君。然志欲于飞，而事多掣肘，如伤其左股之象。当此时而不去，必且身中危机；即去而不速，亦恐祸患寻至。故为"二"计，当速于决去，如用马壮之速以救之，则可以全身免祸而吉矣。

孔子释二《象》曰：六二所处较近于初而乃得吉者，何哉？盖知祸将及时可去，而不违其时，顺也。去而适合乎当然之理，顺以则也。惟顺故能合则，亦惟顺以则，故能得吉。苟或不当去而去，而徒以苟免为心，则揆之于时既不能顺，揆之于理又失其则，何吉之有哉？

大抵人臣之遭逢既殊，则此身之去就亦异。可以久则久，晦明蒙难，文王箕子，利在于艰贞；可以速则速，接淅而行，孔子去齐吉，因乎顺则。固各有其道也。

宋儒苏轼释此爻，独以二本在朝之臣，当忍伤以救君之暗，岂可如居下之"初"洁身远去？所谓"用拯马壮"者，竭忠尽智，弥缝其阙，匡救其灾，要在有济国事于万一尔。此言亦有合于为臣之义，故附录之。

**【解说】**

本节是说君子及祸之时，可以用柔顺而又中正的原则来摆脱祸难。现在君主昏庸、政治黑暗，君子又离国君较近，因此想要施展抱负却处处受到制约和掣肘。如果此时不离去，必会处于危机之中，因此当速去，犹如用强壮之马的速度以救援，则可以全身免祸。孔子释二《象》说，君子离国君较近但却没有及祸，正是由于君子用柔顺而又中正的原则来摆脱了祸难。

**【原文】**

九三：明夷于南狩，得其大首，不可疾，贞。

《象》曰"南狩"之志，乃大得也。

**【解义】**

此一爻是言除暴之义，而示以详慎之道也。

南狩，向明除害之象；得大首，是元恶就执之象。

周公系明夷三爻曰：九三以刚明之德负天下之望，而适处暴虐之时，其势不能不除残以安民。为"南狩得大首"之象。

然放伐大事，以德伐暴，其事虽贞，必当审慎于其际，上观天命，下察人心，以不得已之衷行不得已之事，然后人不以我为利天下，而以我为安天下，岂可以除暴为贞而亟于为之耶？

孔子释三《象》曰：上下之分，无所逃于天地之间者也。九三有除暴救民之志，而非富天下为心者，乃能行此非常之事，而为伐罪之举，成大功而得天下也。苟志不在"南狩"，则是古今一罪人耳。夫岂所云"大得"者乎？

从来建非常之事，必先问其志之所存。故志者，公私之分界也。志之所存，与日月同其光明，天人同其运会，毫无自私自利之念，而天下始有以谅其衷而成其功。以成汤之圣而犹虑后世以为口实，则岂奸雄乱贼之所可假托哉？圣人系此爻固为人君示其警诫，而实以严千古臣心之不轨者。

**【解说】**

本节是警戒君子作为光明力量的代表要为天下除却暴虐、安定百姓，但一定要守正待时，不可急躁冒进。君子除暴安良、以德伐暴，事情虽济，但是一定要注意谨慎小心，上观天命、下察人心。

**【原文】**

六四：入于左腹，获明夷之心，于出门庭。

《象》曰"入于左腹"，获心意也。

【解义】

此一爻是言四能脱身远害,得遂其去乱之志也。

左腹,暗地也;出门庭,脱身远去之象。

周公系明夷四爻曰:坤为"腹","左"者,隐僻之所。今六四居坤之下,已入暗地。身处昏朝,而道无由明,与其抗节以死,初无益于国家,不如脱身而行,犹不失夫明哲。故飘然远引,遂其嘉遁之初怀,为能获明夷之心,虽出门庭,长往而不悔也。

孔子释四《象》曰"六四入于左腹",而尚能"获明夷之心"者,盖人臣之心苟非万不得已,亦何忍舍其君父而恝然远去?今幸居暗地尚浅,犹未深受其害,外度之势,内度之心,诚有不得不去者,于是洁身而出,得获其远害之心意而超然无累也。

夫"六二"之"夷于左股",其受患也浅,故"用拯马壮"决去而不违其则也。六四之"入于左腹",其操心也危,故出于门庭脱身,而适获其心也。观于比干之谏厉疾,即起于门庭,而行遁之举,心意获全于左腹。古仁人之用心,夫亦各揆其义之所是,各遂其志之所安而已。

【解说】

本节是说君子虽然在政治核心集团中不能处于很高的地位,但却懂得在政治昏暗时应该怎么做的道理,从而能够脱身远害,坚定远离祸患的信念和志向。君子身处昏暗的政治中时,抱负不能施展,与其抗节以死无益于国家,不如脱身远行明哲保身。

【原文】

六五:箕子之明夷,利贞。

《象》曰"箕子"之"贞","明"不可息也。

【解义】

此一爻是言人臣遭内难而能正其志者也。

周公系明夷五爻曰:六五地处至暗,乃贵戚之卿处王家之难,此时谏既不可回,义又无可去,惟以柔中之德,不徇君之非,正志而不乱,亦不失臣之节,委曲而不激,如"箕子"之守正而"贞"焉,乃为"利"也。

孔子释五《象》曰:箕子当内难而能正其志,外固晦其明矣。然其本体之明自存,不可得而灭息也。使明与时息,则佯狂何以称仁人之名,作《范》安能叙彝伦之道耶?

盖明不可息者，正晦其明而利艰贞也。处箕子之地，当箕子之时，非艰无可为贞，非晦无可为明。盖箕子之明虽晦，而箕子之志不可移。志不移则明不息，明不息而后可以为感悟君心之地矣。故志愈苦者守不渝，迹愈敛者几不昧。外虽不露其明，而精忠炯炯于艰难之中，未尝一念回互，一念间断，即运数难挽，成败难期，而此心昭然，固可千古矣。惜乎！当日之不谅其心也。

**【解说】**

本节以箕子为例说明君子虽然处于昏暗的政治中而遭受内乱，但却能够用应变的办法守其正道、坚定气节。箕子与商纣王同父异母，当时他无力改变纣王的错误和挽救商朝的命运，又不忍心离开商朝，于是就装疯为奴以免祸害，但他内心却痛恨黑暗，向往光明。箕子能够坚守正道，说明光明之火是不会熄灭的。

**【原文】**

上六：不明，晦，初登于天，后入于地。

《象》曰"初登于天"，照四国也。"后入于地"，失则也。

**【解义】**

此一爻是言上甘溺于昏暗，终有自陨之患也。

"不明晦"者，昏暴之象。

周公系明夷上爻曰：上六阴柔而居坤之极，乃昏暗之甚者，不能自明其德，以至于晦而下之，受伤者众矣。然伤人之明已亦不免，故始虽居高位而终必自伤，如日之初登于天而后入于地也。惟命不于常，可不戒乎！

孔子释上《象》曰：六之昏暗陷溺，初亦俨居尊位，有照临四国之权。而纵欲败度，失统御万方之则，所以致入地之伤而为不明之晦也。

盖为君者必法天以行健，象日以照幽，俾海内时雍臣民，式化而仰钦明之至治焉。斯为交泰之世矣。苟或不然，必致失则之咎。此圣人所以垂戒于明夷之上六也。

**【解说】**

本节是警戒为君者如果甘愿自我沉溺于昏暗腐败的政治之中，虽居尊位，最终也会失位亡国。因此为君者虽位居高位，但一定要做到"法天以行健"，安抚臣下与百姓，摒除黑暗昏庸的政治，不要背离正确的原则。

【原文】

☲☴ 离下巽上

【解义】

家人，男女而已。正家之责，男女之尊者任之。九五，男正乎外，六二，女正乎内。内外既正，则卦中诸爻，或为父子，或为兄弟，相观而化，自无不正矣。故《彖辞》专言"女贞"，见正外莫先正内；《彖传》兼言"男正"，见正内实由正外。而总以二、五为正家之主。若分析六爻，则二柔固女也，四柔亦女也。妇道以顺为正，故一曰顺以巽，一曰顺在位。至于初、三、五、上皆为阳刚，则皆有正外之责，三以严，五以爱，初闲于始，上威于终。盖因其位之尊卑，性之宽严，时之初终，以各正乎外，外正斯内正，而家道正，天下定矣。

【解说】

《家人》卦讲治家的道理，强调的是"正"。正，表现在地位和职能两个方面。卦辞讲"利女贞"，是先要求主妇正，表明了主妇的重要性。"夫制妇顺"，表明主妇作为家务的实际管理者，和男性家长一样，地位高，有权威。《彖传》进一步推定，主妇正，顺而严，家庭成员会各安其位，各守本分，尊卑井然，合乎"家道正"的标准。卦中六爻、二爻讲男，四爻讲女，对女性作为主妇和妻子，都结合实际提出不同要求。

【原文】

家人：利女贞。

【解义】

此卦离下巽上，卦体九五、六二，内外各得其正，是举家无不正之人，而家道以成，故名"家人"。卦辞言正家之道贵先正乎其内也。

文王系家人《彖辞》曰：君子齐家以立教，固莫不欲使内外咸得其正也。然家之不正恒起于妇人，而家之难正亦莫甚于妇人。故正家者，必以正内为先务，惟自修其身以端其本，使一家之中肃然有贞静之风，穆然守宫闱之范，则内正而外自无不正。大化之源肇于此矣，何利如之？

夫《诗》首《周南》而以《关雎》为始，见文王之化自家而国也。故《葛覃》《樛木》诸什，皆修身齐家之效，而《桃夭》《芣苢》，则家齐而国治之验，《江汉》《汝坟》则天下平之渐矣。非深有合于"家人"之义者乎？然必有不显无射之德，立乎刑于之先，而后室家以正，教化以洽，卜年卜世之基，无不本于此也。

帝王正己以正家、正家以正国与天下，岂有外于"女贞"之训者哉？

**【解说】**

本节是说在一家之中，主妇坚守正道之后才能实现"家道正"。君子齐家立教，是为了能够让内外都能守正道，而由于家道的正与不正和主妇是否能够坚守正道有着极大的联系，因此正家者一定要先让主内的主妇坚守正道、修身正本，在家有肃然贞静的风气，有穆然守道的规范，如此由内及外都会做到"正"。因此作为帝王，也应该先修身正己，而后齐家正家，最后才能治国正国、平天下。

**【原文】**

《象》曰：家人，女正位乎内，男正位乎外。男女正，天地之大义也。家人有严君焉，父母之谓也。父父子子，兄兄弟弟，夫夫妇妇，而家道正。正家而天下定矣。

**【解义】**

此《象传》是释家人《象辞》，言所以正家之义，以明家正而化自成也。

女正位，指六二柔顺；男正位，指九五刚正；严君，谓一家尊严之主；父，指上言；子，指初言；兄，指五言；弟，指三言；夫，指五、三言；妇，指四、二言。

孔子释家人《象辞》曰：卦名家人，而《辞》言"利女贞"者，盖一家之人内外尽之矣。治家之道，一正尽之矣。

卦体六二柔正，是女秉顺德，贞静自守，不预外事，而正位乎内。九五刚正，是男秉健德以义制事，不牵内私，而正位乎外。男女有相成之体，内外无侵越之嫌，各止其宜，而皆归于正。若此者，岂细故哉？乃阴阳之理万世所不能易，固天地之大义也。诚明乎是义，则一家之中，不一者分，不同者情，而必有握正大之权，立整齐之化，所谓严君者以主之。九五正位乎外，克敦父道，乃外之严君也。男之教统此矣。六二正位乎内，克尽母道，即内之严君也。女之教统此矣。

以分而言，既足整肃乎一家之分，以情而言，又克联属乎一家之情。是故教行于父子，则初、上秩尊卑之位，善作善述，而父父子子也。教行于兄弟，则三、五定先后之序，以友以恭，而兄兄弟弟也。教行于夫妇，则五三、四二严内外之别，惟义惟顺，而夫夫妇妇也。家道有不正焉者乎？一人能尽其伦，而人人皆各尽其伦。家正而天下之父子、兄弟、夫妇定矣。

夫天下之大，即于一家定之，此"家人"之所关甚巨也。而正家之道，必于严君成之，此"女贞"之所为独先也。可见天地泰而万物化生，男女正而内外各治。造物不能外阴阳而神其用，帝王不能外伦纪而大其功。以天下为家者，欲一道德而同风俗，岂能舍宫壸之地而别求起化之原乎？

【解说】

本节是对家人《象辞》的进一步解释，说明了"家道正"的意义，"家道正"后自然就能够治国、平天下。在一家之中，女子居家内事务的核心地位，如果能够不干预家庭以外的事务，就是处位正当，于内能够做到"正"；而男子处于家外事务的核心地位，如果能够坚守正义做事，就是处位正当，于外能够做到"正"。一家里面都有自己的尊严君主，那就是父母。父子、兄弟、夫妇，各人都能明白自己的地位和责任，家庭关系就会合乎规范。规范好家庭关系，那么天下就能安定了。

【原文】

《象》曰：风自火出，家人。君子以言有物而行有恒。

【解义】

此《象传》是言君子修言行以端风化之本也。

物，谓言之有实；恒，谓行之有常。

孔子释家人《象》曰：此卦上巽为风，下离为火。风出于火如化出于家，家人之象也。

君子以家人为风化之始，而齐家之本在于修身，修身之要在于言行。言行者一家之视听攸关而效法所系者也。使言而无物，则议论皆虚，何以使之承听乎？故阐明纲常本诸真实，君子之言必可守以为则焉。抑行而无恒，则践履有亏，何以使之观法乎？故敦笃伦理，无间始终，君子之行必可奉以为型焉。如此则饬躬之理得，而作则之道全，由己以及家，由近以及远，天下之定推之而莫外矣。

盖圣人之学无过言行两端，所以尽一己之修者在此，所以溥及物之化者，亦在此，而其原总本于一心，心有所伪言必不能以有实矣，心有所疏，行必不能以有常矣。惟存其心于真纯之内，悦其心于义理之中，则言自有物，行自有恒，而感人者岂徒在告语之文，防范之迹乎？是故君子修言行之功，必自正心始。

**【解说】**

本节是说君子说话时要依事实、讲道理，做事时要有常规。君子以家庭的风气为始，齐家之本在于修身养性，而修身养性最重要的是要注意自己的言行。如果自己的言行空洞、虚伪，没有事实依据、毫无道理，还有谁能听呢？因此说君子修身一定要注意自己的言行举止，要有事实和理论根据，坚守正德，不说违心之话、不做违心之事。

**【原文】**

初九：闲有家，悔亡。

《象》曰"闲有家"，志未变也。

**【解义】**

此一爻是言能严于正家之始，则家道可成也。

闲，整齐之意。

周公系家人初爻曰：正家之道莫重于始，始而不"闲"，后必有戾，将不免于悔矣。

初九以阳刚处有家之始，是初之时，固当"闲"，而九之刚又能"闲"者也。于是乘其嫌衅未萌，急为笃肫然之爱，以"闲"其疏，复请严截然之分，以"闲"其僭，使一家之中尊卑之谊常明，内外之情允协，而相陵相渎之悔自无由而生矣。

孔子释初《象》曰"初"之"闲有家"者，盖正家之道"闲"之于未变者易为力，"闲"之于已变者难为功。当家人之初而能豫为之防，则可潜消默化，而未变者终于不变矣。

此诚谨始虑终，为正家久远之道也。乃知天下事严于其端，而后可杜于其渐；审于其几，而后可慎于其微。是故君子于家人既以有物有恒本身为训，而又使左右前后必闻正言，春夏秋冬必习正业，当气质未变之初，先有以熏陶其德性，长养其才智，然后教易入，而化易成，父子、兄弟、夫妇，莫不各循其分，敦其伦，而可以世保厥家矣。此则"闲有家"之实事也。

**【解说】**

本节是说君子如果能够及时地严于治家、正家，那么家道就能够"正"，治家就能够成功。正家之道，最重要的就是要有一个好的开始，否则就会有危害。因此，君子在治家时一定要及早、严厉地防止家人越轨，在家庭成员的思想还没有改变时就加以预防，这样有的悔恨可能就会消失而没有危害，就能够确保家道"正"了。

**【原文】**

六二：无攸遂，在中馈，贞吉。

《象》曰"六二"之"吉"，顺以巽也。

**【解义】**

此一爻是言女能正位乎内，而有柔顺之德也。

无攸遂，谓事无专制；中馈，饮食之类，妇人之职也。

周公系家人二爻曰"六二"柔顺中正，是女之幽闲静好者，举家庭之事一统于夫子而不敢专其成，所职者止在于"中馈"，徒酒食是议耳，他无所与也。惟能正位乎内，如此则贞淑之风以着，而宜家之化以成，"吉"孰加焉？

孔子释二《象》曰"六二"克尽妇道而"吉"者，盖由以柔居柔，而有至顺之德，"巽"以从乎夫，故能必敬必戒，无专制之失，而昭"幽贞"之化，此所以吉也。

从来阴道可以济阳，而不可以胜阳；内治可以助外，而不可以侵外。此天地人道之正也。天地得其正，而后运会有常经；人道得其正，而后闺壶有雅化。诚能体乎阴柔之德，协乎巽顺之宜，以正位而成家，何至女德无极，惟厉之阶，贻诟于世也哉？

**【解说】**

本节是说主持家内事务的主妇能够行事不擅自做主，尽好主妇的职责，坚守这种正道就一定能够吉祥，而这种吉祥是由于主妇顺从而又逊让的缘故。主妇能够坚守正道，尽好主妇的职责，家庭就会和谐，家庭和谐就有利于帮助君子治理家外的事务。

**【原文】**

九三：家人嗃嗃，悔厉吉；妇子嘻嘻，终吝。

《象》曰"家人嗃嗃",未失也。"妇子嘻嘻",失家节也。

【解义】

此一爻是言治家宁严,而不可过于宽也。

嗃嗃,严厉之象;嘻嘻,谓笑乐无节。

周公系家人三爻曰:治家之道贵宽严相济。九三刚而不中,过于严厉,使一家之人畏威惧法,而不敢犯,有"嗃嗃"之象。虽似伤恩而拂情,"悔厉"在所不免。然人心祗畏内治整齐,犹为正家之吉也。若使一于宽和,而不知严肃之道,致使"妇子嘻嘻",笑语无节,则纵情败度,家政日隳,终必有吝矣。

以二者观之,与其宽,毋宁过于严也。

孔子释三《象》曰"九三家人嗃嗃",义胜于情,似一以严为主。然而法度肃,伦理明,于正家之道未为失也。至于"妇子嘻嘻",则和而流,宽而纵,失其节矣。宁能免于吝乎?

盖家人之情无穷,易失于过节者,所以防范其过也。立于始为"闲",调于中为节,非有二也。言节于三,以三在内外之介耳。惟修德于躬,立中正和平之极,则轨物是饬,既不嫌于烦苛,而乐易为怀,亦不伤于放逸,斯两得之矣。圣人审于"嗃嗃""嘻嘻"之间,而为着吉与吝之辨者,非欲人之一于严也,第以宽之而无所制,宁严之而有所守也。家人有严君焉,其即节之谓与!

【解说】

本节是说治家需严厉,不可以太过宽容,治家之道贵在宽严相济。如果过于严厉,就会让全家人都战战兢兢、畏危惧法而不敢犯规,家人就会愁怨,有悔有厉。但同时严厉也会让家人勤勉谨慎,虽有悔有厉,终究会转危为安。反过来,如果治家太宽,家人肆无忌惮,终究会坏事的。

【原文】

六四:富家,大吉。

《象》曰"富家大吉",顺在位也。

【解义】

此一爻是言"六四"能顺正以保其家也。

周公系家人四爻曰:六四以阴居阴而居上位,是主门内之政者也。秉柔顺之德,而握闺壸之柄,为能制节谨度,克勤克俭以开利之源,不侈不骄以裕财之用，能富其家者也。由是则出入有经，奢侈不作，孝敬仁让之风莫不成于富足之后，吉孰大焉？

孔子释四《象》曰"六四富"其"家"而"大吉"者，盖以其有顺德，而在上位是不徒操一家之权，而且得治家之道，宜能永保其所有而大吉也。

按：家人之卦，四阳二阴。昔人谓六二之阴，持家之妇也。六四之阴，其主家之妇乎！二惟顺以巽，故克尽在下之妇道而贞吉。四惟顺在位，故克尽在上之母道而大吉。然阳为实，阴为虚。故"小畜"九五称富，泰之六四称不富。今六四以阴而称富家者，《易》之占法，阳主义，阴主利故也。抑所谓富家者，岂止富厚而已哉？《记》有之"父子，兄弟睦，夫妇和，家之肥"也。"家之肥"，即家之富矣。由此推之，而国之富，天下之富，亦岂出于此爻之义乎？

【解说】

本节是说如果妻子能够顺从丈夫，主妇能够顺从在位的家长，就会大吉大利。主妇能够柔顺谦逊、勤俭持家，就会增加家庭的财富。家庭富足了，孝敬仁义的风气就会在全家传播开来，就会家庭大吉，这是治家之道。由此推之，国家之富、天下之富也应该是这个道理。

【原文】

九五：王假有家，勿恤吉。

《象》曰"王假有家"，交相爱也。

【解义】

此一爻是言人君得内助之贤，而天下之化自成也。

王，谓君天下者；五，君位，故云王；假，至也；假有家，犹言以此而至于家。

周公系家人五爻曰：九五，刚健中正，而下应六二之柔顺中正，是有"刑于"之德，而又获内助之贤者也。王者以是至于其家，则内外得人，家无不正，上可以奉神灵之统，下可以衍嗣续之蕃，内可以纲纪乎六宫，外可以风动乎四海，勿用忧恤而吉可必矣。

孔子释五《象》曰"王假有家"，岂私昵之情哉？盖五与二同德相孚，君庆内治之得人，后乐"刑家"之有主，雍雍在宫，以礼相合，以义相比而成爱者，此所以吉也。

盖圣德协而壸政修，教化行而海宇定。自古雍穆之治，未有不起于宫闱者，此问夜之勤，鸡鸣之儆，为王化之根本也。

先儒谓爱有二义：有溺于私欲之偏者，有发于性情之正者。私欲之偏，即为祸乱所由萌。性情之正，则为风教所自出。一念得失之分，而天下之治忽因之。此"修齐治平"之效，必本于"格致诚正"之功欤！

【解说】

本节是说如果为君者能够得到一名贤内助，那么就无须忧劳而功自成了。为君者得到贤内助，外至于国家、天下，内至于家，都会得到拥护，家道无不正，国家无不兴。于上可以奉祀神灵，于下可以子孙后代昌盛，于内可以维持朝内纲纪，于外可以威扬四海，不用忧劳费力就可大吉。

【原文】

上九：有孚威如，终吉。

《象》曰"威如"之"吉"，反身之谓也。

【解义】

此一爻是言恩威著而家道昌，可以见教成之效也。

周公系家人上爻曰：凡治家者当慎于其始，尤贵善乎其终。诚信不足者终必携，威严不足者终必渎。信与威相济，乃为可久之道。

今上九以刚居上，在卦之终，本孚诚以笃恩义，而又伦纪森然，凛不可犯，有"孚"而"威如"者也。故其恩可以体家人之心，而无伤恩拂情之失。其威可以正家人之志，而无渎伦乱纪之恣。则一家之中爱敬日隆，将见弥远而弥昌矣。不其终吉乎？

孔子释上《象》曰"上九威如"之"吉"者，非"作威"之谓也，乃反身自治，贞度立诚，而动静语默有谨，以自敕之几瞻视衣冠，有尊而可畏之象，初未尝有意于严厉，而家人自服之。盖躬行之化，不怒之威也。

可见反身之理，为正家之原，而主敬之学，又反身之要。大廷广众，固无可少忽之时；暗室屋漏，尤必凛有严之志。如是，则不动而敬，不言而信，威由孚出，孚以威成，而家有不肃、教有不洽者乎？故有家者不可为一时苟且之计，而当慎百世永远之图，有始有终，而家人之义全矣。

【解说】

本节是说君子应该要先严格地要求自己，做到诚信而有威严，威严治家，家道就会昌盛，成效就会很明显。凡治家者，一定要从一开始就谨慎小心，正人先正己，并且要从一而终。如果诚信不足就会让别人有二心，如果威严不足就会让别人不信服。

【原文】
☲☱ 兑下离上

【解义】
济大事必以人心，人心喜合而恶离，贵同而贱异。卦之火、泽异性，中、少异情，所以为睽。然以既睽之日而能本济睽之德，乘济睽之势，以求济睽之助，则通志遂情，其机在我。故《彖辞》谓"小事吉"，而《彖传》又推广言之，以见时用之大焉。

至六爻，则于君臣、僚友先睽后合之际反复言之。"初"与"四"以无应而睽，"三"与"上"以疑贰而睽，惟"二""五"居中得应，故当睽而不睽。原睽所自来，莫不始于猜嫌，成于乖隔，济睽之道反之而已。臣积诚以悟主，君降心以求助，上下合心，刚柔协德，委曲绸缪以赞大业，则涣者可使之合，疏者可使之亲，而睽不终睽，不害其为，吉矣！此一卦之大旨也。

【解说】
《睽》卦揭示事物的差异性和同一性，讲的是化睽为合，于异求同。卦中六爻，象征事物都处在离异状态，又都能走到一起。这两方面的情况说明，有睽就有合，无睽就谈不上合。《彖传》用睽而合、睽而通、睽而类三个命题，概括了睽而必合的普遍意义，提出同的前提是异，合的前提是睽。世间万物，千差万别，没有绝对的相同。必须在异中求同，又必须在同中求异：尊重差别，尊重特点。没有异的同，没有差别的一样，是坏事，不是好事。

【原文】
睽：小事吉。

【解义】
此卦兑下离上，上火下泽异其性，物之睽；中女少女异其志，人之睽。皆有乖离之义，故名为睽。卦辞言当世事，人心睽异之时未可以大有所为也。

小事，是补偏救弊之事。

文王系睽《彖辞》曰：济大事以人心为本，睽则众志乖异矣。尚幸卦德有济睽之才，卦变有济睽之势，卦体有济睽之助。夫惟有是三者之善，虽不能大有所为，使睽者一旦而合，然以之维持国势，收拾民心，亦可徐俟群志之定，不致于终离，而小事吉也。

盖天下之睽散不可一日不合，圣人岂肯安于无事？但以当睽之日而骤兴非常之役，建不世之功，则众志猜疑，一时难以开释，安望其动必有成乎？盘庚之迁邑，武王之东征，古之帝王有不能遽行己意者，惟所遇之时难也。从容镇定而使之不惊，批郤导窾而使之无阻，小其事正所以大其用，此济睽之善道也夫！

【解说】

本节是说为君者如果从补偏救弊的小事做起，就可以获吉。成就大事应该从人心出发，众心一致大事可济，但《睽》卦却显示的是众人之心偏离、乖异，幸好卦体显示地是能度过隔阂离异。因此此时虽不能有所大作为，一旦隔阂离异变成众心归一，亦可以维持国势、收取民心，不至于偏离、离异。所以说为人君者面对隔阂离异的态势，也应该从容不迫、镇定不惊，从补偏救弊的小事情做起，这样也会取得最终的成功。

【原文】

《彖》曰：睽，火动而上，泽动而下；二女同居，其志不同行，说而丽乎明，柔进而上行，得中而应乎刚，是以"小事吉"，天地睽，而其事同也。男女睽而其志通也。万物睽而其事类也。睽之时用大矣哉！

【解义】

此《彖传》是释睽《彖辞》，明其体而赞其用也。

离为中女，兑为少女，故曰"二女"。得中，指六五；应刚，指九二。

孔子释睽《彖辞》曰：卦名为睽者何也？以先天之取象言之，离火动而炎上，兑泽动而润下，其性睽也。以后天之取象言之，离中女，兑少女，虽同其居不同其适，其情睽也。卦之名睽非以是乎？睽之时本无可为者，何以云"小事吉"？

盖天下事惟有德者能成之，卦德"说而丽于明"，是内焉心气和平，外焉事机昭彻，具有为之才矣。又惟有位者能主之。卦变自离来者，二进居三。自中孚来者，四进居五。而自家人来者，兼此二变。皆柔进上行，是以徽懿之资居崇高之地，挟有为之势矣。且惟有辅者能济之，卦体六五得中应刚，是本虚中之诚，收英杰之助，得有为之佐矣。备此三善，虽在睽时未能大有所为，而犹可补偏救弊，不至于一无成就，是以"小事吉"也。

然睽之义岂无所用哉？人知睽之为睽，而不知睽之终合。试极言之：天高地下，睽也，然天施地生，化育之事则同也。男外女内，睽也，然夫倡妇随，相合之志则通也。物以群分，睽也，然此感彼应，应求之事则类也。可见睽者，其静则别，而合者，其通则交。不睽，则无以为合，而三才之用几息矣。睽之时用顾不大哉？

大抵天下事物皆本于一，其后散而分之，有似乎睽，然实未尝不合。所谓理一分殊，此即太极之旨，无穷功用所从出。常人徇末而忘本，拘于形气之私，嗜欲好恶纷争侵夺不相为下，遂终于睽而不合，故曰："惟天生民，有欲无主乃乱。"非亶聪明之元后，乌能合天下之睽而尽归于一耶？

【解说】

本节是对上节睽卦《彖辞》的进一步解释，表明了《睽》卦的内容并赞扬了其重要作用。《睽》卦象征隔阂离异，正因为是天地违和，才能共同化生万物；男女不同，才会彼此相通；万物不同，才会有类有合。对于君子来说，隔阂离异之时，正应是该有所作为之时。

【原文】

《象》曰：上火下泽，睽。君子以同而异。

【解义】

此《象传》是言君子惟义与比，不求异而自异也。

孔子释睽《象》曰"上火下泽"，性相违异，睽之象也。君子体之而得处之之道焉。

盖君子以天下之量容天下之人，以天下之理处天下之事，本无不同也。但义之不当同者，则介然守正而不为苟同。是故如其义也，则在家同于家，在国同于国，而君子不嫌于同矣；非其义也，则一家非之不顾，一国非之不顾，而君子不嫌于异矣。斯所谓"和而不流，群而不党"者欤！

按：《彖》言异中之同，所以责君子济睽之功。《象》言同中之异，所以明君子不苟同之理。有同而异者立其体，而以异为同者善其用。斯真得处睽之道，奚至逐物而丧己乎？

【解说】

本节是说君子从《睽》卦隔阂离异中领悟到同中有异，在求同的时候，既不泯灭自身的特点，也要尊重对方的特色。君子要有大的气量来包容天下之民，以天下之理来处理天下之事，如果志同道合，君子应该不嫌弃志同者；如果志向不同，君子亦不可以嫌弃相异者。这就是所谓的"和而不流，群而不党"。

【原文】

初九：悔亡。丧马勿逐自复。见恶人无咎。

《象》曰"见恶人"，以辟"咎"也。

【解义】

此一爻是言睽时贵有同德之助，尤宜明远祸之道也。

丧马，是无正应之象。勿逐自复，不求而自得之象。辟，远之也。

周公系睽初爻曰：天下之睽必有合，而后可济。初九上无正应，宜不能济睽而有悔。然幸四亦同此阳刚之德，情虽不洽，而道则相符，终得协力而"悔"可"亡"，有"丧马勿逐自复"之象。然当睽时同德相合，正异己者所忌，分别太严，必遭谗构。故或遇恶人，虽非与我同德，而不可不见之，庶释其猜疑而免中伤之咎。盖义当如此，非有所屈也。

孔子释初《象》曰：睽违之害，每起于是非之过明，而好恶之太峻。彼恶人，君子之所远而恐浼者也。然当其相遇，绝之过甚则意外之祸必生，故不得已而见之，正所以"辟咎"也。岂其本心哉？

大抵世至于睽，谗夫得志，正士莫容，君子处此自有难径情直行者。盖非独为一身计，而并为天下计也。孔子曰："人而不仁，疾之已甚，乱也。"贤者不幸值此时，苟能委曲从容，苦心调剂，岂但君子不受害于小人，或可使小人化而为君子。则济睽之妙用即在其中矣。

【解说】

本节是说君子虽然不幸处于隔阂离异的环境中，但幸好还有志同道合者能够帮助自己度过困难。如果在隔阂离异的情况下，君子遇到奸恶的小人，虽然志不同、道不合，但隔阂尚未很深，也应该予以接见，不要因为有隔阂离异而避免接见，以此造成更深的隔阂且为自己带来危险和小人的猜忌。君子化睽为合的最好办法就是不要急于强力求同，自己应宽容超脱，静等隔阂离异自行消失，方可不受害于小人，或者可让小人转化为君子。

**【原文】**

九二：遇主于巷，无咎。

《象》曰"遇主于巷"，未失道也。

**【解义】**

此一爻是言"二"能委曲喻主而得臣道之正也。"巷"是委曲之意。

周公系睽二爻曰：二与五应，君臣之分定矣。但值睽时，或为小人间隔，忧谗畏讥，忠悃不白，则当委曲竭力，或积诚以感其心，或匪懈以通其志，或负罪以冀其悟，所以自靖者不拘一途，如"遇主于巷"焉。然后上下交孚，乃为无忝臣节，而咎可免也。

孔子释二《象》曰：人臣事君，道合则留，不合则去。"九二"顾"遇主于巷"，何耶？盖君臣之谊，关于天性，委曲抒诚，乃道之正。原非枉尺直寻，为鄙夫之见也。

按：二五正应，而当睽时阴阳相应之道衰，刚柔相戾之意胜。所以上下之间，非曲折婉转其情不能相通，此正忠臣爱君之切，体国之至，休戚相关，有不出于此而不能者。孔子恐后世功名之士必将借此言为口实，故特云"未失道"以明之，以见遇非屈己逢迎，巷非邪僻由径，必合于道而后可。不然而鬻羖羊以进身，因寺人而见主，一时或得遇合，而已先不正矣，何以正君哉？

**【解说】**

本节是说君臣名分已定，但却由于小人的间隔、逸言诬陷而导致君臣离异，忠臣被弃用。这种情况下君子应该竭尽全力、以诚信之德感化为君者之心。君臣的友谊与天性有关，臣下虽然委曲求全以抒发自己的诚心，这也是守正之道，没有违背求合的原则，虽然委曲求全但也不会为人所鄙视的。

**【原文】**

六三：见舆曳，其牛掣，其人天且劓，无初有终。

《象》曰"见舆曳"，位不当也。"无初有终"，遇刚也。

**【解义】**

此一爻是言始虽疑，而终有以济睽也。

舆曳，二之曳于后；牛掣，四之掣于前；其人，指三也；天，是去发之刑；劓，是去鼻之刑。

周公系睽三爻曰：六三与上九正应，有君臣之分者也。不幸处二阳之间，迹若可疑，而上猜忌方深。三求合不得，积疑成惑，若见二之曳其舆于后也，若见四之掣其牛于前也，更若见上之加刑于己，而"天且劓"也。

睽离如此，是无初矣。然天下之理，邪不胜正。二、四之求，久当自去。上九之疑，久当自释。究必得遇于正应之君，而为有终也。

孔子释三《象》曰：三居二阳之间，处位不当，一时难合于上，所以积疑而起"舆曳"之见也。然终遇者，由上九刚明，其疑易释，终必相得，又何睽之不可释乎？

自古君臣之间嫌隙不可稍开，或因意见之参差，或因奸邪之间阻，君心一疑，则其臣一言一动，无非获罪之端。然人臣当此不可过为猜惧，惟有益励其靖共之节，竭其爱敬之忱，安常守分，以待君之悔悟，精诚所感，自终见亮于圣主矣。此事君者所宜加勉也。

**【解说】**

本节是讲为臣者刚开始时很困难，但是最终还是会化睽为合走向成功。自古以来，君臣之间没有不嫌隙的，有的是因为意见不同，有的是因为奸邪小人从中作梗，为君者如果内心有所怀疑，那么臣下的一言一行都会成为获罪的祸端。此时作为人臣应不可过于猜疑和恐惧，只要磨砺意志、坚定气节、安分守己，等待为君者的幡然悔悟，为精诚所感化，就会最终化睽为合，为国君所器重。

**【原文】**

九四：睽孤，遇元夫，交孚，厉无咎。

《象》曰"交孚无咎"，志行也。

**【解义】**

此一爻是言四有同德之助，自可以济睽也。

孤，指无应；元夫，指初九。

周公系睽四爻曰：九四当睽之时而无阴柔之应，为而或沮之，动而或摧之，若不免于孤也。幸遇初九元善之夫与之同德，遂推诚相与以共济时艰，则亦不为孤矣。

顾人之情，在无事之日，则安常处顺而衅隙不萌。当多事之时，则变故横生而猜忌易起，故必危以处之，内杜疑贰之端，外防谗间之入，惟恐吾之诚信有未至焉，然后可保其交孚之美，同心协力以济天下之睽，而无始合终离之咎也。

孔子释四《象》曰：九四之志本欲济睽，但应之者未得其人，则虽有志而不能行。今既获初九元善之夫，以矢心同济，志愿遂矣，宁虑睽哉！

按：人臣比肩事君，惟宜一心一德，共僇力以报国，若意见各立，遂至积成猜嫌，互相嫉害，此岂社稷之福乎？后世人臣之睽，莫甚于赵之廉蔺、唐之牛李。廉蔺始睽而终合者，以两人之心皆出于公，公则自无不可化也；牛李始睽而终亦睽者，以两人之心皆徇乎私，私则自不能克也。四与初皆有阳刚之德，同德相遇，故始虽睽而终必合。欲济天下之睽者，亦观其心之公私而已矣。

【解说】
本节是说君子违隔离异、孤单无应，如果能够遇到一位大丈夫，彼此诚恳信任，虽有危险也能度过险境。为人臣者侍奉君主，应该做到一心一意、同心同德尽力以报国。如果意见不同以至于相互猜忌，这不是社稷之福。廉颇、蔺相如起初意见相左，但最终能化睽为合，且二人之心都是出于公心，因此能够彼此信任，化解矛盾。而唐代的牛僧孺、李德裕二人争斗都起止于私心，他们之间的矛盾越积越多，最终亦不能化解。同德者相遇，始虽睽而终必合，想要使天下化睽为合者，只要观看其心是公是私就可以了。

【原文】
六五：悔亡，厥宗噬肤，往何咎？
《象》曰"厥宗噬肤"，往有庆也。

【解义】
此一爻是言人君得贤自辅，有济睽之功也。
厥宗，指九二；噬肤，易合之象。
周公系睽五爻曰：六五以阴居阳，济睽之才不足，宜其有悔，但以柔中之德应九二之贤，得人辅治，而有以匡其不逮，故虽有悔而终必亡之。然二、五君臣相得，岂仅如遇合之常哉？
盖二本五之正应，乃宗子之家相，所谓宗臣也。当睽之时，五固切于下交二，又笃于事主，情洽意孚，诚有如"噬肤"之易者，以是而往，可以同心共济，合天下之睽矣。复何咎乎？

孔子释五《象》曰：处睽患不得所合耳。五有"厥宗"合之，如"噬肤"之易，则君臣同德，以济天下之睽。此虽一人之福，而实四海之庆也。

盖二、五君臣之睽，二言合之难者，臣道也，不敢轻身也。五言合之易者，君道也，急欲下贤也。故"二"言主，尊之也，下当以分严上也。"五"言"宗"，亲之也，上当以情亲下也。二依五以为主，五亲二以为宗，相须甚殷，自然相见恨晚，宜其易于合矣。然必君先求贤，而后贤乃从君。此又慎重于始交之道也。

【解说】

本节是说为人君者能够得到贤臣的辅助，就能够化睽为合，取得成功。为人君者渡"睽"的能力不足会招致悔恨，如果得到贤臣辅助，情况就会好转，悔恨就会消失。为人臣者应该态度诚恳，化睽的方法要平易、小心，为人君者应该积极寻贤，双方主动，化睽为合，就会无咎。

【原文】

上九：睽孤，见豕负涂，载鬼一车，先张之弧，后说之弧，匪寇婚媾。往遇雨则吉。

《象》曰"遇雨"之"吉"，群疑亡也。

【解义】

此一爻是言先睽后合，而疑虑俱消也。

豕，污秽之物；鬼，怪异之类；张弧，始而疑也；说弧，终而释也；遇雨，和合之象。

周公系睽上爻曰：上九下应六三，本不孤也。然以刚明之过，处睽极之地，猜疑所结，妄见多端，故睽孤而无与。三本非污而疑其污，如"见豕负涂"，若将浼己也。即至一切所无之事，尽疑其有，如"载鬼一车"，反以幻为真也。由是积疑成忿，先张弧而欲射之，乃本无是事，疑久自消则又"说弧"而不果射，始知三非我寇，实为亲我之人。前疑尽释，而往以遇之，犹阴阳和而致雨焉，则睽合而不孤矣。

孔子释上《象》曰：上九"遇雨"吉者，盖人情有所疑则不能合。今两情式好，而乖戾不形；二人同心，而猜嫌尽泯。则向日之妄见，至此而俱消矣,又何睽之足虑哉?

大抵上下之交,莫难于信,莫易于疑。信则志同道合,一德交孚;疑则是反为非,忠反为佞,故嘉猷入告,则疑其好名;忠言逆耳,则会疑其卖直;同道为朋,则疑其植党;荐贤为国,则疑其市恩。疑端一开,何所不至?小人因之播弄其间,而忠良之祸不可解矣。周公于此爻既极摹其情状,而孔子于《象》又概之以群疑,以见猜忌不释,则睽终不可得而合。所以致儆者,不亦深切着明哉!

**【解说】**

本节是警戒为君者如果"睽"违到了极点,就会孤独多疑,但后来又能够化睽为合,那么众人的疑虑就消失了。君臣相交,没有比相互信任更难的,没有比相互猜疑更容易的了。相互信任就会志同道合,相互猜疑就会反忠为佞。为人臣忠言逆耳,则会被怀疑是太过耿直;志同道合者众多,则会被怀疑是结党。为君者的猜疑一旦开始,没有什么是猜忌不到的。隔阂离异达到了极点,最终就不会化睽为合了。

**【原文】**

䷦艮下坎上

**【解义】**

蹇之为卦,圣人所以教人济难也。见险而止,固为审时观变,然祸患之作,天所以开,圣人诚能择地、择人、正名、仗义,事亦何不可为者?故《彖辞》曰"利"曰"吉",而《彖传》备言"时用之大",为济蹇之人劝也。但《彖传》于既止之后策其奋往,故一则曰"往得中",再则曰"往有功"。而六爻则于"往"多戒辞,于"来"多幸。盖庸懦者遇险辄畏,非往无以振;因循躁动者冒险妄为,非来无以需。时会沉潜之智与果断之勇,非有二也。而要之,"来"非止而不往,方且博求才俊,联情合势以宏济艰难,故爻自初、二以上不曰"来反",则曰"来连";不曰"朋来",则曰"来硕"。与《彖传》"利见大人"之旨实相发明云。

**【解说】**

《蹇》卦阐述的是如何对待困境的原则。《屯》卦讲困难,要求见险能动。《蹇》卦相反,要求见险能止,止而求进。卦辞认为,困难、逆境是坏事,如能正确对待,又可引出好的结果。因此,提出三点处蹇之道,一是进退要合乎时宜,二是要有"大人"作为凝聚各方力量的核心,三是坚守正道，从而得道多助，壮大自己。卦中六爻，分别展现了对待逆境的不同情况，并用最后一爻提出"吉"字的做法，暗示逆境的克服，要经历一段时间，不能一蹴而就。

**【原文】**

蹇：利西南，不利东北。利见大人，贞吉。

**【解义】**

此卦艮下坎上，以艮止遇坎险不能前进，故名为蹇。卦辞言当蹇之世，势难有为，而详示以济蹇之道也。"西南"坤方，坤，顺也，故为平易之地。"东北"艮方，艮，险也，故为险阻之地。"大人"，指九五而言。

文王系蹇《彖辞》曰：世运艰难之会，固不宜轻进，然亦岂可终止而不思所以济之乎？故必所据得其地，所遇得其人，而又行事皆出于至正，乃庶几其有成。如平易通达之地，则西南也，利于往，以资其形势之便险；阻艰难之地，则东北也，不利于往，以失其进取之机。地利得而后可以一众心，决大计矣。

然拨乱不得其人，不将病于无主乎？若于大人而见之，德望可以系人心，谋猷可以匡多难，则神器有属，而耆定之功成矣，"利"何如也？

然施为或失其正，又何以服天下乎？必以正道而行之，不肯行一不义，不肯杀一无辜，则行事正大，万众归诚矣，"吉"何如也？

得其地，得其人，得其正，具此三者，又奚蹇之不济哉？

按：得地、得人、得正之说，不独济蹇之道为然也，当世运亨嘉之会，民物昌遂之时，一人躬仁圣之资，揽乾纲之柄，所谓帝王自有真也。措之事业，纲举目张，上合天意，下顺民心，自得其正也。中天下而立，居重以驭轻，安内以辑外，有山川设险之固，为万年盘石之安，自得其地也。则《易》之理，可以引伸触类于无穷矣。

**【解说】**

本节说《蹇》卦象征行走困难，并告诉人们怎样度过困难的道路，即宜走西南平坦的路，不宜走东北崎岖的山路。在艰难险阻之时，按理不应该轻易地前进，但总不能停滞不进、不思进取。因此应该要做到在进退时合乎时宜，要有"大人"作为凝聚各方力量的核心，并且要坚守正道，从而得道多助，壮大自己。具有这三者，就一定会得到吉祥。

【原文】

《彖》曰：蹇，难也，险在前也。见险而能止，知矣哉！蹇，"利西南"，往得中也。"不利东北"，其道穷也。"利见大人"，往有功也。"当位贞吉"，以正邦也。蹇之时用，大矣哉！

【解义】

此《彖传》是释蹇《彖辞》，以明济蹇之时用也。

当位，指卦体各当其位。

孔子释蹇《彖辞》曰：卦名为蹇者，有险难之义也。卦德坎为险，而坎居上，是险在前也。艮为止，而艮居下，是遇险而不进也。此所以为蹇也。

夫明难察于几微，而祸易成于犹豫。今见险而能止，则熟识利害之势，而灼见安危之几矣。其智矣哉！然见险固贵于能止，而又不可以终止。

《辞》曰"利西南"者，卦变自小过而来，四之阳往居五而得中，是处平易之地而可为进取之资，故利也。

"不利东北"者，退则入于艮，是陷险阻之地而失形势之便，故不利也。又曰"利见大人"者，卦体九五有大人之象，往而见之，则可资其阳刚之才、中正之德以成济蹇之功，此所以为"利"也。

又曰"贞吉"者，卦体自二至上，五爻阴阳各当其位，有"正"之义，正则自无不吉。

盖扶大义，秉大公，以削平祸乱、整顿纪纲，而邦因以正矣，此所以吉也。合而观之，当蹇之时，必得其地，必得其人，又必得其正，而后蹇始可济。蹇之时用，岂不大哉？

按：蹇难之世，躁于进取者，每陷于险而不能济；昧于图度者，又缺于用而不能济，故必有大人出焉。具沉几观变之识，而又得拨乱反正之资，然后可以平大难而福苍生也。要之，必以智为本，有智则立乎险之外，以运于险之中，方能操全胜之局，而进止皆得其当。若冒昧从事，则一蹶涂地，安能济蹇而成厥功乎？

【解说】

本节是对上节蹇卦《彖辞》的进一步解释，表明困难的时刻正是大有作为的时刻。蹇，象征着行走艰难，意味着危险就在前面。见到危险能够停止，这是明智的做法。困难时也需要出现大人物，这是由于他能够成功地消除险境，为君者居于高位而能够坚守正道，就一定会吉祥，这指的就是能够振兴民族、振兴国家。而困难的时刻也正是为君者应该大有作为的时刻。

【原文】

《象》曰：山上有水，蹇。君子以反身修德。

【解义】

此《象传》是言君子当蹇之时，惟宜尽自修之道也。

孔子释蹇《象》曰：此卦下艮上坎，水在山上，曲折艰阻而难行，蹇之象也。君子体之，以行有不得，或阻于时命，或罹于谗毁，此吾身之蹇也，要皆实德之不修阶之。故怨天尤人，无益也；行险侥幸，非义也。惟反之于身以修其德，省察于念虑之微，率循于言动之实，如是则德孚于人而行无不遂。所以济一己之蹇者在此，所以济斯世之蹇者，亦在此矣。

按：孟子谓"行有不得者"，皆反求诸己，如反其仁，反其智，反其敬，皆反身修德之实事也。故曰："救寒莫若重裘，止谤莫若自修。"又曰："君子修道立德，不以困穷而毁节焉，有所未善则改之，无歉于心则加勉"，圣贤之心亦袛见其惟日不足而已矣。

【解说】

本节是说君子在行走困难之时，首先应该加强自己的道德修养，提高对自己的要求。君子在遭遇困难的情况下，如或被时势所阻碍，或被小人所陷害，都应该首先反省一下自己，加强自己的道德修养。怨天尤人，没有任何好处；侥幸渡险，没有任何意义。只有反过来加强自己的道德修养，不因困境险阻而毁弃自己原来的气节，才会度过艰难险阻。

【原文】

初六：往蹇来誉。

《象》曰"往蹇来誉"，宜待也。

【解义】

此一爻是言才不足者，宜见几而止也。上进则为"往"，不进则为"来"。

周公系蹇初爻曰：初六阴柔而居艮始，正在宜止之时，若当此而欲往，以有为则，袛有陷入于险，不其蹇乎？惟不往而来，见险能止，则知几之誉集于一身，斯为知也。

孔子释初《象》曰：初六之往蹇来誉，岂终于不往哉？君子之所不能违者，时也。时既不可为，正宜考盘自乐，以俟千旌之求，然后出而应世耳。

此可见初六之义，非终老山林沽名钓誉者比。孔子恐人误为退避，故曰"宜待"。待者藏器于身，待时而动也。他日答子贡问美玉，而有"吾待贾"之言，对哀公问儒，而有"席珍待聘，强学待问，力行待取"之语，正与此爻相发明。则知圣人当日虽皇皇环辙，不忍忘民与物，而其自处不苟如此，所以斯世不用则已，用则必能济天下之蹇也。

【解说】
本节是说才能不足的人如果前进就会遇到艰难险阻，后退反而会安闲。说明应该见机而止，等待时机，不要盲目地前进冒险。

【原文】
六二：王臣蹇蹇，匪躬之故。
《象》曰"王臣蹇蹇"，终无尤也。

【解义】
此一爻是明人臣致身之义也。艰险至甚，故曰"蹇蹇"。

周公系蹇二爻曰：六二柔顺，精白、尽节之臣也。正应在上方，处蹇中则是当国步艰难之秋，主忧臣辱之日，鞠躬尽瘁，应不避危险以求济之，是王臣之蹇而又蹇者也。此其所以然者，盖二之心，但知君之当急，职之当尽，必如是而后可以塞臣子之责，副君上之托耳，非干誉邀宠而为厥躬之计也。

孔子释二《象》曰：人臣事君不尽其心者可以尤其心也，不竭其力者可以尤其力也。若六二之"王臣蹇蹇"，虽事之，济不济未可知。纵使不济而一念之，自靖可以质诸鬼神，而无愧于天下万世矣。谁得而尤之乎？

按"五"为当位之大人，凡天下之蹇，"五"独任其责而不辞，故曰"大蹇"。二与五为正应，在王臣之位。凡五之蹇，二亦独当其难而不避，故曰"蹇蹇"。一以天下之蹇任之于身，一以其君之蹇责之于己。此其君臣之交中正道合。大义已正，人节已明，济蹇之道无逾此者。汉臣诸葛亮有言："鞠躬尽瘁，死而后已。至于成败利钝，非臣之明所能逆。"睹三代而下如亮者，诚不愧蹇蹇之臣矣。

【解说】

本节是说为人臣者在国家有难之时应该不计得失、奋力解救,虽然会屡犯艰险,但只要尽力了,失败也不算是有过错。当国家面临艰难险阻之际,此时正是君忧臣辱的时刻,作为臣子,要鞠躬尽瘁,应不避危险奋力解救。至于最终成功与否,那不是为臣者所能决定的。

【原文】

九三:往蹇来反。

《象》曰"往蹇来反",内喜之也。

【解义】

此一爻是言济蹇之道当求助于同心之人也。

往蹇,是独力不能有济;来反,来就二阴也。

周公系蹇三爻曰:九三过刚不中,而坎险在前,又值大难方殷之日,于此而毅然前往,则独力不足以成功,亦终于蹇而已。惟反就二阴,与之同心戮力,庶克拯救时艰,而共济夫蹇也。

孔子释三《象》曰"往蹇来反",非强与之合也。盖九三有阳刚之德,在内二阴不能自立。皆喜得三共事而相与有成也。使彼无乐附之心,纵三欲与之比,讵可得乎?

按:九三乃下卦之主,是为内之所恃者,故不独初与二喜之,而四亦欲连之。盖处蹇之时,非刚明之才不可以治蹇,故阴皆思附阳以求济,亦可见阴之必利于从阳,而益信阳德之尊矣。

【解说】

本节是说要想度过艰难险阻的困境,需要有同德同心的人的帮助才可以。如果自己的能力有限不能脱离困境,但却依然独自前进,这样是不会成功的。这时需要有志同道合者的帮助,戮力同心才可以克服困难,成功走出困境。

【原文】

六四:往蹇来连。

《象》曰"往蹇来连",当位实也。

【解义】

此一爻是言才力不足者,当资人以共济也。

连，谓连乎九三；实，谓九三阳刚当位。

周公系蹇四爻曰：六四上承九五，有济蹇之责者也。然阴柔之质当多事之时，孑身以往未必有济，祗陷于蹇耳。幸九三以阳刚在下，连之同进，资其猷略，以共挽时艰，则借天下之才，济天下之蹇，而群贤之功皆其功矣。

孔子释四《象》曰：四之"往蹇"而必连九三者，何哉？盖济蹇非阳刚不能也，三乃当位之阳，内抱匡济之实心，外展经纶之实用，足以有为者，故宜连之以共济耳。

大抵阳实阴虚，虚者必有资于实，此阴之必求助于阳也。然四位近五，大臣之道正，当合天下之群策群力以共辅其君，功不必自己出，名不必自己成，唯求有济于艰难而已，岂矜一手足之烈乎？高帝有萧何而淮阴効力，艺祖得赵普而诸将归心，其庶几乎此义矣。

【解说】

本节是说为君者如果能力不足，遇到困境之时应该以实心待人，团结可以团结的众人，充实自己的力量，共同走出困境。为君者处于多事之秋，如果孑身一人面对困难未必能够走出。幸好在其周围还有一群守正之臣，为君者诚心以待臣下，为臣者当合天下之群策群力以辅佐君主，君臣团结一致、共挽时艰，就能够共同走出困境。

【原文】

九五：大蹇朋来。

《象》曰"大蹇朋来"，以中节也。

【解义】

此一爻是言世事艰难之会，必得贤而后可以济也。

大蹇，谓非常之蹇；中节，能守其中德之意。

周公系蹇五爻曰：九五居尊位，而当蹇之时，是其蹇乃国家安危之关，宗社存亡之系而为莫大之蹇也。不幸而值此时，非得天下之贤，其何以济？所喜者，五有刚健中正之德，势力既足以招徕，而信义又足以结纳，是以豪杰景附，自九二正应而外，如"来誉""来反""来硕""来连"之朋，群然归之効力宣猷，而不患其终蹇矣。

孔子释五《象》曰：九五当"大蹇"而得朋来之助，岂无以致之哉？盖中德存于平居之时易，存于变故之时难。五能守其中德而不变，则造次之顷而志概弗移，颠沛之遭而信义愈笃，是以能鼓舞贤豪而得其慷慨悦从之心也。

按：五为蹇主，故曰大蹇。天下之蹇直以一身肩之，汤之"万方有罪，在予一人"，成王之"遗大投艰于朕身"是也。然欲济天下之大蹇，必需天下之大才。汤非伊尹、仲虺，无以昭九有之勋；成非周公、召公，无以着夹辅之烈。古之帝王戡乱致治，孰有外于得人者哉？

【解说】
本节是说为君者虽然遇到艰难困境，但由于有正大光明的气节，必定会得到贤能之臣的辅佐而成功脱离困境。君主遇到艰难困境，正是国家处于安危时艰的紧要关头，幸好君主刚健、光明正大，这样有信义、有才德、有贤能的臣子、豪杰等就会来依附和效力，最终会使君主度过艰难险阻。

【原文】
上六：往蹇来硕，吉，利见大人。
《象》曰"往蹇来硕"，志在内也。"利见大人"，以从贵也。

【解义】
此一爻是示人以济蹇之道，而因明其所以成功也。
大人，指九五。
周公系蹇上爻曰：上六居蹇之极，则有将济之机而时可为矣。
苟徒以时之可为，遂欲自往以求济，不得济蹇之主而奉之，则无以行其拯溺亨屯之志，而蹇且益甚，惟能来就九五，则有硕大之功而吉矣。

盖九五德位兼隆之大人也，见而附之，则忧时立功之念获伸于中节之君，而拨乱反正之猷得效于朋来之日，不惟一身庆其遭逢，而实天下蒙其福泽，其利为何如哉？

孔子释上《象》曰"上六往蹇来硕"者，以其志欲从九五，与之同心共济，相得益彰，故能成其功而吉也。又必"见大人"而后"利"者，以九五刚健中正而居尊位，其位与德皆为可贵。今往而见之，斯能系天下之望，得天下之心，于以济蹇，夫复何疑哉？乃知大蹇之世，君择臣，臣亦择君，五之"朋来"，是延揽群才，以资廓清者定之略兴，王之所以定大业也。上之"来硕"，是攀附真主，以成旗常竹帛之功名，世之所以垂不朽也。二者宜其相须甚殷，而相见恨晚矣。不如此，何以济蹇耶？

【解说】

本节说明了君子如何走出艰难困境的道理，并说明君子为何取得成功的原因。上六居蹇之极，有将要走出困境的时机。君子如果只认为时机可为，且想自己前往而不依附于"大人"的帮助走出困境，那么将会陷入更严重的困境。因此，作为臣子应该与君主同德同心共济，相得益彰，则可成功走出困境。

【原文】

☳☵ 坎下震上

【解义】

解，取解难之义。凡解难者，必有震动干济之才，乃能易险为平，出乎祸乱之外。屯之动乎险中，固不若解之动乎险外也。

《彖》言"利西南"与《蹇》同辞者，蹇处险而教以择地，则难可纾解；出险而教以安静，则难不复作。然生天下之难者莫甚于小人，解天下之难者莫先于解小人。故卦之六爻，惟初以解难为义，而诸爻皆以解小人为义。六五以君而解小人者也。二、四以大臣而解小人者也。初三、上，则三阴之小人也。而三阴之中惟六三不中不正，窃据高位，尤为肆虐，故狐以象其蛊惑，隼以象其鸷害，"负且乘"以象其僭窃，而于五爻，明以小人斥之，所以着"三"之罪也。

总之，君相欲解天下之难，未有不以解小人为第一义者也。小人不解，则难本不除，前难方解，而后难将复作矣。故"二"曰"获狐"，"四"曰"解拇"，"上"曰"射隼"，"五"为"解主"，"直"曰"解小人"。作《易》圣人其兢兢于去小人，盖如此。

【解说】

《解》卦象征患难已经成为过去，揭示此时处理内部问题的目的和原则。目的是为了国家的安宁太平。原则一是宜静不宜动，不要无事求功，妨害休养生息；二是宜速不宜迟，要抓紧解决出现的问题，免得积重难返，酿成后患。卦中六爻侧重展示的就是及时处理内部问题的具体情况，反复陈述"退小人"的重要性。

【原文】

解：利西南。无所往，其来复吉。有攸往，夙吉。

【解义】

此卦坎下震上，居险能动，出乎险外，有患难解散之义，故名为解。卦辞言险难既平，宜与天下以休息之道也。

西南，亦指坤方平易之地。

文王系解《彖辞》曰：险难方解，利于平易安静。且卦变自《升》来，"三"往居"四"，入于《坤》体。"二"居其所而又得中，皆平易安静之义。故遇《解》之时，国运方复，元气未固，当思抚循而培养之，以宽大之心，行简易之政，而"利西南"焉。若其祸乱既殄而无所往欤，则与民休息相安于无事，上不苦于纷更，下不致于疲敝，而天下享和平之福，不亦吉乎？若其余患尚存而不容，"无所往"欤！则早往以除其莩，早复以收其成，既不至于养乱，又不至于黩武，而天下收廓清之功，不亦吉乎？处解之道尽于此矣。

按：《程传》："谓国家必纪纲废而后祸患生。"圣人既解其难，则当修治道，正纪纲，明法度，进复先代明王之治，是来复也。自汉以下，乱既除，则不复有所为，姑随时维持而已，故不能成善治，此不知来复之旨也。至哉，言乎！

盖"无所往"者，言天下初定，不宜以无益之事轻举妄动，滋生民纷扰之端，至一代之兴，所为规画布置，以建久安长治之规，君臣上下，孜孜汲汲犹恐不逮，固未尝顷刻可缓也。若谓时难甫息，便可晏然无事，因循玩弛，听其自然，以偷旦夕之安，恐前难方解，而后难复起矣。岂有当于此卦之义乎？

【解说】

本节是说《解》卦意味着危难已经过去，为君者宜施行休养生息、宽简的政策。如果发现了问题，应该及早地解决，免得积重难返，酿成后患。险难刚过去，作为君主应该实行精兵简政的宽和政策，与民休息，让百姓相安无事，不要轻举妄动做无益之事滋生纷扰的祸端，要让国家和平地发展。如果险难还没有完全结束，那么这时就应该及早地发现并解决，这样既不至于养乱，也不至于穷兵黩武，如此天下就会清明。

【原文】

《彖》曰：解，险以动，动而免乎险，解。解"利西南"，往得众也。"其来复吉"，乃得中也。"有攸往夙吉"，往有功也。天地解而雷雨作，雷雨作而百果草木皆甲坼。解之时，大矣哉！

【解义】

此《彖传》是释解《彖辞》以明解之义，且极言造化之功用，而赞其大也。

险，以时言；动，以才言；功，是安民之功；甲，是萌芽包含；坼，是萌芽发露。

孔子释解《彖辞》曰：卦何以名"解"哉？盖《蹇》虽见险而止，然险在前也，不可言解。《屯》虽动乎险中，犹未出险也，未可言解。此则卦德坎下震上，居险能动，动而免乎险，故为解也。

《辞》谓"利西南"者，何哉？卦变三往居四，入于坤体，而坤为众，又有得众之义，则是平易近人，人必归之，此"西南"之所以"利"也。

"其来复吉"者，何哉？盖解时以安静为中，卦变二居其所，而又得中，则是内焉宅心安静而无喜功，外焉处事循理而无过举，故能与时休息，"来复"而"吉"也。

"有攸往夙吉"者，何哉？二既以得中，而"有攸往"，制胜本于庙算，举动出于万全，所以早往早复，民社获安宁之福而有功也。然解之道，不特王者以之生万民，天地亦以之生万物。当天地闭塞之时，二气郁结不散，今倏而解矣，解则气机鼓畅，雷雨交作，以动以润，凡百果草木枯者萌甲，而甲者开坼矣。夫天地一解，遂成化育之仁，而其成之则以时也。"解之时"，岂不大矣哉！王者法天以行解，亦犹此矣！

盖天地帝王阖辟张弛，本同一道。天地于时之未解，则雷以奋之于先，雨以润之于后，而后品汇以昌，及其既解，则收敛神功，返于寂若。此一阖一辟之机，所以变化万物者也。帝王于难之未解，则经纶乎草昧，肇造乎艰难，而后大乱始定，及其既解，则相与休息，垂拱受成。此一张一弛之用，所以奠安万民者也。说者以人君解难主于静，造物解难主于动。则是天人有二理矣，岂其然乎？

【解说】

本节是对上一节解《彖辞》的进一步阐释，表明《解》卦的含义并高度赞扬了其功用。艰难险阻既然已经解决，为君者就应该实行休养生息、宽和的政策，这样做就会得到百姓的拥护和支持。如果有事，就应该及早地发现并解决，这样易于得到好的功效。为君者要从雷雨作、万物兴中把握住以"解"的含义为内容的时代特征，这是非常重要的。

【原文】

《象》曰：雷雨作，解。君子以赦过宥罪。

【解义】

此《象传》是言君子体解之义，以仁其民也。

孔子释解《象》曰：雷雨交作，则散蕴结而为亨通，有以解万物之难解之象也。

君子之于万民，犹天地之于万物，念兹蹇难之后，多罹于法，非陷于不自知，即迫于不得已，与处常之时不同，故矜恤之典行焉。于无心之过则赦之而不问，于犯法之罪亦宥之而从轻。沛以解网之仁，开其自新之路，诚仰体天地好生之德而然也。

大抵承平之世，赦宥不可数，数则奸宄得志而良民不安，故明罚敕法，昭万世之常经；处危疑之世，赦宥不可无，无则反侧不安而祸难不解，故泣罪祥刑，见一人之宽政。此古帝王治世之微，权在因时而用之也夫。

【解说】

本节《象传》说君子应该体会到"解"的意义，要用仁爱之心对待百姓。危难过后经常会有触犯法律作奸作恶者，他们往往是迫不得已，因此是可以赦免宽宥他们的。大抵盛平之世，对于作奸犯科者应该明法敕令、严加惩治，但在危难之世，赦免宽宥是不可以缺少的，应该用仁爱之心去对待迫不得已而犯错的百姓，这样就会得到他们的拥护和支持。

【原文】

初六：无咎。

《象》曰：刚柔之际，义"无咎"也。

【解义】

此一爻是言初柔得刚，以济而动，无过举也。

周公系解初爻曰：解难之初，扰以多事，固不足以安民；而弛以无事，又不免于滋弊。初六以柔在下，本安静不扰，而上应九四之刚，又足以济之敷政，优优与民休息，既免纷更之害，亦鲜委靡之讥，复何咎乎？

孔子释初《象》曰"初"处解之始而得"无咎"者，非幸也。以初应四柔际乎刚，是能镇静，而济以明，作不因循，不激变，得张弛之妙用，时措之咸宜。揆之于义，固当无咎也。

按：六爻之义，有以解难言者，有以解去小人言者。盖天下之难，多自小人致之，此诸爻所以主解小人也。若初爻则专主解难之意，必本之以和平安静，而辅之以果断刚决，然后无所往而不失之废弛，有攸往而不失之烦扰。戡乱安民不外此矣。

然四以初为小人，惟恐解拇之不速；而初以四为正应，惟恐刚柔之不济。又可见六爻之取义各不同也。

【解说】

本节是说君子立身处世，应当刚柔恰到好处，这样就会没有灾祸。在祸难刚结束之时，如果没事找事，这样不足以安定万民；而无所事事，这样又会滋生弊端。因此在治国安民的时候，要做到一张一弛，把握好适宜的时机，采取合适的措施就不会造成灾祸。

【原文】

九二：田获三狐，得黄矢，贞吉。

《象》曰"九二贞吉"，得中道也。

【解义】

此一爻是言二能去邪而得正也。

田者，去害之事；狐，兽之变幻惑人者；三狐，指三阴爻言；黄，中色；矢，直物，谓中直也。

周公系解二爻曰：二有刚中之德，乃秉道嫉邪之君子也。而当三阴用事之时，为能解而去之，以杜惑上残民之祸。夫小人既去，则善类自进，而得中行直道之贤，故为"田获三狐得黄矢"之象。如此，则举错得宜，合乎进君子、退小人之正。朝廷清而天下治，"贞"而且"吉"也。

孔子释二《象》曰：亲贤远奸不易，能也。九二能去邪媚，得中直而"贞吉"者何哉？盖人惟自处不中，故不知邪媚之当去而正直之当亲。二本中德君子，己心之邪媚无不去，故于人之邪媚自不能容。己心之正直无不存，故于人之正直自相保护也。所谓惟仁人能好人、能恶人者欤！

从来小人为害人，人皆知而不能去之者，以其善媚也。人好利，即媚之以利，人好名，即媚之以名，多方以结人之欢，先事以承人之意，盖不独庸众为其蛊惑，即端人君子亦有时误受其欺蔽者矣。然外为巧言令色之态，以售其奸诈，而中实包藏险毒，凶于家，害于国，有不可言者。圣人痛之、恶之，故于二之爻，名之为"狐"，言其邪媚惑人之可羞；于上之爻，又名之为"隼"，言有险鸷搏噬之可畏，俾后之人知所鉴戒，慎勿喜其媚而忘其毒也，庶有以解天下之难哉。

**【解说】**

本节是说为君者任用君子铲除危害国家安宁的小人，就又能够得到中行直道的贤能君子。在阴险小人掌事之时，任用君子就能解除危难，杜绝惑上残民的祸患。为君者能够亲贤远佞是很不容易的，因为为君者会好名利，好名利就会被小人的谄媚之词所蒙蔽。因此为君者要警戒，千万不要因为喜欢谄媚之词而忘记奸佞小人的险毒。

**【原文】**

六三：负且乘，致寇至，贞吝。

《象》曰"负且乘"，亦可丑也。自我致戎，又谁咎也？

**【解义】**

此一爻是儆无才德者不宜在高位也。

负，是担负；乘，是乘车。

周公系解三爻曰：天下惟有德者宜在高位。六三阴柔不中正，而居下之上，乃无德而窃据高位者，则褫辱所必加，斥逐所必至，虽得之，必失之。是犹小人宜负荷而反乘车，处非其分，当致寇夺也。

虽爵禄出于公朝，本由君上之命；自以为贞而不称之，羞岂能免乎？其见攘也宜矣。

孔子释三《象》曰：朝廷设位以待有德之人也。六三"负"而且"乘"，则在我为非分之福，而在人有素餐之讥，是诚可丑也。所谓"致寇"至者，盖德不配位，人将夺之。是戎虽在人，而所以致戎者，则在于我，又将谁咎也？

按：古者德以诏爵，能以诏禄，人人各安其分，而不萌侥幸之想。后世用人，不以行举，不以言扬。一小人得志，而众小人生心，纷纷竞进，各挟负贩之智，而逞暴取豪夺之私，其为生民之害，岂可言乎？

夫安民可与行义，危民易与为非。民既稔受其毒，而出尔反尔，犯上作乱之事因之而起，故曰"负且乘致寇至"，盗之招也。可见天下本无寇盗，而用小人者实招致之。有天下者，与其劳师动众以弥平寇盗，不若爱惜名器，以慎绝小人。未有小人不去而寇盗可平者。三复此爻意，盖深切着明矣。

**【解说】**

本节是告诫无德者不应该居高位。天下应该是有德者居于高位，如果小人占据君子的位置，德才与地位不相称，就会导致社会出现你争我夺的混乱局面。小人窃位，一是由于自己钻营的原因，另一方面则是由于地位更高的君子眼睛不亮乱提烂升的缘故。因此本节告诫滥用小人的君子应坚持正确的用人原则，防止有过不改而造成的一切后果。

**【原文】**

九四：解而拇，朋至斯孚。

《象》曰"解而拇"，未当位也。

**【解义】**

此一爻是勉四以去小人，而因幸其得朋也。

拇，象在下；小人，指初也。

周公系解四爻曰：当解之时，非刚正之朋，不足以同心而共济。四应初柔，非其俦类，此君子交相疑忌而不至也。故为四计，莫若断然解去其拇，屏绝匪类，以示己无私交，则一德之朋至而相孚无间矣。

孔子释四《象》曰：四所以"解而拇"者，以四居位不正，而下应初六，故初得附之为其拇，所谓私情之合也。以私情比私交，则贤士必闻而解体矣。非解而去之，则终为所累，何以来君子之朋耶？

大抵君子小人，气类各别，若使并立于朝，小人未有不日进，君子未有不日退者。其故何也？君子以道事人，人必敬之而疏小人。惟言莫违，人必狎之而亲。疏者易间，而亲者难睽也。而君子者，不得志则乐道自守，奉身而退。小人者，不得志则狡谋百出，不进不休。君子有时容小人，而小人必不肯容君子。自古以来，断无小人在位而君子得安其身者也。

是故仙客用而九龄疏，承璀入而李绛出，一熏一莸，不可同器。有用人之责者，可不细玩此爻之义乎？

**【解说】**

本节是强调解决小人窃位的问题，身居高位的君子应负有特殊的责任。除去身边的小人是由于小人无德而居高位，小人除去了，志同道合的君子就会前来，并且能坦诚相处。

【原文】

六五：君子维有解，吉。有孚于小人。

《象》曰"君子有解"，"小人"退也。

【解义】

此一爻是言去小人之当断也。

孚，验也，言以小人之远去为验也。

周公系解五爻曰：五当君位，是君子也。乃与三阴同类而相比，狎迩小人之咎不能免矣。当此之时，惟有惕然自省，知其决不可留，解而去之，一解之外无他术也。如是则朝宁清明，纪纲振肃，吉孰大焉？然君子之有解，于何验之？即验诸小人之退而已。必小人果退，方见我之能解。若犹有瞻顾，则是外示解之之迹，而内无解之之心，其何以为能孚也哉？

孔子释五《象》曰：小人非难解，特患君子之心未必真欲解耳。若果能解之，辨之极其明，而断之极其勇，则小人自消沮屏伏，而无所复用其夤缘矣。

古之真能退小人者莫如尧舜，如共工之象恭滔天，驩兜之比周为党，鲧之方命圮族，三苗之负固不恭，毅然加以流放殛窜之刑，曾无姑息养痈之患，乃为有解之君子也。

六五本阴类，恐其优柔少断，明知小人之当去，而牵于私爱，姑饰词以掩天下之耳目，若曰"吾已屏黜之矣"，而阴狎昵之如故，则彼益猖狂恣肆，惟所欲为而一无忌惮，国家之祸遂至于莫救。此《管子》所云"恶恶而不能去，郭之所以危也"，岂不可戒欤！

【解说】

本节是告诫为君者除去小人应该当断则断。六五象征阴柔之君，优柔寡断，明知道小人应该除去但却出于私心而拿不定主意，想通过掩饰之辞以遮天下万民的耳目，这样就会使小人更加猖狂恣肆，毫无忌惮，这是国家的祸患。阴柔之君用人，一定要注意分辨君子、小人，对待君子要用人不疑，对待小人要去而不惜，这样才能不影响臣子团结君子，才能斥退小人，维护和促进国家的安宁。

【原文】

上六：公用射隼于高墉之上，获之，无不利。

《象》曰"公用射隼"，以解悖也。

【解义】

此一爻是言上能佐五，以去小人也。

公，指上六；隼，鸷害之鸟，以喻小人，指六三；高墉，宫垣也。

周公系解上爻曰：六三以阴柔小人窃位媚主，鸷悍叵测，犹隼之立于高墉者。然上六当大臣之任，位尊望重，一举而歼厥凶恶。有"射隼于高墉之上"之象。如是，则佥壬退而祸患除，上无负于天子，下有裨于苍生，则"无不利"，宜也。

孔子释上《象》曰：所谓"公用射隼"者，盖蠹国害民，小人悖道甚矣。其罪既明，则解而去之，正所以除天下之祸乱耳，岂为一己之私恶哉！

按：小人恒在人主左右，居高而害物，故取象于隼。方其栖于山林，人皆得而射之，惟栖于王宫高墉之上，则如城狐社鼠，有所凭依，虽欲射之而不能矣。不幸与之相值，将解去之，非其人不敢动；有其人、非其时亦不敢动。必下有九二之中直，九四之得朋，上有六五之能解，而后上六乃得乘其便利，除君侧之奸，功成而天下安之。然则，去小人宁易易哉？

【解说】

本节是说地位崇高的元老重臣能够辅佐君主，除去害国害民的奸佞小人。阴柔小人窃位媚主，居心叵测，就像是恶鸟鹰隼一样蠹国害民，这时就需要任用位尊望重的元老重臣来铲除凶恶的小人，这样就会上无负于天子，下有裨于苍生。

# 卷十

【原文】
☱兑下艮上

【解义】
天下之事有不当损而损者，损下益上，损民益君是也。有当损而损者，省文存质，去奢崇俭是也。圣人画卦以损下益上示戒，而以损所当损为法。统观六爻，下体本乾，三画皆阳，阳过于盈，则损乎阳。上体本坤，三画皆阴，阴过于虚，则益乎阴。此一卦之旨也。

析观六爻：初、二以益上之道言，初居下而益四，量而后入，故曰酌；损之二，刚中而益五，道义自持，故曰弗。损益之三、四以取益之道言。三，阳上而阴下，是去其异己者，故曰损一人；四，资刚以济柔，是勇于改过者，故曰损其疾。五，上以受益之道言，五体柔居中，为虚心好贤，故曰或益之。上居上益下，为因民而利，故曰弗损益之。此六爻之旨也。

大抵损之时，贵乎损所当损而必本之以诚。诚以存质，则礼亦可杀；诚以崇俭，则用无不节。推之初"遄往"，二"利贞"，诚于事上也。四"使遄"，五"或益"，诚于虚己也。上"弗损"，诚于益下也。至六三一爻，卦之所以为损者也，戒其三而杂取其两而专者，贵于致一也。此又损之精义也。宜《象辞》首以"有孚"为训哉！

【解说】
损，在本卦中的主要含义为减省。损的范围可以涵盖国家、社会、集体、个人等各个方面，比如损刚益柔、损己益人、损私益公、损奢从俭等等。而这些又都是事物发展过程中的普遍现象。研习损卦原则是损所当损，判断是否当损的标准，一是是否符合社会公认的道德规范行为准则，二是客观上是否需要。损的思想基础是真心诚意，形式是自觉自愿，目的和意义在于提高人的思想境界，从而主动关心大局，以国家、社会利益为重。

【原文】

损：有孚，元吉，无咎，可贞，利有攸往。曷之用？二簋可用享。

【解义】

此卦兑下艮上，卦体损下卦之阳，益上卦之阴；卦象损兑泽之深，益艮山之高。皆有损下益上之义，故名为损。卦辞言处损之道，既示以至诚之应，而又酌其用，虽至薄而无害也。

文王系损《彖辞》曰：上之不能不取于下者，势也。然当损之时，国用固不可缺，而民力亦易以匮于此，而复示以侈，则民有难堪而将至于不继，故必省文以存质，去奢以崇俭。凡上而朝廷，外而军国，一皆示以诚实恻怛之意，而繁文缛节皆所不用，是之谓有孚也，是之谓损所当损也。诚能若此，则其政尚忠，其俗尚愿，可以追太古之遗，何吉如之？且不伤财，不害民，而无不节之。嗟！何咎之有？

自其行之一时，若为权宜之计耳；而要之诚，则可久，即一时可也，千万世亦可也，是可贞矣。

自其行之于上，若为救世之权耳，而要之诚，则可通，即行之君可也，行之万邦臣庶亦可也，是利有攸往矣。

夫"损"而"有孚"，则有四者之应，是"有孚"者致用之本也，而其用果何如哉？盖国之大事莫大于祀，而时当可损，则虽俭而不病于菲，苟感以孚信之诚，而略其虚文之饰，即"二簋"之薄，亦"可用享"矣。

祭祀可损，况其它乎？夫损非上所当行也，而"有孚"则可行；祭非上所当损也，而"有孚"则可。处损之道诚莫切于有孚之用矣。

按：释此卦者，谓于不得已之时，不得不取足于常赋之外，但能"有孚"，则民自无不曲谅耳。窃谓此后儒之臆说，非知圣人系辞之旨者也。先王之制，有节用，无加赋。鲁年饥，用不足，有若犹以盍彻告之，岂因不足而遂可赋外取民乎？且古者三年耕余一年之食，九年耕余三年之食，虽有凶荒，民无菜色，何至阙军国之需也？苟且之术，后世无备者为之，安得以为"有孚"之道乎？既非"有孚"，一时且不可行，况欲以为长久之规乎？损之义盖言盈缩随时，礼称其情，则杀礼不为嫌；用适其宜，则俭用不为固。祭祀尚然，凡百用度之间，宾客燕享，好用匪颁之类，皆在所损。可知此谓"有孚"，则真"有孚"矣。诚万世遵行之而无弊者哉！

【解说】

本节是说损卦象征着减省，减省适用于国家、社会、集体、个人等各个方面。如果是出于真心而又得当，那么减省就不是过失，这是一种优点，应该好好坚持。国家所用的物资等本不缺少，但由于国家的损耗而民力匮乏；应当节俭之时而国家却奢侈，百姓就会不堪重负。这时国家应该去奢崇俭，不劳民伤财，这样就不会动摇根基。只有在不得已的情况下，才选择增加赋税收入，但是如果能够减省，百姓也是不会有怨言的。

【原文】

《彖》曰：损，损下益上，其道上行。损而"有孚，元吉，无咎，可贞，利有攸往。曷之用？二簋可用享"。二簋应有时，损刚益柔有时，损益盈虚，与时偕行。

【解义】

此《彖传》是释损《彖辞》以见损之义，无非与时为宜也。

孔子释损《彖辞》曰：卦之名为损者，盖以损下卦上画之阳，益上卦上画之阴。是取闾阎之财以充府库之用，损下而益上者也。但君之富藏于民，民既穷于所损，则君不得以独益。是损之道势必转而归上矣。此所以为损也。

夫当损之时而诚有孚，损其所当损，则"吉"而"无咎"，"贞"而"利往"，固不必言。又曰"曷之用？二簋可用享"者，岂专以薄为道哉？盖天下时而已。时当丰而丰，即大牲殷荐不为奢；时当俭而俭，即二簋不为薄。是各因其时，而非谓其可常用也。且是时也，岂独一享祀为然哉？天下之事，凡理之当然与数之不得不然者，皆时也。观之卦画，则损下卦之刚，以益上卦之柔者，非他也。时有所当损，则阳不能以常伸。时有所当益，则阴不能以常屈。此皆理数之不容违者也。观之物理，则损其进极之盈，以益其退极之虚者，非他也。时不可以终盛，盈未几而损随之。时不可以终衰，虚未几而益随之。亦皆理数之不容违者也。卦画以时而成，物理以时而变，处损之道，岂有能外时者哉？

按：上下相关，本同一体。益下则虽不加赋，而用自有余。损下则虽善聚财，而用日不足。不幸而遇损之时，但当节用以厚民，不可剥民以奉己。即九庙之享，在所宜节，况其余乎？此无他，天之运存乎时，君之行视乎天，损益盈虚之间，有必然之道焉，虽欲不变丰为俭不能也。常存此心，则时赢尚当从绌，而时绌岂反可举赢也哉？

**【解说】**

本节是对上一节损《象辞》的进一步解释，表明了损的含义以及损益应当有时的问题。损象征着减省，减省下面而增加上面，这个道理对上面也是有好处的，可以促使人们向上，提高自己的思想境界。如果减省是出于真心而又得当的话，就不会有过失和危害。是否应该吃清茶淡饭，是否需要"损刚益柔"，都是要看准时机，当损时则损，不当损时则不损，千万不可拘泥。

**【原文】**

《象》曰：山下有泽，损。君子以惩忿窒欲。

**【解义】**

此《象传》是言君子治心之功也。

惩，惩戒也；窒，遏绝也。

孔子释损《象》曰"山下有泽"，"损"兑泽之深，益艮山之高，损之象也。君子体之，以为为学之要，无如损吾心之所当损焉。

吾心原自和平，偶有所触，遂发而难制，而忿生矣。忿心一生，则不能观理之是非，而为血气所使。君子当忿之未起，急宜惩之，化躁以恬，预拔其忿之根，则心体日休，安于宁谧之天矣。

吾心原自洁清，偶有所诱，遂动而难遏，而欲萌矣。欲心一萌，则不能辨念之公私，而为外物所移。君子当欲之未溺，急宜窒之，闲邪存诚，预杜其欲之隙，则心境光明，游于粹美之渊矣。此诚得治心之要者欤！

按：忿欲人所同患，而有天下者关系为尤重。盖人君势处崇高，富有海甸，雷霆之威，不可向迩。嗜欲之奉，无有穷极，稍一任意而妄生于内，物诱于外，其害有不可言者。古之帝王守敬以澄其原，主静以绝其诱。戒惧慎独之功既至，而见诸行事，发皆中节，必一怒以安民，而后所忿者，皆义理之勇矣。必欲仁而得仁而后所欲者，皆天理之正矣。

**【解说】**

本节是讲君子应该如何去抑制自己的愤怒，遏绝内心的各种贪欲。君子应该及时惩戒内心的愤怒，化躁动为恬静，安于静谧；应该及时遏绝内心的贪欲，堵塞贪欲的间隙，这样就会做到心境光明，这是治理内心的重要方式。为人君者居于崇高的地位，富比四海，威严四方，欲望是无穷无尽的，如果稍不注意内心就会升起愤怒，被外物所诱惑。因此为君者要坚守正道、澄清内心，通过内心的平静以杜绝贪欲的诱惑。

【原文】

初九：已事遄往，无咎，酌损之。

《象》曰"已事遄往"，尚合志也。

【解义】

此一爻是言初能尽益上之忠，而又示以量己之智也。

已，止也；遄，速也；尚，指六四。

周公系损初爻曰：初九当损下益上之时，而有阳刚之才上应阴柔之六四，是责难之任在我矣。于是辍其所行之事，汲汲然速往以益之，无非求尽我之心而损彼之疾，则事上之责已罄，而可以无咎矣。

然初下而四上，以分言则殊也，以情言则疏也。虽有款款之诚，安能必上心之我谅乎？又当量而后入，因事纳诲，相机进言，视上之所以待我者何如，而酌量其损之浅深，否则，未信而谏，必有冒昧之讥，"已"之"遄往"者，何以得效其忠而终无咎也哉？

孔子释初《象》曰：初之"已事遄往"者，夫岂造次以干上乎？初之志固欲损四之疾，而四之志亦欲求助于初而损己之疾焉。合志如此，初虽欲不急往应之而不可耳。

按：事上之道，进思尽忠，退思补过，惟知自靖而已，岂可有所瞻徇于其间哉？然致主之心太急，不顾利害，触其君之怒，以至于偾事，则欲损其疾而反增其疾矣。"酌损"云者，盖相度事机，法言巽言，随时上下，以求其有济，实非怀私营而忘国事、观望而不往者可得借口也。故圣人交发其义，以为益上者准。

【解说】

本节是说君子损己益人，不应该盲目过头，要斟酌情况，适度而止。君子援助为君者是因为志同道合的缘故，不是出于责任，而是出于道义。但是在帮助的过程中，要注意必须以不妨碍本职工作为前提，也需要考虑一下实际的情况，不能盲目过头，适度即可。

【原文】

九二：利贞，征凶，弗损益之。

《象》曰"九二利贞"，中以为志也。

【解义】

此一爻是言二能守其贞，由心之自重乎道也。

周公系损二爻曰：九二与六五为应，而有刚中之德，是重名义，轻利禄，得在下之贞而励无私之操者也，则身名俱泰而利，若希心利禄奔走于形势之途，举生平而尽弃之，则身败名辱，凶孰甚焉？

然是贞也，岂特一己之利而已，苟能即其守而持之不变，则直节之臣，朝廷之宝也；法家之士，社稷之赖也。其为益也，不亦大哉？

孔子释二《象》曰：九二之所以"利贞"者，以其居下之中，而抱刚正之德，一念是矢，惟知道义之足重，而有确乎不拔之志，故能不为富贵利欲所动，自守其贞而不妄求也。

按：此爻之义，有以贞士言者，有以贞臣言者。贞士之益，洁身独往而至行可师，如伯夷穷饿而顽廉懦立，严光垂钓而山高水长是也。贞臣之益，大节屹然而百折不夺，如汲黯在朝而叛臣寝谋，董允秉政而金壬畏惮是也。两说皆通。观二、五上下相应，似君臣之义尤切。故《程传》亦主以下益上言，而曰："能守刚贞，志存乎中，则有益于上。若变为柔媚，适足损之而已。语云：山有猛兽，藜藿为之不采。"由此言之，正色独立，招不来、麾不去之臣，人君安可一日少哉？

【解说】

本节是说九二能守其贞，这是由于其内心重视道的缘故。本爻的意思，有的是以贞士而言，有的是以贞臣而言。贞士者如伯夷，洁身自好，穷困贫乏而不失其廉洁顽强之道。贞臣者如汲黯在朝，虽叛臣猖狂而大节屹立、百折不挠。这两种说法都能说得通。

【原文】

六三：三人行，则损一人；一人行，则得其友。

《象》曰"一人行"，"三"则疑也。

【解义】

此一爻是言取友之道，当去损而乃获益也。

周公系损三爻曰：损之三爻，卦之所以为损也。下卦本乾，而损上爻以益坤，有"三人行则损一人"之象。一阳上而一阴下，有"一人行则得其友"之象。故于同类之中而有异类之间。是"三人行"也，则损去一人，而使淫朋比德之徒不得杂乎其间焉。夫异己之人既损之，使行则同德之友自可相孚而至，切磋黾勉，相观而善。此诚致一之道也。

孔子释三《象》曰：三人之中必损一人而使之行者，岂示人以不广哉？正以三则心术驳而意见乖，反生其疑忌而不能以相协，此损之所以为急也。

盖凡人之相与，惟其心之同而已。苟精神不相孚，意气不相合，则群党比周固三也。即一人之异，亦三也。是皆不可以不损也。精神苟相孚，意气苟相合，则二人同心，固两也。即千百其朋，亦两也。要皆不可以不相得也。噫，即交友而推之君臣上下之间，亦何莫不然欤！

**【解说】**

本节是讲获得朋友的方式。三人同行，只要其中一人损己益人；如果一人独行，而得到一人就可以成为朋友。因为凡人相处，每个人的特点、内心的想法等都是不同的，三人同行，他们就可能精神不相符，义气不相合，相互之间就会产生疑虑和猜忌，因此不可以不损。而一人独行就会专一求合，会得到意气相投的朋友。由交友推演到君臣间的关系，也应该是这样的。

**【原文】**

六四：损其疾，使遄有喜，无咎。

《象》曰"损其疾"，亦可喜也。

**【解义】**

此一爻是言四能取人以为益也。

疾，谓阴柔之疾。

周公系损四爻曰：气质之偏皆谓之疾。六四当重大之任，而居阴柔，未免萎靡不振，兹能藉初九之阳刚以济之，至诚延揽，使初汲汲而遄往于我，匡扶救正以损其疾，不有喜乎？

夫上有虚受之美，下乃得尽献之忠，取人之善而愈己之疾，复何咎耶？

孔子释四《象》曰：人能无过，固为可喜。今四有疾而藉初以损之，则有过仍复于无过，德业日新，亦可喜也。

盖进德以奋决，为先改过，尤以疾速为要。况四身为大臣，有天下国家之责，使其疾一日未损，则斯世受一日之害，所望下之匡救切矣。然良药未免于苦口，而忠言恒至乎逆耳。苟无殷殷求助之诚，虽有嘉谋嘉猷，亦安从而入告乎？贾谊有言"医能治之而上不使"，可为叹息者，此也。初九之"遄往"，亦在乎六四之能使而已。

【解说】

本节是说为臣者要善于减少自己的过失，改正自己的错误，要能清醒地认识到自己的缺点，这样就会有益。六四象征过于阴柔而难免会萎靡不振的大臣，应该清醒地认识到自己阴柔过分的方面，要乐于接受阳刚的帮助，这样就算是有过错，也会在阳刚的帮助下无过失。如果能做到这样，就能匡救扶正、担当国家的重任了。

【原文】

六五：或益之。十朋之龟弗克违，元吉。

《象》曰"六五元吉"，自上佑也。

【解义】

此一爻是言五能虚中取益，而受天下之善也。

两贝为朋，"十朋之龟"为国重宝。

周公系损五爻曰：六五柔顺居中以膺尊位，是抱懿恭之德，虚心好贤，而不挟贵以自亢，故天下豪杰景从，能者献其才，智者效其策，发乎众心之诚，欲辞之而不得焉，如或益之以十朋之龟而弗克违者。如是则群策毕举，而百度有惟贞之美；由是而迓天休，由是而绵国祚，吉孰有大于此者乎？

孔子释五《象》曰：六五之获元吉者，非有心于必得也。盖虚中好贤之诚，克当天心。故誉髦归之，共襄上理，佑以景福，而受天下之益也。

按：《书》言："不宝远物，所宝惟贤。"故楚人以二臣之善珍乎白珩，齐王以四子之功美于照乘，十朋之龟，国之至宝，信乎！惟贤乃足以当之也。然非圣君在上，隆之以殊礼，待之以至诚，则贤者亦不乐为吾用。今六五为虚中之主，而有亲贤之德，则以君心感多士之心，即以人心格上帝之心。此卑以自损者，乃能大有所益欤！

【解说】

本节是说为君者位居尊位，如果能够刚柔适中、守正贤明，能够爱护保佑他的国人，自损益人，那么国人也能因此而爱之，也能自损益他。为君者柔顺居中、虚心好贤、不卑不亢，因此天下豪杰都会跟从他，有才能者能够贡献其才能，有智慧者能够进献良策，众志成城，国家就会永葆昌盛，国祚延续。

【原文】

上九：弗损益之，无咎，贞吉，利有攸往，得臣无家。

《象》曰"弗损益之"，大得志也。

【解义】

此一爻是言上九普其惠于天下，而得遂益民之志也。

得臣，能得人心；无家，不可以家计也。

周公系损上爻曰：上九居损之终，受下之益既多，而欲自损以益下者也。然必待损诸己以益人，则德有尽而惠易穷，惟是因民之所利而利之，即天下自有之益以益天下，而可以无此咎矣。是乃帝王荡平之政，而非欢虞小补之术。所谓"贞"也，则加诸亿兆，泽无不被，不亦"吉"乎？施诸遐迩，道可常行，不"利有攸往"乎？由是民心日归，海隅日出之邦靡不率服，而无有远迩、亲疏之间也。其"得臣"宁有家耶？

孔子释上《象》曰：上之于下，孰无益之之心哉？然益出于己，则所及有限，未能"大得志"也。今弗损益之，则惠出于己无穷，泽洽于民甚广，无一夫不获其所斯，其志诚"大得"矣。

粤若唐虞之世，康衢击壤，帝力相忘，四海共安耕凿之常，蒸民惟有云日之颂，巍巍荡荡，殆兹弗损益之"得臣无家"之象乎！后世发帑救荒，亦一时恤灾赈穷之典。而省徭薄赋，爱养斯民，惠而不费，要在平日有天下者，其必以纯王之心行纯王之政也哉！

【解说】

本节是说为君者如果能够做到不要求别人减省，又能顺应形势的发展做到损己益人，就不会有灾难，坚守正道就会吉祥。如果持续地坚持下去，就会得到天下人的拥护，大得天下人心的愿望就会实现。

【原文】

☳震下巽上

【解义】

益者，损之反也。凡卦，以内为主，故损下谓之损，而益下谓之益，至上之损益则不与焉，所以厚其本也。

益见于王道，则有减赋、补助、约己、裕民之政，《象传》所谓"民悦道光"是也。益本于天德，则有迁善改、过进德修业之学，《象传》所谓"动巽日进"是也。

疏观六爻，自初至四，皆以臣之受益言。五、上二爻，则以上之益下言。盖益以兴利，初"利用为大作"，是为天下万世之大计，非寻常之报效也。二用"享帝"，为靖献之大谊。三"益用凶事"，为盘错之大任。四"利用为依迁国"，为安民之大举。皆非小益之事。至九五之"元吉"，由"惠心"之"有孚"，上九之"莫益"，由"立心"之"勿恒"，则兴利之原未有不本于君心者也。所谓有天德然后可以行王道也。

顾《象传》中"正有庆"专指二、五。而小《象》于三、四亦曰"中行"者，何也？以二体言，则二、五各居其中；以全体言，三、四并居其中，此三、四所以称"中行"也。此又因《象》系辞之一例。而《易》之以"中行"为重者，于此可见矣。

【解说】

《益》卦的立意和《损》卦相通、互补。《损》卦着重讲损下益上，《益》卦相反，讲的是损上益下。不过在《益》卦卦辞里，"益"的含义并不专指损上益下，而是包括一切兴国保民的事情，强调在这方面要干大事，要主动，不能坐以论道，贻误时机。但爻辞却较多地阐述恤民、利民的重要性，并且显示益中有损、损中有益，损益可以相互转化，又可以看成同一个行为的两个侧面。

【原文】

益：利有攸往。利涉大川。

【解义】

此卦震下巽上，损上卦之阳，益下卦之阴，有损上益下之义。然民富而君不至独贫，则下益而上亦益也，故名为益。卦辞言益道无所不利，以明惠下之政当急讲也。

文王系益《彖辞》曰：人君果能损上之有余，以益下之不足，则仁恩洽畅，上下交孚有所往。而经纶创作，事无弗集，而功无弗成，固极其利矣。即使之拯溺亨屯，削平祸乱，则众志可以成城，一心自能济变，虽涉大川，亦无不利。甚矣，益之可以兴利也！

按：损下以益上，本以求益也，而反成损，损上以益下，已不能无损也。而究为益，可见肥己瘠人者，民贫而君亦无所寄；约己裕人者，民乐而君不至独忧。故曰"民为邦本，本固邦宁"。有天下，诚不可不务固本之图已。

**【解说】**

本节讲《益》卦象征着增益，有损上益下之意。如果下面的百姓富足了，在上的君主就没有贫困的道理，对上对下都是有益的。为人君者，如果真的能够减省自己多余的以增加在下百姓所不足的，就会因为仁爱之心得到百姓的拥护，这样事情就没有不成功的，而且没有比这更有利的了。

**【原文】**

《彖》曰：益，损上益下，民说无疆，自上下下，其道大光。"利有攸往"，中正有庆。"利涉大川"，木道乃行。益动而巽，日进无疆。天施地生，其益无方。凡益之道，与时偕行。

**【解义】**

此《彖传》是释益《彖辞》，以明益之道亦不外乎时也。

中正，指二、五言；震巽皆木，故云"木道"。

孔子释益《彖辞》曰：卦之名为益者，盖以损上卦初画之阳，益下卦初画之阴，则是君能自损以益民，民之被其泽而悦者自无疆域之可限矣。此岂要结小惠补苴欢虞之治也哉？乃朝廷爱民如子，恩出九重之上，而下逮穷檐蔀屋，靡不普遍，真如天道之下济而光明。君益民而民受君之益，民悦道光，而民之益即为君之益，此卦之所以为益也。

《辞》言"利有攸往"者，以二、五有中正之德，君臣同志，一德交孚。举凡良法美意，曲畅旁通，而无壅蔽之患，则福庆不仅在一人，而在天下，此"往"之所以"无不利"也。

又云"利涉大川"者，盖济川必乘木，而济变必需才。震巽皆木，是平时既德泽下究，而遇变复谋猷克壮，能使往无不复，而陂无不平。此"大川"之以"利涉"也。

夫于卦名，可以知上下之胥益矣。于卦体，可以知常变之胥益矣。然岂特此已哉？更以人事与造化观之：人事之益莫大于学问，卦德震动巽入，是作圣之功，既奋发精进，又逊志沉潜，自然德崇业广日进，宁有疆乎？造化之益莫大于生物，卦变乾易初而下交于坤，天之施也。坤易初而上达于乾，地之生也。天下施，地上生，万物并育，其利宁有方乎？凡此皆益也，皆道之所在而时之所为也。学问之道随时而进，造化之功顺时而新，以至人情之穷而复通，失而复得，物理之消而复长，亏而复盈，何一非与时偕行者耶？益道之无所不该，如此。

按：圣人释损《象》曰："二篇应有时损刚益柔，有时损益盈虚，与时偕行。"释益《象》曰："凡益之道，与时偕行。"可见《易》道不外一时，圣人合德，天地之学不外趋时。而于损益反复言之者，见损益为盛衰之始，尤当兢兢致慎，承天时行，损其所当损，益其所当益，而后常变无不宜，上下无不利也乎！

【解说】

本节是对上一节《益》卦《象辞》的进一步解释。其表明增益的道理关键在于把握好时机。对上的明君贤臣尊重在下的民众百姓，在上要减省，在下要增益，如此增益的道理就会大放光芒。增益是有计划地进行，不是盲目地急躁冒进，这样取得的功效就会日益明显。因此说增益之道在于顺应事物发展的自身要求，贵在抓住适当的时机。

【原文】

《象》曰：风雷，益。君子以见善则迁，有过则改。

【解义】

此《象传》是言君子体益《象》以为学也。

孔子释益《象》曰：此卦下震上巽，震雷巽风，风雷之势交相帮助，益之象也。

君子知体益之道，莫要于圣学，而圣学莫切于迁善改过。故见一善若决江河，即时迁就，如风之疾而莫可遏也。觉有过如恶恶臭，即时更改，若雷之迅而莫能御也。由是迁之又迁，善日积而过日寡；改之又改，过全去而善全复。君子体益之学，孰有大于此者乎？

昔大禹闻善言，而拜接精一执中之传。成汤能自得师，改过不吝而圣敬日跻。故曰"惟木从绳则正，后从谏则圣"。然则迁善改过固作圣之功，而虚怀纳谏又迁善改过之要道也欤！

【解说】

本节讲《象传》说风、雷相互助长声势，象征"增益"。君子因此受到启发，见到善就应该学习，有了过失就应该改正。

【原文】

初九：利用为大作，元吉，无咎。

《象》曰"元吉无咎"，下不厚事也。

【解义】

此一爻是言受非常之知者，必有非常之报，而后可无愧也。

大作，谓大有作为；元吉，谓所作尽善。

周公系益初爻曰：初居下位而受上益，是当进身之始，而膺特达之遇，受宠最渥者。夫上有国士之知，下自当有国士之报，故利用大有作为。利一身者不为，利天下者为之。利一时者不为，利万世者为之。不徒寻常事业已也，必如是，庶可少塞报称之责矣。

然居下，则位之最卑者也。"大作"，则任之最重者也。居下而任上事，能免出位之咎乎？必其所作者尽善尽美，合乎事理之宜，而中乎经权之妙，然后天子信焉，大臣安焉，而不议其为僭也。否则，作之不善，安冀其有成功哉？

孔子释初《象》曰：初必"元吉"而始"无咎"者，盖天下之大事业，必有天下之大责任，而后可为也。初居下位卑，本不当任厚事。苟非"元吉"，则不惟无建功立业之誉，而且有越职犯分之讥矣，诚不可不致慎于其间也。

按：隐居则求其志，行义则达其道。幼而学者壮而欲行之，况当世有知我之一日乎？然既度其身矣，又必度其君；既度其君矣，又必度其时。急于自售而昧进退之宜，如汉之贾生一遭文帝，即流涕痛哭，卒至交浅言深以招谤忌，而志不获伸。故曰：非才之难，所以用其才者实难。明于此爻之义庶乎免矣。

【解说】

本节是说接受重任的君子，一定会得到非常大的回报，并且受之无愧。居下的君子受到官高权大的国士赏识而承担重任，一定会感恩图报，因此此时是利于去做大益于天下的事情的，并且会吉祥无灾。之所以能够吉祥无灾是因为居下的君子本来就不宜担当重任，但因为受到居上国士的知遇之恩，因此就必须尽力干好，才能不辜负对方的信任。

**【原文】**

六二：或益之，十朋之龟弗克违，永贞吉。王用享于帝，吉。

《象》曰"或益之"，自外来也。

**【解义】**

此一爻是言二之受益，当忠顺不失以报其上也。

周公系益二爻曰：六二虚中处下，上应九五刚明之君，小心翼翼以事一人。虽无心于求益也，然精诚所感，锡赉优渥，不期而至，有辞之而不得者为"或益之，十朋之龟弗克违"之象。此由二守臣道之贞，故获非常之宠，诚能一心自矢，自始至终守正不变，则臣心愈笃，主眷弥隆，而吉可长保矣。

然臣之事君与君之事天，其分同也。君之益臣与天之益君，其理同也。苟王者用是虚中永贞之德而享上帝，帝必鉴其诚而歆其祀，自天佑之，吉又何如也？天之难谌犹可昭格，而况于君哉？

孔子释二《象》曰：六二受上之益，而云"或益之"者，何也？良以六二精白自献，非有希福干禄之心，宠锡之来，出于意外，即大君亦不过因材而笃，而非有私于二，故曰"或"也。二真可谓纯臣矣。

按：损之六五以虚中受下之益，损之六二以虚中受上之益。然损五"元吉"，而益必"永贞"而后吉者，盖损五居至尊之位，合天下以媚一人，固其分之所应得也。若益二以人臣蒙上之眷，贵不期骄，富不期侈，一念之溢，而遂至于不能自持。古来功臣世族往往以恩宠太过而启身家之祸者多有之矣。圣人戒之以"固守其正"，诚万世为臣者之明鉴乎！

**【解说】**

本节是说为人臣者受益，应该要不失忠贞顺从，做到知恩图报。为臣者小心翼翼侍奉君主，虽然无心求益，但却因为精诚所至，忠贞地坚守为臣之道得到为君者的重用。这时为臣者应该不恃宠专横，做到富贵而不奢侈，必须坚持光明正大的品格，对君主要不失忠贞，要做到知恩图报。

**【原文】**

六三：益之用凶事，无咎。有孚中行，告公用圭。

《象》曰"益用凶事"，固有之也。

【解义】

此一爻是言六三有所警以免过，而又告以当尽克艰之道也。

凶事，谓险阻艰难之事；公，指九五言；圭，通信之物。

周公系益三爻曰：六三阴柔不中正，特以居益下之时，处下卦之上，有不容不受上之益者，故益之不用吉事，而用凶事。或投以艰巨，或处以盘错，警戒之，震动之，俾动心忍性，以增益其所不能，故无咎也。

然上之待我如此，盖望我去不中以归于中耳。若复不知自责自修焉，何以慰在上之意乎？故必精白乃心，而行事尽善，内诚于体国而不欺，外协于中道而不悖，庶几中为实中，可以见谅乎！君如告于公而用圭以通信焉，然后无负成就之意，而咎可免也。

孔子释三《象》曰"有孚中行"之德，人所固有。但不免迁于外物而失之耳。所以益用凶事者，投之以患难非常之任，正使之自知警惧，而思全其所固有者也。

按：天心仁爱生人，则出灾异以儆之；人君厚期臣下，则用凶事以益之，必反身修德，然后可仰答天意，而变灾为祥，必至诚不欺然后可上报君恩，而转凶为吉。益道真无方也欤！

【解说】

本节是说为君者在遭遇天灾人祸时要有所警觉以致无祸，并且说明了克服险难祸患的方式。为君者在遭遇天灾人祸的时候，要增益于民，对灾事有所警觉，这样就必无灾害。但是一定要内心诚恳，行为要适中妥当，向王公报告的时候，要有礼貌。另外在天灾人祸的年份兴利保民，也是为君者应做的分内事。

【原文】

六四：中行，告公从，利用为依迁国。

《象》曰"告公从"，以益志也。

【解义】

此一爻是言六四以益下为心，可以得君，亦可以得民也。

公，亦指九五言；初，本坤体，坤为邑，上迁为四，故有"迁国"之象。

周公系益四爻曰：居中者，民之主也。臣者，奉上之中而致之民者也。世之人臣往往仰不能见信于君，俯不能见信于民者，以其行之不中耳。诚能以益下为心，凡事小心敬慎，斟酌合宜，而一毫不敢偏倚，如此，其中行焉，则我以君心为心，君亦即以我之心为心，谏必行，言必听焉，而"告公从"矣。是岂特君从之也哉？吾之中，既上孚于君，则必下孚于民。民之情自安于我，不惟经常细事可行，即时值不得已劳民动众，至于"迁国"，人亦信其至诚而鼓舞从事罔有少敉焉。以"迁国"且无不利，况其他乎？

孔子释四《象》曰：进言在臣，听言在君。四何以"告公"而必其见从也。

盖四惓惓以益民为志，所告又有孚惠心之君，是四之志适合乎五之志，君臣上下，一心一德，故告之而无不从，从之而无不利也。

按：臣道与地道同，所谓无成而代有终者。益卦于三、四两爻，一则曰"中行告公用圭"，再则曰"中行告公从总"，见发政施仁，乃大君之事，为人臣者，承流宣化，惟尽其所当为，而不可少萌市恩沽誉之心，庶几上不疑而下不忌，功成而无震主之嫌也欤！

【解说】

本节以迁都为例，说明君子身居高位，只要思想、行为合乎中道，又与王公同心，就能做出大有益于人民的事业，向上能够得君心，向下能够得民心。人臣是连接君民的重要纽带，但为臣者往往向上不能得到君主的信任，向下不能得到人民的信任，这是由于他没有做到持中慎行。如果其能持中慎行，就会以君心为心，君亦以其心为心，君主就会做到"谏必行，言必听"，为人臣者就会做到"上不疑而下不忌"。

【原文】

九五：有孚惠心，勿问元吉，有孚惠我德。

《象》曰"有孚惠心"，勿问之矣。"惠我德"，大得志也。

【解义】

此一爻是言九五诚于益下，故能收得民之效也。

我德，谓五之德；惠我德，谓下感五之德。

周公系易五爻曰：天地生成万物，不外一诚；大君怀保小民，亦不外一诚。诚者，上下同流，而物我无间者也。九五为益之主，阳刚中实。凡所以损上益下者，咸本不忍之心，行不忍之政，念念出于至诚，事事本于忠厚，无一毫违道干誉之私，如是则何待问而知其元吉哉？但见上以诚感，下以诚应，而民之"惠我德"者，自"有孚"而无间，相喻之机固有至神者矣。

孔子释五《象》曰：人君惟无益下之实心，德泽偶施，即不胜沾沾自喜，此要结民心之小惠，而非大公无私之正道也。如果惠下之政出于至诚恻怛，其为"元吉"又何俟问焉？至于民"惠我德"，则我之惠及于天下矣。王者康济一世之志，不大得乎？所谓"民说无疆，其道大光"者如此。

按：《洪范》言："惟皇建极，敛五福以锡庶民，惟时厥庶民，于汝保极。""保极"者，锡福之明验也。益下之主"有孚惠心"，则受益之臣民亦"有孚惠我德"，所谓"群黎百姓，遍为尔德"者也。可见上下之势虽甚悬，而感通之理则甚捷。故曰"至诚而不动者，未之有也"。

【解说】

本节是说为君者有阳刚之才、中正之德，只要诚心利民、益民，不必问就知道最终的结果肯定至为吉祥。为君者之吉不仅仅表现在天下能够广受其益，更重要的是天下之民也能够真诚地信任他，从而顺从他的意志，为君者的意志就能在极大的程度上得到实现。

【原文】

上九：莫益之，或击之，立心勿恒，凶。

《象》曰"莫益之"，偏辞也。"或击之"，自外来也。

【解义】

此一爻是言上九专利之害，而深致其戒也。

周公系易上爻曰：此卦上三爻咸有益下之责。六四能体君心以益下，故有利而无害。九五"有孚惠心"而"民惠我德"，此皆上下交益者也。独上九以阳刚居上，是在已有余而非不足者，乃专利好货，求利不已，全无公利济人之心，因而众叛亲离，交征互夺，有"莫益之"而"或击之"者焉。所以然者，由其立心之不恒耳。

夫爱人者，人亦爱之。益人者，人亦益之。此恒道也。上惟知剥民奉己，一念反常，事事皆悖，凶岂能免乎？

孔子释上《象》曰：上九居上位而无以益人，专欲益己，其为害已甚。但言"莫益之"者，即其求益不遂，据一偏而言之也。

其实，财聚民散，争民施夺，"或击之"，凶自外而至，出于不测，有非意料所能及者，岂特"莫益之"而已哉？昔芮良夫言："夫利百物之所生也，天地之所载也，而或专之，其害大矣！"人君专之则害于国，人臣专之则害于家。甚矣，利之不可专也！

此卦自五以下皆言益下之吉，惟上独言求益之凶，正见上居高位，怀利事君止知为一身之计，是以台鼎之尊而工垄断之术者，其能免于僇辱乎？宜圣人之深戒之也。

【解说】

本节是说为人臣者如果把"损上益下"改变为"损下益上"，不坚持益民、利民之心，结果就会无人"益"他，反而攻击他。

【原文】

☰ 乾下兑上

【解义】

夬，取决去之义。五阳长而将极，一阴消而将尽。众阳上进，决去一阴，故为夬。以五阳决一阴，是君子之势甚盛，小人之势甚孤，其决而去之也，似乎甚易，然而圣人不敢以易心处之也，所为决之之道必期于尽善焉。

盖阴之势虽微，蔓或可滋，穷或为敌，君子无时不戒惧。而于小人道衰之时，尤不可忘戒惧也。故象为危惧，警戒之辞不一。而爻于五阳未尝许之吉。初以始进之阳而决居高之阴，则虑其不胜。二以刚中之才而凛警备之戒，则幸其勿恤。三与上应而刚壮外见，恐启中伤之祸，故教之"遇雨"以善其决。四与上同体而居阴不正，恐来党奸之悔，故教之"牵羊"以助其决。五与上比而狎昵近习，不可无独断之能，故教之"中行"以致其决。至于上六则直绝之曰"无号"。其为君子防者至周且备，而所以去小人者不遗余力矣。要之，决小人以健为体，以和为用，二之中道、五之中行，皆所谓和也。初"壮趾"不胜，三"壮頄"有凶，四"闻言"不信，非不能和之故哉。

【解说】

夬，意为果断除掉。《夬》卦认为，阳刚君子应以决断的气势，清除阴柔小人。但要注意保持和平局面，做到令人心悦诚服。围绕这一主旨，卦辞提出阳刚君子必须注意三点：一是公开暴露小人面目，二是教育民众警惕小人，三是采取非武力的手段。依据在于此卦中的阳刚增长，阴柔衰退。因此，君子必须藐视对手，主动出击。爻辞的观点不同，认为越容易成功的事，做起来越要预防失手。所以深切叮嘱阳刚君子应谨慎，重视对手，从而做到不攻则已，攻则必胜。

**【原文】**

夬：扬于王庭，孚号有厉，告自邑。不利即戎，利有攸往。

**【解义】**

此卦乾下兑上，五阳上进，决去一阴，不劳余力决之而已，故名为夬。卦辞言君子去小人，虽有其势，又必尽其道也。

"扬"者，声小人之罪也。"孚号"，集君子之势。"告自邑"，严自治也。"不利即戎"，不遏其力也。

文王系夬《彖辞》曰：天下最快意之事，莫如君子去小人。天下最难处之事，亦莫如君子去小人。盖以小人居高近君，其巧佞足以邀虚誉，奸回足以蔽主知，蠹国殃民之罪有一国皆知，天下皆知，而人主不悟者，故夬之道首在"扬于王庭"，以声明其罪，使无所逃于天地之间，此决小人最要之道也。然或众君子议论纷纭而泄泄从事，或自治功疏而恃势凭陵，则反授之以隙，而小人不可决矣。必也呼号迫切，齐心一意，共存忧惕之怀，不可以小人之势孤而遂安肆也。且严自克治，使在我者无过可指，有以服小人之心，不可恃君子之势盛而轻攻击也。如是则防奸之法既严，自治之谋又密，以是而往，振风采于朝端，伸正气于天下，小人尽去，而君子之道沛然大行，利何如哉？

按：君子小人之进退，天下之治乱所由关，历观古今，治常少而乱常多；君子常难进，而小人常难退。所以夬卦与剥卦相对，于剥则见五阴剥一阳之易，于夬则见五阳决一阴之难。圣人深知利害之原，不觉望之深，虑之迫，丁宁告诫，不厌其详，所以为君子计者切矣！所以为天下万世计者至矣！

**【解说】**

本节是说君子去除小人要果断，虽然时机恰当，但从一开始就要提高警惕，不要因为小人势力孤单而放松警惕；要严于律己，让自己没有过失，防止被小人抓住把柄，不要倚恃气盛而轻视攻击；不用武力但也应该主动行动，不遗余力。如此则可以尽去小人而使君子之道大行于天下。

**【原文】**

《彖》曰：夬，决也，刚决柔也。健而说，决而和。"扬于王庭"，柔乘五刚也。"孚号有厉"，其危乃光也。"告自邑不利即戎"，所尚乃穷也。"利有攸往"，刚长乃终也。

**【解义】**

此《彖传》是释夬《彖辞》而备言去小人之道也。

孔子释夬《彖辞》曰：卦名夬者，决而去之之义也。盖以五阳决一阴，是为刚决柔也。夫委靡固不足以图功，而过刚又恐其激变。卦德乾健兑说，是内存秉道嫉邪之志，而外有和平乐易之休。故其决小人也，既不以弛慢坐失事机，亦不至躁激致生他变。决而能和，真决之善道也。

《辞》言"扬于王庭"者，卦以一柔乘五刚，是一狐媚小人用事君侧，举朝受其牢笼，误国殃民，罪逆大矣。

"扬于王庭"，庶朝野上下共知其奸小人之罪状既著，始不能一日安于其位也。

所谓"孚号有厉"者，盖小人奸谋叵测，视之不可泄泄，必操心危而虑患切，战兢惕厉，谋出万全，而后决小人之道乃为光大也。

所谓"告自邑不利即戎"者，盖正己始能正物，而惟理可以服人。若专尚威武，与小人争一时之胜负，则君子必为所困而不能敌，乃自穷也。

其云"利有攸往"者，盖刚反必长，始于一阳之复，终于六阳之乾。夬时五阳虽盛，犹必再长，决尽一阴而刚长，始为有终。是能俾小人尽去，而朝廷之上忠良济济，正道大行，故往无不利也。然非"健而说，决而和"，则小人岂可以力胜哉？

按：《春秋传》言："见无礼于君者，如鹰鹯之逐鸟雀也。"人臣为国除奸，岂顾利害？但不审时度势而冒昧一决，则有奸未除而祸先丛者矣。而其要尤在不予小人以口实。使以君子自命，而立心有一毫未光明、处事有一毫未中正，不能无诸己而徒欲非诸人，人主岂能亮之？天下岂能信之而惟所欲为乎？然而难言之矣！君子之自治即甚严，而小人之中伤乃愈巧。求全之毁，既难防于一时；浸润之言，又恒积于平日。谗谤既多，主心安能无惑？此审贤奸以为取舍，察情伪以定是非，全在乎知人，则哲之圣主也。

**【解说】**

本节是对上节夬《彖辞》的进一步解释，说明了君子如何去除小人的道理。在清除小人时，态度要刚健不屈而且行动要令人心悦诚服，除去阴柔小人而不影响和平稳定。君子要在朝廷廷上面揭露阴柔险恶的小人，并且要号召众人认清危害，才能消除存在的危险，实现清除小人的目的。清除小人不宜动用武力，因为那是下策，要主动向前，通过揭露、动员等方式壮大阳刚君子的力量，才能最终解决问题。

【原文】

《象》曰：泽上于天，夬。君子以施禄及下，居德则忌。

【解义】

此《象传》是言君子体夬之义，以布德行惠也。

居德，积而不施之谓。

孔子释夬《象》曰：泽水之气上通于天，势必沛然下决而成雨露，夬之象也。君子体之，知下之待禄于君，犹万物之待泽于天也。于是施禄及下，锡予厚于君子，乐利遍于小人，而无一毫留滞吝惜之意焉！此王者如天之仁也。若居其德，惠积于上而不下，究是外本内末，以身发财，而犯不仁之戒矣。岂大君之宜哉？

按：夬为三月之卦，正人主施恩布德之会，而众正满朝，又小民翘首望泽之时。所贵行之以勇，出之以断耳。"居德则忌"，殆所谓仁心仁闻而功不下逮者，故曰：有不忍人之心，继之以不忍人之政，而仁覆天下矣。

【解说】

本节是讲《象传》说大泽跑到天上象征着断然除去，君子要因此体会到夬的意义，把恩惠好处给予下面，提拔道德高尚的人予以任用。

【原文】

初九：壮于前趾，往不胜，为咎。

《象》曰"不胜"而"往"，"咎"也。

【解义】

此一爻是言居下位者不宜恃壮轻进也。

初，居下，象趾；往，谓往决上六。

周公系夬初爻曰：君子决小人，必事出万全而功收一举，方为有利而无害。初九刚而在下，无决小人之权，乃独先众阳恃壮轻进，欲决在上之阴柔。有"壮于前趾"之象。彼自谓"理所当决无可咎"者。然小人窃据高位，人皆畏之，不敢轻击。而我独逞一时之意气与之斗力，其不能免反噬之咎宜矣，岂时势之不利哉？

孔子释初《象》曰：君子决小人，慎之又慎，操必胜之道以往犹恐有意外之忧，今不审己量力，而欲一击以快其愤，是明知不胜而锐志轻往也，岂善于决小人者乎？

按：君子去小人，事成则以为功，不成则祸及身，而国亦随之，适足为害而已。若李固、杜乔之于汉，李训、郑注之于唐，莫不皆然。初之不胜而往，圣人直断之以咎，非以哀其志之不就，而深惜其谋之不臧也。可弗惧乎？

【解说】

本节是说居下位的君子不要鲁莽地去实施去除小人的行动。君子去除小人一定要在万事俱备、考虑周全之后，这样方可一举成功而不招致灾害；君子去除小人一定要慎之又慎，有必胜的把握后还要考虑出现的意外情况，不能仅凭一腔热情，冷静不足而鲁莽行动。

【原文】

九二：惕号，莫夜，有戎勿恤。

《象》曰"有戎勿恤"，得中道也。

【解义】

此一爻是示君子以有备无患之道也。

周公系夬二爻曰：九二当决之时，刚而居柔，又得中道不过乎刚，而审事之宜者也。故能忧惕以深其谋，呼号以集其众。戒备如是，小人虽阴谋不测，变生意外，如"莫夜"之"有戎"，而自治既严，无隙可乘，亦可"勿"用忧"恤"矣。岂有决而不胜者哉？

孔子释二《象》曰"莫夜有戎"，事起仓卒，可惧之甚也。而能"勿恤"者，以九二得中，自处尽善，既不至躁动以滋变，又不至坐守以后时，故能忧惕呼号以自警备而无他虞也。

按：小人立志甚奸深，而行事甚暧昧。其构祸机也，常伏于暗；伏于暗者，伺人之不觉而中之也。故其贼害则为戎，而幽晦不明则为暮夜。二以惕号处之，正所谓其"危"乃"光"者。我有光，则彼之暗不足忧矣。

【解说】

本节是讲君子去除小人要做到有备无患的道理。有果断决去的时机，并且君子能够刚而居柔，能够坚持居中不偏的原则，因此能够忧惕而深谋远虑，呼号以聚众。像这样做了充分的准备后，即使小人的阴谋不能推测，以致发生意外，也能够做好充分的准备而不让小人有机可乘。

【原文】
九三：壮于頄，有凶。君子夬夬，独行遇雨，若濡有愠，无咎。
《象》曰"君子夬夬"，终无咎也。

【解义】
此一爻是言君子决小人之道贵于尽善也。

頄，面颧也；夬夬，决于决也；遇雨，谓暂与小人相合也；若濡，谓迹似为小人所染也；有愠，谓见怒于同类也。

周公系夬三爻曰：九三过刚不中而当决时，是欲决去小人，不胜其忿而逞于一发者。有"壮于頄"之象。

如此则谋露机泄，势必召意外之变而有中伤之凶矣。然三在诸阳之中，独应上六，其义不可不决，顾其决之何如耳。若果深知小人之害，而存必决之心，则当密其谋，老其识，而藏其迹。虽暂与上六相合，如"独行遇雨"，迹似濡染于小人，而见愠于众君子者。然卒之伺瑕乘衅，推其坠而绝其根，清君侧之恶，以收廓清之效者，必此人也，夫何咎乎？

孔子释三《象》曰：九三独与上六为应，自其迹观之，未为无咎。今能果决其决，则向之委婉曲折，正见通权达变之妙用。始虽若濡有愠，终必解悖除奸而见信于同志矣。安有致咎之理欤？

按：古来建立事功者，必有深心大力，但求其谋之克济，而形迹之间一时有所不及顾。如王允谬誉董卓，温峤伪事王敦，初皆辱身降志，卒能剪除元恶，皆有合于"夬夬无咎"之义者也。然苟非真能舍经用权，磨不磷，涅不缁，可以转移一世，而不为一世转移者，则宁介然躅然，危言危行，守其不乱群之戒，虽或无补于天下，而亦不至自失其身矣。

【解说】
本节是说君子去除小人还宜贵在做到善的道理。如果君子内心立志除去奸恶的小人，但却不能忍受愤怒而逞强行动，就会泄露谋划好的策略，势必会招来意外的变故，结果必凶。如果君子有立志除去小人的决心，则应当做到秘密谋划、深藏不露，但如果是单独行动，也会令其他的众君子不满意。因此君子要注意不要刚强外漏，不要单独行动以招致其他君子的误解。但无论如何，君子立志除去小人，最终还是没有灾祸的。

**【原文】**

九四：臀无肤，其行次且，牵羊悔亡，闻言不信。

《象》曰"其行次且"，位不当也。"闻言不信"，聪不明也。

**【解义】**

此一爻是言处难进之时，当思所以善处之道也。

臀无肤，谓居不能安；行次且，谓行不能进；羊者，群行之物；牵者，挽拽之义。言挽拽以随其后也。

周公系夬四爻曰：九四，亦君子之类，志在决小人者也。然以阳居阴，无刚果之才；又不中正，无养重之德故居则不安，欲与诸阳并进；而行又多疑，不能决以成功。为"臀无肤，其行次且"之象。夫四之进退维艰如此，宜不免于悔矣。为四计者，但当让诸阳前进，而已随其后众，方"扬庭"以"声"，其罪我则从而和之；众方呼号以集其群，我则从而应之，如牵羊者然。庶几因人成事而"悔"可"亡"也。然闻善而能用克己以从义，惟明决者能之。惜乎四之阴柔才弱，志在竞进而力复不能，闻此牵羊之术而不信也，悔其能免耶？

孔子释四《象》曰：四当决之时，君子道长，乃"次且"而不能进者，由其处位不当、才德不足故也。"闻言不信"者，以好进之念横于胸中，本来之聪障隔不明，故犹豫狐疑，虽听之而不能翻然信从也。

按：四当大臣之位，以其居阴不正而与上同说体，恐其去邪而不能决，惟能牵引群阳以自助，斯足仰成九五"夬夬"之光，而自免党奸之悔矣。

圣人欲长五之刚，必藉四一刚联合群刚之力。故其辞之激切开导如此。夫小人日在君侧，为大臣者，与其排一小人而有触忌人主之患，不若进众君子以辅导人主，而有潜消匪类之功。诚能萃众正于朝廷，俾吾君朝夕与处，是非既明，好恶自正，君子有不日进，小人有不日退者哉？

**【解说】**

本节是说为人臣者在处境困难之时，应该深思熟虑、听信忠言而自我克制。为人臣者立志去除小人，但却无刚强果断之才，又无居中正之道，因此居位不安，想要立即行动但在行动中又多疑，因此不能成功。在政治斗争中，乱动必然有祸，所以说为人臣者应当自我克制沉不住气的弱点，如果能够听信忠言，自我克制，灾难就会消失。

**【原文】**
九五：苋陆夬夬，中行无咎。
《象》曰"中行无咎"，中未光也。

**【解义】**
此一爻是言人主决小人贵于断而去私也。苋，野菜也。感阴气之多者，故以比小人上六象。陆，高平之地，九五象。

周公系夬五爻曰：上六阴柔而切比九五，如苋之生于陆。然其柔媚奸佞最易蛊惑君心，故必毅然独断，不牵于内嬖之私而决于去之焉。然小人近于肘腋，除之太速恐生意外之忧。其决之之道，既不可优柔寡断，亦不可过激失宜，从容详慎中以行之，则有合于"健而说，决而和"之道，始可去小人而无咎矣。

孔子释五《象》曰：九五以阳刚之主而又不为遇暴，合于中行，固不为小人所累而无咎矣。然究极其心事而言，则犹未得为光也。

盖人心惟无欲方为光明，五之于小人，特屈于义之不可而后去之，则其牵系之私犹有潜伏于中而未能脱然无累也。自古小人，每以小忠小信自结于上而使不觉其奸。人主一为所惑，虽迫于公义勉强去之，而中怀眷恋，反若出于不得已者。故忠言谠论君子，未及伸其谋而潜滋默长，小人复得乘其间，夬未终而姤已萌，皆由于此。宜圣人之惓惓以为戒也夫！

**【解说】**
本节是告诫为君者要果断地除去身边小人，并且这样的行为贵在思想感情上没有私心。小人柔媚、奸佞又最易蛊惑君心，为君者一定要毅然果断地去除，而不应因内宠之人的私心在思想感情上有所动摇。去除小人之时，注意不要优柔寡断，但也不要过于偏激，要居中行正、谨慎小心，这样就会成功。

**【原文】**
上六：无号，终有凶。
《象》曰"无号"之"凶"，终不可长也。

**【解义】**
此一爻是言小人终当决去，而深庆君子之得志也。

周公系夬上爻曰：上六以阴柔小人居穷极之时，党类剪除已尽，一时之人皆识其奸，而志在必决，情穷势孤，无可呼号，终致殄灭凶，其所必然矣。

孔子释上《象》曰：小人比周为恶，流毒四海，自谓终身无患，孰意党灭援绝，无所号呼，终当决去，即欲长居其位，不可得也。为小人者盍早从事于正，以免无号之凶乎？

按：圣人释剥上爻曰：小人剥庐，终不可用也。见剥尽则为纯坤，天下从此大乱矣。故云"终不可用"戒之也。于夬上爻曰：无号之凶，终不可长也。见夬尽则为纯乾，天下从此大治矣。故云"终不可长"庆之也。一治一乱，虽由天数，而进君子、退小人，使天下有治而无乱，其权全在乎人君，岂可忽哉？

【解说】

本节是说小人终会被除去，而君子的志向终会得以实现。小人处于穷困之极时，他的党羽都被剪除干净，一时间所有人都知道他是奸佞之人，此时君子果断去除小人，小人必会势力孤单而终被铲除，君子的志向终会得以实现。

【原文】

☴巽下乾上

【解义】

姤者，相遇之义，主一阴遇五阳而言也。盖决尽则为纯乾，一阴忽自下生，其势甚悍。又为巽之一阴，其性善入，其用潜隐，尤君子之所难知而难防者。使以一阴之微忽之而不及察，则进而为遁、为否、为剥、为坤，皆自一阴之相遇始矣。制之者当于其微而未盛之时也。

故总一卦而言，一阴有敌五阳之志，则危之曰"女壮"；就一画而言，一阴潜伏五阳之下，则防之曰"羸豕"。壮可畏也，羸不可忽也。于二、四观之则曰"鱼"，于九五观之则曰"瓜"，象其阴而在下也。惟二密比初，能包之以制其逸。惟五为卦主，能包之以防其溃。四与初相应者，初不自止，则曰"见凶"，四不能止之，则曰"起凶"。皆以明系之，不可不早也。若三与上，一居下卦之上，一居上卦之上，于初皆无所遇，虽无制阴之功，亦无比匪之害，不遇不足为咎已。要之，敢于遇君子者小人；而善于制小人之遇者，尤在人主之一心。

君心之疏密，即小人消长之关也；小人之消长，即天命去留之本也。故于九五之含章，尤惓惓焉。

**【解说】**

《姤》卦讲明阴与阳相遇，立意是防患未然。卦辞内容包括天地、男女、君臣种种相遇在内。其认为相遇的情况有好有坏，关键要看阴阳是否相辅相成，配合得当。而这些又要依赖时间条件，有时能得当，有时又无法得当。爻辞着重讲人类在社会生活中的相遇，以阴柔势力的发展壮大为立论的出发点，反复强调阳刚要抑制阴柔，防止治中生乱。

**【原文】**

姤：女壮，勿用取女。

**【解义】**

此卦巽下乾上，是纯阳用事之时，而一阴忽生于下不期而卒与五阳相遇，故名为姤。《卦辞》言：防小人之道当严之于始也。

文王系姤《彖辞》曰：姤以一阴初生而遇五阳，是以一小人之微而欲敌君子之众。原其心则蔑贞之谋已蓄，而究其势则坚冰之渐已形。君子于此当遏其恶于将萌，杜其机于将动。勿喜柔佞而与之合，勿因微弱而听其长，犹刚壮之女不可取以为配也。

昔晋习凿齿有言：一阴遇五阳，有女壮之象。故戒占者勿用取女，以其女德不贞，不能从一而终也。

从来女子小人最易使人惑溺，养鹜弃鹤，皆始于当时一念之错，岂知日后贻莫大之祸哉！一阴初生，圣人即曰"女壮"，曰"勿取"，防其渐。凿齿此言深得圣人系辞之旨，可不兢兢致戒乎？

**【解说】**

本节是说在阴柔小人的势力处于发展的时期，阳刚君子方面切记不要采取任何有利于阴柔的做法，严格预防阴柔小人发展壮大。《姤》卦以一阴初生而遇五阳，象征小人势力微弱，君子势力壮大。但是小人蓄谋已久且已成势，君子此时应当遏制其势力于萌芽状态，不要因为喜欢柔佞而与之相处、交流，不要因为小人势力微弱而任其发展。

**【原文】**

《象》曰：姤，遇也。柔遇刚也。"勿用取女"，不可与长也。天地相遇，品物咸章也。刚遇中正，天下大行也。姤之时义大矣哉！

【解义】

此《彖传》是释姤《彖辞》，以示谨微之意。主持世道者宜慎其防也。

天地相遇，谓五月，一阴初生；刚遇中正，指九五言。

孔子释姤《彖辞》曰：卦名姤者，不期而遇之谓也。以一柔遇五刚，是在位者皆君子，而一小人卒然而遇，可骇也！而亦可畏也！夫刚性直方，而柔多巧佞。柔而遇刚，柔必善于趋承，而刚必喜其妍媚，一与之合，必将依附曲从，攀援而上，为遯、为否、为剥，将来不测之祸皆始于此。

是小人之长非自能长也皆君子不知所备有以与之，故日盛月长而不可遏也。卦辞戒以"勿用取女"，言当防微杜渐，不可因其柔顺轻与之合，使之牵引朋类，滋蔓而不克制也。然就所谓"柔遇刚"者思之，其间相胜之几固最微，而相须之理又最切。

试观之造化：乾为四月纯阳之卦，至五月而一阴始生，天阳地阴两相遇合，而此时品物之形形色色，莫不章明著见也。

再观之人事：从来有位者不必有德，而有德者未必有位，德、位恒不相遇。卦体九五以阳刚之德居建中表正之位，是德与位遇而治化昭明于天下也。

夫"品物咸章"，气化隆于上，天下大行；治化隆于下，是遇亦未尝不善矣。然霜冰之渐，已兆于庶类；蕃庑之会，否、剥之机即萌于治道。全盛之时，非有真识见者不能先机早计，非有大力量者不能斡旋挽回，姤之时义岂不大矣哉？

按：姤卦五阳一阴，是小人之势至微，君子之道方盛。然易制者尝患不为之制，可图者恒虑不为之图。宋儒邵雍有言："复次剥明，治生于乱也。姤次夬明，乱生于治也。时哉！时哉！未有剥而不复，夬而不姤者。"此其故，不在小人能害君子，而在君子不能拒小人。盖姤者，存乎彼；取者，存乎我。彼虽欲姤，而我终勿取，则小人其如君子何？而祸乱之端可以永弭矣。

【解说】

本节是对上一节姤《彖辞》的进一步解释，表明谨慎小心的意思，主持世道者应该谨慎小心地加以防范。五阳一阴，是小人势力微弱，君子势力强盛，此时小人不能为害君子，但却会有祸乱出现。原因不在于小人为害君子，而在于君子不能拒绝小人，没有谨慎小心地加以防范。因此君子要谨慎，主持世道者应该谨慎小心地加以防范，这样祸乱的开端就可以被永远地消除了。

【原文】
《象》曰：天下有风，姤。后以施命诰四方。
【解义】
此《象传》是言人主有遇民之道而通天下之情也。

孔子释姤《象》曰：风行天下，宣天地之和而开万物之郁，天下之物无不遇焉。姤之象也。元后体此，爰施命令以诰四方焉。

盖人主深居九重，尊卑之分悬绝，与民相遇甚难。惟王言一布，天下晓然共喻朝廷之意，而万民共禀一王之教令矣。其何异于天之以风遇万物哉？

按：《记》云："王言如丝，其出如纶。"盖君命者，中外臣民之所共敬奉也。自古太平日久，众心玩愒。人君深居高拱，下情隔绝。小人因之窃弄威福，肆虐横行多起于此，则命令之施固以通上下之情愫，亦正诰诫严切，遏抑壬化戡奸宄之道也。

【解说】
本节《象传》说风吹拂于天下，意味着相遇，为君者由此而体会到要发布政令，遍告四方。为君者之所以要发布政令遍告四方，是因为由于长久身居宫中与百姓的联系隔绝后，奸佞小人就会趁机代君施令，作威作福、恣虐横行。因此告诫为君者要发布政令遍告四方，以同上下之情，遏制奸宄之道。

【原文】
初六：系于金柅，贞吉。有攸往，见凶。羸豕孚蹢躅。
《象》曰："系于金柅"，柔道牵也。
【解义】
此一爻是戒小人不可轻进，并示君子使早为之防也。

柅，止车之物；金，取其坚，九二之象；羸豕，瘠豕也；蹢躅，跳踯也。

周公系姤初爻曰：自古小人未有侵害君子而已独自全者。初以一阴始生，诚能知几安分，居九二之下，止而不前，如系于金柅。然则克守小人之正必受君子之福，不亦贞而吉乎？若越礼犯上，往而肆害，必不为众正所容，凶立见矣。

然此特以理言也，如以势而论，则小人浸长之势必不可遏，目前虽弱，异日必有强梁肆志之时，犹羸弱之豕暂若安静固可决，其气盛力壮必至蹢躅也。君子可不早为之备哉？

孔子释初《象》曰：初戒以系用金柅者，以初六柔邪之道最善牵引。今虽一阴初生，势必号召群邪牵连而进，肆其蹢躅，故不可不止其进而预为之防也。

盖邪正不并立，而辨之于始实难。然郭子仪能识卢杞之险，李沆能辨丁谓之奸，而卒不能禁其不得志者，以贤奸消长之数转移，总由君相，而不在他人故也。德宗云："人言卢杞奸邪，朕殊不觉。"寇准云："如谓之才顾能使之久居人下耶！"小人之倾动，君相其可畏如此。甚矣，知人之为急也！

【解说】

本节是告诫小人不可轻进，并警戒君子应该及早地防范。"金柅"是金属制动器，强调在阴柔小人处于发展阶段的第一步时，阳刚君子就应该设法制止其成长、壮大。"羸豕"是瘦弱的猪，意为阴柔的小人，这是进一步告诫阳刚的君子要见微知著，防患于未然。

【原文】

九二：包有鱼，无咎。不利宾。

《象》曰"包有鱼"，义不及"宾"也。

【解义】

此一爻是言制小人之道当专其责于己，不可委之于人也。

鱼，指初六言；宾者，对主之称，指众阳爻言。

周公系姤二爻曰：初，一阴始生，渐将遍遇诸阳。而九二切与之比，是小人正在笼络之中，如包中有鱼，御之自我，而机有可制也。如此，既不宽纵以养奸，又不迫激以致变，可以无咎矣。

夫初在二下，受其约束，则二为主，而众阳皆宾。若失此不制，使之渐长，至于象阳相遇，为遁、为否、为剥、为坤，害将无所不至，不利孰甚焉？可不戒乎！

孔子释二《象》曰：二之"包有鱼"，则权既在二，所以制之者，亦专在于二；以义揆之，固不得令及于"宾"，而致有不利之虞也。

按：爻曰不利宾，为众阳危也。所以告天下之君子，使皆早知所备也。《象》曰"义不及宾"，专责二也，所以告君子之遇小人者，当身任其责而早为检制，不可纵恶长奸，使小人得肆其害而徒怅恨于事后也。圣人防微之意切矣。

【解说】

本节是说制止小人的责任在于君子自己，不应该将责任委托给别人。君子遇到小人，应当履行职责及早地进行制止，不可纵恶长奸，使得小人肆虐横行而君子反在事后悔恨。

【原文】

九三：臀无肤，其行次且，厉，无大咎。

《象》曰"其行次且"，行未牵也。

【解义】

此一爻是言君子之于小人，可远而不可近也。

周公系姤三爻曰：九三过刚不中，性欲上进，但上下无应，势孤而不得遂其意，如"臀无肤"，而"其行次且"然，是虽有寡助之危，然既无私遇，亦不至以比匪受伤而大有咎也。

孔子释三《象》曰：三之"其行次且"，盖以孤立无援，不免迟疑而不进，然尚未与柔道相牵连，则阴邪不得而中伤之，所以无大咎也。

按：夬一阴在上，故五阳皆上行。夬四之上行"次且"，欲决上而不能也。姤一阴在下，故五阳皆下。向姤三之下行"次且"，欲遇初而不得也。其象虽同，而其情则异。大抵君子之决小人，可缓而不可急；而君子之遇小人，可近而不必近。圣人于夬四教以牵羊，而随众阳以并进，见决小人之不可急也；于姤三，喜其行未牵而不为一阴所害，见远小人之可免祸也。远近缓急之间，君子宜审所处已。

【解说】

本节是说君子对于小人，可远离而不可靠近。君子过刚不中，意欲上进，但苦于上下无应、势孤力单而不遂其意。然虽势孤力单，但幸好没有遇到奸佞小人，所以不会造成大的灾祸。君子去除小人，可缓而不可急，而君子遇到小人，可以靠近但不必靠近，远近缓急之间，君子应该考虑得当，审慎处理。

【原文】
九四：包无鱼，起凶。
《象》曰"无鱼"之"凶"，远民也。

【解义】
此一爻是言在上者不可以失民，而深有以儆之也。

鱼，亦指"初"而言。

周公系姤四爻曰：九四居上位而与初为正应，当相遇者也。乃初遇于二，而反离乎四，则是已所应有之物忽而不制，弃而不收，有"包无鱼"之象焉。民心既失，邦本不固，厉阶自此起矣！凶不亦宜乎？

孔子释四象曰：九四"无鱼之凶"者，岂徒民之远我也哉？良由在上者置斯人于膜外，无以结民之心，是上自远乎民也，其咎诚无可诿矣。

按：以淑慝言，阳君子，则阴小人，不可使有也。以贵贱言，阳为君，则阴为民，又不可使无也。故同一初六，以小人视之，为害正之邪，则欲其远之，惟恐为己之累；以民视之，为所临之众，则欲其近之惟恐不为己所有。亦以见易爻之惟其时物如此。

【解说】
本节是说位居在上的君子不可以远离百姓、失去民心。为官之士如果失去民心，阴柔小人的势力就会得到发展，邦本就不稳定，结果必凶。

【原文】
九五：以杞包瓜，含章，有陨自天。
《象》曰"九五含章"，中正也。"有陨自天"，志不舍命也。

【解义】
此一爻是言制小人之有道，而功能回造化也。

杞，高大坚实之木，君子之象；瓜，甘美善溃之物，小人之象。

周公系姤五爻曰：九五以阳刚中正主卦于上，而下防始生必溃之阴，是以君子居尊位，而下防始生之小人，如以杞而包瓜者也。

然阴阳贞胜，时运之常。在彼骎骎有日盛之势，我任其滋长，而不思所以制之固不可；苟制之而未能尽善，又岂可哉？是必内含章美默为图，维不动声色，不尚威武，实得胜之之谋，而不露胜之之迹，乃可挽回造化，斡旋气运，而阳之将消者倏然来复，若从天而降也。此诚为善制小人者矣。

孔子释五《象》曰"九五"能"含章"者，以其有"中正"之德也。盖惟有中正之德，故既不因循以长慝，亦不轻动以生变，为能内含章美，静以制之也。"有陨自天"者，由九五之志不舍乎命也。盖阴阳消长固系一定之数，人惟立志不坚，付于天命之无可如何，而不思所以转移之，则命即从此去矣。五之志务期人定以胜天，故命亦为五所转，而"有陨自天"也。信乎，惟德可以动天耳。

按：《文言》释乾之五曰："先天而天弗违。"先天者，事未至而几已兆。圣人先知灼见，而默运其神谋经纶，措置先乎天也，故能制治于未乱，保邦于未危，命自我立而天不能违，所以言君相能造命也。然则姤五之志不舍命，其即乾五"先天弗违"之大人乎！

【解说】

本节是讲明为君者如何制止小人。办法是将阴柔小人的势力控制起来不让其发展壮大。如何将小人的势力控制起来？即为君者要做到不动声色、深藏不露，这是由于为君者正义、自信而不违背客观规律，这样就可以把小人的势力控制起来了。

【原文】

上九：姤其角，吝，无咎。

《象》曰"姤其角"，上穷"吝"也。

【解义】

此一爻是言刚介孤立者无制阴之功，而亦无比邪之害也。

角，刚而在上之象。

周公系姤上爻曰：姤一阴遇五阳之时，二、五皆有刚中之德，故能包而制之。若上九则刚而在上，于初阴非应非比而不得遇，有姤其角之象。是诸君子皆有防奸之道，而己独抗怀孑立，骄亢之吝其能免乎？然既无所遇，则免党阴比匪之伤，而亦不至于咎矣。

孔子释上《象》曰：遇之为道，贵于委曲包容，善全其用。上九"姤其角"者，盖刚居上位，全以盛气凌人，略无调剂挽回之术，适自取夫困穷也。然能介然自持，无苟合之失，故虽吝而无咎耳。

按：姤卦五阳皆以遇初阴取义，于初则止其进，恐其害君子也。二、五能包则予之，欲其制小人也。三、上不与初遇，有厉吝而无咎，虽惜其无制阴之功，而又幸其无比阴之祸也。

盖不遇其所当遇，固不免于孤立。不遇其所不当遇，亦不至于伤害。圣人著此两义，使知处遇之时，不可不遇，而又不可妄遇也。

【解说】

本节是说阳刚孤立的君子由于与阴柔小人所处位置的距离较远，因此也就没有机会相遇，正因为没有机会相遇，也就不存在制阴的问题，从而也就谈不上有什么灾害了。

【原文】

☷坤下兑上

【解义】

萃、升二卦皆以二阳统四阴，故卦辞萃曰"利见大人"，升曰"用见大人"。《彖》《传》皆曰"刚中"，而应萃以五为大人，升以二为大人，重阳也。五、四皆阳，然众阴从五则贞，从四则非贞。九四近君，有聚物之嫌，故戒以必"大吉"然后"无咎"。九五阳刚中正，即"假庙"之王"利见"之大人，故五曰萃有位，而四则曰位不当，君臣之分不同也。元永贞之辞与比卦同，然比独以九五为主，故元永贞言于《彖》。萃有两阳爻，故元永贞言于五，六二牵引二阳同萃于五，所谓"利见大人"得萃之"贞"者，君则假庙，臣则用礿，精诚所孚，主臣一心也。

从来致天下之萃不易，保天下之萃尤难。内难外患多生于不意，当无事之时宜为有事之备。《象传》"不虞"之戒，何其深切著明乎！

【解说】

《萃》卦阐述聚集方面的问题。物以类聚、人以群分，类群表示的就是聚集。自然、社会都是在聚集的状态中生存、进化和发展的。《萃》卦讲的聚集是政治性的，强调下向上聚合，臣民向君王靠拢。卦辞指的这种聚合要有思想基础，要有大人领导。卦中四阴爻，代表聚合的对象，两阳爻代表聚集的主体，特别是九五，更是聚集的核心。卦中六爻统统是无咎，没有一爻得吉。由此可以看出群体结合不易，稍有不慎就会出事，所以以此提醒要守正防患。

【原文】

萃：亨，王假有庙。利见大人，亨利贞。用大牲吉，利有攸往。

【解义】

此卦坤下兑上。卦德坤顺兑说，君民相萃也。卦体九五刚中，六二应之，君臣相萃也。又泽上于地，水聚不流，皆有萃聚之义，故名为萃。卦辞备言亲亲尊尊之义，以明保萃之道也。

萃，指世运之盛言，上"亨"字衍文；假，昭假也；大人，指九五言；利见，指上下五爻言。

文王系萃《彖辞》曰：当萃之时，必上下各尽其道而后可以保萃。在上之道莫大于享亲，而有庙者，祖考之所依也，王者于萃时必假有庙焉。萃一己之精神以通祖考之精神，而上下左右之间，有洋洋乎若或见之者矣。兹其亲亲之义矣乎！在下之道莫大于从王，而"大人"者，民物之所主也，君子于萃时必利见大人焉，合万邦之黎献而戴一统之大君，彼此交乎，其亨宜也。然又必萃出于正，不枉道以求合，乃为利耳，兹其尊尊之义矣乎！

夫"假庙"固以交于神也，而礼有未备，神将不歆，故必用大牲，尽志尽物以表其诚，而所以致神之格者此矣，吉孰加焉？何也？萃则可以备天下之物，时丰则从而丰也。

"见大人"固以致君也，而道有不行，何取轻出？故必有攸往，兴事赴功以竭其力，而所以酬主之知者此矣，利孰甚焉？何也？萃乃可有为之时，时隆则从而隆也。

所谓上下各尽其道者，如此。盖世道之萃在人心，而人心之萃在忠孝。用大牲以假庙，孝也；见大人而利往，忠也。人主教天下以孝，而天下报大君以忠。其理本出于一贯，而其机尤妙于相感，上作而下应。故曰：孝者，所以事君也。萃道孰有大于此乎？

【解说】

本节讲《萃》卦象征着聚集，为君者如果因此去祭祀祖先的宗庙、太庙，就利于出现"大人"。"大人"是民物的主人，利见"大人"，就会前途亨通，利于坚守正道，用大牲祭祀可得吉祥，有利于事业的发展。

【原文】

《彖》曰：萃，聚也。顺以说，刚中而应，故聚也。"王假有庙"，致孝享也。"利见大人亨"，聚以正也。"用大牲吉，利有攸往"，顺天命也。观其所聚，而天地万物之情可见矣。

**【解义】**

此《彖传》是释萃《彖辞》，以明萃道之大也。

孔子释萃《彖辞》曰：卦名萃者，言其合天下之异以为同，聚天下之疏以为戚，故有聚之义也。卦德坤"顺"兑"说"，是为之民者效顺以从君，而君又以"说"道先诸民，则元后黎庶共为一心而聚成于野矣。卦体五刚中而二应，是为之君者推诚以礼下，而臣又一德以承夫君，则元首股肱相为一体而聚成于朝矣。此萃之所由名也。

《辞》曰"王假有庙"者，非以要福也，宗庙之立有亲道焉，而王者假之，盖极一心之诚孝，以尽享献之仪也。

"利见大人亨"者，非以干禄也。大人之尊有君道焉，而君子见之，盖行吾君臣之义，以尽为下之分也。

然不徒曰"假庙"，而又曰"用大牲吉"；不徒曰"利见"，而又曰"利有攸往"，何哉？一顺乎天命耳。

夫天不外于理，而理不外于时。萃之时，天下之物聚矣。"大牲"之"用"，夫亦顺其命之当隆者而隆之，非过为侈靡也。萃之时，君子之学聚矣。"攸往"之"利"，夫亦顺其命之当行者而行之，非好为事功也。

夫萃之名与辞如此，即所萃而博观之：阳倡阴和，乾施坤承，天地亦此萃也；形交类感，声应气求，万物亦此萃也。明乎萃道，而天地万物之情皆莫能遁矣。岂特达于朝野、通于幽明已哉？此萃道之所为大也。

按：《易》言天地万物之情可见者三：咸也、恒也、萃也。咸主于感应，所以见情之通；恒主于永贞，所以见情之久；萃则主于合涣，所以见情之同。同者，同于聚也。上下之情聚于君亲，天地之情聚于施受，万物之情聚于应求。情之所趋，即命之所集；顺命所以顺情，而见情即以见命。有保萃之责者，可不致审于斯欤！

**【解说】**

本节是对上一节萃《彖辞》的进一步解释，以表明聚集之道的大义。萃的意思是指聚合。顺应人心而众人喜悦，阳刚在上者与阴柔在下者彼此呼应而共行中道，所以能够聚合。为君者到太庙里去祭祀，这是表示孝的诚意。有大人物的出面，前景就会光明，能使聚合成群而符合正道。用大牲祭祀可获得吉祥而有利于事业发展，这说明聚合反映了事物的内在要求。观察聚合的现象，天下万物的性情就不难看清了。

【原文】

《象》曰：泽上于地，萃。君子以除戎器，戒不虞。

【解义】

此《象传》是言君子体萃象，而思患预防也。

"除"，谓修治；"戒"，谓戒备；"不虞"，谓意外之变。

孔子释萃《象》曰：兑泽上乎坤地，则水聚不流，草木畅茂，萃之象也。君子知水聚而不防，必有溃决之忧；众聚而不防，必生争夺之乱。故观萃象而修除戎器，以谨伺夫猝然意外之虞，庶有备无患，而其萃可长保矣。

盖天生五材，谁能去兵？佳兵者固不祥，忘战者亦必危也。君子当萃聚之世而除戎器，岂专尚威武哉？特戒不虞而已。彼始皇之销锋镝，铸钟簴，则非谓之除戎器。若汉武席文景，富庶之极，至穷师黩武，以求浩大之功，又岂"戒不虞"之义乎？

【解说】

本节《象传》说泽在地面之上，象征聚合。水聚集而不预防，一定会有崩溃的忧虑；民众聚集而不预防，一定会有争夺的动乱。君子因此要考虑忧患、预防意外。检修武器，做到有备无患。

【原文】

初六：有孚不终，乃乱乃萃，若号，一握为笑。勿恤，往无咎。

《象》曰"乃乱乃萃"，其志乱也。

【解义】

此一爻是言萃道贵坚守其正也。

不终，谓变其初；号，谓号呼九四；一握，阴聚之象。

周公系萃初爻曰：初六上应九四，求萃于四之意，本出至诚不欺，但切比二阴，未免为所牵引，为"有孚不终"，乃惑乱其心志，而妄萃于匪类之象。若能知初念之为是，而号呼正应以必求其萃，则一时所为，未必不以从、违靡定之，故贻笑于妄求妄萃之徒。然笑者妄也，号者正也，惟勿忧恤其笑而坚意以从之，则其孚克终，而所萃非乱矣，复何咎哉？

孔子释初《象》曰：夫人必有一定之志，而后不为外诱所惑，初之

"乃乱乃萃"者，以志无定主，故为二阴所惑乱也。

按：物不可以不萃，而萃又不可以不正，得其正则同道为朋，所重者名节，所轻者利禄，而为君子。失其正，则同利为党，所言者浮夸，所行者变诈，而为小人。故周公恶初之妄萃，而教之以"若号"。孔子推妄萃之由，而断之以志乱，无非欲其去邪而反于正也。

夫"方以类聚，物以群分"。人之有萃，决不能免。在上者但当观其行事之公私，起念之诚伪，由外而求其内，因迹而得其心，则君子小人较如黑白之不可混流。品清而国是定，何至以朋党之患贻圣明之忧哉？

【解说】

本节是说君子贵在坚持守正之道，不要胡思乱想、乱聚合。物以类聚、人以群分，聚合要坚持守正而不胡思乱想、乱聚合。得其正则同道为朋，所重者名节，所轻者利禄，而为君子；失其正，则同利为党，所言者浮夸，所行者变诈，而为小人。

【原文】

六二：引吉，无咎，孚乃利用禴。

《象》曰"引吉无咎"，中未变也。

【解义】

此一爻是言以人事君者，可以得时行道也。

引，谓引同德之士以事君；禴，夏祭名，夏时物未备，惟以声乐交于神明，祭之薄者也。

周公系萃二爻曰：六二柔顺中正，为下卦之主，而上应刚健中正之九五，不惟一身公而忘私，且牵引二阴同萃于五，得集思广益之道无妨贤病国之非，吉而无咎，固其宜矣。

夫人惟起念不出于公，往往君臣之间情意辄多扞格。二之至诚既可信友，自能获上，犹祭者有其孚诚，即"用禴"亦可格神，而何不利之有哉？

孔子释二《象》曰：人臣始进，孰无爱君之心？然往往溺于朋比，夺于私交，始萃而终变者多矣。二惟有中德，其忠君报主之念出于此心之诚，然未尝稍变其初志，故能荐贤为国，而诚可格君也。

按：人臣之善，莫大于进贤。而人臣之奸，莫大于蔽贤。先儒有言，奸人不乐进贤，其情有三：保位固宠，常恐失之，以贤者见用必能建功立业，掩已之名，形已之短，其情一也。奸人树私，必人附已乃引之。贤者进退以道，不肯趋附，小人以为不附已，而引之则不感已之恩，不为己之党，其情二也。奸人心既不公，识必不明，虽遇贤才不能深知，以为引而进之必累乎已，其情三也。小人之不肯引贤，其情如此。然则萃之六二，真可为人臣法哉！

【解说】

本节是说为臣者引同德之士以侍奉君主，可以得到时机施展其志向。善臣最大的贡献在于能够进谏贤人，而奸臣最大的危险在于去除贤人。奸臣不乐于进谏贤人是怕贤人夺取其职位，贤人建功立业后会掩盖自己的名字，突显自己的短处，这是其一；奸臣引进的都是听从附和自己的小人，而贤者不愿趋附、不为党，这是其二；奸臣其心不公，一心为己，如果引进贤人就会给自己带来麻烦，这是其三。所以奸臣不愿进贤。而为臣者应进贤为国，这才是为人臣的法则。

【原文】

六三：萃如嗟如，无攸利。往无咎，小吝。

《象》曰"往无咎"，上巽也。

【解义】

此一爻是言三求萃于近而不得，因示以知所从也。

周公系萃三爻曰：六三阴柔，不中不正，上无应与，欲萃于四而不可，欲萃于五而又不能。嗟悼踌躇，一无所利，将如何而后可哉？惟有上六情虽不相得而分，则实相应，往而从之，为合于萃之正而无孤立之咎，但困然后往，而复萃于阴极。无位之人，纵获其萃，亦必不能得志行道，小吝终不免矣。

孔子释三《象》曰：三之往萃于上，而得无咎者，上虽无英明之才足以益人，然居说之极，性柔志谦，必能巽顺以受三之萃也，小吝奚足恤哉？

按：萃原取阴萃于阳、下萃于上之义，故以"见大人亨"为聚以正。夫见大人而后为聚以正。则九四尚非当聚之人，况上六赍咨涕洟，而求萃不得者乎！

然则"上巽"而"往无咎"者，何也？盖萃之为道，论理之是非，不计势之强弱，上虽阴极无位，实三之应也。宜应而应之，即不失其正矣。

但君子自处，终愿为六二之引吉，不愿为六三之"往无咎"，此明良之遇，古今所以同致羡也夫！

**【解说】**

君子向周围请求聚合而不能如愿，因此本节说明后面该如何去做。君子要求聚合而不能如愿，因而会唉声叹气，感到形势不利。六三与九四虽然没有相应关系，但有比邻关系，因此可以请求与九四聚合。但是比邻关系没有相应关系好，所以与九四聚合未免会有点小遗憾，但终究没有过错。

**【原文】**

九四：大吉，无咎。

《象》曰"大吉无咎"，位不当也。

**【解义】**

此一爻是告四以尽善寡过之道也。

周公系萃四爻曰：四以阳刚居近君之地，上逼九五，下比众阴，无大人之位，而有聚物之权。君之所忌，咎之所归也。故必不植党，不徇私，虚公寅畏，尽善尽美而大吉焉。庶处上下之间，两得其道而专擅之咎可免矣。

孔子释四《象》曰：四必"大吉"始"无咎"者，由其以阳居阴，所处之位不得其当，则于君也，未免有邪媚之嫌；于民也，未免有干誉之迹。故其为萃之道，必期于至善而后可也。

按：功名之际，人臣所最难。居古今勋业之盛，无过于伊周，然伊尹则戒以"宠利居成功"，周公则"赤舄几几"，逊硕肤而不有。皆深有合于此爻之义者。故知劳而不伐有功，而不德非独示谦，亦以免咎。后之人亦可知所警鉴已。

**【解说】**

本节是说明为臣者应竭尽全力进善而减少过错的道理。为人臣者居高位靠近君主，虽无大人之位，却有聚合的权力，这为君主所忌讳，也容易招致灾祸。此时为臣者要注意不结党、不徇私情，要尽善尽美地侍奉君主，这样就会少有过错而无咎。

【原文】

九五：萃有位，无咎。匪孚，元永贞，悔亡。

《象》曰"萃有位"，志未光也。

【解义】

此一爻是言萃天下之道，贵于修德也。

萃有位，谓当萃时而居君位；匪孚，谓有不信从者。

周公系萃五爻曰：九五以刚中之德居至尊之位，是真德位兼隆之大人，而为朝野臣民所信从，"萃有位"而"无咎"者也。然天下大矣，岂无偏方下邑未沾声教，而下情不能上达者乎？"匪孚"之"悔"固难免矣。然人之不孚于我，必我之德有未至而未足感乎人也。惟反诸身果有元善长人之德，且始终无间，而永纯正不杂而贞焉，自然德盛化神，无思不服，而又何悔之不亡哉？

孔子释五《象》曰：人君诚信昭著，务期近悦远来，万邦作孚而后已。五之"萃有位"，而犹有"匪孚"，盖其天下一家，万物一体之志尚不免于愧歉而未光大，故必"元永贞"而后"悔"乃"亡"也。

按：比之时一阳在上，权无所分，故曰"显比吉"，言其光明洞达，无一毫疑忌之私也。萃之时九四一阳应初，比三位近势逼，五之大权嫌于旁落，不能无疑忌之私。周公教以"元永贞"，孔子讥其"志未光"，固知修德正心而外，别无招携怀远之道，所以收众心者在此，所以揽主权者亦在此矣。

【解说】

本节是忠告为君者在聚合天下人时，必须要提高自己的品德修养。为君者是聚合的核心，但是位重德薄，虽然不会有危险，也不能广泛地取信于人。因此为君者要注意提高品德修养，做到有仁德、行正道，从而在权力地位和品德水平两个方面都能成为聚合的核心，这样为君者聚合天下人的志愿就会实现，就会得到天下人的拥护。

【原文】

上六：赍咨涕洟，无咎。

《象》曰"赍咨涕洟"，未安上也。

【解义】

此一爻是言求萃不得者，惟戒惧可以免害也。

赍咨，嗟叹之声；涕洟，悲泣之状。

周公系萃上爻曰：上六处萃终，萃极则忧；散居兑体，说极则生悲。且群阴在下聚，顺于五而已。独以孤阴居其上，欲顺而不能，求说而不得，处上而危，反说为悲，有"赍咨涕洟"之象。然当其时能恐惧修省，以改前此之非，则危者必平，将不终于无萃，而咎可免也。

孔子释上《象》曰：当萃之终，群阴皆在下而萃于五，已独孑然处其上，求萃不得，岂能晏然自安乎？诚非忧惧，靡宁反身修德不可耳。

按：上六阴柔说体，切比九五不安于处上，圣人教以反说之道莫如忧，操心危虑患深则能审分自安，而不至有妄动之咎矣。总之，萃之为卦，群阴萃于二阳。圣人于九四尚虑其抗五取咎以示尊，无二上之义，况上乃阴极无位者乎！宜垂戒之辞如此其切耳。

**【解说】**

本节是说君子如果请求聚合而不得实现，惟有警惕戒惧、反身修德方可没有灾祸。上六为《萃》卦得末爻，面对聚合将散的局面，又因为居九五之上，无法与卦中阳爻聚合，因而悲伤。但是君子当时如果能够做到警惕戒惧、反内修省，虽最终不能聚合，但却能够无咎。

# 卷十一

【原文】
☴巽下坤上
【解义】
进而上之谓升。坤巽为和柔，巽顺之卦宜乎退敛有余，进取不足，然而际方升之，有能升之德，处可升之地而升以名，犹之柔嘉君子恬静自持而身名俱泰，天下之大美归焉，与夫躁进以干时者异矣。

《象传》"柔以时升"，专指六四言。"刚中而应"，专指二、五言。而爻辞则六爻皆利于升，盖众正汇征无乎不吉也。二固刚中，而三亦刚正。四固以时升，而初以信。五以正，皆柔德之善者。惟上居升之极，则戒其昏冥而诲之精进，所以善升之终。诸爻言人材之登进，而六五言治化之升隆，又所以正升之主。审乎此，而升庸之道得矣。

【解说】
《升》卦阐述事物顺势上升，由低到高的道理。"升"有两个特点：一是柔升、渐进，不是刚升、一步登天；二是因时而升，不是急躁求升。体现在社会生活中，是说一个人有德有才，自会不断提升，所以《象传》强调大人对于上升的重要性。总之，依时顺势，是本卦质的规定。

【原文】
升：元亨。用见大人。勿恤。南征吉。
【解义】
此卦巽下坤上。卦变自解而来，柔进居四，有自下升上之义，故名为升。卦辞言君子乘时进用，有得君行道之乐也。

南征，前进也。

文王系升《彖辞》曰：升以自下进上为义。时本当升，且其卦内巽外顺，有能进之德。二刚中而五应，又有与进之君。士君子幼学壮行，乘时奋庸，凡有所为，功成名立，无不通利而元亨矣。

自其方升之始，用此以"见大人"，则君臣道合，自可以必推心委任之隆，而无堂高廉远之患，明良交会惟此时为然，无庸恤其不遇也。

自其既升之后，因此以南征则前进有为，遂可以建经纶斯世之猷，而成匡济生民之业。大道为公，惟此时为然，吉无有不得也。

所谓"元亨"者，盖如此。

从来贤才之升降，关乎时运之盛衰。顾贤如巽木，升贤者如坤地，地之栽培者厚，则木之发荣者方盛。故曰百年树人，其德足以辅世，材足以匡时而成国家栋梁之用。岂偶然哉？

【解说】

本节是说君子趁着顺势上升的时机前进，能够得到君主的赏识，实现自己的志愿。《升》卦象征顺势上升，时机当进且君子有前进上升的才德，又能够遇到上进的君主，因此君子如果趁时奋起前进上升，凡有所作为，一定会功成名利，没有不一帆风顺的。

【原文】

《象》曰：柔以时升，巽而顺，刚中而应，是以大"亨"。"用见大人勿恤"，有庆也。"南征吉"，志行也。

【解义】

此《彖传》是释升《彖辞》言柔能因时而进，深与其善而无不利也。

柔指六四；大亨，应作元亨。

孔子释升《彖辞》曰：卦名升者，以卦变言自解而来，柔本居三，今进居乎四，升于二阳之上，是以柔嘉之士遇明盛之时，而升闻于朝有必然者，故为升也。

夫升何以得"元亨"哉？以卦德言，内巽而外顺。内既沉潜慎密，不至欲速以躁进，外又从容审图，不肯冒昧以干时，是有可升之德也。以卦体言，九二刚中而六五应之。刚毅中直，在我有致君之具而虚中善任，在上又有下贤之诚，是有可升之会也。德与会逢，升无不利，所以元亨者以此。

夫亨莫大于得君，《辞》曰"用见大人勿恤"者，谓本此善以利见，一德交孚，恩礼隆洽而泰交成，朝夕论思而美利溥，都俞吁咈之风，邦家攸赖，非徒一身之庆矣。

亨又莫大于行道，《辞》曰"南征吉"者，谓本此善以前进，乘时布治，大猷升而功在社稷，嘉谋入而福被苍生，致主泽民之志施为畅达，至是而无不行矣。君臣相得，吾道大行，升之元亨，圣人所为深与之乎！此见人材之升在于知时，而又妙于用柔，柔则从容和缓，退处之心恒胜于上人之心，故能量可而进不失其时，刚中而应，有庆志行，孰非时升之元亨乎？而本于巽顺，则皆以柔道行之也。若时未至而求进必刚躁者也，岂知时升之义哉？

【解说】

本节是对上一节升《象辞》的进一步解释，是说君子如果能谦逊、柔顺而又依时上升，必能畅顺无阻、吉祥如意而无往不利。另外在君子谦逊、柔顺而又依时上升之时，最适合"利见大人"，这说明特殊的因素对于君子能依时上升的作用是非常重要的。

【原文】

《象》曰：地中生木，升。君子以顺德，积小以高大。

【解义】

此《象传》是言君子崇德之学，由积渐而至于大成也。

顺，作慎。

孔子释升《象》曰：坤地之中而生巽木，渐长而上，有升之象也。君子以为山木、人心，其理本一，养木养心，其机本同。体之以慎修其德，必敬以直，内由一念以至于念念，曲而致之无不善。义以方外，自一事以至于事事，扩而充之无不宜。

盖德本高大，而必于细微处发端，如以为小而忽之，一息少懈，前此之功必隳。犹木之在地，一日不长，生生之机必息。惟由积小以谨始敬终，则德修罔觉，日新月异而不能已，自驯至于高明广大，不犹木之以渐升乎！可见圣功王道不必远求，祇在敬小慎微，日进不已，则几希之。存得危微精一之传，慎独之功，致中和位育之效。体用一原，天人一致，下学即可以上达。升之义大矣哉！

【解说】

本节是说君子要尊崇品德、德行之学，积累小德以成就高大。就像山木的成长、人心的修养过程一样，道理是相同的。君子要因此而体会审慎修德、正直尊敬，由小事逐步扩展到每件事。品德虽然本身广大，但亦从细微处发迹，如果认为其小而忽视它，稍有松懈就会前功尽弃。因此只有从小事做起并且恭敬地做到有始有终，德行才会高明广大，这才是"升"之大义。

【原文】

初六：允升，大吉。

《象》曰"允升大吉"，上合志也。

【解义】

此一爻是言信友可以获上，得遂其进之由也。

上，指九二、九三；合志，是初合二阳之志。

周公系升初爻曰：初六巽体而顺德，当升之时，不务躁进，以柔顺而巽于二阳，则是温恭自处，有以动人之诚，谦让不争，足以起人之慕，故二阳重而信之，能使志行孚于同类，名誉著于当时，声应气求，援以同升，由是建大功而立大业。所谓"用见南征"吉孰大焉？

孔子释初《象》曰：初之"允升大吉"何哉？盖上之二阳，或以刚中为君所倚任，或以刚正为世所仰瞻，其志奋发有为，皆欲上进者。今初巽于二阳，而上与之合志，合则道同，得藉所援相引而升，其大吉也，不亦宜乎？

夫贤者在下，非有特达之知不能自奋而升。然养之邃者，其孚必速。不党同以求合，不务名而尚志，是相信在未升之前，虽欲弗升而不可得也。信以同升，志以成信，与世之逐虚声而求汲引者，殆不可同日语矣。

【解说】

本节是说君子如果能够信任朋友就可以上升，这是君子能够上升的一个缘由。君子谦逊、柔顺而又依时上升，此时如果得到谦顺恭让的志同道合者的援助，就可以与志同道合者同时上升，建立大功业。

【原文】

九二：孚乃利用禴，无咎。

《象》曰"九二"之"孚"，有喜也。

【解义】

此一爻是言事君者当以至诚乃有得君之喜也。

周公系升二爻曰：当升之时，人臣不患其不升，但患感孚之未至耳。今九二以中实上孚于五，六五以中虚下应于二，是为臣者不求宠利，惟本一念之精诚，足以感孚其君，自然情投谊合，有以致君之孚契也。惟既孚矣，则上下之间，一以至诚相格，乃可脱略仪文，而任吾朴忠。犹祭者以诚敬享神，即用禴而亦利也。如是则臣道尽而不欺，君心感而无忌，何咎之有？

孔子释二《象》曰：二能以孚诚事上，岂惟为臣之道无咎而已哉？孚本于刚中诚实，所感明良会合，则信任必至，而无疑贰之嫌；宠遇永绥，而有拜飏之盛明，其有喜可见用孚之利。感通若此，无咎不足言矣。

自古臣之事主，涉于疏略，固失之慢；过于繁缛，又失之伪。慢与伪，皆非纯臣之道也。故必精白一心，以承休德。昔周公之训曰："至治馨香，感于神明。"此即孚之义也。三代盛时，君臣交勉，惟一诚相通。事君者当知所兢兢云。

【解说】

本节是说侍君者只要内心诚信，就会得到为君者的信任而事事无咎。自古臣事君，过于简略就会有怠慢，过于繁缛又太虚伪，这都不是为臣之道。为臣者只要不求宠信名利，内心诚信，诚心待君就会得到君主的信任，这才是为臣之道。

【原文】

九三：升虚邑。

《象》曰"升虚邑"，无所疑也。

【解义】

此一爻是言德与时会，当进而无所阻也。

虚邑，无所阻碍之象。

周公系升三爻曰：九三当升时，而有阳刚之德，既备能升之具进临于坤，坤德顺而体虚，以推贤进能为尚，而无猜疑倾陷之风，乘此以升，是以谋断之才，际雍熙之会，王道荡荡，无反无侧，可以致身堂陛，利见而得乎君；奋迹亨衢，前进而行乎道。其升之《易》象，犹"虚邑"无人，可进而无所阻碍矣。

孔子释三《象》曰：人当升时，虽有其时而无其德，未免有疑于己；虽有其德而无其时，未免有疑于人。今三以能升之德，值可升之时，既非短于材而见抑，又非泥于势而不通，豁然上进而莫之违距，复何所疑乎？

按：巽为进，退为不果。苟稍有以沮之，则必疑滞而不能进矣。今三之不疑如此，正见坤之虚中善受，能接引贤才，故一往得通，如木之生于地中者，无不成廊庙之材。此圣人乐得而与之也。

【解说】

本节是说君子才德与时机都具备了，此时上升前进就如入无人之境一样没有阻挡。在上升之时，如果只有时机而没有才德，未免就会对自己有所怀疑；如果只有才德而时机未到，未免就会对他人有所疑忌。若君子二者都具备了，就会无所疑忌，就能够虚心接受别人的意见，能够接引贤才，上升就没有阻挡，从而成为栋梁之材。

【原文】

六四：王用亨于岐山。吉，无咎。

《象》曰"王用亨于岐山"，顺事也。

【解义】

此一爻是言推诚以格君，可见忠顺之至也。

亨，当作享；王用享于岐山，用诚以事君之象。

周公系升四爻曰：六四体坤居柔，以至顺之德守纯臣之节，恪恭尽瘁，无贰尔心，是积诚以上升感格乎君，有"王用享于岐山"之象。如是，则可以辅君，跻斯世于雍和，锡生民以多福，得臣道之纯，而鲜阋越之失矣。不亦吉而无咎乎？

孔子释四《象》曰：四之能格君，犹"王用享岐山"者，盖四有柔顺之德以顺事其君，精白居衷，常恐有僭逼之失，靖共无忒，不徒饰服事之名。上则顺承乎君，下则顺处其义。恪守臣职而无遗憾焉。是顺之至者，即诚之至也，宜吉且无咎矣。

按：升卦二、四两爻不言升，何也？盖五为君位，二应五，而四承五，皆得时行道亲近乎君者，其位不可复升也。升则疑于五，有逼上之嫌矣，故在四言"顺"与在二言"孚"。圣人明臣道之极，安分守节为万世训也。其义深矣。

【解说】

本节是说为臣者有柔顺之德，顺从事理而又诚心地侍奉为君者，可说是忠诚顺从之极。为臣者以柔顺之德守纯臣之节，恪恭尽瘁，没有二心，因此能够积累诚信感动为君者而被信任。为臣者恪守臣职而没有遗憾，能够用柔顺之德、诚信之心来辅佐为君者，这才是为臣之道。

【原文】

六五：贞吉，升阶。

《象》曰"贞吉升阶"，大得志也。

【解义】

此一爻是言人君以正道治天下，可以遂致治之愿也。

升阶，治化易成之意。

周公系升五爻曰：六五当升而居尊位，然以阴居阳，未免有不正之嫌，故必能勉而贞，反其不正以归于正，使经纬于一心，张弛乎万化者，内则黜功利之私，外则崇荡平之轨，则天德纯而王道溥，治理之升于大猷，将不劳而自致，其得吉也，不犹升阶之至易乎！

孔子释五《象》曰：大君志在天下，有一夫不获，一物未安，欲其志之得也，盖亦难矣。

今言"贞吉升阶"，是以纯王之心行纯王之政，则治定功成，化行俗美，仰媲于帝王，参赞于天地，有以悉副其匡济之初心，其志乃可大得也。

先儒有言天下之事，变化无穷，无一不本于人主之心贞。则正心可以正朝廷，可以正天下，四方万里一归于至正，风动神速，而知王道之易易焉。故人君贵大居正也，若后世用名法，尚功利以为王道，不可行而治流于杂霸，不亦谬乎？

【解说】

本节是说为君者如果能够坚守正道治理天下，就会实现天下大治的心愿。天下之事变化无穷，没有一件事不是以为君者坚守正道为本的，心正就可以正朝廷、正天下，这样人君的政令下达时，天下万民就会很容易接收到了。因此说人君治理天下，贵在能够坚守正道，如此则天下大治。

【原文】

上六：冥升，利于不息之贞。

《象》曰"冥升"在上，消不富也。

【解义】

此一爻是言徇欲者理日亡，教人以转移之法也。

冥升，言昏冥于升也。

周公系升上爻曰：上六以阴柔之质居升之极，是贪进无厌，求升不已，而陷于昏冥者。患得患失，无适而利矣。必也反其求升之心，用以进德，使理之根柢于吾心者，存养而不已，理之流行于事物者，日新而无穷。则不息之贞积小以高大，乃所为利，盖于贞而不息，自于升必不冥也。

孔子释上《象》曰：冥升在上，其心岂不欲长保富盛哉？然升极当降，长极当消，揆之于理，有固然者。今上居升极，自可以已。乃知进而不知退，将立见其消亡，不复保其富有，是则所谓冥而已矣，何利之有哉？

按：豫上六曰："冥豫耽乐而不知反也。"升上六曰："冥升求进而不知止也。"顾豫之上体震，欲动其悔过之心，使终变其豫，故以成有渝勉之。升之上体坤，欲顺其不已之心，使反移于贞，故以利于不息诱之。圣人教人，总于理欲消长之关设一变化之术，是变易以从道也。《书》云："惟狂克念作圣。"其此爻之义欤！

【解说】

本节是说君子如果昏昏然上升，就只会衰退不会有发展，还不如奉行以不前进为内容的正道。如果过分地追求上升到了极致，就是贪进无厌了，这样不仅不能够上升，反而会衰退。因此在这种情况下，要注意掌握适度原则，了解物极必反的原则，把握顺从之道，这样就会"无咎"。

【原文】

☵ 坎下兑上

【解义】

天道无进而不穷，人事无伸而不屈，故升后受之以困。然一困而不振者庸人也，在困而能伸者君子也。砥节固穷，泰然不变其所守，则身困而道益通。故《彖》著"亨吉无咎"之辞，而属之大人所以教处困之方也。

困以刚掩得名，似乎二、四、五为所掩之君子，初、三、上为掩刚之小人，乃爻辞则皆以处困者言之，盖《易》为君子谋，固如此耳。

当刚掩之时，刚宜甚困，柔宜不甚困，乃二五刚中皆云"利用"。九四虽不当位，亦克有终。而初、三与上皆极危厉之辞。盖天下惟阳刚君子所遇多穷，亦惟阳刚君子无往不济。若阴柔碌碌平居，无防患之识临事无济变之才，一往而败，固其宜耳。《易》之贵阳贱阴，大抵类是。

【解说】

《困》卦讲的是有关困境的问题。就社会生活来说，困境大致有两类。一类是物质方面，另一类是政治方面。如何对待困境，本卦首先强调要有志气，人穷志不穷，看出困境具有磨炼毅力、激励意志的一面，从而态度乐观，从容对待。其次要有骨气，宁可豁出性命，也不能丧失理想、气节。再次，要从实际出发，用行动冲破困境。

【原文】

困：亨，贞大人吉，无咎。有言不信。

【解义】

此卦坎下兑上，六爻阳为阴掩，不能自振，有困穷之义，故名为困。卦辞言处困之时，当守贞处默，以善全其道也。

文王系困《彖辞》曰：困以困穷不能自振为义，当此时者，君子为小人掩，抑力穷气沮，不克自展舒其蕴抱也。然处困者能乐天知命而不忧，正己无求而不怨，身虽困抑，心自亨通，则得处困之正道而能贞矣。

是贞也，非涵养素积于中，智识不浠于外者，未足以当此。故惟有守有学之大人，敦仁安义，而有自得之吉；知几固守，而无自失之咎，所谓"亨"而得"贞"者，此也。

苟非其人，不安乎义命，愤时嫉俗，形于议论，则虽有言，不能取信于人，适足滋多口之憎而重益其困。大人岂如是乎？此又处困者所当戒也！

按：天道不能有顺而无逆，人事不能有升而无困。惟善处困者超然世外，不为物累，故身困而心不困。不善处困者，忿懑自鸣，招尤取怫，故身困而心益困。然则当困之时，亦在人自审其所处而已矣！

【解说】

本节是说君子处在困境之中，应当坚守正道、泰然处之。君子处在困境之中，为小人所抑制，会感到沮丧而不能施展自己的抱负。但是处于困境中，如果能够做到乐于知天命而不忧虑，坚守正道而无求无怨，身虽处于困境，但内心却亨通无阻，这样就会吉祥、没有过失。

**【原文】**

《彖》曰：困，刚掩也。险以说，困而不失其所，亨，其惟君子乎。"贞大人吉"，以刚中也。"有言不信"，尚口乃穷也。

**【解义】**

此彖传是释困《彖辞》以明处困之有道，所以得亨也。

孔子释困《彖辞》曰：卦何以名困？上下三刚皆掩于柔，是刚明之气不能发舒，正直之志无由展布，所以为困也。

然困何以得"亨"？盖所谓亨者，不于其身而于其心，不于其时而于其道。以卦德言之，坎险而兑说，虽当困穷郁拂之时，乐天知命，此中泰然无累，原自有所为亨者，穷居独善，常得而不自失，此困之所以能亨也。其惟见真守定之君子能之乎！苟非君子，必不能也。

其曰"贞大人吉"何也？以卦体言之，二、五刚而得中，刚则不挠，中则不躁，盖困之移人，非乘其柔茬，即因其矜激。惟刚与中合，既不挠而屈于困，又不躁而重其困，所以守贞而为大人，有能亨之吉也。

其曰"有言不信"何也？以困时所尚者，宜用晦处默，反躬自信，虽困不足以穷我，惟心失所亨，急于自明，所尚者口给，兴戎贾怨，乃为所穷，实自取耳！可不戒哉？

夫当困之时，身可穷而道不可穷。盖道之所在，不充诎于富贵，不陨获于贫贱，无往而不得也。如孔子之从我所好，颜子之不改其乐，湛然无为，固不因困而得，亦不因困而失，适如其固有之初心而已。若后世之士，身处困穷，或侈谈横议，或标榜相高，徒足以招尤而召谤，岂君子全身之道哉？

**【解说】**

本节是对上一节困《彖辞》的进一步解释，说明了君子在困境之中如何能够亨通的道理。君子处于困境之时，虽身受穷困，但志向、气节不可穷困，志向、气节与富贵、贫穷无关，君子深陷困境之中而能充满希望，面对困境而不放弃，坚守正道，就能够亨通而走出困境。而如果身处困境，却只能够奢谈横议，逞口舌之功而无人相信，结果就往往会更坏。

【原文】

《象》曰：泽无水，困。君子以致命遂志。

【解义】

此《象传》是言君子处困之道，能守正而不屈其志也。

孔子释困《象》曰：泽以潴水，宜有水者也。坎水下漏，兑泽上枯，泽中无水，困之象也。君子体之以处困。凡纲常名教所在，为吾志所欲成者，若临难以求免，见义而偷生，利害之念动于中，是非之论不足惜，因循顾恋，是命不致则志不得遂也。惟委致此命于度外，论是非不论利害，毅然独往，惟欲求成其是，以遂吾不可夺之志，则无愧无怍，可以对天地；忘私忘家，可以质幽独。吾志遂而亨莫大焉。此处困之正道也！

夫君子居世，常则修身，俟时命之在我者也；变则成仁，取义命之在天者也。惟居常尽其在我，理明识定，故遇变不惑，可以遂吾之志。若夫一念，慷慨轻生赴难，发乎意气之动，而非循乎义理之实者，岂足以语此哉？

【解说】

本节是说君子处在困境中，要坚守正道，宁可牺牲性命，也不应该放弃志向，要坚持实现志愿。

【原文】

初六：臀困于株木，入于幽谷，三岁不觌。

《象》曰"入于幽谷"，幽不明也。

【解义】

此一爻是言处困无术，身心交困而不克振也。

臀，物之底也；幽谷，暗地；三岁，言其久也。

周公系困初爻曰：初六居困体之下，即以阳刚处之，犹虑其不振，况阴柔乎？既无出险之才，束手坐困，转侧受伤，犹臀困于株木而不得所安也。且所居至暗，又乏观看变之识，无知妄动，益陷于险而终不能自出，如入于幽谷而三岁之不觌也。曷望其有济乎？

孔子释初《象》曰：阳刚者，明显。阴柔者，暗昧。初之入于幽谷者，惟其以柔居暗，迷焉而不觉，昧焉而罔通。是暗于心者自不能洞察于事，宜其益入而终无所觌也。

按：困六爻，刚为柔掩，不特刚困，而柔亦困。盖小人处心暗昧，既不明于邪正，又不明于利害，殚精劳神，思有以困君子而先已自受其困。如初者，居无安身之地，行无见天之日，良由心术之不明也。故阳明为君子，阴暗为小人。观看人者亦在乎心术之间而已矣。

【解说】

本节是说处于困境之时，如果消极躲避困境，就会身心交困而一蹶不振。没有走出困境的才能，只是束手在困境中干等着，就好比是屁股被困在树木上一样不能安宁。本来就在困境中，又缺乏辨识的能力，无知而随意乱动，这样就更陷于困境而难以自拔了。

【原文】

九二：困于酒食，朱绂方来，利用亨祀，征凶，无咎。

《象》曰"困于酒食"，中有庆也。

【解义】

此一爻是言二膺宠，遇之隆当竭诚以图济困之功也。

朱绂，王者之服，蔽膝也；亨，当作享。

周公系困二爻曰：九二刚中，是其德能济困者以一己系天下安危之重，位高禄厚任事贤劳，反足维絷其身若困于酒食者然。且上与五同德，眷顾日隆，其殷勤晋接之意有加无已。又为"朱绂方来"之象。如是，则君之宠遇已极，人臣当此宜如何以承之也？为二计者，惟有殚心尽力，用格天享，帝之诚以矢股肱心膂之报，如享祀然。虽时事孔艰，未免以征则凶，然义所当行，而吾行之，自不至于有咎耳。

孔子释二《象》曰：九二宠任之隆如此，盖以二有中德，自能尽忠竭智济时之困，而有保邦致治之庆也。然则困于酒食者，盖以一身之劳瘁，致天下之福庆，身虽困而道则亨，凶与无咎不必言矣。

按：事君之道不避难，不辞贱，言乎臣职之当然，凡委贽者所同也。然宠寄愈重，则报称愈难，遗大投艰，其责尤无容旁贷。人臣处此，诚一不贰，勿以强弱利害动其心，勿以成败利钝沮其气，竭股肱之力，而济不济，听之天焉，斯为臣道之正乎！

【解说】

本节是说君子受到为君者的宠信，遇到隆重的对待就应当诚信、竭尽全力地为君主谋划走出困境。为君者用隆重的礼节对待君子，君子侍奉君主要不避险难，不辞辛劳，尽心尽力地协助君主走出困境。

【原文】
六三：困于石，据于蒺藜，入于其宫，不见其妻，凶。
《象》曰"据于蒺藜"，乘刚也。"入于其宫，不见其妻"，不祥也。
【解义】
此一爻是言不善处困者益以致困，为可戒也。
石，指九四；蒺藜，指九二；宫，谓六三；妻，谓上六。
周公系困三爻曰：六三以阴柔之质，不中不正，处险极而用刚，不自度其才德，乃欲前推四以上进，而四之刚则坚于石也，是反受其困而不能动，如困于石然；欲退倚二以图安，而二之刚则锐于蒺藜也，是据非所据而不可依，如据于蒺藜然。当此之时，进退出入无一可展舒，岌岌乎殆矣。虽有上六以为应，欲求配偶，亦终失其所安，而不可得见，有"入于其宫，不见其妻"之象。是则祸必及身而家随以丧，凶莫甚焉。
孔子释三《象》曰"据于蒺藜"，以三乘二之刚，非所据而据，其何能得安也？故还而自顾，孤立寡援，一无依倚。至于妻不可见，则众畔亲离，危亡立至，不祥孰大于此所为凶也？
按：困之三阴始相缔交以掩其刚，究之初六之困，既以自陷于不明；至六三之凶，更且自召其不祥；设心愈险，则召祸愈深。惟上六处困之极，悔心渐萌，犹可转而得吉。然则为小人者，盍亦思所自反乎？
【解说】
本节是在警戒面对困境时不善于处理问题的人，一旦陷入困境后就会更加凶险、困难。此时如果有悔恨之心，则可转危为安。

【原文】
九四：来徐徐，困于金车，吝，有终。
《象》曰"来徐徐"，志在下也。虽不当位，有与也。
【解义】
此一爻是言拯人之困，有志者事终成也。
金车，指九二。
周公系困四爻曰：九四与初为正应，初方困于下不能自振，在四当急为救援以图共济之功，但以阳居阴，才力不足，弃之则不能坐视，欲往则不可径行，迟回犹豫，其来也徐徐然至。初之望援，岂不欲急于就四而前进哉？祇为九二所隔，势不能通，若困于金车不得遂进者然，是其始也。四以己之所应，急难方殷，而才不能以速拯为，可吝矣。究之相应者为正，中阻者为邪，邪不胜正，终无日隔之势，而有自合之理，彼此相得而有终也。

孔子释四《象》曰：四之"来徐徐"者，其事虽若缓，而志实在下，其心未尝不切也。人患无其志耳！苟志在初，虽居柔不当位，才不能济，而始离终合，必得遂其相与，庶几困不终困矣。

按：九四方为柔掩，乃欲藉初柔以有终，何也？盖君子之于小人，绝之未尝太严，所以示包荒之量；与之不可太速，所以远朋比之嫌。故能用小人而不为小人所害。此四之善行其志也夫！

【解说】

本节是说拯救别人于困境之中，有志者就一定会成功。虽然脱离困境之事过程比较缓慢，但只要有志气，有志同道合的朋友，即使位置不当、才能不足，最终还是会走出困境的。由此可知君子与小人的关系，不能太决断、太紧张，也不能太亲密了，这样君子就可以利用好小人却又不被小人所害了。

【原文】

九五：劓刖，困于赤绂，乃徐有说，利用祭祀。

《象》曰"劓刖"，志未得也。"乃徐有说"，以中直也。"利用祭祀"，受福也。

【解义】

此一爻是言五以至诚感人能解困而得亨也。

受伤于上曰"劓"，受伤于下曰"刖"；赤绂，臣下之服。

周公系困五爻曰：九五，上为阴掩，见蔽于近习；下则乘刚，又逼于强臣。是上下皆受其伤而为劓刖之象也。

如是则臣下不为我用，而反为其所制，是为"困于赤绂"也。幸其刚中而居说体，能善用其刚，不动声色，从容和缓，乃徐而图之，既不失之因循，复不伤于躁急，卒之大权渐收，不忧旁落。始受伤于上下者，今不终于伤而可有说耳。推此道也，至诚感物莫如祭祀。用是以感化臣下而有不诚服者乎？其为说也必矣。

孔子释五《象》曰：五之志本欲济困，今阴掩则蔽，乘刚则危，身自受困如此，岂得志之时乎？"乃徐有说"，本由中德而以直行之，中则不偏，直则顺理，开诚布公，困从此济而志可得。即用以祭祀，犹可以格神明而受福祐，况在下之臣乎？所以"徐"而"有说"也。

按：拯困之功不在急躁，而在舒徐。急则忿激误事，缓则从容观变静俟机会而易以成功。如光武焚书而安反侧，宋祖谈笑而释兵权，得此道也。汉唐末世，时际艰难群小播乱，不思所以消导解散之术，轻发溃决，反致召祸。此皆不审于徐之故欤。

【解说】

本节是说为君者只要用诚心感化臣下，就会"解困而得亨"。为君者被亲信宠爱的人所蒙蔽，又被刚烈之臣所逼迫，因此在政治上处于困境而内心不安。幸好其刚中守正，有至诚之心，能善于任用刚烈之臣，做到不因循守旧、不急躁冒进，最终会使大权不致旁落。因此说，脱离困境时不要操之过急，急会愤激误事，缓才会从容不迫，这样才易于成功。

【原文】

上六：困于葛藟，于臲卼，曰动悔有悔，征吉。

《象》曰"困于葛藟"，未当也。"动悔有悔"，"吉"行也。

【解义】

此一爻是言当困之极，惟悔过可以得通也。

葛藟，引蔓缠缚之草；臲卼，动摇不宁之貌。

周公系困上爻曰：上六阴柔，处困之极，才弱时穷，欲动以求解，则识力不充，束缚而不能解；欲静以求安，则事势所迫，又震撼而不能安，为"困于葛藟，于臲卼"之象。

展转思维，才既不足有为，势复难于安处，动辄有悔，无往而不困也。所以然者，惟柔而自废，失其处困之道，故至此极耳。为上计者，若能翻然振作，兴起悔悟之思，以改其因循之习，力反而征行，则明作有功，而吉可知矣。

孔子释上《象》曰：上之"困于葛藟"者，以阴柔为累，无解困之才，所处未得其当也。以"未当"而得"悔"，即以"未当"而能"悔"，将穷则思变，动罔不臧，是以吉之道而行，则其行为"吉行"矣，何困之不亨乎？

按：困五爻皆不言吉，而上独言吉者，盖物穷必变，困极则通。因其悔心之萌，开以自新之路，困则凶，行则吉。圣人所以挽回世道，砥砺人心，化小人而为君子，吉莫大于此矣。

【解说】

本节是说处于极端的困境中，只有悔过才会走出困境。处于极端的困境中，想行动来解困却才力不足；才能虽然不足，但对动辄后悔的情况应该有所悔悟，这样就会吉祥如意。因为物穷必变，困极则通。因为他们有悔悟之心，能自开新路，行则吉。因此圣人能挽回世道，砥砺人心，让小人化为君子，没有比这更吉祥的了。

【原文】

☵☴巽下坎上

【解义】

井，取井养之义。井体有定而不迁，犹治道有常而不易也。虽时势推移不无因革，而王者大经大法终不可变。故《卦辞》示以法之当守而又戒其变法之凶也。

井以泉上出为功，犹之施其德以养人也。

初六以居下而见弃。六四以阴柔而无功。九二虽有刚中之德，而上无汲引，下无汇征，怀才而未遇时者也。必如五之德位兼隆，上之博施济众，始泽被天下，收养道之大成焉。

至于九三居下之上，又为贤人在下不能有为之象。然其德既裕，民望久归，苟求贤之主登进而用之，则勿幕之功可睹也，是在用之者矣。然以井之道究言之，出之有原，施之有序，善法之，则井收之吉也；不善法之，则羸瓶之凶也。可不慎欤？

【解说】

《井》卦以井取象，阐述的是养民的道理。卦辞首先介绍井与井水的稳定、丰富、广泛等特点，比喻君子养民，应该常行不渝，出以公心。接着又告诫君子养民，贵在坚持道德修养，保证好事能善始善终，不致功败垂成。《象传》指出，君子养民，必须实行"劳民劝相"的政策。卦中阳爻代表井水，阴爻代表井身，爻辞强调井与井水必须没有问题，才能使用，才能有益于人。

【原文】

井：改邑不改井，无丧无得，往来井井。汔至，亦未繘井，羸其瓶，凶。

【解义】

此卦巽下坎上，巽木入乎坎水之下，而上出其水；坎水行乎巽木之中，而滋润木，有井水上行之义，故名为井。《卦辞》言治法有常，当敬慎以守其成也。

汔，几也；繘，绠也；羸，败也。

文王系井《彖辞》曰：井以养民为义，凡先王良法美意，所以利养斯民者，亦犹是也。

井体一定而不迁，犹治法有常而不易，虽时势推移不无因革，而王者大经大法，所在历万世而不可变。故养民者必恪守成宪，如改邑而不改井然。夫既不改，则无更张之害，亦无创造之利。循乎固然，莫不沾其利泽，不犹井体不迁，无丧无得，而往来者皆得井，其井以为利乎？此守法之善道也，如名为遵守，而德意未加于民，纷更随起于后，犹之汲井者几至上出，未尽收其绠而已败其瓶，则垂成之功尽弃，无益有害，凶何如之！此见守法者尤当慎终以观看成也。

按：养民之道莫备于先王，本天理，顺人情，不容少有加损，原无丧与得之可言，后世雄才大略之主喜近功，见小利欲图其得，所丧实多。天下之事成于始而败于终者多矣。善为治者，岂可不敬其有终欤？

【解说】

本节是说君子养民应该坚守常规的法治、谨慎恭敬，保证能善始善终，不致功败垂成。井水养民，就像是君子用良法美意养百姓一样。村镇迁徙而水井却无法移动，就像是法治有常而不轻易改动一样。因此说，养民之道是要本天理、顺人情，不好大喜功，不贪图小利，要做到善始善终。

【原文】

《彖》曰：巽乎水而上水，井。井养而不穷也。"改邑不改井"，乃以刚中也。"汔至亦未繘井"，未有功也。"羸其瓶"，是以"凶"也。

【解义】

此《彖传》是释井《彖辞》，言成养民之功者，在守法以图终也。

孔子释井《彖辞》曰：卦何以名井？以卦象言，上坎下巽，是以巽木入乎坎水之下，而上出其水，亦犹井泉在下，可汲取上行而为利，此井之象也。以井之用言之，体不动而功及物，其出有源，其施不匮，日用饮食需养而不穷矣。有事养民者本其美意，布为良法，致养无穷，道亦犹是也。如此而可改易乎哉？

其曰"改邑不改井"者，乃以二、五之刚中也。刚则强毅有守，而持之能定中，则意见不偏，而因之可久，故能恪遵成法，而不致轻变也。

至若"汔至亦未繘井"，是法度方行，利泽未能及物，而未有成功，正其所当兢守焉者。乃遽妄意纷更，变乱旧章，若"羸其"汲井之"瓶"，是以几成复，败贻害无穷而不免于凶。岂非成法之不可不守，而守法者尤不可不要其成乎！

按：图治者，法。守法者，人。先王创立制度，无不尽美尽善，而子孙率多纷更者，大率起于好大喜功、贪多务得之一念，但思求胜于前人，而不知自取其败坏，内多欲而外施仁义，汉武之所以不及文景也。

此言"改邑不改井"，而推本于刚中，可见欲守法而成久安长治之功者，端有赖于无欲之主。人君方寸之地，为万化所从起，故曰"二帝三王之治本于道，二帝三王之道本于心"。治法未有不出于心法者也。

【解说】

本节《象传》是对上一节井《象辞》的进一步解释，是说养民者之所以成功，在于能坚守法治并且善始善终。养民者如果能够布施好的法令政策，百姓生活就会充足富裕，养民者就会获得无穷无尽的功德。

【原文】

《象》曰：木上有水，井。君子以劳民劝相。

【解义】

此《象传》是言君子曲尽养民之道，得井养不穷之义也。

孔子释井《象》曰：巽木之上而有坎水津润上行，井之象也。君子体之，以民待君以为养，自处于逸不可也，则以身劳之，如制田里，教树畜，一切身亲其事，谓之劳民，使老者衣帛食肉，黎民不饥不寒是也。且民之待养无穷，独任其劳不足也，又必劝勉之，如通有无，勤赒恤，一切多方劝导，谓之劝相，使比闾族党之相亲，贫贱患难之相助是也。盖一则以君养民而上下之情通，一则使民相养而彼此之谊洽。不犹井之养物，渊泉时出而不穷乎？

按：古者养民之法，莫善于井田，劳徕劝助，足衣食而修姻睦，王道之始，即王业所由成也。后世制度既湮，井田久废，时异势殊，虽不可泥古之法，苟师其意而行之，省力役，薄赋敛，勤本抑末，尚俭去奢，使学校无滥士，田野无游民，孰谓三代之治不可再见于今哉？

【解说】

本节是说君子该如何养民以得无穷无尽的功德的道理。君子要保证百姓能勤劳生产，要以身作则，亲历躬行，如制田里、教树畜等。要让老者有衣穿、有肉吃，让黎民百姓不受饥、不受寒；要让比闾族党相亲，让贫贱患难者相助。一者是君养民而让上下通情，一者是让百姓相亲相助而彼此和谐融洽。古代养民之法，没有比开井田、让百姓相亲相助更好、更合适的了，这样百姓会衣食富足且相处和睦，王业就会因此而成了。

【原文】

初六：井泥不食，旧井无禽。

《象》曰"井泥不食"，下也。"旧井无禽"，时舍也。

【解义】

此一爻是言初无济世之德，而惜其为时所弃也。

周公系井初爻曰：以阳刚为泉者，井之体；以上出为功者，井之用。今初六阴柔则不能为泉而无以济物，居下则不能上出而难以利人，德不足于己，功不加于民，是明王所不宾，众人所共弃，犹井泥之污浊不为人所食也。既不为人所食，无补于生民日用，将废弃而为旧井，即禽鸟亦莫之来顾矣。无德而不见用于世者，不犹是乎？

孔子释初《象》曰：井为济人之物，今"井泥不食"者，以井之居下，其位最卑故也。不能出身以加民，欲求其博施以利物，揆之于势，难矣，况本无及物之德乎！"旧井无禽"，是一无所济，而为"时舍"，置理固宜也。

从来士品之高下，关乎世道之污隆，故必裕经纶匡济之才，而后能建致主泽民之业，有其具而人不用，时为之也。无其具而为人所弃，穷无以善一身，达无以善天下，不亦可耻乎！观看于此爻，有心世道者，当知所以自勉矣。

【解说】

本节是说起初没有济世的才德，就会很可惜地被时势所抛弃。位居低下者由于才德不足，功德没有施加给百姓，因此会被明智的君王所不善待，被众人所遗弃。而才德的高低关乎世道的盛衰，有了经纶匡济的才能后才可以建立致主泽民的功业，有这样的人才而不为所用，这就是时势不济了，因此有心济世者应当以此自勉。

【原文】

九二：井谷射鲋，瓮敝漏。

《象》曰"井谷射鲋"，无与也。

【解义】

此一爻是言德不足以遍济，由限于遇而不得其助也。

谷，井旁穴也；射，注及也；鲋，小鱼也。

周公系井二爻曰：九二阳刚，本有泉之井也，但上无正应，则汲引无人，莫与同升；下比初六，则汇征无助，莫与推毂。虽有济人之才，旁出下流，不能普遍及物，故就其泽之所及，取象于井；犹井旁穴出之水仅能下注于鲋，而不为人所食，泽不被远也；究其用之所施，取象于汲井，则如瓮之敝坏，而水漏于下，功不上行，无利济之用也，抱德而不遇时者，其取象如此。

孔子释二《象》曰"井谷射鲋"，岂无济人之才哉？盖二虽刚中而无与故也。若应与有人，以图共济，则泽可究而上行，挹彼注兹，足以致养而不穷矣。

按：初之"不食"，德不足也，其咎在己。二之"射鲋"，时不遇也，其咎在人。君子藏器于身，待时而动，苟非上遇明主之甄收，下获同心之推挽，亦乌能得志而有为哉？

【解说】

本节是说君子才德不能够普遍济世，是由于受到限制并且没有得到援助的缘故，就像是水井旁有小的洞穴，水只能向下漏来养活小鱼而不能来养人。初之"不食"，是由于才德不足，责任在己。二之"射鲋"，是由于时势不遇，责任在别人。君子待时而动，如果不是在上遇到圣明的君主，在下得到同志之士的推挽，即使有大的志向也是没有作为的。

【原文】

九三：井渫不食，为我心恻。可用汲，王明，并受其福。

《象》曰"井渫不食"，行"恻"也。求"王明"，受福也。

【解义】

此一爻是言济物者必为时用而后可收其效也。

渫，不停污也。

周公系井三爻曰：九三阳刚居正，有济物之德，但居下之上，不为时用，是德本足以致君泽民，未当通显，功效难施，犹井之渫洁而不为人食者然，遂使人情致悼，众望徒殷，未免于心恻者，何哉？正为其德之可用以利人，犹井之可汲以及物也，特无如王之未明耳。如有王之明者，知其可用而用之，则启沃之方，上可跻君德于雍熙；惠鲜之泽，下可引斯民于恬养。君民咸利而无不受其福也。

孔子释三《象》曰"井渫不食"，岂惟同类兴嗟？即行道之人能无为恻乎？原其恻之心，急在求王之明，用以成功，而上下实受其福耳。是以受福之故而求，则其求也，人自为求，非三之有求于王也。

按：人君以知人为明，用人为急，知之不真，则所求非所用，所用非所求，而为害益甚。此君之德必以明为大也。所谓明者，至诚以将之，虚己以待之，本之众论以取其公，揽之一心以行其断，庶几贤无不用，而用必皆贤，此知人之法也。故曰君明臣忠，则朝廷治安。"明"之一言，诚探本之论也夫！

【解说】

本节是说君子要想济世，也必须要在合适的时机得到重用后才会取得功绩。君子阳刚中正，其才德足以致君泽民，但位居低下尚未得到重用，就像是水井掏去污泥有清水后还是没有人使用一样。如果此时有圣明的君王知道此人可用而用之，就会上可彰显君德，下可使民恬静安适，君民都会获利。

【原文】

六四：井甃，无咎。

《象》曰"井甃无咎"，修井也。

【解义】

此一爻是言德修于己而有自治之功也。

甃，井旁之砌也。

周公系井四爻曰：六四柔得其正，有清慎之德而无刚毅之才，第能反躬自治，洁以居身，不染于污俗，清以居世，不混于浊流，犹井之甃，治而不停污者然。如是，则进修不已，厥德日新，虽泽未施于天下，而独善已具兼善之体，又何咎焉？

孔子释四《象》曰"井甃无咎"，岂井之自为甃哉？正有所以修之者也。去旧以来新，防污以养洁必修井，而井始得甃，亦犹修身而身始得全也。体既立而用自裕，将有寒泉上出之功，而无"井泥不食"之咎矣。

按：三居内卦曰井渫，内以致其洁也。四居外卦曰井甃，外以御其污也。盖不渫则污者不洁，不甃则洁者易污。为学之道必闲邪存诚，内外交养，亦犹是也。此修己为治人之本，先有体而后可冀其有用也欤！

【解说】

本节是告诫君子应该修德补过、静守时机以取得自治之功。君子阴柔但却守正，有清慎之德却没有刚毅之才，只能反躬自治，洁以居身；不染于污俗，不随波逐流。如此修德不止，美好的品德日日更新，虽然志向未施于天下，但却能够独善其身，也是没有灾祸的。

【原文】

九五：井冽寒泉，食。

《象》曰"寒泉"之"食"，中正也。

【解义】

此一爻是言本天德以行王道，故能养而不穷也。

冽，洁也。

周公系井五爻曰：九五居尊位而有阳刚中正之德，其所涵蓄者既资深而不匮，其所施及者自周浃而无穷。存之则为内圣之德，行之则为外王之道。体立而用全，不犹井之清冽，不停污浊而寒泉在中，足以为人所食者乎？此渊泉时出，德修于己，功及于人，所谓井养而不穷者，在是矣。

孔子释五《象》曰：寒泉而为人食者，以阳刚为泉，有及物之泽；阳刚而又中正，则为泽之所从出，其见食于人，宜也。五具中正之德，以纯王之心行纯王之政，匹夫匹妇无不与被其泽，固若斯耳。

按：九五坎中一阳，天一所生，泉之不竭者也。天下之求养者，皆待命于五，则五岂可以无本而易涸者应之哉？使不加洁治，则旁流之秽浊者，得以汩乱之，而无以为润泽万物之具矣。五惟勤于自治然后寒泉之体性不失，凡往来井井者，皆知为中正之道而得以并受其福。斯为混混之原泉而沾溉无穷者乎？

【解说】

本节是说为君者拥有美好的品德去行王道，就会获得无穷无尽的功德。为君者处尊位而又有阳刚居中得正之德，就像是水井里的清凉的泉水可以饮用一样，泉水养民，就像是为君者德修于己、功及于人一样。

【原文】

上六：井收勿幕，有孚元吉。

《象》曰"元吉"在"上"，大成也。

【解义】

此一爻是言养道之成由于实心而无不善也。

收者，汲器之出；幕者，覆井之具。

周公系井上爻曰：井以上出为功，六居卦之上，而坎口不掩，是井养之德无所壅于上，深仁厚泽，导民之利而不私；博施济众，听民之取而不禁。象犹井既收矣，勿复加幕，而往来者皆得井。其井也，所以然者，本有孚之至诚，积中发外，以实心而为实政，其德泽所施，无所弗届，岂非至善而为元吉之道乎？

孔子释上《象》曰：养民之道，小惠未遍，不可以言成。今"元吉"而"在上"，过化存神，其取携之而不尽，斟酌焉而弥新。此真井道之大成。彼施泽有限，而功仅小补者，奚足以当此？

按：井六爻皆取井养之义，初井泥，二井谷，皆废井也。三渫井之泥，四甃井之谷，则井体具矣。五则井冽而泉，食井之为用已备，然必至乎上而后始全其上出之功。所以他卦之终为极为变，惟井之终为大成之效，可见井之道出之有本原，施之有次第。君人者，善法之则为井收之吉，不善法之则为羸瓶之凶。义不两立，不可不慎也。

【解说】

本节是说养民之道之所以成功是由于养民者内心诚实、博施济众的缘故。养民之道，小的恩惠没有遍及的话，就不可以说是成功，因此养民者应该做到导民之利而不自私，听民之取而不禁止，以实心为实政，德泽所施，没有到达不了的，这样就会大吉，就像水井养民的功用能充分实现一样。

**【原文】**

☲离下兑上

**【解义】**

革，取变革之义。凡事有必变之时，圣人因有改易之事，善革者准乎天人，而合于至正，始无妄革之弊，故《卦辞》曰"元亨"，又曰"利贞"，而后"悔"乃"亡"。

六爻皆处革之人，而所居之位不同，象亦各异，要贵一慎革之心而已。初九有其才而非其时，则以守分为正，慎其道于革之始。上六处时之盛，而无所用其才，则以静正为中，慎其道于革之终。九三则过刚不中，未免恃才任智，而有不慎之嫌。若九四之刚柔不偏，则因慎而得吉矣。六二柔顺中正，而上应九五，则慎而从五以行革矣。惟九五之阳刚中正，以大人之德而为革之主，收虎变文明之效，斯以慎而成功也。

盖圣人重改作，不得已而有革，必审去故之义，制因时之宜，从可久之道以善其革，所谓革而当也。故二虽才足有为，权能任事，必从容详慎，至已日而后革之者，缘二为人臣，不当为革之先，必上信下从，而后可言革。若五之经纶素裕，通变宜民，天下久已信从，然后创制立法，焕然一新也。盖于初戒其躁妄，于上戒其纷更，可轻言革欤？

**【解说】**

《革》卦集中讲了变革问题，指出变革能否成功，关键在于能否把握时机，取得人民拥护。《象传》认为变革是社会和自然的普遍规律，成汤放桀于南巢，武王伐纣，都是顺应人心的革命行动。卦中六爻分析了革命的全过程，下三爻讲革命前的准备，上三爻讲革命后的巩固，卦中说大人是革命的主体，小人只能跟着大人革命，这个看法是符合历史事实的。

**【原文】**

革：已日乃孚，元亨，利贞，悔亡。

**【解义】**

此卦离下兑上，离兑合体，有两相息而不相得之义，故名为革。卦辞言革之为道，不可不慎，当图所以尽善也。

已日，事已成之日。

文王系革《象辞》曰：革以变革为义，物理人情所当变革者皆是也。凡人可与习常，难与通变；可与乐成，难与虑始。当革之初，未免疑惧，必待已革之日，事久论定，信所当然，而后乃孚。革之难有如是也，然所以能致其孚者，必审所当革，尽善尽美，可通行于天下后世而无不大亨，且悉准乎天理人心而利于至正，然后见之施为，有利无害，而轻举妄动之悔乃可亡耳。使亨、贞一有不具，安能致已日之孚而悔亡乎？圣人之重言变革盖如此。

按：革之道关乎治乱安危，非圣人之得已也。后世之患，不失于因循以养祸，则失于轻作以败事。故当革而不革，法久则弊生，不可也；不当革而轻革，兴一利必复生一弊，尤不可也。革之悔亡，鳃鳃乎虑之深而言之慎矣。

【解说】

本节是说变革时机的重要性。在变革之初，人往往会猜疑、恐惧，等到已经变革之后，事情都已经定下来了，才会相信当初变革时机的重要性。因此说，该变革时不变革，时间久了就会弊端丛生；不该变革时轻易变革，一利兴起一定会有一弊出现，这都是不可以的。只有变革的时机成熟了，才能变革，这样才会圆满顺利，遵循正道，悔恨才会消失。

【原文】

《彖》曰：革，水火相息，二女同居，其志不相得，曰革。已日乃孚；革而信之。文明以说，大亨以正，革而当，其悔乃亡。天地革而四时成，汤武革命，顺乎天而应乎人，革之时大矣哉！

【解义】

此《彖传》是释革《彖辞》，明革道期于至当，而又极言之，以赞其大也。

孔子释革《彖辞》曰：革之义何取哉？以卦象言，水上火下，两相息灭，而势不相容，物理之当革也。"二女同居"，少上中下，名位失序而志不相得，人情之当革也。故为革，革则通变以宜民，宜乎人之即信矣。

乃曰"已日乃孚"，何也？革故非常，黎民惧焉。有未即孚人之志者，必革之。既定，有利于国，不扰于民，而人始信之，曰："此其变之不容已者耳。"若是，而革可轻言乎？

卦德"文明以说"，内灼夫义理而不失于妄，外因乎时势而不隳于躁，凡其所拟议者，必尽善可通而又一归于正，斯革为至当而其悔乃可亡耳。设一有未当，则所系岂其微哉？因是而极言之。天地之道，阴阳变化，春革而为夏，秋革而为冬，寒暑代谢，相推于不已而四时成焉。商周之际，时代递迁，汤革夏命为商，武革商命为周，天心人事不容少有矫拂，而顺且应焉。若是者，皆时为之也。时未至而不能先，时既至而不敢后，天地圣人皆因乎时之所趋，而有不得不革者。革之时岂不诚大矣哉！然则因时以成革者。明此为文明，顺此为和悦，是为大亨以正，革无不当，而悔亡若此也。

按：《书》曰："道有升降，政由俗革。"继治继乱，莫不各有当然之道。如盘庚之迁，始则民心未孚，既定而众志乃安，此革之而当者也。如嬴秦之坏封建、开阡陌，良法荡然；前宋之废祖制、行新法，贻害无穷。安能免于悔欤？谋国者当知所计矣！

【解说】

本节《象传》是对上一节革《彖辞》的进一步解释。说明对于变革，认识和把握时机的意义实在是太重要了。如水火相生相克，又如两个女子住在一起，彼此志向不合，就会产生矛盾，就会需要变革。时机成熟了才能被理解，这说明变革时需要取得信赖。事理周备，就会使人高兴；遵守正道，就会诸事亨通。变革正当，悔恨就会消失。因此认识和把握变革的时机非常重要。

【原文】

《象》曰：泽中有火，革。君子以治历明时。

【解义】

此《象传》言变革之道莫大于明时也。

孔子释革《象》曰：兑泽之中而有离火，水决则火灭，而火受其变矣，为革之象也。君子体之以天道人事，关乎四时，乃变革之大者。于是制为历书，设占步之法，以推天象运行之度；立布算之术，以察气机旋转之变。一一理会，以明乎四时，使晦朔弦望各因其序，分至启闭不愆其期，将在上者得以敬天勤民，在下者得以因时趋事，岂非革道之至大者乎？

按：《尧典》首命羲和，敬授人时，圣门之论，为邦亦必以夏时为先，"时若"，是其重也。凡民之生，因天之时，以兴地之利，不明其时，则民不知所兴作，是无以为生，即无以为民也，何以成三才之道乎？君子体革之要务，于此可见矣。

**【解说】**

本节《象传》是说变革之道中没有比研究历法、明确时令意义更重大的了。君子由此要体会到天地人事、关乎四时是变革之道。因此要制定历书、设置占卜之法以推算天象运行的法度。要明确时令，使各个事物都有其秩序，分至启闭时不要推迟日期，这样在上者会敬天保民，在下者因时做事，这是变革之道至大的表现。

**【原文】**

初九：巩用黄牛之革。

《象》曰"巩用黄牛"，不可以有为也。

**【解义】**

此一爻是示初以固守之义，为妄动者戒也。

巩，固也；黄牛之革，取坚固之义。

周公系革初爻曰：变革之事大矣，必有其时有其应而后可。初九虽有阳刚之才，然当革之初，时犹有待，上无正应，事不我任。若违时拂势而遽言变革，是不失之躁妄，即失之勉强，岂计之得乎？"初"惟安常守分，无所变更，以不妄革为中，不强革为顺，持之甚坚而守之甚固，《象》犹巩用黄牛之革然。此处革初之善道也。

孔子释初《象》曰：初之固执其守如此，岂当革而不革乎？特以所处之时非有为之时，所居之势非得为之势，断之以义，知其不可有为也。知其不可为而不为，此其为中顺之守，而无轻动之失矣。

按：国家之患，好大喜功，轻言变革，每由于新进生事之人。三代而下，若贾生本王佐之材，然当遇主之初，立谈俄顷，不度时势，遂欲变法，尽弃其旧而新是图。论者谓才有余而识不足，卒为时所忌嫉，不得竟其用。此爻之垂戒诚有以夫！

**【解说】**

本节是告诫企图盲目行动者，在变革之初应当固守，不宜进行变革。一是因为矛盾尚未完全暴露，斗争还不尖锐，变革的时机不成熟；二是变革者地位太低，不足以发动变革；三是没有援助者且才能有余而认识不足。因此，变革之事意义重大，一定要有时机、有应援而后才可进行。

【原文】

六二：已日乃革之，征吉，无咎。

《象》曰：已日革之，行有嘉也。

【解义】

此一爻是言能慎于用革，斯行无不利也。

已日，犹言姑停一日，再加详审之意。

周公系革二爻曰：六二柔顺中正，上应阳刚之君，体顺则无违悖以持其理，中正则无偏蔽以审其机。且才足有为，权能任事，可以革矣。然革乃大事，非得已者化可更，而无以善治，则不容遽更；变可通，而无以宜民，则未可轻变，必从容详慎，至于已日而后革之，如是而征行，从五以革，则去故以图新，上可利国，下可便民，吉且无咎矣。

孔子释二《象》曰：时事之当革者，革而不当，难乎其有嘉也，必已日而后革。其慎重如此！以是而行，则弊无不去，治无不新。是为"有嘉"而宜"征"耳。

按：人臣不当为革之先，必上下信从，而后可言革，故卦曰"已日乃孚"。此则曰"已日乃革"者，言乎君之革不避艰难，既革之，已日而始孚；臣之革不敢创造，既信之，已日而后革也。此二之从五以行革道，为能敬慎而无失欤！

【解说】

本节是说在条件具备的前提下，能够谨慎小心，不失时机地进行变革就一定能成功。变革是大事，不得已时最好不要变革，如果是不利于治理，则不应该急剧地变更；如果是不利于百姓，则不应该轻易地变更。一定要从容、谨慎，把握好时机后再进行变革，这样就会上可利国、下可便民且吉祥无咎。

【原文】

九三：征凶，贞厉，革言三就，有孚。

《象》曰"革言三就"，又何之矣？

【解义】

此一爻是言善革者当戒其躁动而贵详审也。

周公系革三爻曰：九三过刚不中，居离之极，恃才任智，不加详慎，此非善于革者也。以是征行，一以急躁为之，则事有不通，人有不信，贻天下之害而凶矣。即使革所当革，亦不免矫枉太过，徒滋纷扰，虽贞而亦危厉之道也。然于时当革，所患者惟不能审耳。诚反其躁动而详审焉！议革之言必深思熟虑，至再至三而后成就，则利害、可否，无不区画周详，当乎事体，合乎人情，足以有孚而可革矣。

孔子释三《象》曰：革之可疑者，患乎未审也。如革言至于三就，则情理既明，致审之极，无可复加，而又何之焉？

盖未审则不可轻革，既审而犹不断，则当革不革，亦非处革之善道也。可见图天下事者在乎谋，成天下事者在乎断。寡谋则轻以昧理，少断则缓以失机，凡事皆然，况处革之时尤所当计者乎！

昔唐贞观之治，革隋季之弊，善谋而济之以能断，天下称房杜焉。三之三就而可革，殆能兼之矣。

【解说】

本节是说善于变革者一定要警戒性急躁动，在变革前要将变革的方案反复研究确定，使之取信于人。如果盲目躁动地进行变革，事不通、人不信，且会矫枉过正，徒增纷扰。因此变革之前一定要深思熟虑，考虑好变革的利害、可行性，并且要合乎事理、合乎人情。

【原文】

九四：悔亡，有孚改命，吉。

《象》曰"改命之吉"，信志也。

【解义】

此一爻是言革道之善，能见信于天下也。

周公系革四爻曰：革道利贞，九四居阴不正，宜若有悔，以其体居兑说，有刚柔不偏之用。又卦已过中，值水火变革之时，既有其德，又遇其时，是以变而得中，革无不当，而悔可亡也。然其所以能当者，要在处之以至诚，必其所存止此忧民体国之心，经营图度，不由矫拂。其有孚也，早已见信于人，至临时通变，以之更改命令，可以除前弊而收后效，不惟悔亡，亦且善治而得吉矣。

孔子释四《象》曰：改命之吉者，四之变革之志，本在于福苍生而利天下，则其诚恳无私，因时顺理，有不敢轻革而又不得不革者，使上下乐从，固已昭然共信其志也，又何疑改命之吉乎？

此见事会当变革之日，时势两难，每多因循坐视，皆避悔之一念萌之也。经权常变，苟能自信其心一出于大公至正，即可信于天下后世。古之人所以定大策、决大疑而中外安之，若行所无事者，惟此而已矣。

【解说】

本节是说变革之道在于能被天下人所信任。卦已过中，意味着正值变革之时，变革者既有才德，又遇到合适的时机，就会变革成功，悔恨消失。但要注意在变革时要有诚心，要有忧国忧民之心，励精图治，不要矫揉造作。只有这样才会被天下人所信任，在变革时才能革除弊端而收到功效。

【原文】

九五：大人虎变，未占有孚。

《象》曰"大人虎变"，其文炳也。

【解义】

此一爻是言革道之极盛，以见其成功之大也。

周公系革五爻曰：九五阳刚中正，以大人之德为革之主，顺天人以改革，则其存于中者有自新新民之极，而其见于世者有创制立法之猷，于是礼明乐备，治定功成，焕然一新于天下，象犹虎之变而文明之有赫也。然所以致此者，岂易得哉？世会当极敝之日，非更化不足以善治。吾惟经纶素裕，实有其可通变宜民者，则虽未占决，而天下之人久已信从，不待已日而始有孚矣。

孔子释五《象》曰：大人御世，制作一新。惟其未革之先，诚信畜于中；至既革之后，文章焕于外。皇猷帝治，炳然可观，象之为虎变也。非德位兼隆之大人，乌足以当此？

按：革，必取于孚信者；不信，则不从也。自三至五皆言"有孚"，三议革而后孚，四有孚而后改，至九五之孚，过化存神，不但无议革之言，亦不待改命之志，积之久而发之大，所谓杀不怨，利不庸，迁善而不知，革之道斯极至矣。理本于自新，而效极于新民，帝德王功之盛，孰有加于此哉？

【解说】

本节是说变革之道极盛，此时"大人"领导的变革会取得巨大的成功。"大人"作为领导者顺应天人而改革，就会做到礼明乐备，治定功成，让天下焕然一新，就像虎纹一样细密且文采鲜明。但是改革一定要让别人信服，不为人所信服，就不会有人跟从进行改革。

**【原文】**

上六：君子豹变，小人革面，征凶，居贞吉。

《象》曰"君子豹变"，其文蔚也。"小人革面"，顺以从君也。

**【解义】**

此一爻是言革道之大成，当静正以守其终也。

面，犹向；革面，言易向也。

周公系革上爻曰：上六革道已成，当继体守文之日，化行俗美，在君子渐渍于文教，迁善日新，光辉外见，如豹文之变然。在小人亦慑服于王章，畏威远罪，遵道遵路而革面易向也。当此之时，治道极隆，岂复有加哉？若更有所征行，好大喜功，适足以启纷更之弊，是为已甚，而不免于凶，惟居贞静正，率由旧章，与天下相安于无事，乃可得吉。革道之不可过也如此。

孔子释上《象》曰"君子豹变"，非润饰于其外也。道德积中，英华发外，由其充养之既粹，而文自蔚然可观看也。

小人革面，虽未必中心能革，而奉法禀令，易向知方，亦且效顺以从乎君上也。合言之，道德一而风俗同，革道不于此大成乎？夫天下事，始则患其难革，已革又患其难守，故三之"征凶"戒于未革之先，上之"征凶"戒于既革之后，总见变革之大，非圣人所得已也。丁宁告戒，始终慎重，固知开创难，守成尤不易。有周之文武，不可无成康；有汉高不可无文景。久安长治，其在斯乎？

**【解说】**

本节是说变革成功之后，应当安静守正，无为而治，保持变革后的格局，巩固变革的成果。变革成功后，君子应该渐行文教，让礼乐制度日益完善。此时如果好大喜功，就会让掩盖的弊端丛生。因此应该居正守静，不妄为，不为所欲为，这样天下可以相安无事，变革的成果也可以巩固下来。

**【原文】**

䷱巽下离上

【解义】

鼎，重器也，得之难，守之不易。必才德兼备，辅相得人，用以合天心而顺民志，乃可以奠重器于无虞也。鼎卦初应于四，为所举用，阴柔不足以胜任，而当卦之初，鼎未有实，故无咎也。二乘于初，密迩阴柔，幸刚中自守，不为所溺。五居尊位，虚中以应九二之贤。上九复刚柔相济以佐之，此所以上下之相成，而保鼎之道得也。九三越五应上，舍可事之君，从避世之士，如鼎耳方革，不可举移之象也。然能以正自守，则五终必求于三，三亦必应于五，终有明良相遇之吉。此卦大约言有虚中之德，养圣贤以辅佐之意。且卦象臣之分多，君之分少。鼎有足，臣任之；鼎有腹，臣实之；鼎有铉，臣备之。君惟处两耳之间耳。故鼎得所辅而势不孤，鼎得所扶而器乃重。此得中应刚之说尤为急也。

【解说】

《鼎》卦主旨是讲巩固政权，着眼点是讲官员培养，表达方式是寓意于鼎象之中。《鼎》卦立论，以烹器为依据，以重器为归宿，讲述官员应进德修业，自新新人。卦中六爻，各取鼎的一部分作为比喻，要求官员吐故纳新、守正防邪、修德待机，特别提醒上层核心要虚中尚贤，达到巩固政权、建设新秩序的目的。

【原文】

鼎，元吉，亨。

【解义】

此卦巽下离上，六爻有鼎之体，二象有鼎之用，故名为鼎。卦辞言人君得保鼎之道，斯治化大通也。

鼎，烹饪之器；吉字，衍文。

文王系鼎《彖辞》曰：国家之重器莫若鼎，自非德位兼隆而得贤才以辅之，无以成保定之功。今卦象本皇躬以建极而有其德，卦变履大宝以出治而有其位，卦体登俊乂以立政而有其辅，三者兼备，故能补偏救弊，除旧布新，跻斯世于文明，措治理于尽善；上焉而天命以凝，下焉而民心以固，永奠重器于磐石之安，不亦元亨乎？

按：帝王之抚有此鼎也，创业固艰，而守成尤不易。《传》曰："在德不在鼎。"《书》曰："任官惟贤才。"言乎修德乃保鼎之本，而用贤实辅德之原也。人主处丰亨豫大之时，能常思神器之不易守，势位为不足凭，而日以迪德简贤为兢兢，斯乃万世不拔之业也欤！

【解说】

本节是说为君者如果得到保鼎之道，就会吉祥亨通。为君者有才德，位居高位，又得到贤人的辅佐，有此三者就能补偏救弊、除旧布新。自古以来，建立一个新政权固然艰难，但是巩固守卫新政权也不容易。因此，修德是巩固新政权的根本，用贤是辅佐修德的本源。为君者处于尊位，要做到居安思危，兢兢业业，这才是万世不拔的功业。

【原文】

《彖》曰：鼎，象也。以木巽火，亨饪也。圣人亨以享上帝，而大亨以养圣贤。巽而耳目聪明，柔进而上行，得中而应乎刚，是以元亨。

【解义】

此《彖传》是释鼎《彖辞》而极言其用之大，以明得亨之故也。

象，形象也；巽，入也，谓以木入火，烹饪饮食之属。

孔子释鼎《彖辞》曰：卦名鼎者何哉？初阴下峙为足，二、三、四阳中实为腹，五阴对峙为耳，上阳横亘为铉，有鼎之象；以巽木入离火，借以烹饪，又有鼎之用，故曰鼎也。

此岂直一物之微已哉？报功之典，莫大于享帝，特牲以迓居歆，而必用鼎以烹之，始可以将其诚；经邦之道，莫重于养贤，饔飧以明式燕，而必用鼎以烹之，始得以申其敬。鼎之用洵大矣！

第凝鼎必恃乎有德，卦象上离为目，而五为耳，是在内则心思巽顺，而在外则耳目聪明也。主鼎必恃乎有权，卦变从巽来，阴进居五，是以温恭之主而居元后之尊也。调鼎必恃乎有辅，卦体得中应刚，是以纯心之君而获刚明之臣也。夫德位兼隆，明良交济，洵可永为享帝，养贤之令辟矣，其元亨也不亦宜哉？

按：敬天礼贤，圣王致治之要道。明堂宗祀，所以享帝而本之，曰夙夜畏威则格天，即以修德；笙簧燕飨，所以优宾而终之，曰视民不佻则吁俊，即以安邦。有天下者，其可不加之意乎？

【解说】

本节《彖传》是对上一节鼎《彖辞》的进一步解释，极言鼎的功用之大，且表明其能够吉祥亨通的原因。为君者向天地先祖报告功绩，莫过于烹调肉食祭祀天地先祖，以示诚心；而经邦治世，莫过于用鼎烹调肉食养贤，以示恭敬。敬天礼贤，是圣王治世之道。为君者谦逊明智、刚柔相济、坚持中道，就会安世治邦、诸事顺畅。

【原文】
《象》曰：木上有火，鼎；君子以正位凝命。
【解义】
此《象传》是言君子保鼎之道也。
凝命，谓保有天命而不坠。
孔子释鼎《象》曰：木上有火而烹饪有资，鼎之象也，君子体之，以鼎乃天下之重器，犹人君所居之位乃天下之重宝。鼎不正，则所受之实无以聚；位不正，则所受之命何以凝？故敬慎以正其内，而存于心者，戏渝之必祛；端庄以正其外，而持诸躬者，跛倚之必戒。则所发皆正言，所行皆正道，于以上凝天命，自然巩固而无倾危之患矣。
按"正位凝命"，乃身世交尽之功，天人合一之道。盖朝廷正而百官万民罔有不正者矣。百官万民正而天命罔有不凝者矣。《书》言"疾敬厥德"，而即推之于祈天永命。《诗》言"颙卬令望"，而即验之于四方为纲，亦此旨也夫！

【解说】
本节《象传》是说君子的保鼎之道。木柴燃烧，火焰向上，象征鼎正在烹调肉食，是鼎之象。君子由此体会到鼎是天下重器，就像是人君所在的位置为天下之重宝。鼎不正，里面的东西就不会聚集；位置不正，就不能巩固政权。因此君子要恭敬谨慎地正其位置，所说的都是正言，所做的事都符合正道，这样就会保有天命，政权自然就会巩固而无倾覆的危险。

【原文】
初六：鼎颠趾，利出否，得妾以其子，无咎。
《象》曰"鼎颠趾"，未悖也。"利出否"，以从贵也。
【解义】
此一爻是言初才德不足以胜任，戒其当自奋勉也。
周公系鼎初爻曰：初六在卦之下，上应九四，乃四所举以登用者，有鼎趾之象焉。第力不足以任重，未免倾覆之虞，犹鼎之颠而趾反居上也。然能因其无德致败而翻然惕虑，舍旧图新，祛阴柔之习而振奋勉之功，如鼎虽颠趾，而旧日之否恶由之而出，则得其利矣。

盖转败为功，犹得妾以其子，因贱而致贵也，何至终罹于咎哉？

孔子释初《象》曰：克尽其职者，人臣之道。鼎而颠趾于道，为悖而实未为悖者，以其出否也。

盖"初"，上应九四之阳刚，从乎可贵之德，而强毅有为，自可不负所托，如鼎之利于泻恶而受美，未为悖也。

按：《易》之理贵阳而贱阴，可见柔靡之人不足以任事，然苟能一念自奋，发愤有为，则始屈终伸，如管仲举于囚辱之余，孟明用于累败之后，因而成大名显当世者多矣。自古明王用人本不求备，马或奔蹶而致千里，士或有负俗之累而立功名，由濯磨淬励之有道耳。"出否""从贵"之义，寓意岂不远哉？

【解说】

本节是告诫起初才德不足以胜任者，应该勤奋勉励。才德不足以担当重任，就会有倾覆的忧虑，就像鼎的头脚倒置一样。也会因为无才德导致失败而幡然醒悟，从而警惕忧虑，吐故纳新，去除优柔寡断的陋习而振奋勉之功，就像将鼎倒过来，把里面的污物倒出来从而纳新一样。这都是自己奋发图强，自我勉励的结果。

【原文】

九二：鼎有实，我仇有疾，不我能即，吉。

《象》曰"鼎有实"，慎所之也。"我仇有疾"，终无尤也。

【解义】

此一爻是言二能刚正自持，而不为小人所比昵也。

我仇，谓初六。怨耦曰仇，不善之匹也。

周公系鼎二爻曰：九二以刚居中，是君子有充实之德足以承天养民，而为世用者，为鼎有实之象。然近比初六，阴柔之小人欲与我为仇匹，相求非正，适为己之疾害，使于此而不能自守，则陷于恶矣。乃二秉刚中以褆躬，分别甚严，不为所浼是虽密近小人而终不能我即也。如此则刚中之实德不亏，而润身济物之大功可成，吉之道也。

孔子释二《象》曰：小人之得以累君子者，未始非君子有以致之。吾鼎有实而自加慎重，不轻所往，虽我仇有疾害之理，而终不能浼，自不至陷于匪类，何有失身之尤乎？

按：君子小人，邪正之途，势不并立。苟君子不慎，所交则必有败德之累，而为酿祸之阶。始之不谨，终悔莫及，故择善远恶，为守已处人之大防。《虞典》曰："惇德允元而难任人。"《周书》曰："勿以憸人，其惟吉士。"然则古帝王治天下之良法，又孰不以弃斥小人为保邦立政之本哉？

【解说】

本节是说君子精神充实、行为端正，小人就不会抓到把柄，妒害之心最终就自消自灭。君子和小人，代表正邪之途，势不两立。如果君子不小心被小人抓住把柄，就会酿成祸害。刚开始不谨慎，最终就会后悔莫及。因此君子要择善远恶，守正防邪，远离小人。

【原文】

九三：鼎耳革，其行塞，雉膏不食，方雨亏悔，终吉。

《象》曰"鼎耳革"，失其义也。

【解义】

此一爻是言三始虽不偶于君而有悔，终当相遇而得吉也。

耳，指五；革，谓不相属，不肯就君也；雉膏，谓道德之美也；方雨，谓君臣之合，犹阴阳和而雨作也。

周公系鼎三爻曰：三为鼎腹，上承离体，本有养民之腴也。顾鼎之举行在耳，士之致用在君，三与五既非正应，情不相属，不得乎君，则道何由而行？众何由而济？如鼎耳方革，不可举移，而其行阻塞，虽有雉膏之美而不能为世饔飧之用，上负吾君，下负吾学，为有悔也。然能以正自守，则五终必求于三，而三亦必应于五，阴阳相合，明良交会，如将雨然。向者去君，长往之失可无矣。是初虽有不遇之悔，终得相遇而吉也。

孔子释三《象》曰：君子之仕原以行义，"鼎耳革"，则狷介而不为时用，自失其义也，夫岂可哉？

按：士君子处世，诡随以希遇则失己，独善以忘君则废伦。惟自居中正之道，不急急于功名，亦不甘心于隐逸，斯得之矣。然自古圣帝明王，尤重尊德乐义之士，故士或守已以抗节，而君必屈体以下贤，未有怀才抱异而见弃于明时者。此三所以终免不食之悔也。

【解说】

本节是说君子有才德，却因为时机不好而不被赏识重用，一旦遇到明君，最终是会被赏识和重用的。君子得不到赏识重用是由于行为有失于检点的地方，君子只有居中守正，不急功近利，也不甘心隐逸起来，才会得到君王的赏识和重视。

【原文】

九四：鼎折足，覆公𫗧，其形渥，凶。

《象》曰"覆公𫗧"，信如何也。

【解义】

此一爻是为大臣轻任匪人而误国者戒也。

覆，谓倾；𫗧，谓馔；形渥，作刑剭，谓重刑也。

周公系鼎四爻曰：九四居大臣之位，任天下之重者也。天下之事岂一人所能独任？必当求天下之贤智与之协力，乃四反下应初六之阴柔，则任托小人，必至败坏天下国家之事，为鼎折足而倾覆公𫗧之象。刑剭之诛无所逃矣，凶莫甚焉！

孔子释四《象》曰：大臣见用于君，其始所自许者，未有不欲荐贤吁俊以成元亨之治。今四误用小人，以至败事，与向者相期许之意如何矣，不亦自愧大烹之养乎？

按：帝王欲用天下之人，必先择一用人之人。《周礼》六官其属各六十。以人事君者，大臣之职，但须用得其人耳。盖用人之得失，实关大臣之休戚，亦非独关大臣之休戚，而实系国家之治乱。用非其人，自取刑戮，祸止于一身，凶犹可言也；乃竟以此负圣主之托，败朝廷之事，祸并中于天下，凶不可言也。然则，在上者欲择用人之人，可不慎哉。

【解说】

本节是告诫为臣者不要轻易地任用不值得信任的人，避免错任以致误国。为君者要任用天下之人，首先是选择可以任用的贤人。以人事君是为臣者的职责，但一定要用值得信任的人。用人之得失，不仅关系到大臣，更关系到国家的治与乱。

【原文】

六五：鼎黄耳金铉，利贞。

《象》曰"鼎黄耳"，中以为实也。

【解义】

此一爻是美人君以虚中之德下贤也。

五于象为耳，而有中德，故云黄耳。

金，坚刚之物；铉，谓贯耳以举鼎者。

周公系鼎五爻曰：六五虚中而应九二之坚刚，是纯德之君而又得贤臣以助之，明良喜起，犹鼎黄耳而贯之以金铉也。正位凝命，不待言矣。然必任贤之诚，始终勿移，以底于贞固焉。斯贤者乐为效用，而鼎器之重可赖之以共举矣。

孔子释五《象》曰：君必得臣以建功，臣必得君以弘化。五之取象于黄耳者，以六五有虚中之实德，故能忘己以任贤，非矫饰于外而为之也。

按：天下重器，非得人不可共济。古之圣主一心用贤以致泰交之盛治者，非有他术也，惟其中之虚而任之诚耳。盖虚则无予知自矜之失，而贤者得以尽其才；诚则无奸邪杂进之虞，而贤者得以久其位。《书》曰："任贤勿二，去邪勿疑。"《诗》曰："中心好之，曷饮食之。"其虚与诚之谓欤？

【解说】

本节是赞美为君者有柔和中正的品德，能够礼贤下士。为君者一定要得到贤臣才能建立功业，为臣者也需要通过佐助人君来实现志向。因此为君者一定要柔和中正、礼贤下士，任用贤者让其尽其才能以辅佐自己建立功业。

【原文】

上九：鼎玉铉，大吉，无不利。

《象》曰：玉铉在上，刚柔节也。

【解义】

此一爻是美上臣德之纯也。

玉铉，刚而能温之象；节者，制而不过也。

周公系鼎上爻曰：上九，耳目之臣，佐君弘化，犹鼎藉铉之贯耳以举也。第辅鼎太刚，则失燮理之宜。今以阳居阴，刚而能温，是本其参和之德而出之为剂量之施，直栗而济以宽温，惇大以成其明作，有鼎玉铉之象焉。如此则竞绎不偏，事皆尽善而大吉，且上可成致主之猷，下可敷泽民之化而无所不利矣。

孔子释上《象》曰：上九居辅弼之任，其取象于铉宜矣。然不徒曰鼎铉而曰玉铉者，盖温润而栗，玉之节也。上九以阳居阴，则刚不一于刚，而又节之以柔。夫其刚也，一玉之栗也，其柔节也，一玉之温润也。上之取象于玉铉，其以此夫？

按：五象鼎耳，以上为铉，以九为金，虚中以纳铉之刚，君之圣也。上象鼎铉，以九为铉，以上为玉，质刚而用之以柔臣之节也。君之于臣，惟恐其有所畏难而忠荩不尽，故曰金，即大舜汝无面从之义也。臣之于君，虽效其直言而恪恭不替，故曰玉，即文王小心翼翼之义也。君不挟其亢心而谦抑于上，臣不恃其正气而敬谨于下，则天命凝而神器奠矣。

【解说】

本节是赞美为臣者刚柔相济，有至纯之德。作为人君的股肱之臣，如果刚而能柔，处事不偏，事情都会尽善而大吉，并且在上可实现君王功业，在下可行教民之风化。

# 卷十二

【原文】

☳☳震下震上

【解义】

震,取一阳生于阴之下,有奋迅激发之意焉。然当变动之时而能恐惧修省,则可致福而远害,故曰亨。

此卦以初为震主,其余诸爻各就其位,以明处震之义耳。六二守正于震来,故复得也。六三去不正于震时,故无眚也。九四沉溺于二阴,故未光也。六五中德自守,以恐惧为心,故能易乱为治,以危为安,使无丧而有事也。人君致治也,在一念之兢惕,知其危则思保危,忧其害则思弭害,故虽如上之阴柔而处震极,犹能早图而无咎也。

观震卦自上六之外别无凶者,以其有危惧之心、无逸豫之志也。然与其临震而方惧,不如未震而预防。故境之震出于猝至者未可知也,心之震惕于平时者可自主也。能以心御境,境可无患矣。

【解说】

《震》所说的"震惧",并非胆小畏缩,而是说明对于令人震惧的意外事变,应该有正确的应付原则。由于对猝发事变心存畏惧,则必然时时反省施政得失,修正错误,防患于未然;正由于平日临事而惧,训练了坚强的心理承受能力,一旦事变猝然,则能气定神闲,沉着应付。卦辞强调身负重任的人应兼有遇事审慎的严肃精神和临危若素的非凡气概。卦中六爻分别展示了应对震惧的不同情况,从正反两面说明知惧可以免祸得福。

【原文】

震，亨。震来虩虩，笑言哑哑。震惊百里，不丧匕鬯。

【解义】

此卦上下皆震，一阳始生于二阴之下，有突如其来逃奋激发之义，是当震而能动者也，故名为震。卦辞言人心常存恐惧，乃为致福之道也。

震来，当震之来时。虩虩，恐惧惊顾貌。震惊百里，以雷言也。匕，所以举鼎实，荐则升于俎上。鬯，谓以秬黍酒和郁金以灌地降神。不丧匕鬯，存主有定也。以长子言，震为长男，故有长子之象。

文王系震《彖辞》曰：时至于震，则变动不宁，若不可以得亨矣，不知生全出于忧患，而安乐得于艰危。震，盖自有亨之道焉。

"震，亨"何如？人当震之来时，苟能虩虩然恐惧修省，而不敢有一毫慢易之心，则图维之周，虑事之熟，始于忧勤，终于安适，而一笑一言，皆哑哑自如矣。虽或卒然之顷，变起意外，如雷之奋击，百里之内莫不为之震惊，然此中之主宰素定，身心泰然，无改常度，不犹长子之主祭者恪守所主之重而不丧匕鬯乎？震有亨道如此。

按：震有自内出者，则为恐惧修省，有自外至者，则为忧患灾害。然圣人不恃震之不来，而恃我有处震之道，故兢业日惕于神明，抑畏时凛于夙夜。盖惟惧乃可以不惧，惟危乃可以不危。《诗》曰："敬天之怒，无敢戏豫。敬天之渝，无敢驰驱。"言其敬也。若不知敬惧而以慢易乘之，则事变之来将惶惑而不知所措矣。故临大事而不失者，惟始终一敬而已，此处震之道也。

【解说】

本节是说如果人常存恐惧之心，平日居安思危不敢有所怠慢，遇到突发事变也能安然自若，这是致福之道。人如果能恐惧而反修自省，不敢有一丝一毫的怠慢之心，则会图谋周详，开始恐惧最后会安适而无危险。虽然会遇到突发的意外事变，但由于常怀恐惧之心，所以也会做到气定神闲、泰然处之。

【原文】

《象》曰"震，亨。震来虩虩"，恐致福也。"笑言哑哑"，后有则也。"震惊百里"，惊远而惧迩也。出可以守宗庙社稷，以为祭主也。

【解义】

此《象传》是释震《彖辞》以明震之所以亨也。

则,法也;出,谓继世而主祭也。"出可以守宗庙社稷"上当有"不丧匕鬯"四字。

孔子释震《彖辞》曰:震而系以亨者,盖人事之安危系于一心之敬怠,心能震动,则自有亨道,不待言矣。又云"震来虩虩"者,盖忧患、灾害自外而来,惟心存戒惧,不敢少宁,则忧患消而安乐至,恐虽非福,乃所以致福也。又云"笑言哑哑"者,盖遇事而惧,则审虑必极其精,区画必极其当,一举一动无不合于法,则此所以得相安无事而笑言哑哑也。所谓"惊震百里"者,盖言国家事变卒临,众志摇动,如雷震百里之内,远迩皆为之惊惧也。当此时而有长子之责者,乃能处之凝定,不失所主,则持重之德真足以负荷重器,可以守宗庙社稷,而为天地神人之祭主矣。

按:《易》以乾为人君之象,震为储贰之象。盖能成其为子,斯无负其为君。震之惧即乾之惕,震之动即乾之健。人情惧则畏威之念迫,而省过之心生,动则怠慢之气祛而明作之功奋。乾道之乘时御天,长子之主鬯宗庙,乾与震无二理也。

【解说】

本节《象传》是对上一节震《彖辞》的进一步解释,表明震卦吉祥亨通的原因。忧患从外而来,只要心存戒惧,不敢懈怠,忧患就会消失,安乐就会到来;遇到突发事变而恐惧,一定会谨慎小心、深思熟虑,一举一动都合于常规法令,因此会亨通;国家突发大事变,众志动摇,此时如果有能负责的长子,处理事变能做到气定神闲,不失所主,就可以守住宗庙、社稷,成为祭祀大典的祭主。因此结果都是亨通吉祥。

【原文】

《象》曰:洊雷,震;君子以恐惧修省。

【解义】

此《象传》是言君子畏天之学也。

洊,再也。

孔子释震《象》曰:雷声至重洊则加厉,震之象也。君子体之,以为祸患之来,皆人事所感召,自非反身修德,何以格天而弭灾?于是内存恐惧,而作于心者,罔敢有怠忽之时;外务修省,而见于事者,罔敢有苟且之行。战战兢兢，实图率德改行，以无负天心之仁爱，斯处震之道得矣。

按：人未尝无恐惧之时，而恒不能尽修省之实。盖徒恐惧而不修省则变，至而忧虑百出，变已而怠缓自如矣。君子则忧其变之来，而恐惧以图之于先；思其变之弭，而修省以救之于后，所以能尽畏天之学也。昔周宣王遇灾而惧，侧身修行，宋景公一言合道，荧惑退舍。恐惧修省，诚人君挽回天心之要道哉！

【解说】

本节《象传》是讲雷声接连轰响象征震惧，君子因此要心存恐惧而自觉地修德省过。雷声轰响，君子由此体会到祸患要来，都是由于人事所引起的，因此要反身修德，消弭灾祸。要心存恐惧，不敢疏忽懈怠；要外务修省，不敢苟且行动。战战兢兢、深思熟虑，这才是处震之道。

【原文】

初九：震来虩虩，后，笑言哑哑，吉。

《象》曰"震来虩虩"，恐致福也。"笑言哑哑"，后有则也。

【解义】

此一爻是言人能先事而戒，则可以无患也。

周公系震初爻曰：初为成震之主，处震之初，是能常存敬畏，而虩虩然恐惧修省者。如是，则思患预防始于惧而后可以不惧，笑言哑哑，安乐自如，不亦吉乎？

孔子释初《象》曰：初九震来虩虩者，岂终于恐惧乎？盖心存敬惕之念，自获安适之休，可以致福也。"笑言哑哑"者，岂出于幸致乎？盖心当恐惧之后，宰物之机已熟，御事之权已定，自有处震之法则也。

按：周公系震初之辞，即文王之《象辞》。先儒言震为长子，有主器之责，文王既以全《象》当之，周公专属之初九，何也？初阳在下，即乾之潜龙。古者天子之元子与公卿大夫元士之子，凡民之俊秀同齿，让于学宫，为有君父在则礼。然此《爻辞》所以专属之初九，欲令后世知早谕教之道，《风愆》之训，《无逸》之篇，师保日陈于前也。其余诸爻则又各就其位，以明处震之义焉。

【解说】

本节是说如果人能在突发事变之前常怀恐惧之心，做好警戒的准备，结果就可以无患。心中常存恐惧，思患预防，才会不再恐惧，然后才能吉祥如意。

【原文】
六二：震来厉，亿丧贝，跻于九陵，勿逐，七日得。
《象》曰"震来厉"，乘刚也。

【解义】
此一爻是言二为强暴所迫，惟能自守，则可以获安也。

十万曰"亿"，谓大也；九，阳数之极；九陵，言其极高也；七日者，卦位有六，七乃更始，事既终，时既易也。

周公系震二爻曰：六二阴柔，乘初九之刚，以柔弱之资而遇强梁之人，是当震之来而危厉也，且不但危厉，而已因怖惧而大丧其所持之货贝，且远避而升于高陵之上，其不皇自安如此！幸柔顺中正足以自守，所遭虽为不幸，而此心不为之乱，及时过事平，其所丧者不待追求，而七日自获矣。

孔子释二《象》曰"震来厉"者，盖六二乘初九之刚，以柔遇强，力不相敌，危厉之来，势所必至，岂德不足哉？

按：阳刚之人多震动有为，阴柔之人多因循不振。以柔乘刚，往往得困，固其宜耳。然能居中履正，以退为进，始虽有不克自全之忧，后自有复还故物之喜，其丧也，乃所以为得也。六二之勿逐自得，其殆善处震者欤！

【解说】
本节是说阴柔之人为强暴所胁迫，只有自守才会摆脱危机获得安宁。阴柔之人，不仅有危机，还会因恐惧而丧失钱财，幸好还能中正柔顺，能够自守，虽然遭遇不幸，但内心平静不乱，能够及时地平定事变，其所丧失的不出几日就会失而复得。

【原文】
六三：震苏苏，震行无眚。
《象》曰"震苏苏"，位不当也。

【解义】
此一爻是言三之无德致危，因示以善反之术也。
苏苏，缓散自失之状。

周公系震三爻曰：六三以阴居阳，不得其正，是当危惧之时而犹行险侥幸，罔知修省，以致灾难愈迫，不胜其惊惧之心，而精神涣散有苏苏之象。

若能以此惧心而震动激厉，去其不正以从于正，则难处之中尚有善处之术，危者可以复安，何至于眚乎？

孔子释三《象》曰：凡人必有奋发之心，斯无怠缓之失。三之"震苏苏"者，由其处位不当，失中正之则，是以皇恐失措至于苏苏也。

按：三为危地，当震惧之来，即以刚居之，犹虑弗胜。阴柔处此，宜其操持不固，至于自失也。然天下祸患之生，无不可戡之道，惟惧其自暴自弃，畏难苟安，则终于不振耳。何如奋发有为而祛怠惰之习，忧勤惕虑而励修省之图，安在乱者不可反而治，亡者不可转而存乎？圣人以震行之道励之，其垂示者至矣。

【解说】

本节说人无德而导致危机，遇到意外就惶惶不安，又说明如何消除灾祸、摆脱危机。当遇到危惧之时，仍心存侥幸不知修省，没有恐惧之心，就会导致灾难日益迫近。如果能以恐惧之心震动激励自己，有奋发图强之心，就会有处理困难的方法，就可以转危为安，没有灾祸。

【原文】

九四：震遂泥。

《象》曰"震遂泥"，未光也。

【解义】

此一爻是言四之溺于晏安而不能振拔也。

遂泥，陷溺而不振之象。

周公系震四爻曰：九四处柔则失刚健之道，居四则无中正之德，又陷于二阴之间，载胥及溺，不克自拔，则其往也，将遂沉溺而不复起矣。

孔子释四《象》曰：当震时而能自奋发，庶几不至于滞溺。今震而遂泥，则终于幽暗而已，岂能自耀于光明乎？

按：震为刚德之首，初以刚居刚，振动有为，震之所以亨也。四亦为震之主，而失刚不正，锢于重阴，处危难而无退守之德，欲震动而无奋励之行，则日就沉沦，终于柔暗，震道亡矣。《春秋传》曰："晏安鸩毒，不可怀也。"从古天姿高绝者，往往以一端之嗜好不足乱其聪明，便辟之小人不足惑其神志而偶狎近之，遂为所中而不及觉矣。所以具生知之材，又必加以克己之学，然后性行光而功业彰，庶几刚德常全而动无不亨也乎！

【解说】

本节是说人遇到意外就像陷于泥潭之中不能自拔，是由于平时没有危机感，不能恐惧修省，临事不沉着应战，而是惊慌失措。人如果处柔失刚，无中正之德，就会陷入困难的泥潭之中不能自拔。

【原文】

六五：震往来厉，亿无丧，有事。

《象》曰"震往来厉"，危行也。其事在中，大无丧也。

【解义】

此一爻是言五处危惧之时而德尚足以有为也。

亿，大也。

周公系震五爻曰：六五以阴柔而当震之时，是懦弱之人履国家之变，才既不足以振拔，而势又处夫艰虞，宜其往来皆厉，无时而不危也。然其所处得中，才虽不足以济时，而德犹足以自守，故能易危而安。君德尚可复修，治道尚可复振，大无所丧而又能有事也。

孔子释五《象》曰：六五"震往来厉"者，言以柔弱之才而当此多难之秋，其所行皆危厉也。所行危厉而犹能以有事者，以其实有中德，于凡事之来，皆恐惧修省以处之，知其危则思保其危，忧其害则图弭其害，惟事事乃其有备，不但止于无丧而已。

按：当震时，非有才固不足以成功，非有德亦不能以自守。六五居位得中，虽不足于才，而尚优于德，故能兢兢业业，虽处厉而无丧。盖往来皆厉，则更患多而虑事久，此多难所以兴邦也。其事在中，则修省密而偏倚消，此守正所以制变也。惟其始于惧，是以终于无惧。人君之一心岂非治乱所从出也欤？

【解说】

本节是说处于危惧之时，有德行之人仍能够有所作为。阴柔懦弱之人遇到国家发生事变，其才能不足以救国，并且自己也处于艰险的时势之中，形势危惧。但其所处中正，才能虽不足以济事，却时刻心存恐惧，处事坚持中道，德行仍能确保自守，因此能够转危为安。

**【原文】**

上六：震索索，视矍矍，征凶。震不于其躬，于其邻，无咎。婚媾有言。

《象》曰"震索索"，中未得也。虽凶无咎，畏邻戒也。

**【解义】**

此一爻是言六才弱不足以当祸患，而教其防之于早也。

索索，谓志气消阻；矍矍，谓瞻顾彷徨；征，往也。

周公系震上爻曰：上六纯乎阴柔，既无自守之操，处乎震极，又当事变之冲，是无才而遇大变者也，故当震动之来而志气索索然以消阻，瞻视矍矍然而彷徨，以是而往，则中先自乱而无以御事之变，其凶必矣。所以然者，由处震极不能图之于早也。苟能思患预防于震未及躬，而于其邻之时恐惧修省，则患可弭，变可消，自不至于索索矍矍之凶而可以无咎。

然以阴柔处震极，虽能警戒预备，亦不免于意外之虞，即如婚媾，乃相亲爱者，且不免于有言，况可晏然而不戒乎？

孔子释上《象》曰：震索索之见于外者，实原于心之危惧而不自安也。若中有主，则岂至于是哉？虽凶而得无咎者，盖天下之事防于未然者易为力，制于已然者难为功，今震方在邻，乃邻所戒也，及此时而畏之，则有备无患，又何咎矣？

按：震卦自上六之外别无凶者，以有恐惧之心而无逸豫之志。然与其临震而方惧，又不如未震而豫防。晋士燮言："惟圣人能内外无患，自非圣人，外宁必有内忧。"汉史称魏相在宣帝时，敕椽史按事郡国，辄白盗贼风雨灾变，相辄奏言之，欲其君知忧惧常如祸患之至。可见圣明之主无时不凛渊冰之危，忠爱之臣无日不陈绸缪之戒也。全卦言处震之道莫切于此矣。

**【解说】**

本节是说明才能不足者遇到祸患时应该怎么做的道理，措施是应该及早地预防。如果能够在事变突发之前做到思患预防，常怀恐惧之心，内修自省，这样祸患可弭、事变可消，结果会吉祥如意。然而虽然能够警戒预备，但还是不免会有小的意外发生。

**【原文】**

☶ 艮下艮上

【解义】

艮，取得止之义。物皆有止，而以止于理者为大焉。圣人欲人动静皆止于理，而不夺于内外物欲之私以免于咎，故卦辞予之以"无咎"。六爻各不相应，皆以人身取象，以明止善不迁之意。初六以阴居下，自无妄动越分之失，然其才柔质弱，有不克终之虑，非如四之外无所感，内无所动，时止而止者。故四之占但曰"无咎"，而初必利于永贞也。若二之正已有余，而正人不足。三之强制于外而反动其心，则又非止道之正矣。至于六五曰"艮其辅言有序悔亡"者，五为君位，有训导天下之任，本中正之德而出言有章，皆止机也。然止之心力持之不永，则止之功德亦积之不厚。上九能艮于终，则通上下为一身，合行止为一道，有至刚之德而不渝于久，有至健之才而无倦于终，艮之极盛也。

大抵止之义贵合乎时。初四，时止而止则得之。二、三，时行而止则失之。夫曰"止其所"者，时即所之；"屡迁所"，即时之贞一。有得于时，即有得于所，无二义也。善止者，随境取之而已。

【解说】

《艮》卦集中阐述了有关"停止"的问题。就社会生活来说，提倡什么，反对什么，追求什么，放弃什么，这里面就包含着"止"的内容。止与行，是矛盾关系，其中存在着辩证关系。能止才能行，有所行必有所止。不过《艮》卦讲止，着眼于自止，只讲主体的自我控制，这是不全面的。卦辞第一句提出"艮其背"，是说生活中存在着貌实不符、表里相悖的情况，因此，只有看清背面真相，才能更好地实施自我调控，做到"时止则止，时行则行"，一切从实际出发。

【原文】

艮其背，不获其身；行其庭，不见其人，无咎。

【解义】

此卦上下皆艮，一阳止于二阴之上，阳自下升，极上而止，有止于是而不进之义，故名为艮。卦辞言君子动静皆得其所止也。

艮，止；背，所当止之处。

文王系艮《彖辞》曰：天下之理，合体用，兼动静，莫不有当止之所，犹人之一身，惟背为止也。人惟不知所止，往往内蔽于己私，外夺于物欲，斯不免于咎耳。诚能惟理是主，而止于其当止焉，有若艮其背矣。

由是其静也，止于所当静之理，湛然一太虚之体而已，纵耳目口鼻之欲为吾身不能无者，终不得而累之也，非"不获其身"乎？何也？知有理而不知有身，即谓之忘身可也，其动也，止于所当动之理，廓然一太虚之用而已。纵声色臭味之感为人所易动者，终不得而移之也，非"行其庭，不见其人"乎？何也？知有理而不知有人，即谓之忘人可也。动静皆定，内外两忘，无时无事不合于理，有以尽己性而立人极矣，复何咎哉？

按：艮卦取象于山，卦辞又取象于背，天地之间雷、风、水、火、泽皆动，惟山不动，人身四体五官皆动，惟背不动，皆以明止之义也。然所谓止者，即止至善之义。静有至善，动亦有至善，体用原不相离。孔子称大舜无为而治，恭己正南面，固无为也；举十六相，屏四凶，大赏大刑，而我心不动，天下不惊，亦无为也。此正程氏所云"静亦定，动亦定"者。圣学圣治至于艮而无以加矣。

【解说】

本节揭示了"君子停止要止得其所"的主旨。首先，要抑止邪欲，应背对邪欲而不要面对邪欲，做到眼不见心不动；其次，自我抑止，要看清自己的缺点，不能光看自己的整体优点；再次，抑止的只是背面的东西，整体还要继续前进、发展。本节卦文取的是第三层含义。圣人君子治世时要做到"宜止则止，宜行则行"。应恰到好处，动静得宜，适可而止。

【原文】

《象》曰：艮，止也。时止则止，时行则行，动静不失其时，其道光明。艮其止，止其所也。上下敌应，不相与也。是以不获其身，行其庭不见其人，无咎也。

【解义】

此《象传》是释艮《彖辞》，赞其能止之妙，而推其得止之验也。

艮体笃实，故有光明之义。上下，谓内外卦之六爻；敌应，谓阳与阳敌，阴与阴敌，不相应也。

孔子释艮《彖辞》曰：卦名为艮者，盖艮则止于理而不迁于义为止也。止之义何如？人之行止各有其时，而当止之理又随时而在，故事物未交，时乎当止，则藏此理于无形，止其所当止也。事物既接，时乎当行，则顺此理以推运，行其所当行也。夫止与行，各止其所而不容易，故时行则行，是动而止于理，动不失其时矣。时止则止，是静而止于理，静不失其时矣。动静皆止,一因乎时而不以己与焉,尚安有"意必固我"之蔽?其道不亦光明乎?

《辞》曰"艮其背",何哉?凡人一身惟背为止,艮其止者,言止其当止之所也。以卦体言之,凡爻阴与阳应,阳与阴应,今卦之上下,阴则皆阴,阳则皆阳,阴阳各以敌应,不相为偶,各止其所而不相与也。夫惟各止其所,是以内焉止于吾身之所,知有理而不知其身;外焉止于应物之所,知有理而不知有人。能尽乎止之道而无咎也。

按:艮象独称光明者,惟定乃明也。而定必由于知止,不知止则胸次烦扰而日见其昏昧,如鉴之为尘所污而不能照物也。能知止则中有定向而日进于清明,如水之不为风荡而万象皆涵也。异端曲说非不曰"宇泰定而天光发",又曰"戒生定,定生慧",然其所云定与戒者,乃清净寂灭而不知格物穷理。静而无以立体,动而无以致用,岂吾儒内外一贯之学也欤?

【解说】

本节《象传》是对上一节艮《象辞》的进一步解释,称赞"宜止则止"的妙用,进而强调君子应该要有"止得其所"的观念。该停止的时候就停止,应行动的时候就行动;行止动静要恰当适时,这样停止的道理就会明白无误地表现出来了。停止的是应该停止的东西,这样就说明停止正好适得其所,如此就会必无灾祸。

【原文】

《象》曰:兼山,艮;君子以思不出其位。

【解义】

此《象传》是言君子能止其当止,而心与理安也。

兼山,重山也。

孔子释艮《象》曰:上下皆艮,两山并峙,各止其所,艮之象也。君子体之,以道在天下,凡内而身心,外而事物,莫不各有当止之所,乃为位也。君子即其所居之位而思之,如君臣、父子则各尽其道,富贵贫贱则各行其素,他如在上则不侵下职,在下则不夺上权,在左则不得涉右,在右则不得干左,自不至出乎其外而有所思也。如是则有得于各止其所之义矣。

按:生人所历,方有不齐,而莫不有一定之位,稍出其位,即失其所当止。然位虽一定,而此中经纶变化与时推移,其道无穷,又不可以不思。《大学》言止仁、止敬、止慈、止孝、止信。视之似乎庸常，而欲穷其理充其量则终身黾勉，未能无歉于位之内，安敢求多乎位之外哉？故曰"学然后知不足"。如此，虽欲思出其位，而有所不能矣。

**【解说】**

本节《象传》是说君子如果能当止时而停止，就会做到心安理得。君子思考问题应该要停止在范围、界线之内，不要超越范围而胡思乱想。如君臣、父子各行其道，富贵贫贱各行其素。如果位置在上就不要侵占下面的位置，位置在下就不要夺取上面的权力，在左不干涉右，在右不干涉左。这就是说能做到各止其所，心安理得。

**【原文】**

初六：艮其趾，无咎，利永贞。

《象》曰"艮其趾"，未失正也。

**【解义】**

此一爻是言初能止于始，而又勉以善终之道也。

周公系艮初爻曰：初六阴柔，则无妄动之失，居下则无越分之思，是身一于理，而嗜欲不以汩其心，心安于遇，而外物不以移其性。盖当止之地而能艮其趾者，可以无咎矣。

然初阴才弱，恬静有余，而持守或不足，又必即贞一之功而要之为终身之守。一事一物此止，推之万事万物亦此止，庶几久暂无间，乃永贞而不变也，何利如之！

孔子释初《象》曰：初六艮其趾者，盖至正之理本人所当止，惟不知所止而失正者多矣。初有知止之明，而择此正于始，有钦止之功；而守此正于终，是能不失其正也。

按：艮趾为止于初之象，千里之行始于足下，当其发轫之日，止得其正，由此事成功立，可以坚久不废矣。然人之常情，有初鲜终，始虽克慎厥止，或半途而偶丧焉。故艮止非难，永贞为难。周公于初曰"永贞"，于上曰"敦艮"，合初终以观止，乃见止道之光明也夫！

**【解说】**

本节是说君子要在开始的第一步就停止，这样就会免于灾祸，并且勉励君子要永久地坚持下去，做到善始善终。千里之行始于足下，当要发奋大干一场之时，如果能止得其所，那么事业就会成功、功名就会建立且坚久不废。停止是很容易的，关键是如何在止得其所时能够永久地坚持下去，做到善始善终。

**【原文】**

六二：艮其腓，不拯其随，其心不快。

《象》曰"不拯其随"，未退听也。

**【解义】**

此一爻是言二能守己，而尚歉于有相之道也。

"腓"，足肚。

周公系艮二爻曰：六二当腓之处，乃人身之易动者也，而居中得正，能自止其腓而不动，如此则恬静自守，在我固止其所而无失矣。然君子之学，既贵于正己，又贵于正人。三为二之所随，上下之分久已相属，乃过刚不中以止乎上。至于列夤熏心，则匡救之责，诚二之不可诿者，顾以阴柔之资，但能随之，不能拯之，于心岂能自安乎？是以其心不快也。

孔子释二《象》曰"不拯其随"，固二柔弱而力不足之故，然亦岂尽其罪哉？由三止于上不肯退，听乎二则下，虽欲谏不能使上之必从其谏，若之何其拯之也？

按：《程传》言士之处高位则有拯而无随，在下位则有当拯、有当随、有拯之不得而后随。夫下之事上，位无大小，皆有持颠扶危之任，有言不听，勉而随之乃诡随矣！其可乎？然拯虽在二，从则在三，三不能虚己以受善，二亦无如之何，是二过，三亦过，此又在上者之不可不知也。

**【解说】**

本节是说君子能够做到恬静自守，虽不能制约位置在上的人，但可以止得其所。君子能够做到宜止则止，就会没有过失，但君子之学不仅贵在纠正自己，也贵在纠正别人。而位置在上者却不愿听从位置在下的君子的意见，因此君子内心因不能纠正过失而不愉快。所以说位置在上者也应该听取下面的意见，做到止得其所。

**【原文】**

九三：艮其限，列其夤，厉熏心。

《象》曰"艮其限"，危熏心也。

【解义】

此一爻是言不当止而止，欲强制其心，而反动其心也。

限，身上下之际，即腰胯也；夤，膂脊骨；列，分裂也。

周公系艮三爻曰：道在天下，时行时止，不可胶固而不通，如限在人，可屈可伸，当上下之冲而不可一于止者。九三过刚不中，据其一偏之见，执于止而不知变，是艮其限者也。如是则事势乖离，物情睽隔，若分裂其夤然。夫却动求静，心岂能静？外既不合于人情，内必不慊于心志，其为危厉熏灼于心，不安之甚矣！

孔子释三《象》曰：止道贵乎得宜，原不可以固执。九三艮其限而不知变通，自谓可以制心，而岂知适以裂夤，其危厉之势必至熏心也。

按：寂然不动者心之体，固不可以徇物；感而遂通者心之用，又不可以绝物。所以心日应事而常泰然，未尝以强制为止也。九三以一奇横于卦中，有艮限之象；以一阳间乎四阴，有列夤之象。限分上下，夤列左右，各止其所，无相资相待之意，故此心危厉而不安也。由此推之，天下犹一身，然君臣共治，元首股肱，谓之一体，苟间隔不通，则堂陛朝野之间判然为二，君泽何由下济，民隐何由上闻，欲以兴起至治，难矣！其患可胜道哉？

【解说】

本节是说不该停止的时候而停止，并且强行停止，这是头脑糊涂，没有懂得"停止"原则的根本精神。阳刚不中、刚强偏激的人，把停止的道理看得死板、绝对，结果只能是自找苦吃。由此推之，国家就像身体，需要君臣共同治理，如果中间间隔不通，陛堂朝野就会一分为二，国君的恩泽难以下达，百姓的问题难以上传，这样想要治理好国家就很难了。

【原文】

六四：艮其身，无咎。

《象》曰"艮其身"，止诸躬也。

【解义】

此一爻是言四得其所止，而无私欲之累也。

周公系艮四爻曰：六四以阴居阴，时止而止。凡一身之中，思不乱营，官不乱役，视听言动与夫欲恶得丧，俱无所感于外，亦无所动于中，一于止而止者也，为艮其身之象。如是则心与理俱静不失时，而此身皆止道光明之身矣，何咎之有？

孔子释四《象》曰：六四"艮其身"者，岂必绝天下之物而后为得所止哉？盖众动萃于厥躬，而妄动亦起于厥躬，惟是从躬之方动而有我之私即止之而不行，奚有躁妄之失乎？

按：艮六爻皆于人身取象，而独以身属之四者，以四入上体可合下体为全身，趾与腓与限主行，辅主言，言行有不得其止者，莫不归咎于身。"艮其身"，则一身之行、止、动、静各止于至善而不迁矣。卦以不获其身为无咎，而爻以艮其身为无咎。盖身失其所止，则此身为味色声臭之身，身得其所止，则此身为践形尽性之身，岂有二义哉？

【解说】

本节是说君子如果能够止得其所，心静身安、行止以时，不轻举妄动，就不会被私欲所累，就会无咎。六四居上卦之下，就像是人体的上身，停止上身的活动，就会没有过失。

【原文】

六五：艮其辅，言有序，悔亡。

《象》曰"艮其辅"，以中正也。

【解义】

此一爻是美五之能谨言而推本于心之纯也。

辅，谓辅颊，言所从出。

周公系艮五爻曰：六五当辅之处，正言之所由出者，而以阴居阳，若不免有失言之悔，今止之于辅，则有所制而发不苟；理之不当言者，固止而不言也；即当言而言，亦得其先后之次；时之不可言者，固止而不言也；即可言而言，亦协其缓急之宜。有序如此，又安有出口之悔哉？

孔子释五《象》曰：六五之"艮其辅"者，由其以柔居中而有中德，是心安乎理而不偏，故言当乎理而不紊，则言之大固本于心之一耳。

按：言者，人之心声。心之精微不能达者，皆于言传之。五为君位，有训导天下之任，布之为谟诰，宣之为令甲，其系尤重。高宗三年不言，一言而四海咸仰。威王三年不言，一言，而齐国震惊。庶几此爻之"艮其辅"而言有序者！所谓王言惟作令，莫不尊而信之也乎？

【解说】

本节是赞美君子能够谨言慎行，并且由此推之君子有居中不偏的品德。人说话难免有失言的时候，不该说的话就止而不言，该说的话考虑清楚后再依次说；时势不允许说就不说，该说的时候考虑轻重缓急后再依次说，这样就没有过失。六五象征君位，有治国治世的责任，因此言辞更应该谨慎小心。

【原文】
上九：敦艮，吉。
《象》曰：敦艮之吉，以厚终也。

【解义】
此一爻是言大人止于至善，而不迁之学也。

周公系艮上爻曰：上九以阳刚居艮之极，则有诚实不妄之德，坚确固守之操，但见心无一念不协于理，理无一息不安于心，敦此止于静专，而理之涵于退藏者，安固而不摇；敦此止于动直，而理之达于时措者，坚贞而不易，为敦艮之象。信乎，大人止善之学而吉也！

孔子释上《象》曰：敦艮而得吉者，盖昧于所止，不足以言艮；废于半途，不足以言敦。上九心纯而守固，于理之止于初者愈久而不变，盖不徒止于始，而又能厚其终，此其所以吉也。

按：自初至五，为趾、为腓、为限、为身、为辅，莫不有当止之道，圣人既各就其位而示其义矣。然止之心力，持之也不永，则止之功德，积之也不厚。上九能敦艮于终，则通上下为一身，合行止为一道，有至刚之德而不沦于久，有至健之才而无倦于终。《书》之"钦厥止"，《大学》之"止至善"，皆在是矣。其斯为艮之极盛也夫！

【解说】
本节是说君子能够扎实稳重地停止，这样的品德能带来吉祥。上九阳刚稳重，居艮卦之极，有诚实不虚妄的品德，有坚定固守的情操，能够做到安固不动摇，坚贞不改变，因此会吉祥亨通。

【原文】
☶艮下巽上

【解义】
卦以渐进为义，以进得其正为善。物知止则进得其正，循序有节所以止也；从容积累，所以进也。《象》取象"女归"，爻取象"鸿"。女归待聘，鸿飞识时，渐之义也。

卦本乾坤三、四往来，阴进而止乎四，九居五而得中，下应六二，二、四皆阴，三、五皆阳，自二至五皆得正位，而初、上二爻，九以阳居上，六以阴居下，刚上柔下，亦当其位。六爻中唯九三过刚无应，所以有凶而尚有御寇之利，以知君子立身处世。

凡事当以渐进，学问以渐进，必无躐等轻浮之患；出处以渐进，必无躁进失身之患。然非有巽顺从容之德不能渐，非有艮止为之主不能善。巽柔之用，故同一巽也。中孚以巽乘兑，上九翰音登于天则凶，以其知上不知下。巽而说也，渐以巽乘艮，上九鸿渐于逵则吉，以其自卑而高，巽而能止也。

**【解说】**

《渐》卦讲的渐进，其本质特征是循序，表现形态可以是慢，也可以是快。卦辞以姑娘出嫁为喻，强调必须遵循六个规定步骤，婚姻才能吉祥，所显示的事理正是循序渐进。六爻以大雁飞行为例，由近及远，由低到高，由水中到陆地，循序的特色更为明显。渐进，是事物发展的内在要求。认识渐进，有助于社会安定，有助于克服急躁，有助于消除"揠苗助长"。

**【原文】**

渐，女归吉，利贞。

**【解义】**

此卦艮下巽上，其未进也，自止而不苟于进；其方进也，巽顺而不急于进。有渐进之义，故名为渐。卦辞言君子之进，当以渐而得其正也。

女适人为"归"，故曰"女归"。

文王系渐《彖辞》曰：天下进之有渐，莫如女归，六礼不备，不敢行也。君子之守已，犹女子之守身。其出身从人，如女子之于归，礼备而后行，则出处之分明而可以得吉矣。

然天下固有渐而未必正者，今卦体自二至五位皆得正，故其进也，又必以正自持，无枉道以徇人，无曲学以阿世，乃为利，而靡失身之悔也。

按：君子欲以道重天下，必先以道重一身。使稍有苟且，必至屈己以干时，躐等而犯义，大节一失，虽有过人之才智，而一遇存亡危急之秋，其人必不可恃矣。语曰：不贞之女必孕而不育，不贞之士必贱而见弃。明君得此意以进退天下之士，则人人皆以礼义廉耻自防，而患得患失之鄙夫，岂敢复立于其朝哉？

**【解说】**

本节是讲君子要注意做到遵守正道而循序渐进。君子欲以道治天下，必须先修身守己，做到遵守正道而循序渐进，如果失去气节，急躁求进，纵然才智过人，一旦遇到存亡危急的时候，也是不可以依恃的。

**【原文】**

《彖》曰：渐之进也，女归吉也。进得位，往有功也。进以正，可以正邦也。其位，刚得中也。止而巽，动不穷也。

**【解义】**

此《彖传》是释渐《彖辞》以明渐与正之交重也。

之进，当作渐进。

孔子释渐《彖辞》曰：卦名渐者，盖渐有渐进之义也。天下之渐进，莫如女子之于归，君子渐进亦如女归，然后可以得吉也。《辞》言"利贞"者，何哉？以卦变言之，自涣而来，下卦之九本居二，而今进居三，是以阳居阳而得其位矣；自旅而来，上卦之九本居四而今进居五，是亦以阳居阳而得其位矣。

夫臣得其位而无失其为臣，君得其位而无失其为君，则君臣道合，庶绩咸熙。

而可以有功也。所以然者，以九得三位，是臣进以正；九得五位，是君进以正。君臣皆得其正，则正朝廷以正百官，正百官以正万民，自上及下，自近达远，不可以正邦乎？夫进以正而可以成正邦之功，则进其可以不正耶？所以贵于贞也。

然利贞之义不独卦变有之也，卦体亦有之。以二、五言，则二体皆得其位之正，止以五言，则九五又得其位之中，本诸身措诸政者，一皆刚而不过，威而不猛，宁有过不及之差乎？夫即其建中之善，而表正之功自无不在矣，是亦利贞之义也。夫抑渐进之义不特女归有之也，卦德亦有之，方其在下则自止而不妄动，及其上进又巽顺而不迫切，以是而动则有以取重于天下，而进无所阻，宁有穷乎？夫即其不穷之动而止巽之德，往无不利矣，谓非渐进之义也夫？

按：国家登进人才，本以正邦而善俗，君子在位，乃有尊主庇民之效，未有不贞之士而可以图功者也。然君者又为臣之表，人君好尚一失其当，守正持重者或见为迂疏而不喜，倾险躁妄者反以为有才而骤用。幸进之端一开，士皆思争先捷得，蹑踞高位，有弃礼让、捐廉耻而不顾者矣，谁肯自安于恬退哉？

此传既言二、五之得位，而又独重五之得中也。故曰：为政在人，取人以身。

【解说】

本节《象传》是对上一节渐《象辞》的进一步解释，以表明渐进与守正持重相互间的重要性。《渐》卦象征渐进，渐是进的一种形态，好比女子出嫁按规定步骤才是吉祥。渐进能各得其位，说明这种进是成功的；能遵循正道前进，就能安邦定国；君子渐进取得高位，说明君子具有刚健中正的品德。稳重安静、不骄不躁，如此前进就会永远顺利。

【原文】

《象》曰：山上有木，渐；君子以居贤德，善俗。

【解义】

此《象传》是言君子修己治人皆以渐而致也。

孔子释渐《象》曰：山上有木，以渐而长，渐之象也。君子体之以德，固不可不畜，而至德渊深，未可以一蹴到也，必优游厌饫，深造不已以使之自达而无躐等妄进之弊，则德以渐而畜矣。俗固不可以不善，而习俗染污未可以旦夕化也，必薰陶渐染，教思无穷以使之自化，而无见小欲速之意，则俗以渐而善矣。

按：居德为修己之事，善俗为治人之事，德以渐而至此，所谓始于为士，终于为圣也。俗以渐而成，此所谓日迁善而不知所以化之也。渐之义大矣哉！

【解说】

本节《象传》是讲君子修己治人都要通过渐进来达到。君子要注意逐渐增进自身的道德修养，不要想着一蹴而就。居德修己、以俗治人等事，要通过逐渐地加强道德修养来完成，刚开始为士，坚持到底终会成为圣人。风俗通过逐渐形成，这就是所谓的潜移默化，渐之意义就在于此。

**【原文】**

初六：鸿渐于干，小子厉，有言，无咎。

《象》曰：小子之厉，义无咎也。

**【解义】**

此一爻是言始进之士无汲引之人也。

鸿，水鸟，往来有时，先后有序，故六爻皆以取象。干，水涯也。艮为少男而居初，故曰小子，以喻士之新进者。

周公系渐初爻曰：初六始进于下，既未得其所安，而上复无应，则又失其所藉，为鸿渐于干之象。盖鸿之行有序，而进有渐，水涯之地则非其所安也。

夫初以一介小臣，渐进之初，动多阻机，且蒙讥被谤，而有言语之伤，似难免于咎者。然此乃遭时之穷，于吾无所亏损，虽不免于危厉，而可以无咎也。

孔子释初《象》曰：小子之厉似乎有咎矣，然此乃时命之不偶，上复无应而然，非已有以致之也，故于义为无咎耳。

按：争名者于朝，争利者于市，相倾相轧，无所不有，此昔人以仕宦为危途也。而在始进则尤难，贾谊见嫉于绛灌，京房被谮于牢石，士方离蔬释蹻，而遽欲与人家国之事，虽有效忠之心，安能免多口之惧哉？士君子处此，固宜量而后入，勿越次以求进，勿率意以妄言，而圣君在上，亦必念新进小臣易招尤谤，常曲意以矜全之，则孤立之士弗至蒙咎于盛世矣。

**【解说】**

本节是说刚开始想要上进的君子却因为没有引荐、招纳之人而无法前进。君子在刚开始想要上进之时确实很艰难，会遭到其他人的嫉妒与谗谮，虽有效忠之心，也不能免于悠悠众口中伤的恐惧。这种情况下君子要估量一下形势而后渐进，不要越次求进，也不要率意妄言，如此就会无咎。

**【原文】**

六二：鸿渐于磐，饮食衎衎，吉。

《象》曰"饮食衎衎"，不素饱也。

【解义】

此一爻是言二之德足以安其位而享其禄也。

磐，大石也。衎衎，和乐之意。

周公系渐二爻曰：六二柔顺中正，进以其渐，是抱德以待时，而无躁进之失者，上有九五之应，则遭逢圣主而得以展布其谋猷矣。故德称其位而处之不危，功以酬禄而享之不愧，如鸿渐于磐石之安，而饮食衎衎和乐而自适也。如是则得君行道而正邦善俗，勋业无以加焉，其吉为何如乎？

孔子释二《象》曰：六二之饮食衎衎，非得之不以道也。惟其有德而得君，则受禄于上，皆其分之应得，而不为徒饱矣。不然，能免窃禄之诮乎？

按：人臣事君，曷取乎渐进？盖凉德而居高，则有具瞻之愧；无功而享厚，则有尸禄之讥。若渐之六二居天位，享天禄，而安之以为固然者，以其能措国家于磐石之安，纳人民于燕衎之乐也。《诗》美羔羊之大夫曰"退食委蛇，嘉伐檀之"，君子曰"不素餐兮"，其六二之谓欤？苟或反是位则窃位也，食则伴食也，未有窃位而能致君泽民者也，未有伴食而不妨贤黩货者也，人可不审所自处乎？

【解说】

本节是讲为臣有德者足以安定其位置、享有其俸禄。为臣者柔顺中正，循序渐进，能够报德以待时，没有急躁前进的过失。上有九五之应，是说为臣者能够遇到圣主而施展自己的计谋和抱负。因此有德而处其位置能够没有过失，享受俸禄能够受之无愧，如此能够吉祥如意。

【原文】

九三：鸿渐于陆，夫征不复，妇孕不育，凶；利御寇。

《象》曰"夫征不复"，离群丑也。"妇孕不育"，失其道也。"利用御寇"，顺相保也。

【解义】

此一爻是言三之无德无应而不得遂其进也。

陆，高平之地。

周公系渐三爻曰：九三过刚不中，是鲜渐进之德而上无正应，又少与进之人，如鸿乃水鸟在陆则不得所安，为鸿渐于陆之象，故拟之于夫，则为征而不复矣，何也？征行之事惟集众可以成功，而刚愎自用孰肯协力以从事？其不复宜也。拟之于妇，则为孕而不育矣，何也？生育之功必阴阳之相济，而过用其刚，阴不足以辅乎阳，其不育宜也。是皆凶之道也。过刚之道无适而可，庶几用以御寇则刚勇之气或可成克敌之功耳，其不当用于渐进可知矣。

孔子释三《象》曰"夫征不复"者，以其刚愎自用，违众独立，与群类乖离也。"妇孕不育"者，以其过刚不和，如有阳而无阴，失其生育之道也。"利用御寇"者，盖御寇以刚则能倡勇敢之气，使众人同心协力，以相保卫也。

按：阴阳之理，当相应之位者为正，不当相应之位者为邪。九三以刚而比六四之柔，于夫妇之义为邪矣。盖以卦体言，巽女有归艮男之象，女归之，所以吉也。以爻象言，四女无归三男之理，相比之，所以凶也。推之君臣朋友之间，莫不皆然。正不正之所关，夫岂细故哉？

【解说】

本节是讲没有德行、没有应援者是不能够做到循序渐进的。九三象征过刚不中，鲜有渐进之德且在上没有应援者。就像大雁飞到小山上，继续飞会很危险，又好比男子打仗有去无回，女子怀孕却无颜生育一样。

【原文】

六四：鸿渐于木，或得其桷，无咎。

《象》曰"或得其桷"，顺以巽也。

【解义】

此一爻是言四之危而能安，示以寡过之道也。

鸿，趾连不能握枝，故不木栖；桷，平柯也。

周公系渐四爻曰：六四以阴柔之资乘九三之刚，是人进居高位，不幸在刚暴小人之上，未免见逼而不得所安，为鸿渐于木之象。然巽体柔顺，为能有以善处之，则彼虽刚暴，亦不得以加于我，犹鸿渐于木而不得安，或得木中之平柯，而因以得所栖止也。如是则始虽危而终不危，亦可以无咎矣。

孔子释四《象》曰：六四或得其桷者，以四性顺而体巽，顺则谦冲而无忤于人，巽则沉潜而克周于虑，遇难处之人而有善处之道，此其所以渐进而得安也。

按：天下之事以刚愎自用处之鲜有不偾者，况对强暴之人居危惧之地乎！惟贵而能下，智而能愚，从容以释其疑，退逊以消其忌，则不徒自全其一身，而且克济夫大事，非有识者岂能见及此哉？

【解说】

本节是讲处于危险者能够化险为夷，并示其少有过错的道理。阴柔之人进居高位，不幸会遇到刚烈暴躁的小人处于自己的位置之上，未免会不得安定。然而幸好柔顺，因此能够以善与之相处，小人虽然暴躁但却不会加于己身，这样就会吉祥如意。

【原文】

九五：鸿渐于陵，妇三岁不孕，终莫之胜，吉。

《象》曰"终莫之胜，吉"，得所愿也。

【解义】

此一爻是言五与二为正应，始虽睽而终必合也。

陵，高阜也；妇，谓二。

周公系渐五爻曰：九五居尊以临天下，鸿之渐于陵者也。然君待臣以弘化，犹夫待妇以生育。六二为五之正应，乃三四小人从中间之，不得相合以成治功，如妇之三岁不孕者然。但邪不能胜正，一时虽若阻隔，久之自然会遇，彼三与四岂能夺其正乎？故终莫之胜而吉也。

孔子释五《象》曰：上下交而德业成，五之素愿也，特为三、四所间，未得即遂耳。今"终莫之胜而吉"，则君臣遇合而治化可成，夙昔之志于是乎酬矣。

按：三、五二爻皆言妇，三以四为妇，非正也，妇虽孕而不敢育，故凶。五以二为妇，正也，妇虽不孕而终莫胜，故吉。可见天下吉凶之理不越正、不正两途，而君臣遇合尤不可以或苟。二当群情躁进之时，卓然自守，是宁从正道之难，而不肯趋捷径之易者，正邦善俗非斯人奚赖？五之得二其吉宜矣。

【解说】

本节九五与六二正相对应，虽然刚开始的时候会有阻力，但最终会冲破阻力达到吉祥如意。君臣相应，但中间却有小人阻碍，因此不能够相互合作以成治理之功。但是邪终不能胜正，虽然会有一时的阻隔，时间久了自然会冲破阻碍，这需要一个渐进的过程，结果必然会吉祥如意。

【原文】

上九：鸿渐于陆，其羽可用为仪，吉。

《象》曰"其羽可用为仪，吉"，不可乱也。

【解义】

此一爻是言有德而高蹈者，其风世之功甚大也。

陆，当作逵，谓云路也。

周公系渐上爻曰：上九居渐之极，所处至高，出乎人位之外，是真超然物表，而为贤达之极致也。有鸿渐于云逵之象。虽天下之人未得蒙其实德之惠，然清风亮节足以激顽起懦，而立斯世之坊表，如鸿之羽可用为仪，身虽不用，而其道未尝无用，吉何如哉？

孔子释上《象》曰"其羽可用为仪，吉"者，盖天下之人有志于富贵，则富贵乱之；有志于功名，则功名乱之。上之志卓然独立，有非富贵功名所能乱者，宜其节著于一时，而风垂于后世也。

按：时至末季，士知进而不知退，羡于宠利，贪于势位，习以成俗。在上者非表章一二，高世绝俗，皭然不淄之士，不能起其冥顽而消其奔竞。古之帝王，如唐尧让位于许由，成汤问道于务光，高帝降心于四皓，光武屈体于严陵，岂徒崇尚匹夫之节已哉？实见颓俗非斯人莫挽，名教非斯人莫兴。一人之制行，而天下之治乱，因之渐逵之功不在渐磐之下也。人知有用之用，而不知无用之用更大。渐爻以是终焉，有以也夫！

【解说】

本节是讲君子虽渐进至高位，但志行高洁，志向不会迷乱，不为名位所累，所以会成为效法的榜样，成为表率。天下之人有致力于富贵的，但却被富贵所迷乱；有致力于功名的，但却被功名所迷乱。而有志卓然独立不被富贵功名所诱惑的君子，就会垂行于世而为后世所敬仰，成为效法的榜样。

【原文】

☱兑下震上

【解义】

兑女在内，震男在外，男动女说。以女说男，不得其正。六爻二、四阴位而居阳，三、五阳位而居阴，自二至五位皆不正。初与上虽当阴阳之位，而阳下阴上，亦为失位，且三本柔而乘二之刚，四本刚而为五所乘，刚柔易位，内外倒置，故《象辞》为"征凶，无攸利"。

然归妹虽为凶占，而归亦有辨，所归果贤女归，即是男女大义；若非中非正之女，其害乃不可胜言。

初九有阳刚之德，是处卑位而能尽其常职，故《象》云"征凶"，而爻云"征吉"。二、五得中为归之正，三不得位而乘刚，上为女归之终而无应，故皆不吉。

四虽震主而不得位，故有愆。《象辞》之皆为凶占者，乃防禁之辞，究言其一失所归，其害必至于此也。

按：咸与归妹，皆男女之说，止而说则为咸，动以说则为归妹。情同而动止异，是以咸则取女吉，而归妹则征凶也。

### 【解说】

《归妹》卦反映周代婚姻中的姪娣制度。这是一种特殊的一夫多妻制，只适用于诸侯。据《公羊传》记述，诸侯一生只娶一次，一次九女。其中，一女为嫡妻，就是夫人；其余八女为媵，是陪嫁做小老婆的。简单地说是侄女、妹妹陪同姑姑、姐姐嫁给同一诸侯，这就叫姪娣制度。对于这种婚姻现象，《归妹》卦的态度矛盾，一方面说很不好，另一方面又说有利于繁衍后代，天经地义。总之，《归妹》卦没有明确的概念，它想说明的道理很难把握。

### 【原文】

归妹：征凶，无攸利。

### 【解义】

此卦兑下震上，以兑少女而从震长男，男动而女说，又以说而动皆有男说女、女从男之义，故名归妹。《卦辞》言男女之合不以正也。

妇人谓嫁曰"归"；妹，少女也。

文王系归妹《象辞》曰：男女之交，人道所不能无，必求诸礼而允协，然后可以无敝。此卦以说而动，既非吉利之道矣。况自二至五，位皆不正，则是男不能肃倡导之纲，女不能遵柔顺之范，正家之节此其失矣。"征"其免于凶乎？三、五两爻皆以柔乘刚，则是阳不能制乎阴，而阴乃敢陵乎阳，尊卑之序此其紊矣，又安往而利乎？

按：王者正天下之道必托始于闺门，闺门之事有取女必有归妹，取女固欲其吉，则归妹岂听其凶？而此卦既言"征凶"，又言"无攸利"者，正欲使人知其凶，则思所以去凶而从吉；知其不利，则思所以远害而全利，恐惧修省以严制其说动之情，而渐渍于礼义之化，庶几他日无女谒之祸。圣人系辞之意切矣！

【解说】

本节是说《归妹》卦象征少女出嫁长男，这样的男女结合是不合于正道的。嫁出少女，由女方主动，不符合由娶而嫁的行为准则，所以结果很不好，一无所利。

【原文】

《彖》曰：归妹，天地之大义也。天地不交而万物不兴，归妹人之终始也。"说以动"，所归妹也。"征凶"，位不当也。"无攸利"，柔乘刚也。

【解义】

此《彖传》是释归妹《彖辞》，以明归妹之义也。

孔子释归妹《彖辞》曰：归妹之义岂细故哉？盖男女配合，古今不易之经，天地之大义也。何以见之？天地不相交感，则万物不兴；男女不相交感，则人道灭息。是归妹虽为女道之终，而生育实为人道之始。归妹所系之重如此，谓非天地之大义乎？

然此卦之名归妹者，非以男室女家之常理而言也，盖以顺为正者，固妾妇从夫之道而有待后行者，又女子于归之常。卦惟以"说而动"，则牵于情欲之私，而不由于理义之合，男女皆为不正，而女尤为可丑，此所以为归妹也。

《辞》曰"征凶"者，盖人之相与，正则吉，不正则凶。卦体自二至五，位皆不当，则男不能以正率乎女，女不能以正从乎男，而廉耻之闲将至废弃而不顾，此所以凶也。

又曰"无攸利"者，盖人之相与，得其分则利，失其分则不利。卦体三五两爻皆以柔乘刚，则男不能制乎女，女反得制乎男，而尊卑之分必致陵夷而莫救，此所以无攸利也。凡此皆失终始之道矣，夫岂天地之大义哉？

按：阴阳交感之常，男女配合之理，圣贤与凡庶岂有二致？所重者发乎情止乎礼义耳。有礼义以制其情，则男正位乎外，女正位乎内，闺门肃而治化成。无礼义以制其情，则男牵欲而失其刚，女恃宠而忘其顺，德业伤而身名坏，一念之分而是非成败系焉，其可不为之深儆哉？

【解说】

本节《象传》是对上一节归妹《象辞》的进一步解释,以表明归妹的含义。《象传》说嫁出少女体现了天地阴阳间普遍性的道理。天地阴阳不相交,万物就不能兴旺生长,嫁出少女,是人伦的归宿和开始。喜悦而后有行动,因此会嫁出少女。这样不吉祥如意,这说明夫妻的关系不顺;一无所利,这说明阴柔超越了阳刚。

【原文】

《象》曰:泽上有雷,归妹;君子以永终知敝。

【解义】

此《象传》是言君子始合之当以正而后能永其终也。

孔子释归妹《象》曰"泽上有雷",雷动则泽随,如女子之随男而动,归妹之象也。君子体此,谨于夫妇之道,必正其始而后可以善终。苟始合不以正,知其终必有乖离之敝,是以重以为戒,而必谨始以善后也。

按:天下之事,莫不贵其有终以为可久之道,然事之有终者,不于其终之日而见也,必有其所由始,惟始之得正,而不以不正继之,则正其始而后无鲜终之忧矣,故曰:男女之合不以正,以色幸者,色衰而爱必弛;君臣之合不以正,以宠进者,宠尽而恩必竭。慎厥终惟其始,岂不然哉?

【解说】

本节是说君子如果一开始娶妻时能够合于正道,就能够白头偕老、终有善终。"泽上有雷"象征归妹之象,君子由此要体会到谨慎地遵守夫妇之道。天下之事,没有比能够始于正道而有善终更贵重的了,然事之善终者,一定要有一个合于正道的开始。因此说男女之合不正就会出现关系破裂,感情就会衰竭。君臣之合不正,以宠进者就会宠进而恩竭。

【原文】

初九:归妹以娣,跛能履,征吉。

《象》曰"归妹以娣",以恒也。"跛能履,吉",相承也。

【解义】

此一爻是言女子有贤正之德,虽不得位,而亦可以著承助之功也。

娣,从嫡以适人者,所谓媵也。

周公系归妹初爻曰：女子从人惟居上有应者，乃为正嫡。初九居下而无正应，则其归于人也，不过为娣之贱而已，故徒有阳刚之德，亦止淑慎其身以承助其嫡，而不能大有所为，犹跛能履而不足以行远也。然虽止于承助其嫡，而于分之所当然，则已尽矣，故征而吉焉。

孔子释初《象》曰：女德以恒为贵，初在归妹之时固为娣矣，然九为阳刚，则是女子之有恒德者也，其"跛能履吉"者，正惟有是恒久之德，则虽不得主其功，而亦可以著承助之效，此其所以吉也。

按：生人所禀，阳为淑，而阴为慝。故男子得阴，必为柔媚之夫，女子得阳，亦称贤明之妇，此阳之所以为可尊也。圣人于阴阳之分必为之著其贵贱美恶者，岂偶然哉？

【解说】

本节是说女子有贤正之德，虽然不在其位，但还是能够有辅佐、顺从之功。初九居下而无正应，象征女子位居侧室，侧室不如嫡妻，本无权过问家务，但是如果侧室有德且贤淑，能够辅佐嫡妻，并且顺从丈夫，将来也是吉利的。

【原文】

九二：眇能视，利幽人之贞。

《象》曰"利幽人之贞"，未变常也。

【解义】

此一爻是言贤女不得所配，但当固守其正也。

周公系归妹二爻曰：初九女贤而非正嫡，仅能承助其上而已。九二阳刚得中，是女贤而为正室者也，乃所应之五反阴柔不正，则刑家无主，而内助之功不能以大成矣，如眇而视不及远也，然岂可以所应非良而遂易其贤正哉？亦如幽人不偶于时而抱道以守其贞可也。盖幽人不以时之不偶而变其道，女子不以夫之不良而改其节，一也。

孔子释二《象》曰：抱道守正而不改其常，此乃幽人之事。今二亦固守其贤正之德而不改其常，与幽人之贞同也。若或少改其常，则亦何所取哉？

按：圣主贤臣相得而彰，哲夫淑女相资乃益，此皆古今盛事，所以读二典之书而忾慕乎都俞之风，颂《周南》之什而企羡乎好逑之乐也。然遇有不齐，而节无可变、从一而终者，女子之常，故《绿衣》之诗曰："我思古人，俾无尤兮"。席珍而处者，士人之常，故《考槃》之诗曰"独寐寤宿，永矢弗告"，亦尽其在我者而已。

【解说】
本节是说有贤德的女子虽然不能得到有贤德的配偶，但也应当坚守正道。上节初九象征女贤但却不是正嫡，只能起到辅佐嫡妻的作用，本节九二象征女贤而居正室的位置，但却没有遇到一位有德的配偶，因此就像是一只眼睛失明了一样。此时女子也应该坚守正道而不失其正，不因时之不遇而改变坚守的正道，也不因夫之不贤而改变气节。

【原文】
六三：归妹以须，反归以娣。
《象》曰"归妹以须"，未当也。
【解义】
此一爻是言女之不正，而为人所贱也。
须，待也。
周公系归妹三爻曰：女子之德莫善于正，莫不善于不正。六三阴柔不中正，既非妇顺之善，为说之主又动情欲之私，是女德不贞，人莫之取，故未得所适而姑待之，待之不得而反归为娣也。然则为女子者，岂可不出于正乎？

孔子释三《象》曰"归妹以须"者，以三阴柔而处位不当，急于待人而字，失女子之正道，故人亦莫之取也。

盖贵贱之权操乎人，而可贵可贱之理则实操于己。是以天爵在我，则予夺不能以外加；人爵在人，斯荣辱不能以自主。六三本非贱者，而急于从人，则先自贱矣。自贱而人不贱之者，未之有也。彼欲速而好进，甘于卑下而卒为人所鄙者，亦何异于反归为娣者欤？

【解说】
本节是说如果女子的思想、品德不正，就会被人看低，被看作是轻贱。六三象征女子阴柔而不中正，女德不贞而失女子之正道，因此会被人看低，没有人会娶她。贵贱的权力在别人手里，但是选择贵还是选择贱的道理却在自己的手里。六三象征着本来并非是轻贱的女子，但急着嫁人，就先自己看轻自己了，自己把自己看低贱了，别人还不把她看低贱的情况是没有的。

【原文】

九四：归妹愆期，迟归有时。

《象》曰：愆期之志，有待而行也。

【解义】

此一爻是言女之贤者不轻于从人而终得所配也。

愆期，谓过期。

周公系归妹四爻曰：九四阳刚有贤正之德，居上体有贵重之义，而无正应未获佳配，故不轻于从人，而宁愆其婚姻之期也。然其所以如是者，盖在迟归以待所归之时，庶几可得良偶，不负夙昔之志而已。

孔子释四《象》曰：九四所以愆期者，岂终于不行乎？盖天下无无偶之物，时至有必行之理，窥其隐志，盖欲有待而后行也。有待而行，决不至有轻身之悔矣。

按：女子守贞而后字，士人抱道以待时，其理一也。夫人幼而学之，壮而欲行之，得君行道，岂不切于中怀而兢兢出处之际者，正恐枉尺未必能直寻，修之数十年而坏之一旦也。故曰君择臣，臣亦择君。惟其不轻于致身，方能尽忠于所事。古之人当拜爵之始，而预卜其毕生建竖大过人者，殆以此已。

【解说】

本节是说有贤德的女子不急着轻易嫁人，是在等待合适的时机，最终会嫁给一个有贤德的配偶。九四象征女子阳刚且有贤正之德，但此时却没有好的配偶，因此不急着轻易嫁人而宁愿过期未嫁，如此等待恰当的时机就终会遇到佳偶。女子守贞而后嫁佳偶同君子怀抱志向以待时机的道理是一样的，因此说君选择臣，也是臣选择君，唯有不轻易于致身，才能在所做之事上竭尽全力。

【原文】

六五：帝乙归妹，其君之袂，不如其娣之袂良，月几望，吉。

《象》曰：帝乙归妹，不如其娣之袂良也。其位在中，以贵行也。

【解义】

此一爻是美女德之盛而能宜家也。

君，女君也。

周公系归妹五爻曰：六五柔中居尊，下应九二，是尚德而不贵饰者，为帝女下嫁而服不盛之象。

夫女子贵饰，人情所同，乃其君服饰之盛反不如其娣之盛者，是但知谦降以从礼，而不事乎容饰也。夫以至尊贵之女，尚礼而不事乎容饰，则女德之盛无美不备，如月之几望而蔑以加矣。宜家正位，何吉如之？

孔子释五《象》曰：富贵崇高之家莫不为骄奢美丽之饰，而六五帝乙归妹，反不如其娣之袂良，何也？盖内既重则视外必轻。五居上卦之中，是其中德自有可贵者，以其可贵之德而行，则不文之文足以贲其躬矣，又何贵于饰乎？

按：女之所贵者在德而不在饰，惟所贵在德，则情欲之感无介乎容仪，宴私之意不形于动静。《诗》美南国之夫人曰："被之僮僮，王姬之下嫁"，曰"曷不肃雝"，皆所以言其德之盛也。推而言之，人君屈己下贤，以诚不以文者，其意实同于此。盖九二具刚中之德，本有素丝之风。六五有柔中之德克尽缁衣之好，诚意交乎贤者，未有不乐为之用者矣。

【解说】

本节是赞美有盛大贤德的女子能够下嫁而躬身持家。女子柔和中正而又居尊位，下嫁给九二是看重其才德而不是看重首饰穿戴。女子都看重首饰穿戴，这是人之常情。而嫡妻的穿戴没有侧室的好，从这就可以看出嫡妻的品德好，不会盛气凌人。嫡妻宜家正位，没有比这更吉祥的了。

【原文】

上六：女承筐无实，士刲羊无血，无攸利。

《象》曰：上六无实，承虚筐也。

【解义】

此一爻是言婚道之未成者，大伦所由废也。

筐，竹器；承筐，谓约婚之礼；刲羊，谓约娶之礼。

周公系归妹上爻曰：上六以阴柔居归妹之终而无应，阴柔，则非贤正之女；无应，则过桃夭之时而莫有以之为家者矣。夫婚姻之礼，女子之嫁，筐筥以庙见。男子之娶，刲羊以告庙。今女之承筐是将，而无币帛为之实；士之宴其新婚，而刲羊未见其血焉。是则女不成嫁，士不成娶，违室家之愿而废天地之大义矣，何所利乎？

孔子释上《象》曰：上六承筐而无实，则所承者虚筐而已。虚筐足以成女之嫁乎？此所以为约婚而不终者也。其无攸利宜矣。

按：先儒言曰士、曰女未成为夫妇也。先女而后士，罪在女也。其实出身从人，责专在已，阴险轻躁之夫，但知进而不知退，一旦为人所弃，其不蒙玷而召辱者，几希矣！然使终于见弃，不过其人之耻，倘或误售于世，譬诸鲜节之女，忽操家政，必至逾闲荡检，不贻中冓之羞，必启司晨之祸，其害可胜道哉？上六占辞"无攸利"与《象》同，是归妹之不利上六独当之矣。

【解说】

本节是说不贤正的女子不能嫁，无贤德的男子不能娶，这是由于违背了家室的志愿且废弃了天地之间大义的缘故。女子捧筐，筐空无物；男子杀羊，不见出血，爻辞用这两件事来比喻有名无实，虽然约定了婚姻但最终却不会结婚，这是不吉利的。

【原文】

☲离下震上

【解义】

卦以明动相资为义，离明主之，而震动将之，致丰之本，即保丰之道。初九明之初，九四动之初，同为阳刚，相须以成其用，故曰配，与他处之以应为配者不同，他卦应爻皆贵阴阳相配，独丰九三以至明之体应上六之至暗，刚为柔掩，故有"见沫""折肱"之象也。

六五体本柔暗，六二应之，九四比之，而皆有"丰蔀""见斗"之象，至六五本爻而曰"来章有庆，誉，吉"者，盖六五为丰之主，居震之中，六二文明中正，乃大贤在下者为之正应，五能屈已下贤，而来致之，即有明动相资之益，非"丰蔀见斗"之说矣。

按：卦为丰亨之象，而爻多警戒之辞，深虑丰之不可长保，必在明以善动，动合至明，撤蔀屋之蔽，取来章之益，则盈虚消息皆自我操，而常如日中之照天下矣。苏轼曰："丰者，至足之辞也，足则余，余则溢。"圣人处之以不足，而安所求余？故圣人无丰，丰非圣人之事也。

【解说】

《丰》卦讲丰，没有描述丰满盛大的状态，而是着眼于如何致丰、保丰，核心思想是"明以动"。用明去指导动，这既是实现丰满盛大的途径，也是保卫丰满盛大的关键。明，才能在思想上不骄不躁，才能在行动上不奢不疯。卦中六爻分述致丰、保丰的得失情况，具体说明了为了达到致丰、保丰的目的，诸爻之间应该以明互补，明动相助，而不讲究是否阴阳相应。注意到这一点，有利于把握各爻的象征意义。

【原文】
丰，亨，王假之，勿忧，宜日中。

【解义】
此卦离下震上，以明而动，明足以照，动足以亨，皆致丰之道，故名为丰。卦辞言人君当天运之隆，宜持盈而修人事也。

假，至也。

文王系丰《彖辞》曰：丰当时势盛大之会，居天位而富四海，天下一统，治化四讫，丰固亨之时矣。夫丰亨之时，人民之繁庶，事物之殷盛，虽为可喜，而盛极即为衰之所伏，此固可忧者也。然王者至此，徒忧亦何益乎？但能持盈戒满，守常而不至过盛，如日之中天而不昃焉，则明之所及无所不照，可以永保其丰矣。

按：丰者盛满之象，似无可忧而曰有忧道焉，忧其极盛而难保耳。盖造化无满而不损之理，惟人君时时以此为惧，而不敢存侈肆之心，然后大业可以常守而勿坠。朱熹谓如捧盘水战兢自持，方无倾侧满溢之患。所谓能忧者决不至于有忧矣。

【解说】
本节丰《卦辞》是讲为君者处于时势丰满盛大之际，应该像保持太阳在正午时的明亮光辉一样，注意持盈戒满，治天下、修人事。为君者富有四海，天下一统，此时虽然万事万物盛大，但物极必反、盛衰无常，这是值得忧虑的地方。因此要注意能够持盈戒满，坚守常道而不至于过盛，如此则可以永葆丰满盛大。

【原文】
《彖》曰：丰，大也。明以动，故丰。王假之，尚大也。勿忧宜日中，宜照天下也。日中则昃，月盈则食，天地盈虚，与时消息，而况于人乎？况于鬼神乎？

【解义】
此《彖传》是释丰《彖辞》，以明保丰之道也。

孔子释丰《象辞》曰：卦名丰者，是车、书归于一统，礼明乐备，物阜民安。

治功盛大之谓也。然何以致此哉？卦德离明震动，明则察物而无遗，动则振作而成务，二者相合，故事无不立，而功无不成，此其所以为丰也。

《辞》云"王假之"者，盖王者当丰大之时，事有可为而力足自擅，则其志欲日广，制度规为自然尚大，而有不安于狭小之势，是以有忧道也。

又云"勿忧宜日中"者，言王者守国常如极盛之时，则志气清明，百务修举，而有以遍照乎天下也。盖日惟中方能照万物，君守中乃能照天下，一或过盛而不能常中，则遗于所照之外者多矣，岂人主之所宜乎？

如是者何也？盖尝推盛衰之理，而确知中之不可过矣，日以中为盛，日之既中未有不昃者也。月以盈为盛，月之既盈未有不食者也。岂惟日月，虽天地之大，其盈虚亦随乎时。时乎息也，则气机变化，万物显诸仁，而天地盈矣。时乎消也，则气机妆敛，万物藏诸用，而天地虚矣。时之所在，天地尚不能违，而况人事者，不出于天地之外也，治乱相寻，其能以常盈乎？鬼神者，不过为天地之用也，屈伸相感，其又能以常盈乎？盛衰之理，无在不然，此王者保丰之治，宜守中而不可过也欤！

大抵丰亨豫大之时，君臣上下不期侈而自侈，岂独常人为然，贤智之辟乃有更甚者。非不明也，而过乎明，则铺张扬厉之念生矣。非不动也，而过乎动，则好大喜功之举多矣。骄心一生，何所不至？故圣人急急惕之以忧。若曰世之所谓安者，乃危之伏也。世之所谓治者，乃乱之机也。盖先夺其所恃，而后可告以持盈保泰之实事也。语云：以一人治天下，不以天下奉一人。天佑下民作之，君正欲其劳，而岂贻之以逸也哉？

【解说】

本节《象传》是对上一节丰《象辞》的进一步解释，以说明保丰之道。丰，说的是治理的功绩丰满盛大。要明察秋毫而不要有遗憾，行动要振作而有成效，两者相结合就会做到"丰"。但是日东升西落，月圆满后就会亏缺，都是随着时间的变化而发生的，自然是这样，人事、鬼神也是这样。盛衰的道理，无不在此。因此在丰满盛大之际，要注意持盈戒满，务必注意事物向相反方向发展的情况，盛衰无常，不可不警惕。

【原文】

《象》曰：雷电皆至，丰。君子以折狱致刑。

【解义】

此《象传》是言君子法天之威，明以治狱也。

折，谓剖断其曲直；致，谓推致其重轻。

孔子释丰《象》曰：雷电皆至，威照并行盛大之势，丰之象也。君子以为狱者，天下之大命，而刑者，一成而不变者也。故于狱之未决，则取电之明以折其狱，剖断其曲直而必得其情，实"惟明克允"也。狱之既成，则取雷之威以致其刑，推极其轻重而必当其罪恶，惟断乃成也。夫明以折狱，威以致刑，则用法平允，而天下无冤民矣。此保丰之道也。

按：噬嗑明在上，威在下，是明得事理，民未有罪而先立法于此，以待异日之用，故曰"明罚敕法"。丰威在上，明在下，是用法时能洞悉下情，而上之用威方无过差，故曰"折狱致刑"。然则王者之用刑，虽云威照并用，而又必以明为主也。

【解说】

本节是讲君子效法上天的威严，在审理案件、按罪判刑时，要做到明察虚实、轻重适中。君子作为治狱者，掌握着天下之大命，而刑法是一成不变的，因此在判决案件时，折狱要有雷声的威严，判刑要有闪电的光明，要剖析其中的是非曲直而得到事件的真实情况，这样天下就没有被冤枉的百姓了，保丰之道就在于此。

【原文】

初九：遇其配主，虽旬无咎，往有尚。

《象》曰"虽旬无咎"，过旬灾也。

【解义】

此一爻是言人贵相资之益，而不可恃才以求胜也。

配主，指九四；旬，均也。

周公系丰初爻曰：天下之相应者，如阴应乎阳，柔从乎刚，常非均敌，初九与九四同为阳刚，则彼此适均，宜其不相得矣。然致丰之道，非明无以照，非动无以行，原相资也。今以初九之明，而遇九四之动，则明足以灼其理，而动又足以致其用，是四乃初之配主也。虽势分才力似不相下，而德实相成，则何咎哉？由此而往，何功不立？何事不济？而且有尚矣！

孔子释初《象》曰：初之与四，虽皆阳刚，而明、动相资，固可无咎矣。然与人共事，凡遇才力之均者，必虚心以下之，庶可以成天下之功也。使或萌一求胜之心，而欲出其上，是为过旬，则将相忌相仇，而灾患随之矣！

按：人臣事君，协恭和衷，则相济而成功；负气争能，则相厄而两败。汉之盛也，魏相以严总职，丙吉以宽治民，未尝以宽严相左也。唐之兴也房玄龄善谋，杜如晦善断，大且以谋断交资也。此皆一心为公，而视人之有技若已有之，安有媢嫉为怀，彼此倾轧，以致祸延于国者乎？为人君者务求公忠无私之士而用之，庶可化偏党之弊而收师济之效矣。

【解说】

本节是说人贵在明动相助，而不能倚恃着有才能以求强争胜以致两败俱伤。为臣者侍奉君主，协恭和衷才能相济而成功；如果负气争强好胜，就会两败俱伤。如汉之盛就是魏相严以总职、丙吉宽以治民，宽严相济的结果，唐之兴是房谋杜断的结果，它们都是说的这个道理。

【原文】

六二：丰其蔀，日中见斗，往得疑疾，有孚发若，吉。

《象》曰"有孚发若"，信以发志也。

【解义】

此一爻是言人臣事君，当积诚以为感悟之本也。

"蔀"，障蔽也。

周公系丰二爻曰：六二当丰之时为离之主，是人臣之有明德者，而上应六五柔暗之君，非不竭智尽力，而无如忠爱虽切，终不能自达于上，正犹丰大其蔀屋，而日中之至明反可以见斗，是太阳无光，其昏已甚矣。使不度其势之不可而往从之，遽欲释其惑以开其蔽，则反重君之猜疑以取疾害而已。惟在积诚意以感发之，艰难有所不辞，谗谤有所不惧，祗此恪共震动一念，历久而不渝，庶蔽可开而惑可释，君心不患其离格也，不亦吉乎？

孔子释二《象》曰：人君之蔽，虽难以口舌争，而其本来之明未有不可发者，特积诚未至不足以感动之耳。所谓有孚发若者，正言一于孚信以感发君志，而行其道也，事君者可不勉哉？

按：君臣之谊根于天性，人臣效忠于主，不顾事之济否，而徒欲博一己之名高，即此念不可以对衾影，安可以对吾君？宜乎方员枘凿之不相入也。夫事君如事亲然，故见志不从，又敬不违，劳而不怨。古来最暗者莫若大舜之亲，舜惟夔夔齐栗而亲自允若。由此观之，天下第有不尽职之臣子，安有不感格之君父哉？

【解说】
本节是讲为臣者侍奉君主，应当用一片诚心去作为感悟的根本。为臣者贤明有德，在上却对应阴柔之君，竭尽智慧和全力以辅佐君主，但还是会被怀疑和憎恶。此时为臣者只要坚持用一片诚心去进行感悟，面对艰难在所不辞，面对逸言诽谤有所不惧，最终君主也会被感化而吉祥如意。

【原文】
九三：丰其沛，日中见沫，折其右肱，无咎。
《象》曰"丰其沛"，不可大事也。"折其右肱"，终不可用也。

【解义】
此一爻是言人之有德而不见用于时也。
沛当作旆，谓幡幔也；沫，小星。
周公系丰三爻曰：九三居明体之上，本至明者也，乃以至明而应上六之至暗，是在我之明反为所蔽，而不能以自达，为"丰其沛，日中见沫"之象。夫丰沛则障蔽，更甚于蔀，所以沫之小星虽日中而亦见也。若是，则在己之明亦归于废弃而置之无用之地，又为折其右肱之象。然此非己之不明，乃人之不能用其明，所遇非其主耳，于三何咎焉？

孔子释三《象》曰：贤臣必遇明主，斯可有为于天下。"丰其沛"者，是以己之明而反为人所蔽，终不能成济丰之大事也。"折其右肱"者，三之才本足为当世用，乃因时而废，亦终于无用而已，何其所遇之穷哉？

按：丰之道必明动相资而成，三以阳刚之体，应上阴柔处震之终，止而不动，上无可发之明，欲为而无所赖，三亦何所自见其明乎？夫君为元首，臣为股肱，必元首有明圣之德，而后股肱奏匡济之功。观乎此爻而知圣人责难于在上者至矣！

【解说】
本节是说君子有才德但却由于时势不遇而不被重用，怀才不遇。贤臣必定要遇到明主后才能有为于天下，君子有充足的才能为世所用，但却因时势不遇而不被重用，最终亦是无用武之地。因此本节主要是责备居上者无圣明之德，不能够任用贤才。

**【原文】**

九四：丰其蔀，日中见斗，遇其夷主，吉。

《象》曰"丰其蔀"，位不当也。"日中见斗"，幽不明也。"遇其夷主，吉"，行也。

**【解义】**

此一爻是教人援同德以偕进，斯可共济天下之事也。

夷，谓等夷，指初九。

周公系丰四爻曰：九四以阳刚当丰之时，而上比六五柔暗之君，谏则不行，言则不听，虽有明德，为所蔽而不得达，与六二同，亦为"丰其蔀，日中见斗"之象。然君心未明，惟在所养，一人正之则不足，众贤辅之则有余，幸初九同一阳刚之德，乃其等夷四与之同心协力，共匡君德，庶暗昧可启，丰亨可保，其道得吉也。

孔子释四《象》曰"丰其蔀"而明不得达者，由其近六五之柔暗，非所处而处，居位之不当也。"日中见斗"者，处非其位，则以己之明投人之暗，而反为所蔽，是以幽暗而不明也，所谓一人正之不足者也。"遇其夷主"者，己不足以启人之暗，犹喜藉初之力以共济，庶几事尚可为，而以吉行也，所谓众贤辅之有余者也。

按：《书》言昔在文武，小大之臣，咸怀忠良，侍御仆从，罔匪正人，以旦夕承弼厥辟，信乎，助成主德非一士之功也，而其权则操之大臣。昔赵烈侯欲赏歌者，其相公仲连进士牛畜、荀欣、徐越、令侍左右。烈侯悦之，曰："歌者之田且止。"如连者，可谓善格君者矣。是知大臣之道，全在以人事君，人君在上，但观大臣之能进士与否，而其贤不贤可概见已。

**【解说】**

本节是教导人要援助同德者以共同前进，如此可共济天下之大事。君子阳刚丰满盛大之时却遇到柔暗之君，不能进谏，言行也不被听取，虽然君子有明德但却被蒙蔽而不能达其志，始终无用武之地。此时君心虽未明，一个人不能纠正，但如果众贤能之臣能够共同辅佐君主则绰绰有余。幸好为臣者能够同德同心，共匡君德，因此最终也是吉祥如意的。

【原文】

六五：来章，有庆誉，吉。

《象》曰：六五之吉，有庆也。

【解义】

此一爻是言人君能用贤以保丰也。

周公系丰五爻曰：君道贵于明而病于暗。然所谓明者，非必尽取之已而足也。六五质虽柔暗，若能屈已下人而来致章明之贤，资人之明以为明，藉人之哲以为哲，则群材豫附，自足以享丰亨之庆，而流美誉于天下，是身安而丰可长保也，吉何如哉？

孔子释五《象》曰：六五之"来章而吉"者，盖能招来贤士以辅已德，其效岂止有美誉而已乎？实得用贤之利，可以长享其丰而有庆也。

按：人君之德莫贵于明，但自恃一人之明，其明小；能用天下之明，其明大。此非独为丰之六五言也，稽于众舍已从人，好问则裕，自用则小，古之圣王莫不皆然矣。然又云兼听则明，偏听则暗，达四聪，明四目，议必集夫盈廷之公，论必采夫国人之众，方可去其偏而得其兼。不然，所信任者或非其人，必至欲用人而反为人用，此求明而愈失其明，安能免"丰蔀""丰沛"之忧哉？

【解说】

本节是讲为君者能够任用贤德之人以保丰。为君之道以光明为贵而以昏暗为病，人君之德贵在向明，但自恃一人之明是小明，能用天下之明才是大明，并且兼听则明、偏信则暗，因此要注意眼观六路、耳听八方。凡是议论时要聚集众贤德者和众国人，让他们共同出谋划策，参与讨论，这样就会做到长久保丰。

【原文】

上六：丰其屋，蔀其家，窥其户，阒其无人，三岁不觌，凶。

《象》曰"丰其屋"，天际翔也。"窥其户，阒其无人"，自藏也。

【解义】

此一爻是言昏暗之极，而不能自反也。

藏，谓障蔽。

周公系丰上爻曰：上六以阴柔之质居丰极而处动终，是当四海无虞，承平日久，乃恃才妄作，好大喜功，明极而反暗者也，其居高自蔽之象如

"丰其屋而蔀其家"者。

夫居丰大而高亢，昏暗自绝于人，人谁与之？如窥其户阒静无人，直至三岁之久，而终不觌人也。迷而不知自反，则障蔽已深，其凶甚矣。

孔子释上《象》曰"丰其屋"者，言其居丰之极，怀满假之心，处动之终，负骄盈之气，若屋之高而翔于天际也。"阒其无人"者，岂果无人乎？自为障蔽，暗而不见人也。以亢自居，至于久而一无所觌，丰其可恃乎哉？

按：上六一爻正与六五相反，以五能用人之明以为己之明，上舍人之明而适以绝己之明也。然其病不在艰难多故之时，而在晏安无事之日。盖升平既奏，骄侈必生，正直之士日远，而谄谀之人日进，虽欲闻一善言、见一善行，必不可得，无人不觌，凶斯至矣！圣人知有天下者，丰业已成，则丰屋蔀家之事，势所必至，故特危辞以戒之、敬怠之，几出此入彼而治忽判焉，可不慎欤？

【解说】

本节是说如果昏暗到了极点就会自高自大、自绝于人而不再进取。此时四海之内没有大动荡，承平日久，上六就会志得意满、恃才妄作、好大喜功。其居高自大，就像是只顾着自己丰大而不再关心国家。把自己掩蔽在家中，只从门窗里察看而长久不露脸，这说明上六内心只有自己，高傲至极而自绝于人，其结果必凶。

# 卷十三

【原文】

☶艮下离上

【解义】

卦内艮外离，止而丽于外，有旅象焉。又山止不动，犹舍馆也；火动不止，犹行人也。居莫如止，故以艮为体。往莫如明，故以离为用。旅莫善于柔，爻柔者吉，刚者凶，处旅之道也。旅不能无得丧，爻柔则得，刚则丧，必然之理也。卦唯二三两爻得其正位，然九三刚而不中，处非其地。唯六二柔顺中正，与六五两柔相应，有宾主同德之象。六五虽不得位，然卦从乾变，六五舍乾之刚健，而得柔之文明，居上卦之中，以顺乎二刚得处旅之道，《彖》所谓"小亨，旅贞吉"者，二爻是也。行旅之间，柔得中不取辱，顺乎刚不招尤，止而不妄动，明而识时宜，亦安往不吉而亨乎？孔子以东西南北之人而为万世师，用旅之道者也。且圣人之随寓而安，过而不留，何者非旅？又不特一行旅之用矣。

【解说】

《旅》卦所说的"旅"，指离家外出，滞留他乡。古人安土重迁，把长期离家看成是万难的事。正是针对这种"难"的情绪和事实，《旅》卦讲述了在漂泊中寻求安居的原则。卦辞表明，出门在外，当以柔顺持中为本。卦中六爻，凡柔顺中和者得吉，刚强高傲者则凶。这方面的道理好说而不好做，做起来必须要因时制宜。

【原文】

旅，小亨，旅贞吉。

**【解义】**

此卦艮下离上，山止于下，火炎于上，有去其所止而不处之象，故名为旅。卦辞言处旅者当以正道自守也。旅，谓羁旅。

文王系旅《彖辞》曰：人当羁旅则失其本居，而身寄于外，亲寡情疏，难以得亨。以卦体六五得中而顺乎刚，卦德艮止而丽乎明，虽羁旅本无大通之理，而处之有道，则尚可以自通而小亨。夫旅非常居，似若可以苟者，然道无往而不存，苟非善处，鲜不失矣。故必礼以律身，智以照物，非贤不主，非善不与，守其旅之正而须臾不离，斯得处旅之道而吉矣。大抵常变久暂，惟遇所遭，故旅者，生人之所不能免也，而吉凶悔吝，全在乎处之正不正。圣人之垂戒深矣哉！

**【解说】**

本节是说出门在外的旅者，要柔顺小心才能顺利，遵循出门在外的行为准则可获吉祥。人长期滞留在他乡就会失去本来居住的地方，只身在外，亲人很少，亲情就会离疏，幸而旅者柔顺得中而顺应阳刚，因此尚可以获得小的吉祥如意。

**【原文】**

《彖》曰：旅，小亨，柔得中乎外，而顺乎刚，止而丽乎明，是以小亨、旅贞吉也。旅之时义大矣哉！

**【解义】**

此《彖传》是释旅《彖辞》而明旅之难处也。

孔子释旅《彖辞》曰：旅之所以小亨者，何哉？盖处旅之道贵乎得中，而病于自用。今以卦体言之，六五柔得中而在外，顺乎上下之二阳，是在己既有柔中之德而谦卑适宜，又能顺附乎阳刚而恭顺不失，处己处人，两得其道，则其所如皆合矣。抑处旅之道贵于静正而患于不明，以卦德言之，艮止而离丽乎明，是内既静专而不失于妄动，外灼物情而不迷于所往，内外交尽其善矣，是以在旅而小亨而为旅贞吉也。

夫卦德、卦体如此，而仅得小亨，则非得中而顺刚，内止而外明，即不得以小亨矣。必守正而后得吉，则少不正而即不得吉矣。是难尽者旅之义，难处者旅之时，则旅之时义不其大哉？甚矣，旅之难处也。

按：人当羁旅，是失其所居之时，刚必招祸，而柔必取辱，所以处之者诚不可无其道也。然平陂之形虽在于世，而贞正之守则在于我。君子素其位而行亦惟正己，而不求于人已矣。

【解说】

本节《象传》是对上一节旅《象辞》的进一步解释，以表明旅之难处。滞留他乡，柔顺小心才能顺利，说明在外要柔顺适中并顺从刚强，言谈举止要光明磊落，因此才有小心地亨通，遵循出门在外的行为准则，可获得吉祥。这说明出门在外期间，言行得体实在是太重要了。

【原文】

《象》曰：山上有火，旅；君子以明慎用刑，而不留狱。

【解义】

此《象传》是言君子慎刑之道也。

孔子释旅《象》曰：山上有火，去而不留，旅之象也。君子以主刑者，民之司命，故当其用刑之时，审察必极其明，而使无遁情。又不敢以慢易之心乘之，而务加谨慎，轻重得宜，出入惟允，如山之止以为慎而不敢轻忽也。明慎既尽，而断决随之，当刑即刑，当宥即宥，如火势之不留而不至淹滞也。

按：明慎者，君子之仁也。不留者，君子之义也。仁义并用，而治狱之道尽矣。义而不仁则伤于暴而滥及于无辜，仁而不义又伤于懦而威阻于强梗，必如君子然后可当折狱之任，而天下无冤民也乎！

【解说】

本节是说君子要懂得明刑慎罚的道理。主掌刑罚的君子在审理案件和用刑前，要仔细认真地明断案件使没有冤情，当判则判，当宽宥则宽宥。明慎者，体现君子之仁；不留者，体现君子之义。仁义并用则天下无冤民，就是治狱之道。

【原文】

初六：旅琐琐，斯其所取灾。

《象》曰"旅琐琐"，志穷灾也。

【解义】

此一爻是为处旅卑陋而召祸者戒也。

琐琐，细小卑贱之貌。

周公系旅初爻曰：初六以阴柔居下位，是旅之志意污下，而规模局促者也，其才质琐琐而无远大之概，如是则谁其予之乎？自轻而人轻之，自侮而人侮之，灾咎之至，非自外来，实己有以取之耳。

孔子释初《象》曰：人之志量，原不可以卑陋，初六之"旅琐琐"者，其志量局促亦已穷矣，所以来人之轻侮而取灾也。

按：旅之致穷，不在位之卑下，而在志之猥琐。舜之陶渔，尹之鼎俎，说之版筑，胶之鱼盐，圣贤未遇之时，未尝不亲琐事，顾志趣超然，物自不得而累之。初之位与志，皆极琐陋，故穷而致灾。如此，君子所以恶居下流也哉！

【解说】

本节是告诫滞留他乡者，如果言行琐碎下贱，这是自找苦吃且有灾难。才质疏松且没有远大的志向，又自己看轻自己，所以别人也看轻他。灾祸并非来自于外，而是咎由自取。在旅途之中至于穷困，不在于处位卑下而在于无志气，言行猥琐，所以才会有灾难。

【原文】

六二：旅即次，怀其资，得童仆贞。

《象》曰"得童仆贞"，终无尤也。

【解义】

此一爻是言处旅之最善者也。

即，谓安；次，谓舍。

周公系旅二爻曰：六二柔顺中正，与物无忤而处置得宜，以是处旅，有无往而不吉者。故"次"者，旅之居，二则即次而有以安其身；"资"者，旅之用，二则怀资而有以裕其用；"童仆"，旅之服役者，二则得仆之贞信为能无欺，而有所赖藉。盖旅中之善，要不出此三事。惟其德全，故旅中之所当得者，皆无不备耳。

孔子释二《象》曰：当旅之时，不能无赖乎童仆之用，亦不能免乎童仆之欺，使不得其人，则即次不安，而居亦难保矣。今得童仆之贞则无欺，有赖而可以无患，是以终无所尤也。

按：天下无事不藉乎人，而当旅之时得人为尤急。苟能得人，则身不劳而势不孤，所以保其居而裕其资者，皆有赖矣。然惟御下有方，仁足以育，义足以正，众自乐而从之。故曰：水就乎下，人就乎善，岂不信哉？

【解说】

本节是说处于旅途中自始至终不会有过失是最好的结果。天下没有什么事是不依赖于别人的，尤其是旅居在外者更应该得到别人的帮助。如果能够得到别人的帮助，就会身心不疲劳、势力不孤单，才能够保其居住的地方和财物。只有御下有方，仁足以养育，义足以矫正，众乐而跟从众乐，才能自始至终都没有过失。

【原文】

九三：旅焚其次，丧其童仆，贞厉。

《象》曰"旅焚其次"，亦以伤矣。以旅与下，其义丧也。

【解义】

此一爻是为过刚而失处旅之道者警也。

周公系旅三爻曰：处旅之道，贵于柔顺谦下，今九三过刚不中，居下之上，骄亢自高，而御下寡恩，鲜有不困于旅者矣。故以此处人则人莫之与，如焚其次而失其所安；以此处下则下皆不从，为丧其童仆而一无所赖。夫所居既无，爰处之安？而在下复有叛离之患，虽九三之心初未尝不正，然能免于失依寡助之厉乎？

孔子释三《象》曰：旅而焚次，则身失其所安，亦已伤矣，况又丧其童仆乎？夫当旅之时，童仆乃其所藉赖者，乃过高自亢而失其心，何以致其服从而乐为我用乎？其义必至于丧也。

按：三与二正相反，观二之所以得，则知三之所以失矣。夫居刚用刚，在平居犹不可，况羁旅之时乎？若三真可为过刚无徒者！以此接物而御众，安往而不致困穷哉？

【解说】

本节是警戒过于刚烈而丧失处旅之道者。处旅之道贵在柔顺谦下，现在九三过刚不中，位居在上且骄傲自大，对下面又鲜有恩德，这样就很少有不被困于旅途之中的了。

【原文】

九四：旅于处，得其资斧，我心不快。

《象》曰"旅于处"，未得位也。"得其资斧"，心未快也。

【解义】

此一爻是言处旅者身虽安而志未得也。

资，谓资身之财；斧，谓防身之器。

周公系旅四爻曰：九四以刚居柔，是能用柔而下人者，故于人无所忤，于事无所拂。以此处旅，虽未获即次之安，然旅其所可旅之处，是已得所归而安矣！虽未能怀资而裕，然既得资则足以自利，得斧则足以自防矣。但在上之五，非阳刚之与，在下之初，惟阴柔之应，则所处非久安之地，所与非可仗之人，何能伸其才而遂其志乎？故虽有旅处资斧之善，而心终有所不快也。

孔子释四《象》曰：旅贵于行，处而不行，非旅之亨矣。所谓旅于处者，九四以阳居阴，非其正位，故处而不能行也。上无同德之助，下无可援之人，岂能尽如吾意哉？故虽得资斧足以自利而自防，然其心终有所未快也。

按：四以近君为当位，独旅之六五不取君义，故四为未得位而心有不快。盖士君子本以得志行道为愿，当旅之时岂肯以苟安自便而遂已哉？

【解说】

本节是说处于旅途者，身虽然安定，但是志向却不能施展，因此内心还是不痛快。九四以刚居柔，能用柔和谦下，与人无所忤逆，与事无所违背，在旅途之中虽然不能获得财物，但身能居安。然所出非久安之地，所依赖的非可以仰仗之人，不能够伸张自己的才智、施展自己的志向，因此虽能身居安定而内心终究不能痛快。

【原文】

六五：射雉一矢亡，终以誉命。

《象》曰"终以誉命"，上逮也。

【解义】

此一爻是言得遇其主而名获显也

雉，文明之象；命，名也。

周公系旅五爻曰：六五为离之主，本体柔顺，其德文明而又得中道者也。以羁旅之人观光上国，不免道途之费，如射雉者亦未免于亡矢也。然身名由此显，终克以誉命，传之无穷，则所丧者少而所得者多矣。

孔子释五《象》曰"终以誉命"者，以其有文明之德而为命世之才，则出其学术抱负以达于君，而名誉升闻于上也。

按：此卦六五爻辞所以不取君象者，以天子四海为家无旅故也。故变其例，以旅人之观光者当之。然即以在上者言，因其德之柔顺文明，而来四方之士，未始不可取象于君也。可见变易之中而有不变易者存。易无典要，殆谓是欤！

**【解说】**

本节是说君子遇到了明主，其才德终为君主所赏识。君主本质柔顺且能坚持中道，而作为旅途之人观光上国，难免会有所花费，然由此而扬名，这就是所丢失的少而所获得的多了。因此君子如果有文明之德、有学术抱负，一旦有幸遇到明君就一定会扬名天下。

**【原文】**

上九：鸟焚其巢，旅人先笑后号咷，丧牛于易，凶。

《象》曰：以旅在上，其义焚也。丧牛于易，终莫之闻也。

**【解义】**

此一爻是为过刚而失所居者警也。

旅人，指上九。

周公系旅上爻曰：上九过刚，处旅之上，是骄亢自高而卒无所依。夫自高而失其所依，如鸟以巢为居而见焚，则不得所安矣。其在旅人：始焉，鸣豫自适，而骄乐于未焚之先；终焉，后事兴嗟，而悲号于既焚之后，旅之极困者也。所以致此者，由其过刚处旅之上，当离之极，自骄以乖和顺之德，如牛为柔顺之物，而忽然失之，似丧牛于易者。然焚号之凶，其能免乎？

孔子释上《象》曰：当旅之时，惟谦顺可以自安。上九处旅时而好高自上，必不见容于人。以义揆之，自应巢焚而失所安也。又言丧牛于易者，由其骄气方盛，故失其柔顺之德而不自闻知也。使其早能觉悟，亦何至于焚号乎？

按：旅之时宜用柔不宜用刚，故三阳皆为不利：九四之不快，不及乎中也；九三之焚次、上九之号咷，过乎中也。不及虽未免于弗振，而过刚必至于摧折。盖天下志骄气溢之人，但知取快目前，而不悟后患之至。凡事皆然，岂独处旅之道哉？

【解说】

本节是警戒过刚不中者会由此失去旅途中的居住之所。出门在外的人会因骄傲自大而丧失和顺的品格，骄横的态度会失去可以仰仗的人，因此结果凶险。处于旅途之中，应当谦逊顺和才能自安，骄傲自满必不会被人所接纳。凡事都是这样的，并不只是存在于处于旅途之中的道理。

【原文】

☴ 巽下巽上

【解义】

巽以顺乎人情如风之动。风无微而不入，以为天之号令，故有风以先之，复有风以随之，上巽以象君之出命，下巽以象民之从命。论成卦，则以初四之柔为主。论六爻，则以二、五之刚为重。盖巽本取柔之卑伏，然当巽之时，阳亦用巽道以怀服乎下，故史巫纷若，先庚后庚，皆有丁宁详审之意焉。

总之，巽之为卦，以居中得位为善。二得中而失位，三四得位而失中，初与上则中、位俱失，唯以九居五，位乎中正，所以吉无不利而为申命之主。盖阴始生而阳顺之，二五其最近者也。刚而有巽义，所谓刚巽乎中正也。二五据用事之地，而初四处其下，无违乎教命，所谓柔皆顺乎刚也。

【解说】

"巽"的本来含义是进入、渗入、深入。深入事物之中，当然要顺事物之理，因此，"巽"又派生出顺从、谦逊的含义。《巽》卦讲深入，主体是阳，目的是办事。要求深入，不等于强迫接受；要求跟着做，不等于盲从。初六愿意盲从，结果进退无主；九三朝令夕改，无法为人接受。因此卦中诸爻显示的情况说明，深入离不开守正不阿的原则。

【原文】

巽，小亨，利有攸往，利见大人。

【解义】

此卦上下皆巽，以一阴伏于二阳之下，其象为风，其性能巽以入，故名为巽。卦辞言人有所为，自用则小，而资人则大也。

文王系巽《彖辞》曰：凡天下之事，阳刚有任事之力，阴柔无干理之才。此卦以阴为主，才力不足，未克大有所为，仅可以小亨耳。幸能以阴从阳，则己于人无所拂，人于己有所资，事可立，功可成，而利有攸往也。然必所从者为阳刚中正之大人，乃为得其正而有利见之益，可不慎欤？

按：八卦之重，上经先乾次坤，先坎次离。下经先震艮，次巽兑，皆崇阳也。巽次旅，旅曰小亨，离之一阴顺乎上下之二阳也。巽曰小亨，巽之一阴上从乎二、五之阳也。从阳则利，不从阳则不利。可见阳为贵而阴为贱矣。圣人示阴以从阳之利，正欲其安为贱之分也哉。

【解说】

本节卦辞是说人在得到别人的帮助后才会有大的作为。凡天下之事，阳刚之人有做大事的能力，阴柔之人没有干理的才能。本卦以阴为主，才力不足没有大的作为，只会有小的吉祥。幸好阴柔能够从阳刚，自己对于别人无所违逆，别人会资助自己，如此则事可立、功可成。

【原文】

《彖》曰：重巽以申命，刚巽乎中正而志行。柔皆顺乎刚，是以小亨，利有攸往，利见大人。

【解义】

此《彖传》是释巽《彖辞》，以明刚柔有相资之义也。

刚巽乎中正而志行，指九五；柔，指初六、六四。

孔子释巽《彖辞》曰：此卦上下皆巽，是重巽也。巽之义为入，重巽则深入之至矣。夫人君之入人莫重乎命令，巽则人君所以施命而告四方者，不厌反覆丁宁之详，有以直入乎人之隐，此重巽乃为申命也。卦辞言"小亨，利有攸往，利见大人"者，盖以卦体之九五言之，天下刚者恒不能巽顺。九五，刚也，而巽入乎中正之德，是为上者刚足以断执而出之以中，施之以正，则以一人之中而使天下之不中者归于中，以一人之正而使天下之不正者归于正。以此建中于民，表正于世而为所欲为，则志无不行矣。又以卦体之初六、六四言之，天下柔者多不能自振，今以初之柔而顺二之刚，四之柔而顺五之刚，则柔得刚以为助，不徒一于巽顺，而可以奋发有为矣。夫柔皆顺乎刚，是以"小亨而利有攸往"。然有五之刚，"巽乎中正而志行"，则又为大人之象，而"利见大人"也。

按：刚柔不可独用，亦不可偏废，一于刚而不得其中，则必至暴戾而无以宜众；一于柔而失阳之助，则必至退怯而不能自行。夫惟刚柔交济，则不竞不绒，无所施而不当矣。若徒以一阴潜伏之为巽，而不知初四有顺乎阳刚之象，五有顺乎中正之德，则巽之所以致亨者，岂可得而见耶？

【解说】

本节《象传》是对上一节巽《象辞》的进一步解释，以表明刚柔相济之义。刚与柔不能独用，也不可偏废，如果单独用刚就不得中正，一定会暴戾而失去民众的支持；如果单独用柔就会失去阳刚的支持，一定会退怯而不能自行。只有刚柔相济，所实施的才会恰当。

【原文】

《象》曰：随风，巽，君子以申命行事。

【解义】

此《象传》是言君子体巽之象，而有深入民心之政也。

随，相继之义。

孔子释巽《象》曰：风本善入之物，风行相继，则无物不入，巽之象也。君子体之，以为训示万民，而命令不详，无以入斯民之志。凡事关纪纲法度之大，礼乐刑政之重，利所当兴，弊所当革，必以其所行之事先为申其命令，致丁宁反覆之详，使自近及远，无不晓然于上之意指，然后从而行其所命之事焉，自有以深喻乎民而无不遍矣。

按：人君出政，必有命令以布之，谆谆于言语之间，惟惧不明且尽，此何心哉？无非欲通上下之情，而始不至扞格耳。苟无真实之心，而徒铺张于诰戒之烦，则元朔之诏不能回廉耻之风，建中之诏不能戢强藩之弊，虽申命何益耶？此大哉之言，必本于一哉之心也！

【解说】

本节《象传》是说君子从巽所象征的深入之象中，体会到要有深入民心的政令。凡事有大的纲纪法令，重的礼乐刑政，有利就兴，有弊就革，所要做的事情一定要先申明政令，要反复制定详细的计划，使百姓由近及远没有不通晓上面的旨意的，然后再去做，自然就会深入民心而无所不及。

【原文】

初六：进退，利武人之贞。

《象》曰"进退"，志疑也。"利武人之贞"，志治也。

【解义】

此一爻是言初之无断而示以矫偏之道也。

进退，谓不果。

周公系巽初爻曰：初六以阴居下，为巽之主，是卑巽之过，一于柔懦者也。于是，凡事之来，皆退怯而不敢为，当行复止，方进复退，为进退不果之象。夫天下之事，惟断乃成，退怯如此，曷克有济？若以武人之贞处之，振其懦而作其气，出其果断以济巽之所不及，则自不安于退而能遂其进矣。何利如之？

孔子释初《象》曰：天下事之行止，皆由于志。初六之志有所疑而不决，故欲进而不果于进也。又曰"利武人之贞"者，盖人之志，治则决，乱则疑。苟能先治其志，而有一定之主，尚何进退不果之足患哉？

按：人之气质必有所偏，惟能力矫其偏，斯为善变化。夫气质，《洪范》三德正直而外，高明者则用柔克，沉潜者则用刚克。初之柔弱不振，所谓当以刚克治之者也。圣贤教人之法，帝王治世之权，皆不外乎此矣。

【解说】

本节是说初六象征不坚决果断，而爻辞示其矫正偏离之道。初六象征柔弱者不坚决果断，因此凡事到来，都会退怯而不敢有所作为，以致陷入进退两难的局面。天下之事，唯有坚决果断才可成功，要向武将般那样坚决果断，做到治则决、乱则疑，就不会陷入进退两难的局面。

【原文】

九二：巽在床下，用史巫纷若，吉无咎。

《象》曰：纷若之吉，得中也。

【解义】

此一爻是言二能卑巽以达其诚也。

床下，谓卑者所处。古者，尊者坐于床，卑者拜于床下也。史，职卜筮，巫，主祷祠，皆通诚意于神明者。

周公系巽二爻曰：二以阳处阴，既不敢自安；而居下得中，又不为已甚。故能顺以自持，行过乎恭矣。然由实意以达外，初非流于谄也；卑以自牧，事过乎谦矣。然本至诚以发越，又非失之媚也。犹巽在床下，而用史巫丁宁烦悉其辞，以道达于神明之前，此为善用其巽者也。如是，则克尽事上之道，而收格君之功，吉而无咎，又何疑焉？

孔子释二《象》曰：二之用史巫纷若而乃得吉者，何哉？以二居下体之中，为得中道，小心而不失于卑谄，巽顺而不同于取容，此所以为吉也。

按：下之事上，固贵乎柔巽，然必有至诚以将之，所谓敬发乎中，不以迹而以心也。勿欺矢于靖献之先，纳牖出于积中之素，则将顺其美，固见夫恪恭，而匡救其失，弥形夫忠爱。唐太宗谓魏征："人皆言其疏慢，朕独觉其妩媚。"诚有以也夫！

【解说】

本节是说君子能卑逊谦下、态度诚恳而又不厌其烦就会吉祥、没有灾祸。就像是巽在床下，像史巫一样诚恳而又不厌其烦，就会吉祥、没有灾祸。下侍上，贵在柔顺，但一定要态度诚恳、行为居中，这样也会吉祥、没有灾祸。

【原文】

九三：频巽，吝。

《象》曰：频巽之吝，志穷也。

【解义】

此一爻是言不恒其巽者有取辱之道也。

周公系巽三爻曰：九三过刚不中，既非下人之资，居下之上，又挟上人之势，本非能巽者也。其巽也，特勉为之耳。夫勉为之者，虽可强饰于一时，而不能坚持于永久，为频巽而频失之象。如是则终归于不巽，而以满招损，不亦吝乎？

孔子释三《象》曰：巽本不可以伪，为九三之巽，非出于中心，虽强以欺人，而故态复发自不可掩，则终不足以欺之矣。其志不已穷哉！

按：天下之理，诚则可久，不诚则不可久，若勉为巽而不出于诚，是欲以声音笑貌袭而取之者也。自以为其术甚工，而其患卒不免于穷，作伪心劳日拙，亦何益之有哉？

【解说】

本节是说不能坚持深入者就会自取其辱。九三过刚不中，本就不是能够持之以恒以深入的人，只是勉强这样做罢了，这样虽然可以强势于一时，但终究不能恒久。天下之理，贵在诚实、恒久，不诚实就不会恒久，如果勉强地深入而不是出于诚信，就是想要自取其辱了。

【原文】
六四：悔亡，田获三品。
《象》曰"田获三品"，有功也。

【解义】
此一爻是言能下人者，来多助之益也。

田，谓田猎；三品，一为干豆，一为宾客，一以充庖。

周公系巽四爻曰：六四阴柔无应，是既不得在己之力，而复不得在人之力者。况上之所承为五，下之所乘为三，又皆阳刚而非阴柔所能处，似不免于悔矣。然其用柔能下秉谦恭以接物，本和易以近人，故所承与乘之阳刚，非独不之侵，反为之助而悔可亡，且不独仅有所获而已。贤才汇集，共效协赞之功；群策毕收，咸献匡襄之益。殆如田猎所获之多，足以备三品之用也。

孔子释四《象》曰：田获三品，则所获者为已多矣。四谦以下人，而人为我助，则凡事无不得其所求者，故不但无悔，而实有功也。

按：人之不肯下贤，总欲功必自己出耳，不知能虚怀下人，收天下之贤豪以为国用，则天下之功皆其功也。此其理尤为人臣者所当知，故曰中臣事君以身，上臣事君以人。事君以身者劳而寡效，事君以人者逸而多获，此之谓矣。

【解说】
本节是说能恭顺谦下者，就会有很多人来帮助他，收获很多。六四阴柔无应，自己既不能出力，也不能得到别人的帮助，似乎不免于有灾祸。但幸好其能柔顺待人且谦恭待物，本性平易近人，因此会收获很多，就像是打猎所能收获很多一样。

【原文】
九五：贞吉悔亡，无不利。无初有终，先庚三日，后庚三日，吉。
《象》曰：九五之吉，位正中也。

【解义】
此一爻是言贵更新以善治也。

庚，更也；先庚三日，谓丁；后庚三日，谓癸。丁所以丁宁于其变之前；癸，所以揆度于其变之后。

周公系巽五爻曰：五居巽体，恐其承前人之积弊，未免有苟且偷安之意，宜有悔矣。然幸有阳刚中正之德，终能奋励改图，则有贞而吉，可无巽懦之失，是得亡其悔而无不利也。夫始之有悔，是无初也。亡其悔，则有终矣。此皆改图之善也。然当其时必丁宁于未变之前，而熟思审处，务为先事之防，使吾之所为者，果皆尽善之规。然后从而变之，又必揆度于既变之后，而远虑深谋，求为善后之策，使吾之所为者，果皆经久之图，然后从而安之。如是，则所革皆当，人皆信从，世为法则，而得吉矣。

孔子释五《象》曰：五之所以得吉者，以其所居得阳位之正而居卦之中，有此中正之德，则意见不偏，施为允协。所以丁宁而揆度者，莫非本此德以行之，故贞而吉也。苟无其德，安能善变而得吉乎？

按：蛊言先甲后甲，巽言先庚后庚。盖甲者，十干之首，事之造端也，蛊之败坏已极，故以造事言之，而取诸甲。庚者，十干之过中，事之当更者也，巽之积弊渐萌，故以更事言之，而取诸庚。此圣人谨其始终之意也。

【解说】

本节是赞美九五具有君王的美好品质，贵在弊除利兴、变乱为治。九五居巽之体，恐怕其承接前之弊端，有苟且偷生之意，幸好九五有阳刚中正之德，终究能够奋发图强、改乱为治，因而悔恨消失。但在尚未改变之时，一定要反复叮咛、深思熟虑，在事前能够长期酝酿，然后才改变；在事后又要能认真权衡，有善后之策，使变乱为治的成果能够长期保存。

【原文】

上九：巽在床下，丧其资斧，贞凶。

《象》曰"巽在床下"，上穷也。"丧其资斧"，正乎凶也。

【解义】

此一爻是为过巽而无断者警也。

丧其资斧，失刚断之象；正，必也。

周公系巽上爻曰：上九处巽之极，巽不以正而失其阳刚之德，象为巽在床下而过于卑。巽以至懦而不立，威断绝，无如丧其资斧者。然纵使施于当巽之地，而柔弱无以自振，遂致取人之侮，虽得其贞，安能免于凶乎？

孔子释上《象》曰：巽在床下者，言上居巽之极，专以巽顺为心，其巽至于已甚而穷也。丧其资斧者，过巽则失其刚断，自然取辱而招侮，有可必其凶者矣。

按：上九巽在床下，与九二之取象同而有吉凶之异者，盖九二巽在床下而用史巫纷若，则为过而不过，所谓不至已甚者也，故达其孚诚而得吉。此爻巽在床下而丧其资斧，则为巽之太过而失其阳刚之德矣，故流于卑谄而获凶。学《易》者其可不知所以自处乎？

【解说】

本节是警戒过于追求深入而不知当断则断者。上九阳刚，本来有判断的能力，但由于居全卦之终，在深入的问题上钻了牛角尖，只知道深入，不知道适可而止；只追求一件事的无限深入，不知道应该及时地改变深入的内容，所以遭受损失，结果必凶。

【原文】

☱兑下兑上

【解义】

取坎水而塞其下流为兑泽，泽有喜气洋溢之象。又一阴进乎二阳之上，为气之舒散乎外者，故近乎说。然说之为道，苟不以正，则流为邪媚，故《彖》戒以贞，而爻贵夫刚焉。盖说之易涉于不正者，病在柔外；而说之所以得其正者，实本刚中。三与上为柔外，故能说。二与五为刚中，故能利贞。三以柔居刚，为下兑之主，来而求阳之说，其恶易见，故本爻凶。上以柔居柔，为上兑之主，引而致阳之说，其情难测，故比爻尤不可以不戒。六画唯初有廓然大公、和而不同之象，为得说之正而已。

按：圣人于三女之卦多以贞戒之。离曰"利亨贞"，巽曰"利贞"，兑曰"亨利贞"。盖阴柔之质多病于不正，故皆以正言也。

【解说】

《兑》卦是说与人相处应该彼此心情舒畅，气氛和谐。能做到这一点并不容易，它的基础是卦辞提出的"贞"。表现在人身上，就是《象传》所说的"刚中而柔外"。刚中，内心有主见，有原则；柔外，谦虚和气，尊重别人。离开"贞"，人际关系中的舒畅、和谐，可能就变为谄媚讨好、虚情假意，为君子所不取。有关爻辞特别告诫有"刚中"品德的君子，要加倍提防小人的逢迎讨好，免得日后后悔。

【原文】

兑，亨、利、贞。

【解义】

此卦上下皆兑，一阴进于二阳之上，非其所望，喜见乎外，故名为兑。卦辞言说，当出于正而不可妄说也。

文王系兑《彖辞》曰：卦体刚中而柔外，人诚能以刚中之正说人，则人情无不乐吾之可亲，上感下应，欢忻交通而自亨。夫说固有亨道，非道求说又在所当戒，故必其所说者一出于天理人心之正，而无邪佞柔媚之私，乃为利也。

按：说有亨道而必利于贞者，是因其所不足而戒之之辞也。此王道之熙皞，所以异于霸者之欢虞欤！

【解说】

本节卦辞是说君子应该持中守正而不可以随意地乱说话。兑卦象征刚中而柔外，心情舒畅，它将导致亨通，但心情舒畅必须要符合道德准则。

【原文】

《彖》曰：兑，说也。刚中而柔外，说以利贞，是以顺乎天，而应乎人。说以先民，民忘其劳；说以犯难，民忘其死；说之大，民劝矣哉！

【解义】

此《彖传》是释兑《彖辞》而极言其说道之大也。

刚中，指二、五；柔外，指三上。

孔子释兑《彖辞》曰：卦名兑者，以一阴进于二阳之上，喜见乎外，有和说之义，故名兑也。夫说固有亨道矣，而又利贞者，何哉？

盖以卦体二五以刚居中，三上以柔居外，刚中固无不正，而柔外似有不正之嫌，故必其所说者出于义理而无妄说之私，则所说得其正乃为利耳。

夫其所以利于贞者，推而极之天人之大，亦总不外此正而已矣。盖说而既得其正，则上合天理，可以顺天而不悖，下契人心，可以应人而不违。由是本此说道之正，而率民以趋事，则民皆乐于效力而忘其劳；率民以犯难，则民皆急于向义而忘其死。夫逸与生，人之所好；劳与死，人之所恶。今乃忘其劳、忘其死，岂人之情也哉？不知"说以先民"则劳之，正所以逸之。"说以犯难"则生之，所以为仁，杀之亦所以为仁也。岂非说道之大自能使民劝勉矣哉？

按：说之大者，以其正也，正则民劝而其说乃大，如大禹之治水八载，周公之东征三年，可为忘劳、忘死之验矣！

【解说】

本节《象传》是对上一节兑《象辞》的进一步解释，是极力在说兑之道极大。兑的含义是内心喜悦。品格刚健、内心诚实而能和气待人，这样的心情舒畅才符合正道，最为有利。可见正确的内心舒畅，既顺应天理又符合人情。使民众心情舒畅，民众在出力的时候就会忘记疲劳，在冒险的时候就会忘记生死。发扬了人际关系中心情舒畅的原则，民众就能遇事自勉，奋发向上。

【原文】

《象》曰：丽泽，兑；君子以朋友讲习。

【解义】

此《象传》是言君子体兑象而得互相滋益之道也。

丽，附丽也。

孔子释兑《象》曰：凡天下之不相说者多由于不相同，两泽相丽，彼此相资，是虽无情之物而同气相求，同类相益，实有相说之义，兑之象也；君子体之而以朋友讲习焉。盖徒讲不习，则中无实得；徒习不讲，则开悟无从。于是论说以讲之于先，体验以习之于后，则究其理而所知者益精，践其事而所能者益固。相说之益莫有加于此者矣。

按：习者，服习其事，而朋友则所以讲明其义也。其义既明，至于践行其事，则非朋友所能用力矣。故曰"知之匪艰，行之维艰"也。

【解说】

本节《象传》是说君子要从兑象中体会到朋友间讲讨道理、研习学问的重要性。凡天下间不相悦者多是由于志不同等所造成的，两泽互渗互溢，虽然没有情感但也能同气相求，同类相益，有相悦之义。

【原文】

初九：和兑，吉。

《象》曰：和兑之吉，行未疑也。

【解义】

此一爻是言说人者当出于正也。

周公系兑初爻曰：初九以阳居卦下而无应，夫阳刚则不失于柔媚，处下则不失于上求，无应则又不失于私系，是其所说者出乎性情之中正，而于天理无所乖，于人情无所拂，如是则其所说者无偏党之私而得其正矣。何吉如之？

孔子释初《象》曰：凡说人者，于理未顺则所行不正，而有可疑矣。和兑而得吉者，其所行皆本谦恭以待物，而无偏私之可疑也。使其不正，则有所疑矣，安得为和哉？

按：和之与同有异，初处说体之下，得阳刚之正，是说而不流于邪者，故为和而得吉耳。

【解说】

本节是说因和气待人而形成和谐关系的吉祥，是由于君子行为端正不被人所疑惑。凡与人为悦者，如果理不顺所行就不正，就会被人所疑惑。和气待人而形成和谐关系，这是由于君子本性能够谦恭地待人待物，没有偏私之心而为人所疑惑。

【原文】

九二：孚兑，吉，悔亡。

《象》曰：孚兑之吉，信志也。

【解义】

此一爻是言说人之出于诚也。

周公系兑二爻曰：九二以阳居阴，似不足以取信于人，所行有悔矣。然以其有刚中之德，则所说一本由衷之诚，而非伪为于外者。以孚而说，则上焉得君，下焉得民，内焉顺亲，外焉信友，孚诚所感未有不动者也，是虽有可悔之事，而亦不见其为悔矣，故得吉而悔亡也。

孔子释二《象》曰：说而不出于孚，则其志不诚矣。所谓孚兑之吉者，由二之孚信一出于诚实之志，而无少伪妄，所以孚兑而得吉也。

按：二处大臣之位，当兑说之世，乃天下视其所说以为趋向者也。苟非孚信出于刚中之志，鲜不为说媚之所惑矣。

【解说】

本节是说为臣者诚实可信就会关系和谐。以诚实守信取悦于人，则会上得君心、下得民心，于内亲戚和顺，于外为朋友所信赖。诚实守信即使有悔恨之事，悔恨也会消失而得吉祥。

【原文】
六三：来兑，凶。
《象》曰：来兑之凶，位不当也。
【解义】
此一爻是为阿谀而求说者警也。
来兑，谓来就二阳以求说。
周公系兑三爻曰：六三阴柔而不中正，是说之妄者也。又为兑主，则深于说者矣。夫位居下体，则所说者宜在上，乃上无所应，而反来就二阳以求说，初之刚正，二之刚中，三虽求说，而不能得其说。欲说人而人不我与，则沦于污贱而可耻矣，其能免于凶乎？
孔子释三《象》曰：三之"来兑"而凶者，盖以阴柔不中正，德不足以自守，甘于妄说而人莫之与，所以无往而不凶也。
按：说贵出于正，三以阴柔之质而说不以正，夫非正而求说，则为邪佞之徒矣。其得凶也，所谓名实交丧者耳。不亦可以为媚悦求容者之大戒乎？

【解说】
本节是警告以阿谀奉承、讨好他人求和谐者。与他人和谐相处，贵在行为端正、持中守正；以不正当的手段谋求和谐，是邪佞之徒，有凶险且名利都会丧失，这是应该为阿谀奉承、讨好他人以求和谐者所警戒的。

【原文】
九四：商兑，未宁，介疾有喜。
《象》曰：九四之喜，有庆也。
【解义】
此一爻是言去邪从正者当决其志于一也。
商兑，谓商度所说。
周公系兑四爻曰：九四上承九五之中正，下比六三之柔邪，将欲说五，则三乃情之所系；将欲说三，则五乃理所当从。君子小人之间度量而择所从，未能自定，为商兑未宁之象。当此之时，正天理人欲公私之界，不可不审所从也。幸四质本阳刚，则阴柔原非其类，为能介然守正，疾恶柔邪，是始虽疑而终则断也。去邪从正，不亦深可喜乎？

孔子释四《象》曰：天下之理，是非不两立，故好善则疾恶，从正则远邪，此君子小人之分也。使一牵于柔，则将沦胥而为小人之归矣。今九四能介然守正而疾邪，则有以保其名位而不坠其风节，将得君行道，福泽及物。是不但有喜，而实有庆也。

按：大臣处近君之位，贵绝私党以奉公，使不审所从而轻为亲比，则奔走于下，而求说者必多幸进之门矣。圣人以介疾有喜言之，正所以开示正道而隄防其邪心也。然正人之謇谔，虽君子亦惮其过刚；宵小之柔邪，即贤者亦乐其易近。是以尤贵有知人之明，而严辨之于早也。

【解说】

本节是说君子应该坚持自己的志向，专心致志，要讲气节、持中守正而憎恨邪恶。小人君子之间考虑所要跟从的还没有定下来，所以有内心思索、琢磨未定之象。在这时候，一定要明确天理人欲、公私之界，谨慎地做出选择。大臣处于靠近国君的位置，贵在断绝私下结党而以公心侍奉国君，身为国君身边的大臣，能不被小人谄媚所惑，就对国家有利，所以是值得庆贺的。

【原文】

九五：孚于剥，有厉。

《象》曰"孚于剥"，位正当也。

【解义】

此一爻是为人君惑于小人者，戒也。

剥，以阴消阳也，指上六而言。

周公系兑五爻曰：上六阴柔小人，为说之主，而处说之极，能妄说以剥阳者也。九五阳刚中正，当说时而居尊位，密近上六之小人，狃于所说而相信之，是孚于剥也。夫阴柔小人，内则蛊坏人之心术，外则亏丧人之行业。信非其人，则有危道矣。

孔子释五《象》曰：九五孚于剥者，以五刚健中正而居尊位，自恃可以去小人，谓其不能为吾害也，乃反为小人所惑，受其剥而不自知，非五伤于所恃乎？

按：说之感人易于相得，不知其感之者将以剥之也。故以虞帝之圣而畏巧言令色，岂非说之易入而深可惧乎？圣人以孚剥言之，所以戒轻信之失者切矣。

【解说】

本节是警戒为君者被位居高位的小人所迷惑。九五象征阳刚中正的国君，其位居尊位且靠近上六阴柔之小人，易被小人所迷惑而相信他，因此对危害国家的小人讲诚信是很危险的。应该为轻易信任小人的国君所警戒。

【原文】

上六：引兑。

《象》曰：上六引兑，未光也。

【解义】

此一爻是言小人之说不以正也。

引，谓引下二阳。

周公系兑上爻曰：上六以阴柔成说之主，而居说之极，是所务专在于说人也，故引下二阳相与为说。在人之从不从，固未可必，而彼之性质柔媚，其欲致人昵己者，则如此耳。

孔子释上《象》曰：凡说之出于正者，其心必正大而光明。上六引人以为说，是其心之所存，私而不公，邪而不正，其心迹隐晦而未至于光显也。若本刚正刚中以为说，其心迹人得而共见之矣。

按：以动而求阳之说，其恶易见；以静而诱阳之说，其情难知。此引兑之所以未光也。

【解说】

本节是说小人想要通过引诱来形成和谐的关系，这是不光明正大的。孔子解释上《象》说，凡是求和谐出于正者，其内心一定要正大光明。小人通过引诱来形成和谐关系，是因为其内心私而不公、邪而不正。

【原文】

☵坎下巽上

【解义】

坎水在兑泽之上，则为泽所节止。坎水在巽风之下，则为风所离散，故曰涣。井以木出水，故居塞而能通。涣以风行水，故通之极而至于涣散。

二、四为成卦之主,下卦本坤,刚来居二,不为阴柔所困。上卦本乾,六四以柔居柔,得位之正,不应初而上同于五,刚不为柔困,柔不与刚忤,刚柔相得,涣之所以能亨也。以六爻言,唯刚柔上下相合而不散者为能拯涣。初柔而二刚,二附就初,在下相合以任拯涣之责,故初"马壮吉"而二"奔机得愿"也。五刚而四柔,四上同五在上相合,以成济涣之功,故四"涣群元吉",而五"涣汗无咎"也。此皆协力以拯涣者。至三上居相应之位,以远而不相及,故三则但能"涣其躬"之难而"无悔"。上则不过"涣血"以"远害"而已。

【解说】

关于《涣》卦的主旨传统的说法是救散治乱,但这并不准确。实际上,《涣》卦讲的是教化问题。卦辞显示,教化的主要内容是尊天敬祖,主要形式是神道设教。卦中六爻都是实施教化的主体,他们或者清刷自己,或者铲除阻力,或者与严惩相合。总之,要像风行无阻、水流通畅那样,把统治阶级的思想传播到天下,以培养平民大众的道德意识,提高其精神素质,从而巩固政权。

【原文】

涣,亨。王假有庙,利涉大川,利贞。

【解义】

此卦坎下巽上,风行水上,有离披解散之象,故名为涣。卦辞是言人君济涣之道也。

涣,散也;假,至也。

文王系涣《彖辞》曰:卦以巽风而行坎水之上,水遇风则涣散,涣之象也。夫涣则人心已散,若难以得亨者,幸卦变自渐而来,九来居二而得中,六往居三得九之位,而上同于四,是有可据之势,既有其才,复有其辅,则涣有必济之理而可亨。夫时当涣散,是天下之涣皆在所当聚。而自王者言之,则当先其大者也。

盖涣之时以九庙则震惊,王者当假庙孝享,以聚祖考之精神,而使神灵之已涣者复安。以世道则溃乱,卦则木在水上而能涉川,王者当拯危济险,以展才略于天下,而使民心之已涣者复合。凡此皆治涣之道也。然假庙而不以正,是媚神也,故假庙则必尊祖敬宗,而不敢为邀福之祀;涉川而不以正，是行险也，故涉川则必顺天应人，而不敢为侥幸之谋。二者皆正乃为利耳。苟或不然，则神不歆而人不与，涣何由而得亨乎？

按：涣兼二义：有因民涣散而萃之意，假庙是也；有涣天下患难之意，涉川是也。爻则全以涣为美事，各有不同，不可以一例观也。

【解说】

本节是说为君者救散治乱之道。涣象征组织和人心的涣散，难以获得吉祥如意。在人心涣散之时，为君者到祖庙里去虔诚地祭祖，就会感动神灵，这样有利于越过艰难险阻，为君者还要注意要坚持正道，这样才会救散治乱，吉祥如意。

【原文】

《彖》曰：涣，亨。刚来而不穷，柔得位乎外而上同。王假有庙，王乃在中也。利涉大川，乘木有功也。

【解义】

此《彖传》是释涣《彖辞》以明涣之所以得亨也。

刚来，谓九居二；柔得位，谓六居三；外，谓外卦；上同，谓三上同乎四。

孔子释涣《彖辞》曰：时当涣散不易得亨，卦名涣而辞即系以亨者，何哉？盖当涣时非据可为之地与能为之才，而复得人之助，皆不足以济涣也。

今卦变自渐而来，九来居二而得中，则得其所安之地，是山河险固可为据守之资，形势利便，可施攻取之计，所以济涣者，有其地矣。

六本柔也，乃往居三得九之位，是本之以宽仁，济之以雄断，则恩足以结人心，而威足以御强敌，所以济涣者，有其才矣。

又三与四皆阴，乃三上同于六四，当国步艰难而得朋以助，则戮力同事，可以扶危定倾而收再造之功名，所以济涣者，又有其助矣，是以不终于涣而可亨也。

辞云"王假有庙"者，非徒为观美而已也。盖当涣时，祖考之精神散失，王者乃聚一己之精神至于宗庙之中，上以扬谟烈之盛，下以作臣民之心，则对越如在，而祖考之精神有所凭依，而不至于散越矣。

辞谓"利涉大川"者，非幸致也，盖涣之时，非救时之才不能有济。卦象乘巽木于坎水之上，则以经纶干理之才为澄清天下之略，有以成济涣之功也。

按：涣为险难之时，非形势才力之兼善，则不能以有济；而又必假庙以收人心之散，必涉川以拯天下之难。涣之得亨岂易言哉？

【解说】

本节《彖传》是对上一节涣《彖辞》的进一步解释，以表明涣之所以得亨的道理。当涣散之时本来是不应该得亨的，因为此时没有可依据的地势，没有有为之才能，也没有可以来帮助的人。但最终却会亨通，这是因为涣卦自渐卦而来，有山河险固的地势作为据守之资，六居三，说明此人宽仁、雄断，其才能足以团结人心，又能够得到朋友的帮助，因此最终会亨通。

【原文】

《象》曰：风行水上，涣；先王以享于帝立庙。

【解义】

此《象传》是明先王以仁孝而得济涣之道也。

孔子释涣《象》曰：风行水上，涣散之象也。当涣之时，郊庙之礼废，上帝祖宗几于无主，使无以合之，将终于涣散而不聚矣。先王享帝于郊，以明父天母地之礼，而上帝之精神散于清虚之表者，乃萃于郊祀之余矣。立庙于国以报祖功宗德之隆，而祖考之精神散于杳冥之中者，乃聚于庙祭之时矣。夫享帝以明有尊，而人皆知尊尊之义。立庙以明有亲，而人皆知亲亲之义。仁孝兼至，而诚无不通，幽无不格，此治涣之大者也。

按：涣之象因人各有心不相联属贯通，而天下之势遂至乖离。必有所以鼓动感孚之使归于一，则涣者不求而自合。故敬天尊祖，自展仁孝之思，而天下之心已知天神无二主，不敢以下而犯上；知人物无二本，不敢背死而忘生，联属人心莫切于此。武王克商至丰祀于周庙，越三日柴望大告武成，而光武初营洛阳，即立郊社宗庙，岂曰神道设教而已哉？

【解说】

本节是说以仁孝祭祀先辈君王、立庙祭祖，就会得到济涣之道。先王到郊外去享祀祖宗，立庙于国以报答祖宗的功德，使祖宗的功德发扬光大，享祀先帝以表明尊重，让人都知晓尊重尊贤之人的意义；立庙以表明亲近，让人都知晓亲近亲人的意义。仁孝兼治则诚无不通，这是救散治乱之道。

【原文】

初六：用拯马壮，吉。

《象》曰：初六之吉，顺也。

【解义】

此一爻是言人臣资有才者以成济涣之功也。

拯，救也；顺，谓顺从九二。

周公系涣初爻曰：初六居涣之初，是涣之始也，当始涣而拯之，其为力犹易，况初以柔而居九二之下，若藉九二刚中之力以拯之，则资其雄断之略，赖其英武之谋，是拯难而得马之壮也。夫拯之于初，为力既易，得人之助，功复易成，如是而往，则涣可济而吉矣。

孔子释初《象》曰：初六阴柔，本非济涣之才而乃得吉者，何哉？以九二阳刚之才，足以任天下之重，初能顺而从之，则藉其力而资其用，所以能成济涣之功而吉也。

按：五爻皆言涣，而初独不言者，以救之尚早，可以不至于涣耳。然当涣之方萌，而泄泄然因循玩忽，且不能虚己推贤，资天下之豪杰以共济艰难，则必至于涣散而拯之为难矣。图事者所以贵知几之识也。

【解说】

本节是说为臣者能够得到强有力者的帮助，因此就会成功地救散治乱。孔子解释初《象》说，初六阴柔，本没有能救散治乱的才能但却能得吉，这是因为九二有阳刚之才，才能足以担当天下之重任，而初六阴柔且顺从九二，因此可以借助九二的阳刚之才以成功地济涣。

【原文】

九二：涣奔其机，悔亡。

《象》曰"涣奔其机"，得愿也。

【解义】

此一爻是为当涣而得所藉以成功者幸也。

机，谓人所凭以为安者。

周公系涣二爻曰：九二当涣之时失其所居，本不足以济涣者，夫涣而不能济则有悔矣。然当涣时，二为得中之地，若能速来居此，是离散之时失其故居，而得善地以自处，则进战退守皆有所据，不犹人当涣奔之时，得其机而可凭之以为安乎？向者失其所居之悔可亡矣。

孔子释二《象》曰：涣时皆有愿安之心，今涣而奔，得其机来就所安，而无失其故居之苦，则有以得其所愿矣。

按：九二刚自外来，有奔象，虽有二阴阻隔，不为迟疑，且动乎险中不穷于险，故能据上游以成控制之势，如萧何之取汉中，邓禹之据南阳，资其险要而沉几观变以渐图兴复，则混一有其基，非徒以目前之得所安为愿也。

【解说】

本节是庆幸当救散治乱而有所凭借以成功者。九二阳刚自外而来，有奔象，虽然有二阴阻隔，但不为迟疑，在险境中行动，因此可以依据上游形成控制的态势，如萧何占领汉中，邓禹据守南阳，据其险要之地以静观其变，逐渐地谋划复兴，有此根基，就不会以目前所得到的安定为愿望了。

【原文】

六三：涣其躬，无悔。

《象》曰"涣其躬"，志在外也。

【解义】

此一爻是言人臣忘身以济涣也。

外，指天下而言。

周公系涣三爻曰：六三阴柔而不中正，本有自便自利之私者宜有悔矣。幸居得阳位，则志在济时，为能以天下为己责而汲汲谋所以济之，凡一身之利害得丧，俱不暇计，有涣其躬之象。夫为身谋而不顾天下者，其心必有所不安。今乃忘身以急国难，涣之济否虽未可必，而举动光明，何悔之有？

孔子释三《象》曰：人臣报主念殷，其立志在天下，则为人之念重而为己之意轻矣，所以能忘身而济涣也。

按：人之所以胶执而不能自脱于险者，有我而已。六三能释然散其有我之私，故能出险而济涣，使人臣私有未忘而欲求涣之济，其可得乎？

【解说】

本节是说为臣者能够忘己私利而心系国家，就不会有悔而救散治乱。只为自己谋划而不顾天下者，其内心必有所不安。能够忘身以国家之难为急，救散治乱虽然未必会成功，但举动光明，就没有悔恨。为人臣者，其志应该在于天下，这样就会被人所看重，所以能够忘身以济涣。

【原文】
六四：涣其群，元吉。涣有丘，匪夷所思。
《象》曰"涣其群，元吉"，光大也。

【解义】
此一爻是言大臣能涣小人之私群，而成天下之公道也。

群，谓私党；丘，谓丘陵；夷，平常也。

周公系涣四爻曰：六四居阴得正，上承九五，是辅君以济涣者也。夫当人心涣散之时，各相朋党，缔其私交而不能混一。今四下无应与是，能涣小人之私群而成天下之公道，洵为大善而吉也。

夫私党既散，公道自行，使所散者聚而尽归于五，而有如丘陵之高，是散其小群而成一大群，合忠殚虑，共济时艰。其功业之盛，岂常人思虑之所及哉？

孔子释四《象》曰：六四之"涣其群元吉"者，何以得此乎？盖人之植党者，其心多暗昧而不光，狭小而不大。四散小人之私群，以成天下之公道，以其心光大而不自私，乃能有此，诚非常人思虑之所及矣。

按：六四非阳刚之才，似不足当大善之义，不知柔顺之臣不专其权而杜绝私交，以布公道，其善固甚大也。尹吉甫称仲山甫曰"夙夜匪懈，以事一人"，岂非涣六四之心乎？

【解说】
本节是说为臣者能够铲除小人所结的党群，以成天下之公道。在人心涣散、各自结党之时，大臣能够使人心团聚，消除小人所结的党羽，结果能够吉祥如意。"涣其群，元吉"是因为结党之人，其内心灰暗没有光明，心胸狭隘无大志。散除小人所结之私党，以成天下之公道，说明其内心光明盛大而不自私，如果真能如此，这是做了别人不敢想象的事。

【原文】
九五：涣汗其大号，涣王居，无咎。
《象》曰"王居无咎"，正位也。

【解义】

此一爻是言人君施令散财而能济涣也。

涣汗，谓如汗之出而不反也；大号，谓命令；居，谓居积。

周公系涣五爻曰：当涣之时，民心解散凡以情意乖离，而恩泽不能下究也。九五阳刚中正而居尊位，如涣之时所宜散者，莫大于号令。居积之二者，散其号令以动天下之心，则人因王言之大而知王心之一矣。散其居积以济万民之命，则财散于上，民聚于下矣。如是则济涣有道，而天下之大势可合于一，何咎之有？

孔子释五《象》曰：九五不徒涣号，且涣王居而无咎者，何以得此哉？凡济涣者，非有其才，虽居尊位而不能涣；非居尊位，虽有其才亦欲涣而不能。九五以阳刚中正之德而居尊位，则有其德而志不限于推行，有其位而权不阻于运用，是以能公其利而无咎耳。使非正位，涣何由而济乎？

按：平天下者，必在君臣之合德。若三之涣躬，四之涣群，可谓靖共盈朝矣。然天下非无群臣戮力之患，所患君意郁而不宣，君泽壅而不广，则政令弛而下之心疑，封殖固而下之志懈，虽群臣协力匡襄，而君德未明，何以怀徕四海而坐致太平？故济涣之善策，必在正位有德而为发令散财之道也。

【解说】

本节是说为君者施令散财能够济涣。在涣散时能够救散治乱的莫过于发令施号，发号施令让百姓之心能够凝聚，君王能够把自己居积发散给百姓以救万民之命，这就是济涣有道。为君者的命令如果没有广泛地传达下去让万民知晓，政令就会松弛而下生疑心，虽然有群臣协力匡正，但君德未明，怎么能够让四海信服而天下安定？因此济涣好的策略在于君王位居正位、行正道，有美好的品德且能够发号施令，散发居积以拯万民。

【原文】

上九：涣其血，去逖出，无咎。

《象》曰"涣其血"，远害也。

【解义】

此一爻是言人臣能拨乱而成济涣之功也。

血去，谓无伤害；逖出，谓无忧惧。

周公系涣上爻曰：上九以阳刚而居涣极，夫阳刚则有拨乱反正之才。涣极又当乱极思治之候，以此济涣，必能出乎涣矣。故当涣时，海内疮痍，皆有伤害之危。今祸乱已息，为能涣其伤害而伤害已去，且人心惊恐皆有忧惧之思；今倾危已安，为能涣其忧惧而忧惧已出。夫伤害既去，而畏惧复忘，则出汤火而登之衽席，济涣之功成矣，谁得而咎之乎？

孔子释上《象》曰：时当涣散，不免伤残忧惧之害，今乃涣其血去逖出者，盖上九以阳刚居涣之极，则危者已安，否者已泰，能出乎涣而远于害矣。

按：涣有分裂之象，生民之害为大，幸上卦已出坎险之外。上九又居涣之极，去涣愈远而血去逖出，是天心合而运数可回，人事尽而谋猷克展，此时之民自无不出险而就安矣。可见天下未尝无艰危之势，全在大臣有匡济之才，如汉之陈平、周勃当诸吕擅兵之时，唐之李泌、陆贽值藩镇纷争之日，皆能深思远虑，芟除祸乱，百姓复安。其扶危定倾之功炳在之册，岂非得济涣之道者哉？

【解说】

本节是说为臣者能够拨乱反正以成济涣之功。天下未尝无艰难危险的事，能够渡险治乱者，全在于有匡时济世才能的大臣，如汉之陈平、周勃尽诛吕氏家族，唐之李泌、陆贽解决藩镇纷争，他们都能深思远虑，剪除祸乱，让百姓重归安宁，其扶危定倾之功绩彪炳史册，因此他们都是掌握济涣之道者。

【原文】

☱兑下坎上

【解义】

水流无穷而泽有限，以有限而蓄乎无穷，犹水之在泽，盈则溢而平则容，节之象也。兑，说。坎，险。说过则流，险以止之，节之义也。凡事有节，则裁制得中，自有亨道。过而不节，非中也。节而至于苦，人病其难行，亦非中也。处得中正，节而能通天地之道，帝王之治不外乎此矣。

六爻大抵以当位为善，初、四、五，当位者也，故初无咎，四亨，五吉。二、三，不当位者也，故二凶而三嗟。上当位而亦凶者，当节之极，处上之穷，其义固殊也。又节之六爻各相比而相反：初与二比，初不出而无咎，二不出而凶，二反乎初者也；三与四比，三不节而嗟，四安节而亨，三反乎四者也；五与上比，五得中而甘，上过中而苦，上反乎五者也。

善节者，虚则蓄之，盈则流之，其权在泽，而其用在水，节之时义大矣！

【解说】

《节》卦的主旨是节制，也就是限制。有节奏、能限制，是事物发展的普遍规律。顺应这种规律，人类自觉地通过各种法律和规章调控自己的行为，社会才能顺利发展。节制贵在适当，不能过分。适当的节制，称为甘节，效果好；过分的节制，称为苦节，效果差。可见，节制自身也有节制问题。节而失节的教训，古今中外不乏其例。卦中强调，应从实际出发选准限制点，才能保证节制的顺利可行。

【原文】

节，亨。苦节不可贞。

【解义】

此卦兑下坎上，泽上有水，其容有限，故名为节。卦辞言节道贵于适中而不可过也，节有限而止也。

文王系节《彖辞》曰：坎为流水而无穷，泽为止水而有限，泽上有水，满则不容，有节之象，故为节。夫节，则立身制用，各适其中，而无过不及之偏，自可通行而无敝，有不亨乎？若过于节，则拂情逆性而失其中，是为苦节矣。不惟处世塞而不通，即在己之所行亦不能以永久，岂可固守以为常哉？

按：节者所以适乎中而通行于天下，亦天地自然之限制也。若流于太过，则矫廉以鸣高，过洁以绝物，如申屠狄、陈仲子之流，其持身非不正，然不近人情，鲜合中道，不可以言节，亦不可以言亨也。

【解说】

本节是说节制之道贵在适度有中而不应该过分地节制，节制也应该要有限度。节，立身致用，要适度有中，不可过度节制，方可无咎。如果节制过度，这是苦节，效果很差，就会出现过于廉洁以成自命清高之人，如申屠狄、陈仲子等，其身居中守正，但由于过于自命清高而不近人情，这是不合乎于中庸之道，不可以说是节制，也不可以说是吉祥如意的。

【原文】

《彖》曰：节，亨，刚柔分，而刚得中。苦节不可贞，其道穷也。说以行险，当位以节，中正以通。天地节而四时成，节以制度，不伤财，不害民。

【解义】

此《彖传》是释节《彖辞》而极言节道之大也。

刚柔分，谓阴阳各半；刚得中，谓二、五皆阳；当位中正，指九五；制，谓节制；度，谓法度。

孔子释节《彖辞》曰：卦名节而辞系以亨者，何哉？夫乾为刚，而坤为柔，使刚柔偏胜，则丰俭无节矣。今以卦之全体言之，阴阳各半而无过不及之偏，是刚柔均分也。以卦之二体言之，则二五皆阳刚而居中位，是刚得其中也。夫刚柔均分，则无一偏之患，而丰俭皆适其宜。刚而得中，是本阳刚之正道以为节，而节制皆得其中矣，此其所以亨也。

夫节之所以亨，以其中也。若辞所谓苦节不可贞者，则失之于过而不得其中，必于天理有所不顺，人情有所不堪。以道揆之，必至于穷矣。节道过苦，则穷而不通，固理势之所必至。若节之所以通而不穷者，盖以卦德为说以行险。夫人于所说而不知止，则易至于流，若见险难而思止，则其进有节而不至于流矣。节之义也。

卦体九五当位，以主节于上，其所节者，又皆中正而无过奢、过啬之患，可以通之天下而无阻，此节所以为善而无不亨也。

若推极而言之，天地之道阴极阳生，阳极阴生，寒暑往来，气序有节而不过，故二分二至，四序不差，而岁功于是乎成矣。使天地不节，四时不且失其序乎？

人君以节而立为制度，量入为出，既无过取，亦无泛用，有损己益人之实，而无剥下奉上之为，故无滥用而不至于伤财，自无横征而不至于害民矣。使人君无节则侈肆，所致有不伤财害民乎？凡此皆节道之通而不穷也。

按：天地节而四时成，王者节而天下富。自古开财之源，不若节财之流。文景之节俭，不胜武帝之黩武穷兵；隋文之节俭，不胜炀帝之穷奢极欲。天下之治乱安危，实系于此。故量入为出不伤财矣，取民有制不害民矣。圣人之言真万世制、用之长策也。

【解说】

本节《象传》是对上一节节卦《象辞》的进一步解释，极言节制的道理之大。《节》卦象征节制，但是过分地节制又不能持久，说明这种节制违反了节制自身的本质规定。心悦诚服地实行视为畏途的节制，需要选准位置适当的限度点，做到适当而不过中，这样才能顺利坚持。天地运行有节制，才能形成春夏秋冬四季；国家用制度进行节制，才能不骄奢浪费，不残暴害民。

【原文】

《象》曰：泽上有水，节；君子以制数度，议德行。

【解义】

此《象传》是言君子应用、立身皆当合乎中正也。

数，谓多寡之数；度，谓隆杀之度；德，谓得于中者；行，谓发于外者。

孔子释节《象》曰"泽上有水"，水之所止有限，节之象也。君子以应用、立身皆不可以无节，故数有多寡，度有隆杀，则为制之。而自器用、宫室、衣服，各有定限而不使之过，使贱不逾贵，下不侵上，则各安其分矣。德存于心，行见于事，则为议之，而自出处、进退、周旋，皆为商度以求其中，节使其无过亦无不及，则各适其宜矣。

按：制数度所以定万用之限，议德行所以严一身之限。贾谊以世侈靡，相竞欲定经制，而令上下各有等差、奸人无所几幸。盖凡物之大小、轻重、高下、文质，皆有品节，使民截然不可逾者，此即礼也。至于历代冠服等威之制，虽各有不同，要以准于古先圣王者为宜，此尤礼之所最急者。然圣人犹以制民之礼为未足，必贵反而议吾身之德行焉。故曰大礼与天地同节。

【解说】

本节《象传》是说君子应用、立身都应该合乎中正。泽上面有水，是节之象，象征需要节制。君子由此要知道应用、立身都不可以没有节。君子使用器物、宫室、衣服都应该有所限制，不要过度。凡是物品的大小、轻重、高下、文质都有品节，使百姓用所有度不可逾越，这就是礼。历代冠服礼制等都有所不同，应以古先圣王的准则为宜。

【原文】

初九：不出户庭，无咎。

《象》曰"不出户庭"，知通塞也。

【解义】

此一爻是言士不妄进，而能审所处也。

户庭，户外之庭也。

周公系节初爻曰：初九阳刚得中，居节之初宜出者也。然有阳爻蔽塞于前，而所应之四又为坎体，既遇险难之人，则不可以出而有为矣。初能抱道自守，不妄出以求仕，有不出户庭之象。夫当节初，即能知止，自无枉道辱身之咎矣。

孔子释初《象》曰：时有通塞，通则当行，塞则当止。初九之不出户庭，知时之塞而未通，故不出也。使时值其通，亦必出而用世矣。是初不惟知塞，而能知通塞者也，岂徒知塞而不知通者哉？

按：处节之道，不可胶于一偏，盖节而能止者易，节而能通者难。吕望遇商纣则避北海之滨，遇文王则应龙螭之兆，是诚能知通塞者也。沮溺荷蓧之流，岂可与孔子之仕止久速同日语哉？

【解说】

本节是说君子不随意前进，而是能够在自己所处的地方谨慎、仔细地思考、反复分析。初六居中得正，在节制的初期宜走出户庭。但外出会遇到险难，因此不可以出而有为。如果君子能够严于自律、谨言慎行，不妄动以求仕进，在节制之初能够及时停止，就会没有过失。

【原文】

九二：不出门庭，凶。

《象》曰：不出门庭，凶；失时极也。

【解义】

此一爻是明时有可仕，不当以隐为高也。

门庭，门内之庭也；极，甚也。

周公系节二爻曰：九二当可行之时，乃出潜离隐之地也。而失刚不正，固自馁于进矣。且上无应与，又下能以独进，是不仕而以隐为高者，为不出门庭之象。夫当可为之时乃不出而为之，则知节而不知通，自失可为之机矣，不亦凶乎？

孔子释二《象》曰：九二之不出门庭为凶者，何哉？盖士君子幼学壮行，患不得其时耳。今幸有其时乃执迷而不出，岂知时通变之士耶？其失时甚矣，安得而不凶也？

按：不出户庭，不出门庭，一也。以初则无咎，以二则凶者，初在卦下，为士，而二则臣位也，处补衮缀黻之任，而托隐默以求容，操决疑定难之权，而好逊让以避怨，亦思其所处为何时乎？失时之讥所不免矣。

【解说】

本节是说时机明确可以仕进了，君子此时就不应当以隐居为清高。九二象征可以仕进的时机，君子应该出隐居之地。而君子失刚而不中正且上无所应，下又难以独自前进，这是不求仕进而自以为隐逸为清高者，是为不出门庭之象。有为之时而不出而为之，这是不知道贯彻执行关于节制的各种规定，而自己失去了可为的时机，因此凶险。

【原文】

六三：不节若，则嗟若，无咎。

《象》曰：不节之嗟，又谁咎也？

【解义】

此一爻是为不能知节者警也。

周公系节三爻曰：六三当节之时本不容不节者，以阴柔不中正而居说极，则非能节者矣。故以之立身，则不能守其节而无以自立；以之制用，则靡费于前，必至匮乏于后矣。至于伤财败德，形为咨嗟而慨叹，皆其所自致也。亦将何所归咎哉？

孔子释三《象》曰：六三之不节而嗟者，岂由外致欤？盖既违节道，祸必及之，其无聊而发为咨嗟，实己有以取之耳。又将谁咎乎？

按：三本能节者，乃纵欲妄费，说极而悲至于无所归咎，则其失已不可追矣。故圣人深为致警云。

【解说】

本节是警戒不能够节制者。六三本象征应当节制之时不可不节制者，但其纵欲妄动，乐极生悲以致过失，则会失去自我而不可追，因此圣人要深以此为戒。

【原文】

六四：安节，亨。

《象》曰：安节之亨，承上道也。

【解义】

此一爻是言人臣能遵君制而无过也。

安，顺而无勉强之谓。

周公系节四爻曰：九五主节于上，六四顺正以承之。凡立身制用，无一不本乎天子之制。其为节也，出于自然而无所勉强，是能安于五之节而守之以为常也。成法自式，而动无愆违，不亦亨乎？

孔子释四《象》曰：安节之亨者，九五之所节，四皆承顺而行之，此岂徒安为下之分乎？盖九五之节，其道为中正以通之道，实所当承者。四能不作聪明以乱旧章，而惟顺承其道，是以亨也。

按：《书》曰："惟辟作福，惟辟作威，惟辟玉食。臣无有作福、作威、玉食。"又言："臣之有作福、作威、玉食，则凶害于家国，流祸于人民。"盖《书》之明训，节之道也。反是未有不及于败者。安节之所由得亨，其深有合于《书》之义欤！

【解说】

本节是说为人臣者能够遵守君王的礼法制度而无过错。六四立身致用，无不以天子之制为本。其为节制，处于自然而不勉强，因此能安于九五君王之节而遵守以为常法。九五之节，其道为中正以通之道，六四为臣者能够不自作聪明以乱旧章，而能顺承九五之道，是以亨通。

【原文】

九五：甘节，吉；往有尚。

《象》曰：甘节之吉，居位中也。

【解义】

此一爻是言人君有中正之德，以为节也。

甘，乐易而无艰苦之谓。

周公系节五爻曰：节道贵乎中正，然非操节之权，亦不能以其道通于天下而可久。九五为节之主，而有中正之德，其所以为节者，无矫情拂众之为，而有善俗宜民之道，不伤财，不害民，节之甘而不苦者也。以此为节，行之一已而自安，通之天下而皆适，何吉如之？且立法于一时，而即可垂范于后世，是不特吉，而且往有尚矣。

孔子释五《象》曰：德惟中正，始能节而不过。九五甘节之吉者，以其所居之位在上爻之中，是本一中以存心，而制作皆极于尽善，化行俗美，而有以成一世恭俭廉让之风，此节之所以为甘也。

按：节卦他爻之节，节其在我者也。九五当位之节，是节以天下者也。夫节天下而使天下共以为甘而不苦，真能得乎节之道矣。汉史臣赞文帝，苑囿服御无所增益，其有不便辄弛以利民，身衣皂绨，帷帐无文绣，以敦朴为天下先。而朱熹亦称文帝为三代以下恭俭之主，岂非节之甘者欤？

【解说】

本节是说为君者能够居中守正，即为节。节之道贵在居中守正，但如果不能掌节制之权，也不能永久地以其道通行于天下。九五为君者为节之主，而又有中正之德，因此能够不伤财害民，这是甘节而不是苦节，以此为节则吉祥如意。

【原文】

上六：苦节，贞凶，悔亡。

《象》曰：苦节贞凶，其道穷也。

【解义】

此一爻是言节之太过而失其中正也。

周公系节上爻曰：凡节之道，贵于得中。上六居节之极，是其所以为节者，至纤至悉，一意求节而失于矫，是过于节而为苦节矣。

夫节而既过，虽无越礼犯分之事，必有拂情逆性之伤，纵使得正，其能免于凶乎？然礼奢宁俭，虽有悔而终得亡其悔也。

孔子释上《象》曰：苦节之贞而不免于凶者，何哉？盖节之道贵通而不可穷。若上之苦节，是节而无制，不近人情，虽可以范一身，而不可以治一世，或可行之于一时，而不可垂之于永久，其道必至于穷也。

按：节惟中正，所以能通，故于三戒其不节，于上戒其凶者，过犹不及，其失均也。然苦节之悔则终胜于不节之嗟矣。

【解说】

本节是说如果节制太过就会失其中正。凡节之道，贵在得中，一心求节则会矫枉过正，是过于节制而成为苦节。节制太过，虽然没有越礼犯过的事情发生，也一定会有违逆性情的伤害，纵使得正也不能免于过失。节制贵在持中守正，如此才能通畅。

# 卷十四

【原文】

☱兑下巽上

【解义】

中孚之为卦，三与四，二柔在内，为中虚。二与五，二刚得中，为中实。中虚则无我，中实则无伪。唯此心洞然而虚，则至诚充然而实矣。充然者发于中而孚于外，所以为中孚也。

六爻惟取柔而正、刚而中者，初九中孚之初，上应六四阴阳，皆居正位，而有六三之阴柔不正者隔于其中，故爻辞设有他之戒。九二与五阳刚相应，至诚感孚，有鹤鸣子和之象。三不得位，而应亦不正，一为说之极，一为信之穷，于中孚之义无当也。六四得位，故无咎。九五刚健中正，有中孚之实，德与二同德相信，合为一体，包二阴以成中孚者也。上九失位，居中孚之极，故为贞凶。

按：中孚六爻，独于五言孚，盖二、五皆中实，实则诚，诚则未有不孚者，而五又为之主，则使一卦六爻如一气然，而靡不为之用者，唯九五也。他卦二五皆取阴阳相应，而中孚则取以刚应刚，以知中孚之道不主于情而主于理，不孚于外而孚于中，一诚相通，君臣道合，化邦而应天端在于是，非他卦应与之比也。

【解说】

《中孚》卦讲道德修养，主旨是强调诚与信的重要性。诚，与虚伪对立，指真实不欺；信，与疑虑对立，指信念坚定。诚与信，既是道德情操，又是对行为的评价，两者融合，表里一致，是自觉遵守社会规范的内在动力。正是在这个基础上，本卦赞美了诚、信的社会功效，认为其既能感化人，也能感化"豚鱼"，与"精诚所至，金石为开"非常接近。

【原文】
中孚，豚鱼吉，利涉大川，利贞。

【解义】
此卦兑下巽上，以全体言为中虚，以二体言为中实。中虚，信之本。中实，信之质。信发于中，故名中孚。卦辞言信能合理，所以善用其孚而无不通也。

"豚鱼"无知，喻难化之人；"涉川"至险，喻难济之事。

文王系中孚《彖辞》曰：中孚以孚信在中为义，有一心之孚，有两情之孚，总之，本于在中而发见于外，则至诚所感，何人不格？虽物之冥顽如豚鱼之无知，亦可感动之而得吉，况有知者而有不格乎？何事不济？虽事之艰险如大川之难涉，亦可济之而利，况平居时而有不济乎？

然其所以为孚者，一皆本于义理之至正，而不为硁硁之小信胶执不通，然后信所当信而合于贞焉。斯人无不感，事无不济，乃为利耳。

按：圣贤修身持世，莫不以孚信为本原，然而言不必信，行不必果，恐其不皆出于正也。古之圣人至诚感神，至于化傲象，格有苗，经权常变，无不各得其至正。若后世之君不失虞人之期，不废徙木之赏，是信失其正者也。此利贞所以善成其孚欤！

【解说】
本节是说如果内心诚信合理，善于运用诚信就会无往而不利。"中孚"以信孚在中为义，内心诚信散发于外，人就会被其至诚至信所感化。虽然事有艰难险阻，但有利于跨越艰难险阻，有利于坚守正道。圣贤修身治世，没有不以孚信为本的，但是有言而不信、行而不果，这恐怕是由于其内心不正，如果内心诚信守正，则会无往不利。

【原文】
《彖》曰：中孚，柔在内而刚得中。说而巽，孚，乃化邦也。豚鱼吉，信及豚鱼也，利涉大川。乘木舟虚也。中孚以利贞，乃应乎天也。

【解义】
此《彖传》是释中孚《彖辞》，备言孚之体用，明尽人可以合天也。

柔在内，指三四；刚得中，指二五；乘木舟虚，取外实中虚之象。

孔子释中孚《彖辞》曰：卦名中孚者，以卦体言之，三四以柔居一卦之中，是中虚也。二五以刚居二体之中，是中实也。中虚而能实，虚所以受信，实所以为信，此孚之存乎己者也。以卦德言之，下说而上巽，说则臣以和衷，上感乎君；巽则君以虚怀，下应乎臣。上下交孚，自能化行邦国，此孚之及乎人者也。而一本于在中之孚，中孚之所由名以此。

其曰"豚鱼吉"者，谓信由中出，自通于物，无不输诚感化，即如豚鱼无知之物，亦且能及之而吉，此孚之验于物者也。

曰"利涉大川"者，谓以实体运乎虚中，应变无穷，如卦象木在水上，木体本实，而为舟则虚也。舟惟虚可以行水，心惟虚可以行世，何不利涉之有？此孚之验于事者也。

若是其"中孚"而犹曰"利贞"者，盖孚命于天，浑然至正，若意见未融，一徇于人为，即非正矣。惟孚出于人心之正而合乎天命之本然，乃与天相应，斯感无不化也。

按：天命流行，物与无妄中孚之理，即是天心通于亿兆人之心，而又通于亿兆物之心，人惟失此心之本体，所以不能通人物之心以应乎天心耳。盖天之道孚贞而已，故又曰"利贞乃应乎天"者，惟恐择之不精，持之不固，或稍涉乎偏私而不合乎天心之正，是以丁宁若此，此即中庸以人达天之义乎！

【解说】

本节《彖传》是对上一节中孚《彖辞》的进一步解释，极力表明孚之作用。《中孚》卦象征内心诚信，说明阴柔在内，无私心而能诚实；阳刚得中，有主见而不失信。下者能够欣喜地服从上者，上者能够谦逊顺理下者，诚信就可以感化人心，无知、难化之人也会被感动，因此吉祥如意。

【原文】

《象》曰：泽上有风，中孚；君子以议狱缓死。

【解义】

此《象传》见君子好生之心，善体中孚之意也。

孔子释中孚《象》曰：兑泽之上有巽风，泽至实而风至虚，风无形而能感泽，犹诚无象而能动物，中孚之象也。君子体此以用狱，当狱之未成则用议，以求其入中之出，即狱之既成，犹用缓以求其死中之生，哀矜恻怛，总出于至诚无私，所谓求其生而不得则死者，与我俱无憾焉。此君子为民之意，有以深入乎民心，上感而下受，亦中孚之义也。

按：天地之大德曰生，人君至诚恳恻之心莫大于好生不杀，此即孚以应天之理也。《书》曰"钦恤"，舜之中孚也。有虞之民，协中从欲，天下之中孚也。后世如唐太宗之纵囚，约其自归以就法，虽未合于纯王之道，亦必其一时不忍之念，有以深入乎民心，此亦可谓得于中孚之义者也。三代而下，如太宗者，不亦仁民爱物之主哉？

【解说】

本节《象传》是说见到君子有珍惜生命之心，由此要善于体会中孚卦的含义。君子要认真地审理案件，对死刑要延期执行；要珍惜生命，诚信无欺地审理案件，不要造成冤假错案而留有遗憾。这是君子体现民意的表现，且此举能够深得民心，因此有中孚之义。天地间的大德是生，人君至诚恻隐之心莫过于好生不杀，这是诚信应天之理。

【原文】

初九：虞吉，有他不燕。

《象》曰：初九虞吉，志未变也。

【解义】

此一爻言信得其人，当善保其初志以成孚也。

虞，度也；燕，安也。

周公系中孚初爻曰：初九阳刚得正，与柔正之六四相应，此孚之至正而贞者也。在初能度其可信与之交而成孚，则学业事功，观摩效法，有得朋之庆，获所安而吉矣。若失其初心而复有他焉，是疑信不一，舍正而求不正，中无定主，将无以成孚，宁得燕而安乎？所当致戒也。

孔子释初《象》曰：初九所以虞而得吉者，以其当中孚之初，刚而得正，私情未起，从正之志未为所变也，是以得吉。若能守正而善保其初，斯诚能孚者矣。

按：圣人立教莫先于辨志，志之所向，邪正分焉。一于正则不正者，蔑由进矣；惑于不正则正者，亦蔑由安矣。中孚之初未有所主，正辨志之时也，其志未变，欲其审于始未变，而不能保其不变，更欲其慎于终。闲邪所以存诚，要在初之自为审持耳。

【解说】

本节是说君子以诚信得人，应该要善于做到保存其最初的志向以形成诚信。起初能够与诚信之人交往，则会学业有成、心安而吉。如果不安于本分、心有疑虑，则会无法形成诚信、无法心安，应该以此为警戒。圣人立教应先辨其志向，因为志向有正邪之分，最初中正的志向没有改变，就会形成诚信之心。

【原文】

九二：鸣鹤在阴，其子和之。我有好爵，吾与尔靡之。

《象》曰"其子和之"，中心愿也。

【解义】

此一爻见君臣同德相孚，其感应出于至诚也。

鸣鹤，指二言；子和，指五言；好爵，懿德也；靡，与縻同，犹系恋也。

周公系中孚二爻曰：二与五中实相应，君臣一德而成孚也。二居阴位，人臣幽隐之诚本于在中，以自鸣其素而为之；君者，亦以诚信之念不期而孚，同声相应，犹鸣鹤在阴，而子和之之象。所以然者，懿德良贵，人所同好。二既有此懿德，不敢自私其所有，其致君忠爱之心出于至诚；五亦系恋之而不能自已，故感应之象有若此耳。

孔子释二《象》曰：五之应二，若其子之和，岂有所矫饰于外哉？君心所愿慕者，德也。二之鸣既由中而发，五之和亦根心而生，是诚出于中心之愿，有不知其然而然者也。

按：诸爻有应皆有间隔，惟二五无间隔，乃以同德相孚，中虚相感，此即盛世君臣同心一德，赓歌拜稽于一堂，无尊卑阔绝之忧，无彼此形骸之隔，是以上下交而治道成，为有合于中孚之义也。

【解说】

本节是说君臣能够同心同德，是因为君臣能够以诚信遥相应和。君臣以诚信遥相应和，在盛世之时能够同心同德，彼此间就会没有尊卑阔绝的忧虑，也没有放浪形骸的间隔，因此上下相交会治道成功。

【原文】

六三：得敌，或鼓或罢，或泣或歌。

《象》曰"或鼓或罢"，位不当也。

【解义】

此一爻为信失其正不能自主者戒也。

得敌，指上九之应；鼓，是鼓舞作事之意。

周公系中孚三爻曰：六三以柔而不正应上九之刚而不中。此居说之极，是为无恒，彼当信之穷则为太固与之相应，实相敌而不相助矣。于是或鼓而前，或罢而废；见行止之无常，或泣而悲，或歌而乐；见忧喜之无定，则中怀纷扰，莫所适从。以此图功立事，不亦难乎？

孔子释三《象》曰：人心惟中虚以理为主，自动静忧乐，各中其节。若三之或鼓或罢，由阴居阳，位处不中正而无中孚自主之德，所以临事无恒，动失其度。揆厥由来，岂徒"得敌"之咎哉？

按：中孚诸爻各有相信之理，而贞不贞则有异。六三之"得敌"，不当信而信，憧憧往来，莫适为主，既不能如二五之同心相应，又不能如初之"虞吉"而得所安，此不贞而不可以为信者也。然究其故，实由己而不由敌，故君子贵克己之学，而无攻人之过，斯信所可信，而有以成其孚欤！

【解说】

本节是警戒失其正而不能自主者。在诚信穷困之时，与难化之人相应，这是得到了敌人而非得到帮助，此时或前进或休息，或哭泣或歌唱都会无所适从，想要图功立事是很困难的。因此君子贵在克制自己的私心，严格要求自己，不要有攻击他人的过失，信任可以信任的人，不失其正则能以诚信服人。

【原文】

六四：月几望，马匹亡，无咎。

《象》曰"马匹亡"，绝类上也。

【解义】

此一爻言大臣当绝私交，专心以事上也。

望，是月盈；匹，配也，指初与四应；绝类，是绝初九；上，是上从九五。

周公系中孚四爻曰：六四居阴得正，位近于君，相得而承宠眷，德隆势盛，如月之将盈而几望也。此正群心归附之时，猜忌易生，四乃柔顺自处，恪守臣道，履盛而不矜，虽与初为应而相匹，能奉公事主，不树私交，犹马之相匹而亡其匹也。若是，则精白一心而无罔上行私之咎矣。

孔子释四《象》曰：古纯臣公尔忘私，未有一心为私。一心为公者，四所为马匹亡者。四与初为类，而四必绝其私与惟克尽其诚，专心上事于五，所以无咎也。

按：君子以同道为朋，小人以同利为党，正与不正，各有其类。同道为朋者，其意主于为国家。同利为党者，其意专于为一己。昔欧阳修谓退小人之伪朋，用君子之真朋，则天下可治。是在人主熟察而明断之矣。

【解说】

本节是说为臣者应该断绝私人的联系，一心奉公、专心侍上。正是群心归附之时，容易生出猜忌，而为臣者如果能够恪守臣道，气盛却能矜持谦逊，能够奉公事主，不树立私交之人，就没有罔上行私心的过失。

【原文】

九五：有孚挛如，无咎。

《象》曰"有孚挛如"，位正当也。

【解义】

此一爻见君臣相信之深，能以一德成天下之孚也。

挛，固结也。

周公系中孚五爻曰：九五中实而居尊，为孚之主，下应九二之贤，亦中实而相辅，君臣同德，和之以中心，縻之以好爵，相信之深，有猜疑所不能间，谗忌所莫能离者，自然固结而不可解，为"有孚挛如"之象。如是则上下交而孚乃化邦，正在此矣，何咎之有？

孔子释五《象》曰：五之有孚，何以有挛如之固，以五德称其位而为中孚之主，则位正，且德以位显而成天下之化，则位又当故也。使居至尊之位而无中正之德，虽当而不正，何能一德相孚而化及于天下乎？此挛如之义盖有取也。

按：中孚诸爻不言孚，惟九五独言有孚者，盖五以中孚之实成化邦之功，由竭诚信贤相与经纶，密勿国家，恃以治安，非推心置腹之诚，始终无间，殆未易言挛如之义也。

【解说】

本节是说君臣相互间的信任非常深厚，能够以诚信维系天下人心。为君者居位得当且有贤臣辅佐，君臣同心同德，相互间的信任非常深厚，猜疑不能离间，谗谮也不能离间，能够自然固结而不可解，因此天下太平、国邦教化风行，没有过失。

**【原文】**

上九：翰音登于天，贞凶。

《象》曰"翰音登于天"，何可长也？

**【解义】**

此一爻言处孚之穷，为信非所信者戒也。

翰，是羽；翰音，言鸡鸣必振其羽也。

周公系中孚上爻曰：天下事理当与时势变通，方能善用其信，而无窒碍难行之患。上九居中孚之极，徇偏执之见，乏融通之识，不度可否顺逆，固守其信而必欲行之，犹翰音本非登天之物而强欲登于天，非贞而自以为贞，则必违时拂势而取凶矣。

孔子释上《象》曰：孚信所以可久者，惟能通其变而不穷也。今翰音登于天，登非所登，犹信非所信，不知变通，至于穷极而立见其败，尚何长久之可望哉？

按：中孚之道，有常有变。初爻宜守常而惟恐其变，虞之所以得吉。上爻宜通变而固执其常，贞之所以得凶。夫贞何以凶也？宋襄之行仁，适足以取败；荀息之死难，无补于格君。拘一时之小信而不通古今之大义，识者讥之所谓好信不好学，其蔽也贼，非凶之道乎？

**【解说】**

本节居于《中孚》卦末，言处孚之穷困，以警戒信任不诚信之人。天下事理在于能够随着时势变通，才能够善于使用诚信而没有窒息阻碍的祸患。上九居《中孚》卦之极，执偏见，缺乏对融会贯通的认识，诚信衰退，虚伪兴起，因此是不可能长久的。

**【原文】**

䷽艮下震上

**【解义】**

小过，四阴二阳，阴过之卦。易贵阳贱阴。二阴函四阳为大过，四阴函二阳为小过。阳虽过而二五得中，其势进而有为，故有攸往之象。小过阴柔居中，阳刚失位，故可小事而不可大事，利在居贞而已。夫处小过之时，贵于辞尊而居卑，勇退而不进，此二五所以得柔中之应，而三四不当位，以阳刚处之，惟在慎防以免患也。

初六阴之始进，上六阴过之极，以小才而有躁动之失，不能下，而上至于亢极，宜其凶灾之洊至矣。君子惟谨其在我之所得为者，于寻常之事过于周防，而不敢为非分之举，此所谓过以得中也。方诸箕子之明夷，文王之用晦，其得小过之义者乎？

【解说】

《小过》卦不是指小的过失，而是指小事可以超过，但超过的程度不宜太多。卦辞显示小过有范围、条件：一是宜下不宜上，要求顺应人情事理，不能自以为是；二是宜小不宜大，只适用于日常生活，不适用于国家大事。卦辞讲小过可以吉，可以亨，对照六爻爻辞，无言吉和言亨的字样，这是提示实际掌握小过的标准并不容易，要因时因事，审慎斟酌。

【原文】

小过，亨，利贞，可小事，不可大事。飞鸟遗之音，不宜上，宜下，大吉。

【解义】

此卦艮下震上，卦中四阴二阳，阳为大，阴为小，阴多于阳。小者过也，故名小过。卦辞言处小过之道，当安分以守正也。"飞鸟遗音"，是轻举留音，无甚大过之象。

文王系小过《彖辞》曰：小过以阴过乎阳为义，其在人也，才不足而守有余；就其作为，于人无所逆，于事无所拂，有可以得亨者，然必不自恃其可亨，惟安守分义，不失当然之贞乃为利耳。其利贞何如？如寻常之事无甚艰虞，吾之才分所能为，而量力为之则可；如事关国家，举动非常，吾之才分所不能为，而强为之则不可。即所谓小事亦须收敛退让，不居亢而居卑，若飞鸟遗音下而不上者然，盖不宜夸张而凌上，但宜谦抑而处下也。凡此皆小过之贞，可长保其亨而大吉矣。

按：易止阴阳二义，阳过乎阴为大过，阴过乎阳为小过。易于大过许其利往，然刚中而必巽悦乃亨，以小心用其大才，斯无不亨也，况处小过者乎？阴柔过胜才小，而心愈欲小，故亨必利贞，不贞则不亨也。若力小而任大，德薄而上人，未有不失其贞而获戾者。圣人致戒于阴之过，深矣！

【解说】

本节是说掌握小过之道，要注意做到安分守己、坚守正道。对于人来说，小过意味着才能不足，但足以用来自守；就其作为来看，不会很大但也会亨通无咎，且不会自恃亨通而是安分守己。如果遇到不寻常的事情，其才能虽然不足，但只要量力而行就可以；如果是遇到国家大事，才能不足，但却强行为之也是不可以的。因此只要量力而行，注意安分守己、坚守正道，就会掌握小过之道。

【原文】

《彖》曰：小过，小者过而亨也。过以利贞，与时行也。柔得中，是以小事吉也。刚失位而不中，是以不可大事也。有飞鸟之象焉。飞鸟遗之音，不宜上，宜下，大吉；上逆而下顺也。

【解义】

此《彖传》是释小过《彖辞》，言因时而不失其正，处小过之要道也。柔得中，指二五；刚失位，指三四。

孔子释小过《彖辞》曰：卦名小过，以卦体阴过于阳，是小者过也。以义言之，小心过甚，无轻举妄动之失，即可以是而得亨也。然必利于贞者，以小过之时，必量力安分，谨密周畏之，独至与时偕行，始得贞而为利也。

时行何如？以二五爻言之，柔而得中，柔非干理之才，本不足以任事，幸其得中，则善用其柔，不至于因循废弃，尚可以处小事胜任而得吉也。以三四爻言之，刚失位而不中，刚固有图大之才，但失位则无权；不中则累德，不能善用其刚，而鲜弘济时艰之略，安可任大事而有为乎？且以卦体言之，内实外虚，有飞鸟之象，有其象则当思其义。卦辞所谓"飞鸟遗音，不宜上，宜下，大吉"者，正以小过之时若处于骄亢而有上人之心，则拂于时为逆；安于卑逊而有下人之心，则协于时为顺，惟上逆而下顺，所以不宜上宜下，必与时行之为贞也。能与时行有不得亨而吉者乎？

按"小过利贞"而释之曰"与时行"者，盖违时，则中者亦过，适时则过者乃中，故可小而不可大，宜下而不宜上，此即君子时中之学乎？若小人者不安于小而妄欲居上，所谓无忌惮而反中庸者是也。圣人于小过之时丁宁反覆，所以勉君子而警小人，无所不至矣。

**【解说】**

本节《象传》是对上一节小过《象辞》的进一步解释，是说能够顺时顺理而不失其正，这就是小过之要道。超过一点要符合正确原则，说的是要适合时势要求，顺时顺理。才力弱的人能够坚持正确原则，虽然只能办成小事，但小事超过一点是吉利的；才力强的人没有得到适当的地位，又不能坚持正确的原则，所以办不成大事。因此不适宜向上而向下，说明向上是背时背理，向下才是顺时顺理。

**【原文】**

《象》曰：山上有雷，小过；君子以行过乎恭，丧过乎哀，用过乎俭。

**【解义】**

此《象传》言君子体小过之义，善用其过而趋于正也。

孔子释小过《象》曰：山上有雷，声离于地而未升于天，小过之象也。君子体之，以时当小过，岂能居高图大务为惊世骇俗之事，就一身之中日用常行无关于天下国家者，皆小也，皆其可以过者也。如行已易傲，宁过乎恭，而但不至于足恭；居丧多易，宁过乎哀，而但不至于灭性；制用患奢，宁过乎俭，而但不至于失礼。此皆小事而宜下，总见慎小之意多，而张大之心少，是过得其正而不为过矣。

按：时当小过，世道日漓，所贵补偏救弊，矫不正以归于正。此恭、哀、俭三者，有举趾高之莫敖，正考父矫之以伛偻；有短丧之宰予，高柴矫之以泣血；有三归反坫之管仲，晏子矫之以敝裘。所以励人心而维风俗，有所为而为之，其亦因时制宜，善体小过之义乎！

**【解说】**

本节《象传》说君子从小过之义中体会到，要善于运用小有超过以趋于持中守正。君子要做到举止恭敬一点，丧事要过于悲哀一点，费用要过于节约一点。时势当小有超过之时，世道渐衰，此时贵在补偏救弊、矫枉过正。君子要善于运用小有超过激励人心、维系风俗，有所作为而为之，但也要注意顺时顺理、因时制宜，这才是真正地体会到"小过"的道理。

**【原文】**

初六：飞鸟以凶。

《象》曰"飞鸟以凶"，不可如何也。

【解义】

此一爻为举动躁妄，不宜上而上者示戒也。

"以凶"，谓以飞致凶也。

周公系小过初爻曰：小过之时，凡事宜收敛处下。初六阴柔，上应九四，以躁易之，性喜应助之力，志满气扬，不安于下，欲进而妄邀非分，震动一时如飞鸟。然鸟本在下，飞则上而不下，违时逆理，以此招尤取败，凶所自致，不亦宜乎？

孔子释初《象》曰：凡人凶害，未有不可救止者。如初六不安其分，居下而欲上，凭势作威孽，自己作凶之至也，莫可救解亦无如之何矣。此圣人致戒之深，谓其宜下反上，不能处小过而贞也。

按：叔季之世，小人凭藉声援，得时用事，相与倾危国家，逮天下既被其患，而身家之祸败亦随之。此初六之凶所以莫可如何也。人君知此，当制之于始，不使势重难反，则可无尾大之忧与凌上之祸矣。

【解说】

本节是警戒轻举妄动、不宜向上而固执向上的人。"小过"之时，凡事都应该收敛居下。初六不安分守己，容易急躁且志气昂扬，不安于处在下面，想要急躁妄动前进，超过的太多，所以一定凶险。因此圣人要以此为戒，切记不要轻举妄动，不宜向上时不要固执向上。

【原文】

六二：过其祖，遇其妣；不及其君，遇其臣；无咎。

《象》曰"不及其君"，臣不可过也。

【解义】

此一爻言纯臣守分以事君，得小过之贞也。三、四，阳爻，皆居二之上，有祖之象。五，阴爻，有妣之象。

相过之谓"过"。凌逼之谓"及"。适相当之谓"遇"。

周公系小过二爻曰：六二以柔居中，纯德之臣也。其进而事君，循理守分，克骄亢之心，秉恭顺之节，过三四而遇六五，是去阳而就阴，去亢而从顺。以象言之，犹过其祖，遇其妣也，如此，则不敢凌迫其君，居下处顺，适得为臣之分；以义言之，是不及其君而遇其臣也。不疑不忌，何咎之有？

孔子释二《象》曰：六二之不及其君者，岂才力有不足乎？人臣之分，固不可稍过乎君。臣而过君，小则专恣而不敬，大则僭越而不忠，有断断不可者！惟不可过，所以不及。二之能免于咎者，其以此欤？

按：司马光曰："君臣之分，犹天地之不可易，然后上下相保而国治安。王风既降，君弱臣强，如鲁三家、晋六卿之类，蔑弃名分，骎骎乎有及其君之势，罪莫大焉！"圣人于小过二爻特申之以大义，曰"臣不可过"，所以立纲常之准，为万世之防，其犹春秋尊王之义乎？知其不可过而不过，此六二之柔中，为能恪守臣道而不失其贞也。

【解说】

本节是说为臣者能够谨守臣道侍奉国君而不超越国君，是理解了"小过"的道理，因此能够吉祥没有过失。纯德之臣其侍君能够循理守分、不卑不亢，有恭顺的气节，不论是超过国君还是赶不上国君都恰如其分而没有过失。为臣者如果超越国君，小有超过则会不恭敬，超过太多就会僭越而不忠心，这是万万不可以的。为臣者能够谨守臣道侍奉国君而不超越国君，恪守为臣之道才会无咎。

【原文】

九三：弗过防之，从或戕之，凶。

《象》曰"从或戕之"，"凶"如何也？

【解义】

此一爻见君子之防小人，不可不过为之虑也。

周公系小过三爻曰：凡事不可太过，独防小人之心不可不过。九三以阳刚之德失位不中，时当阴过，正众阴之所欲害者也。若自恃其刚，逞其才力，谓可制之有余，不深思远虑，过为之防，小人从此乘间而入，为所中伤，致有意外之虞，大则患及于国，小则危及其身，凶可知矣。

孔子释三《象》曰：天下事惟有备可以无患，今三无防患之术，则戕害之者乘其无备，出于意表，始既莫知所自来，终又莫究所底止，其凶之甚也！如此防之，容可弗过乎？

从来小人之伺君子常密，君子之待小人常疏。汉之陈蕃、窦武相与协谋，剪除群小，惟机事不密，反召祸端；唐之李德裕，君臣契合，近幸潜伏，不知其志，欲求逞一发而遭贬逐。此皆弗过防之故也。圣人于九三谆谆告戒，盖必立身不败之地，然后天下事可有为耳。

【解说】

本节是为君子防患小人应该超过正常状态的提防而不超过所忧虑。君子有阳刚之德但却失位不中,过于自信,在防害方面应该过但却不过,没有深思远虑而让小人乘虚而入。这种情况,大则危害国家,小则危及己身,因此凶险。所以君子在防患小人时,该超过正常状态的提防时就应该超过并加强提防,这样才会没有过失。

【原文】

九四:无咎,弗过遇之。往厉必戒,勿用永贞。

《象》曰"弗过遇之",位不当也。"往厉必戒",终不可长也。

【解义】

此一爻言当善用其刚,随时合宜而不失其中也。

周公系小过四爻曰:九四当过之时,刚而不中,宜有咎矣。然能以刚处柔,宁过于柔而为恭,弗过于刚而为傲,适合乎处过之宜,为"弗过遇之"之象,所以无咎者,在此。若使任刚而往则躁进,而任事或疏,用壮而去邪激,是过于刚矣,故有厉而当戒。所以然者,亦其时适当然耳。如因戒"往厉"专于用柔,则将柔过而废矣,故又勿用永守以为贞。但当斟酌时宜,善用其刚,以求合乎中,则处过之善道也。

孔子释四《象》曰:四之"弗过遇之"者,惟其以刚居柔而不当位,虽不中可以求中,所以弗过于刚而适合其宜也。若"往厉必戒",往则过刚失中,终至于败,岂久长之道乎?

按:刚柔贵于得中,九四所居之位有中道焉,然当群阴用事,以君子处小人之间,进而图功,则为所倾陷;退而守道,亦不免孤危。进退行藏之际,岌岌乎难言之矣。惟审机观变,动与时行,则刚柔并用,可以守中而不过,此四之所以无咎也。

【解说】

本节是说不要过分地看重阴柔,要善于运用阳刚,要注意顺时顺理、符合时宜而又不失其中。君子刚柔且位居中道,但处于众小人之间,如果前进以图功,就会被诬陷;后退以守道,也不免陷于孤单危难。这种情况下,君子要注意谨慎小心、审时度势,刚柔并用,做到守中而不过才会没有过失。

【原文】

六五：密云不雨，自我西郊，公弋取彼在穴。

《象》曰"密云不雨"，已上也。

【解义】

此一爻为居高无助，不能有为者戒也。

"在穴"，阴象，指六二；"已上"，过上也。

周公系小过五爻曰：六五以柔而中，其才仅可小事，乃居尊任大，又当阴过之时，优柔寡断，不能大有所为，以沛泽于民，如云自西郊，虽密而不雨之象。是在已固不能为矣。为五计者，或得刚阳之佐，扶持兴起，代君泽民，则不雨者犹可雨也，乃弋取者。又六二之阴柔，以无能之臣辅不振之君，安能相助为理以图天下之事乎？

孔子释五《象》曰：密云不雨之故，六五才弱，而乃居尊过，高不能虚己下贤以求辅，则膏泽屯而不下，安望其有济乎？所处已上，不能有为者也。

按：小过之二《象》曰："臣不可过。"其在六五曰："已上。"是不特臣不可过，即君亦不可过也。若君处于太高，则上下暌隔，必至下情蔽而不上通，上恩壅而不下达，天下之患莫大于是矣。故君道则天而下济，佐理得人则民隐，周知而泽可下究，《记》曰"天降时雨，山川出云"，言得贤辅佐之义也。五之不雨，殆可反观而自见矣。

【解说】

本节是警戒居位过高却没有帮助之人而不能有所作为者。六五柔顺居中，其才能仅可以成就小事，但其居尊位且自高自大，在当小过之时，优柔寡断，因此不能有大作为。为君者只有得到有才之臣才会治世兴国，如果以无能之臣辅佐不能振作的君主，是不能够相互辅助以治理天下的。

【原文】

上六：弗遇过之，飞鸟离之，凶，是谓灾眚。

《象》曰"弗遇过之"，已亢也。

【解义】

此一爻明亢非小过之宜，极言其凶，以示儆也。

离，过之远也。

周公系小过上爻曰：上六柔而过中，处极过之时，又居动体之上，凡事率意妄行，弗合乎宜，违理过常，如飞鸟宜下，离之而远去，则过高已甚，一蹶而不可救矣。以此致凶，天人交忌，灾眚不期而至，皆上所自取，非出于不幸也。

孔子释上《象》曰：当过之时，宜下不宜上者也，亢且不可，况至于过亢乎？上之"弗遇过之"者，由其已亢而不能下，所以犯上逆之戒而致天人之忌，凶莫甚于此矣！

按：小过初爻从下而上，言凶之始，上爻已上而亢；言凶之终，甚言小人在上，乘时负势，酿祸作灾，不独凶在一身，亦且毒流天下。故凡灾眚之来，如水旱凶荒，日食星变，山崩地震之类，自天降者数犹可逭，惟小人之凶孽由人作，是谓灾眚，不可幸而免也。圣人言之切，虑之深，总见处过者任小而不可大，居下而不宜上，能与时偕行，尚何凶之有哉？

【解说】

本节是说超过太多不是小有超过的好处，极言其很凶险并且加以警示。上六柔而过中，在当小过之时，只顾一心向上，凡事率意妄行，这不合时宜且违背常理，是很凶险的。当小有超过之时，宜下不宜上，这时过是不可以的，更何况是过于过分。总之，当过之时，应该要注意宜下不宜上，宜小不宜大，这样才会无咎。

【原文】

☲离下坎上

【解义】

既济，水火相交，各当其用，天下万事已济之时也。而卦爻之辞皆有警戒之意，正以安不忘危，乃持盈经久之至计。盖既济虽非有患之时，而患每生于既济之后也。初之曳轮濡尾，则可保无咎；二五虽相应，而不能下交以取益，则盛极而衰之渐矣；三，阳刚而有动众之虑；四居柔以远，患为亟至；上六怀亢满之志，有入险之势，载胥及溺，既济可常保乎？

盖天下之理，时过则衰，日盈则昃，月盈则亏，牙蘖萌生，多伏于丰亨豫大之会。故天地交而为泰，而有无平不陂之占；水火交而为既济，而有初吉终乱之戒。圣人之垂训切矣。

【解说】

《既济》卦用江河已经渡过，比喻一切成功。卦中六爻，全部得位，而且彼此正应，象征事物处于稳定状态。但卦辞在说"亨"的同时，又说

"初吉终乱",《象》传也说"终止则乱",因此,安定里面潜藏着动荡,吉利背后潜伏着危机。应用到国家生活,就是人们常说的创业不易,守成更难。全卦六条爻辞,基本精神都是以高枕无忧为戒。由此可见,《既济》卦的主旨是居安思危,忧患防患。

【原文】

既济,亨,小利贞,初吉终乱。

【解义】

此卦离下坎上,水火相交,各得其用,六爻之位,各得其正,故名既济。卦辞言保济之道当慎终如始,而固守其贞也。

文王系既济《彖辞》曰:既济以治定功成为义,当斯时也,君明臣良,同心协力,处置咸宜,而事无不济矣。

但时当既济,则盛极将衰,虽处承平之会,常有不测之虞,其为亨已小,岂不可畏?保济者正宜存心戒惧,祗畏以敬天,省惕以勤民,固守其贞,方为利耳。所以然者,当济之初,多以谨畏而得吉,及济之终,多以慢易而致乱始忧勤而终逸乐,人情类然,此保吉弭乱之所以必利于贞乎!

按:水火交而为既济,犹之天地交而成泰也。泰极则否,既济之反为未济。盖一治一乱,天运之常,而所以制其治乱者,实由人事也。三代以后贞观之治号称极盛,然魏徵之告太宗莫切于《十思》《十渐》,不以内外治安为喜,而以居安思危为戒,其于治乱危微之机,虑其不克终者,筹之熟矣!图治者所当三致意焉。

【解说】

本节是说保护成功果实的道理在于始终谨慎如一,需要坚持正确的原则才会没有过失,才会吉祥如意。《既济》卦象征治定功成,在此之时,国君贤明臣子善良,君臣同心协力,因此没有不成功的。但是治定功成后会出现盛极必衰,虽然承平日久,但经常会有意想不到的忧患。因此,保存成功果实的道理在于内心守正且心存戒惧,能够畏而敬天、惕以勤民,能够坚持守正居中、居安思危,这样才会吉祥如意。

【原文】

《彖》曰:既济亨,小者亨也。利贞,刚柔正而位当也。初吉,柔得中也。终止则乱,其道穷也。

【解义】

此《象传》是释既济《彖辞》，勉守正而戒止心，所以通济道之穷也。

济下疑脱小字；刚正，谓初、三、五；柔正，谓二、四、上；初吉，指六二。

孔子释既济《彖辞》曰：时当既济，治定功成，丰亨之盛已过，而衰微之兆将开，其所为亨，亦仅得其小者耳。然非守之以贞，虽小亨岂易保乎？

故辞言"利贞"者，卦之六爻，初、三、五，以阳居阳，是刚得其正而当乎刚之位，二、四、上，以阴居阴，是柔得其正而当乎柔之位。刚柔正而当本位，则刚能励精以图治，而不好大以生事。柔能持重以固守，而不因循以滋弊。保济之所贵乎贞也。如此其初之得吉，以六二当济之初，柔顺得中，柔则敬慎而不渝，中则善用其柔而不过，有谨畏之小心，无废弛之失事，济道方兴而得吉宜矣。至终之所以乱者，非终自为乱也，当既济之终，人皆有苟且安止之心，则始之忧勤渐衰，终之怠荒日起，将百度俱废，莫可支持，乱之所由生也。使人无止心，乱安从生？此济道之穷，人所自取，可不以利贞为兢兢乎？

按：既济之时，刚柔各正其位，极治之象也。然济之初吉，不取刚正，而取柔中，何也？柔中则持盈戒满，任人守法，不事躁妄，更张而又非因循而止，故事治功成，自可久而不乱。若止则过柔而非中，一切不为，有良法而不能守，有正人而不知用，道穷则乱，所当深戒矣。

【解说】

本节《象传》是对上一节既济《彖辞》的进一步解释，说明持中守正、坚守正确的原则，但要警戒内心停止不前，这才是完全地通晓《既济》卦的道理。柔中则会持盈戒满，能够任人守法，做事不急躁妄动，改弦更张而不会因循守旧，因此会事成而不生乱。如果停止前进，就会过于优柔寡断而不居中守正，这样有良法也不会遵守，有守正之人也不会任用，这是需要警戒的。

【原文】

《象》曰：水在火上，既济；君子以思患而豫防之。

【解义】

此《象传》见防患不可不豫，君子所以善体济也。

孔子释既济《象》曰：此卦坎水居离火之上，水能润下，火能炎上，相交而各得其用，既济之象也。君子体之以保济，时方未有患也。

常恐患生于所忽，每隐而不及觉，故贵用思，思以善其终也。又恐患生于所伏，一发而不及持，故贵用防，防以谨其始也。彻始彻终，反复绅绎，既虑其患于未形，又严其备于未至，则虽患至而有弭患之道，济可长保而无虞矣。

从来国家之患，常由于已治已安，《书》曰："儆戒无虞，罔失法度。"《记》曰："禁于未发之谓豫。"古帝王制治保邦，未有不深思远虑，防患于未然。如成汤之危惧、大禹之克勤是也。叔世之君每恃其富盛而不谨于几微，遂驯致于祸乱而不可救，如唐之明皇、宋之徽宗是也。孰得孰失？有国者可不为殷鉴乎？

【解说】

本节《象传》是说隐患不可不事先做好预防，君子由此要善于体会《既济》卦所要说明的道理。经常会担心疏忽潜伏的祸患发生，因此防患贵在经常思虑和预防，在祸患尚未到来之时严加戒备，这样就能够保存成功的果实。向来国家之患在于居安忘危，因此制治保邦，关键是要深思远虑、防患于未然，如此才会治定功成、国祚延续。

【原文】

初九：曳其轮，濡其尾，无咎。

《象》曰"曳其轮"，义无咎也。

【解义】

此一爻见能敬慎于始，处于不败之地也。

曳轮濡尾，皆在下不前之象。

周公系既济初爻曰：初九当既济之初，刚而得正，刚则有图济之才，正则又慎重周详，不敢轻为躁进。其任事也，重若舆之将进而自曳其轮，不轻进也。其虑患也深，若狐之将涉而先濡其尾，不轻涉也。当济之初而谨戒如此，则防患豫图，衅隙不生，岂有终乱之咎乎？

孔子释初《象》曰：车以轮而行，能自曳之，则不亟行矣。今初之任事，长虑却顾，不急于求进，其慎重如此。以义度之，必不至于颠车覆辙，所谓无咎也，固宜矣。

此可见天下事莫不成于持重，败于轻躁。当济之初，无大险难，其患尚浅，防之犹不可不慎，况处遗大投艰之日乎？古来英材济事，必以临深履薄战兢小心为本，才如武侯克任大事，其所自明之语，不过谨慎而已，其不敢轻于求济，乃能有济也。此初之所以无咎欤！

【解说】

本节是说如果能够在一开始就恭敬审慎，则会成功而处于不败之地。天下之事没有不成于持重守正而败于轻躁妄进的，在取得成功之初，没有大的险难，但也不可以不谨慎地预防，更何况是处于大的忧患之时。古之成大事者，都一定会如履薄冰、如临深渊般战战兢兢、小心谨慎，如此才会保持成功而处于不败之地。

【原文】

六二：妇丧其茀，勿逐，七日得。

《象》曰"七日得"，以中道也。

【解义】

此一爻见守中以待时，方成保济之功也。

茀，妇车之蔽；七日得，是阴阳之数穷于六，七则变而可通也。

周公系既济二爻曰：二以中正上应九五之君，同德相济，宜得君行道矣。但五当济之将终，未免苟止之心生，任贤之意怠，臣不得君无以行道，犹妇丧其茀而失其所行之具也。然为二计者，中正之道岂容终废？惟待时而动，不汲汲于求行，久当见用，不犹丧茀者勿逐，而七日得乎？盖揆之理数，终将得君以行道也。

孔子释二《象》曰：二之能勿逐而自得，岂无故哉？以其得中道，则济时之任有舍二不能者，数穷理极，久而必合，所以七日得也。又何事于逐而后能得乎？

从来济世之君子，怀才抱德，不先时而动，不后时而废，以进退从违之机在我而不在人也，故畎亩乐道而任天下之重，岩野旁求而成济川之功。下固可以无求于上，上且不得不有求于下，此主持济运者尤当下贤礼士，用正人以行良法，庶可保吉而不至于终乱矣。

【解说】

本节是说持中守正以等待时机，就会成保济之功。君臣同德相济，臣宜得君行道。但国君在治定功成后容易生发骄满之心，不思进取，不想再任用贤人，臣不得君以行道，此时为臣者只要待时而动，不急切地渴求前行，日子久了就会被重新任用，终会得君以行道。

【原文】

九三：高宗伐鬼方，三年克之，小人勿用。

《象》曰"三年克之"，惫也。

【解义】

此一爻言兵不可轻动，当以择人为要也。

鬼方，北方幽远小国；惫，困也。

周公系既济三爻曰：三以刚居刚，当济之时与上为应，内治将终，而或勤于远略，以诛罚不庭。然险陷在前，难以骤克，有高宗伐鬼方至三年方克之象。

夫以高宗之贤，主伐鬼方之小国，劳民动众，迟之又久，其用兵之难如此。若任用小人，轻启兵端，志在逞威，挟忿残民肆欲，其患可胜言乎？故小人必在所勿用也。

孔子释三《象》曰：伐必三年后克者，则师老财匮，亦已惫甚也。兵可轻举乎？

按：时当既济之后，承平日久，启多事之端于无事之日，舍内治而召外衅，皆小人为之也。隋末之经略西域，始于裴矩；前宋之谋破辽，本于安石。小人开边酿乱，贻害国家，此其较著者矣。故曰："戎寇之祸远，小人之祸近。"圣人于用兵之时每戒以"小人勿用"，其在师之上六与既济之九三，具有深意，所以为万世训，岂偶然哉？

【解说】

本节是说不可轻易地发动战争，就算要发动战争也应该以选择有才能之人为首要原则。殷高宗贤能，攻伐鬼方这样的小国尚且用了三年，如果又任用了小人，会有大祸患，怎么能够获得胜利呢？因此不能任用小人。治定功成后，在无事之日生出事端，这是小人所为。小人开边酿成祸乱，贻害国家，因此宜为圣人所警戒。

【原文】

六四：繻有衣袽，终日戒。

《象》曰"终日戒"，有所疑也。

【解义】

此一爻言有备患之具，尤当存备患之心也。

繻，当作濡，舟漏也；袽，敝衣，所以塞舟之罅漏。

周公系既济四爻曰：六四柔而得正，当济之时，小心畏惧，过于敬慎，不恃其久安无事，凡所以拯灾弭乱之术无不豫备，而其心犹不敢自安也。每患变生于意外，祸发于不虞，防之又防，如乘舟者虑或罅漏濡湿而豫备衣袽，似可无患矣。犹恐漏至俄顷而不及觉，终日戒惧，罔敢稍懈。盖处过中之会，恐生苟止之心，慎之至也。

孔子释四《象》曰：四之终日戒者，岂漫为无益之忧哉？其心诚有所疑畏，常恐一息不谨，祸患旋生，虽谋出万全，不敢自信，此戒心之无已，而深于保济者也。

按：既济之世，不有外患，即有内忧，二者皆所当慎防也。然内忧之所伏，每起于外患之既除。若外无蛮方敌国之患，而内有失人败度之忧，则天下之罅漏莫大于是矣。在昔晋平吴乱，而晋自乱，隋取亡陈，而隋自亡。惟侈然恣肆，苟止偷安，不为终日计也，是安得不豫备而切戒之，如四之拳拳不已者乎？

【解说】

本节是说有了预防祸患的器具，还应该要有预防祸患的心态。六四柔而得正，恭敬谨慎，凡是所有能够预防祸患的方式、器具没有不准备齐全的，但其内心还是不敢自安。治定功成后，不外乎会有内忧外患，二者都应该谨慎地预防。因此说一定要谨慎再谨慎，时时刻刻加强预防，不仅要有预防祸患的器具，还应该要有预防祸患的心态。

【原文】

九五：东邻杀牛，不如西邻之禴祭，实受其福。

《象》曰：东邻杀牛，不如西邻之时也；实受其福，吉大来也。

【解义】

此一爻言处济者以实不以文，方可得时而保吉也。

东邻，阳也，指五；西邻，阴也，指二；杀牛，是盛祭；禴，是薄祭。

周公系既济五爻曰：九五以阳刚中正为济之主，但济道将终，若有一满假之心，未免骄侈易萌，文治有余，而实意不足，不如二当初吉，恪守中正之德，文不足而实有余，足以致济而辅五之治。象如东邻杀牛，其祭虽盛，反不如西邻礿祭之薄而能实受其福也。

孔子释五《象》曰：东邻之盛不如西邻之薄者，以其时不同也。二当初吉之时，不务虚文，能乘时图济，有真实受福之具，所以升平之福方来而未艾也。若五当终乱之时过于侈盛，安可不防？维收敛以保其吉乎！

按：人主当既济之时，坐享盛业，惟诚敬之心为祈天永命之本。若此心一衰，徒事夸张，则治功不进而倦且止矣，非所以格天心而膺多福也。圣人谆谆垂训，以明济之时宜畏不宜肆，犹祭之时在诚不在物。主济者明于此义，可以得时而长保济矣。

【解说】

本节是说在治定功成后保存成功果实，浮夸盛大还不如实实在在的，这样方可得时而保吉。九五阳刚中正之君，在治定功成之后，未免会萌发骄奢淫逸之心，文治有余，实意却不足。还不如六二有恪守中正之德，文治不足但实意有余，此足以辅佐九五国君以致大治，这样才能实实在在地得到保佑，结果也会吉祥如意。

【原文】

上六：濡其首，厉。

《象》曰"濡其首，厉"，何可久也？

【解义】

此一爻言不能防患以济险，为终乱者致儆也。

濡首，谓首尾俱溺。

周公系既济上爻曰：上六居险体之上，当既济之极，乃以阴柔处之惟务，为因循玩愒偷安，委靡不振至于末流，将险愈深而乱愈不可治象。犹狐之涉水而濡其首，则身已沉溺，其何能济？此正道穷之日，危可知也。

孔子释上《象》曰：上之濡首而厉者，盖自恃为济，怠心日胜，不能思患豫防，一旦患至而无其备，莫可如何，惟有沦胥及溺而已，岂能久乎？

按：既济六爻，由离明而入坎险，内三爻言已济之事，外三爻言由既济而开未济之渐，可见保济之道当安不忘危，治益求治，乃为长治久安之道也。

至上六所谓终止则乱，天时人事，危微绝续之关，圣人于此不言凶而言厉，正救时之深意，欲人于不可久之中求可久之道也。如轮台之悔过，兴元之罪己，君子犹有取焉。然乱至而图，不若未乱而防，尤为制治保邦之要道，而处既济之日者，亦可有终无乱矣。

【解说】

本节是警戒不能预防祸患以度过险难而最终引发祸乱者。处于祸患即将引发之际，为君者要注意内省悔过，深刻罪己。总之，在祸患到来后才图谋治乱，不如在未发生祸患之时就加以预防，这才是制治保邦之道，才可以做到有终无乱。

【原文】

☲ 坎下离上

【解义】

易不终既济而终未济者，何也？造化之理，无往不复；人事之变，终则有始。既济则功已毕，未济则事复始，有生生之义。生生之谓易，所以终未济也。

为卦下坎上离，水火不交，六爻皆不当位，故为未济。然刚柔皆相应，应则阴阳相助，而未济者终于必济。故《象辞》言："亨，既济，已然之亨也。未济，方来之亨也。"然处未济者，必有进作有为之才、慎始持终之力，后能济天下之艰难。

初六、六三，二爻皆阴柔失位，一处险之初，一未离乎险，故有凶咎之占。

九二刚中，与五相应，为佐济之才，然身在坎中，犹必舒徐审虑，有待而进。

九四以刚居柔，刚而不轻用其刚，征伐鬼方三年而后奏绩，盖于未济求济若斯之难也。

六五离明之主，以文明之盛而养之以晦，以精断之智而运之以柔。方且虚其中以照临百官，坚其诚以信任群下，安得不一扫大难为无难之世，一变未济为既济之时乎？

至上九之濡首，乃有所陷溺而不能济者，所以于爻终示戒也。

总之，圣贤之处世，在既济之日则无时非未济之心，在未济之日则无时非欲济之念，乾之"自强不息，终日乾乾而夕犹惕若"者，由此道也。是故既济、未济合，而易道终矣。

【解说】

《未济》卦以渡河未济，比喻尚未成功。本卦紧接在《既济》卦之后，卦象正好与《既济》卦相反，六爻性质也彼此相反。这与《既济》上六爻辞联系起来，表明新时期开始在旧过程之中，新旧之间没有不可逾越的鸿沟。对此《未济》说明了一种见解：卦中下三爻，代表面临的困难极多，爻辞主张量力而行，反对冒险盲动；上三爻表示情况已有好转，爻辞力主艰苦进取，反对沉湎于享乐。这种见解是强调发挥人的主观能动性。

【原文】

未济，亨，小狐汔济，濡其尾，无攸利。

【解义】

此卦坎下离上，水火不交，不相为用，卦之六爻皆失其位，故名未济。卦辞言求济之道，当以敬慎持其始终也。

汔，几也；濡尾，力竭而不能济之象。

文王系未济《彖辞》曰：未济以治功未定为义。当斯时也，众心未协，人谋未臧，事不能遽有所济。然以天运言之，终有可济之理，故可以得亨。顾所以致亨之道，必老成持重，敬始慎终，虑出万全而后克济。如不自度其才力，果锐以求进，而不谨密以图成，使纪纲稍振，法度粗举即以怠忽乘之，若小狐几济而濡其尾，则事终于不济，尚亦安所利哉？

按：未济之时，大险未过，世难方殷，其势非天下之大才不能济。天下之大事，是在离明之主慎择其才而用之，使老成练达者倡率于前，方可驱策群力，经营远大。若衡量失当，误用小才，冒昧当先，必不能出险以终事。此图济之道全在得人，圣人取象小狐深以为戒，不可不慎也。

【解说】

本节是说治定功成之道在于能够始终保持恭敬谨慎。治定功成之道，在于贤明之主能够谨慎地选择有才之人而任用，让老成持重者在前做表率，方可以驱策群力、经营远大。如果衡量不当，误用了小才之人，冒昧当先，一定不能走出危险取得成功，因此圣人一定要深以为戒。

【原文】

《象》曰：未济，亨，柔得中也。小狐汔济，未出中也。濡其尾，无攸利；不续终也。虽不当位刚柔应也。

【解义】

此《象传》是释未济《彖辞》，明柔中之善于济事，又贵相助以成其济也。

柔得中，指六五；未出中，谓未出险中。

孔子释未济《彖辞》曰：未济而《辞》曰"亨"者，岂徒有可济之时哉？

卦体六五柔而得中，柔则能小心谨慎，得中，又处事得宜，故终于能济有可亨之道耳。其曰"小狐汔济"者，时当坎险，虽有事于图济尚未出险之中，值此将济未济之时，正须毕智竭能以求必济，而《辞》乃谓"濡其尾，无攸利"，则究其所事。由于轻为躁动，始锐而中懈，若狐之首济而尾不济，不能继续以成其终也，又何利乎？然非时之不能济，惟人之不善济耳。而所以可济者，未常不在也。

卦之六爻虽阴阳皆失其位，谋猷未臧，而刚柔各相为应，犹能同心协力，补偏救弊。于理于势，可以共济而续其终也，何至几济而濡其尾哉？此未济之终可济而得亨也如此。

按：既济、未济两卦，其理互相发明：既济之吉以柔得中，未济之亨亦以柔得中，则敬慎胜也；既济之乱以终止，未济之无利以不续终，则克终难也；既济之贞以刚柔正，未济之可济以刚柔应，则交济之功得也。总见圣人求济之事，敬慎以保其终，则事无可轻忽之时；相应以补其偏，则人无不可济之事。反覆绅绎，济之能事毕矣。

【解说】

本节《象传》是对上一节未济《彖辞》的进一步解释，表明能够做到柔顺中正且能得到别人的相助，就能取得成功。正当危险时，一定要竭尽全力走出危险以求成功。但由于轻躁妄动，刚开始全神贯注最后却松懈下来，还是不能取得最终的成功。这不是时机不能成功，而是人不善于取得成功。总之，圣人要想取得成功，就应该始终做到恭敬谨慎、柔顺中正，如此则无不济之事。

【原文】

《象》曰：火在水上，未济；君子以慎辨物居方。

【解义】

此《象传》言物当各止其所，君子以慎辨体济之用也。

孔子释未济《象》曰：离火在坎水之上，上下不交，不能相济为用，未济之象也。君子体之，以为时当未济，则物之倒置易位者多矣，不可不谨慎而明辨之。因器命名，缘分定制，使疏不得拟亲，卑不敢抗尊，小不致洁大，则物各有方所而居之不迁，始于相别，终于相得，而济世之业俱出其中。未济者何忧不济乎？

按：《系辞传》曰"方以类聚，物以群分"，如水火异物，各居其所，天地自然之定位也。王者承天意以从事，自一身以至天下国家，莫不各有当然之分。既济、未济之所以不同者，惟分定与乱故耳。故君子以慎致辨，顺天地自然之位，使分定不乱，如水火之不相杂，而未始不相为用焉，则可以赞化育而成济功矣。

【解说】

本节《象传》是说事物应当各得其所，君子由此应该谨慎地分辨事物的性质并加以善用来取得成功。事情尚未取得成功，可能是事物前后倒置变换太多的缘故，如果器物有名、缘分定制，疏不离亲，卑不抗尊，使事物各得其所而不随便变动，就会取得成功。为君者承天意以统治，自己身至于天下国家，莫不各得其所。因此君子要谨慎地加以分辨，顺应天地自然之位，使分定不乱，如此则可取得成功。

【原文】

初六：濡其尾，吝。

《象》曰"濡其尾"，亦不知极也。

【解义】

此一爻言不能量力妄进，为终于不济者示戒也。

极，是终。

周公系未济初爻曰：初六以阴柔居下，当未济之初，又值难济之时，无才无位，岂能进而图功？乃不自为量度，而欲轻为冒进，急于求济，若狐之涉水而濡其尾，则终于不济而已，岂不可羞吝乎？

孔子释初《象》曰：凡事必敬始而后可以善终，若初之濡尾，岂独时之难济哉？由其所以济者，亦昧于敬慎之道，不审势量力，冒昧干进，是但知始之欲济，而不知终极之不能济也，亦可惜矣。

按：古之济大事者，未事之先，必能见其始而要其终，区画时势了若指掌，及其任事而有成也，不出其规模之所素定。三代以下，如韩信之权楚汉，诸葛亮之度孙曹，皆预决于筑坛命将之日与草庐三顾之中，其后卒如其当时之所言者，凡以规模之素定也。若其始漫无成见，临事尝试而欲幸其成功者，未之有也。此濡尾之羞不能继续以终其事，既专著于《象辞》，而爻又首及以示戒欤！

【解说】

本节是警戒那些不自量力妄动前进而最终不能取得成功的人。如果不自量力轻易地冒进，就会像小狐渡河而浸湿了尾巴一样，终不能成功。孔子解释初《象》说凡事只有从一开始就恭敬谨慎而后才会取得成功。因此那些不自量力妄动前进而最终不能取得成功的人要以此为警戒。

【原文】

九二：曳其轮，贞吉。

《象》曰：九二贞吉，中以行正也。

【解义】

此一爻言能恭顺自守，得臣道之正也。

曳轮，是不遽进之意。

周公系未济二爻曰：九二以阳刚之才上应六五柔顺之君，急于有为，未免有太迫之虞，乃以刚居柔，能恭顺退守，不欲速专成冒进以邀功。若车之行而自曳其轮，不轻于求进。在人臣之道为甚正，而济时之业可徐图，其贞而得吉也，宜矣！

孔子释二《象》曰：二以贞得吉，可谓能行正矣。然所以能正者，由其居柔得中，惟中则宅心恭顺，见之行事，自能虚衷谦退，宠利不居，以行乎臣道之正，所以为吉也。

从来干济之臣，处艰难之地，往往事权太重，威福得专，不克保有其功名者多矣，皆由不明于贞吉之义者也。为人臣者，敬守此义而勿失焉，庶可成济时之功而善其终矣。

【解说】

本节是说为臣者能够恭敬柔顺而又自守中正，这才是为臣之道。为臣者以刚居柔，能恭顺退守，不会专为了邀功而急躁冒进，为臣之道如此，则会取得成功。济世之臣，处于艰难险阻之地，往往会因专权太重、福威都集于一身，而不能最终保有功名，这都是由于不明白贞吉的道理所造成的。为臣者，一定要恭敬地遵守此义而不丢失，才可取得成功并得善终。

【原文】

六三：未济，征凶，利涉大川。

《象》曰"未济征凶"，位不当也。

【解义】

此一爻见济险不能独任，当资人力以求济也。

未济，谓未出坎险也。

周公系未济三爻曰：三以阴柔不中正居未济之时，本无济世之才德以为出险之具，使独往以求济，则力微任重，鲜不至于胥溺，能无凶乎？

然未济有可济之道，险终有出险之理，所患者独力不能以济耳。今三以柔乘九二之刚，得倚仗之人而时将出险，又值可济之会，诚能资其才力以匡将出之险，亦何涉川之不利哉？

孔子释三《象》曰：凡图事者，必有可为之具。三所以"未济征凶"者，由其阴柔而居刚位，所处不当，既无才德而独力以往，未有不败者，故得凶也。

按：未济，五爻不出卦名，独于六三一爻见之，盖以六三阴柔，又不中正，居险之极，必不足以济险也。

又云"利涉大川"者，谓若得阳刚之助，则亦可以出险而有功，其如三之不能，何也？夫以六三之阴柔而犹以涉川望之，则弘济时艰者，不在同心之助哉？

【解说】

本节是说以一个人的能力不能度过艰险，应当要得到别人的帮助才能度过艰险而取得成功。六三阴柔而不中正且居未济之时，没有济世的才德，如果让其独自前往去渡险，其力弱而责任重大，因此凶险。现在六三柔顺乘九三阳刚，得到了可以依仗之人而到了济险的时机，因此可以得到别人的帮助以度过艰险。

【原文】

九四：贞吉，悔亡，震用伐鬼方，三年有赏于大国。

《象》曰"贞吉悔亡"，志行也。

【解义】

此一爻言大臣有济世之责，当振作有为，以成其志也。

震,震动也。

周公系未济四爻曰:九四居上卦之下,方出乎险,虽无内忧,而未免于外患。又以刚居柔,常恐畏难避事疑于不正,而有悔也。能勉之以贞,则匪躬尽瘁,克殚臣职而获吉,夙夜匪懈,问心无愧,而悔可亡矣。

然所为贞者何如?时方未济,反正之功非可因循以图,必震发有为,攘外以安内,且至功深日久,期于底绩,乃克有成,为震用伐鬼方三年有赏于大国之象,如此,则非贞何以得吉而悔亡乎?

孔子释四《象》曰:四当未济,而志存乎济世,能以贞自勉,则明作有功,克壮其猷,无不济之悔而志可行矣。

按:圣人作《易》,止此一动一静之义,安危得丧之机,皆由此出焉。如同一伐鬼方也,既济之时虽克而犹忧其惫,利用静也;未济之时必伐而后行其赏,利用动也。且既济之三过刚,恐其宜静而妄动,未济之四居柔,又恐其宜动而反静。此圣人互明其义,一为保济者戒,一为求济者勉,其意深矣!

【解说】

本节是说为臣者有济世的责任,应当振作有为以实现自己的志向。孔子解释四《象》说为臣者经常会畏惧艰难躲避事端,但其有济世的志向,如果能够得到勉励,则会鞠躬尽瘁、克己奉公,如此则会取得成功而实现志向。

【原文】

六五:贞吉,无悔,君子之光,有孚,吉。

《象》曰:君子之光,其晖吉也。

【解义】

此一爻言柔中之德能始终尽善以成济也。

周公系未济五爻曰:五以阴居阳,疑于不正,然为文明之主,本体虚灵,既心知正道,觉悟善反,又居中应刚,能虚心下贤,克己胜私至于陶融纯粹,无复惭德矫偏,而一归于正,故得贞吉而无悔矣。由是而为暗然日章之君子畅于四体,见于猷为,其光辉发越一皆诚意相孚,非有假饰于外者,吉之道也。

孔子释五《象》曰:君子之光在己固无不吉矣,至于盛德之孚不但畅达于一身,亦且光被于四表,成功文章无不焕然可见,将文明日启,天地为昭其晖而得吉，非济功之极盛乎？

按：六五为未济之主，经纶匡济，一本于有孚之诚正，非好智用察，以聪明才辨自矜而陵人者所可同日语也。故曰：君子之光光从孚出，而晖又从光生。故和顺积中，英华发外。不独君子之获吉，而凡被其晖英者，无不获吉矣。

此爻终始言吉，反覆叹美，深有味乎柔中之旨欤！

【解说】

本节是说为君者如果能够始终有柔顺中正之德，就会取得成功。六五为未济之主，其并非好智用察，有聪明才辩，但其经纶匡济、言行一致且和顺中正，就像是有普照天下的光辉，能够受其光辉普照下的英才之人也会吉祥如意，因此最终也会取得成功。

【原文】

上九：有孚于饮酒，无咎，濡其首，有孚失是。

《象》曰：饮酒濡首，亦不知节也。

【解义】

此一爻见处济有善道，不可过于自纵也。

周公系未济上爻曰：上九以刚明居未济之极，有能济之才。时已将济，功已垂成。若才过乎刚，求济不已，则反生患。但当从容自信，不妄作为，而与时休养，若有孚于饮酒然，自无欲速侥幸之咎，然非一无所事，而侈然自纵也。

若使过耽逸乐，沉溺不返，如饮酒而至濡首，则信非所信，为有孚失是，而事终不济矣。所当戒也。

孔子释上《象》曰：饮酒而至濡首，但知有孚之为是，而不知是之所在有当然之节，不可过也。使裁度得中，不至于失是，则慎终者可以保始而宁患其不济乎？

按：千圣传心之要典不外乎一"中"，《易》为尽性至命之书，所言无非是也。既济之九五言时，未济之上九言节，时与节，即所谓中也。乾知进退存亡，其圣人之中乎？未济以不知节为戒，节正，随时以取中也。知节，即知进退存亡而不失义命之正，《易》之始终大义，略可见矣。《中庸》曰"时中"，又曰"中节"，为得性命之传，其在是乎？

【解说】

本节是说处济应该要有善道,不可太过于放纵自己。上九位居《未济》卦之极,有能济之才,到了能够取得成功的时机也取得了成功。但其才能过于阳刚,反而会生出祸患。要从容自信,不妄动且与时休养,自然会没有过失;但如果过于放纵自己,不知节制,那就会丧失信任而无法取得成功。

# 卷十五

## 系辞上传

《系辞传》上下二篇，孔子通论一经之卦爻大体、凡例所为作也。先儒谓其无经可附而自分上下云。

按：《系辞》作上下传者，王肃本也，司马迁则称《易大传》。孔子晚而好《易》，读之韦编三绝，而因作《十翼》。何谓《十翼》？《彖辞上传》《彖辞下传》《象辞上传》《象辞下传》《系辞上传》《系辞下传》《文言传》《说卦传》《序卦传》《杂卦传》也。

古《易》文王之《卦辞》、周公之《爻辞》与孔子之《十翼》，离为十二篇，经自为经，传自为传。自汉费直始将《彖传》《象传》《文言传》杂入卦中，而《系辞》《说卦》《序卦》《杂卦》诸传另为一书。晋王弼作注皆依之，即所谓无经可附者此也。

宋儒程颐《易传》一如费直之本。自朱熹为《本义》，乃复古《易》之旧，而经、传又分明。洪武间颁行学宫，令士子程朱传义兼习。成化时，奉化教谕成矩始单刻《本义》行世，而篇章次第又悉依程氏，非复朱熹原本，今世所共习者是也。

此为《易经》分合源流，故叙其梗概如此。

程颐曰："圣人用意深深，全在《系辞》。"《系辞》本欲明《易》，若不先求卦义，则亦不可以读《系辞》也。

【解说】

《系辞》是《易经》的整体概论，它以阴阳观念论述了《易经》的性质、卦的起源和筮法原理，从而阐发了《易经》的思想内涵。《系辞》原本王肃所作，司马迁称之为《易大传》，孔子晚年喜好读《易》且读之"韦编三绝"，因而作《十翼》。《系辞》分上下两篇但不分章，本书依朱熹《周易本义》的做法，分十二章进行译注。第一章由三小节组成，主旨是说"变"是世界的普遍规律，人应认识并运用规律指导自己的行为；论证的特点是自然、社会并提，由自然推及社会。

【原文】

天尊地卑，乾坤定矣。卑高以陈，贵贱位矣。动静有常，刚柔断矣。方以类聚，物以群分，吉凶生矣。在天成象，在地成形，变化见矣。

【解义】

此一章是言圣人作《易》之大原，示人体《易》之实学。

此一节是孔子以造化之实，明作经之理，见天地有自然之易也。

"天地"者，乾坤之形体。"乾坤"者，天地之性情。"卑高"，兼天、地、人、物言。"方"者，情动之始。"物"，则指人而言之也。"象""形"，变化所成之体也。

孔子意曰：《易》之首乾坤者，何也？盖天地者，万物之大父母也。天确然在上而居尊，地隤然在下而深卑。而《易》中之卦，纯阳至健而为乾，纯阴至顺而为坤者，已定立于此矣。

由是而地与万物之卑者陈于下，天与万物之高者陈于上，而《易》中卦爻之上者贵，下者贱，已位列于此矣。

天与万物之阳者为开辟、为发舒，而其动有常；地与万物之阴者为闭藏、为收敛，而其静有常。而《易》中卦爻之阳而性动者称乎刚，阴而性静者称乎柔，已剖断于此矣。

天下之事情有善恶，而众理众欲以类而聚；物类亦有善恶，而同道同恶以群而分。此阴阳淑慝自然之理也。而《易》中卦爻占决之辞，或时之息、事之得而为吉，或时之消、事之失而为凶者，即生于此矣。

日月星辰在天而成轻清之象，山川动植在地而成重浊之形，此皆实理之变化也。而《易》中蓍策所揲之卦爻，阳穷于九，则退而化为八，阴穷于六，则进而变为七者，即见于此矣。

盖《易》书之有乾坤，且有贵贱、刚柔、吉凶、变化，无一不备，皆非圣人私智之为也，不过因阴阳之实体而形容摹写之。是故因至著之象以见至微之理，观天地即可以见易也。

大哉，《易》乎！天地且不能隐，而况于人物万事之变乎？

【解说】

本章是说圣人作《易》最初的原因，并展示给人体会到《易》之实学。而本节是孔子从天地自然的实际造化中，明确作《易经》的道理，以表现天地有自然之易。总之，《易》书中有乾坤、刚柔、贵贱、吉凶、变化，无一不备，这些都不是圣人私有的智慧所能做到的，只能通过天地阴阳的实体来加以形容模仿，《易》的道理至大，天地尚不能隐藏，更何况是万事万物的变化？

【原文】

是故刚柔相摩，八卦相荡。鼓之以雷霆，润之以风雨。日月运行，一寒一暑，乾道成男，坤道成女。乾知大始，坤作成物。乾以易知，坤以简能。

【解义】

此五节是言圣人作《易》，而乾坤之理分见于天地也。

摩，摩戛也；荡，推荡也；风，亦云；润者，承雨而言尔；知，管也；作，造也；成，就也。

孔子意曰：伏羲见天地间无往非易，不过阴阳两端，是故画奇偶以象之，奇则称刚，偶则称柔也。刚柔既立，变化无穷。

以一刚为主，而以一刚一柔摩于其上，则为太阳、少阴；以一柔为主，而以一刚一柔摩于其上，则为少阳、太阴。而四象立矣。

太阳与少阴相摩而生乾、兑、离、震，太阴与少阳相摩而生巽、坎、艮、坤，而八卦成矣。所谓两仪生四象，四象生八卦，易之小成也。

由是以乾、兑、离、震为主，各以八卦推荡其上，则自乾至复三十二之阳卦立矣；以巽、坎、艮、坤为主，各以八卦推荡其上，则自姤至坤三十二之阴卦立矣。所谓八卦相错，因而重之，易之大成也。

易既作，则凡造物所有，孰非易理之著见？如阴阳搏击而为雷霆之鼓动，阴阳和畅而为风雨之润泽。日者阳之精，月者阴之精，则运行而代明焉。寒者阴之肃，暑者阳之舒，则迭运而无端焉。此成象之实体也，即此刚此柔也。

天地氤氲，万物化生，阳而健者乾之道也，人物得阳之多则成男。阴而顺者坤之道也，人物得阴之多则成女。此成形之实体也，亦此刚此柔也。

然成男成女，虽乾坤一定之分，其实有相须之功。故凡人物之始也，乾皆有以主之，质虽未形，而胚胎朕兆已全于一施之初矣。其成也，坤皆有以作之，即乾之所始者，悉为之禽受、培养而酝酿、造就以终其事矣。阴阳之不能相无者如此。

夫尽物而始乎乾，宜若难矣。然乾健而动常有余力，故气一至而万物俱生，理一行而万物即动，初无艰深留滞之劳，何易如之！尽物而成乎坤，宜若烦矣。然坤顺而静，皆不自作，故承乎气以成形，因乎理以成性，初无区画增益于其间，何简如之！天地生成之妙无心而成化者又如此。乃知易之未作，易在造化；易之既作，造化在易。论乾坤之功，至博而无外，论乾坤之德，又至要而不烦。而人事之效法天地者，从可识矣。

【解说】

这五节是说圣人作《易》而乾坤的道理分见于天地之中。孔子说伏羲观天地间的往来变化不过有阴阳两端，因此画奇偶以代表。奇称刚、偶称柔，刚柔既立，变化无穷。于是就有了所谓的太极生两仪，两仪生四象，四象生八卦，由此《易》有所小成；用八卦来推演就产生所谓的六十四卦，由此《易》有所大成。《易》既成，凡天地万物的变化都来自刚柔两种力量的对比转化，来自八卦所代表的事物、属性的相互作用。

【原文】

易则易知，简则易从。易知则有亲，易从则有功。有亲则可久，有功则可大。可久则贤人之德。可大则贤人之业。

易简，而天下之理得矣。天下之理得而成位乎其中矣。

【解义】

此二节是赞圣人之德始于法天地，终于参天地也。

孔子意曰：易简，岂专属之乾坤哉？人心之良亦自有易简。自私欲累之，而易者险、简者阻矣。有能法乾坤之道，一主乎理而无所容心，则其易如乾矣；一循乎理而行所无事，则其简如坤矣。易则光明洞达，无一毫人欲之艰深，尽人皆知其中心之所存矣，岂不易知？简则径直平顺，无一毫人欲之纷扰，尽人皆能循其途辙以作事矣，岂不易从？

易知则不远人，以为道而同心者众，故有亲。易从，则尽人皆可与，能而协力者多，故有功。

有亲，则因人之信从，足以验我所存之是，而精一自信，始终以之，故其中之所存者可以至于久而不变也。有功，则因人之协力，足以辅我行之不逮，而兼人之能为己之能，故其外之所行者可以至于大而益弘也。

可久，则纯亦不已，与天同其悠久矣。可大，则巍乎成功，与地同其广大矣。非贤于人之德业乎？

然其所以然者，则以我之易简与乾坤之易简同原故也。易简，而天下万殊之理莫不贯通于我心，统会于我身，是故，天有是易我亦有是易，地有是简我亦有是简，可以成人位于天地之中与之并立而无歉焉。此体道之极功，圣人之能事也。

要之，人心本自明白正大，自为私意所蔽，物欲所扰，往往艰深使人不可近，烦碎使人不可行。如权谋术数之流，天下之理必皆扞格而不相入。易者存理而已矣，简者循理而已矣。其始不过坦白要约，而其终至于德崇业广，与天地参善。学易者何不从易简求之乎？

【解说】

这二节是称赞圣人之德始于效法天地之道而终于参悟天地之道。天道以平常成其巧，地道以简单成其功；平常就容易认识，简单就容易遵从；容易认识会有人亲近，容易遵从则会成就功业。理解天地的平常、简单，等于明白了天下一切事物的道理，就能在天地之间确立人的地位了。总之，人心本来是光明正大的，但往往会被私心所蒙蔽，为物欲所困扰，艰深让人觉得不可近，烦碎让人不可前行。学《易》者只要了解简单平常的道理，就能参悟天地之间的一切事物的道理。

【原文】

圣人设卦观象，系辞焉而明吉凶，刚柔相推而生变化。是故，吉凶者，失得之象也。悔吝者，忧虞之象也。变化者，进退之象也。刚柔者，昼夜之象也。六爻之动，三极之道也。

【解义】

此一章是言圣人系辞明道之功，君子玩辞体易之学。而此四节言圣人系辞之事也。

圣人，文王、周公也；设，陈也，言设卦则爻在其中矣；象，谓卦爻本然之象；辞，谓卦爻辞；忧，虑也；虞，安也；忧虞，言象者，犹云仿佛之意，非观象之象也，下放此；进退者，造化之消息，刚柔之未定者也；昼夜者，造化之幽明，刚柔之已成者也；六爻之动，九、六之变化也；三极，天地人之理也。

孔子意曰：伏羲画卦，吉凶之理已默示之矣。然有画无文，民用弗彰也。文王、周公取伏羲所画之卦而布列焉。统观卦象而时有消息，则系卦辞以断全体之吉凶。析观爻象，而位有当否，则系爻辞以断一节之吉凶，于是易道大备，而利用之功大矣。

然辞固因象而系，而象又因变而著卦爻之间，九为刚，六为柔，柔退之极，则刚推去乎柔，而柔变为刚；刚进之极，则柔推去乎刚，而刚化为柔。其变化之间，消息当否无不具焉。此圣人所由观之以系辞者也。

由观象系辞言之：辞之吉者，即人事顺理而得之象也；辞之凶者，即人事逆理而失之象也。辞有自凶趋吉之悔，即人事既失之后，困心衡虑而为忧之象也；辞有自吉向凶之吝，即人事未决之先，安意肆志，而为虞之象也。辞占之符于人事者，如此。

由刚柔相推言之，柔变而趋夫刚者，即气机之退极，则渐长而为进之象也；刚化而趋夫柔者，即气机之进极，则渐消而为退之象也；既变而刚，是即阳明用事，万物照临，而为昼之象也；既化为柔，是即阴晦用事，群动宴息，而为夜之象也。至于刚柔变化流行于一卦六爻之间，九、六迭运，所谓动也，其即三极之道乎？一太极也，而天地人各得之为三极，其动于初、二爻者，即地道之刚柔交错也；其动于三、四爻者，即人道之仁义时措也；其动于五、上爻者，即天道之阴阳迭运也。何动非道？何道非极？象变之符于造化者，又如此。

按：太极者，本然之妙。动静者，所乘之机。故三才各一太极，而太极各兼阴阳。有阴阳则有变化，邵子所谓天地人之至妙者也。

自卦爻而析言之，则爻各一道，一物各具一太极也。自卦爻而统言之，则六爻一道，万物统体一太极也。圣人观象系辞，亦止发挥太极之妙而已矣。

【解说】

本章是说作《易》卦的原则并说明君子应当如何学《易》，而这四节是说圣人画出六十四卦的卦画，借以观察卦象和爻象所蕴含的意义之事。孔子说伏羲画八卦但是有画无文，百姓用起来不方便也不明白，因此文王、周公取伏羲所画之卦而陈列，并附加卦、爻辞说明变化发展的吉凶趋势，这是因为卦中刚爻与柔爻相互进退能产生四种不确定的状态。因此吉、凶象征成功和失败，悔、吝象征忧愁和惊诧，卦爻的变化是前进和后退的象征，刚、柔两种性质的卦爻是事物状态已经确定的象征。六爻的变动，反映了天、地、人三个方面的道理。

【原文】

是故君子所居而安者，《易》之序也。所乐而玩者，爻之辞也。

是故君子居则观其象而玩其辞，动则观其变而玩其占。是以自天祐之，吉无不利。

【解义】

此二节言君子学《易》之事也。

上言"居"者，深之也，谓以易道自居也；下言"居"者，静也，指未筮时而言也；"易之序"，指卦爻辞。独言"爻"者，爻言乎变，尤在所当玩也；"变"，即象也，"占"，即辞也，所异者，未筮、既筮之别耳。

孔子意曰：辞、占、象、变之既备，则有须臾不能离者，而可不学乎？是故学易君子，其身之居深安固而不迁者，则在易之序，盖观其刚柔消息一定之次第，以为进退出入之度也。其心之爱乐玩味而不置者，则在爻之辞，盖观其吉凶悔吝无穷之精理，以为悦心研虑之资也。惟君子身心不外乎《易》，是故动静不间其功。方其居而未及卜筮也，则观卦爻之时位而玩其辞，凡得失忧虞之象，吉凶悔吝之由，皆其心之所会也，而居安乐玩无间于静矣。及其动而谋及卜筮也，则观当动之卦爻而玩其占，凡刚柔相推之变，吉凶所占之决，又皆措诸事焉，而居安乐玩无间于动矣。

夫学乎易即合乎理，合乎理即顺乎天。穷此理于无事之时，则静与天俱。循此理于有事之日，则动与天游。是以自天祐之，所趋皆吉，所避皆凶，受休嘉之福，而得利顺之应也。

按：前章言伏羲之《易》，而以易知、简能、久大、德业责成于体《易》者，此章言文、周之《易》而以居安、乐玩、动静、交修责成于学《易》者。盖天地间刚柔变化无一时之间，人在大化中，吉凶悔吝亦无一息之停。必动静之间，举无违理，方尽学《易》之功，方不负圣人作《易》之意。

【解说】

这二节是说君子应该如何学习《易》。学易即合于理。因此，君子无事之时应当观察卦爻象、思考卦爻辞，有所行动就应观察、体味有关的卦爻变动和文辞含义。这样君子就能得到上天的帮助，吉祥如意而无所不利。总之，天地间时刻有阴柔变化，人处于大的变化之中，吉凶悔吝没有一刻是停息的。在动静之间，一定要不违背常理，方能尽得学《易》的精要，才能不辜负圣人作《易》的初衷。

**【原文】**

彖者，言乎象者也。爻者，言乎变者也。吉凶者，言乎其失得也。悔吝者，言乎其小疵也。无咎者，善补过也。

是故，列贵贱者，存乎位。齐小大者，存乎卦。辩吉凶者，存乎辞。忧悔吝者，存乎介。震无咎者，存乎悔。是故卦有小大，辞有险易。辞也者，各指其所之。

**【解义】**

此一章是释卦、爻辞之通例也。

悔，我自尤也；吝，人尤我也；介，善恶所分之路也；各指其所之，其，指卦而言；之，向往也。

孔子意曰：圣人观象于卦而系彖辞，彖者，言乎全体之象，举奇偶、纯杂、内外、消长之形，莫不称名取类以拟其形容也。观变乎爻而系爻辞，爻者，言乎一节之变，举隐显、贵贱、当否、比应之殊，莫不支分节解，以观其会通也。卦爻之辞有所谓吉凶者，言乎象变中，时有消长，位有当否而为失为得，失则从逆而凶，得则惠迪而吉也。有所谓悔吝者，言乎象变中，刚柔杂居，善恶未定，向于得而未得，尚有小疵，则内自怨艾而悔生也；向于失而未失，已有小疵，则外招尤衅而吝生也。有所谓无咎者，言乎象变中，有以处非其地，行非其事，承乘比应，非其人足以致咎，然其间不无一节之善、一念之良焉，则能图回更改而补其所过也。

由卦、爻辞申言之，是故爻言乎变，而变之所示有贵贱：凡居上而尊者皆贵也，凡深下而卑者皆贱也。易列之而等级分明，则在乎六爻之位焉。

彖言乎象，而象之所陈有小大，如姤、遁、否之类阴为主者皆小也；如复、临、泰之类阳为主者皆大也。易齐之而使不相杂，则在乎六十四卦焉。夫位有贵贱，卦有小大，而错综更迭，得失形焉。本有吉凶之理，特隐而未形耳。易辩之以明得失之报，则在乎卦爻之辞焉。

若夫卦爻有小疵，则有悔吝，而易辞一遇悔吝，必为忧之，惟恐人之至于是，而虑远说详不能自释焉，则存乎善恶初分之介。人能体易之忧，则一念之善有必充，一念之恶有必遏，岂犹至于悔吝乎？

卦爻善补过则为无咎，而易辞一遇无咎必为震之，惟恐人之终于过而奋发警惕不能自宁焉，则存乎天理萌动之悔。人能体易之震，则怨艾深而勇于舍旧，觉悟切而急于图新，不有以补过而无咎乎？

是故卦分阴阳，有小、大矣，辞别吉凶、悔吝、无咎，有险易矣。然辞之有险易者，正以卦之情所向不同而言，盖小卦之情回互而艰深，为人欲之私，是以不之于失，则之于小疵，而凶、悔吝之险辞随之。大卦之情坦易而明白，乃天理之公，是以不之于得，则之于补过，而吉、无咎之易辞随之。辞岂有外于卦哉？言卦则爻可知矣。

可见圣人系辞，无非使人趋吉避凶，坦然知所，率由惕然知所畏避。其曰"忧、悔吝"者，即君子慎独之几，大贤不远之复也。其曰"震、无咎"者，即成汤改过不吝之勇，太甲自怨自艾之诚也。趋避之道莫要于此，圣人一一著之于辞，其意深矣。

【解说】

本章是解释卦爻辞的通例，来继续讨论卦爻辞，指出卦辞主要反映物的静态特征，爻辞主要反映物的变化过程。卦代表较长的时期，爻指这一时期中较短的变化阶段。文中还结合卦的阴阳属性、爻位的高低上下，讨论了吉凶悔吝等刚语的基本含义。"象者，言乎象者也"二句是说明卦辞、爻辞的区别。"吉凶者，言乎其失得也"三句说明吉凶悔吝无咎诸概念的含义。"是故，列贵贱者，存乎位"二句说明爻位、卦辞的象征意义。"辩吉凶者，存乎辞"三句说明要从积极方面理解卦爻辞中吉凶悔吝等概念。"是故卦有小大"四句说明卦分阴阳、辞有吉凶，宗旨在于提示趋吉避凶，所指卦爻的变化趋向，含有勉励君子、告诫小人的意义。

【原文】

易与天地准，故能弥纶天地之道。

【解义】

此一章是言《易》道之大，惟圣人能用之。而此一节先极赞其大，以起下文用《易》之事也。

易，指《易》书而言；弥，联合之意；纶，条理之意。

孔子意曰：至大者莫如天地，凡囿于覆载之中者，皆不足以拟之，而惟易与之齐准。盖天地之道，不过一阴一阳之变易以道，阴阳奇偶二画包含变化，故于是道有以弥纶之。弥者，自其外以统观，而阴阳生生之妙无不包括于卦爻之中，其全体浑合，初无一毫之欠缺也。纶者，自其内以细观，而分阴分阳之理，莫不精密于统贯之内，其脉络条理，又无一节之淆杂也。天地有是道，而《易》书亦有是道，谓之相准，不诚然哉？

夫《易》之未作，法天地之道以为《易》之道，故曰"准"。《易》之既作，还以《易》之道理天地之道，故曰"弥"曰"纶"。弥之则万合为一，浑然不漏，犹《中庸》言"大德敦化"也。纶之则一实万分，粲然有伦，犹《中庸》言"小德川流"也。天地之道，即下文所云幽明、死生、鬼神、仁智、昼夜，与夫天地之化育、万物之生成皆是也。《易》既能联合，而分理之则理、性、命无不毕具，而圣人用易以弥纶天地之道，亦不外乎此矣。

【解说】

本章是说《易》的道理非常广大，只有圣人才能体会而加以运用。本节是先极力地赞扬《易》的道理至大，以引起下文所说的运用《易》的事例。"易与天地准"二句是说《易经》和天地一样广阔，因此能普遍包含宇宙空间的一切道理。"天地"，《系辞》使用的是天地的概念，含义并不确定，此处应该是指宇宙空间。

【原文】

仰以观于天文，俯以察于地理，是故知幽明之故。原始反终，故知死生之说。精气为物，游魂为变，是故知鬼神之情状。

【解义】

此一节是言圣人穷理之事也。

天象灿然有章，故曰"文"。地形井然有条，故曰"理"。"原"者，推之于前。"反"者，要之于后。"精"，重浊，为阴；"气"，轻清，为阳，物之所受以生而未属于物者也。物既成则谓之"魂魄"矣。"游"者，散而远去之意。魂升则魄必降，举魂可以该魄也。"情状"，犹言气象也。

孔子意曰：《易》既能弥纶天地之道，故圣人以《易》之理仰观天文，即阴阳之循环以观其昼夜，即阴阳之升降以观其上下焉。俯察地理，即阴阳之对待以察其南北，即阴阳之杂居以察其高深焉。

天文之夜与下、地理之北与深，幽也。而其所以幽者，阳之变而为阴也。天文之昼与上、地理之南与高，明也。而其所以明者，阴之变而为阳也。"幽明之故"，以《易》而知之矣。

以《易》之理推原人物之所以始，始即终之发端；反观人物之所以终，终即始之归宿。其始之生气凝于妙合之际，而理随以全，阴之变而为阳也。其终之死气散于殂落之余，而理随以尽，阳之变而为阴也。死生之说以《易》而知之矣。

以《易》之理究其精与气之凝聚，而既有知觉，又有运动，则为物；精与气之消散，而魂升于天，魄降于地，则为变。为物者，自无而有，神之来也，伸也，阴之变而为阳也；为变者，自有而无，鬼之往也，屈也，阳之变而为阴也。此盖造化之迹，二气之良能，其情无形，而其状有象，鬼神之情状不又以《易》而知之乎？《易》固圣人穷理之书也。

总之，幽明者，阴阳之显晦；死生者，阴阳之消息；鬼神者，阴阳之聚散。此三者，理之难穷者也，圣人皆有以知之，则凡天地人物造物之理，殆无一之不穷矣。是以崇效卑法生顺没宁，而与鬼神同其吉凶也。圣人穷理之功大矣哉！

【解说】

本节是说圣人穷理的事例。"仰以观于天文"三句是将自然现象与《易经》互证，说明阴阳对立、互变的法则适用于一切事物。"原始反终"二句是说生与死是事物变化过程的两种形态。"精气为物"三句说明精气凝聚为魂，象征生命；精气游散为鬼，象征死亡。总之，幽明、生死、鬼神这三者是最难推究到极点的道理，如果圣人把这三点都通晓了，那么凡天地人物造物之理就没有不通晓的了。

【原文】

与天地相似，故不违。知周乎万物，而道济天下，故不过。旁行而不流，乐天知命，故不忧。安土敦乎仁，故能爱。

【解义】

此一节是言圣人尽性之事也。

土者，身所深之地也；敦，厚也。

孔子意曰：天地之道，圣人之性，虽有不同，然其为理则一而已。圣人尽性，故能与天地配合而相似，相似则立此参彼，无毫发之违悖矣。其相似者，何如？盖天高明，其道为知；地博厚，其道为仁；皆阴阳之理，而《易》书具之。圣人尽乎其知，则聪明洞达，而于万物之理无不各究其极；尽乎其仁，则区深条理，而于天下之人无不各得其所。如此，则仁以成知，而知有实用，非骛于高远，非沦于空虚，何过之有？此圣人及物之仁，知其深常者然也。若夫事有不可以常理行时，有不可以常法深者，圣人又为之称其轻重，委曲迁就以深之，不胶于一定之中，是所谓旁行也。旁行，则疑其易流，然行权之中亦天理之所在，自合乎道义之归，而不流于变诈之术，此圣人应事之仁，知其深变者然也。

天者，仁义忠信之理，乐之则默契吻合，而内重外轻。命者，吉凶祸福之数，知之则昭融洞澈，而修身以俟。见之明，守之固，凡事变得失之数，自不足介于光大之心矣，又何忧焉？圣人知之，尽如此。

凡人不安土，则自择便利，而济物之心亡，故仁不敦；不敦仁则私意间隔，而爱物之体隳，故爱有限。圣人素位而行，无入不得，则物我不形，而天理周流，恻怛慈爱之念无时而不存矣。是安土即敦乎仁也。

夫既有以立爱之体，则必有以达仁之用，以不忍人之心行不忍人之政，自无一夫之不获，一物之失所矣。圣人仁之至如此。此则知与天道同其高明，仁与地道同其博厚。故曰"与天地相似而不违"也。《易》固圣人尽性之书也。

按：仁、知二者，天德王道之大端也，知周道济，则体用合一矣。旁行不流，则经权悉当矣。乐天知命、安土敦仁，则与天为徒，与物同体矣。此圣人之全功也，而求其用力则有要焉。《中庸》言"知、仁始于好学力行"，孟子言"知者、仁者无不知、无不爱，必以当务为急，亲贤为务"。可以知其用力之要矣。

【解说】

本节是说圣人能够尽得《易》的理性特点。仁、爱是天德王道大的发端，知道不刚变化发展的道理，是体用合一；能够随机应变、灵活运用，不违反原则，说明都掌握了经营、掌权的道理；乐天知命、安土敦仁，是与天为徒、与物同体。这说明圣人能够尽得《易》的理性特点了。

【原文】

范围天地之化而不过，曲成万物而不遗，通乎昼夜之道而知，故神无方而易无体。

【解义】

此一节是言圣人至命之事也。

范围，谓裁成其过；曲成，谓辅相不及。两在不测之谓"神"。变化不穷之谓"易"。

孔子意曰：天地之化，阴阳之气也。二气流行，在天成象，在地成形，无非化也。然其化，浑浑沦沦，无有纪极，不能无或过者。圣人则有以范围之，如顺四时之序以定分至，辨九州之界以理疆土之类，一如铸金之有范，城郭之成围，使天地之化无不就裁以适于中而不过焉。万物，阴阳之形也。万物赋形，人有智愚，物有动植，皆待成也。

然万物芸芸总总，难以周遍，不能无或遗者，圣人则有以曲成之，如厚生正德以立民事，樽节爱养以尽物宜之类，一一委曲周到，知之明，处之当，使万物无不得所，以受其成而不遗焉。

昼夜，阴阳之运也。幽明、死生、鬼神、一屈一伸，循环之理皆昼夜之道也。其理互根，动静无端，阴阳无始，圣人则有以兼通而知之。知昼矣，又兼乎夜之道而知；知夜矣，又兼乎昼之道而知。如明也、生也、神也，昼之属也。昼为阳，而阳实根于阴，幽也、死也、鬼也，夜之属也。夜为阴，而阴实根于阳。一昼一夜，迭运不穷，亘古今皆是道也，圣人之心与之契合无间，通乎其道而知焉。

所谓知化育也，夫天地之化一阴阳之气，万物一阴阳之形，昼夜一阴阳之运，而《易》书亦阴阳之变也。圣人范围，不过曲成不遗，通乎其道而知有如此，岂非得其至神之妙，而易之变化在心者乎？

故言乎神，则周流不居，既在此，又在彼。在阳者忽在于阴，在阴者忽在于阳，得一以神无在而无不在，无方所也。而言乎易，则百千万变，既为此，又为彼。为阳矣，而亦为阴；为阴矣，而亦为阳。用两而化，无为而无不为，无形体也。《易》固圣人至命之书也，此《易》之所以与天地准而能弥纶天地之道也。

按：仰观俯察，智周道济，范围曲成，所以穷天地之理，尽天地之性，立天地之命也。其道甚大，而实体之，则非求之幽远者也，不外一动一静，致中致和。穷理尽性以至于命，圣人反身而皆备焉。

【解说】

本节是说《易经》概括天地化生不已的情况而无差错，反映万物变化的过程而无遗漏，兼通阴阳两方面的道理而能预测发展趋势，这些说明变化的偶然性是难以确定的，变化的过程是没有固定格式的。圣人由此要体会到，天地之理甚大，要体会并通晓天地之理，不外乎一动一静、致中致和，穷尽其理以至于立天地之命，圣人应该反身修省而皆备之。

【原文】

一阴一阳之谓道，继之者善也，成之者性也。仁者见之谓之仁，知者见之谓之知，百姓日用而不知，故君子之道鲜矣！

【解义】

此一章言道之体用不外乎阴阳而未尝倚于阴阳。而此三节言道之命于天而禀于人者，兼示人以体用全备之道也。

孔子意曰：自有天地万物，则有天地万物之理，所谓道也，盈天地间无非道。而所谓道者，无他，只是一阴一阳而已。阴阳，气也。气之流行，一动一静，互为其根，一阴矣，又一阳焉；一阳矣，又一阴焉。大而一阖一辟，小而一嘘一吸，莫不皆然。所以然者，无非实理之所为，此之谓道也。

是道也，其在天命流行，静之终，动之始，可以观其继焉。继之者，当接续之间，此理方动，出于天而将赋于物，生理所发，化育为功，全是天道之本然，无贰无杂，纯然善也。至于赋予于物，各具是道，可以观其成焉。成之者，物各得其所以生之理，受天所赋，人有为人，物有为物，实理具备，随在各足，乃为性也。继善者，成性之方，发阳之事也。成性者，继善之已，成阴之事也。此一阴一阳之道在天命之流行赋予者然也。

若夫成性之后，其在人也，有得阳之动而成性者，仁者也。仁者偏于阳气居多，故同是道也。自仁者见之，则但识其动而及物之机以发生布德之仁，目为道之全体，而谓道在是焉，则竟谓之仁矣。有得阴之静而成性者，知者也。知者偏于阴气居多，故同是道也。自知者见之，则但识其复而干事之体，以凝静生明之智，目为道之全体，而谓道在是焉，则竟谓之知矣。

盖天命之善本无偏，而气质之受则有偏也。至于蚩蚩之氓，百姓也，未尝不囿于道之中行焉，习焉终身，由之日用是道者也，而不著不察，一无所见，不知有道之仁，亦不知有道之知焉。此又愚不肖之辈也。

夫道之全体，阴阳无偏者也，乃仁者、知者各有所见而得其偏。百姓则于道无所知，是以君子阴阳合德，体用全备之道终鲜其人矣。夫仁，阳也。知，阴也。百姓日用亦皆阴阳所在也。仁知虽偏而道本不偏，百姓虽愚而道无不在，则一阴一阳之道又可见矣。

【解说】

本章是说《易经》之道的体用不外乎一阴一阳，但却不能完全地依仗阴阳，因为阴阳也有不测之时，具有一定的偶然性。此三节是说道命之于天地之理却由人所定而生成，并表示人应该具备了解运用阴阳兼备、仁智互存的道。"一阴一阳之谓道"是指矛盾对立转化叫作道。"继之者善也"二句说明阴阳在"道"中的不同作用。"仁者见之谓之仁"四句说明阴阳变化极其复杂，必须仁、智合观，才能把握道的全貌。

【原文】

显诸仁，藏诸用，鼓万物而不与圣人同忧，盛德大业至矣哉！富有之谓大业，日新之谓盛德。

【解义】

此二节是以造化出入之机，言道之在天地者不离阴阳互根之妙也。

仁，谓造化之功，天地生物之心也。用，谓机缄之妙。机是弩之机。缄是丝之总结。机一发，缄一启，妙用存焉，故以言用也。

孔子意曰：一阴一阳之道，天地之化机不外是焉。大德曰生，天地之仁也。仁本在内者也，自内而外以显诸仁，如春夏之发生，始亨畅遂，无非造化之功。此分一本为万殊，所以鼓万物之出机也。神妙变化，天地之用也。用本在外者也，自外而内以藏诸用，如秋冬之收敛，性情贞固，自有机缄之妙。此合万殊于一本，所以鼓万物之入机也。一显一藏，循环无端。一出一入，变化莫测。以此鼓万物而无心成化，其视圣人之有心生成万物而常怀忧患者，且不与同矣。

显仁藏用之妙为何如哉？夫仁，德也。而显仁，则德之发也。发而本于德，则德盛于内者也。用，业也。而藏用，则业之本也。本而发为用，则业大于外者也。盛德大业，表里互根，皆无心之化机，其妙不可名言至矣哉！然则，大业，在外者也，而由藏用以言大业，则无外非内也。盖方其藏用之时，此理无乎不有，万物气机洪纤高下，一一归根复命，而静敛其生生化化之机，于无声无臭之中冲漠无朕，而万象森然已具，何其富有也！是大而无外者也，此之谓大业也。

盛德，在内者也，乃由显仁以言盛德，则无内非外也。盖方其显仁之时，此理日生不已，新机递引，万物发育，源源而出，动舒其形形色色之象于千变万化之际，物与无妄而知，其生意肫然在内，所以日新也，是久而无穷者也，此之谓盛德也。夫显仁，阳也，而显其所藏之仁。藏用，阴也，而藏其所显之用。于显仁见盛德，则体具于用之中，于藏用见大业，则用妙于体之内。是以大业非富有不能，盛德以日新而见。此体用一原，显微无间，阴阳互根者也。一阴一阳之道，其在化机之出入者如此。

【解说】

这二节是以造化出入之合宜来说明天地之间的道并没有离开一阴一阳相互转化之妙。"显诸仁"四句本意是讲《易经》的效用，引申为赞美阴阳之道的功用。"富有之谓大业"二句是说《易经》包容天地万物，变化不息。孔子说天地之间的造化出入不外乎一阴一阳之道，道显现为仁德，隐藏在日用之中，鼓动化育万物而又不像圣人那样有忧虑之心，可见它的盛大的德行和功业至高无比。能够包容天地万物，所以叫"大业"；能反映一切变化，所以叫"盛德"。所以说"大业"非富有不能有，"盛德"以日新而见。天地之间的造化出入不外乎一阴一阳之道，就在于此。

【原文】

生生之谓易，成象之谓乾，效法之谓坤，极数知来之谓占，通变之谓事，阴阳不测之谓神。

【解义】

此四节言阴阳变易，生生无穷，法象变数，莫非是道。而终言其道之妙，一神之所为也。

孔子意曰：一阴一阳之道，迭运而无端，则相生而不已，于是见其生生焉。阴生阳，阳生阴，生而又生，无有间断。阴生阳，则阴变为阳，阳生阴，则阳变为阴。凡天地之消息、盈虚，人物之动静、荣悴，其生也不息，故其变易也无穷，是生生之谓易也。此皆阴阳之道，无乎不在者也。

吾观于物而得乾坤焉：乾以始物，气初凝而形未具，举物之形容一一命意，以成无中之有，仿佛可象，是曰成象。此轻清未形，阳之动也，是之谓乾也。坤以成物，气既聚而形已受，举物之体质一一呈见，而效一定之则，详密有法，是曰效法。此重浊有迹，阴之静也，是之谓坤也。一象一法，阳始阴成，此道之在生物者然也。

吾观于筮而得占事焉：筮者，抱蓍问易，推极七八九六之数，以求所值卦爻之动静，而孰吉孰凶，遂知来物，此则事之未定者方在占决，是之谓占也，属乎阳也。既占之后由极数知来，以通乎凡事之变，而适其吉凶趋避之宜，此乃占之已决者，见之行事，是之谓事也，属乎阴也。为占、为事，阳动、阴静，此道之在占事者然也。

然则一阴一阳之道，继善成性者，此也；见仁见知者，此也；显仁藏用者，此也；成象效法者，此也；极数通变者，此也。凡天下之有不离乎阴阳而其所以然者，则未尝倚于阴阳。其为道也，妙于无方，莫知其乡。即阴而道在阴，即阳而道在阳，在阳亦在阴，在阴亦在阳，阴阳迭运，而道无不在，不可测度，乃天下之至神也。名之谓神，庶乎见道之妙也已！

按"生生之谓易"，《本义》云"理"，与《书》皆然也。盖由《易》书言之，太极生两仪，两仪生四象，四象生八卦，由是生生无穷，此《易》书中之阴阳变易也。生卦生爻，总不外乎乾坤，乾阳三奇，坤阴三偶，法象备焉。此《易》书中之成象效法也。卦爻既列，制为筮法，极数通变，以定吉凶，以生大业，此《易》书之所以前民用也。凡此皆在《易》书者然也。

孔子赞《易》只以理言之，而《易》书则具有此焉。可见《易》书所以摹写此理，六十四卦，三百八十四爻，一阴阳也。阴阳一道也。道之妙，神也。至哉，易也！是在思而得之矣。

**【解说】**

这四节是说阴阳矛盾交相变化叫作"易"，"易"不仅变化无穷，且阴阳变化的具体情况很难事先预测；而最终是要说"易"之道玄妙，这是由于阴阳变化的具体情况很难事先预测到所造成的。"生生之谓易"是说一切事物都是对立面的统一和转化。"成象之谓乾"二句是说变化成模糊轮廓的是乾阳的功能，使轮廓发展成形的是坤阴的功能。"极数知来之谓占"二句是说筮求阴阳之数而成卦的预测未来叫作"占"，采取行动使量变发展为质变叫作"事"。"阴阳不测之谓神"是说阴阳变化的具体情况很难事先预测叫作"神"。这说明天地万物间变化的过程是永不停息的，变化是具有偶然性的，不可预测。这也是"易"道之所以玄妙的地方。

**【原文】**

夫《易》，广矣！大矣！以言乎远，则不御；以言乎迩，则静而正；以言乎天地之间，则备矣！

夫乾，其静也专，其动也直，是以大生焉。

夫坤，其静也翕，其动也辟，是以广生焉。

广大配天地，变通配四时，阴阳之义配日月，易简之善配至德。

【解义】

此一章是赞《易》之道极其广大，而其原由于乾坤。故凡《易》之有配之天道、人事而悉准也。

孔子意曰：夫《易》书之作，以道阴阳也。阴阳之理足以尽天地万物之理，故《易》之为书无所不载而含蓄于其中，其理广矣！无所不包而统括于无外，其理大矣！以言乎远，则四海万世，《易》之理无乎不到而莫之止御也。以言乎迩，则瞬息几席，《易》之理不待安排布置而各正不偏也。以言乎天地之间，则洪纤高下，《易》之理无所不有备乎是矣，岂不广大矣乎？

夫《易》何以广大如是？以《易》中具有乾坤之理也。夫乾，天也，乾道始物，动静生焉。当其静也，方与坤别，而利贞以立其体，其生物之心常存不他，专一于此。及其动也，既与坤交，而元亨以行其用，生意沛然，直遂以达，莫可止遏。由专而直，则乾一之气行乎坤两之中，万物皆受气于此，而大生焉。《易》中纯阳之乾具有此理，《易》之所以大也。夫坤，地也。坤道成物，动静形焉。当其静也，方与乾别，而利贞以立其体，收敛生意，在内翕聚而无余。及其动也，既与乾交，而元亨以行其用，乾气一至，受以生物，将无穷生意发散在外，无不开辟。由翕而辟，则坤两之体顺承乎乾一之施。万物皆受形于此，而广生焉。《易》中纯阴之坤具有此理，《易》之所以广也。

夫《易》之广大既得乾坤之理，则可以配天地之道矣。言乎广大，莫如天地，而《易》中三奇为乾，三偶为坤。乾知大始，坤作成物，兼天地之化焉，是《易》之广大配乎天地。言乎变通，莫如四时，而《易》中一阴一阳之谓变，变而不穷之谓通，合四时之序焉，是《易》之变通配乎四时。天道之运，日为阳精，月为阴精。而《易》中卦爻，称阴称阳，名义存焉，是阴阳之义配乎日月，人心至德如乾之易，如坤之简，而《易》中卦爻，健者恒易，顺者恒简，至善存焉，是易简之善配乎至德。夫天地、四时、日月与人心之至德，尽乎天道、人事矣，而《易》无不配焉！《易》诚广矣！大矣！

按：首章论乾坤之尊卑，结之以易简而理得。此章论乾坤之广大，结之以易简配至德。然则易简者，圣德之根柢也。"天得一以清，地得一以宁，王者得一以为天下贞"，易简之道也。即《书》之所谓"允执厥中"也。而所以得此者，安在曰"存天理，遏人欲，闲人心，体道心"而已矣！

【解说】

本章首先指出《易经》的内容与天地一样广大，接着分析广大的原因在于乾坤两卦的性质。乾卦象征天的性质，是一种刚健而主动的力量，它主动但也有静，静时专一，动则刚直，所以能一往无前，创造伟大的生命；坤卦象征地的性质，是一种顺从而孕育的力量，它主静但也有动，静时闭合，动时张开，所以能配合乾的行动，成就广泛的生命。乾坤的对立统一，能够说明天地间一切变化发展的道理。

本卷首章议论乾坤之尊卑，得出的结论是易简而理得。此章议论乾坤之广大，得出的结论是易简而阴阳配合得当。所以说易简，是盛德的根本，而易简之道，即《书》所说的"允执厥中"。

# 卷十六

## 系辞上传

【原文】

子曰："《易》其至矣乎！夫《易》，圣人所以崇德而广业也。知崇礼卑。崇效天，卑法地。天地设位，而易行乎其中矣。成性存存，道义之门。"

【解义】

此一章是赞《易》道之至，见圣人德业与天地参，无非《易》理之所悉备也。

孔子意曰：《易》之理其至极而无以加矣乎！何以言之？夫天下德之崇，业之广，至于圣人极矣！而圣人所以崇德而广业者，用《易》之理也。盖《易》中六十四卦三百八十四爻莫非至理。圣人以之穷理而崇其德，则得之于心者，知识日进于高明，其知崇也；以之循理而广其业，则体之于身者，践履日就于笃实，其礼卑也。

夫言乎崇者莫如天，而圣人之知之崇则效乎天，心之神明独超万物之上而物莫与并焉。以此观德，何如其崇也！言乎卑者莫如地，而圣人之礼之卑则法乎地，身之体备不涉一毫之虚而纤悉弗遗焉。以此观业，何如其广也！德崇如天，业广如地，以天地同此《易》之理也。

试观天设位于上，地设位于下，乾健坤顺，二气运行，而其间阴变阳化，如日月寒暑之类，往来不穷，日行乎其中矣。

圣人知崇而日上，礼卑而日下，则其"易知""简能"本成之性存而又存，纯于不已，而其间率由自然之道裁制合宜之义，千变万化皆由此出，是存存之成性乃道义之门矣。是圣人德崇业广与天地为一者也，而无非体《易》以得之，《易》之理岂不为至矣乎？

按：言德曰"知崇"，即所谓尊德性、致广大、极高明之事也。言业曰"礼卑"，即所谓道问学、尽精微、道中庸之事也。而德之崇，至于发育万物，峻极于天。业之广，备乎礼仪三百，威仪三千。此即尧舜之德业如天之无不帱，如地之无不载者也。圣人用《易》之极功，断在此矣。

【解说】

本章是赞扬《易》所蕴含的道理极大，看到圣人所拥有的道德和事业与天同齐，这是因为圣人运用了《易》中所包含完备的道理来提高自己的德行，扩展自己的事业。孔子说《易》所蕴含的道理至大且无以复加，德之崇、业之广说明是大圣人，圣人之所以崇德而广业就是因为运用了《易》中的道理。能够做到"知崇""礼卑"，可见圣人运用《易》中的道理已经达到了极点。

【原文】

圣人有以见天下之赜，而拟诸其形容，象其物宜，是故谓之象。圣人有以见天下之动，而观其会通，以行其典礼。系辞焉，以断其吉凶，是故谓之爻。言天下之至赜，而不可恶也。言天下之至动，而不可乱也。拟之而后言，议之而后动，拟议以成其变化。

【解义】

此一章是言卦爻之用。而此四节先言圣人设卦、生爻、立象、系辞，有以尽天下之变化。用《易》者所当拟议而法行之也。

孔子意曰：伏羲画卦，有卦之象。象也者，所以像天下之赜也。惟圣人有以见天下之赜，纷繁杂乱，莫可纪极，而各有其形容物宜，于将画卦时仿佛其形容，其为纯阴纯阳者何似？其为杂阴杂阳者何似？拟诸心目间，于是画卦以曲肖其物宜。如纯阳之物，宜于三奇以象天；纯阴之物，宜于三偶以象地。杂阴杂阳之物，如雷风山泽之类，各有所宜以象之。是故谓之象也。

周公系爻有爻之辞，爻也者，所以效天下之动也。惟圣人有以见天下之动，变化云为，莫可拘泥，而各有其会通典礼，于是观于会聚之中必有可通之理，以行其典常礼法为万世准。于六爻之动，有循典礼而行者，系辞焉以断其吉；有背典礼而行者，系辞焉以断其凶。一一效而示之，是故谓之爻也。

夫象言天下之至赜，若可厌恶矣，然一阴一阳，理所必有，不可恶也。爻言天下之至动，若可紊乱矣，然一物一则，理所不渝，不可乱也。圣人立象系爻如此，用《易》者所不可须臾离也。

是以君子将有言也，必观象玩辞，观变玩占，拟之象爻而后言焉。将有动也，必观象玩辞，观变玩占，议之象爻而后动焉。拟之议之，而言有语默危孙，动有进退存亡，执两用中，时措皆宜，以成人事之变化与天为一矣。

孔子言象爻之为用如此，下引七爻乃其例也。可见易象至赜而有至一者存，易爻至动而有至常者存，所谓"惟精惟一，允执厥中"。帝王心法亦不外乎此也。

【解说】

本章是说《易》卦象和爻辞的作用。这四节是先说圣人设卦、生爻、立象、系辞，尽显天下之变化，并说明运用《易》者应该揣摩研究、斟酌考虑，然后再效法《易》来调整自己的言行。卦象显示的是杂乱事物的内在联系，六爻显示变动的道理，因此君子要是有话想要说，就一定会先揣摩卦象而后发表意见，先研究爻义而后行动，通过揣摩、研究以完成对言行的调控。以上就是所说的卦象和爻辞的作用。

【原文】

"鸣鹤在阴，其子和之。我有好爵，吾与尔靡之。"子曰："君子居其室，出其言，善则千里之外应之，况其迩者乎？居其室，出其言，不善则千里之外违之，况其迩者乎？言出乎身，加乎民；行发乎迩，见乎远。言行，君子之枢机，枢机之发，荣辱之主也；言行，君子之所以动天地也，可不慎乎？"

【解义】

此一节释中孚九二爻义，言拟议此爻之辞，当知言行之贵于诚也。

中孚九二之爻辞云："鸣鹤在阴，其子和之，我有好爵，吾与尔靡之。"

孔子释之若曰：鹤鸣子和，我爵尔靡者，诚信感通之理也。而感通莫大于言行，君子居其室在隐密之中，而出其言善，当乎天理，合乎人心，则在千里之外，此感彼通，必且从其善而应之，况其迩者善之所先，及有不应乎？居其室在隐密之中，而出其言不善，悖乎天理，拂乎人心，则在千里之外，虽令不从，必且舍其不善而违之，况其迩者不善之所先，及有不违乎？

言如此，行可知矣。毋谓一言可忽也，言者心之声，天下皆属耳焉，方自身出即已加乎民而不可返矣。毋谓一行可忽也，行者心之迹，天下皆属目焉，方自迹发即已见乎远而不可掩矣。言行之在君子，犹户之运有枢，矢之发有机。枢运而户必开，机发而矢必远。言行如枢机之发，善则人应而荣，不善则人违而辱，乃荣辱所由感召之主也。

不但此也！人与天地同此理，同此气。言行而善，则和气足以召天地之祥；言行不善，则乖气足以召天地之殃。君子之所以动天地者，亦由此也，可不戒惧谨独而慎之乎？君子拟议此爻，当谨其言行之发矣！

按：宋景三言而荧惑退舍，太戊修德而祥桑立枯。言行动天地，实理感召然也。人君端拱深宫，一话一言，一事一为，皆与四海相关，与天地相赞，不可不慎。惟在择善立诚，以端其本而后发号施令，颁条布政，皆主善以为常，则万姓咸仰。大哉，王言！亦见一哉！王心莫不是训，是行近天子之光矣。

【解说】

本节是对《中孚》卦九二爻义的解释，通过对此爻辞的揣摩研究、斟酌考虑，应当知道言行贵在诚信。对于《中孚》卦九二的爻辞，孔子理解为其是诚信感通之理，不要认为一句话是可以疏忽的，言语是人的心声，大家都听得到，一旦说出来人们就会听到而无法再收回了；不要认为一个行为也是可以疏忽的，行为是人心的行迹，大家都看得到，一旦做出来人们就会看到而无法掩饰了。言行，是君子的枢机，枢机发动，是带来荣誉或耻辱的决定性因素，因此言行需要戒惧谨慎。

【原文】

"同人，先号咷而后笑。"子曰："君子之道，或出或处，或默或语，二人同心，其利断金；同心之言，其臭如兰。"

【解义】

此一节释同人九五爻义，言拟议此爻之辞，当求同于心也。

同人九五之爻辞云："同人，先号咷而后笑。"

孔子释之若曰：同人九五与六二相应，同心者也。但隔于三、四，不能遽同，始暌终合，故其爻辞云："同人，先号咷而后笑。"盖君子之道其所以相同者，不在迹而在心，若就迹而论，或出而事君，或处而独善，或默而缄口，或语而论辨，似乎不同矣。原心而论，则出、处、语、默，自有相信于形迹之外者，宁有不同者乎？

夫人但患心不能同耳，苟二人之心皆出于一，则彼此相孚，利害不能移，谗邪不能间，举天下之物无足以阻隔之者，即至坚如金，其利足以断之矣！由此发而为言，非必其雷同附和，自然同归于道，同协于理，意味深长，虽兰之臭气馨香无以过之，则甚矣，同人之道不以迹而以心也！

按：同人，二、五同德相孚，本为正应，所不能遽合者，三、四间之耳。究之，心既同则始虽间阻，终必得合。此孔子指出同心二字与"同人于野"之旨互相发明也。

【解说】

本节是对《同人》卦九五爻义的解释，通过对此爻辞的揣摩研究、斟酌考虑，应当做到求同于心。对于《同人》卦九五的爻辞，孔子理解为是同心者，君子之道相同者，不在于行动上，而是在于内心。君子要有一定的原则，不管是做官还是在家，是发表意见还是保持沉默，都要讲究团结。人最担心的是内心不同，如果二人能够同心，能够相互信任，那么利欲不会影响，谗谮也不会离间，就会像"二人同心，其利断金"一样坚定。如果二人的言论、看法一致，就会气味香如兰花。

【原文】

"初六，藉用白茅，无咎。"子曰："苟错诸地而可矣，藉之用茅，何咎之有？慎之至也！夫茅之为物薄，而用可重也。慎斯术也以往，其无所失矣。"

【解义】

此一节释大过初六爻义，言拟议此爻之辞，当知凡事之贵慎也。大过初六之爻辞云："藉用白茅，无咎。"

孔子释之若曰：大过之初爻以阴柔居巽下，敬慎小心，如将一物安置于地，必用白茅藉之者然。故爻辞云"藉用白茅，无咎"，盖言敬慎之道也。彼一物也，错置于地已可以安矣，而又藉之以茅，自无覆败之虑，何咎之有？此其心盖敬慎之至，极其委曲周到也。夫茅之为物至微薄，而用以藉物，则使物益安，其用不甚重乎？苟能慎持斯术以往，凡所设施，自无所失矣。

按：凡人处事见为可虞者，或能矜持见为，已安者易生忽略，故圣人教人虽于易忽之处，而益加以敬慎之心。忧勤惕励，无时不以小心处之；思患预防，无在不于先事图之。如是则理有万全，事无一失，真制事之良规，守身之要术也。

【解说】

本节是对《大过》卦初六爻义的解释，通过对此爻辞的揣摩研究、斟酌考虑，应当知道凡事贵在谨慎。凡人处事，一旦安定下来就会生出忽略之心，因此圣人教人在最易忽略的地方要更加谨慎，无时不以小心处之；思患预防，无事不在事发之前就要事先图谋。如此则有万全之理，事情没有过失，这才是做事好的规则，守身的要术。

【原文】

"劳谦君子，有终吉。"子曰："劳而不伐，有功而不德，厚之至也，语以其功下人者也。德言盛，礼言恭，谦也者，致恭以存其位者也。"

【解义】

此一节是释谦九三爻义，言拟议此爻之辞，当知居功之贵谦也。

言，如永言孝思之言，犹思念也。

谦九三之爻辞云："劳谦君子，有终吉。"

孔子释之若曰：谦之诸爻无不谦者，而九三有功劳而能谦，尤人所难，故其爻辞云"劳谦君子有终吉"，盖善居功者也。彼勤于王事，可谓劳矣；而不矜伐于人，劳而事成，可谓有功矣。而不任德于己，此由其器识深沉，度量宏远，厚之至也。则夫所谓劳谦者，正语其以功下人，而不伐不德者也。此其心何心哉？其心尝念德之存于己者必欲其盛，故礼之接于人者必欲其恭，虽欲不谦，不可得也。然则谦也者，凡以致其恭耳。而人道好谦，自然不疑不忌，位可长保而弗失矣。

《书》有之："汝惟不矜，天下莫与汝争能；汝惟不伐，天下莫与汝争功。"其谦三之谓欤！盖惟不矜不伐，而后天下之功能莫与并焉。使有一毫自矜自伐之心，则其有损于功能之数者，正复不少矣。是以自矜者无能，自伐者无功也。圣人于此爻所以极称其美，以为立功之善道欤！

【解说】

本节是对《谦》卦九三爻义的解释，通过对此爻辞的揣摩研究、斟酌考虑，应当知道居功不傲、贵在谦逊。孔子理解说凡是谦之诸爻，没有不恭敬谦逊的，有功劳而且能够谦逊恭敬，更难能可贵且品德极厚。致力于恭敬以保持地位，不自大、不攻伐，后世天下之功就没有能够与他相并列的。因此说建功立业后，贵在能够居功不傲、谦逊恭敬。

【原文】

"亢龙有悔。"子曰："贵而无位，高而无民，贤人在下位而无辅，是以动而有悔也。"

【解义】

此一节释乾上九爻义，言拟议此爻之辞，当知持盈之道也。

亢，过于上而不能下也。

乾上九之爻辞云："亢龙有悔。"

孔子释之若曰：乾之上九处阳盛之极，不知变通而与时俱亢，故其爻辞曰"亢龙有悔"。夫乾之上爻何以有悔哉？九为龙德，可谓贵矣。然不得阳位是贵而无位也。居于上爻，可谓高矣。然纯阳无阴，是高而无民也。九三之贤在下而敌体不应，是贤人在下位而无辅也。此犹人主傲物肆志，简贤虐民而为亢龙之象也。如此则处亢之时，而与之俱亢，不知盈虚消息之理，一有所动，悔辄随之矣。

按：盛衰循环，固必然之理。然时之必至于亢者，天也；能不与之俱亢者，人也。人主当此之时苟能识时观变，保泰持盈，则安富尊荣，位可长享，四海归心，多士乐附，又焉有亢龙之悔乎？至于爻辞但言"有悔"，而孔子释之曰"动而有悔"者，盖当亢之时宜静而不宜动。上处亢而妄动，欲求无悔难矣！通书云吉凶悔吝生乎动，吉一而已，动可不慎哉？亦足与孔子之意相发明云。

【解说】

本节是对《乾》卦上九爻义的解释，通过对此爻辞的揣摩研究、斟酌考虑，应当知道持盈戒满之道。孔子理解说上九象征龙德，地位可谓尊贵，但却没有政治地位；位居上爻，可谓高高在上，但却没有百姓；他的下面有贤人，但却不来辅助他。这说明此人恃才傲物、轻贤虐民，因此一旦有行动就必然会后悔。为人主者在后悔之时，如果能够审时度势、观察变化、持盈戒满，就会安富尊贵、常保其位、四海归心，有识之士乐于归附而没有悔恨。

**【原文】**

"不出户庭，无咎。"子曰："乱之所生也，则言语以为阶。君不密则失臣，臣不密则失身，几事不密则害成，是以君子慎密而不出也。"

**【解义】**

此一节释节初九爻义，言拟议此爻之辞，当知凡事之贵密也。

节初九之爻辞云："不出户庭，无咎。"

孔子释之若曰：节之初九居节之初，未可有为，贵乎能节而止者，故其爻辞曰"不出户庭，无咎"。夫口舌为召乱之端，故乱之所生每以言语为之阶。如君为臣谋而能密其言，则终始交孚，自无奸邪之妒，若不密，则失其臣矣；臣为君谋而能密其言，则谋猷就理，自无反中之伤，若不密，则失其身矣。至于利害伏于几微，成败系于毫忽。所谓几事也，能密其谋则无不成，若不密则人忌其成而乐其败，是事可成而自害之矣。是以君子戒之，慎密其言而不轻出也。

按：古之人君，言语必饬，颦笑必严，其深谋远虑虽左右近侍不得窥其意旨。而为之臣者周详谨饬，守口如瓶，不敢以禁廷密勿之语宣示外人，良有鉴于此也。然其慎密之事又必出于大公，归于至正。为君者必如宋太祖所云："我心如重门洞开，苟有私曲，人皆见之。"为臣者必如司马光所云："吾生平所为无不可对人言者，然后慎以将之，密以济之。"庶不失圣人立言之旨欤！

**【解说】**

本节是对《节》卦初九爻义的解释，通过对此爻辞的揣摩研究、斟酌考虑，应当知道凡事贵在谨慎周详、守口如瓶。祸从口出，祸乱的发生，都是由口舌所引起的。君王不守机密就会危害到臣子，臣子不守机密就会危害到君王。凡事如果能够密而守其谋就无不成，如果不能保守其机密就会造成灾害。因此君子应该警戒，要谨慎周详、守口如瓶。

**【原文】**

子曰："作《易》者其知盗乎？《易》曰：'负且乘，致寇至。'负也者，小人之事也；乘也者，君子之器也；小人而乘君子之器，盗思夺之矣！上慢下暴，盗思伐之矣！慢藏诲盗，冶容诲淫，《易》曰：'负且乘，致寇至。'盗之招也。"

【解义】

此一节释解六三爻义，言拟议此爻之辞，当度德而居位也。

慢藏，不谨慎而暴露之意；冶，修饰也。

孔子意曰：作《易》者，其知致盗之由乎？《易·解》之三爻曰"负且乘，致寇至"，此言何谓也？盖负也者，小人劳力之事，小人之所宜也。乘也者，君子所乘之器，君子之所宜也。若小人而乘君子之器，处非其所，适启谋利者觊觎之心，盗思夺之矣。其所以然者何哉？盖小人窃据所乘，上则不忠而慢乎君，下则不仁而暴其民，谋利者得执之为名，而盗思伐之矣。此岂人之咎哉？犹之我慢其藏，是我教人之盗之也。我冶其容，是我教人之淫之也。《易》曰："负且乘，致寇至。"正言六三无德，据位而为盗之招也。此作《易》者所以为知盗也。观于此，则为人臣者，当度德量力，不得妄居高位，以贻尸素之讥；为君者，尤当辨材授官，不得轻衷名器，以开侥幸之路，庶几政平事理，而无致寇之患也欤！

【解说】

本节是对《解》卦六三爻义的解释，通过对此爻辞的揣摩研究、斟酌考虑，应当知道衡量自己的德行而位居合适的位置。《易》说"负且乘，致寇至"，说明盗贼是自己招来的，这是德行不好的表现。因此，为臣者应该度德量力，不妄居高位、尸位素餐；为君者应该辨别人才授其官职，不得为奸邪小人开辟侥幸之路。如此则会政平事理，就没有招致盗寇而来的祸患了。

【原文】

天一地二，天三地四，天五地六，天七地八，天九地十。天数五，地数五，五位相得而各有合。天数二十有五，地数三十，凡天地之数五十有五，此所以成变化而行鬼神也。

【解义】

此一章是言天地之数由图而载，揲蓍之法由图而出，统而归之于神，而此二节乃言河图之数也。

变化，指五行之生成而言；鬼神，指阴阳之屈伸往来而言。

孔子意曰：昔伏羲时龙马负图而出于河，其背上旋毛有自一至十之数，人但知其一、六居下，二、七居上，三、八居左，四、九居右，五十居中，而不知其何所属。由今观之，天为纯阳，其数奇，图之一三五七九皆奇，则皆天数也。地为纯阴，其数偶，图之二四六八十皆偶，则皆地数也。河图具天地之数如此，统而计之，彼一三五七九属，天是天数有五也。二四六八十属地，是地数有五也。五数在图各有定位，是为五位。而五位又相得而各有合焉。

何谓相得？一与二三、与四五、与六七、与八九、与十，奇在先，偶在后，其序秩然不紊，不有如兄弟之相得乎？

何谓各有合？一与六、二与七、三与八、四与九、五与十，奇主施，偶主承，其交朕然无间，不有如夫妇之有合乎？

至若以天之一三五七九总之，其数二十有五；以地之二四六八十总之，其数三十；合天地之二数，则有五十有五，而相得有合之数全矣。由此而变化于此成焉。盖阳主变，阴主化。天以一三五生水、木、土，阳变也，而地以六八十化成之；地以二四生火与金，阴化也，而天以七与九变成之。变起于天者，化成于地；化起于地者，变成于天。人但知变化之成，而不知所以成。变化者，此数为之也。

由此，而鬼神亦于此行焉。一二三四五，生数，来而伸也。然始生虽来而伸，既生则往而屈矣。六七八九十，成数，往而屈也。然既成虽往而屈，方成则来而伸矣。来与往相倚伏，而鬼神递运于不穷；屈与伸相始终，而鬼神默移于无迹。人但知鬼神之行，而不知所以行。鬼神者，此数为之也，其功用之妙如此。

按：兴神物以前，民用固非圣人不能，然皆本乎理之自然，未尝强为之说，故河图之数变化无穷，而对待流行，自有一定而不可易者。伏羲观图作《易》，以泄天地之奇文，孔子就《易》按图以明天地之常理。两圣人之所见如出一揆云尔。

【解说】

本章是说天地之数由图而载，筮法由图而出，统而归之于神。这二节是说河图之数。孔子理解说伏羲之时，有龙马驮负图出于河水，其背上聚生作旋涡状的毛有从一到十这些数字，人只知其位置而不知其属性。现在知道天为纯阳，天数为一、三、五、七、九五个奇数；地为纯阴，地数为二、四、六、八、十五个偶数。就是因为这些数字有阴阳的功能和属性，经过演算可以产生爻、组成卦，以此来显示天地间的神奇变化。

【原文】

大衍之数五十，其用四十有九。分而为二以象两，挂一以象三，揲之以四以象四时，归奇于扐以象闰。

五岁再闰，故再扐而后挂。

乾之策，二百一十有六。坤之策，百四十有四。凡三百有六十，当期之日。二篇之策，万有一千五百二十。当万物之数也。

【解义】

此三节是言揲蓍之法，以见策数之各有所象也。

衍，推衍也；四，四数之也；奇，零余也。

孔子意曰：河图具天地之数，而圣人之蓍法由此起焉。河图之数始于中宫，以中宫之五为衍母，次十为衍子，以五之一而乘其十，是谓小衍，小衍则一十矣；以五之一而各乘其十，是谓大衍，大衍则五十矣，故蓍策之数有五十焉。

及其揲之也，以右手取一策反于椟中，虚一不用，以象太极之体。

其用止四十有九，于是将四十九策随手中分置之左右，左以象天，右以象地，是分而为二，以象两仪也。

随取右手一策挂于左手小指之间，以象人处天地之中，是挂一以象三才也。

于焉两手所分之策多寡犹未辨也，乃用左手取左傍之策，以右手四四揲之；复用右手取右傍之策，以左手四四揲之，以象春夏秋冬之四时，是揲之以四以象四时也。

四数之后各有零余，于是将所揲余策或一，或二，或三，或四，扐于左手第三四指之间，亦犹一岁之中气盈朔虚，积之以成闰，是归奇于扐以象闰也。然不惟扐，而又再扐者何也？盖一岁之中，气盈六日，朔虚六日，积三岁多三十六日，以三十日为一闰，其余六日又迟二岁则更积二十四日，合前所余六日，共三十日为再闰，是谓五岁再闰。历法如是，故揲蓍之法既揲左而扐左，又揲右而扐右，则前之策无余矣。然后别起挂揲以为后揲之端，亦犹五岁之有再闰也。

蓍既揲矣，而过揲之策亦各有所象焉。盖揲蓍之法，每一变后余四者为奇，余八者为偶。奇圆围三，偶方围四。三用其全，四用其半。以三变之余通计之，去其初挂之一，余一十二策者谓之三奇，一奇围一，三则三奇共围，三三而为九，九者，老阳之数也。余二十四策者谓之三偶，一偶用一四之半，则三偶用三四之半而为六，六者老阴之数也。余十六策者谓之二奇一偶，其数得八，而为少阴。余二十策者谓之二偶一奇，其数得七，而为少阳。老阳余一十二策，则过揲之数有三十六策也。一爻三十六，六爻则二百一十有六矣。老阴余二十四策，则过揲之数有二十四策也。一爻二十四，六爻则百四十有四矣。合乾坤六爻之策，凡三百六十，与期之日适相当焉。盖一岁之中虽有气盈朔虚之不同，三百六十日其常也。至于二少过揲之数合之，亦总不外三百六十，可见时令之行，岁序之纪，无不出于其中。圣人岂无本而臆为此法者乎？

统上下经二篇过揲之策计之，二篇中之阳爻皆乾也，阳爻百九十二，每一爻三十六，则有六千九百一十二策。二篇中之阴爻皆坤也，阴爻百九十二，每一爻二十四，则有四千六百八策。共万有一千五百二十，适与万物之数相当焉。盖物之形化气化虽不同，而万其大数也。

按：揲蓍之理于至明显中寓精微之妙，其适相符会，若有天造地设，而非人力所能参者，其揲之之法当参。观之《易学启蒙》一书，则如指诸掌矣。

【解说】

这三节是说揲蓍的方法，以见策数所代表的各种功能和属性。孔子理解说河图具有天地之数，因此圣人的揲蓍方法由此而起。广泛地演绎天地之数以求卦象，实际运用的就是四十九根蓍草。《乾》卦在筮的过程中，反复占用的蓍草是二百一十六根，《坤》卦是一百四十四根，合起来是三百六十根，大致相当于一年的天数。《易》上下两篇共有六十四卦，实际占用的蓍草是一万一千五百二十根，相当于天地间万物的数目。总之，揲蓍之理精微之妙，不是人力所能够参透的。要想掌握揲蓍的方法，观看《易学启蒙》一书，则可了然于心。

【原文】

是故，四营而成易，十有八变而成卦，八卦而小成。

引而伸之，触类而长之，天下之能事毕矣。

显道神德行，是故可与酬酢，可与祐神矣。

子曰："知变化之道者，其知神之所为乎？"

【解义】

此五节是言成卦之次第及卦变之妙用，又总数法而归之于神也。

引，加长也；伸，舒展之也；长，增益之也；神德行，即鼓舞尽神之谓，使之莫知其然而然也。

孔子意曰：夫蓍法既合于造化如此，若用之以求卦，又有序焉，不可紊也。凡卦始于一变谓之易，而易何自成乎？分二挂一，揲四归奇，经四番经营，然后或为奇，或为偶，而易自此成矣。此一变也。由是三变成爻，积之十有八变，则六爻皆成，然后内外全贞悔以备，而卦于是乎成矣。然此乃大成之卦也，未有内卦不立而成外卦者。方其三十六营以成九变，则三画以具，或为乾坎艮震，或为巽离坤兑。虽外卦尚须九变，然内体之卦从此已立，而可谓之小成矣。

六爻既备，卦变亦可考而知焉。一卦之中老少形而动静异，或变在动，或变在静，引其变之端而伸之，则一卦可变为六十四卦。一卦既变，诸卦不可类推乎？即以引伸者触其类而长之，则卦卦可变为六十四卦，由是吉者趋，凶者避，天下之能事毕具于此矣。

蓍卦之变如此，其功用何如哉？吉凶有不易之理，则曰道，道至微也，而易有辞以显之；趋避之理得之心而见之行，则曰德行，德行至显也，而易有数以神之。夫惟显之神之如此，是故，明则有功于人事，方卜筮之时，受命如向，俨若宾主之酬酢焉；幽则有功于造化，开天下之志，成天下之务，有以赞神化之不及焉。故曰："天下之能事毕也。"

夫人能因数以成变，因法以明理，知数、法之变化者，其知出于理势之自然，而非人力之可与者乎！数也，法也，一变化也。其不得不变，不得不化者，神也。知变化则知神矣！

按：天地间有理则有气，有气则有数。龙马钟天地之灵，泄天地之秘，其背上旋毛不过自一至十之数耳，而五行之生成，造化之功用悉具焉。圣人起而制揲蓍之法，为天下万世明得失，决趋避，其裨益于人世者，岂浅鲜哉？有河图而天地之数明，有圣人而图数之功显。此数学之所以大，而圣人之所以幽赞神明也。

【解说】

这五节是说《易》成卦的次第以及卦象变化的妙用，又总数法而归于神奇。孔子理解说揲蓍的方法既然合于造化，如果用来求卦，又会有顺序且有条不紊。总之，要经过四个步骤的演变，易才算完成。数字经过十八次变化，就能画出一个六画卦。六画卦能明白地说出吉凶，神奇地显示事物属性和变化情况，因此，运用它所蕴含的道理可以处理各种问题，可以推动事物的发展。天地间有理就会有气，有气就会有数，龙马背上的图纹能够排列变化生成五行，造化的功用都具备了，圣人运用且制定了揲蓍之法，为天下万事表明得失，决定趋利避害，这是大有益于人世的。有河图则天地之数明晰，有圣人则图数之功显现。这就是数学大的功用而圣人之所以被视为神明的原因。

【原文】

易有圣人之道四焉，以言者尚其辞，以动者尚其变，以制器者尚其象，以卜筮者尚其占。

【解义】

此一章是言易之有功于天下，圣人之有功于易，而首一节正言易之为用至大也。

器，一定之理；变，七八九六之变；象，老少动静之象。

孔子意曰：圣人本道以作易，易之既作，道即在易。"易有圣人之道四焉"，"四"者何？辞、变、象、占是也。

圣人以道而系之于辞，固曲中而不越者也。人之欲以言商确乎事者，尚乎卦爻之辞以为言，则浅深详略各当其可矣。

圣人以道而裁之为变，固屡迁而不居者也。人之欲以动措置乎事者，尚乎卦爻之变以为动，则经权常变不胶于一矣。

彼裁制于心而欲事有定理者，是谓制器，则尚乎阴阳老少之象。盖象者，变之已定者也，尚之则确然不易，可以成务矣。

彼两可于心而欲决其所疑者，是谓卜筮，则尚乎吉凶得失之占。盖占者，辞之已决者也，尚之则从违已断，可以通志矣。

于此可见易之道开于天地，成于圣人，用于天下，大而家国天下之事，小而日用事物之理，易皆有以范围之而不能外。大哉，易之用乎！

【解说】

本章是说《易》有功于天下，圣人有功于《易》，而首一节正是说明《易》的功用至大。孔子理解说圣人本着自然之道制作《易》，《易》既然已经做了，那么道理就都体现在《易》里面了。《易》又有辞、变、象、占这四种圣人具有的应用方法。注重从中探求理论的人看重卦、爻辞，注重行动的人看重它所展示的变化规律，注重制度建设的人看重卦爻象，注重卜筮的人看重卦爻所显示的结果。由此可见，《易》的道理开于天地，成于圣人，运用于天下。大到国家天下的大事，小到日用事物的道理，《易》都不超出范围以外。

【原文】

是以君子将有为也，将有行也，问焉而以言，其受命也如向，无有远近幽深，遂知来物。非天下之至精，其孰能与于此？

【解义】

此一节是言尚辞尚占之事也。

为，为之于身也；行，行之于天下也；命，卜筮者之言也；如向，应之速也。

孔子意曰：人之所以尚辞尚占者，以辞占之至精也。是以君子将有为于一身，将有行于天下。此时吉凶未定，抱著问易，求卦爻之辞占，以决其从违，易则受人之命，随叩随答，应之甚速，如向之应声。凡远而时地之辽廓，近而时地之现前，幽而事几之潜藏，深而人心之不测，无有远近幽深，而来物之吉凶无不周知焉。此由辞占之理纯粹不杂，其于天道人事究极微密。惟天下之至精故能如此，非然者安能应之速而无遗如此哉？

按：辞占为卜筮而设，而孔子谓之至精者，盖易之理上穷天道之蕴，下推物则之原，细微曲折，无一渗漏，则岂独为卜筮之书哉！

【解说】

本节是说尚辞尚占之事。孔子理解说人之所以尚辞尚占，是因为辞占有至精的特点，因此君子能够有所作为、有所行动于天下。只是此时吉凶祸福未定，因此会抱著询问《易》，求卦爻的辞占，以决定是遵从还是违背。而《易》受人之命，将会立即回复，不管提出的问题在时空里是近还是远，道理多么幽微深奥，它都能够预测未来的情况，这是因为辞占的道理纯粹而不杂，对于天道人事的考究极为微密。

【原文】

参伍以变，错综其数，通其变，遂成天地之文；极其数，遂定天下之象。非天下之至变，其孰能与于此？

【解义】

此一节是言尚象尚变之事也。

参，参酌之意；伍，互合之意；错综，即以参伍者而错综之考核之意。

孔子意曰：人之所以尚象尚变者，以象变之至变也。盖卦始于一变，而变何以成？是有参伍之法在，始则参之，各数其左右之所归；继则伍之，总数其左右之所扐，则其策或八九之多，或四五之寡，而其变成矣。此四营成易，所谓一变也。

凡爻成于三变，而爻何以成？是有错综之法在，即其参伍者分之左右，交错以稽其变，列之低昂，总挈以合其归，则其数或九六为老，或七八为少，而其数明矣。此三变成爻，所谓一爻也。然则参伍以变特一变耳，尚未成爻也，通三变而皆此参伍，则天地之文不成于通变中乎？盖天地之文阴阳老少而已，变既通，则奇偶错陈，老少间杂，宛然天经地纬，灿然而成章矣。

错综其数，特三变耳，尚未成卦也，极六爻之数而皆此错综，则天下之象不定于极数中乎？盖天下之象，阴阳动静而已，数既极，则天地水火雷风山泽，宛然事物之象一定而不易矣。此由象变具圆神之德，妙屡迁之用，惟天下之至变，故能如此。不然者，安能成文定象若此哉？

按：象变祇此蓍数，而谓之至变者，盖象变之在易，活泼流动，无一毫凝滞之累，故能奇偶动静，惟变所适，而文与象已具焉。此以动以制器者，所以必尚之也。

【解说】

本节是说尚象尚变之事。孔子理解说人之所以尚象尚变，是因为象变有至变的特点。象变之所以有至变的特点，是因为象变在《易》中，活泛流动，没有一丝一毫的停滞，因此能奇偶动静，唯有变化所能适应，而文与象都已具备了。所以以动来制器者，必须要尚象尚变。

【原文】

易无思也，无为也，寂然不动，感而遂通天下之故。非天下之至神，其孰能与于此？

【解义】

此一节是极言精变之妙也。

神，即精变之所为，非精变之外别有神也。

孔子意曰：尝统精变之妙而计之，更有不知其然而然者。凡物有心则有思有为。易无心也，何有于思？何有于为？方其蓍未揲，卦未求时，辞、占、象、变泯然无迹，寂然不动也，及其感而揲蓍，求卦也，则受命如向，来物遂知，文象遂见，则感而遂通矣。天下之事本有吉凶，易则直指吉凶以示人，所谓通天下之故也。若此者，以辞占至精，而精之所通者无方。象变至变，而变之所通者无体。惟天下之至神故能如此，非然者安能体用交备、动静咸宜若此哉？

盖凡天下之物，一于寂者沦于无，倚于感者滞于有，皆非神也。易则无思而无不思，无为而无不为，是以寂不终寂，感而遂通，洵乎精变之至，神妙无方也。此圣人系辞、观变、画象、玩占之功济万世而不穷者欤！

【解说】

本节是极言《易》至精、至变的妙用。孔子理解说凡物有心才会有思想、有作为，蓍草和卦本身没有思想、没有作为，而一旦运用起来，就可以得到关于一切事理方面的回答。因此说凡是天下之物，一旦归于寂静就会沦为无用之物，《易》没有思想却时刻在思考，没有作为却时刻有作为，是因为《易》寂静却最终不归于寂静，运用起来就会有至精、至变的妙用。

【原文】

夫易，圣人之所以极深而研几也。唯深也，故能通天下之志；唯几也，故能成天下之务；唯神也，故不疾而速，不行而至。子曰"易有圣人之道四焉"者，此之谓也。

【解义】

此三节究言易道本于圣心，而赞圣人作易之功大也。

孔子意曰：夫易，固至精、至变、至神矣，然非易自能精、变、神也，圣人为之也。天下吉凶祸福之理，隐于无形，谓之深，深则最难测识，而易之卦爻无不备也；阴阳老少兆于微茫，谓之几，几则极难剖判，而易之蓍策无不具也。夫卦爻所具幽远不测之深，蓍策所备微茫难判之几，乃圣人所以究而极之，精而研之，著为辞占，制为象变，以开示夫天下后世者也。极深以为至精，研几以为至变，而神即寓于精变之中矣。

易之至精既由圣人之极深而成，是辞占所具皆幽远莫测之深也。唯深，故受命如向，遂知来物，而有以通天下之志。

易之至变既由圣人之研几而成，是蓍策所兆皆微茫难判之几也。唯几,故成文、定象、制器、断疑,而有以成天下之务。

唯深、几皆出于自然,而神也故无方、无体,感而遂通,不必疾而自速,不用行而自至也。吾所谓"易有圣人之道四焉"者,正谓圣人极深而为辞占可以通志,研几而为象变可以成务,而通志、成务一统于至,神之谓也。可见圣人之道阴阳不测之神也。

按:上章总言易之神,此言易之神足为人尚,而实本圣心之神推之为大易之神,故分之为辞、占、象、变,统之为精、变、神,而实本于圣人极深、研几之一心,然则欲求圣人之道而会圣心之神者,舍学易曷由哉?

【解说】

此三节是说《易》的道理本源于圣人之心,且盛赞圣人作《易》的功绩至大。孔子理解说不是《易》本身有精、变、神,而是圣人赋予它的。天下吉凶祸福之理,隐于无形,隐藏很深最难测识,但是《易》的卦爻没有不具备的;阴阳老少的征兆微茫,难以剖析判断,但是《易》的蓍策没有不具备的。圣人通过考究、精研,著辞占,制象变,以展示给后世天下。所以说《易》的道理本源于圣人之心,圣人作《易》的功绩至大。

【原文】

子曰:"夫易,何为者也?夫易开物成务,冒天下之道,如斯而已者也。"是故圣人以通天下之志,以定天下之业,以断天下之疑。

【解义】

此一章专言卜筮。而此一节则统论《易》为通志、成务、断疑之书,以明易之功用大也。

易,指蓍、卦、爻言;物,指人言;开物,谓使人知吉凶;成务,谓使人知趋避;冒,谓统括也。

孔子意曰:夫易有蓍、有卦、有爻,更伏羲、文王、周公三圣人而成书,必有莫大之用具乎其中,而易果何为者也?

夫易,恐人迷于吉凶,而得告吉,失告凶,以开发夫颛蒙,恐人眩于趋避,而吉使趋,凶使避,以成就夫事务。且天地人物之理,盈虚消息之数,无不该括于卦爻之中,而统冒夫天下之道焉。易之为用,如斯而已者也。

是故圣人欲开天下之物,而不能自开也,故制为卜筮,使人不迷乎吉凶以开通天下之志;欲成天下之务而不能自成也,使人因卜筮所告而勇于趋避，以成定天下之业；欲冒天下之道使巨细靡遗也，故立卦生爻，使人观象玩辞不惑于义理，观变玩占不淆于从违，以断天下之疑焉。易之有关于民用如此，圣人作易，乌可已哉？

按：人生而蒙，愚昧未明，有父兄之教不能入、帝王之令不能行者，易昭告吉凶之道，如梦顿觉，故曰开。自建侯行师，用狱治历，以至纤细不可枚举，易斟酌从违之宜，受命如向，使人鼓舞不倦，有始有终，故曰成。上自造化气运之大，下及人心念虑之微，远近幽深，自卦爻一设，包举其中一无所遗，故曰冒天下之道。是易赖圣人以成能，斯百姓皆可以与能也。

【解说】

本章专说卜筮。本节是说《易》是一本统一思想、成就事务、解决疑问的书，以表明《易》的功用至大。《易》有蓍、有卦、有爻，经历伏羲、文王、周公三代成书，一定会有巨大的作用。《易》是怕人迷失于吉凶，因而得是说明吉，失是说明凶，以启发人之初蒙；怕人迷失于趋避，因而吉使趋，凶使避，以成就人之事业；天地人物之理，盈虚消息之数都概括于《易》的卦爻之中，《易》的作用就在于此。

【原文】

是故，蓍之德圆而神，卦之德方以知，六爻之义易以贡。圣人以此洗心，退藏于密，吉凶与民同患。神以知来，知以藏往，其孰能与于此哉？古之聪明睿知神武而不杀者夫？

【解义】

此一节是言蓍、卦、爻之德本于圣心，以明作易之原也。

圆、神，谓变化莫测；方、知，谓定理昭然；易、贡，谓变易以告人。

孔子意曰：夫圣人何以能通志、成务、断疑也？以蓍、卦、爻也。是故易有揲蓍之法，其奇偶、老少、参伍、错综、圆通不滞而神妙莫测，其德不圆而神乎？揲蓍所得之卦，其中吉凶得失之理，盈虚消息之数，灿然备陈，而范围莫过其德，不方以知乎？至发挥于刚柔，而效天下之动者，爻也。爻各一其位，位各一其时，事因时变，辞以情迁，其随时化裁之义，非变易以贡人之求者乎？此其所以能通志、成务、断疑也。夫蓍、卦、爻固足以通志、成务、断疑矣，使非圣人有洗心之功，则亦乌能出其心之神知以生蓍、立卦、生爻哉？圣人知吾心之神，本能知来吾心之知自足藏往，但恐洗心之功不纯使此心驰骛而不存，物我有间而不公，吾心遂昏昧而不神，障蔽而不知耳。圣人知其如此也，以此日新又新，洗濯其心，不使有一尘之累，复凝精聚神，敛视返听，退藏于宥密渊深之地而存存不息，且物我之见皆忘，彼此之形悉化，或吉或凶，与民同患，由是一心澄定，全体莹然。凡吉凶未兆谓之来，来固未易知也，而圣心之神善必先知其吉，不善必先知其凶，光照所烛，巨细靡遗。事理已定谓之往，往亦未易藏也，而圣心之知所见以为可者，千百世莫能移，所见以为否者，千百世不能外，睿照所及，确不可易。知来、藏、往圣心之神知如此，其孰能与于此哉？唯古之聪明睿知神武而不杀伐之圣人，始能不假蓍、卦、爻而知吉凶也夫！

按：上章言易之辞、占、象、变为圣人极深研几之书，此章揭出"洗心"二字，正极研之实功，作易之大原也。吾心之神即天地万物之神。人皆有此心，心咸具此神，然知来藏往独让圣人而他人不能者，有所蔽也。其有所蔽者，无洗心之功也。圣人能洗其心，故能全其神。退藏者，存存不息也。同患者，物我无间也。知来藏往，则其自然之能事也。孔子不惑、知命、耳顺、从心，非洗心之纯何以臻此哉？

【解说】

本节是说蓍、卦、爻的性质本来源于圣人的内心，以表明作《易》的本源。孔子理解说圣人如何能通志、成务、断疑，用蓍、卦、爻来完成。《易》有揲蓍之法，它奇偶、老少、参伍、错综、圆通不停而变化莫测，所以说蓍的性质圆滚灵活、变化不定。而揲蓍所得的卦，其中的吉凶得失之理，盈虚消息之数，它们的范围没有超过德的，这是因为卦的性质稳重确定、结构巧妙。而通过刚柔发挥出来，效法天下之动者，这是爻，爻各居一位置，各位置代表一时，事情因时发生变化，因此爻的作用就是报告变动情况。

【原文】

是以，明于天之道，而察于民之故，是兴神物以前民用。圣人以此斋戒，以神明其德夫！

【解义】

此一节是直指圣人兴蓍之实也。

兴神物，谓制揲蓍之法；斋，谓齐在内之思虑；戒，谓闲在外之物诱。

孔子意曰：夫圣人之神知既迥绝乎人，是以洞烛乎天道之盈虚、消息，而契吉凶之原。详审乎民情之爱恶、攻取而识吉凶之故，于是制为揲蓍求卦之法，出吾心之神知，兴此神物以通志、成务、断疑而前民用焉。民用前而民行济，圣人吉凶同患，知来藏往之神知及于天下后世矣。然非有洗心之功不及此，圣人所以湛然纯一，齐其思虑，肃然警惕，闲其外诱，以神明其德而使之能知来藏往者，其以此夫！

按"斋戒"二字，便是圣人洗心之功。圣人有洗心之学，然后有神知之用；亦必有洗心之学，然后能出其心之神知，以兴神物而前民用。至神物兴而民用前，则一时用之，圣人之神明及于一时；万世用之，圣人之神明通于万世矣。使不能斋戒以洗其心，则吾之德先有所滞而不神，有所蔽而不明，亦乌能明天道、察民故、兴神物以前民用哉？

【解说】

本节是说圣人为什么要制揲蓍之法。孔子理解说圣人了解自然规律，又深知社会情况，因此创设揲蓍求卦之法以指导百姓行动。而圣人又以揲蓍求卦之法来进行修身反省，正是为了极大地净化自己的品德，因此圣人要能够制揲蓍之法。

【原文】

是故，阖户谓之坤；辟户谓之乾；一阖一辟谓之变；往来不穷谓之通；见乃谓之象；形乃谓之器；制而用之谓之法；利用出入，民咸用之谓之神。

【解义】

此一节详言制蓍之由，以明前民用之实也。

阖户，指气机收敛言；辟户，指气机发生言；见，谓萌芽初生；形，谓体质已成；制用，谓制为揲蓍之法，用之以卜吉凶也。

孔子意曰：夫神物兴于圣人而生于天地，是故造化一气流行，即万物出入之户，时乎静而气机收敛，如户斯阖，阴气用事，故谓之坤；时乎动而气机发生，如户斯辟，阳气用事，故谓之乾。一阖一辟，阴阳交换，如环无端，不谓之变乎？阖极而辟，辟极而阖，流行旋转，往来不穷，不谓之通乎？夫乾坤变通化育之功如此，由是自无生有，萌芽初见，仿佛未形，止谓之象；及其著见成形，体质已具，一定不移，乃谓之器。象器既具，而蓍生于其中矣。圣人法乾坤之道，准变通之宜，制为大衍五十之数，使人用以筮，而四营成易，十有八变成卦，受命如向，感而遂通，不谓之法乎？由是法立而出入之度以昭，民用之出而利，民用之入而利，一出一入，民咸用之，鼓舞于趋避而不知其所以然，不谓之神得乎？此圣人兴神物以前民用之实也。

按：蓍亦植物中之一物耳，使不遇圣人，何由而知为神物？使非圣人神明化裁，制而用之，则神物终属无用之物，亦乌能自著其神耶？故神物非神，必经圣人之裁制而后成其为神。至于"利用出入，民咸用之"，则圣心之神直贯乎天下后世矣。故谓神为蓍之神可也，谓神为民之神亦可也，其实皆圣人之神借助乎蓍之神，以鼓舞乎斯民之神耳。

**【解说】**

本节是详细地说明制蓍的缘由，以表明前民用的客观情况。孔子理解说神物兴起于圣人而生长于天地之间，因此造化一气流行，即万物出入的门户，时静则气机收敛，如门关上一样，此时阴气发生作用，因此称作坤；时动则气机发生，如门打开一样，此时阳气发生作用，因此称作乾。一关一开，阴阳交换，所以叫作变化。变化流行旋转，往来不穷，所以叫作通。圣人效法乾坤之道，以变通之宜为准则，制作大衍五十之数，让人用来卜筮，经过四度经营成为《易》，十有八变成为卦，所以叫作法。法立，而让百姓不知不觉地生活在变化之中，所以叫作神。这就是圣人制蓍以表明前民用之实的缘由。

**【原文】**

是故易有大极，是生两仪，两仪生四象，四象生八卦。八卦定吉凶，吉凶生大业。

**【解义】**

此二节是言圣人画卦之序，以征民用之所由前也。

大极，谓至极无上，以主宰万化之理言；两仪，谓奇偶；四象，谓老阴、老阳、少阴、少阳；八卦，谓乾、兑、离、震、巽、坎、艮、坤。

孔子意曰：圣人既兴蓍以妙其用，必先有卦画以立其体。是故仪、象、八卦，皆阴阳之变化。

所谓易也，易固生生不已，变化无端矣。然必有至一不变之理主宰于中，以为生生之本，大极是也。大极动而生阳，圣人因画一奇以象阳；静而生阴，圣人因画一偶以象阴。大极生两仪，而两仪一大极也。两仪之上各加一奇一偶，而太阳、少阴、太阴、少阳之四象生焉。太阳、少阴之上再加一奇一偶，而生乾、兑、离、震；太阴、少阳之上再加一奇一偶，而生巽、坎、艮、坤。四象生八卦，而四象、八卦亦一大极也。由是八卦既成，引伸触类，六十四卦，三百八十四爻，莫非八卦之错综变化其间，时有消息，位有当否，得失既殊，吉凶立判，八卦不可以定吉凶乎？

吉凶既定，趋避昭然。一时用之，可生一时之大业。万世用之，可生万世之大业，真可以通志、成务、断疑而前民用也。又何一非大极之所生、所定耶？

按：易之八卦方图具有生两、生四、生八之象，儒者相传以为画卦之由，但细玩"定吉凶，生大业"之言，分明是揲蓍之事，则两仪四象即揲蓍所得，或四或八，奇偶两仪，三奇三偶之老阳、老阴，一奇二偶、一偶二奇之少阳少阴也。下文云："易有四象，所以示也。"若以四象为指两画言，如何示人以所值之卦爻乎？

此章先言蓍之德，次言卦爻之德。昔者《圣人章》先言生蓍，后言立卦生爻，分明有蓍而后有卦、有爻。生蓍立卦生爻是一时事，人知揲蓍为后人用易之法，而不知即圣人作易之原。上言兴神物以前民用，继言制而用之谓之法。而易有大极，则详言兴蓍制法之序也。

易者，仪、象、卦、爻也。大极者，大衍之数也。两仪者，四营所成之奇偶也。四象者，三变所得之老阴、老阳、少阴、少阳也。八卦者，十八变所成六画之卦也。言八卦，而六十四卦在其中矣。十八变所成之卦始可以定吉凶、生大业，若三画之卦如何定吉凶、生大业乎？

或疑大极如何是大衍之数？曰：圣人明言大衍之数五十，其用四十有九。用者，大极之用，其一即大极之体，体静而用动也。

乾、坤之策三百六十，二篇之策万有一千五百二十。六十四卦之策妙合天地万物之数，而皆统括于衍数之中，故自其数之推衍无可复加而言谓之大衍之数，自其范围天地万物，包含仪、象、卦、爻而言谓之大极。

先儒周敦颐所论大极，指无声无臭之理言。所谓两仪，指天地流行真阴真阳之气言也。孔子所谓大极，指统括天地万物之衍数而言。所生两仪，指分二、挂一、揲四、归奇所得或四、或八之奇偶而言也。周子借大极二字论天地生生之理，孔子则详言制法兴蓍之序，义各有属。其实大衍之数原从《图》《书》中五衍成，括尽天地万物之数，而中五浑沦未发，括尽天地万物之理。是言数而理即寓于数之中，言理而数即含于理之内。神而明之，非有二也。

**【解说】**

本二节是说圣人画卦的顺序，以证明民用之所由前。孔子理解说圣人既然兴著以作妙用，一定会先画卦以立其形体。因此仪、象、八卦，都是阴阳的变化。所谓易，即生生不息、变化无端，但是一定会有一个不变的道理主宰于中，作为生生不息的本原，这就是太极。太极一分为二产生两仪，两仪之上各加一奇一偶，而太阳、少阴、太阴、少阳四象产生。四象各加一奇一偶就产生八卦，有了八卦就有可以判断吉凶了。吉凶已经判断，趋避就很明显了，一时用之，可促进一时事业的发展；万世用之，可促进万世事业的发展。

**【原文】**

是故法象莫大乎天地，变通莫大乎四时，县象著明莫大乎日月，崇高莫大乎富贵，备物致用，立成器以为天下利，莫大乎圣人。探赜索隐，钩深致远，以定天下之吉凶，成天下之亹亹者，莫大乎蓍龟。

**【解义】**

此一节是即造化、人事而极赞蓍龟之功用大也。

孔子意曰：易能定吉凶、生大业，功用之大如此。试再即造化、人事而究论之，是故有形可法，有象可像者，莫大乎天之无不覆，地之无不载也。而天地之变化莫测，流通不穷者，莫大乎四时之推迁错行也。至县象于上，而著明于下者，莫大乎丽乎天之日月也。若夫效天法地而成位乎中，则端有藉夫崇高之位，而崇高莫大乎富有天下，贵为天子焉。若夫效四时之变通，尽利、神化、宜民，则端有赖夫制作之利而广备诸物，因其材质以致之于用，竭耳目心思，立一成之器，以为天下万世之利者，莫大乎聪明睿知之圣人焉。若夫法日月之明，极制作之大，探讨夫事理之繁赜而精识其原，详索夫事机之隐伏而洞悉其故，研究夫性命不测之深而钩之使显，穷极夫千万里、千百世之远而致之使近，因明得失之报以定天下之吉凶，使之勇于趋避，鼓舞不倦，成天下之亹亹者，有大乎圣人所制之蓍龟者哉？甚矣，圣人兴神物之功大也！

按：自古蓍龟并重，此章但专言筮法。首节言《易》为开物、成务、冒道之书，次节即言蓍、卦、爻之德，是明言易为蓍、卦、爻也。三节言兴神物以前民用，"兴神物"即立揲蓍之法。四节言蓍生于天地，制于圣人。大极二节则详言生蓍立卦之序，以明前民用之实也。前后俱是论蓍。所谓"莫大乎蓍龟"者，乃因蓍及龟，见蓍之定吉凶、成亹亹与龟同耳。圣人兴之、制之、则之，总是揲蓍之事，时讲蓍龟并重，失圣人立言之旨矣。

**【解说】**

本节是说造化、人事而极力称赞蓍、卦的功用至大。孔子理解说，《易》能定吉凶、生大业，功用至大。试着再用造化、人事来推究论之，因此有形可法，有象可像者以天地为最大；而天地变化莫测，流通不穷者又以四季为最大；高悬天上而有光明以日月为最大；地位崇高的应该以富有四海、贵为天子的为最大；提供生活环境，建立规章制度以便利于天下的应以圣人为最大。探寻复杂而模糊的现象，推显深刻而难现的道理，从而判定吉凶、促进天下人奋勉前进的，以蓍、卦为最大。

**【原文】**

是故天生神物，圣人则之。天地变化，圣人效之。天垂象，见吉凶，圣人象之。河出图，洛出书，圣人则之。易有四象，所以示也。系辞焉，所以告也。定之以吉凶，所以断也。

**【解义】**

此二节究言圣人作易之由，以明通志、成务、断疑之故也。

神物，与前神物同，指蓍言；变化，指阴阳言；垂象，指日月星辰言；四象，谓阴阳老少；示，谓示人以趋避动静之宜。

孔子意曰：夫蓍之定吉凶、成亹亹既与龟同，则圣人兴蓍之功大矣。是故《易》之有蓍也，非圣人自为之也。蓍之生也，一本、百茎，下有神龟守之，固天生神物也。圣人则之，立揲蓍之法，而圆神之德备焉。《易》有卦象，内含变化，亦非圣人意为之也，天地阴阳阖辟，变化无穷，圣人效之，画卦立象，变动不拘，刚柔相易，而方、知之德备焉。《易》有吉凶之辞，亦非圣人自为之也，天垂日月星辰循序失序之象，而见得失吉凶之征，圣人象之，系象爻吉凶之辞，而《易》贡之义昭焉。然则蓍也，卦也，爻也，无一而非易也，实无一而非数也，是岂无所则哉？天不爱道，龙马负《图》而出于河，以五生数统五成数，而同处其方，数之体也。地不爱宝，神龟载书而出于洛，以五奇数统四偶数，而各居其所，数之用也。总之，皆易理也。圣人则《图》而用摩荡之法，其所为仪、象、八卦者已备；则《书》而用纵横交错之法，其所为仪、象、八卦者亦符。易皆因造化而作也，圣人岂强为哉？合而观之，《易》有七八九六阴阳老少四象，所以示人以动静、从违之准，而通天下之志也。于象之所示而系以彖爻之辞，所以告人观象玩辞、观变玩占而定天下之业也。且卦有小大，辞有险易，因其得失而定其或吉或凶，所以决其何者当趋、何者当避而断天下之疑也。易之为用岂不大哉？

按：此章头绪甚多，总是承上章言蓍之所未备，故朱子以为专言卜筮。然要皆原于造化，而神明于圣人之一心。圣人能洗心以神明其德，故能则之、效之、象之，兴蓍、立卦、生爻，以通志、成务、断疑，建范围天地之业，曲成万物之功。圣人作《易》之本既自洗心中来，后之学易者苟无洗心之功，则又焉能神明其意而收寡过之效哉？

【解说】

此二节是推究说圣人制作《易》的缘由，以表明其通晓天地万物的道理、成就事务、解决疑问的原因。孔子理解说蓍定吉凶，与卦同等重要，是说圣人制蓍之功至大。天地间生出神奇的蓍草，圣人就用它创建筮法；天地变化无穷，圣人就效法它而创立了卦爻。《易》有四象，用来显示事物的性质和变化的征兆；卦、爻下面附上文字说明，用来讲说象中的含义；在说明中认定吉凶，是为了表示判断。

本章总的来说是承接上章所说的蓍，因此本章专门说明卜筮。但是要旨都在说明本原于造化，而神明于圣人内心，圣人能够净化内心，因此能够建立大的功业，成就万物的功绩。

【原文】

《易》曰："自天祐之，吉无不利。"子曰："祐者，助也。天之所助者，顺也；人之所助者，信也。履信，思乎顺，又以尚贤也，是以自天祐之，吉无不利也。"

【解义】

此一节是释大有上九爻义，见惟德可以动天也。此节错简，宜在第八章之末。

孔子意曰：易《大有》上九曰"自天祐之，吉无不利"，天岂私祐上九哉？有所以致天之祐者在也。盖祐之为言，助之义也。天人虽殊，理则一致，天之所助者，顺也，顺则不悖于理，故天助之。人之所助者，信也，信则不欺乎人，故人助之。天人所助既在顺、信，则不必问天，不必问人，但问我之顺、信何如耳？今上九以刚居上，而能下从六五，是身所履者信，而动必以实；心所思者顺，而虑以下。人以此信顺，又专尚六五之贤，如此满而不溢，尽处之道而克当天心，是以自天祐之而吉无不利也。

按：爻但言天，而孔子兼言人者，天空虚无凭，而人真实可据。倘言天，不言人，恐人疑其为矫诬上天，且惧世之不尽人事者，或谄事鬼神，妄希福祐，故以人之所助，实之见上九之所谓天助者，实不出此人助之外也。

【解说】

本节是对易《大有》卦上九爻义的解释，是说惟有德能够感动天。但本节错简，本应该是在第八章的末尾。上天扶助的是顺从客观规律的人，人扶助的是恪守信用的人。恪守信用，牢记顺理而又能尊重贤人，所以能够得到上天的扶助。爻只是说天，而孔子兼说明人，如果只是说天而不说人，恐人怀疑其为矫饰诬蔑上天。有人向鬼神祷告，祈求保佑，因此也是向人寻求帮助。所以说上九之所谓助天者，其实也是不出于人为帮助以外的。

【原文】

子曰："书不尽言，言不尽意。"然则圣人之意，其不可见乎？

子曰："圣人立象以尽意，设卦以尽情伪，系辞焉以尽其言，变而通之以尽利，鼓之舞之以尽神。"

【解义】

此一章见《易》为圣人尽意之书，用《易》者贵神明其意。而此一节则先言圣人作《易》之事也。

象，指卦画奇偶言；卦，指六十四卦言。

孔子意曰：流行于天地万物则为道，存于圣人之心则为意，意发而为言，言笔之为书。是道意者，言；而载言者，书也。然书固所以载言，而实不能尽言。言固所以道意，而实不能尽意。然则圣人明道觉世之意，其终隐而不可见乎？非也，圣人知天地万物之理不外阴阳。于是画一奇以象阳，画一偶以象阴，则大而天地，小而万物，精入无形，粗及有象，悉包括于中，而圣人之意尽矣。

然人之善恶万变不越情伪两端，使无道以彰其情伪，圣人之意犹未尽也。于是即八卦奇偶之象因而重之为六十四卦，卦有阴阳淑慝，而人之爱恶取舍，事变万端，莫能逃其范围，岂不可以尽情伪乎？又惧人不能即象以会意、即卦以究情伪也，复即象之失得、卦之大小而系以吉凶悔吝之辞以尽其言。使人因言以会意，因言以辨情伪，而圣人之精蕴益以阐矣。

夫圣人之意固欲以利天下也，人亦孰不欲利？特无圣人之辞以指示之，因冥行罔觉，穷弗能变，变弗能通耳。圣人既立象设卦复系以辞，明示天下后世以穷变通久之道。天下后世之人静则观其象而玩其辞，动则观其变而玩其占，自能通变趋时，无往弗顺，且趋避之际鼓舞不倦，莫测其端，莫知其然，非所以尽利尽神乎？至于尽利尽神而圣人之意尚有弗尽乎？

按：圣人作《易》之意，总是教人趋吉避凶，而吉凶原于善恶，善恶根于情伪。顺其性则为情，拂其性则为伪。情则为君子，伪则为小人。故从来纯忠至孝祗求惬乎至情，而元恶巨憝总以行其大伪。孔子释《乾》二爻曰："闲邪存其诚。"诚者，情也。邪者，伪也。使人人皆能闲邪存诚，祛伪尽情，而圣人之《易》亦可弗作矣。无如人之行诈者多，率性者少，始或徼幸一时，终必纳诸罟擭陷阱而罔知趋吉避凶之道，此立象设卦系辞之所以不容已也。

**【解说】**

本章是说看到《易》是表明圣人志向、充分表达圣人心意的书，因此运用《易》的人贵在能够明白圣人的意图。此一节是先说圣人作《易》之事。孔子理解说存在于圣人内心的为"意"，"意"表现出来为言，记录下来则为书，但书却不能完全记载下来，言论也不能完全表达明白。圣人知道天地万物之理不外乎阴阳，于是就画一奇以象阳，画一偶以象阴，天地万物都会包括其中，而圣人的意图就能够完全地表达出来。圣人作《易》的意图，总的来说是教导人要趋吉避凶，而吉凶本原于善恶，善恶根源于情伪。顺其性则为情，逆其性则为伪。情则为君子，伪则为小人。因此如果让人人都能存诚去伪，那么圣人的《易》也就用不着制作了。

【原文】

乾坤其易之缊耶？乾坤成列，而易立乎其中矣。乾坤毁，则无以见易；易不可见，则乾坤或几乎息矣。

是故形而上者谓之道，形而下者谓之器，化而裁之谓之变，推而行之谓之通，举而措之天下之民，谓之事业。

【解义】

此二节见易不外于乾坤，以明圣人立象、尽意之实也。

缊，衣中之絮，谓包蓄也；乾坤，指卦画奇偶言，"乾坤息"之"乾坤"，指天地之功用言。

孔子意曰：夫立象所以能尽意者，以圣人之意尽于易，而易尽于乾坤也。六十四卦莫非乾坤之变化，故易得乾坤而成易，犹衣得絮而成袭也。试观乾父坤母左右成列，而阴变为阳，阳变为阴，变化无方之易已立乎其中矣。使乾坤卦画毁而不立，则不知何者为阴、何者为阳，是乾坤毁则无以见易也。

圣人因天地有自然之易，故画卦作易以形容之。使人即乾坤卦画之变化，因以识天地阴阳之变化，此画卦立象之旨也。若乾坤之卦画毁而不可见，则阴阳变化之妙无由而测识其端，而乾坤之功用或几乎息矣。

乾坤之功用几息，而圣人之意又何由而见耶？甚矣，立象之不可已也！是故乾坤，一奇偶也；奇偶，一阴阳也。自其超于阴阳奇偶之外，而不以形象囿者，形而上者也。斯则太极真机主宰夫有形之器者谓之道，道固乾坤之精也。若夫有形可见，有象可求者，形而下者也。斯则有体有质承载夫无形之道者谓之器，器乃乾坤之迹也。因乾坤自然之化而制为七八九六之数，刚柔相推，阴阳互易，不可为典要，惟变所适，故谓之变。推此化裁之变而行诸日用动静之间，则吉凶明而趋避决，事无疑而行不滞，不谓之通乎？

举此变通之法措诸天下之民，使天下之民皆知变通趋利，鼓舞不倦，则志通务成。圣人道济天下之事业孰有大于此者哉？信乎，乾坤为易之缊而立象果足以尽意也！

按：形上、形下二语，论道器精粗最为赅括。乾坤二字有指天地阴阳言者，有指卦画奇偶言者。自卦画言之，则卦之奇偶为形下之器，而奇偶中所寓之精意乃形上之道。自天地阴阳言之，则成象于天、成形于地者为形下之器，而主宰夫是、纲维夫是。弗见弗闻、无声无臭者，乃形上之道。合阴阳奇偶言之，则一阴一阳流行不息，盛德大业化育无穷者，形而上之道。而象者像此，爻者效此。刚柔奇偶确然可据者，乃形而下之器也。要之，非道无以宰器，非器无以显道，有隐见之别，无彼此之分。知此，则知圣人立象尽意之旨矣。

【解说】

此二节是说《易》不外乎于乾坤，以表明圣人取法万物形象、充分表达心意的真实情况。孔子理解说圣人通过取法万物形象来充分表达心意，是因为圣人的心意充分体现在《易》中，而《易》又尽体现在乾坤之中。乾坤两卦形成了现在的序列，变化不息的义理也就随之确立了理论基础。如果乾坤两卦的序列被破坏，易理就得不到体现，圣人的心意也就不能够表达出来了。因此说掌握了乾坤则可以知道圣人取法万物形象，充分表达心意的意旨了。

【原文】

是故，夫象，圣人有以见天下之赜，而拟诸其形容，象其物宜，是故谓之象。

圣人有以见天下之动，而观其会通，以行其典礼，系辞焉，以断其吉凶，是故谓之爻。

极天下之赜者，存乎卦；鼓天下之动者，存乎辞；化而裁之，存乎变；推而行之，存乎通；神而明之，存乎其人；默而成之，不言而信，存乎德行。

【解义】

此三节是申言象所由立，以示用易者贵即象以会意，得意而忘象也。

上言"谓之变""谓之通"，指作易言；此言"存乎变""存乎通"，指用易言；明，谓明卦爻变通之理。

孔子意曰：圣人固立象、尽意矣。夫象岂无所见而能立哉？圣人有以见天下之赜，莫非道也。于是拟诸其形容，而画卦立象以象其事物之宜，是象乃以象乎其赜者也，是故谓之象。

象立而卦立，卦立而爻生焉。爻亦非无所见也，圣人有以见天下之动亦莫非道也。于是即其动而观众理之统会，以求一理之可通，即可通之一理以立为不易之典常。合此典常则系辞焉，断其为吉；悖此典常则系辞焉，断其为凶。是爻乃以效乎其动者也，是故谓之爻。

可见象爻虽形下之器，而实寓夫形上之道。故极天下之赜而精粗靡不穷尽者，实存乎卦；观于卦画之纯，杂而天地之撰万物之情皆可会也。舍卦而何以极天下之赜也？鼓天下之动而使之亹亹不倦者，实存乎象爻之辞。玩其辞之何以吉、何以凶，而趋避之意不觉踊跃奋迅油然而生也，非辞而何以鼓天下之动也？

化裁谓变，是易中已具化裁之变，以备人揲蓍之用。人苟欲决从违、审动静，化裁适宜，即存乎七八九六之变，察其阴阳老少，而动静从违之宜决矣。

推行谓通，是易中原有可行之通，以备人推行之用。人苟欲趋夫吉、避夫凶，通达无碍，即存乎变化可行之通，宜动则动，宜静则静，自然动静允协，行无弗利矣。

夫卦爻虽具此变通之理，而天下未必皆善用易之人，以其滞于象器而不能神明其意，即不能神明其道也。诚能斋戒洗心，以吾心之神会作易之神，即象以识其意，即器以悟夫道，此存乎善读易、善用易之人，而未可概责之天下也。若夫神明于心，即默成于身，不睹不闻之际，有暗然日省之功，不徒事言论讲说，而存存不息，无一毫虚伪欠阙，此非素有修德凝道之学，至于德成行备者不能也。岂不存乎德行哉？

按：孔子言："君子居则观其象而玩其辞，动则观其变而玩其占，是以自天祐之，吉无不利。"夫君子固所称神明，默成之人也。所以观象玩辞者，正以卦能极天下之赜，辞能鼓天下之动也。所以观变玩占者，正以化裁存乎变，推行存乎通也。自天祐之，不亦宜乎？

【解说】

此三节是重申圣人由什么来取法万物形象，以表明运用《易》的人贵在通过万物的形象来会意，只取万物形象的精神而无视其形式。孔子理解说圣人是取法万物形象以充分表达心意，看到天下复杂的现象就画卦来取法万物的形象，用万物的形象来反映天下复杂的现象，这就是象。象立，卦就立，卦爻就出现了。圣人看见天下之动，因此就通过动来观察众理的集中聚集，以求得可通的一理，用这一理作为典制常规，与此典常符合，剖断则为吉；与此典常违背，剖断则为凶，这就是爻。可见象、爻虽然是形下之器，实际上却是形上之道。因此对《易》的透彻理解在于学习的人，埋头学习、成就事业，不靠言语就能取信于人，这全在于学习者有美好的品德。

# 卷十七

## 系辞下传

【原文】

八卦成列，象在其中矣。因而重之，爻在其中矣。刚柔相推，变在其中矣。系辞焉而命之，动在其中矣。吉凶悔吝者，生乎动者也。刚柔者，立本者也。变通者，趣时者也。

【解义】

此一章言卦爻吉凶原于易简，而此四节则先论象爻变动之所自出，以推吉凶之所由生也。

八卦，谓乾、兑、离、震、巽、坎、艮、坤三画之卦；象，谓奇偶纯杂之象；因、重，谓每一衍八，重之为六十四也；刚柔，谓奇偶；变，谓阴阳变化；动，谓占者所值当动之爻象。

孔子意曰：易理尽于吉凶，吉凶寓于象爻变动，象爻变动何自而生乎？圣人作易本大极而生两仪，由两仪而生四象。八卦次第成列，则乾坤列而纯阴纯阳之象以著，六子列而杂阴杂阳之象以昭，象不在成列之中乎？由是因已成之卦各以八卦次第加之，则内外备而贞悔全，远近贵贱承乘比应之爻，即灿然于各卦之中矣。

由是，爻之奇偶即为刚柔，而六十四卦三百八十四爻，不过刚柔二画往来推换，则凡阴极变阳，阳极变阴，不即在此相推中乎？

由是，卦爻之中时有消息，位有当否，圣人皆系之辞，而明示以趋避之宜。此时虽未形于动，而占者所值当动之爻象，岂能出辞所命之中哉？

夫辞之所命者，吉凶悔吝而已。吉凶悔吝虽已备于系辞之时，必俟卦爻之动而吉凶悔吝方始昭然，是吉凶悔吝固生乎卦爻之动者也。使不先系辞以命之，人将何所适从乎？

然所谓动者，亦因乎时而已。盖六十四卦不外刚柔两画，方其未动，一刚一柔各有定位，确不可移，则刚柔非立易之本者乎？然位有定而时无定，及其既动，则化裁推行，总非自主，非顺乎时之自然而趋乎时之不得不然者乎？可见时之所在，动不能违，人能变通趋时，自然动与吉会，何凶悔吝之有？

按：天道不外一时，圣人合德天地之学，亦不外于一时。孔子释乾五曰："先天而天弗违，后天而奉天时。"释大有象辞曰："其德刚健而文明，应乎天而时行：萃之时用大牲，吉也，而损之时则二簋可用享；屯之时君子以经纶也，而需之时则宜饮食宴乐。"盖莫非时之所宜然也。知易之理不外乎一时，则知圣人体易之学矣。

【解说】

本章是说卦爻的吉凶本原于《易》理简明易晓，而此四节先论象爻变动所自出，以推论吉凶由此而生。孔子理解说《易》理都体现在吉凶上，吉凶又寓于象爻的变动上，将八卦重叠后就产生了爻，爻的奇偶即是刚柔，刚爻与柔爻相互替换，就产生了变化的道理。刚与柔的相互变化，是为了适应形势、环境的需要。顺乎时，动而不违背，人能变通趋时，动自然就会与吉相会，这样就没有悔吝了。

【原文】

吉凶者，贞胜者也。天地之道，贞观者也。日月之道，贞明者也。天下之动，贞夫一者也。

【解义】

此二节是申明吉凶之故，而示人以贞一之学也。

贞，谓正而常也；一，即理也。

孔子意曰：夫刚柔变通，则卦爻动而吉凶生矣。然吉凶不容并立，常以正而相胜者也。吉胜凶，凶胜吉，虽有万变，不外一贞。贞则吉胜于凶，不贞则凶胜于吉。所谓惠迪，吉从逆，凶，唯影响也，不观之造化乎？天地之道，消、息、盈、虚，至变矣，惟以贞常运，天垂象，地效法，历万古而不易也。日月之道，晦、朔、弦、望，至变矣，惟以贞常照，日明昼，月明夜，亘万古而不息者也。然则天下之动可知矣。天下之动，得失忧虞，万变无穷，其贞常不易者，一理而已。人之动非顺乎理即逆乎理，顺理则吉，逆理则凶，势无常而理有定，不犹天地之贞观、日月之贞明乎？此吉凶之所以贞胜也。

按：圣人系辞以断吉凶，原有以见天下之动而观其会通，以行其典礼。所谓典礼，即贞也。所谓会通，即一也。故其所系之辞，从之则吉，悖之则凶，而天下后世不能外也。

**【解说】**

此二节以守正专一之学来示人，申明吉凶出现的缘由。孔子理解说刚柔变通，则卦爻变动而吉凶产生。但是吉凶不容许并立存在，只有守正专一才能取得胜利，守正则吉胜凶，不守正则凶胜吉。天地间的道理显示，只有守正才能为人所瞻仰，万古不易；日月的道理显示，只有守正才会光明正大，亘古不息。

**【原文】**

夫乾，确然示人易矣；夫坤，隤然示人简矣。爻也者，效此者也；象也者，像此者也。爻象动乎内，吉凶见乎外，功业见乎变，圣人之情见乎辞。

**【解义】**

此三节推原象爻所由立，吉凶所由见，而归功于圣人也。

确然，健貌；隤然，顺貌；动乎内，谓揲蓍求卦而值当动之爻象也；功业，指趋避言；变，即动，动则变也；辞，即吉凶之辞。

孔子意曰：夫天下之动，固贞夫一矣，人亦知一之原于天地乎！夫乾，天也，性情确然，静专动直，气至即达，自然无为以生万物，明示人以易矣。坤，地也，性情隤然，静翕动辟，无所烦扰，顺承天施以生万物，明示人以简矣。

乾坤既以易、简示人，圣人忧天下后世不能效法乾坤也，因作易以教人，而立象生爻焉。爻备于因重，人知效天下之动也，不知奇而阳者效乾之易、偶而阴者效坤之简，爻虽至变而有不变之理，以主宰于中，爻非仿效乾坤之所示者乎？象具于成列，人知象天下之赜也，不知阳息阴消者如户斯辟，象乾之易；阴息阳消者如户斯阖，象坤之简。象虽至赜，而有至约之理以纲维于内，象非肖像乾坤之所示者乎？

有爻、象即有吉凶之辞，而吉凶必借揲蓍而后著，如人抱蓍问易，参伍错综，通变极数，效像乾坤之爻象动乎蓍卦之内，而所值或吉或凶，即见乎蓍卦之外，所谓吉凶悔吝生乎动也。

　　此爻象之动，即变也。既动乎内而为变，此时虽未即措之天下，而务自此可成，业自此可定，利用出入、百姓与能之功业已见乎此矣。

　　然非圣人系辞以命之，则趋避终迷，而功业亦无由而见，是功业固见于爻象之变，必得圣人系爻象吉凶之辞，然后得失明，而从违决，圣人与民同患之情不毕见于辞乎？此其忧世觉民之功，真可比德天地矣！

　　按：此章"贞一"二字最为精要，"一"，即天命之性也。"贞"，即率性之道也。乾坤易简者，性命之原，而生成万物之大本也。圣人，效天法地立象系辞者，固欲天下各修其道，以尽其性而至于命也。故圣人之意尽于象，而圣人之情见乎辞，学易者可不神明夫圣人之意与情乎？

**【解说】**

　　此三节是说象爻所由立，吉凶所由见都归功于圣人。孔子理解说天下事物的变动，本在守正，人亦知道一的本原在于乾坤象征的天地。乾坤既然以平易、简便示人，圣人担心天下后世不能效法乾坤，因此作《易》以教导人，且立象生爻。爻和象在蓍卦内部变动，它所显示的吉凶却体现在外部人的行动上。建功立业表现为对卦爻象变化的尊重，圣人的思想感情表现为卦爻辞的内容。

**【原文】**

　　天地之大德曰生，圣人之大宝曰位。何以守位曰仁，何以聚人曰财。理财正辞，禁民为非曰义。

**【解义】**

　　此一节是言用《易》之圣人体天地造化之情，以为情而著之于功业者也。天地无心而成化，故不言情而言德，德之所被无不周遍，故言大德。

　　生，谓物遂其生也；位，人君之位也；仁，当作人；理，治也。

　　孔子意曰：易之卦爻既已彰彰矣，然易之所以为用者，在天地则为造化，在圣人则为功业。以天地言之，天地有大德曰生而已。盖天地之间品物万形，无所不具，惟天则确然于上，地则隤然于下，寂然一无所为，而生生不已之机随处流行，若日以生物为事，是生固天地之大德矣。以圣人言之，圣人体天地好生之德，以生天地所生之民，必身膺天位，然后可以赞化育而宰群生，则又以位为大宝也。

然大宝在位，须兢业以守之，而守之则以人焉，士民乐业，遐迩归心，而后位可守也。

守位在人，须休养以聚之，而聚之则以财焉。家室盈宁，闾阎优给而后，人可聚也。至若财以聚人，宜理也，则崇本业、省冗费；以理之辞以教民，宜正也，则殊贵贱、辨名实，以正之；民之为非，宜禁也，则申法令、明刑罚以禁之。然三者必皆裁之以义焉。盖合于义则理之，而财得其平；正之，而辞得其顺；禁之，而民格其非。庶圣人之功业与天地之大德侔矣。

按：《易》之一书，原为与民同患而作，故上系首章由乾始坤成，而归之乾坤易简之理。下系首章复由乾易坤简，而归之天地大生之德。得乾坤易简之理而成位乎其中者，圣人之体也。行天地大生之德，而以位为大宝者，圣人之用也。有体，则与天地合其德；有用则为天地大其功。系《易》者，其有望于后世有德有位之圣人也，如此哉！

【解说】

本节是说运用《易》的圣人体会天地造化的思想感情，并以此来建立功业。《易》之所来运用的，在天地则为造化，在圣人则为功业。以天地言，天地最美的品德是使万物生生不息；以圣人言，最宝贵的东西是崇高的地位。巩固地位关键在于能够通过休养生息得到众人的拥护，而且还要用财富来团结众人。用道理来教导百姓，百姓为非作恶的，应该申法令、明刑罚来加以禁止。但是以上三者都需要用义来裁定。这就是圣人的功业和天地间的大的美德。


【原文】

古者包牺氏之王天下也，仰则观象于天，俯则观法于地，观鸟兽之文，与地之宜，近取诸身，远取诸物，于是始作八卦，以通神明之德，以类万物之情。

作结绳而为网罟，以佃以渔，盖取诸离。

【解义】

此一章是言圣人制器尚象之事，而此二节言包牺氏作《易》以前民用，而开鲜食之原也。

文，羽毛也；与地之宜，诸本多有天字；宜，时令方隅也；结绳，以麻为之；网，所以佃；罟，所以渔；盖者，疑辞，言疑取诸此而非必取诸此也。

孔子意曰：粤稽古昔，以圣人之德履大宝之位，而能作《易》以前民用者，昉于包牺氏之王天下也。盖羲皇藏往知来，心通造化，固已具一作《易》之本矣，而又求之于俯仰远近之内，以验阴阳消息之理。故仰则观经纬之象于天，如日月星辰之属是也；俯则观一定之法于地，如南北高深之类是也。

至于俯仰之间，即鸟兽之文观之，如刚鬣柔毛亦阴阳也，希革毛毯亦消息也。即天地之宜观之，如春夏则阳之息，秋冬则阴之消也，高者阳之息，下者阴之消也。近取诸身之形体性情，远取诸物之飞潜动植，而阴阳消息之理无不毕具于其中。于是乃作乾、兑、离、震、巽、坎、艮、坤之八卦焉。

神明之德不可见者也，就健顺动止八者之德以通之，而凡阴阳之理深入无形者，《易》皆与之融贯而无间矣。万物之情可见者也，就雷风山泽八物之情以类之，而凡阴阳之理显及有象者，《易》皆与之相肖而不违矣。

八卦既成，显微毕著。圣人作《易》宁徒为制器而设？然而制器之理总不越此。古者禽兽鱼鳖多而人民少，故包牺氏教民结麻为绳以为网罟，以佃于山林，以渔于川泽使民知鲜食之利焉。若是者疑取诸离，盖离象为目，离德为丽，如网罟之两目相承而物丽之也。

按：宓牺首画八卦，其神灵意智本不待外象而著，特假河图神物以征信兆民耳，故《易》之未作，全《易》之理具在圣心；《易》之既作，天下之理备于《易》书，虽备物致用，圣人未尝取象于《易》，而究未有出于《易》之外者，其理同也。不然，网罟之设未必不在画卦之前，则又何从取两目相承之象而求合之乎？

【解说】

本章是说圣人观象制器的情况，而此二节是说包牺氏作《易》以为前民所用，以开鲜食之原。孔子理解说古时禽兽鱼鳖很多而人民很少，因此包牺氏教民编绳结网，用来捕兽捕鱼，在山林中开荒垦田，在川泽中打鱼让百姓知道捕食新鲜食物的好处。伏羲首画八卦，其内心的实际意图本不是借助外在的事物的形象来表达的，特地借河图神物来取信于亿万百姓，因此《易》尚未作，而《易》理已经具备在圣人内心了。

**【原文】**

包牺氏没，神农氏作，斫木为耜，揉木为耒，耒耨之利以教天下，盖取诸益。

日中为市，致天下之民，聚天下之货，交易而退，各得其所，盖取诸噬嗑。

**【解义】**

此二节是言神农氏之教民粒食而通有无于不匮也。

耜，耒首也，斫木使锐而为之；耒，耜柄也，揉木使曲而为之；耨，除草也。

孔子意曰：包牺之时，鲜食之原既开矣，然粒食之道未备也。包牺氏没，神农氏作，民厌鲜食而食草木之实，于是斫木使锐为耜，揉木使曲为耒，耒以运耜，耜以起土，设为耒耨之利，而教天下以树艺之法焉。若是者疑取诸益。盖二体皆木，取益之象，其动者在下之耜，而入之者在上之耒，上入下动，取益之德。天下之益莫大于耒耜，又有取于益之义也。

夫网罟设而鲜食足，耒耜具而黍稷登，则货财殖矣。然有谷者或不给于鲜，有鲜者或不给于谷，乏者无所取，积者无所散，则有无不均而所养或缺。神农氏于是教民期以日中为市，使之道里均，趋走便，而天下之民无不致矣。市各聚其货，使之百物具，诸用备，而天下之货无不聚矣。交其所有，易其所无，交易而退，则有无相济，彼此相通，而人人各得其所矣。若是者疑取诸噬嗑。盖卦德上明下动，日中象上明，为市象下动，卦名噬嗑。民不一业，货不一用，致而聚之，又噬而嗑之之义也。

按：圣人立成器以为天下利，其用不止一端，而系《易》者必先自离，次益，次噬嗑，其说何耶？盖食货乃斯民之大命，生养为王政之大端。圣王图治，未有舍此而他为先图者。《大传》之垂训也深矣！

**【解说】**

这二节是说神农氏教民种粮食而通有无于不匮乏。神农氏兴起，他将锄犁的好处推广到天下收获丰盛的粮食，但是有时会出现新鲜食物和粮食有无不均匀的情况，于是神农氏就教民以中午为集市时间，聚集天下货物来交换，这样个人就都得到了自己所需要的东西。圣人制作器具让天下获利，这是因为食货是百姓的生命，而养生是施王政的主要部分。圣王励精图治，没有舍弃上面所叙述的而先图谋其他的。

【原文】

神农氏没,黄帝、尧、舜氏作,通其变,使民不倦,神而化之,使民宜之。《易》,穷则变,变则通,通则久。是以自天祐之,吉无不利。

黄帝、尧、舜垂衣裳而天下治,盖取诸乾坤。

刳木为舟,剡木为楫,舟楫之利,以济不通,致远以利天下,盖取诸涣。

服牛乘马,引重致远,以利天下,盖取诸随。

重门击柝,以待暴客,盖取诸豫。

断木为杵,掘地为臼,臼杵之利,万民以济,盖取诸小过。

弦木为弧,剡木为矢,弧矢之利,以威天下,盖取诸睽。

【解义】

此以下是言黄帝、尧、舜通变宜民之事,而此六节皆创制以前民用者也。

刳,刻之使中虚也;剡,削之使末锐也;弦,以丝弦木也;弧,木弓也。

孔子意曰:神农之时,食货足而生养遂矣,然风气日开,人心渐启,朴陋之治不可以久也。迨神农氏没,黄帝、尧、舜氏作,三圣人又有因时致治之道焉。盖民心之厌淳固而思变为文明也。时为之也,圣人因其时之变而通之,使天下之民亹亹焉,日习于其中而不倦焉。然其通变之道又不过因其自然之势,而导以自然之理,若神化莫测者然。故使天下之民皆鼓舞于神化之内而安之以为宜,惟其宜之,故趋之而不倦也。三圣人之通变神化若此,岂有他术哉?一易理而已矣。

盖易理即天之理也,消息互乘,盈虚迭运,时处其穷,则数尽必更,势重必返,未有不变者;变则随时而转,因势而导,未有不通者;通则一时适宜,后世无弊,未有不久者。三圣人之通变合乎易,即合乎天矣。是以民宜之而天祐之,吉无不利也。尝即通变而进,稽其事始于黄帝,备于尧舜,定为上衣下裳之制,垂之于身以革上古简陋之俗,则贵贱别而上下分,民志以定,恭己无为而天下治矣。若是者疑取诸乾坤。盖乾以易知,坤以简能,乾坤之变化无为也。"垂衣裳而天下治",圣人之变化无为也。

衣裳之制度既同,将遐迩之向风。恐后苟川泽梗塞,则文教有所不通,于是刳木使中虚而为舟,剡木使末锐而为楫,舟以载物,楫以进舟,舟楫之利兴而不通者赖以通矣。若是者疑取诸涣。盖涣之象上巽木而下坎水，一如舟之浮出于水上也。

夫川泽既通，而山林阻修，则担簦重趼，负戴劳苦也。于是牛以顺为道，故服而驯之以引重；马以健为性，故乘而驾之以致远，而天下享安驱之利矣。若是者疑取诸随。盖卦德下动上说，犹物在下而动，人在上而说也。

川途既通，远迩错至，暴客或乘而起矣。于是设为重门以御之于外，严为击柝以戒之于内，虽有暴客之来而警备已密，吾固有以待之矣。若是者疑取诸豫。盖取豫备之意也。

耒耜以开粒食之原，而民未知脱粟之利于是断木为杵，而使之足以舂；掘地为臼，而使之足以容。杵臼之利兴，而万民之养益以济矣。若是者疑取诸小过。盖卦象上木下土，杵为木，臼为土，卦德下止上动，如臼止而杵动也。

外有击柝以待暴客，内有杵臼以精粒食，而害之大者无所挟以威之，则虽有险而不能守，虽有粟而不得食。于是弦木使曲而为弧，剡木使锐而为矢。弧矢之利所及者远，以威天下之不轨，非止重门击柝以防之于内也。若是者疑取诸睽。盖睽乖然后威以服之也。

按：天下风气既趋于文明，则人心嗜欲日繁，诈伪亦日甚，不予之以利，无以遂其求，不震之以威，无以禁其暴。是故利天下者，圣人之仁也。威天下者，圣人之义也。仁与义，皆所以宜民而已矣。

【解说】

从该六节往下都是说黄帝、尧、舜通晓变化、适时变动以利于百姓的事情，此六节都是说创立的为前民所用到的制度。孔子理解说神农氏时，食货足所以生养就很容易，但是风气日益开放，人心逐渐开启，粗俗鄙陋的治理不可长久。神农氏死后，黄帝、尧、舜氏逐渐兴起，适应时代的变化，促使百姓不断地进取，而且办法巧妙，在潜移默化中使百姓都能适应。而《易》的道理是路走不通了就进行改变，变了就通，通了才能长久，如同是得到了上天的保佑，这样就会吉祥。

【原文】

上古穴居而野处，后世圣人易之以宫室，上栋下宇，以待风雨，盖取诸大壮。

古之葬者，厚衣之以薪，葬之中野，不封不树，丧期无数。后世圣人易之以棺椁，盖取诸大过。

上古结绳而治，后世圣人易之以书契，百官以治，万民以察，盖取诸夬。

【解义】

此三节是言黄帝、尧、舜易古制以前民用者也。

栋，屋脊檩也；宇，椽也；丧期，丧哭之期也；书，文字也；契，合约也。

孔子意曰：凡上古未备之器而不可缓者，圣人皆尚象而创其制矣。乃上古已备之器而不可用者，圣人尤必尚象而变其制。如上古宫室未兴，冬则穴居，夏则野处，风雨奄至，民无宁居。后世圣人易之以宫室之制，有栋以直承而上，有宇以两垂而下，虽有震风暴雨，莫能侵之矣。若是者疑取诸大壮，盖取壮固之意，宫室不壮，则不固也。

宫室既具，生者得以庇荫，而死者无所覆藏，亦何以教民孝乎？古之葬者不过厚衣之以薪，葬之中野之地，无封土树木之规，无丧麻哭踊之期。后世圣人易之棺以周其内，椁以固其外，计虑久远而无使土亲肤矣。若是者疑取诸大过，盖取送死大事宁过于厚也。

上古民淳事简，故小大之事惟结绳以记验之，亦足以为治。后世风俗浸薄，欺诈日生，于是圣人易之以书契，言有不能记者，书识之，事有不能信者，契验之。由是百官之功实可稽，万民之情伪可核，而以治以察矣。若是者，疑取诸夬，盖取明决之意，以夬能决去小人之伪而防其欺也。

按：历代圣人制器尚象，或尚其德，或尚其名，或尚其义，或尚其体，又或尚其道，总谓之象也。盖卦者，象而已矣。五圣人之制作非必观玩于十三卦之象而为之，而孔子以为取"诸云"者，正以日用事物之间原自有一易之理，圣人所为默与之合，即邵子所谓画前之易是也。然则千万世利用安身，养生送死之道，无一不由于易，易岂仅为卜筮之书而已哉？

【解说】

此三节是说黄帝、尧、舜改易古制为前民所应用。孔子理解说凡是上古没有准备完全且急不可缓之器，圣人都效仿其形式创立新的制度。上古已经具备但不可以用之器，圣人还是要效仿其形式改变已有的制度。如上古没有房屋，后世圣人就建筑房屋。死者没有能覆藏的地方，后世圣人就改用棺椁埋葬来教导百姓要孝。远古百姓民风淳朴、事情简单，只在绳子上打结作为标记以处理事务，后世圣人用契刻文字代替结绳记事等。

**【原文】**

是故易者，象也。象也者，像也。彖者，材也。爻也者，效天下之动者也。是故吉凶生而悔吝著也。

**【解义】**

此一章是言易之卦爻不外乎象，而人当观象玩辞以知所趋避也。

材，卦之质也；效，仿也。

孔子意曰：原夫圣人尚象之故，而知羲皇既作，图书遂起于是。易有小成，有大成，不过六十四卦三百八十四爻，奇偶之象而已。然象有本体之象，有一爻之象，总之不滞于迹，仿佛于理之似耳。如阳卦六画之乾，以卦言，则所以像夫纯阳至健之理；以爻言，则有以像夫潜见惕跃飞亢之理。阴卦六画之坤，以卦言，则所以像夫纯阴至顺之理；以爻言，则或以像一阴之始生，或以像阴盛而亢阳，亦各自备一理。举乾坤而诸卦可类推矣。此圣人作易、立象以尽意也。

象既立矣，观象而系辞则有彖。彖者，言一卦之材也，如卦德、卦体、卦变、卦象、卦义，皆其材也。卦兼有善恶，卦材之善者，辞亦从而善；卦材之恶者，辞亦从而恶，而象之全体形矣。于是乎又有爻，爻也者，效天下之动者也。如爱恶相攻，远近相取，情伪相感，天下之动，纷纭变化，莫可穷诘，而皆爻中之所已具，是以圣人一一摹仿于逐爻之下而象之，一节昭矣。既有卦爻以象告，又有卦爻之辞以发挥乎象，是故得失之报以明，吉凶由此而生焉；忧虞之故以晰，悔吝由此而著焉。盖悔吝在心未著，吉凶在事已著。吉之生，悔之著也。凶之生，吝之著也。总之，系辞以尽言，不外乎立象以尽意。材者，象之质。动者，象之用。吉凶悔吝者，象之征也。象立而易之理备矣。

按：宓羲画象，其吉凶悔吝之故已了然于心中，特其时当浑穆，故不显著之于辞而止以象告。至中古之世，诈伪日生，凡辞之所系者皆事之所有，故圣人系之辞以正告天下，曰如是则可以悔而得吉，如是则必至吝而得凶，使天下晓然于趋避之途。则圣人之立象系辞，皆因乎时以有功于世道者也。

**【解说】**

本章是说《易》的卦爻的实质不外乎于象征，人应当通过观象玩辞来了解趋利避害、趋吉避凶。孔子理解说《易》有小的成就，有大的成就，不过是由六十四卦三百八十四爻，奇偶数之象组成的。但是象有本体的象，有一爻之象，总之是不停滞于行迹。因此在变动的过程中人应该懂得趋利避害、趋吉避凶。

【原文】

阳卦多阴，阴卦多阳，其故何也？阳卦奇，阴卦耦，其德行何也？阳一君而二民，君子之道也。阴二君而一民，小人之道也。

【解义】

此一章是即少阳、少阴之卦名，以见圣人贵阳贱阴之意也。

君谓阳；民谓阴。

孔子意曰：乾坤二卦纯阳纯阴，其画无有多寡矣。至于震、坎、艮皆为阳卦，宜多阳矣，其画乃一阳二阴，是阳卦反多阴也。巽、离、兑皆为阴卦，宜多阴矣，其卦乃一阴二阳，是阴卦反多阳也。此其故何也？凡阳卦，以一阳为一画，其二阴各二画，合之则为五画，五，奇数也，奇则为阳卦矣。凡阴卦，其一阴已二画，其二阳又各一画，合之则为四画，四，耦数也，耦则为阴卦矣。是皆数中自然之妙，非人力所能参也。

然数未有不本于理，由数之所呈以究其理之所合，则卦画之所在即德行之所在也。而其德行又有公私邪正之不同焉，盖阳道尊贵而统阴，有君之象；阴道卑贱而从阳，有民之象。阳卦一阳而二阴，则其象为一君而二民。夫以一君而统二民，其道大而公，义之正也，君子之道也。阴卦一阴而二阳，则其象为一民而二君，其道小而私，事之变也，小人之道也。然则多阴者为阳卦，多阳者为阴卦，岂非理之一定，数之自然，而圣人扶抑之深意所隐寄于其中者哉？

从来君子虽多，小人用事，其象为阴；小人虽多，君子用事，其象为阳。盖小人为君子所制则治，君子为小人所制则乱。小人为君子所制，或能改弦易辙，以求当乎君子之意，尚可以效一官一职之能；君子为小人所制，断难败行丧检，以求类乎小人所为，必至于成相倾相轧之渐。此治、乱所由分也。《易》之泰卦不曰"有君子无小人"，而曰"内君子外小人"，然则处之得其宜，用之得其道，虽小人亦乌足为害哉？

【解说】

本章是说少阳、少阴之卦，以表明圣人贵阳贱阴之意。孔子的理解中介绍了三画卦中阳卦和阴卦的特征，说明阳卦象征君子之道，阴卦象征小人之道。由此类推六画卦的卦义，应以阳爻的中正与否，作为分析的主要依据。

**【原文】**

《易》曰："憧憧往来，朋从尔思。"

子曰："天下何思何虑？天下同归而殊途，一致而百虑。天下何思何虑？"

日往则月来，月往则日来，日月相推而明生焉。寒往则暑来，暑往则寒来，寒暑相推而岁成焉。往者屈也，来者信也，屈信相感而利生焉。

尺蠖之屈，以求信也。龙蛇之蛰，以存身也。精义入神，以致用也。利用安身，以崇德也。过此以往，未之或知也。穷神知化，德之盛也。

**【解义】**

此四节是引《咸·九四》爻辞，以明天下感应之理、屈信之机皆出自然，而无所容心于其间也。

思者，心之用也；虑者，谋度其事也；致，极致也。

咸之四爻以阳居阴，不能正，固将以私感而害大公，故其爻辞曰："憧憧往来，朋从尔思。"

孔子释之意曰：天下至广大也，其一感一应之相为往来者，原属天下自然之理而不碍我空虚之体，则又何处可用吾之思？用吾之虑哉？盖天下之理原于太极，本同归也，但一涉于事物，则所感者多，其途各殊，究之途虽殊而归则同，天下无二理也。理根于人心，本一致也，但既接乎事物，则所应者分，虑亦有百，究之虑虽百而致则一，天下无二心也。

夫理无二理，心无二心，则顺理行之，因心付之足矣。信乎，何处可用吾之思、用吾之虑而以憧憧为哉？试以天运观之，因日之往而有月之来，因月之往而有日之来，二曜相推以相代，则明生而不匮；因寒之往而有暑之来，因暑之往而有寒之来，二气相推以相继，则岁成而不缺。夫日月寒暑之往者，不待思而往，乃气机之消而屈也；日月寒暑之来者，不待思而来，乃气机之息而信也。一屈一信，即造化相感不已之机，而明生岁成之利于是乎生焉。是屈信往来，孰非感应自然之常理乎？

因天运而推之物理，莫不皆然。如尺蠖之行也，不有所屈则不能有所信，其屈也自有求信之理，不待思虑而信也。龙蛇之在冬也，不蛰而伏，其气则不能存其身，其蛰也自能以存其身，不待思虑而存身也。

岂特物理为然哉？即验之圣学，亦有自然之机也。夫天下事物之感不齐，而心能裁制之，即为义；心之所感不一，而义能变通之，即为神。精研其义至于入神，其于事物之所宜靡不洞察，而臻于神妙之地，则心不外驰，入者不出。内之屈也，而见理明彻，自有以推极其外之用，屈之感信也。既足以致用，而用无不利，则应事接物随其所遇迎刃而解，而身之所履无适不安。外之信也，而动作得宜，自有以增崇其内之德，信之感屈也。夫屈信往来，无往非交养互发之理，功在于此而效见于彼，则亦何在可容吾思虑之扰其间哉？夫义求其精，用求其利，此其机在我，可知者也。由此内外之间交养互发，自有欲罢不能者矣。

自是以上，惟有待其天机之自至，而绝非人功之可加，又岂我之所能知哉？

盖穷极天地之神，而与合一不测者共藏其域，通知天地之化；而与推行有渐者冥契其机，始而入神，至此神已穷矣。始而可知，至此知已化矣，皆由其德之盛，故能穷神知化如斯也，岂徒崇之已乎？夫交养互发之机熟之又熟，而至于不知者，往而屈也。神化合一之妙忘之又忘，而至于自致者，来而信也。是亦皆感应自然之理，而非思虑之所能及也。

按：咸之象以虚为义，至虚之中无不同焉，无不一焉。然推之晦明寒暑往来屈信之理，则同之中有至不同者存，一之内有至不一者存，此神化所由生也。故又推之精义利用及于穷神知化，以明同者惟通不同为同，然后其同可通；一者惟合不一为一，然后其一可合，孔子之一贯是也。若夫俗学之失，固患乎思虑之纷纭，而异端之学又误执"何思何虑"而流入于虚无寂灭，将何以致用崇德而穷神知化乎？故九五之志末与憧憧同戒也。

【解说】

这四节是引用《咸》卦九四的爻辞，以表明天下寒来暑往等物理现象的变化，以及自然万物一屈一伸的变化都是出于自然之理，而非容于人的内心之间。由此也应该了解圣人之学也需要顺应自然之理。

【原文】

《易》曰："困于石，据于蒺藜，入于其宫，不见其妻，凶。"

子曰："非所困而困焉，名必辱。非所据而据焉，身必危。既辱且危，死期将至，妻其可得见耶？"

【解义】

此一节是引《困·六三》爻辞，以戒小人不当掩抑君子而自贻伊戚也。

《易·困卦》之三爻以阴柔之质上掩四，下掩二，欲困人而卒自困，故其爻辞曰："困于石，据于蒺藜，入于其宫，不见其妻，凶。"

孔子释之意曰：困之六三以阴柔不中正，是无才德之小人也，而居九四之下，四之刚坚重不挠，足以压制夫三，石之象也。三不自量其力，而思倾陷乎四之下，欲乘其隙而夺之位，是非所困而困焉，必至公论不与而名辱。又居九二之上，二之刚英锐难近，不甘依倚乎三，蒺藜之象也。三不外度其人而思盘据于二之上，欲凭其权以扼其腕，是非所据而据焉，必至贯盈祸至而身危。夫名既辱身且危，死亡无日矣。虽上六正应有妻之象，然身且不能保，其能有其妻耶？故妻不可得而见，明上六之亲昵亦不为三应也。

按：君子有不幸之困，非其所自致，身虽危而名不辱；小人欲陵君子，卒必至于自困，以至名辱身危。何如安分自守，人已两全之为愈哉？《易》不唯为君子谋，其为小人谋者亦至矣。

【解说】

本节是引用《困》卦六三的爻辞，来警戒无才德的小人不该压制君子而给自己带来危困。君子有不幸的危困，并非是自己所造成的，因此身虽陷入困境但名声却不受辱；小人想要凌辱君子，最终却让自己陷入困境，以致名声受辱，身体又有危险。《易》不仅仅是用来告诫君子的，也是可以来警戒小人的。

【原文】

《易》曰："公用射隼于高墉之上，获之，无不利。"

子曰："隼者，禽也。弓矢者，器也。射之者，人也。君子藏器于身，待时而动，何不利之有？动而不括，是以出而有获。语成器而动者也。"

【解义】

此一节是引《解·上六》爻辞，以明君子当善藏其用也。

藏，收敛不露之意；括，结碍也；成，完全无缺也。

《易·解卦》之上爻居公孤之位，而能解除六三之悖恶，故其爻辞曰："公用射隼于高墉之上，获之无不利。"

孔子释之意曰：隼者，鸷害之禽也。弓矢者，射禽之器也。射之者，操弓矢以射隼之人也。"解悖"之义庶唯君子得之，君子抱经邦济世之才，是盖藏其利用之器于其身也，弢锋敛锷，不先不后，待其时之可为而动，则其器已素具矣，何不利之有？

若是者，正以其藏而后动，故其动自利而无足为，我括一出，则鸷害以除而有获矣。然则《解·上爻》之语正言公之能善藏以成其器，谋出万全，动无结碍，是以获之无不利也。

按：君子之待小人，常疏小人之伺，君子常密，必藏器以待，使之不疑不忌，而后可乘时以制其命。大舜之去四凶，孔子之诛少正卯，不动声色而成功于俄顷，率是道也。

【解说】

本节是引用《解》卦上六的爻辞，以表明君子应当善于韬光养晦、收敛其经邦治世之才而不露，等待时宜的时机而后动，如此才会无往而不利。君子对待小人，经常会疏忽于小人的窥伺，因此君子应该保持谨慎的态度，做好充足的准备，收敛起锋芒来让小人没有疑忌之心，待时而动才会取得成功。

【原文】

子曰："小人不耻不仁，不畏不义，不见利不劝，不威不惩。小惩而大诫，此小人之福也。《易》曰：'屦校灭趾，无咎。'此之谓也。"

【解义】

此一节是引《噬嗑·初九》爻辞，以明人君当惩戒小人，使之远于罪戾也。

孔子意曰：仁载于心，心莫患乎无耻，小人唯不耻不仁，故其心入于不仁。义著于事，唯其不耻不仁，故其所为之事常不畏。

夫不义之名既至于不耻不畏，则其中荡然无名教之可惧而无所不至。然小人虽愚，彼其初，原不知仁义之为利，而不仁不义之深为害也。苟歆之以所利而怵之以所害，彼其趋避之情当必有翻然悔悟者矣。故不见利则不劝于仁义，不见威则不惩于不仁不义，是利与威正人君惩诫之大权也。始之惩其小不仁不义于其前，而终能诫其大不仁不义于其后，此惩之、诫之所以造小人之福也。《易》曰："屦校灭趾。无咎。"此小惩大诫之谓也。

按：天下之小人非必生而怙终者也。大约进无所慕，退无所惧，流于极恶而靡所底止。使有国家者早明劝惩之典，则斯世不受金壬之祸，而小人亦得以蒙其福，必至于刑措而不用矣。

**【解说】**

本节是引用《噬嗑》卦初九的爻辞，以表明为人君者应当惩戒小人，让小人远离罪戾。天下的小人并不是生来就坚持作恶不肯悔改的，大概是因为他们前进没有所仰慕的，后退没有所恐惧的缘故，因此才会流于极恶而不知悔改。所以为君者应该名典刑法，通过小的惩罚让小人在大事上警惕，让小人远离罪戾，如此则刑罚措施就用不着了。

**【原文】**

善不积，不足以成名；恶不积，不足以灭身。小人以小善为无益而弗为也，以小恶为无伤而弗去也，故恶积而不可掩，罪大而不可解。《易》曰："何校灭耳，凶。"

**【解义】**

此一节是引《噬嗑·上九》爻辞，以明善恶视其所积，而祸机伏于所忽也。

孔子意曰：善者，成名之机也，不积则不足以成名。恶者，灭身之媒也，不积则不足以灭身。小人之心不知小善之可以积而至于大善也，但以为无益于名而弗为也。又不知小恶之可以积而至于大恶也，但以为无伤于身而弗去也。夫善既不为，恶又日积，则秽德彰闻渐不可掩，恶极罪大岂复能解乎？《易》曰："何校灭耳，凶。"由灭趾不防而至于灭耳也，夫安得而不凶哉？

按：《旅獒》之训曰："不矜细行，终累大德。为山九仞，功亏一篑。"汉昭烈之戒子曰："勿以善小而弗为，勿以恶小而为之。"盖言积小以致大也。至若圣贤之学，"致谨乎隐微，不愧于屋漏"。又岂待小善小恶之著而后兢兢哉？

**【解说】**

本节是引用《噬嗑》卦上九的爻辞，以表明善恶都是靠积累来完成的，而灾祸就隐藏在疏忽之中。其实本节之意在于告诫小人"勿以善小而不为，勿以恶小而为之"，恶行积累到一定程度就无法掩饰，罪行积累到一定程度就无法挽救。以上是说积小成大的道理，对待圣贤之学也是应该谨慎至微的。

【原文】

子曰："危者，安其位者也。亡者，保其存者也。乱者，有其治者也。是故君子安而不忘危，存而不忘亡，治而不忘乱。是以身安而国家可保也。《易》曰：'其亡！其亡！系于苞桑。'"

【解义】

此一节是引《否·九五》爻辞，以明人君常存戒惧之心，则能永享天位，而固国势于不倾也。

孔子意曰：凡图事宜谋其甚全，存心贵操其不足。故必使其心若危危者，乃所以安其位者也；使其心若亡亡者，乃所以保其存者也；使其心若乱乱者，乃所以有其治者也。君子深鉴其故，虽海内宁谧可谓安矣，而常虑位之不可久安，不忘危之将至也；宗庙巩固，可谓存矣，而常虑存之不可屡幸，不忘亡之或及也；纪纲厘举，可谓治矣，而常虑治之不可徒恃，不忘乱之渐萌也。夫既不忘有危、有亡、有乱之时，则必图所以安之、存之、治之之策，是以身之位得以安，而国家可保其久存长治也。《易》曰："其亡！其亡！系于苞桑。"玩爻辞而益加儆惕矣。

按：唐虞之时可称极盛，然禹有慢游傲虐之戒，益有怠荒逸乐之箴。至若伊尹儆太甲以恒舞酣歌，召公训武王以玩物丧志，贾谊陈治安策于文帝之朝，魏徵上十渐疏于太宗之世，李沆处真宗太平之日，而惟以水旱盗贼为言，耶律楚材当太祖开创之初而日以生民休戚为告，岂故为是已甚之辞哉？惟其日虑夫乱亡，故能保世于长久，然则"其亡"二语，真万世有天下者之金鉴欤！

【解说】

本节是引用《否》卦九五的爻辞，以表明为君者应该常存警戒惕惧之心，如此国势才不倾倒、国家才会永葆。《解义》中用夏禹慢游傲虐之戒，益有怠荒逸乐之箴，贾谊陈治安策于文帝之朝，魏徵上十渐疏于太宗之世等来告诫君子在安定的时候不要忘记危险，在生存的时候不要忘记丧失，在太平的时候不要忘记祸乱，做到居安思危，自己才能安全，政权才能常保。

【原文】

子曰："德薄而位尊，知小而谋大，力小而任重，鲜不及矣。《易》

曰：'鼎折足，覆公𫗧，其形渥，凶。'言不胜其任也。"

【解义】

此一节是引《鼎·九四》爻辞，以明小人不量才德而贪位图功，必至于覆国亡身也。

孔子意曰：凡居位必视乎其德，谋事必视乎其知，责任必视乎其力。若夫德薄者位亦宜卑，知小者谋亦宜小，力小者任亦宜轻，此理之常也。苟始之不自审其德之薄而贪夫尊位，位既得矣，又不肯自揣智力之所不足而谋大任重务，为好大喜功之论，以饰其愚而固其位，则败可立见，而位亦旋失，不特身名俱丧，公家之𫗧由此覆矣。《易》曰："鼎折足，覆公𫗧，其形渥，凶。"盖言其位虽尊而才德不足以胜其任也。

按：古圣贤出处之际，必先内度之己，外度之君，虽卑位微秩，亦必胜其事，而后食其禄，况身秉国钧，事关民社，岂可不自度量而漫然处于其上乎？然用人者，人君之事，则又当辨才授官，不使有尸位素餐之消，此《大传》之微旨也。

以上六节，五节皆言小人之事：《困》之三爻，以小人而图君子者也；《解》之上爻，以君子而图小人者也；《噬嗑》之初爻，小人之未遂其非僻者也；《噬嗑》之上爻，小人之已陷于大恶者也；《鼎》之四爻，小人之贻患于家国者也。圣人或危之，或幸之，或指示之，或哀矜之，或忧虑之，总欲使之安其分而不为天下之害。御小人者，其亦知所以善处之道哉！

【解说】

本节引用《鼎》卦九四的爻辞，以表明如果小人不度德量力而贪图功位，一定会覆国身亡。《解义》中孔子做了进一步解释：小人应该度德量力去占据合适的位置，承担合适的责任。如果不这样就会好大喜功，甚至身名俱丧。

【原文】

子曰："知几，其神乎？君子上交不谄，下交不渎，其知几乎？几者，动之微，吉之先见者也。君子见几而作，不俟终日。《易》曰：'介于石，不终日，贞吉。'介如石焉，宁用终日？断可识矣。君子知微知彰，知柔知刚，万夫之望。"

【解义】

此一节释豫卦六二爻义也。

孔子意曰：凡人于处事接物之间，其几必有先动者，人心至神，本无不烛，唯心有所蔽，则当几而不知。苟此心空洞无物，自然随触而觉，未有不知儿者。知至于几，其神矣乎！夫上下之交莫不有几存焉：与上交固贵于恭逊，然恭逊之过，便近于阿附而为谄；与下交固贵于和易，然和易之过，便近于亵狎而为渎。所争在几微之间耳。唯君子上交而不至于谄，下交而不至于渎。于事理一定之权衡，审之极其精，而行之无少过，其真知几乎！

夫所谓几者，乃天理之萌动，其动至微，兆而未著。苟顺适其几，无有不吉。此吉之先见者也，众人所不及察，唯君子见之。君子一见此几，即作而趋之，有不俟终日者，盖稍涉濡迟，则失其所为几，而违其所为吉矣。

《易》曰："介于石，不终日，贞吉。"言人赴几之不速，由于心溺物欲而不能静，见涉依违而不能断。苟其介然如石焉，无欲而静，坚确而不可移，则理定而智圆，守固而行决，断可识其"不俟终日"矣。

盖天下之理，有隐潜而微者，有显设而彰者；人之处事，有巽顺而柔者，有勇决而刚者。人知乎此，方能知几。今君子既知其微，又知其彰，既知其所以柔，又知其所以刚。四者既知，则无所不知，所以为万夫之望。此真所谓知几之神也。

按：《系辞》释豫卦六二爻而言"上交不谄，下交不渎"者，以豫之九四不中不正为豫之主，初与之应，三与之比，皆谄乎四。六二中正自守，在初与三之间，上交不谄也。初六鸣豫凶不正者也。六二虽与之比，中正而不渎慢，下交不渎也。此所谓"知几"也，乃知《易》之理不外于知几。而知几实难，必静止之功成于内，然后光明所烛，能得于义理之精微，应事接物无少过差，动与吉会，始为知几之君子也。

【解说】

本节是对《豫》卦六二爻义的进一步解释。说的是君子对上不献媚讨好，对下不怠慢无礼，这就算是知道了事物变化的征兆。了解事物变化的微弱迹象后，君子就应该见机行事，当即判断是非而不应犹豫不决以致错失良机。君子知道事物的隐秘和明显的状态，知道处事有刚有柔，就会成为万众敬仰的人物。总之是说君子要做到见微知著、见机行事、果断而不犹豫不决。

**【原文】**

子曰："颜氏之子，其殆庶几乎？有不善，未尝不知，知之，未尝复行也。《易》曰：'不远复，无祗悔，元吉。'"

**【解义】**

此一节释复卦初九爻义也。

颜氏之子，谓颜回也；庶几，言近道也。

孔子意曰：人自继善成性以来，止有一善，但为气禀物欲所拘蔽，乃渐失其本然矣。唯圣人之心纯乎至善，与道为体；贤人之心复其本善，庶几近道，若及门之颜回，其殆庶几乎？回不必有显形之过，方其念虑之间或稍有间杂，有非继善之初者，即为不善也。回于不善之动当体即知，无有蒙昧而不及察，有不善未尝不知，不待迷而后觉也。知其不善之动，当几即克，无或迟留，而不遽改，知之未尝复行，非失久而后复也。

《易》曰："不远复，无祗悔，元吉。"盖初九一阳来复，复之最先所谓不远之复，不至于悔，大善而吉者，即颜氏子之学也。乃知人性之善以能复为功，复性之学以知行为要。有不善而不知，不可言行；知不善而复行，不可言知。如颜子之学知行合一，庶几复性之功乎！

**【解说】**

本节是对《复》卦初九爻义的进一步解释。通过试举颜回这一贤人来说明人性本善但为外界事物所蒙蔽，容易做出不善之事，然而有了不好的地方，颜回能够及时察觉，知道改过后就不会再犯，这就是知行合一。总之本节是告诫君子应该人性向善，及时察觉自己的过错并进而改之。

**【原文】**

天地絪缊，万物化醇。男女构精，万物化生。

《易》曰："三人行，则损一人，一人行，则得其友。"言致一也。

**【解义】**

此一节释损卦六三爻义也。

絪缊，浓密也；醇凝，厚也；构，交也；致一，言专一也。

孔子意曰：造化之生机与人类之事为，莫不合两为一，以尽变化而成功能。试观天、地，本两也，及其以气相交，阴阳絪缊，浓密无间，则两而一矣。而万物之以气化者，于是醇厚而不漓焉。男、女，本两也，及其以形相交，阴阳施受，精气感通，则两而一矣，而万物之以形化者，于是生生而不息焉。

夫天地、男女所以成化醇、化生之功者，以其絪缊、构精专一而不二也。《易》曰："三人行，则损一人，一人行，则得其友。""损一人"者，两也。"得其友"者，亦两也。两相与则专一，若三则杂乱不能成功。损其间吾两之人，所以致吾两者之专一也，"言致一也"。

按：损卦以卦象言，三阳，三阴，地在中爻，上下皆天，有天地絪缊之象；以上下二卦言，少男在上，少女在下，男止女说，有男女构精之象，故以天地男女言之。六三与上九相应，志气专一，故曰"致一"。而本卦六爻应与，亦各阴阳相配，无非致一也。此造化之生机，人事之功用所不能外也。

【解说】

本节是对《损》卦六三爻义的进一步解释，说的是应该彼此一致的道理。天地间阴阳二气融合化生万物，人世间男女配合而生生不息，这都说明了合二为一、彼此一致的道理。

【原文】

子曰："君子安其身而后动，易其心而后语，定其交而后求。君子修此三者，故全也。危以动，则民不与也。惧以语，则民不应也。无交而求，则民不与也。莫之与，则伤之者至矣。《易》曰：'莫益之，或击之，立心勿恒，凶。'"

【解义】

此释益卦上九爻义也。

动，见诸政事也；易，坦易也；语，施诸号令也；求，取诸赋税也。

孔子意曰：取益之道，在于有恒。如临民，出治则，有动，而君子不遽动也。去欲循理以安其身，使大中至正，略无偏陂，而后万事万变，虑善而动焉。

发号施令则有语，而君子不遽语也，平情抑气以易其心，使坦适从容，略无诡戾，而后有体、有要，因时而语焉。

制国家之用则有求，而君子不遽求也，待民若子以定其交，使上下感通，略无疑贰，而后度地制赋，循分而求焉。

安其身，易其心，定其交，君子修此三者则取益之道全，故动则民悦，语则民信，求则民与，不求益而自益矣。若理不足以胜欲，则危危以动，是自处于可危之地，而骤欲动民，民谁与而从之？心不足以制气，则惧惧以语，是我实不德而告，令以空文，未免有恫疑之心，民谁应而奉之？有相临之分，无相感之情，则无交；无交而求，是恩无所施而徒责其报，民又谁与而供之？至于莫之与，则不但不与，而已以身发财，争民施夺而伤之者至矣。此《易》之所云"莫益之"而"或击之"，由其"立心"之"勿恒"，是以"凶"也。

夫益下者，君道之恒；有恒者，益之本也。益之上九，阳居益之极，求之不已，而专于利己，则失其恒，无恒即无益矣。此周公所以为殖货者戒，而孔子复详以释之，使后之君子知立恒以取益也。

【解说】

本节是对《益》卦上九爻义的进一步解释，说的是要与人保持一致的道理。君子要先解决好自己的问题然后再行动，要先心平气和然后再评论得失，先恪守信用建立友谊然后再提出要求。具有这三项修养，君子待人处事就会完美无缺。冒险行动，人们不会支持他；发表恐惧的言论，人们不会响应他；没有交情而提出要求，人们不会答应他。得不到支持，伤害的人就会随时出现。因此《易》说"莫益之，或击之，立心勿恒，凶"，这讲的就是要与人保持一致的道理。

【原文】

子曰："乾坤，其《易》之门邪？乾，阳物也。坤，阴物也。阴阳合德而刚柔有体，以体天地之撰，以通神明之德。"

【解义】

此一章言圣人本阴阳以作《易》，明造化之理，示人事之得失也。

此一节言卦爻之画从乾坤而出，备于理而妙于用也。

物，言有形质也；撰，犹事也。有形可拟曰"体"，有理可推曰"通"。

孔子意曰：《易》始乾坤，凡六十四卦，三百八十四爻，皆从此变化而出。然则乾坤者，其《易》书诸卦爻之门邪？夫一阴一阳之谓道，阴阳不可见，圣人画奇为乾，以象阳之健，是乾乃阳物也。画偶为坤，以象阴之顺，是坤乃阴物也。以阴阳之德言，则阴与阳合，阳与阴合，交错往来，而二物相得，其德合矣。以阴阳之体言，则刚自为刚，柔自为柔，各成其质，而二物对待，其体立矣。

由是形之可见者，如雷风山泽之类，《易》则一一象出之，无不形容其似，是天地之撰以《易》而体矣；理之可推者，如健顺动止之类，《易》则一一显出之，无不发挥其妙，是神明之德以《易》而通矣。

总之，《易》之为言，阴阳往来而已。六十四卦，乾坤往来而已。言其合，而未尝不分；言其分，而未尝不合。圣人作《易》，因其自然之往来、自然之分合，为之，陈其数而备其义，体天地，通神明，而不外乎阴阳二物，此乾坤为《易》之门也。

【解说】

本章是说圣人根据阴阳制作了《易》，以此来表明造化万物和说明人事得失的道理。而本节是说《易》的卦爻是从乾坤两卦产生的，具有完备的道理和奇妙的功用。乾、坤是《易》理论的运动形态。乾卦代表阳，坤卦代表阴，阴阳两卦对立统一，形成性质有刚有柔的六十四卦，反映了天地生万物，也体现了阴阳矛盾变化的特点。

【原文】

其称名也，杂而不越。于稽其类，其衰世之意邪？

【解义】

此一节言《易》书卦爻之辞不出阴阳之变，亦因时而作也。

越，逾越也；类，事类也。

孔子意曰：太始以来，唯有阴阳，而穷极理数至于不可胜纪，于是一卦有一卦之名，一爻有一爻之名，或言物象，或言事变。其称名也，可谓纷然杂出矣，而总不出乎阴阳之变，是称名虽杂，而未始有逾越也。然尝稽考其事类所以尽万物之变者，似非上古民淳俗朴，不识不知之语也。盖文王、周公见中古以来人心日浇，迷谬愈甚，乃系卦爻之辞，示吉凶之义，忧患后世之意甚深且切，其衰世之意邪！乃知圣人制作因乎其时，当伏羲之画卦，凡事物之变已无不具于其中。特上古质朴，无用费辞。至后世人情物态无所不有，文王、周公目击身历，虑之也深，故言之也详，《易》之道乃无余蕴。亦时之不得不然也。

【解说】

本节是说《易》中的卦爻之辞并没有超出阴阳变化的范围，并且也是因时而作。卦的名称看起来复杂，其实也并没有超出刚柔变化的范围。而根据卦名考察它所反映的同类事物的情况，似乎流露出了世道衰乱的思想，因此说《易》是因时而作的。

【原文】

夫《易》彰往而察来，而微显阐幽，开而当名辨物，正言断辞，则备矣。

【解义】

此一节承上"杂而不越"而更言其理之备也。

按：《本义》云，"而微显"恐当作"微显"。而"开而"之"而"，亦疑有误。彰，彰明也；阐，阐发也。

孔子意曰：《易》既杂而不越，则理无不备，如天道之已然者谓之往，而《易》书卦爻之变象，于阴阳消息已然之理皆有以彰之。人事之未然者谓之来，而《易》书卦爻之占辞，于吉凶悔吝未然之几，皆有以察之。日用所为者，显也，《易》则推其根于理数之幽，使显者至微，盖以人事本之天道也。百姓不知者，幽也。《易》则发其端于事为之显，使幽者毕阐，盖以天道用之人事也。天下不可乱者，名分。《易》则于君臣父子之分，贵贱上下之等，各当其位矣。天下不可混者，物类。《易》则于乾马坤牛离火坎水之类各辨其似矣。以明卦爻之义则有言，《易》之言皆本典常之道以发之，无不中正。言之正也，以告吉凶之故，则有辞，而《易》之辞皆因得失之情以判之，无有回惑。辞之断也，盖《易》之理精及无形，粗及有象，无弗备矣。而要其所以备者，即阴阳二物有以体其撰，通其德也。乾坤不信为《易》之门耶？

【解说】

本节是承接上一节说《易》的名称"杂而不越"，而进一步说《易》所阐述的事理内容完备。《易经》，是记述往日的变化，预测未来的情况，显明细微的迹象，阐明隐藏的事理。扩展开来，是先给卦爻以适当的名称，然后认识物象，再用文字进行分析，并作出判断，这样就会显得内容更加完备。

【原文】

其称名也小，其取类也大。其旨远，其辞文。其言曲而中，其事肆而隐。因贰以济民行，以明失得之报。

【解义】

此一节承上节言理之备,而详论其妙也。

肆,陈也;贰,疑也;报,犹应也。

孔子意曰:《易》辞纤悉无遗,其称名尝小矣,然其所取之类皆本于乾之阳坤之阴,何其大也?天地、阴阳、道德、性命散见于诸卦爻之中,其旨甚远矣,而其所系之辞,经纬错综,焕然明白,何其文也!凡委曲其辞者,未必皆中于理,而《易》之言多委曲矣。乃适当于义理之极致,何其曲而中也!将以迪人从也。凡敷陈其事者,无有隐而不露。而《易》之于事,大小本末无有不该,极其敷肆矣。然至理贯于其中,未易窥测,何其肆而隐也!将以启人思也。

《易》书之曲尽其妙如此,盖后世民心不古,情伪爱恶柏感相攻,而吉凶相杂,疑贰纷然,莫知趋避。圣人因其疑贰之情,欲济其行之所不及,故作《易》定吉凶以告人,明其失得之报,使知所趋避。所以济民之陷溺者,端在乎此。圣人虑民之心深矣!乃知乾坤二卦已包三百八十四爻,而文王、周公卦爻之辞,即伏羲之画,先天尽意,后天尽言,而圣人开物、成务之功无不同也。

【解说】

本节又承接上一节所说《易》所阐述的事理内容,而详细地论述《易》的妙用。《易》所用的卦名虽然具体,但比喻的事类却很广大;语言文雅,但意义却很深远;话说得委婉,但切合事理;事理明白,但蕴含的思想很深邃。这些都是为了针对人们的疑虑而指引行动,并说明了吉凶得失的原因,以上就是《易》的妙用所在。

【原文】

《易》之兴也,其于中古乎?作《易》者,其有忧患乎?是故《履》,德之基也;《谦》,德之柄也;《复》,德之本也;《恒》,德之固也;《损》,德之修也;《益》,德之裕也;《困》,德之辨也;《井》,德之地也;《巽》,德之制也。

【解义】

此一章是言《易》有处忧患之道在于反身修德,而此二节原《易》之所由兴,因举九卦之德以明其序也。

中古,谓文王时,文王拘于羑里而系彖辞。

孔子意曰：《易》自羲皇而肇，其来远矣。然夏商之末，其道中微。《易》之复兴也，其在中古之时乎？当是时，文王以盛德而蒙大难，因演《易》六画之卦，而系之彖辞以垂教万世，操心危而虑变深，其有忧患之思乎！夫以忧患之心作《易》，则处忧患之道莫备于《易》矣。要其道，无如反身修德，而修之有序，大约于九卦可概见焉。

是故德莫先于立基，必谨于践履之实，则身心有所受治，而可以为积累之渐，《履》非德之基乎？

德基始立，一有骄亢之念，即至隳坏，必守之以谦退，则有所执持而不失，《谦》非德之柄乎？

既有执持，又必于念虑之萌，时时审几，而反复于善，以存养其本体，故《复》为德之本。

本既在我而不能常守，虽得必失，又必其守之也，恒久不变，始安固而不摇，故《恒》为德之固。

然持守虽固，私欲或未尽去也，《损》则惩忿窒欲以去，其所本无德，于是乎修焉。然修省虽严，天理或未尽纯也，《益》则改过迁善以充，其所固有德，于是乎裕焉。

德既至于充裕，则可自验于处境矣。盖当困时，凡进退、语默、取舍、辞受之间，最可观德，当义则是，违理则非，是《困》为德之辨也。

德至于可以处困，则可施以及物矣。盖性体常定，始终无改，而应变不穷，如井之泽及于物而未尝动焉，故《井》为德之地也。

至此，则凡事之来，能以心顺入于其理，而裁制得宜，盖事理之细微曲折非此心巽入，则所见必有未彻，不无几微之失，惟顺而能入斯化裁尽妙，此《巽》所以为德之制也哉！

凡此九卦，皆反身修德以处忧患之道也。要之，圣人之德纯亦不已，心与《易》会，自居平以及处忧患，无非全体乎《易》，岂仅以此九卦为反身修德之事哉？孔子第就处忧患之道而举其近似者言之，为万世学《易》者之法，可以见德之有序，而其用无所不备耳。

【解说】

本章是说《易》中说明处于忧患之道在于能够反身修德，此二节是说《易》的兴起缘由，并列举了九卦之德来表明其次序。《易》大约成书于中古时期，作者大概是有忧患意识的。因此列举《履》《谦》《复》《恒》《损》《益》《困》《井》《巽》等卦来说明反身修德，这些都是启示人处于忧患之中应该怎么做的道理。总之，无论是在和平之时还是忧患之时，只要对《易》有深刻的体会，就不仅仅是这九卦能说明反身修德的道理了。

【原文】

《履》，和而至；《谦》，尊而光；《复》，小而辨于物；《恒》，杂而不厌；《损》，先难而后易；《益》，长裕而不设；《困》，穷而通；《井》，居其所而迁；《巽》，称而隐。

《履》以和行，《谦》以制礼，《复》以自知，《恒》以一德，《损》以远害，《益》以兴利，《困》以寡怨，《井》以辨义，《巽》以行权。

【解义】

此二节是言卦德之妙，而因以著圣人之用《易》也。

物，指众阴言；设，是施为之意。

孔子意曰：《易》以九卦为反身修德之序，而其德之兼体用而咸备者，固无乎不宜也。

《履》之为道，君臣上下固以各得其所为和矣，而平易近情之中，无非天理民彝之准，盖至极而无可加也。

《谦》之为道，卑以自牧，固未尝自处于尊，而心愈敛则望愈崇，自光显而不可掩也。

《复》以一阳动于群阴之下，善端甚微，似易为物之所淆，而理欲界限判然分明，不既辨于物乎？

事变之来，杂然不一，每易至于厌怠，惟德能有恒，则虽处纷扰而所守常定，何厌之有乎？

《损》主惩忿窒欲，其功固先有所甚难矣。而克治既久，驯至私累自消后，何易耶？

《益》主迁善改过，其势固滋长而充裕矣。然积累之基皆吾固有，何待于施设耶？

身虽处困，而道不与之俱，《困》无入不自得者，此其穷而能通也。

立于不动而可以应天下之动，及物而不穷者，《井》之居而能迁也。

至于《巽》以应事，能剂量万物之宜，而称物平施，不见表暴之迹，乃所谓称而隐者也。

卦德之妙如此，以观于其用则何如？行已若不以礼，遂至乖戾，惟由于自然之节文，则有从容顺适之休，此行之所以和也，非《履》何以哉？

行礼若无节制，亦为虚器，惟出之以卑逊，而自合于范围之节，此礼之所以得其制也，非谦何以哉？

善端所存，在于一念，憬然自觉，而其几自此日进，则《复》实以之。植德之方在于始终纯一无间，而不为事物所夺，则《恒》实以之。欲之日长也，其为德之害甚大，有以远之而非几不至于冒贡矣。道在于用《损》。

德之当修也，其为身心之利何穷？有以兴之，而积累自此日崇矣。道在于用《益》。

用《困》之道以自处，则能尽其在我，而随遇皆安，自无容其怨尤之意，非所以寡怨乎？

用《井》之道以处物，则安而能虑，而事至吾前，自不淆于是非之正非所以辨义乎？

若夫《巽》顺在中，则与道为体，虽处变事而能委曲合宜，此则权之所以行，而《巽》之用为至也。

卦德之用如此，自非圣人能全备是德，何以能处忧患而裕如哉？

按：《易》卦《屯》《坎》《蹇》皆有处忧患之义，而此不之及。圣人处常处变，总一修德而已。如《履》《谦》《复》《恒》诸卦之德，岂待遇险难而后力行？若以忧患言，则困而不失其亨，即困之一卦，已不胜用矣。此章随举九卦，正以见圣人之体用无不备，而《易》之理无往不宜也。

【解说】

这二节是说卦德的妙用，以此来明确地说明圣人之所以运用《易》的原因。《履》卦教人和顺行事，《谦》卦教人顺从礼的规定，《复》卦教人自觉地复归于正道，《恒》卦教人坚持信念，《损》卦教人摒弃私心、修德远害，《益》卦教人损上益下、广兴福利，《困》卦教人坚持气节、不怨天尤人，《井》卦教人认清是非、行为合理，《巽》卦教人做事顺理、因时制宜。《易》的诸卦有如此妙用，因此圣人会看重对《易》的运用。

【原文】

《易》之为书也，不可远；为道也，屡迁。变动不居，周流六虚，上下无常，刚柔相易，不可为典要，唯变所适。其出入以度，外内使知惧，又明于忧患与故，无有师保，如临父母。初率其辞，而揆其方，既有典常。苟非其人，道不虚行。

**【解义】**

此一章专论玩辞观变为学《易》之事，而深有望于其人也。

远，犹忘也；不可远，犹言不可离；不居，犹不止也；六虚，六位也，位未有爻曰虚。卦虽六位，而刚柔爻画往来如寄，非实有也，故以"虚"言；出入者，以卦内外体言。出者，自内之外往也。入者，自外之内来也；方，道也。

孔子意曰：圣人之作《易》也，其书所载皆天地自然之理，而人生日用之不可须臾离者，岂可远乎？盖《易》以中正有常之则而随时运动，其为道也屡迁矣。道不外乎阴阳，阴阳变动而不居其所，常周流于六虚位之间，或自上而降，或由下而升，而上下之无常，或柔来而文刚，或刚上而文柔，而刚柔之相易，此岂可以"典要"拘之哉？唯随时变易以从道，适得其宜而已。《易》既唯变所适，故其卦体之一出一入，皆道之确然不可逾者；范围乎一定之矩，所谓度也。度之所在，使人知消息盈虚之理，出处进退之宜，出外入内，惕然知所戒惧而不敢妄有逾越，此其为教彰彰矣。而且于"出入以度"之中，又独明忧患之事与所以致忧患之故，而一一详切示之，使人不致迷其所往，故居则观象玩辞，动则观变玩占，莫不惕然恐惧，虽无师保之徼戒，俨如父母之临于其上而不敢玩忽，则于知惧之中更有惧焉。《易》之示人深切如此，其可远耶？

故善学《易》者，始由卦爻既变之辞而度卦爻之理，则出入之度、忧患之故，确有定向而不可为典要者。今则既有典常可以遵而行之矣，然人之由辞以达变者，于无定之中而求有定之体，即于不变之理而神其至变之用，是在于人之神而明之，推类而长之也。苟非其人，则《易》道虽日在天下，而岂能虚行哉？盖古者作《易》以"通神明之德，类万物之情"，参伍错综，固有以极天下之变而为义类之所宗，所谓"百姓日用而不知者"也。自非极深研几之哲，则不能由辞以得其意，而有以尽《易》之妙矣。此道之所以重有待乎其人也。

**【解说】**

本章立足于六爻的变动特点，着重说明《易》是讲矛盾、讲变化的一部书，它所提供的只是观察问题的公式，不是解决问题的方法。因为不是解决问题的公式，所以不能当作是"典要"而生搬硬套。因为是方法，所以有规律可据，有原则可依，又是"典常"，生活中是离不开的。总之，原理、原则的运用应当"虚行",即从实际出发,不能采取教条主义态度。

**【原文】**

《易》之为书也,原始要终以为质也。六爻相杂,唯其时物也。其初难知,其上易知,本末也。初辞拟之,卒成之终。若夫杂物撰德,辨是与非,则非其中爻不备。噫!亦要存亡吉凶,则居可知矣。知者观其象辞,则思过半矣。

**【解义】**

此一章专论爻画之义以示人,而此四节首言立卦生爻之义,又析六爻之蕴而揭其要也。

质,以卦体言;时,谓六位之时;物,谓阴阳;中爻,卦中四爻也;象辞,统论一卦六爻之体者也。

孔子意曰:《易》之为书,卦立而爻生焉,是以全体而妙大用者也。然卦有定体,而爻无定用,原其一画之始,以要其六画之终,则内外刚柔无不毕备,卦之体质立矣。至卦有六爻,或阴居阳,位或阳居阴,位相杂而成用,则唯六位之时不同,而事物亦异。阴阳各以时成,岂有定体之可执乎?故以时物之见于初、上二爻者言,初则理微而难知,上则理显而易知。盖初为卦之本,其质未明;上为卦之末,其质已著。本末之分也。惟难知,故初爻所系之辞,必取其象与占而极拟之;惟易知,故上爻之终但因初之象占而卒成之,固无烦于拟议也。夫初、上既足该始终之时物矣,若夫阴阳赜乱之,物杂而陈之,刚柔中正之德撰而出之,物有纯有杂,则辨其物中之是与非;德有当有否,则辨其德中之是与非。若是者,"以类万物之情,以通神明之德,以明得失之报",洵非中四爻不备也。总而论之,六爻既备,则天道存亡、人事吉凶之理具焉。噫!人亦要其存亡吉凶之所归,则六爻之义居然可洞晰而无疑矣。又况于智者能见事于未形,虽不必遍观六爻,但观卦首之象辞,则存亡吉凶之理具于全体中者已得其概,所思不已过半矣哉?要之,天下不皆知者,所以圣人作《易》既设卦而复陈爻,举凡天道之消长,人事之得失,阐发详明,使天下后世知所趋避,此圣人所以立开物成务之极也。

**【解说】**

本章介绍的是爻位的性质、功能和意义,介绍的重点是中间的那四个爻位,可看作是学习《易》的简要指南。此四节首先说立卦生爻的意义是推究事物的开始，总结事物的结束，从而形成完整的结构。然后又分析了六爻所蕴含及所要揭示的要旨。

**【原文】**

二与四同功而异位，其善不同。二多誉，四多惧，近也。柔之为道不利远者，其要无咎，其用柔中也。三与五同功而异位，三多凶，五多功，贵贱之等也。其柔危，其刚胜邪？

**【解义】**

此二节又申论中四爻之义也。

近，谓四，近君也；柔，指六言；刚，指九言。

孔子意曰：《易》书卦爻之义蕴，固理无不备矣。更以二四言之，二与四皆阴爻，同有柔顺之事功，然所处之位则异，故其善有不同，二多声誉，而四则多恐惧焉。盖四之位近于五，动则有逼上之嫌，所以多惧也。然论柔之为道，必附阳刚而后能自立，远则难援，本不利于远者，二柔而远于五，乃其要归于无咎，而多誉则以二居下体之中，其用柔得中故也。

夫观二之多誉由于得中，则四之多惧，又岂独以近君之故乎？更以三五言之，三与五皆阳爻，同有阳刚之事功，然所处之位则异，故三多凶危，而五则多功能焉。盖五为君位而贵，独操得为之权；三为臣位而贱，有难自擅之势。贵贱之等殊也。要之，三五皆阳位，以柔居之，懦弱不足以有为，三固多凶，五亦安能多功？鲜有不危者矣。惟以刚居之，强毅始足以有济，五固多功，三亦不至多凶，岂有不能胜其事者耶？

夫远近贵贱，物也；刚柔中正，德也；惧誉凶功，是非之辨也；惟中四爻悉备之。学《易》者洵不可不加之意也。

观孔子之言，是可见人臣当以刚中之德佐君有为，而人君任天下之重，临御兆民，日有万几，尤必刚健奋发以作于上，则股肱良而庶事康，天下未有不治者矣。

**【解说】**

这二节又进一步讨论了中间四爻的意义。二、四两爻功能不同但位置相同，爻辞的说明也因之而异，二位多半得到赞扬，四位多半是指出应当畏惧，因为太靠近君位。柔顺的做法本来不利于处在远方的二位，大多数二位所以无咎，关键在于行事不仅柔顺而且符合中道，三、五两个爻位也是位置不同、功能相同，三位多有凶险，五位多有功勋，这是贵贱不同的等级造成的。总的来说，阴爻居三、五两位会有危险，阳爻居之就能胜任。

**【原文】**

《易》之为书也，广大悉备，有天道焉，有人道焉，有地道焉。兼三才而两之，故六。六者，非它也，三才之道也。道有变动，故曰爻。爻有等，故曰物。物相杂，故曰文。文不当，故吉凶生焉。

**【解义】**

此一章言《易》具天地人之道也。

变动，谓卦之一体，非指阴阳老少之变也；物，指阴阳言；不当，谓爻不当位也。

孔子意曰：《易》之为书，以统体言，则浑沦而无外，极其广大；以条理言，则细密而无遗，又悉备也。盖天下之道，天地人尽之矣。方《易》之三画成卦，上画有天之道焉，中画有人之道焉，下画有地之道焉，是三画已具三才矣。又兼三才而两之，故有六画。是六画者非它也，上二爻即天道之兼阴与阳，中二爻即人道之兼仁与义，下二爻即地道之兼柔与刚，固三才之道也。

夫道之变动不居，如乾之六画潜、见、惕、跃、飞、亢之类，各得卦之一体，是皆道之变动而谓之爻；爻有远近贵贱之等级，森然齐列，判然分晰，故谓之物；物之刚间乎柔，柔间乎刚，六位杂陈，经纬灿然，故谓之文；是文也，有柔居刚位，刚居柔位而未必当者，亦有纯刚纯柔而位未必皆当者，故吉凶生于其间而为人事得失之象焉。是则爻也，物也，文也，吉凶也，皆道之所出，而三才之所统贯也。《易》诚广大悉备矣哉！

按：孔子以天、地、人为三才，才之为言以其能有为，而为，万物之所利赖也。天地以覆载万物为功，圣人承天地以成万物，使莫不得其所。故《中庸》言："至诚，尽人物之性；而可以参赞化育，斯所以统三才而建极也欤！"

**【解说】**

本章说明《易》的抽象程度非常高，具有天地人之道，其道理涵盖了自然界和人类社会。主要表现在一卦之中，初一、二两爻代表了地道，三、四两爻代表了人道，五、上两爻代表了天道。

【原文】

《易》之兴也，其当殷之末世，周之盛德邪？当文王与纣之事邪？是故其辞危，危者使平，易者使倾。其道甚大，百物不废。惧以终始，其要无咎，此之谓《易》之道也。

【解义】

此一章原《易》兴于文王而发其所以教人之旨也。

孔子意曰：《易》之所从来远矣！其复兴也，时当殷之末世，周之盛德，而其事当文王与纣之事耶？盖末世则人之诈伪滋炽，盛德则《易》之道有自传。文王以圣人之盛德，为纣囚于羑里，于是处忧患而作《易》，故其所系之辞皆有危惧之意。凡危惧者，能使之平安，亨利吉无咎是也。慢易者，能使之倾覆，悔吝凶害是也。盖出于理势之自然，若或使之，是其道为甚大。举天下百物之理，"平"，未有不生于"危"，"倾"，未有不生于"易"者，祸福之由皆有必然，谁能废之？故文王之作《易》，不过教人以危惧存心，终如其始，则其要归于无咎，而有平无倾矣。此之谓《易》之道也，此圣人与民同患之心存于《易》书之内者也。

按：孔子又尝言："天之生物，必因材而笃，栽者培之，倾者覆之。"而书仲虺之《诰》亦以"殖有礼，覆昏暴"为慎终惟始之戒，其与此之言"危平易倾，惧以终始"义，有相发明者矣！

【解说】

本章主要解说《易》所揭示的时代精神。首先，推测《易》作于商朝末年，周文王事业兴旺发展的时期，因此言辞之中有明显的忧患意识。然后指出忧患意识是一种历史责任感，目的在于转危为安，求后发展。始终警觉戒备，主旨在于追求无过，这就是《易》提供的人生哲学了。

【原文】

夫乾，天下之至健也，德行恒易以知险。夫坤，天下之至顺也，德行恒简以知阻。能说诸心，能研诸侯之虑，定天下之吉凶，成天下之亹亹者。是故变化云为，吉事有祥，象事知器，占事知来。天地设位，圣人成能，人谋鬼谋，百姓与能。

【解义】

此一章总言作《易》教人之功，而此四节先言圣人体"易简"之理于心，可以无卜筮而知吉凶；次言圣人作《易》以成天地之能，而使百姓皆与其能者，不外此"易简"之理也。

德，是乾坤蕴诸心者；行，是乾坤见诸事者；侯之二字，衍文；亹亹，是不倦于趋避之意。

孔子意曰：夫《易》，乾坤而已矣。自其纯乎理者名乾，乾则自强不息，天下之至健也。以此至健之德见之于行，易固易也，即难亦无，弗易而见为恒易。易本无险，故凡险之几举归坐照，以坦荡明白之衷烛之而有余，不待险而知自能见险而不陷也。自其顺于理者名坤，坤则安贞无为，天下之至顺也。以此至顺之德见之于行，简固简也，即烦亦无，弗简而见为恒简。简本无阻，故凡阻之几无不洞晰，以卑约敬慎之念处之而无碍，不待阻而知自能遇阻而不困也。然此知险、知阻，岂徒知之而已哉？是有其能矣！

圣人于未事时，心与理会，融洽于中而莫可言喻，能以易简悦诸心焉。及应事时，理因虑审，精晰于中而无所参杂，能以易简研诸虑焉。惟悦心，是以吉凶之理皆吾心所素藏，险阻与否，无不先知之，而吉凶有不定乎？惟研诸虑，是以趋避之几皆吾虑所密察，险阻与否，无不预决之，而亹亹有不成乎？夫既悦心研虑定吉凶、成亹亹，而其自然之知又可进推矣。

是故在天道有盈虚消息，而变化以成；在人事有语默动静，而云为以起：此理之显者也。至天道人事各有吉，事必有祯祥以征其感应；如变化有吉，则祥征见于垂象，云为有吉，则祥征动于四体：此理之微者也。其在圣人，理之显者循迹观变，比拟其象于既往，则一定之理，所谓器者周知而不爽矣。理之微者，穷幽察隐，推验其占于将然，则先兆之几，所谓来者早知而不惑矣。若是者，圣人之能事不假卜筮而知吉凶，百姓何由与能乎？试观天地设位，日以易简之理昭然示人，不能使人皆以易知险，以简知阻，是其能犹缺陷而未成也。惟圣人阐明此理，画卦系辞作为《易》书，赞天地所不及，教万世于无穷，以成天地之能焉。由是人欲定吉凶、成亹亹者，既先人谋以审其是非，而趋避未决又抱蓍问《易》，继之以鬼谋，则吉凶可定，亹亹可成。而圣人知险知阻之能，百姓虽愚，皆得与之，此圣人所以成能者也。要之，成能者，成之以此易此简，而与能者亦不外此易知险、简知阻之能也已。

【解说】

本章带有总结的性质，是总的说《易》所作有教导人的功用，而此四节先说圣人应该在内心体会到"平易简单"的道理，就可以不用通过卜筮而知吉凶；又说圣人作《易》以完成仿效自然界运动的功能，而使百姓起到协助天地造化的功能，也不外乎"平易简单"的道理。

【原文】

八卦以象告，爻彖以情，言刚柔杂居，而吉凶可见矣！变动以利言，吉凶以情迁，是故爱恶相攻，而吉凶生；远近相取，而悔吝生；情伪相感，而利害生。凡易之情，近而不相得则凶，或害之，悔且吝。将叛者，其辞惭。中心疑者，其辞枝。吉人之辞寡，躁人之辞多，诬善之人其辞游，失其守者其辞屈。

【解义】

此三节，首二节言圣人成能之事，使人由卜筮以知吉凶；末节即人之辞，以明卦爻之辞也。

告，告此险阻；言，言此险阻也；相攻，是两情相触；相取，是强为要结叛背理也；疑，可否未决；枝，两歧不一，失其守，无操持也。

孔子意曰：夫圣人成能其事何如？天地之精，非画无以示先天，画八卦，或以纯阴纯阳之象告，或以杂阴杂阳之象告矣。卦画之蕴，非辞无以发；后天系爻彖，或以全体之情言，或以一节之情言矣。夫象所告，情所言，不过欲人知险知阻，以趋避吉凶耳。而吉凶于何？见之卦爻中，刚柔杂居，如初、三、五，刚也；或杂之以柔，二、四、上，柔也。或杂之以刚，杂居而当位，中正则顺理而得；杂居而不当位，不中正则逆理而失。吉凶不于此昭然可见乎？

然是吉凶也，由象辞以见其体，必因变占以达其用。方揲蓍求卦之初，阴阳老少变动而未定，虽未成卦爻，而趋避之利已寓。言吉固利，言凶而使人避，亦利也。及求卦既成，占决已著，遂分吉凶。卦爻之情，有消息当否之异，而辞之吉凶因焉。非以情迁乎？情迁何如？如卦爻中正，相与是爱，相攻也情孚而理顺，故吉生；如不以中正相与是恶，相攻也情乖而理拂，故凶生。吉凶以爱恶之情迁矣。

至于吉凶未判曰悔吝，吉凶方萌曰利害，又何从生也？以远相取则情虽合而病于疏，以近相取则情或暌而嫌于妄，悔吝不由此生乎？以情相感，则交以道义而利生；以伪相感，则合以私邪而害生。利害不由此而生乎？悔吝、利害，又以远近情伪之情迁矣！要之，凡《易》之情，固贵近而相得，或远而不相得，亦无害也。惟近而不相得，则以恶相攻，所以致凶也；以伪相感，所以致害也；且以不善相取，所以致悔吝也。夫悔吝利害，皆吉凶之属，各推其情如此，故曰"吉凶以情迁"。可见圣人作《易》以成能，而众人必由卜筮以知吉凶者此也。夫所谓情迁者，岂特卦爻之辞为然，即凡人之辞，亦可见矣。理在人心，本自难昧。如叛正理者，其心多愧，而辞惭恶，理有可否，岂宜迁就？如疑正理者，其心多惑，而辞枝离。有德之吉人，养深蓄邃，言不妄发而辞寡。无德之躁人，轻浮浅露，言不由衷，而辞多谤。善为恶者，毁誉失当，其辞浮游而不实。失所执守者，神气沮丧，其辞屈抑而不伸。凡此皆人之辞，以情迁者也。由人之辞以推卦爻之辞，则险阻自无遁情。此圣人所以成能，百姓所以与能者，其为知险知阻一而已矣。

按《洪范》"惟皇作极，凡厥庶民不罹于咎"，其即此作《易》教人之义也夫！

【解说】

这三节中前两节是说圣人创制蓍卦完成仿效自然界运动的功能之事，而使人通过卜筮来获知吉凶；末节即是说人的言辞，以表明卦爻的言辞。总之，《易》的情况是：有亲近关系的两爻如果不能配合、协调，结果必凶，甚至招来敌人，因而难免后悔和遗憾。打算叛变的人，言语虚伪狡诈；心有疑虑的人，言语模棱两可；有修养的人话少，性格浮躁的人话多；诬陷的人，言语游移不定；没有骨气的人，言语含混附和。

# 卷十八

## 说卦传

按伏羲画八卦，后重为六十四卦。八卦为六十四卦之本，前系辞，中略言，八卦小成，又曰八卦成列。至所谓引而伸之，重三成六之意犹未明晰，又所谓仰观俯察、近身远物之象，亦未详及焉。孔子于此复一一推究明言之，并备陈卦位、卦德、卦象之说，以垂训后世，故名《说卦传》。首论生蓍、倚数、立卦、生爻，为作《易》之本原；卦爻既具，然后言道德、义理、性命，以明作《易》之极功。盖《易》为道德性命而作，非蓍数卦爻无以发其蕴也。夫所谓性命之理，即阴阳、刚柔、仁义是也。统言一卦，三画已具三才，又兼三才而两其画，故六画成卦，六位成章，正圣人作《易》以顺性命之理。合观两章，则引伸重卦之由，不昭然可见乎？

次论伏羲、文王先后天卦位之不同。先天圆图，始乾坤而后六子，八卦之序也。方图先六子而终乾坤，终始相生，造化无穷之道也。后天圆图，始震终艮，为造化流行之序也，而要统之一神，正见流行对待，体用相须之妙，合先后天而归于一者也。

次论卦德、卦象，性情言其真，形象取其似，而复间以人道焉。其义何居？盖盈天地之间皆物，而物物各有男女之象，人特其贵焉者，故以人言之耳。至于末章广言八卦之象，错举类推，虽取象不同，要不过通神明之德，类万物之情，而形上形下之道，无不同条共贯，毕具于此矣。

【解说】

《说卦传》是介绍八卦的卦象以及相关的问题。全文依照朱子的分法，共分为十一章。八卦由伏羲所画，后扩为六十四卦，八卦为六十四卦的根本，前有系辞，中间略言，八卦成列，后加以引申有仰观俯察、近身远物的卦象。孔子在此基础上又一一推究而加以明确，并充分陈述卦位、卦德、卦象之说，以垂训后世，因此名为《说卦传》。

【原文】

昔者圣人之作《易》也，幽赞于神明而生蓍，参天两地而倚数，观变于阴阳而立卦，发挥于刚柔而生爻，和顺于道德而理于义，穷理尽性以至于命。

【解义】

此一章言蓍之所由生，数之所由起，因而立卦生爻，见圣人之作《易》有以尽三才之蕴而极功用之大也。

圣人，指伏羲；神明者，化育之主宰。

孔子意曰：昔者圣人之作《易》也，有蓍策以神其用，蓍何自而生乎？由圣人在上与天地合德，天地化育之功，生成变化，微妙不测，原极神明，而圣人中和之德笃恭不显，默为感格，有以幽赞之，灵气所钟而蓍因以生焉。

盖神物虽由神明而生，其实原本于圣人之幽赞也。蓍既生矣，揲蓍求卦则必有数，数何自而起乎？数原于天地，天之体圆，圆者径一而围三，各为一奇，是天原有三数也，圣人本阳全之理，故参天而为三。地之体方，方者径一而围四，合为二偶，是地原有两数也。圣人裁阴半之义，故两地而为二，然后七八九六之数皆依此而起焉。三三则九，三二则六，两二一，三则七，两三一，二则八，无非倚此参两而自得之耳。于是七为少阳，八为少阴，九为老阳，六为老阴，此《易》之所以有数也。数既形，而卦斯定矣。揲蓍求卦时，参伍错综，观其阴变阳，阳变阴，为纯为杂，则所值之卦于是立焉。卦既列而爻亦备矣，初、三、五为刚，二、四、上为柔，从而阐发之，或动或静，则当动之爻从此生焉。由是以思其功用为何如哉？则所称共由曰道，自得曰德，而义即道德之散殊也。易于进退存亡之道，健顺动止之德，有以旁通其情，融会其旨，无少乖逆而和顺矣。且于和顺之中又随事各得其宜，而晰之极其精也，不其理于义乎？是道德与义合之为理，赋之为性，而理性之本原则为命也。《易》则穷事物之理，研究甚微，尽人物之性区处甚当，且于理性之所从出者，一一溯源根极，与之浑合而无间也，不有以至于命乎？若是者，微显无不该天人，无不尽著之所以神其用，而圣人作《易》之功所以极其大也。

按：蓍数所起，非天地无以开圣人之先；卦爻所设，非圣人不能泄天地之秘。故一画为万世文字之祖，孔子韦编三绝，所以屡为称说而不已乎！

【解说】

本章介绍蓍、卦、爻辞的产生次序，为分析八卦做了铺垫，并由此可见圣人所作的《易》蕴含着天、地、人三才的道理而且其功用极大。通过《易》能体现客观规律、人的品格和合理的行为，能深刻地认识事理以及人的本质和规律的必然性。

【原文】

昔者圣人之作《易》也，将以顺性命之理，是以立天之道曰阴与阳，立地之道曰柔与刚，立人之道曰仁与义，兼三才而两之，故《易》六画而成卦。分阴分阳，迭用柔刚，故《易》六位而成章。

【解义】

此一章言《易》卦爻位之义，所以阐发天人性命之旨，不徒为卜筮之用也。

孔子意曰：昔者圣人之画卦作《易》也，岂徒迹象之粗哉？将举物所受为性，天所赋为命之理，一一摹写之，而毫无违拂，以顺之焉耳。何以见其顺也？六爻上二爻为天，下二爻为地，中二爻为人。天非以象立也，有立天之道焉。自其气而言之，有成物之阴与施生之阳，"静专"与"动直"合，而天道有常运矣。地非以形立也，有立地之道焉。自其质而言之，有顺承之柔与持载之刚"静翕"与"动辟"合，而地道有常凝矣。天地既立，人生其间，有立人之道焉。自其性而言之，有慈惠之仁与裁制之义，"恻怛"与"果断"合，而人道有常协矣。是三才有由立，皆性命之理也。圣人作《易》，成卦成章，所以顺此性命之理也。当其画卦，三画已具三才之道，又统兼三才而各两之，故《易》有六画，然后一卦之体成，则初刚、二柔、三仁、四义、五阳、上阴，而性命之理已顺之于全体中矣。六画所处，有其六位，分二、四、上为阴，初、三、五为阳。既分阴阳，乃迭用六、八之柔爻，七、九之刚爻而来居之，或以柔居阳位，或以刚居阴位，更相为用而不滞，故《易》有六位。而阴阳间杂，自成经纬之文章，则刚柔交错，仁义相济，阴阳递运，而性命之理又顺之于一节中矣。洵乎，《易》为尽性至命之书，不徒备卜筮之用也！

按：为学贵乎"刚克""柔克"，为治贵乎"有执""有容"。太刚则折，太柔则废，必不竞不绒，乃为无弊之道。古帝王开天明道，即具有此理。稽古者尚其深思而自得之乎！

【解说】

本章是说《易》卦爻位的含义，阐发天、地、人三才的主旨，不只是为了卜筮之用。《易》中天道、地道、人道是卦的基本内容。卦有六爻，正是为了体现矛盾，反映道的变化。

【原文】

天地定位，山泽通气，雷风相薄，水火不相射，八卦相错，数往者顺，知来者逆；是故，《易》逆数也。

【解义】

此一章是论伏羲先天圆图，上节分列先天八卦之位，见其对待之体，自寓流行之用；下节承八卦相错而言，见《易》数之逆，正以成其顺也。

相薄，势相迫也；不相射，谓不相害也；错，交也。

孔子意曰：先天图位，乾居南，坤居北，是天确然在上，地隤然在下，两仪之位定矣。由是艮西北而兑东南，则山以融结之气下通于泽，泽以滋润之气上通于山也。震东北而巽西南，则雷因风而益迅，风因雷而益烈，相迫而成震荡之功也。离东而坎西，则水得火以济其寒，火得水以济其燥，相资而不相害也。然此对待之体，即有交变之用焉。以乾、兑、离、震为主，各与八卦相错，则自复至乾，三十有二之阳卦，成于圆图之左；以坤、艮、坎、巽为主，各与八卦相错，则自姤至坤，三十有二之阴卦，成于圆图之右。此先天图位之列，观其对待，而流行自在其中矣。

若其生出之序，又可按图而知也。图由中起而分左右，自其左方数之，起一阳之震，历离、兑以至纯阳之乾，此卦之已生者，盖由震四、而离三、而兑二、而乾一，则已然之迹可见，如从今日以计往日，不亦顺而易知乎？自其右方数之，起一阴之巽，历坎、艮以至纯阴之坤，此卦之未生者，盖由巽五、而坎六、而艮七、而坤八，则将来之兆未形，如因今日以推来日，不亦逆而难知乎？

夫图之中分，固有顺而有逆，而要其生出之序，则皆逆而后顺，有乾一，而后有兑二、离三、震四、巽五、坎六、艮七、坤八，无不自己生而及未生，故《易》之八卦皆逆数也。逆，故知来，所以能前民用者，于此可见矣。

按：圣人作《易》，彰往而察来，既往之事，将来之几，备在卦爻之中。成王定鼎，卜世三十，卜年八百，皆逆计而知之，此岂后世谶纬之学所能测其万一乎？

【解说】

本章是讨论伏羲所做的先天圆图，上节分列了先天八卦的方位，以说明天地形成上下这种既矛盾又配合的位置，山高泽低但彼此能以气相通，雷声风势相互冲击影响，水火之间是相反相成，八卦就是这样相互交错。下节承接八卦相互交错而言，说明想要知道过去就顺数，想要知道未来就逆数，《易》的主要功能就是逆推未来。

【原文】

雷以动之，风以散之，雨以润之，日以晅之，艮以止之，兑以说之，乾以君之，坤以藏之。

【解义】

此一章论伏羲先天方图，具造化之全功也。

孔子意曰：先天方图，中起震巽，而始终于乾坤。夫震巽之位相对，雷为震象，所以奋动万物之生意；风为巽象，所以发散万物之郁气，此始物之功乎！坎离之位相对，雨为坎象，既散之化机由此滋润；日为离象，既润之材质由之晅明。此亨物之功乎！艮兑之位相对，艮之德为止，使物止其所而性命之各正；兑之德为悦，使物遂其生而太和之保合，此成物之功乎！六子既已循其序而司其职矣，然孰纲维？是乾居图之始，六子皆统宗乎乾而分职以治，则实君之也。抑孰翕受？是坤居图之终，六子皆包涵乎坤，而乘时以出，则实藏之也。观其图，惟卦位之成列；而究其义，悟造化之流行；图学之所以令人绅绎而不穷欤！

按：论尊卑之序宜先天地，而论化功之成，则归乾坤先天图位，合观两章而自见矣。

【解说】

本章是说伏羲所作的先天方图具有创造演化的全部功能。本章以互文见义的方式说明了八卦的基本性质和功能。前四句中的雷、风、雨、日，指代震、巽、坎、离四卦；后四句中的艮、兑、乾、坤，指代山、泽、天、地四物。

**【原文】**

帝出乎震，齐乎巽，相见乎离，致役乎坤，说言乎兑，战乎乾，劳乎坎，成言乎艮。万物出乎震，震，东方也。齐乎巽，巽，东南也。齐也者，言万物之洁齐也。离也者，明也，万物皆相见南方之卦也。圣人南面而听天下，向明而治，盖取诸此也。坤也者，地也，万物皆致养焉，故曰"致役乎坤"。兑，正秋也，万物之所说也，故曰"说言乎兑"。战乎乾，乾，西北之卦也，言阴阳相薄也。坎者，水也，正北方之卦也。劳，卦也，万物之所归也。故曰"劳乎坎"。艮，东北之卦也，万物之所成终，而所成始也，故曰"成言乎艮"。

**【解义】**

此一章论文王后天圆图。上节先列后天八卦之位，见帝为生成之宰，其出入不可见。下节即物之出入以可见者，明其不可见也。

致役者，致力以为之役也；战，则搏击之谓。

孔子意曰：先天圆图固有以立对待之体矣，文王取而更置之于以象一岁之运焉。盖造化之主宰谓之帝，当其出而生物，令方行而气方动，化育发端则出乎震焉，以震居卦位之首也。出则必齐，前此之萌动者，至此而化机毕达是在巽矣，而巽固次震之位也。齐则相见前此之毕达者，至此而光辉发越是在离矣，而离固次巽之位也。凡此皆帝之出也，由是而出者将入相见，则致役阴代阳以有终，于是乎效力，而长养其在坤乎，以坤位次离也。致役则必说，养既盛而化始敛于是乎，欢忻而交畅其在兑乎，以兑位次坤也。说不已则战，故次之以乾，肃杀用事与生育之气相为搏击而成战矣，而乾固战之位也。战不已则劳，故次之以坎，终岁勤动，则物皆归藏，得所休息而慰劳矣，而坎固劳之位也。凡此皆帝之入也，自是而入者复将出，既劳则有成，一元奏效，终则有始，帝乃生克，嗣续于斯焉，艮之所以次坎而居卦位之终也。卦位具而岁功成有如此，然帝之出入不可见，即物之出入见之。

"帝出乎震"，何也？以万物出乎震也。所以然者，震居东方，于时为春，草木萌动，物之所自出也。出则齐乎巽矣。巽居东南，时为春夏之交，物之长短不齐者，至此毕达无不洁齐也。

何以"相见乎离"？离德以明盛为义，万物至此皆形色交辉而相见，所以然者，卦居南方，于时为夏，品物咸亨之候也。显推其义，圣人宅中御极，位必南面，布纲纪于天下，盖取诸南方与文明之会也。坤者，地之象，于五行为土，土德王于夏秋之交，前此之火得土以制其烈，后此之金得土以制其寒，尽其力以长养万物而不靳也，故曰"致役乎坤"。

至于兑居西方，时为正秋，物无不向于实，生意充足，欣欣有得所之意矣，故曰"说言乎兑"。

"战乎乾"，何也？乾居西北，时为秋冬之交，阴盛阳微，阴与阳相薄而不免于战也。

何以"劳乎坎"？坎于五行为水，卦居正北方，出而用事者，其归劳在此卦乎！万物至此，说者恬休，战者宁定而得所归宿矣，故曰"劳乎坎"。

"成"何以"言乎艮"？艮居东北，时为冬春之交，在今年为岁功之终，在明年又为岁功之始，而皆受成于此，固万物之所成终而成始也，故曰"成言乎艮"。即物之出入而帝之出入不可见乎！

按：天之帝即世之君，尽臣之所为功，而莫非君之功；尽造化之所为生成，而莫非帝之化。帝生万物，圣人成万民，其主宰洵有同符矣！

【解说】

本章是说周文王所作的后天圆图。上节先分列了后天八卦的方位，以说明帝王为主宰，其出入不可见。下节是用万物的出入可见来表明其不可见。本章主要提出了以八卦配合四时八方的观点。四时即春夏秋冬和春末夏初等四个过渡阶段。这可能与古代巫术活动有关，但更重要的是反映了天文历法的进步，反映了古人关于构建宇宙图式的追求。

【原文】

神也者，妙万物而为言者也。动万物者，莫疾乎雷；挠万物者，莫疾乎风；燥万物者，莫熯乎火；说万物者，莫说乎泽；润万物者，莫润乎水；终万物始万物者，莫盛乎艮。故水火相逮，雷风不相悖，山泽通气，然后能变化，既成万物也。

【解义】

此一章合论先后天之图而归之于神，见先天之对待自具流行之用，而后天之流行未尝无对待之体也。

疾，速也；挠，散也；逮，及也，相济之意；既，尽也。

孔子意曰：乾坤之功分寄于六子，而六子之用总归于一神。神也者，不离乎物，不倚乎物，无方不测，有莫知其所以然者，盖妙万物而为言者乎！物之始生，必有以鼓动其生意，震雷奋而物随以动，何疾如之？物之既动，必有以挠散其滞机，巽风发而物随以挠，何疾如之？离为火，火以燥其湿，而物乃得坚凝，则燥莫如火。兑为泽，泽之所濡生机利，遂无不欣畅，则说莫如泽。坎为水，水德用事，根荄滋润，自然充足，则润莫如水。至于敛其实于既往，而终万物之所无，启其机于将来，而始万物之所有，惟艮兼主其事，则盛莫如艮。

六子流行之用，无非神之所为也。然所以流行之故，未有不从对待中出者，故惟坎离得偶，水火恒相逮而相济矣。震巽得偶，雷风不相悖而相助矣。艮兑得偶，山泽通气而交相感应矣。然后阴阳合而自无趋有为变，自有返无为化，所以动、挠与燥成万物之始，说、润、终始，成万物之终也。可见流行者原本对待，而对待者自具流行，总之，一神之妙万物也。图学之理，先后天一而已矣。

按：专言六子，非去乾坤也，六子皆乾坤之功也，犹大君主治，六卿分职，神则其治道之精微也。尧曰广运，舜曰无为，其殆神之谓乎！

【解说】

本章合起来说伏羲和文王所作的先后天方圆图，并将此归之于神，表明先后天的流行之用和对待之体是相辅相成的。本章与第三章基本重复，而且和第五章一样，以艮卦为万物的始终。这和六十四卦的编定者以济卦、未济卦作为终始的观点有矛盾，而且变化生成万物与乾坤化生万物，在理论抽象的程度上更是有很大差别。

【原文】

乾，健也；坤，顺也；震，动也；巽，入也；坎，陷也；离，丽也；艮，止也；兑，说也。

【解义】

此一章即八卦之形体以言其性情也。

孔子意曰：八卦之画不同，则其性情亦异。三画皆奇，曰乾，其体刚毅不挠，其用运行不息，盖健也。三画皆偶，曰坤，其体至静无为，其用至简不扰，盖顺也。震一阳起于二阴之下，内有奋迅之志，外有发舒之气。其动乎巽，一阴伏于二阳之下，内有沉潜之体，外有婉转之机。其入乎坎，阳陷于阴中，则德蕴于中而用藏于事，故曰陷。离，阴丽于阳中，是冲虚内涵，而文明外被，故曰丽。一阳止于二阴之上为艮，阳动之终而主乎收敛，则止而已。一阴见于二阳之上为兑，阴静之终而主乎发散，则说而已。

按：《易》以通神明之德，性则德之所存，情则德之所发，皆于卦画之阴阳推究而得之，固学《易》者所当先知耳。

【解说】

本章即是介绍八卦所象征的基本性质，这是学习《易》的基础知识，在实际运用的过程中，八卦的性质还可以引申出一些相近的性质。

【原文】

乾为马，坤为牛，震为龙，巽为鸡，坎为豕，离为雉，艮为狗，兑为羊。

【解义】

此一章远取诸物，见万物无非《易》理也。

孔子意曰：八卦之象，未及旁通，先有可专举者。

乾，纯阳至健，物性之至健而行不息，莫如马也。乾则为马。

坤，纯阴至顺，物性之至顺而任重载，莫如牛也。坤则为牛。

震，阳动阴下，而龙潜隐在田，以时而奋起矣，震不为龙乎？

巽，阴伏阳下，而鸡杂处在幽，以时而出声矣，巽不为鸡乎？

坎，外柔而内刚，豕则外污浊而内刚躁，故其象为豕。

离，外刚而内柔，雉则外文明而内柔怯，故其象为雉。

艮，阳止于二阴之上，狗外刚能止物，而内实懦，艮则为狗矣。

兑，阴见于二阳之上，羊外柔能悦物，而内实狠，兑则为羊矣。

此取诸物者，然也。

按：《易》以类万物之情，其变不可胜穷也。此专举一物以拟一卦之象，自在读《易》者神而明之，取其象以究其理耳。

【解说】

本章如《系辞下传》第二章所说的"取诸物"，介绍了八卦所象征的八种动物，表明天下万物没有超出《易》理的。乾卦象征健走的马，坤卦象征顺从的牛，震卦象征腾飞的龙，巽卦象征报晓的鸡，坎卦象征常在泥溷中的猪，离卦象征羽毛明丽的野鸡，艮卦象征阻止陌生人的狗，兑卦象征温和的羊。

**【原文】**

乾为首，坤为腹，震为足，巽为股，坎为耳，离为目，艮为手，兑为口。

**【解义】**

此一章近取诸身，见人身无非《易》理也。

孔子意曰：八卦不徒有象于物，即吾身求之，有可分观者：

乾，积阳在上而覆物，人首会诸阳，有居高体元之尊，故乾为首。

坤，积阴在下而载物，人腹藏诸阴，有民胞物与之度，故坤为腹。

震，阳动于下，人足在下而动，超越而善行，震则为足也。

巽，阴偶居下，人股两垂于下，随足以为动，巽则为股也。

坎，阳陷阴中，人之耳轮内陷，聪德具于中，坎不为耳乎？

离，阴丽阳中，人之目睛外附，光明照于外，离不为目乎？

艮，阳在上为止，人手刚在上而能按止，艮盖为手矣。

兑，阴在上能悦，人口开于上，亦善谀悦，兑盖为口矣。

此取诸身者，然也。

盖人身一小天地，故五官四肢不徒为形骸之末，而实有神明之用。然众人同具，此理惘然莫知，惟能践其形者法乾坤之健顺，尽坎离之聪明，体震艮之动止，循巽兑之谦和，大人与天地合德，岂外此哉？

**【解说】**

本章如《系辞下传》所说的"近取诸身"，介绍八卦象征人体的八处部位。乾卦象征头，坤卦象征腹，震卦象征脚，巽卦象征股，坎卦象征耳朵，离卦象征眼睛，艮卦象征手，兑卦象征嘴。

**【原文】**

乾，天也，故称乎父。坤，地也，故称乎母。震一索而得男，故谓之长男。巽一索而得女，故谓之长女。坎再索而得男，故谓之中男。离再索而得女，故谓之中女。艮三索而得男，故谓之少男。兑三索而得女，故谓之少女。

【解义】

此一章申解后天卦图之义,明尊卑有等,长幼有序,本阴阳以正名分也。

索,求也,谓阴阳交相求也。

孔子意曰:观文王八卦次序,乾坤称父母,六子称男女。固矣,而其义何居?

乾,纯阳至健,其象为天,物皆资始,犹父为人所资始也,故父之称不易焉。

坤,纯阴至顺,其象为地,物皆资生,犹母为人所资生也,故母之称不易焉。

至于六子是乾坤互相求索而以次得者也:

震,初画为阳,是坤一索而得乾之初,画体一而实,性动而健,男之象也。以其得之最先,故谓长男。

巽,初画为阴,是乾一索而得坤之初,画体二而虚,性静而顺,女之象也。以其得之最先,故谓长女。

其在坎,以坤再索而得乾之中画,性情形体犹之男也。以其得于再索而继震,则谓中男。

其在离,以乾再索而得坤之中画,性情形体犹之女也。以其得于再索而继巽,则谓中女。

至于艮,乃坤三索而得乾之上画,犹之震得乾道以成男也。以其三索得男而次坎,则谓少男。

至于兑,乃乾三索而得坤之上画,犹之巽得坤道而成女也。以其三索得女而次离,则谓少女。

八卦之称谓如此。《易》所为正名定分之书也。

按:卦象先天多言天道,后天多言人道。人道莫大于名分。此孔子申明其义以垂训乎?

【解说】

本章是解释后天卦图的含义,表明尊卑有等,长幼有序,以阴阳为本来正名分。本章以乾坤两卦的阴阳画交换为依据,解释两卦和其他六卦的内在联系,认为它们之间是父母和三子三女的关系,这一观点在宋代发展为程颐、苏轼的卦变理论,更有利于说明卦爻辞和卦爻象的关系。

**【原文】**

乾，为天、为圆、为君、为父、为玉、为金、为寒、为冰、为天赤、为良马、为老马、为瘠马、为驳马、为木果。

**【解义】**

此一章推广八卦之象，此一节言乾象也。

孔子意曰：三奇之卦惟乾积阳成象，而行健不息，其为天乎？从天之象而推之，其体旋转而循环不穷为圆也；象人之至贵莫如君父，乾则主宰六子，犹君之统万民也，故为君；资始万物，犹父之抚诸子也，故为父；象物之至贵莫如金玉，乾则体纯粹而不杂，犹无瑕之玉也，故为玉；质坚刚而不屈，犹能断之金也，故为金。言乎卦位，乾在后天位居西北，于时为寒，寒之极而水始凝则为冰；乾在先天位居正南，于时盛夏而属火，其色则为大赤。取诸动物则健行不息者为良马，健而最久者为老马，健之最坚者为瘠马，健之最猛者为驳马。取诸植物，则阳之体实犹木果之实，阳之体圆犹木果之圆，又为木果。乾象之无所不该如此。

按：《易》道精入无形，粗及有象，此广八卦盖推举有象者以为言也。要之，皆本至理，形上形下，固合精粗而为一者，由乾象推之，"通德""类情"，无不可得意而忘象矣。

**【解说】**

本章是将八卦的卦象推广到万事万物，而本节是说《乾》卦的卦象。《乾》卦象征天、圆形、君王、父亲、玉石、金属、冰块、寒冷、深红色、好马、老马、瘦马、毛色不纯的马和树上的果实等。总的来说，乾卦是积阳成象，象征行健不息。

**【原文】**

坤，为地、为母、为布、为釜、为吝啬、为均、为子母牛、为大舆、为文、为众、为柄，其于地也为黑。

**【解义】**

此一节广坤卦之象也。

孔子意曰：坤象纯阴，积阴而下凝者惟地，故为地。从地象而广之，则资生万类，有母道焉，故为母。自其动辟而言，能敷布其发育之泽，为布。虚而容物，为釜。自其静翕而言，敛其生意，聚而不施，为吝啬。且赋形广大，气机所动无不周遍，为均。其顺承天施，则为生生不息，性极柔顺之子母牛，不但如上章之仅取象于牛也。其德厚载物，则为历久弥坚广而容载之大舆，不但如坎之仅取象于舆也。且其画皆三偶，经纬灿然，而文象显矣。偶数繁多，错综不一，而众形著矣。柄以持物，而坤能持载则为柄。黑乃阴色，而坤本纯阴，则为黑。坤象无所不该如此。

按：经文坤卦六爻，皆为臣道立训。此章上文既言乾为君，而此节独不言坤为臣者，盖以臣道无成，凡应尽之职业皆属君上所命，不敢自以为功，则坤象之所有无非臣道也。要之，坤元有配天无疆之德，故为推广其象，以见柔顺利贞之所发者如此。

【解说】

本节是将《坤》卦的卦象推广到万事万物。《坤》卦象征大地、母亲、布匹、锅、吝啬、平均、小牛和母牛、大车、纹理、臣民、柄以及黑色土壤等。总的来说，《坤》卦纯阴，象征厚德载物。

【原文】

震，为雷、为龙、为玄黄、为敷、为大途、为长子、为决躁、为苍筤竹、为萑苇。其于马也，为善鸣、为馵足、为作足、为的颡。其于稼也，为反生。其究为健，为蕃鲜。

【解义】

此一节广震卦之象也。

玄，乾色；黄，坤色；大途，通衢也；决躁，取其刚动也；苍，东方之色；筤，竹筍也；萑苇，即芦荻，下实上虚；马左足骹白曰"馵"；作足，马腾足也。的颡，白额马也；反生，稼根反在上也。

孔子意曰：震以一阳下动，犹雷奋于地，故为雷。从雷象而广之，则龙以阳物而奋起于渊，亦如阳之动也。乾坤始交而生震，兼有天地之色，故为玄黄。阳气初施，化育流行，而无潜伏则为敷。阳气一动，万物沛生，而无壅滞则为大途。

取象于人，一索得男，性禀阳刚，位居元胄，为宗社所托，有主鼎执鬯之尊，故为长子。阳动而决，二阴其进也，锐有见义必为之勇，故为决躁。

取象于物，则震居东方，有苍筤竹深青之色。下实上虚，有萑苇根实干虚之象。

取象于马，则二阴上折，犹马之开口而善鸣也。一阳下动，犹马之馵足而悬起也。阳动而健，犹马之超腾而作足也。二阴色白，犹马之上颡白也。

取象于稼，则阳反动于阴下，如萌芽自下而生，故为反生。阳动必长，长则中、上二爻皆变而为乾之健，故其究也为健。既变为乾，则阳气极盛，草木莫不蕃育而鲜明矣。

震象无所不该如此。

按：震卦之义，虽无所不该，而其切于人事者，独称长子，诚重之也。是以古帝王之训太子，礼以修外，乐以修内，入则有保，出则有师皆以养其阳刚之萌，而底于乾健之德，然后统绪相传，而国祚永于磐石。夏之启，周之成王，皆是道也。震之义不洵大矣哉？

【解说】

本节是将《震》卦的卦象推广到万事万物。《震》卦象征雷、龙、青色、花朵、大路、长子、行动迅速、翠竹、芦荻、擅长鸣叫的马、膝下长杂毛的白马、腿长的马、白额马、带有果壳生长的庄稼等，《震》卦发展到极点象征刚健、茂盛、新鲜。

【原文】

巽，为木、为风、为长女、为绳直、为工、为白、为长、为高、为进退、为不果、为臭。其于人也，为寡发、为广颡、为多白眼、为近利市三倍。其究为躁卦。

【解义】

此一节广巽卦之象也。

孔子意曰：巽以一阴伏二阳之下，其德柔顺而善入，而物之善入者莫如木，故为木。从木象而广之，气之善入者莫如风，故又为风。乾交于坤，一索得女，故为长女。绳者所以纠木之曲而使直；工者所以引绳之直而制木。巽者德之制也，故为绳直、为工。巽属少阴而位西方，故于色为白。风之行，入乎微而遍乎远，长也。木之生，由萌蘖而至千寻，高也。阴性多疑，中无决断，故为进退、为不果。一阴下郁，二阳外达而上行，故其象为臭。

以人之体言之，发属阴，额属阳；眼之白者属阳，黑者属阴。巽阴在下，阴血不升为寡发。二阳在上，阳气极盛为广颡。一阴二阳为多白眼。

自人之情言之，义属阳，利属阴。巽以阴为主，而又善入，是善于生财者，如市物而获利之多，为近利市三倍，其究则三爻皆变为震卦之决躁矣。

巽象无所不该如此。

按：六子中独震巽有"其究"二字，盖阴阳之始也。震一阳望其变中、上二爻，而究归于乾。巽一阴望其先变初爻之阴，然后尽变其中、上二爻，而究归于震，此圣人扶阳抑阴之微意也。推而论之：君子，阳也；小人，阴也；公理，阳也；私欲，阴也。是以人君当进君子而退小人。人臣当急国事而后家事，儒者当存天理而遏私欲，皆是道也夫！

【解说】

本节是将《巽》卦的卦象推广到万事万物。《巽》卦象征树木、风、长女、准绳、工巧、长、高、进退、不果断、气味、头发稀少、额头宽广、白眼珠等。就人而言，为君者应该亲近君子远离小人，以国事为急然后再考虑家事，儒者应该存天理灭人欲，这说的都是《巽》卦的道理。《巽》卦发展到极点是象征好动。

【原文】

坎，为水、为沟渎、为隐伏、为矫輮、为弓轮。其于人也，为加忧、为心病、为耳痛、为血卦、为赤。其于马也，为美脊、为亟心、为下首、为薄蹄、为曳。其于舆也，为多眚、为通、为月、为盗。其于木也，为坚多心。

【解义】

此一节广坎卦之象也。

矫者，使直为曲；輮者，使曲为直。

孔子意曰：坎居北方，其体内阳而外阴，犹水属北方，其体内明而外暗，故为水。从水象而广之，大为沟，小为渎，所以行水，互相灌注，流而不盈，故为沟渎。

自其阳匿阴中，隐而不露，似君子存心之密，韬晦不行，非为隐伏乎？

阳在阴中，抑而能制，似君子克己之勇，矫偏归正，非为矫輮乎？

弓体弯中，劲以发矢，轮体圆内，实以行地，皆矫輮所成也，非为弓轮乎？

其取象于人也，阳陷阴中，则险而不宁，操心危而虑患深，忧所以加倍也。心以虚而睿，耳以虚而聪，坎体中实，则私欲蔽锢，心将以物累而病，耳亦以物壅而痛也。在地则为水，在人则为血，故为血卦。大赤者，乾之色也，坎得乾之中画，故为赤。

其取象于马也，阳明在中，为脊之美焉。刚躁在内，为心之亟焉。阳昂阴低，上画阴为首，故下而不昂焉。阳厚阴薄，下画阴为蹄，故薄而不厚焉。阳前阴后，蹄薄则不能致远，故为行之曳而不进焉。

其取象于舆也，有险陷而多阻碍，则为多眚。盖行于险道不若坤舆之行于平地者易且安也。

又自水类取之，通者水之性，月者水之精，故为通、为月。

又自人类取之，阳匿阴中，未免有盗名盗利之心，故为盗。

其于木也，阳刚在内，则为坚多心。坚取其刚，多心，以其刚在内也。

坎象无所不该如此。

按：坎为重险，故其取象皆有险危之义。然帝王法天险，而谨其礼乐制度，以防于无形；法地险，而修其城池兵甲，以防于有形，自能化艰危而为荡平矣，虽险何惧乎？

【解说】

本节是将《坎》卦的卦象推广到万事万物。《坎》卦象征水、沟渎、隐伏、容易变形、弓、忧虑、心病、耳病、血液、红色、脊背好看的马、烦躁的马、疲惫的马、月亮、盗贼以及木心坚硬的树木等。总之，坎为重险，象征危险之义，为君者应该效法天险制定礼乐制度，效法地险修城池兵甲，如此则可化解艰难危险而吉祥无咎。

【原文】

离，为火、为日、为电、为中女、为甲胄、为戈兵。其于人也，为大腹、为乾卦、为鳖、为蟹、为蠃、为蚌、为龟。其于木也，为科上槁。

【解义】

此一节广离卦之象也。

孔子意曰：内暗而外明，体阴而用阳者，火之德也。离卦内阴外阳，故为火。从火象而广之，火之精非日乎？火之光非电乎？乾与坤交，再索得女，非中女乎？甲以卫身，胄以捍首，其质外坚，离阳在外，故为甲胄。长而戈枪，短而兵刃，其锋上锐，离阳在上，故为戈兵。阴中虚而能容物故于人为大腹。火炎上而能燥物，故于卦为乾卦。鳖性静，象离之中柔焉。蟹性躁，象离之外刚焉。蠃善丽，象离之阴丽乎！阳蚌中虚，象离之一阴内伏焉。龟则中具五行，外负八卦，有文明之象。离德文明取象于此。此五者，皆以其内柔而外刚也。

其于木也，则中之空者上必枯槁，有似离之中虚而上躁，故为科上槁。

离象无所不该如此。

按：日，本阳精。火、电皆具阳体，乃属于阴卦之离者，盖以上下两爻皆阳，而阳中藏阴，犹之坎卦上下两爻皆阴，而阴中藏阳，此固阴阳互藏其宅之至理也。至于体继离出治之道，则虚中以受善，明作而有功，而离照遍于四方矣。

【解说】

本节是将《离》卦的卦象推广到万事万物。《离》卦象征火、太阳、闪电、二女儿、护身甲胄、戈矛兵器、干燥、鳖、蟹、螺、蚌、龟以及上部枯死的树木等。

【原文】

艮，为山、为径路、为小石、为门阙、为果蓏、为阍寺、为指、为狗、为鼠、为黔喙之属。其于木也，为坚多节。

【解义】

此一节广艮卦之象也。植生曰果，木实也。蔓生曰蓏，草实也。黔，黑色。鸟属之喙多黑，故曰"黔喙"。

孔子意曰：隆起于地上者，山也。艮以一阳起于坤阴之上，故为山。从山象而广之，一阳横亘于上，有似山上之小蹊，故为径路。一阳竣立于上，有似山上之卷石，故为小石。上画相连，中下二画双峙而虚，有似门阙之可通出入，故为门阙。

以物言之，结实于山谷之中者，在木为果，在草为蓏。艮以一阳居上，而实非果蓏乎？

以人言之，掌王宫中门之禁，而止人之入者，阍人也；掌王之内人及女宫之戒令，而止人之出者，寺人也。艮者止也，非阍寺乎？人之能止物者，指也。物之能止物者，狗也。

艮刚在前，而鼠刚在齿，鸟刚在喙，皆刚之在前者也。

艮刚在外，而木之坚多节，则刚之在外者也。

艮象无所不该如此。

按：艮之德为止，故其取象皆有止之义，君子体之，而起居必饬，言动必慎，有范围不逾之则，而行无过举；有镇静不移之守，而心无轶思。一切非礼之视听、越位之谋为，皆禁遏而不敢纵。夫然后万物各止其所，而艮卦之理备矣。

【解说】

本节是将《艮》卦的卦象推广到万事万物。《艮》卦象征山、小路、小石头、门两旁的高台、果实、守门人、手指、狗、老鼠、猛兽以及坚硬多节的树木等。艮德在于能够停止，因此《艮》的卦象有停止之义，君子由此要体会到言行谨慎、行动不逾准则且没有过错，要非礼勿视、勿听，要遏制而不放纵自己的欲望。

【原文】

兑，为泽、为少女、为巫、为口舌、为毁折、为附决。其于地也，为刚卤、为妾、为羊。

【解义】

此一节广兑卦之象也。

毁折，条枯实落之象；附决者，柔附刚而刚决之也；卤者，水之死气。坎水绝于下，泽见于上，则足以为卤，其地不能生物也。

孔子意曰：兑之卦体，变坎之下阴爻而为阳，是塞坎水之下流也。有象于泽，故为泽。从泽象而广之，三索得女，故为少女。兑德为悦，象巫之以言悦神，口舌之以言悦人焉。兑时为秋象，物之全者以毁，刚者以折焉。观于人情，则君子有嫉邪之义，柔附于刚，必决柔也。兑以一阴处二阳之上，故为附决。察乎地宜，则石田，无生物之能。土有下坚刚而上湿卤者，兑以一阴在二阳之上，故于地为刚卤。阴少而贱，为妾，妾固以悦从人者。内刚外悦为羊，羊固见草则悦者。

兑象无所不该如此。

按：兑卦象辞，兑有刚中柔外之德，顺天应人之用，其义甚大，而卦象所取多系卑贱不正之物者，盖天地间阳尊而阴卑，阳贵而阴贱，况兑属阴之尤少者乎？此亦圣人抑阴之意也。

大抵孔子此章广八卦之象，皆以通神明之德而类万物之情。凡首句为取象之始，其下俱以类取，或以卦画，或以卦德，或以先后天之位，或因象而转为义，或取其性，或取其变，相反相因，错综互见。可见《易》道之妙，微而造化，显而人事，大而君臣父子，细而草木昆虫，无所不备，非天下至圣，其孰知此？君子能于仰观俯察之间，豁然贯通其理，则即器、即道，触目皆《易》。人事既尽，造化不违，将见天地平成，鸟兽咸若，而羲、文、周、孔之奥义，体诸身而见诸治，一以贯之矣。

【解说】

本节是将《兑》卦的卦象推广到万事万物。《兑》卦象征湖海、小女儿、女巫、口舌、毁坏折断、堤岸决口、盐碱地、妾和羊等。《兑》卦有刚中柔外的品德，顺天应人的功用，因此其意义甚大。而《兑》卦卦象多取卑贱不正之物，这是来说明圣人有抑制卑贱不正的意思。

以上就是讲八卦所象征的万事万物，由此可见《易》的巨大妙用，微至造化，显至人事，大到君臣父子，细到草木昆虫，无所不备。君子如果在仰观俯察之间，能够豁然贯通《易》理，就会天地平成、无往不吉。

# 序卦传

此上下经六十四卦之序，孔子因卦名以叙其次第之义也。大抵易者变易也，如反"需"为"讼"，"泰"为"否"，"随"为"蛊"，"晋"为"明夷"，"家人"为"睽"，此不善变者也。如反"剥"为"复"，"遁"为"壮"，"蹇"为"解"，"损"为"益"，"困"为"井"，此善变者也。文王示人以可变之机，则危可安，乱可治，特在转移间耳。可见后天之学以人事赞天地之妙，条贯之中具有精理，故名《序卦》。

【解说】

《序卦传》依据卦名的含义，对六十四卦的排列次序做了理论上的说明，认为从乾坤到既济未济，是一个逻辑发展的因果关系，前卦的存在必然导致后卦的出现。这种因果必然性，有时表现为相因，即沿着正面趋势继续发展，是量变；有时表现为相反，即向相反的方向转化，是质变。

【原义】

有天地，然后万物生焉。盈天地之间者，惟万物，故受之以屯；屯者，盈也，屯者，物之始生也。物生必蒙，故受之以蒙。蒙者，蒙也，物之稚也。物稚不可不养也，故受之以需。需者，饮食之道也。饮食必有讼，故受之以讼。讼必有众起，故受之以师。师者，众也。众必有所比，故受之以比。比者，比也。比必有所畜，故受之以小畜。物畜然后有礼，故受之以履。履者，礼也。履而泰，然后安，故受之以泰。

**【解义】**

此一章是发明《序》上经之义也。

孔子意曰：《序》上经之卦始于乾坤，终于坎离者，何也？乾，天也。坤，地也。自太极判而两仪生，动生阳而成天，静生阴而成地，然后二气絪缊化生万物，气以成形，而理亦赋焉，是天地乃万物之父母，故乾坤居诸卦之首也。

万物既生，则凡飞潜动植血气心知之属，盈塞于天地间者皆物也。故乾坤之后受之以屯，屯有雷雨震荡充塞满盈之义；然屯刚柔始交，形质初开，又有物始生之义。物之始生，纯朴未散，知识未启，是物生必蒙也，故屯之后受之以蒙；蒙者蒙昧而无知觉，又幼稚而难遂长，物稚而不养，则无以遂其生，而天地之化育几于息矣。

有开世觉人之责者，必思所以养之，故蒙之后受之以需。需之象饮食宴乐养道也。然饮食者，人之大欲，欲之所在，争端必起，于是干糇致愆，酒醴生祸，强凌弱，众暴寡，不至于讼不止，故需之后受之以讼。讼则相援相倾，朋党必众，故讼之后受之以师，盖用大兵以平其争也。然师者众多之义，众无所统则乱，必仰比一人以为之君，施政教，申约束，使号令一而众志定，故师之后受之以比。比者众所比辅也。夫民之比我，谓我能畜养之也，则必制田里、轻徭役，凡所以道之而遂其生者，宜施于既庶之后矣，故比之后受之以小畜。民既富矣，礼教可兴也，则必明彝伦、敕秩叙，凡所以教之而复其性者，宜施于既富之余矣。故小畜之后受之以履。履者人之所行也，循礼而行，则上下有辨，亲疏有序，此心泰然，而天下各得其所，故履之后受之以泰。斯则由庶而富，由富而教，而四海莫不乂安矣。

按：乾坤者，天地之太初也。屯蒙者，人物之太初也。有圣人出焉，为之养其稚而平其争，小罚则平以士师，大罚则平以司马，使海隅日出咸知大一统之义而亲附于上，然后畜以养之，履以教之，而荡荡平平，卒致久安长治之模，岂非王道之大成哉？昔汤武除暴以安天下，而即汲汲焉制助彻之法，申庠序之训，遂能使万民受保乂之德，国祚安磐石之固，用此道也。

**【解说】**

本章是说明《序》上经三十卦所表示的含义，而此节是以此说明上经三十卦中前十一卦的卦序。依次是：先为乾坤所象征的天地，后为象征充满的屯卦，后为象征蒙昧幼稚的蒙卦，后为象征需要通过饮食养育幼稚的需卦，后为象征由饮食引起争执的讼卦，后为象征争讼会牵动许多人的师卦，后为象征人多必然产生亲附而下顺从上的比卦，后为象征下顺从上必然会有积蓄的小畜卦，后为象征有了积蓄需要用等级制度进行调节的履卦，后为象征按照礼制规定办事才能顺利平安的泰卦。

**【原文】**

泰者，通也。物不可以终通，故受之以否。物不可以终否，故受之以同人。与人同者，物必归焉，故受之以大有。有大者不可以盈，故受之以谦。有大而能谦，必豫，故受之以豫。豫必有随，故受之以随。以喜随人者，必有事，故受之以蛊。蛊者，事也。有事而后可大，故受之以临。临者，大也。物大然后可观，故受之以观。可观而后有所合，故受之以噬嗑。嗑者，合也。物不可以苟合而已，故受之以贲。贲者，饰也。致饰然后亨则尽矣，故受之以剥。剥者，剥也。物不可以终尽，剥穷上反下，故受之以复。复则不妄矣，故受之以无妄。有无妄然后可畜，故受之以大畜。物畜然后可养，故受之以颐。颐者，养也。不养则不可动，故受之以大过。物不可以终过，故受之以坎。坎者，陷也。陷必有所丽，故受之以离；离者，丽也。

**【解义】**

此发明"否"以下诸卦之义也。

孔子意曰：泰者，天地交而二气通。气化，人事交通之谓也。然古今治乱，迭相倚伏，物无常通之势，故泰之后受之以否。

否者，上下不交，气化乖隔之谓也。然乱极必治，挽救在人，物亦无终否之理，故否之后受之以同人，此世运之循环如是也。

同人者，君臣同心协力以济其否也。既与人同，则能得天下之心，而人、土、财用皆为我有矣，故同人之后受之以大有。

所有既大，或好大喜功，满盈为害有未可保也，故大有之后受之以谦。

有大而能谦，则宜民宜人，受天百禄，可以长亨其有，而乐以天下矣，故谦之后受之以豫，此君道当如是也。

夫人君能以谦致豫，则臣有钦若之思，民有从父之志，无不丕应而随顺，故豫之后受之以随。

然人之喜悦而来者非苟随也，必上下同心而有事于修治，故随之后受之以蛊。

蛊者，政坏而振起之，必将有所事也，既有事于励精图治，而后一代之大功可以由此而起，故蛊之后受之以临。

临者，遍临万国有大无外之象，大则可以照曜天下，而文明光被赫然可观，故临之后受之以观。

天子炳大观于上，海内自观化于下，东西南朔，来享来王，而罔不合志矣，故观之后受之以噬嗑，此治道之相因者然也。

嗑者，合而为一也。然使直情而行，不加文饰，是为苟合，其始虽合，其终必离，是当有礼以饰之，故噬嗑之后受之以贲，所为文以救质也。

贲者，礼以饰情之谓。质而有饰，亨道也；然饰不可致，致饰则繁文盛而实意衰，亨道反尽矣，故贲之后受之以剥，所为质以救文也。此文质之变如是也。

剥者，剥尽之义也。物尽则反，无终尽之理。剥阳穷于上，则必反生于下。天心隐而复现，人心息而复生，皆此理也。故剥之后受之以复，此造化之机如是也。

人心一复，则天理之诚常存，人欲之妄尽绝，故复之后受之以无妄。

心既无妄，则善日积而崇高，恶日去而净尽，可以畜德而至于大，故无妄之后受之以大畜。

所畜既大，而优游涵泳以俟其自化，是得养之义焉，故大畜之后受之以颐。

颐者，涵养之正也。有大涵养，方有大设施，未有养不豫而能动无不臧者，故颐之后受之以大过。

可见大过人之功，必由于盛养也，此圣学之序也。然凡事贵乎得中，若恃才妄动，则终过而失中，必有险陷之患，故大过之后受之以坎。

坎者，一阳之陷也。既陷于险而求出险之道，则必有所附丽以自振作，庶可藉以免难，故坎之后受之以离。

离者，一阴丽于二阳，有附丽之义也。

上篇始乾坤而终坎离者，盖以水火共济为天地间之至理也。

按：古今治乱，一泰一否，原自相循，全恃君臣一德，以保泰济否，如舜得五臣而拯昏垫之灾，武王得十人而致遏刘之烈，用能朝野同风，天下顺德，此同、人大有之明征也。然史之赞尧曰："允恭克让"，舜之称禹曰："不矜不伐。"乃知谦以致豫，千古同道，所以万姓归怀，百度具举，居高临下，教洽刑清。治道之隆，于斯为极。至如持文质之流，察造化之几，敦一诚以养圣学，察人事以审时宜，内圣外王之学莫备于斯矣。

【解说】

本节是说明《序》上经三十卦中否卦以下诸卦，即后十九卦所表示的含义及诸卦的次序。依次是否卦、同人卦、大有卦、谦卦、豫卦、随卦、蛊卦、临卦、观卦、噬嗑卦、贲卦、剥卦、复卦、无妄卦、大蓄卦、颐卦、大过卦、坎卦、离卦。

【原文】

有天地，然后有万物；有万物，然后有男女；有男女，然后有夫妇；有夫妇，然后有父子；有父子，然后有君臣；有君臣，然后有上下；有上下，然后礼义有所错。

夫妇之道，不可以不久也，故受之以恒；恒者久也。物不可以久居其所，故受之以遁；遁者退也。物不可以终遁，故受之以大壮。物不可以终壮，故受之以晋；晋者进也。进必有所伤，故受之以明夷；夷者伤也。伤于外者必反其家，故受之以家人。家道穷必乖，故受之以睽；睽者乖也。乖必有难，故受之以蹇；蹇者难也。物不可以终难，故受之以解；解者缓也。缓必有所失，故受之以损。损而不已必益，故受之以益。益而不已必决，故受之以夬；夬者决也。决必有所遇，故受之以姤；姤者遇也。物相遇而后聚，故受之以萃；萃者聚也。聚而上者谓之升，故受之以升。升而不已必困，故受之以困。困乎上者必反下，故受之以井。井道不可不革，故受之以革。革物者莫若鼎，故受之以鼎。

【解义】

此一章是发明序下经之义也。

孔子意曰：《序》下经之卦始于咸、恒，而终于未济者，何也？咸，有夫妇之义，夫妇者人伦之始，天地者万物之始。下经始咸恒，犹上经始于乾坤也。自有天地，则气化形，化而万物生。有万物则分阴分阳，而男女辨。有男女，则阴阳配合而夫妇成，此有夫妇之所由也。

有夫妇，则生育相传而后有父子；有父子，则生齿日繁，不可无主，而后有君臣；有君臣，则尊卑贵贱定分不淆，而后有上下；有上下，则制之节文为礼；处之得宜为义，莫不各有其措置，此有夫妇之所致也。

夫本于天地，以为万物。男女之防，维错为礼义，以为父子君臣上下所托始。夫妇所关大矣！所关既大，则倡随之道不可不久，故受之以恒。

恒者久也。然特夫妇之道宜久耳，若论君子出处之理，则盛满久者，造化所忌；崇高久者，祸机所伏；物不可以久居，故受之以遁。

遁者，退避不居也。然屯极则亨，屈极则伸，物无终遁之理，由退而进，势将壮盛，故受之以大壮。

壮必进用有为，而不可以徒壮，故受之以晋。

晋者，上进也。然不审乎盈虚消息之数，而锐进不止，必有黜辱之伤，故受之以明夷。

夷者，伤害之义。既伤于外必反家以就安，故受之以家人。此以君子之出处言也。

家道难齐，渐至于穷极，则父子、兄弟、夫妇之间情义乖离，故受之以睽。

睽者，乖离之义。人情既乖，则戕贼萌于一心，戈矛起于一室，而内难必作，故受之以蹇。

蹇者，所遇之蹇难也。然物无终难之理，难极则反，身修德正，已可以正邦，而难可解散矣，故受之以解。

解者，解缓之义。难既解，则怠缓易生，偷惰荒废，必有所失，故受之以损。自睽至损，皆由家道以推之于世道，以进退治乱之理言也。

损者，惩忿窒欲，其功不已，则人心日微，道心日长，未有不蒙其益者，故受之以益。

益者，迁善改过，其功不已，则裕内利外，盈科以进，有若江河之决者，故受之以夬。此以君子之理学体用言也。

夬，又有君子决小人之象，小人决尽，则君子必遇矣，故受之以姤。

姤者，遇也。君子既遇，则拔茅汇征而同德相聚矣，故受之以萃。

萃者，聚也。君子既聚，则多贤效力而大猷允升矣，故受之以升。

然爵禄非一人之私，升而不已，则贪恋禄位，招尤犯忌，困必及之，故受之以困。

既困而不容于上，必降而伏处于下，至下者莫如井，故受之以井。

自夬至井，皆以君子进退之理言也。夫井久必淤，犹法久必弊，道不可以不革，故受之以革。

革物之故而为新者，莫若鼎。犹欲变成法者，必操大权也，故受之以鼎。

按：下经始于咸、恒者，盖夫妇为人伦之首，汉儒所以言婚姻之礼正，然后品物遂，而天命全也。若出处之机，治乱之数，理学之消长，进退之合宜，其间盈虚消息，各有天时；而匡救挽回，全赖人事。圣人欲人于未变之先防危虑患，以谨其微；更欲人于将反之际旋转乾坤以救其极。古大臣之持盈惧满而不敢自暇自逸者，知此道也。至于革故取新，如汤武能以开创为革，殷武周宣能以中兴为革，洵乎建大功者必在于揽大权哉！

【解说】

本章是依次说明《序》下经三十四卦所表示的含义，本节是先说前二十卦所表示的含义及诸卦的次序。依次是咸卦、恒卦、遁卦、大壮卦、晋卦、明夷卦、家人卦、睽卦、蹇卦、解卦、损卦、益卦、夬卦、姤卦、萃卦、升卦、困卦、井卦、革卦、鼎卦。孔子说《序》下经之卦始于咸、恒而终于未济，是因为咸有夫妇之义，夫妇是人伦之始，天地是万物之始，因此下经的卦序是从咸、恒二卦开始。

【原文】

主器者莫若长子，故受之以震；震者动也。物不可以终动，止之，故受之以艮；艮者止也。物不可以终止，故受之以渐；渐者进也。进必有所归，故受之以归妹。得其所归者必大，故受之以丰；丰者大也。穷大者必失其居，故受之以旅；旅而无所容，故受之以巽；巽者入也。入而后说之，故受之以兑；兑者说也。说而后散之，故受之以涣；涣者离也。物不可以终离，故受之以节；节而信之，故受之以中孚。有其信者，必行之，故受之以小过。有过物者，必济，故受之以既济。物不可穷也，故受之以未济终焉。

【解义】

此发明震以下诸卦之义也。

孔子意曰：上文既明鼎为重器，而主此重器者，莫如大君之长子，秉元良之德，居储副之位，所以上承宗社，下统臣民，故受之以震。此以治道言也。

然震义主于动，物无终动，动极必静，天之道也，故受之以艮。

艮义主于止，物无终止，静极复动，亦天之道也，故受之以渐。

渐者，循序渐进也。此以造化之气机言也。气机动静相因而生，如人学问有渐，则成章后达，自然理有归宿，犹女之得所归也，故受之以归妹。

既得所归，则万民归于帝王，万善归于圣贤，而圣功王道无不极其盛大矣，故受之以丰。

丰者，盛大之义。然使穷极侈大，欲败度，纵败礼，必失居安之道，故受之以旅。

旅者，寓于外也。在外则心不自安，而无地可容，不得不巽顺以求返于所居，故受之以巽。

巽则心入于理矣。夫心能入理，自觉意味长而旨趣永，此怡说所由生也，故受之以兑。

兑则理说于心矣。夫理可说心，自觉性情洽而睟盎著，此泮奂所由来也，故受之以涣。

此以圣学言也。然涣又有离散之义，若人心分离解散，而无所底止，非处涣之道，必当制度数、议德行，大为坊表以节制之，故受之以节。

节道既立，则朝皆信道，野皆信法，百姓莫不中心诚服矣，故受之以中孚。此以君道言也。然天下事又当因时制宜，不可徒恃其信。苟硁硁然不度时势，而必信必果，必至以过中而妨义，故受之以小过。

夫人虽不可过于信，然不可无过物之才。苟才可过人，则必能拨祸乱、定太平，以成济世宁民之功，故受之以既济。此以人事言也。

夫物至于既济，则其功已成而数已穷矣。然物无终穷，如天地不穷于运会之循环，万物不穷于化育之生息，人事不穷于治乱之倚伏，终而复始，生生不息，故易以未济终焉。此以气运言也。

按：此篇推之于治道，恭之于造化，微之为圣贤之学问，显之为帝王之治功，验于人事，极于气运，总不出卦体所自具。至于六十四卦循环往复，变化相生，所为终则复始，贞下起元。先儒邵雍《皇极经世》一书，大指皆本于此。真能贯天地之阴阳，究古今之变化者欤！

【解说】

本节是说明《序》下经三十四卦中震卦以下诸卦，即后十四卦所表示的含义及诸卦的次序。依次是震卦、艮卦、渐卦、归妹卦、丰卦、旅卦、巽卦、兑卦、涣卦、节卦、中孚卦、小过卦、既济卦、未济卦。

# 杂卦传

此是杂揉众卦之刚柔、动静、吉凶、祸福，而错综其义，与上文序卦互为经纬者也。孔子恐人紊乱序卦之次，上篇乃即卦名立义以联络之，又恐人株守序卦而失其反对之义，此篇乃复杂揉其卦而错综之，故名"杂卦"。

【解说】

《杂卦传》是将上述众卦所象征的刚柔、动静、吉凶、祸福等杂糅并将其含义交错综合在一起，与上文的《序卦传》互为经纬。之所以会作此传，是因为孔子怕后人弄乱了序卦的次序，因此有了上篇《序卦传》，而孔子又怕后人只是一味地遵守《序卦传》而失去反对的意义，因此有了《杂卦传》。

【原文】

乾刚坤柔，比乐师忧。临、观之义，或与或求。屯见而不失其居，蒙杂而著。震，起也。艮，止也。损、益，盛衰之始也。大畜，时也。无妄，灾也。萃聚而升不来也。谦轻而豫怠也。噬嗑，食也。贲，无色也。兑见而巽伏也。随，无故也。蛊则饬也。剥，烂也。复，反也。晋，昼也。明夷，诛也。井通而困相遇也。

【解义】

此错杂乾坤至困三十卦，以明其义也。

孔子意曰：乾画皆奇，纯阳至健，其德则刚。坤画皆偶，纯阴至顺，其德则柔。

比，以一人而君四海，德位俱全，道可大行故乐。师以一人而统三军，行险动众，安危攸系，故忧。

临，则容保无疆，教思无穷，有与民以惠、与民以善之义。

观，则建中表正于上，而民有于我求中、于我求正之义，或与以应其求，或求以视其与，感应之理固然也。

屯，以震遇坎，震动则见，而坎险不行，是动乎险中而能固守，不失其所居之贞也。

蒙，以坎遇艮，坎体虽幽，而艮象光明，是质虽暗昧而学能破愚为明，杂而能著也，此以人心言也。

震者，阳起于下，静极而动化机，由以发端；艮者，阳止于上，动极而静化机，由以收敛。此天道通复之机也。

损下将以益上，然君不能独富，虽未遽衰，为衰之始；益下似乎损上，然君不致独贫，虽未遽盛，为盛之始。此世道治乱之渐也。

大畜以艮畜乾，乾健难止，而今能止者，时适然也。此见适然之福不足喜，而当有善后之道也。

无妄，以乾而动，不当取祸，而不免灾者，亦偶值也。此见偶值之灾不足惧，而当思弭变之方也。

萃，是考德问业，同聚于野而不往，以隐为高。升，是得时行道，同升诸朝而不来，以仕为通。君子之出处分于此。

谦，则虚已下人，轻以自视。豫则志得意满，怠以居衷。君道之敬怠分于此。

噬嗑，如有物见，食去其强梗，以合天下之间，刑教也。贲以无色受采，去其文饰，以反天下之本，礼教也。

兑刚内柔，外见其情而说人，其人心之感而接物乎？巽刚外柔内，隐其情而顺物，其人心之寂而退藏乎？

随，则上下相交，幸无事故之可虞。蛊，则废坏已极，亟宜更化以善治，盖守成中兴之异如此。

剥者，一阳穷极于上，生意溃烂而归于无。复者，一阳更生于下，生意复萌而反于有。盖造化消长之机如此。

晋，以明出地上而为昼，此文明之象，世道所由隆也。明夷，明入地中而见伤，乃晦塞之秋，世道所由污也。

井，以养物不穷，是吾道之通而泽得以遍及也。困，则刚为柔掩，是吾道之塞，相遇而为所制也。

按：乾坤至困三十卦，适符上经之数。咸恒至夬三十四卦，亦符下经之数。而各杂十二卦于其中者，此变易之义也。而上始乾坤，下始咸恒，变易之中仍有不易之义，可见圣人诠《易》，各具妙旨，大约皆于相反之中分其吉凶消长之理。而上经所杂诸卦，则君民感应，化机循环，出处异宜，刑礼异治，圣狂分于克罔，运会别其污隆，无一不关于治乱安危之数。人主能体圣人杂卦之意，知其相反之故，而剖别几微，去此入彼，则唐虞三代之盛不难致矣。

**【解说】**

这是将乾坤至困这三十卦所象征的含义错杂综合在一起，以说明它们所表示的含义。乾卦阳刚，坤卦阴柔。比卦欢乐，师卦堪忧。临、观卦义，兼有与、求。屯卦虽然艰难但继续生长，蒙卦是幼苗混杂而特性显著。震卦是震动兴起，艮卦是稳重停止。损卦和益卦，象征相互转化的开始。大蓄要适时积蓄，无妄卦是无故遭灾。萃卦会聚，升卦不下来。谦虚则勤奋，豫乐必懈怠。噬嗑是咬嚼进食，贲卦是色多等于无色。兑卦外显，巽卦隐伏。随卦是抛弃成见，蛊卦是积极治弊。剥卦意味腐烂衰落，复卦意味重归正道。晋卦是太阳升起，明夷卦是昼去夜临。井卦畅通，困卦艰难。

**【原文】**

咸，速也。恒，久也。涣，离也。节，止也。解，缓也。蹇，难也。睽，外也。家人，内也。否泰，反其类也。大壮则止，遁则退也。大有，众也。同人，亲也。革去，故也。鼎取，新也。小过，过也。中孚，信也。丰，多故也。亲寡，旅也。离上而坎下也。小畜，寡也。履，不处也。需，不进也。讼，不亲也。大过，颠也。姤，遇也，柔遇刚也。渐，女归待男行也。颐，养正也。既济，定也。归妹，女之终也。未济，男之穷也。夬，决也，刚决柔也。君子道长，小人道忧也。

**【解义】**

此错杂咸恒至夬三十四卦，以明其义也。

孔子意曰：王道有过化存神之妙。咸者，感人心而天下和平，绥来动和，其道必速，王道无近功浅效之时。

恒者，久于其道而天下化成，渐仁摩义其道必久。

民心有离合之端，涣以风散水，为携贰之象，无以合之，故离。

节，以泽限水，为制节之象，有以限之，故止。

国势有安危之别，解出乎险，从容宽缓之时也。

蹇在险中，患难危急之秋也。

人情有亲疏之异，睽则情意乖隔，疏而外之矣。

　　家人则恩义联属，亲而内之矣。

　　否则大往小来，而小人道长；泰则小往大来，而君子道长。其类相反。

　　至此，已极气运之循环。

　　又如，此阳之方壮，不可恃壮而失防阴之道，故大壮则止，而不宜轻进。

　　阴之方长，虑其逞势而肆害阳之心，故遁则退，而不可冒进。

　　大有之势，六合一家，而所有者众。

　　同人之情，兆姓一体，而来附者亲。

　　革以去故，必举积习之陋而尽更之。

　　鼎以取新，必举维新之政而悉布之。治道如此，则莫不尊亲，而弊无不去，利无不兴矣。

　　过不可有，细行不谨，虽小有失，亦过也。

　　信不可无，色取宜戒，中心之孚，乃信也。制行立心，不可不审已。丰则明动相资，势盛而喜于有为，其故多也。

　　旅则穷大失居，势孤而谁与为徒？其亲寡也，处事处人，不可不审已。

　　离，火，阴而附乎阳，其性炎上。

　　坎，水，阳而附乎阴，其性润下。

　　此阴阳之精气互藏其宅，为造化自然之理也。

　　小畜，以一阴畜众阳，小难畜大，为寡不敌众之象。

　　履，以和说蹑刚强，柔能制刚，为能进而不处之象。

　　此见小人之寡不足害君子，而君子之刚自足御小人也。

　　事莫善于需，孚贞待时，为见险不进之象。

　　事莫凶于讼，险健求胜，为与人不亲之象。

　　此见静安义命者为君子，而动争是非者为小人也。

　　大过，本末俱弱，非遗大投艰之才，故颠。

　　姤，以一阴遇五阳，猝然相遇，遇不以正者也。

　　君子以渐而进，如女之归，必待男之六礼备而后行，则进得其正矣。

　　颐者，内而养德，外而养身，见君子之学术皆有正道，而不入于庞杂。

既济者，纲举目张，礼备乐和，见君子之治功克致底定而不入于功利。

归妹者，妇既从夫，终身有托，为女之终。

未济者，三阳失位，夫道无权，为男之穷。

夬之义为决，以五刚决一柔，是阳德大行，君子道长，阴邪屏息，小人道忧也。世道如此，不亦大可庆幸哉！

按：乾刚坤柔以下，惟姤曰柔遇刚，夬曰刚决柔。盖姤为柔进之始，进极则为坤。夬为柔退之终，一决则为乾。故独以二卦言之，且以乾始必以乾终，夬之一阴决尽，即为纯乾，所谓贞下起元，孔子赞化育、扶世变之微意也。

【解说】

这是将咸恒至夬这三十四卦所象征的含义错杂综合在一起，以说明它们所表示的含义。咸卦意味迅速，恒卦要求持久。涣卦扩散，节卦制止。解卦缓解，蹇卦坎坷。睽卦离心，家人卦团聚。否、泰两卦，阻、通相反。大壮强盛知止，遁卦时穷退避。大有是所有众多，同人是与人亲近。革卦是吐故，鼎卦是纳新。小过也是超过，中孚是自信有信。丰卦是亲友挤破门，旅卦是举目无亲人。离卦是趋势向上，坎卦是趋势向下。小畜卦是积蓄甚少，履卦非静坐不动。需卦主张审时等待，讼卦意味着争吵难亲。大过是违反常理，姤卦是阴柔遇上阳刚。渐卦好比姑娘出嫁，必须新郎来迎才能动身。颐卦讲的是培养正道，既济表示的是事业成功。归妹是姑娘终身有了归宿，未济象征男子日暮途穷。夬卦意味着决断，是阳刚决除阴柔，象征君子道长，小人道消。